공기업
NCS
대졸채용
통합기본서

시대에듀

2025 최신판 시대에듀 공기업 NCS＆전공 대졸채용 통합기본서 + 무료NCS특강

Always **with you**

사람의 인연은 길에서 우연하게 만나거나 함께 살아가는 것만을 의미하지는 않습니다.
책을 펴내는 출판사와 그 책을 읽는 독자의 만남도 소중한 인연입니다.
시대에듀는 항상 독자의 마음을 헤아리기 위해 노력하고 있습니다. 늘 독자와 함께하겠습니다.

머리말 PREFACE

정부는 양질의 일자리를 창출하고자 다각도로 채용을 진행하고 있으며, 필기시험에 국가직무능력표준(NCS)을 도입하여 우리 사회에 직무 위주의 채용 문화를 정착시키는 데 기여하고 있다. 문제 유형은 대표적으로 모듈형, 피듈형, PSAT형 3가지로 구분할 수 있다. 이뿐만 아니라 전공과목의 출제 비중이 높아지고 있는 추세이다. 이에 따라 공사공단 채용을 준비하는 수험생들은 지원하는 공사공단이 어떤 영역을 출제하는지 미리 파악해 두는 것이 중요하다. 따라서 공사공단 채용을 준비하는 수험생들은 필기시험에서 고득점을 받기 위해 다양한 유형에 대한 폭넓은 학습과 문제풀이능력을 높이는 등 철저한 준비가 필요하다.

공기업 필기시험 합격을 위해 시대에듀에서는 NCS 도서 시리즈 판매량 1위의 출간 경험을 토대로 다음과 같은 특징을 가진 도서를 출간하였다.

도서의 특징

❶ 기출복원문제를 통한 출제 유형 확인!
- 2024년 주요 공기업 NCS 기출문제를 복원하여 공기업별 NCS 필기 유형을 파악할 수 있도록 하였다.
- 2024~2023년 주요 공기업 전공 기출문제를 복원하여 공기업별 전공 출제경향을 파악할수 있도록 하였다.

❷ NCS 전 유형(모듈형 · 피듈형 · PSAT형) 맞춤 문제를 통한 실력 상승!
- 직업기초능력평가 모듈이론+대표유형 적중문제+심화문제를 수록하여 필기시험에 체계적으로 대비할 수 있도록 하였다.

❸ 사무직 · 기술직 전공까지 완벽 대비!
- 사무직 및 기술직 직무수행능력평가 핵심이론+적중예상문제를 수록하여 필기시험에 완벽히 대비할 수 있도록 하였다.

❹ 최종점검 모의고사를 통한 실전 마무리!
- 철저한 분석을 통해 실제 유형과 유사한 최종점검 모의고사 2회분을 수록하여 자신의 실력을 점검할 수 있도록 하였다.

❺ 다양한 콘텐츠로 최종 합격까지!
- 주요 공기업 최신 면접 기출질문을 수록하여 채용 전반을 준비할 수 있도록 하였다.
- 온라인 모의고사 응시 쿠폰을 무료로 제공하여 필기시험을 준비하는 데 부족함이 없도록 하였다.

끝으로 본 도서를 통해 공기업 채용을 준비하는 모든 수험생 여러분이 합격의 기쁨을 누리기를 진심으로 기원한다.

SDC(Sidae Data Center) 씀

NCS 문제 유형 소개

PSAT형

| 수리능력

04 다음은 신용등급에 따른 아파트 보증률에 대한 사항이다. 자료와 상황에 근거할 때, 갑(甲)과 을(乙)의 보증료의 차이는 얼마인가?(단, 두 명 모두 대지비 보증금액은 5억 원, 건축비 보증금액은 3억 원이며, 보증서 발급일로부터 입주자 모집공고 안에 기재된 입주 예정 월의 다음 달 말일까지의 해당 일수는 365일이다)

- (신용등급별 보증료)=(대지비 부분 보증료)+(건축비 부분 보증료)
- 신용평가 등급별 보증료율

구분	대지비 부분	건축비 부분				
		1등급	2등급	3등급	4등급	5등급
AAA, AA	0.138%	0.178%	0.185%	0.192%	0.203%	0.221%
A$^+$		0.194%	0.208%	0.215%	0.226%	0.236%
A$^-$, BBB$^+$		0.216%	0.225%	0.231%	0.242%	0.261%
BBB$^-$		0.232%	0.247%	0.255%	0.267%	0.301%
BB$^+$ ~ CC		0.254%	0.276%	0.296%	0.314%	0.335%
C, D		0.404%	0.427%	0.461%	0.495%	0.531%

※ (대지비 부분 보증료)=(대지비 부분 보증금액)×(대지비 부분 보증료율)×(보증서 발급일로부터 입주자 모집공고 안에 기재된 입주 예정 월의 다음 달 말일까지의 해당 일수)÷365
※ (건축비 부분 보증료)=(건축비 부분 보증금액)×(건축비 부분 보증료율)×(보증서 발급일로부터 입주자 모집공고 안에 기재된 입주 예정 월의 다음 달 말일까지의 해당 일수)÷365
- 기여고객 할인율 : 보증료, 거래기간 등을 기준으로 기여도에 따라 6개 군으로 분류하며, 건축비 부분 요율에서 할인 가능

구분	1군	2군	3군	4군	5군	6군
차감률	0.058%	0.050%	0.042%	0.033%	0.025%	0.017%

〈상황〉

- 갑 : 신용등급은 A$^+$이며, 3등급 아파트 보증금을 내야 한다. 기여고객 할인율에서는 2군으로 선정되었다.
- 을 : 신용등급은 C이며, 1등급 아파트 보증금을 내야 한다. 기여고객 할인율은 3군으로 선정되었다.

① 554,000원
② 566,000원
③ 582,000원
④ 591,000원
⑤ 623,000원

특징
▶ 대부분 의사소통능력, 수리능력, 문제해결능력을 중심으로 출제(일부 기업의 경우 자원관리능력, 조직이해능력을 출제)
▶ 자료에 대한 추론 및 해석 능력을 요구

대행사
▶ 엑스퍼트컨설팅, 커리어넷, 태드솔루션, 한국행동과학연구소(행과연), 휴노 등

모듈형

| 문제해결능력

41 문제해결절차의 문제 도출 단계는 (가)와 (나)의 절차를 거쳐 수행된다. 다음 중 (가)에 대한 설명으로 적절하지 않은 것은?

(가)	→	(나)
전체 문제를 개별화된 이슈들로 세분화		문제에 영향력이 큰 핵심이슈를 선정

① 문제의 내용 및 영향 등을 파악하여 문제의 구조를 도출한다.
② 본래 문제가 발생한 배경이나 문제를 일으키는 메커니즘을 분명히 해야 한다.
③ 현상에 얽매이지 말고 문제의 본질과 실제를 봐야 한다.
④ 눈앞의 결과를 중심으로 문제를 바라봐야 한다.
⑤ 문제 구조 파악을 위해서 Logic Tree 방법이 주로 사용된다.

특징
▸ 이론 및 개념을 활용하여 푸는 유형
▸ 채용 기업 및 직무에 따라 NCS 직업기초능력평가 10개 영역 중 선발하여 출제
▸ 기업의 특성을 고려한 직무 관련 문제를 출제
▸ 주어진 상황에 대한 판단 및 이론 적용을 요구

대행사
▸ 인트로맨, 휴스테이션, ORP연구소 등

피둘형(PSAT형 + 모듈형)

| 자원관리능력

07 다음 자료를 근거로 판단할 때, 연구모임 A ~ E 중 세 번째로 많은 지원금을 받는 모임은?

〈지원계획〉

• 지원을 받기 위해서는 한 모임당 5명 이상 9명 미만으로 구성되어야 한다.
• 기본지원금은 모임당 1,500천 원을 기본으로 지원한다. 단, 상품개발을 위한 모임의 경우는 2,000천 원을 지원한다.
• 추가지원금

등급	상	중	하
추가지원금(천 원/명)	120	100	70

※ 추가지원금은 연구 계획 사전평가결과에 따라 달라진다.
• 협업 장려를 위해 협업이 인정되는 모임에는 위의 두 지원금을 합한 금액의 30%를 별도로 지원한다.

〈연구모임 현황 및 평가결과〉

특징
▸ 기초 및 응용 모듈을 구분하여 푸는 유형
▸ 기초인지모듈과 응용업무모듈로 구분하여 출제
▸ PSAT형보다 난도가 낮은 편
▸ 유형이 정형화되어 있고, 유사한 유형의 문제를 세트로 출제

대행사
▸ 사람인, 스카우트, 인크루트, 커리어케어, 트리피, 한국사회능력개발원 등

주요 공기업 적중 문제

코레일 한국철도공사

01 다음 글의 제목으로 가장 적절한 것은?

> 중세 유럽에서는 토지나 자원을 왕실이 소유하고 있었다. 사람들은 이러한 토지나 자원을 이용하려면 일정한 비용을 지불해야 했다. 예를 들어 광산을 개발하거나 수산물을 얻는 사람들은 해당 자원의 이용에 대한 비용을 왕실에 지불하였고 이는 왕실의 권력과 부의 유지를 돕는 동시에 국가의 재정을 보충하는 역할을 하였는데, 이때 지불한 비용이 바로 로열티이다.
>
> 로열티의 개념은 산업 혁명과 함께 발전하였다. 산업 혁명을 통해 특허, 상표 등의 지적 재산권이 보호되기 시작하면서 기업들은 이러한 권리를 보유한 개인이나 조직에게 사용에 대한 보상을 지불하게 되었다. 지적 재산권은 기업이 특정한 기술, 디자인, 상표 등을 보유하고 있을 때 그들에게 독점적인 권리를 제공하는 것이며, 이러한 권리의 보호와 보상을 위해 로열티 제도가 도입되었다.
>
> 로열티는 기업과 지적 재산권 소유자 간의 계약에 의해 설정되는 형태로 발전하였다. 기업이 특정 제품을 판매하거나 특정 기술을 이용하는 경우 지적 재산권 소유자에게 계약에 따라 정해진 로열티를 지불하게 된다. 이로써 지적 재산권을 보유한 개인이나 조직은 자신들의 창작물이나 기술의 사용에 대한 보상을 받을 수 있으며, 기업들은 이러한 지적 재산권의 이용을 허가받아 경쟁 우위를 확보할 수 있게 되었다.
>
> 현재 로열티는 제품 판매나 라이선스, 저작물의 이용 등 다양한 형태로 나타나며 지적 재산권의 보호와 경제적 가치를 확보하는 중요한 수단으로 작용하고 있다. 로열티는 지식과 창조성의 보상으로서의 역할을 수행하며 기업들의 연구 개발을 촉진하고 혁신을 격려한다. 이처럼 로열티 제도는 기업과 지적 재산권 소유자 간의 상호 협력과 혁신적인 경제 발전에 기여하는 중요한 구조적 요소이다.

① 지적 재산권을 보호하는 방법
② 로열티 지급 시 유의사항
③ 지적 재산권의 정의
④ 로열티 제도의 유래와 발전
⑤ 로열티 제도의 모순

18 A~D는 한 판의 가위바위보를 한 후 그 결과에 대해 각각 두 가지의 진술을 하였다. 두 가지의 진술 중 하나는 반드시 참이고, 하나는 반드시 거짓이라고 할 때, 다음 중 항상 참인 것은?

> A : C는 B를 이길 수 있는 것을 냈고, B는 가위를 냈다.
> B : A는 C와 같은 것을 냈지만, A가 편 손가락의 수는 나보다 적었다.
> C : B는 바위를 냈고, 그 누구도 같은 것을 내지 않았다.
> D : A, B, C 모두 참 또는 거짓을 말한 순서가 동일하다. 이 판은 승자가 나온 판이었다.

① B와 같은 것을 낸 사람이 있다.
② 보를 낸 사람은 1명이다.
③ D는 혼자 가위를 냈다.
④ B가 기권했다면 가위를 낸 사람이 지는 판이다.
⑤ 바위를 낸 사람은 2명이다.

국민건강보험공단

빅데이터 ▶ 키워드

01 다음 중 '녹내장' 질환에 대한 설명으로 적절하지 않은 것은?

> 국민건강보험공단이 건강보험 빅데이터를 분석한 내용에 따르면 '녹내장 질환'으로 진료를 받은 환자가 2010년 44만 4천 명에서 2015년 76만 8천 명으로 5년간 73.1% 증가했으며, 성별에 따른 진료인원을 비교해 보면 여성이 남성보다 많은 것으로 나타났다. 남성은 2010년 20만 7천 명에서 2015년 35만 3천 명으로 5년간 70.1%(14만 6천 명), 여성은 2010년 23만 6천 명에서 2015년 41만 6천 명으로 75.8%(18만 명) 증가한 것으로 나타났다.
>
> 2015년 기준 '녹내장' 진료인원 분포를 연령대별로 살펴보면, 70대 이상이 26.2%를, 50대 이상이 68.6%를 차지했다. 2015년 기준 인구 10만 명당 '녹내장'으로 진료 받은 인원수가 60대에서 급격히 증가해 70대 이상이 4,853명으로 가장 많았다. 특히, 9세 이하와 70대 이상을 제외한 모든 연령대에서 여성보다 남성 환자가 많은 것으로 나타났다. 국민건강보험 일산병원 안과 박종운 교수는 60대 이상 노인 환자가 많은 이유에 대해 "녹내장은 특성상 40세 이후에 주로 발병한다. 그런데 최근장비와 약물의 발달로 조기 치료가 많은 데다가 관리도 많고 관리도 잘돼 나이가 들어서까지 시력이 보존되는 경우가 늘어났다. 그래서 60대 이후 노인 환자가 많은 것으로 보인다."고 설명했다.
>
> 2015년 남녀기준 전체 진료환자의 월별 추이를 살펴보면, 12월에 168,202명으로 진료인원이 가장 많은 것으로 나타났다. 2015년 기준 성별 진료인원이 가장 많은 달은 남성은 12월(80,302명)인 반면, 여성은 7월(88,119명)로 나타났다.
>
> 박종운 교수는 안과질환 녹내장 환자가 많은 이유에 대해 "녹내장은 노년층에 주로 발생하지만, 젊은 층에서도 스마트폰 등 IT기기 사용의 증가로 인해 최근 많이 나타나고 있다. 따라서 가족력이나 ᄀ하얀, 다ᄂ, ᄇ밑안 이ᄂ는 경우 정밀검사를 통해 안압이 정상이지 진주 체크하여야 한다. 또 녹내...

서울교통공사 9호선

원탁 배치 ▶ 유형

23 남자 2명과 여자 2명이 다음 〈조건〉과 같이 원탁에 앉아 있다. 이를 참고할 때, 옳은 것은?

> **조건**
> • 네 사람의 직업은 각각 교사, 변호사, 자영업자, 의사이다.
> • 네 사람은 각각 검은색 원피스, 파란색 재킷, 하얀색 니트, 밤색 티셔츠를 입고 있으며, 이 중 검은색 원피스는 여성용, 파란색 재킷은 남성용이다.
> • 남자는 남자끼리, 여자는 여자끼리 인접해서 앉아 있다.
> • 변호사는 하얀색 니트를 입고 있다.
> • 자영업자는 남자이다.
> • 의사의 왼쪽 자리에 앉은 사람은 검은색 원피스를 입었다.
> • 교사는 밤색 니트를 입은 사람과 원탁을 사이에 두고 마주 보고 있다.

① 교사와 의사는 원탁을 사이에 두고 마주 보고 있다.
② 변호사는 남자이다.
③ 밤색 티셔츠를 입은 사람은 여자이다.
④ 의사는 파란색 재킷을 입고 있다.
⑤ 검은색 원피스를 입은 여자는 자영업자의 옆에 앉아 있다.

주요 공기업 적중 문제

건강보험심사평가원

35 다음 글을 읽고 S대학교의 문제를 해결하기 위한 대안으로 가장 적절한 것은?

> S대학교는 현재 학생 관리 프로그램, 교수 관리 프로그램, 성적 관리 프로그램의 3개의 응용 프로그램을 갖추고 있다. 학생 관리 프로그램은 학생 정보를 저장하고 있는 파일을 이용하고 교수 관리 프로그램은 교수 정보 파일, 성적 관리 프로그램은 성적 정보 파일을 이용한다. 즉, 각각의 응용 프로그램들은 개별적인 파일을 이용한다.
>
> 이런 경우, 파일에는 많은 정보가 중복 저장되어 있다. 그렇기 때문에 중복된 정보가 수정되면 관련된 모든 파일을 수정해야 하는 불편함이 있다. 예를 들어, 한 학생이 자퇴하게 되면 학생 정보 파일뿐만 아니라 교수 정보 파일, 성적 정보 파일도 수정해야 하는 것이다.

① 데이터베이스 구축   ② 유비쿼터스 구축
③ RFID 구축   ④ NFC 구축
⑤ 와이파이 구축

한국전력공사

10 다음은 도서코드(ISBN)에 대한 자료이다. 주문한 도서에 대한 설명으로 옳은 것은?

〈[예시] 도서코드(ISBN)〉

국제표준도서번호					부가기호		
접두부	국가번호	발행자번호	서명식별번호	체크기호	독자대상	발행형태	내용분류
123	12	1234567		1	1	1	123

※ 국제표준도서번호는 5개의 군으로 나누어지고 군마다 '-'로 구분한다.

〈도서코드(ISBN) 세부사항〉

접두부	국가번호	발행자번호	서명식별번호	체크기호
978 또는 979	한국 89 미국 05 중국 72 일본 40 프랑스 22	발행자번호 – 서명식별번호 7자리 숫자 예 8491 – 208 : 발행자번호가 8491번인 출판사에서 208번째 발행한 책		0 ~ 9

독자대상	발행형태	내용분류
0 교양	0 문고본	030 백과사전
1 실용	1 사전	100 철학
2 여성	2 신서판	170 심리학
3 (예비)	3 단행본	200 종교
4 청소년	4 전집	360 법학
5 중고등 학습참고서	5 (예비)	470 생명과학
6 초등 학습참고서	6 도감	680 연극
7 아동	7 그림책, 만화	710 한국어
8 (예비)	8 혼합자료, 점자자료, 전자책,	770 스페인어
9 전문	마이크로자료	740 영미문학
	9 (예비)	720 유럽사

K-water 한국수자원공사

장소 선정 ▶ 유형

34 한국수자원공사는 채용 일정이 변경됨에 따라 신입직과 경력직의 채용시험을 동시에 동일한 장소에서 실시하려고 한다. 다음 중 채용시험 장소로 가장 적절한 곳은?(단, 채용시험일은 토요일이나 일요일로 한다)

① A중학교　　　　　　　　　　② B고등학교
③ C대학교　　　　　　　　　　④ D중학교

한국동서발전

맞춤법 ▶ 유형

04 다음 중 밑줄 친 ㉠~㉢의 맞춤법 수정 방안으로 적절하지 않은 것은?

> 우리 사회에 사형 제도에 대한 ㉠ 해 묵은 논쟁이 다시 일고 있다. 그러나 지금까지 여론 조사 결과를 보면, 우리 국민의 70% 정도는 사형 제도가 범죄를 예방할 수 있다고 생각한다. 그러나 과연 그 믿음대로 사형 제도는 정의를 실현하는 제도일까? 세계에서 사형을 가장 많이 집행하는 미국에서는 연간 ㉡ 10만건 이상의 살인이 벌어지고 있으며 ㉢ 좀처럼 줄어들지 않고 있다. 또한 2006년 미국의 ㉣ 범죄율을 비교한 결과 사형 제도를 폐지한 주가 유지하고 있는 주보다 오히려 낮았다. 이는 사형 제도가 범죄 예방 효과가 있을 것이라는 생각이 근거 없는 기대일 뿐임을 말해 준다. 또한 사형 제도는 인간에 대한 너무도 잔인한 제도이다. 사람들은 일부 국가에서 행해지는 돌팔매 처형의 잔인성에는 공감하면서도, 어째서 독극물 주입이나 전기의자 등은 괜찮다고 여기는 것인가? 사람을 죽이는 것에는 좋고 나쁜 방법이 있을 수 없으며 둘의 본질은 같다.

① ㉠은 한 단어이므로 '해묵은'으로 수정해야 한다.
② ㉡의 '건'은 의존 명사이므로 '10만 건'으로 띄어 써야 한다.
③ ㉢은 문맥상 같은 의미인 '좀체'로 바꾸어 쓸 수 있다.
④ ㉣은 한글 맞춤법에 따라 '범죄률'로 수정해야 한다.

도서 200% 활용하기 STRUCTURES

1 기출복원문제로 최신 출제경향 파악

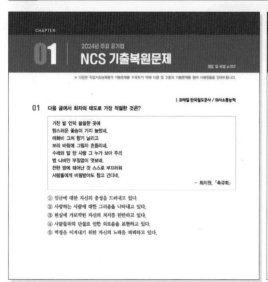

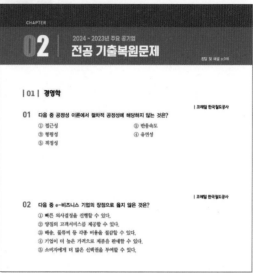

▶ 2024년 주요 공기업 NCS 기출문제를 복원하여 공기업별 NCS 필기 유형을 파악할 수 있도록 하였다.
▶ 2024~2023년 주요 공기업 전공 기출문제를 복원하여 공기업별 전공 출제경향을 파악할 수 있도록 하였다.

2 NCS 모듈이론 + 대표유형 적중문제 + 심화문제로 체계적 학습

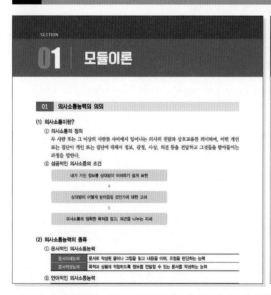

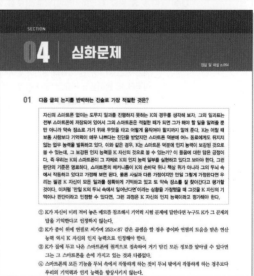

▶ NCS 출제 영역에 대한 모듈이론을 수록하여 NCS에 대한 내용을 익히고 점검할 수 있도록 하였다.
▶ 모듈형·피듈형·PSAT형 대표유형 적중문제 및 심화문제를 수록하여 NCS를 체계적으로 학습할 수 있도록 하였다.

3 직렬별 전공 핵심이론 + 적중예상문제로 빈틈없는 학습

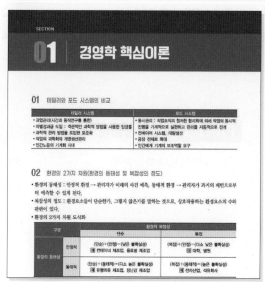

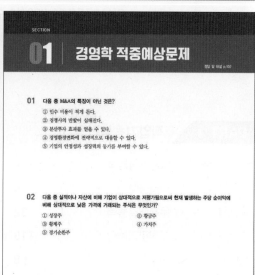

▶ 사무직 전공(경영학 · 경제학 · 행정학 · 법학) 및 기술직 전공(토목일반 · 기계일반 · 전기일반) 핵심이론을 수록하여 전공별 주요 내용을 익히고 점검할 수 있도록 하였다.

▶ 직렬별 전공 적중예상문제를 수록하여 전공까지 효과적으로 학습할 수 있도록 하였다.

4 최종점검 모의고사 + OMR을 통한 실전 연습

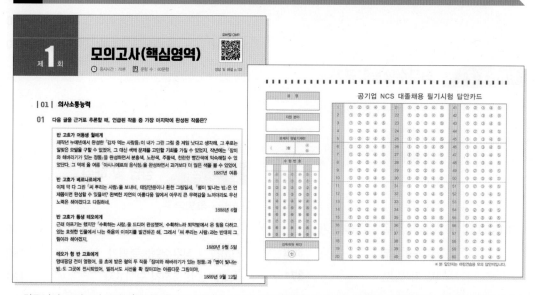

▶ 최종점검 모의고사 2회분(핵심영역+전 영역)과 OMR 답안카드를 수록하여 실제로 시험을 보는 것처럼 최종 마무리 연습을 할 수 있도록 하였다.

▶ 모바일 OMR 답안채점/성적분석 서비스를 통해 필기시험에 완벽히 대비할 수 있도록 하였다.

이 책의 차례 CONTENTS

Add+

합격의 공식 시대에듀 www.sdedu.co.kr

특별부록

01

NCS 기출복원문제

정답 및 해설 p.002

※ 다양한 직업기초능력평가 기출문제를 수록하기 위해 대졸 및 고졸의 기출문제를 함께 사용했음을 알려드립니다.

❙ 코레일 한국철도공사 / 의사소통능력

01 다음 글에서 화자의 태도로 가장 적절한 것은?

> 거친 밭 언덕 쓸쓸한 곳에
> 탐스러운 꽃송이 가지 눌렀네.
> 매화비 그쳐 향기 날리고
> 보리 바람에 그림자 흔들리네.
> 수레와 말 탄 사람 그 누가 보아 주리
> 벌 나비만 부질없이 엿보네.
> 천한 땅에 태어난 것 스스로 부끄러워
> 사람들에게 버림받아도 참고 견디네.
>
> — 최치원, 「촉규화」

① 임금에 대한 자신의 충성을 드러내고 있다.

② 사랑하는 사람에 대한 그리움을 나타내고 있다.

③ 현실에 가로막힌 자신의 처지를 한탄하고 있다.

④ 사람들과의 단절로 인한 외로움을 표현하고 있다.

⑤ 역경을 이겨내기 위한 자신의 노력을 피력하고 있다.

02 다음 글에 대한 설명으로 적절하지 않은 것은?

> 중국 연경(燕京)의 아홉 개 성문 안팎으로 뻗은 수십 리 거리에는 관청과 아주 작은 골목을 제외하고는 대체로 길 양옆으로 모두 상점이 늘어서 휘황찬란하게 빛난다.
>
> 우리나라 사람들은 중국 시장의 번성한 모습을 처음 보고서는 "오로지 말단의 이익만을 숭상하고 있군."이라고 말하였다. 이것은 하나만 알고 둘은 모르는 소리이다. 대저 상인은 사농공상(士農工商) 사민(四民)의 하나에 속하지만, 이 하나가 나머지 세 부류의 백성을 소통시키기 때문에 열에 셋의 비중을 차지하지 않으면 안 된다.
>
> 사람들은 쌀밥을 먹고 비단옷을 입고 있으면 그 나머지 물건은 모두 쓸모없는 줄 안다. 그러나 무용지물을 사용하여 유용한 물건을 유통하고 거래하지 않는다면, 이른바 유용하다는 물건은 거의 대부분이 한 곳에 묶여서 유통되지 않거나 그것만이 홀로 돌아다니다 쉽게 고갈될 것이다. 따라서 옛날의 성인과 제왕께서는 이를 위하여 주옥(珠玉)과 화폐 등의 물건을 조성하여 가벼운 물건으로 무거운 물건을 교환할 수 있도록 하셨고, 무용한 물건으로 유용한 물건을 살 수 있도록 하셨다.
>
> 지금 우리나라는 지방이 수천 리이므로 백성들이 적지 않고, 토산품이 구비되어 있다. 그럼에도 산이나 물에서 생산되는 이로운 물건이 전부 세상에 나오지 않고, 경제를 윤택하게 하는 방법도 잘 모르며, 날마다 쓰는 것을 팽개친 채 그것에 대해 연구하지 않고 있다. 그러면서 중국의 거마, 주택, 단청, 비단이 화려한 것을 보고서는 대뜸 "사치가 너무 심하다."라고 말해 버린다.
>
> 그렇지만 중국이 사치로 망한다고 할 것 같으면, 우리나라는 반드시 검소함으로 인해 쇠퇴할 것이다. 왜 그러한가? 검소함이란 물건이 있음에도 불구하고 쓰지 않는 것이지, 자기에게 없는 물건을 스스로 끊어 버리는 것을 일컫지는 않는다. 현재 우리나라에는 진주를 캐는 집이 없고 시장에는 산호 같은 물건의 값이 정해져 있지 않다. 금이나 은을 가지고 점포에 들어가서는 떡과 엿을 사 먹을 수가 없다. 이런 현실이 정말 우리의 검소한 풍속 때문이겠는가? 이것은 그 재물을 사용할 줄 모르기 때문이다. 재물을 사용할 방법을 알지 못하므로 재물을 만들어 낼 방법을 알지 못하고, 재물을 만들어 낼 방법을 알지 못하므로 백성들의 생활은 날이 갈수록 궁핍해진다.
>
> 재물이란 우물에 비유할 수가 있다. 물을 퍼내면 우물에는 늘 물이 가득하지만, 물을 길어내지 않으면 우물은 말라 버린다. 이와 같은 이치로 화려한 비단옷을 입지 않으므로 나라에는 비단을 짜는 사람이 없고, 그로 인해 여인이 베를 짜는 모습을 볼 수 없게 되었다. 그릇이 찌그러져도 이를 개의치 않으며, 기교를 부려 물건을 만들려고 하지도 않아 나라에는 공장(工匠)과 목축과 도공이 없어져 기술이 전해지지 않는다. 더 나아가 농업도 황폐해져 농사짓는 방법이 형편없고, 상업을 박대하므로 상업 자체가 실종되었다. 사농공상 네 부류의 백성이 누구나 할 것 없이 다 가난하게 살기 때문에 서로를 구제할 길이 없다.
>
> 지금 종각이 있는 종로 네거리에는 시장 점포가 연이어 있다고 하지만 그것은 1리도 채 안 된다. 중국에서 내가 지나갔던 시골 마을은 거의 몇 리에 걸쳐 점포로 뒤덮여 있었다. 그곳으로 운반되는 물건의 양이 우리나라 곳곳에서 유통되는 것보다 많았는데, 이는 그곳 가게가 우리나라보다 더 부유해서 그러한 것이 아니고 재물이 유통되느냐 유통되지 못하느냐에 따른 결과인 것이다.
>
> — 박제가, 『시장과 우물』

① 재물이 적절하게 유통되지 않는 현실을 비판하고 있다.
② 재물을 유통하기 위한 성현들의 노력을 근거로 제시하고 있다.
③ 경제의 규모를 늘리기 위한 소비의 중요성을 강조하고 있다.
④ 조선의 경제가 윤택하지 못한 이유를 부족한 생산량으로 보고 있다.
⑤ 산업의 발전을 위해 적당한 사치가 있어야 함을 제시하고 있다.

03 다음 중 한자성어의 뜻이 바르게 연결되지 않은 것은?

① 水魚之交 : 아주 친밀하여 떨어질 수 없는 사이

② 結草報恩 : 죽은 뒤에라도 은혜를 잊지 않고 갚음

③ 靑出於藍 : 제자나 후배가 스승이나 선배보다 나음

④ 指鹿爲馬 : 윗사람을 농락하여 권세를 마음대로 함

⑤ 刻舟求劍 : 말로는 친한 듯 하나 속으로는 해칠 생각이 있음

04 다음 중 밑줄 친 부분의 띄어쓰기가 옳지 않은 것은?

① 운전을 어떻게 해야 하는지 알려 주었다.

② 오랫동안 애쓴 만큼 좋은 결과가 나왔다.

③ 모두가 떠나가고 남은 사람은 고작 셋 뿐이다.

④ 참가한 사람들은 누구의 키가 큰지 작은지 비교해 보았다.

⑤ 민족의 큰 명절에는 온 나라 방방곡곡에서 씨름판이 열렸다.

05 다음 중 밑줄 친 부분의 표기가 옳지 않은 것은?

① 늦게 온다던 친구가 금세 도착했다.

② 변명할 틈도 없이 그에게 일방적으로 채였다.

③ 못 본 사이에 그의 얼굴은 핼쑥하게 변했다.

④ 빠르게 변해버린 고향이 낯설게 느껴졌다.

⑤ 문제의 정답을 찾기 위해 곰곰이 생각해 보았다.

06 다음 중 단어와 그 발음법이 바르게 연결되지 않은 것은?

① 결단력 - [결딴녁]
② 옷맵시 - [온맵씨]
③ 몰상식 - [몰상씩]
④ 물난리 - [물랄리]
⑤ 땀받이 - [땀바지]

07 다음 식을 계산하여 나온 수의 백의 자리, 십의 자리, 일의 자리를 순서대로 바르게 나열한 것은?

$$865 \times 865 + 865 \times 270 + 135 \times 138 - 405$$

① 0, 0, 0
② 0, 2, 0
③ 2, 5, 0
④ 5, 5, 0
⑤ 8, 8, 0

08 길이가 200m인 A열차가 어떤 터널을 60km/h의 속력으로 통과하였다. 잠시 후 길이가 300m인 B열차가 같은 터널을 90km/h의 속력으로 통과하였다. A열차와 B열차가 이 터널을 완전히 통과할 때 걸린 시간의 비가 10 : 7일 때, 이 터널의 길이는?

① 1,200m
② 1,500m
③ 1,800m
④ 2,100m
⑤ 2,400m

※ 다음과 같이 일정한 규칙으로 수를 나열할 때, 빈칸에 들어갈 수를 고르시오. [9~10]

09

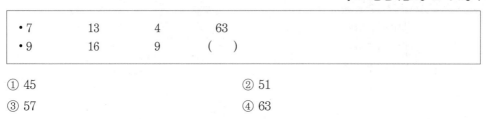

| • 7 | 13 | 4 | 63 |
| • 9 | 16 | 9 | (   ) |

① 45   ② 51
③ 57   ④ 63
⑤ 69

10

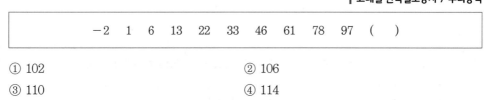

−2   1   6   13   22   33   46   61   78   97   (   )

① 102   ② 106
③ 110   ④ 114
⑤ 118

11 K중학교 2학년 A~F 6개의 학급이 체육대회에서 줄다리기 경기를 다음과 같은 토너먼트로 진행하려고 한다. 이때, A반과 B반이 모두 두 번의 경기를 거쳐 결승에서 만나게 되는 경우의 수는?

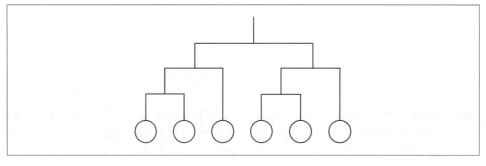

① 6가지   ② 24가지
③ 120가지   ④ 180가지
⑤ 720가지

12 다음은 연령대별로 도시와 농촌에서의 여가생활 만족도 평가 점수를 조사한 자료이다. 〈조건〉에 따라 빈칸 ㄱ ~ ㄹ에 들어갈 수를 순서대로 바르게 나열한 것은?

〈연령대별 도시·농촌 여가생활 만족도 평가〉

(단위 : 점)

구분	10대 미만	10대	20대	30대	40대	50대	60대	70대 이상
도시	1.6	ㄱ	3.5	ㄴ	3.9	3.8	3.3	1.7
농촌	1.3	1.8	2.2	2.1	2.1	ㄷ	2.1	ㄹ

※ 매우 만족 : 5점, 만족 : 4점, 보통 : 3점, 불만 : 2점, 매우 불만 : 1점

조건
- 도시에서 여가생활 만족도는 모든 연령대에서 같은 연령대의 농촌보다 높았다.
- 도시에서 10대의 여가생활 만족도는 농촌에서 10대의 2배보다 높았다.
- 도시에서 여가생활 만족도가 가장 높은 연령대는 40대였다.
- 농촌에서 여가생활 만족도가 가장 높은 연령대는 50대지만, 3점을 넘기지 못했다.

	ㄱ	ㄴ	ㄷ	ㄹ
①	3.8	3.3	2.8	3.5
②	3.5	3.3	3.2	3.5
③	3.8	3.3	2.8	1.5
④	3.5	4.0	3.2	1.5
⑤	3.8	4.0	2.8	1.5

13 가격이 500,000원일 때 10,000개가 판매되는 K제품이 있다. 이 제품의 가격을 10,000원 인상할 때마다 판매량은 160개 감소하고, 10,000원 인하할 때마다 판매량은 160개 증가한다. 이때, 총 판매금액이 최대가 되는 제품의 가격은?(단, 가격은 10,000원 단위로만 인상 또는 인하할 수 있다)

① 520,000원

② 540,000원

③ 560,000원

④ 580,000원

⑤ 600,000원

14 다음은 전자제품 판매업체 3사를 다섯 가지 항목으로 나누어 평가한 자료이다. 이를 토대로 3사의 항목별 비교 및 균형을 쉽게 파악할 수 있도록 나타낸 그래프로 옳은 것은?

〈전자제품 판매업체 3사 평가표〉

(단위 : 점)

구분	디자인	가격	광고 노출도	브랜드 선호도	성능
A사	4.1	4.0	2.5	2.1	4.6
B사	4.5	1.5	4.9	4.0	2.0
C사	2.5	4.5	0.6	1.5	4.0

①

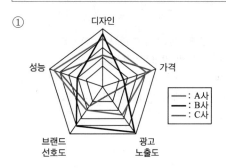

②

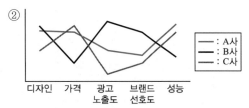

③

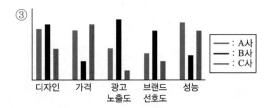

④

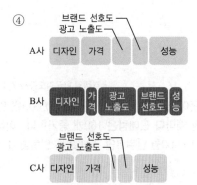

⑤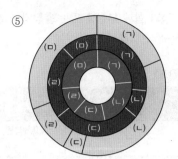

	: A사
	: B사
	: C사

(ㄱ) - 디자인
(ㄴ) - 가격
(ㄷ) - 광고 노출도
(ㄹ) - 브랜드 선호도
(ㅁ) - 성능

15 다음은 2023년 K톨게이트를 통과한 차량에 대한 자료이다. 이에 대한 설명으로 옳지 않은 것은?

〈2023년 K톨게이트 통과 차량〉

(단위 : 천 대)

구분	승용차			승합차			대형차		
	영업용	비영업용	합계	영업용	비영업용	합계	영업용	비영업용	합계
1월	152	3,655	3,807	244	2,881	3,125	95	574	669
2월	174	3,381	3,555	222	2,486	2,708	101	657	758
3월	154	3,909	4,063	229	2,744	2,973	139	837	976
4월	165	3,852	4,017	265	3,043	3,308	113	705	818
5월	135	4,093	4,228	211	2,459	2,670	113	709	822
6월	142	3,911	4,053	231	2,662	2,893	107	731	838
7월	164	3,744	3,908	237	2,721	2,958	117	745	862
8월	218	3,975	4,193	256	2,867	3,123	115	741	856
9월	140	4,105	4,245	257	2,913	3,170	106	703	809
10월	135	3,842	3,977	261	2,812	3,073	107	695	802
11월	170	3,783	3,953	227	2,766	2,993	117	761	878
12월	147	3,730	3,877	243	2,797	3,040	114	697	811

① 전체 승용차 수와 전체 승합차 수의 합이 가장 많은 달은 9월이고, 가장 적은 달은 2월이었다.

② 4월을 제외하고 K톨게이트를 통과한 비영업용 승합차 수는 월별 300만 대 미만이었다.

③ 전체 대형차 수 중 영업용 대형차 수의 비율은 모든 달에서 10% 이상이었다.

④ 영업용 승합차 수는 모든 달에서 영업용 대형차 수의 2배 이상이었다.

⑤ 승용차가 가장 많이 통과한 달의 전체 승용차 수에 대한 영업용 승용차 수의 비율은 3% 이상이었다.

※ 서울역 근처 K공사에 근무하는 A과장은 1월 10일에 팀원 4명과 함께 부산에 있는 출장지에 열차를 타고 가려고 한다. 다음 자료를 보고 이어지는 질문에 답하시오. [16~17]

〈서울역 → 부산역 열차 시간표〉

구분	출발시각	정차역	다음 정차역까지 소요시간	총주행시간	성인 1인당 요금
KTX	8:00	–	–	2시간 30분	59,800원
ITX-청춘	7:20	대전	40분	3시간 30분	48,800원
ITX-마음	6:40	대전, 울산	40분	3시간 50분	42,600원
새마을호	6:30	대전, 울산, 동대구	60분	4시간 30분	40,600원
무궁화호	5:30	대전, 울산, 동대구	80분	5시간 40분	28,600원

※ 위의 열차 시간표는 1월 10일 운행하는 열차 종류별로 승차권 구입이 가능한 가장 빠른 시간표이다.
※ 총주행시간은 정차·대기시간을 제외한 열차가 실제로 달리는 시간이다.

〈운행 조건〉

• 정차역에 도착할 때마다 대기시간 15분을 소요한다.
• 정차역에 먼저 도착한 열차가 출발하기 전까지 뒤에 도착한 열차는 정차역에 들어오지 않고 대기한다.
• 정차역에 먼저 도착한 열차가 정차역을 출발한 후, 5분 뒤에 대기 중인 열차가 정차역에 들어온다.
• 정차역에 2종류 이상의 열차가 동시에 도착하였다면, ITX-청춘 → ITX-마음 → 새마을호 → 무궁화호 순으로 정차역에 들어온다.
• 목적지인 부산역은 먼저 도착한 열차로 인한 대기 없이 바로 역에 들어온다.

| 코레일 한국철도공사 / 문제해결능력

16 다음 중 자료에 대한 설명으로 옳지 않은 것은?

① ITX-청춘보다 ITX-마음이 목적지에 더 빨리 도착한다.
② 부산역에 가장 늦게 도착하는 열차는 12시에 도착한다.
③ ITX-마음은 먼저 도착한 열차로 인한 대기시간이 없다.
④ 부산역에 가장 빨리 도착하는 열차는 10시 30분에 도착한다.
⑤ 무궁화호는 울산역, 동대구역에서 다른 열차로 인해 대기한다.

17 다음 〈조건〉에 따라 승차권을 구입할 때, A과장과 팀원 4명의 총요금은?

조건

- A과장과 팀원 1명은 7시 30분까지 K공사에서 사전 회의를 가진 후 출발하며, 출장 인원 모두 같이 이동할 필요는 없다.
- 목적지인 부산역에는 11시 30분까지 도착해야 한다.
- 열차 요금은 가능한 한 저렴하게 한다.

① 247,400원   ② 281,800원

③ 312,800원   ④ 326,400원

⑤ 347,200원

18 다음 글에서 알 수 있는 논리적 사고의 구성요소로 가장 적절한 것은?

A는 동업자 B와 함께 신규 사업을 시작하기 위해 기획안을 작성하여 논의하였다. 그러나 B는 신규 기획안을 읽고 시기나 적절성에 대해 부정적인 입장을 보였다. A가 B를 설득하기 위해 B의 의견들을 정리하여 생각해 보니 B는 신규 사업을 시작하는 데 있어 다른 경쟁사보다 늦게 출발하여 경쟁력이 부족하는 점 때문에 신규 사업에 부정적이라는 것을 알게 되었다. 이에 A는 경쟁력을 높이기 위한 다양한 아이디어를 추가로 제시하여 B를 다시 설득하였다.

① 설득
② 구체적인 생각
③ 생각하는 습관
④ 타인에 대한 이해
⑤ 상대 논리의 구조화

19 면접 참가자 A ~ E 5명은 〈조건〉과 같이 면접장에 도착했다. 동시에 도착한 사람은 없다고 할 때, 다음 중 항상 참인 것은?

> **조건**
> • B는 A 바로 다음에 도착했다.
> • D는 E보다 늦게 도착했다.
> • C보다 먼저 도착한 사람이 1명 있다.

① E는 가장 먼저 도착했다.
② B는 가장 늦게 도착했다.
③ A는 네 번째로 도착했다.
④ D는 가장 먼저 도착했다.
⑤ D는 A보다 먼저 도착했다.

20 다음 논리에서 나타난 형식적 오류로 옳은 것은?

> • 전제 1 : TV를 오래 보면 눈이 나빠진다.
> • 전제 2 : 철수는 TV를 오래 보지 않는다.
> • 결론 : 그러므로 철수는 눈이 나빠지지 않는다.

① 사개명사의 오류
② 전건 부정의 오류
③ 후건 긍정의 오류
④ 선언지 긍정의 오류
⑤ 매개념 부주연의 오류

21 다음 글의 내용으로 적절하지 않은 것은?

K공단은 의사와 약사가 협력하여 지역주민의 안전한 약물 사용을 돕는 의·약사 협업 다제약물 관리사업을 6월 26일부터 서울 도봉구에서 시작했다고 밝혔다.

지난 2018년부터 K공단이 진행 중인 다제약물 관리사업은 10종 이상의 약을 복용하는 만성질환자를 대상으로 약물의 중복 복용과 부작용 등을 예방하기 위해 의약전문가가 약물관리 서비스를 제공하는 사업이다. 지역사회에서는 K공단에서 위촉한 자문 약사가 가정을 방문하여 대상자가 먹고 있는 일반 약을 포함한 전체 약을 대상으로 약물의 복용상태, 부작용, 중복 등을 종합적으로 검토하고 그 결과를 바탕으로 상담, 교육 및 처방조정 안내를 실시함으로써 약물관리가 이루어지고, 병원에서는 입원 및 외래환자를 대상으로 의사, 약사 등으로 구성된 다학제팀(전인적인 돌봄을 위해 의사, 간호사, 약사, 사회복지사 등 다양한 전문가들로 이루어진 팀)이 약물관리 서비스를 제공한다.

다제약물 관리사업 효과를 평가한 결과 약물관리를 받은 사람의 복약순응도가 56.3% 개선되었고, 효능이 유사한 약물을 중복해서 복용하는 환자가 40.2% 감소되었다. 또한, 병원에서 제공된 다제약물 관리사업으로 응급실 방문 위험이 47%, 재입원 위험이 18% 감소되는 등의 효과를 확인하였다.

다만, 지역사회에서는 약사의 약물 상담결과가 의사의 처방조정에까지 반영되는 다학제 협업 시스템이 미흡하다는 의견이 제기되었다. 이러한 문제점의 개선을 위해 K공단은 도봉구 의사회와 약사회, 전문가로 구성된 지역협의체를 구성하고, 지난 4월부터 3회에 걸친 논의를 통해 의·약사 협업 모형을 개발하고, 사업 참여 의·약사 선정, 서비스 제공 대상자 모집 및 정보공유 방법 등의 현장 적용방안을 마련했다. 의사나 K공단이 선정한 약물관리 대상자는 자문 약사의 약물점검(필요시 의사 동행)을 받게 되며, 그 결과가 K공단의 정보 시스템을 통해 대상자의 단골 병원 의사에게 전달되어 처방 시 반영될 수 있도록 하는 것이 주요 골자이다. 지역 의·약사 협업 모형은 2023년 12월까지 도봉구지역의 일차의료 만성질환관리 시범사업에 참여하는 의원과 자문약사를 중심으로 우선 실시한다. 이후 사업의 효과성을 평가하고 부족한 점은 보완하여 다른 지역에도 확대 적용할 예정이다.

① K공단에서 위촉한 자문 약사는 환자가 먹는 약물을 조사하여 직접 처방할 수 있다.
② 다제약물 관리사업으로 인해 환자는 복용하는 약물의 수를 줄일 수 있다.
③ 다제약물 관리사업의 주요 대상자는 10종 이상의 약을 복용하는 만성질환자이다.
④ 다제약물 관리사업은 지역사회보다 병원에서 보다 활발히 이루어지고 있다.

22 다음 문단 뒤에 이어질 내용을 논리적 순서대로 바르게 나열한 것은?

아토피 피부염은 만성적으로 재발하는 양상을 보이며 심한 가려움증을 동반하는 염증성 피부 질환으로, 연령에 따라 특징적인 병변의 분포와 양상을 보인다.

(가) 이와 같이 아토피 피부염은 원인을 정확히 파악할 수 없기 때문에 아토피 피부염의 진단을 위한 특이한 검사소견은 없으며, 임상 증상을 종합하여 진단한다. 기존에 몇 가지 국외의 진단기준이 있었으며, 2005년 대한아토피피부염학회에서는 한국인 아토피 피부염에서 특징적으로 관찰되는 세 가지 주진단 기준과 14가지 보조진단 기준으로 구성된 한국인 아토피 피부염 진단기준을 정하였다.

(나) 아토피 피부염 환자는 정상 피부에 비해 민감한 피부를 가지고 있으며 다양한 자극원에 의해 악화될 수 있으므로 앞의 약물치료와 더불어 일상생활에서도 이를 피할 수 있도록 노력해야 한다. 비누와 세제, 화학약품, 모직과 나일론 의류, 비정상적인 기온이나 습도에 대한 노출 등이 대표적인 피부 자극 요인들이다. 면제품 속옷을 입도록 하고, 세탁 후 세제가 남지 않도록 물로 여러 번 헹구도록 한다. 또한 평소 실내 온도, 습도를 쾌적하게 유지하는 것도 중요하다. 땀이나 자극성 물질을 제거하는 목적으로 미지근한 물에 샤워를 하는 것이 좋으며, 샤워 후에는 3분 이내에 보습제를 바르는 것이 좋다.

(다) 아토피 피부염을 진단받아 치료하기 위해서는 보습이 가장 중요하고, 피부 증상을 악화시킬 수 있는 자극원, 알레르겐 등을 피하는 것이 필요하다. 국소 치료제로는 국소 스테로이드제가 가장 기본적이다. 국소 칼시뉴린 억제제도 효과적으로 사용되는 약제이며, 국소 스테로이드제 사용으로 발생 가능한 피부 위축 등의 부작용이 없다. 아직 국내에 들어오지는 않았으나 국소 포스포디에스테라제 억제제도 있다. 이 외에는 전신치료로 가려움증 완화를 위해 사용할 수 있는 항히스타민제가 있고, 필요시 경구 스테로이드제를 사용할 수 있다. 심한 아토피 피부염 환자에서는 면역 억제제가 사용된다. 광선치료(자외선치료)도 아토피 피부염 치료로 이용된다. 최근에는 아토피 피부염을 유발하는 특정한 사이토카인 신호 전달을 차단할 수 있는 생물학적 제제인 두필루맙(Dupilumab)이 만성 중증 아토피 피부염 환자를 대상으로 사용되고 있으며, 치료 효과가 뛰어나다고 알려져 있다.

(라) 많은 연구에도 불구하고 아토피 피부염의 정확한 원인은 아직 밝혀지지 않았다. 현재까지는 피부 보호막 역할을 하는 피부장벽 기능의 이상, 면역체계의 이상, 유전적 및 환경적 요인 등이 복합적으로 상호작용한 결과 발생하는 것으로 보고 있다.

① (다) – (가) – (라) – (나)

② (다) – (나) – (라) – (가)

③ (라) – (가) – (나) – (다)

④ (라) – (가) – (다) – (나)

23 다음 글의 주제로 가장 적절한 것은?

> 한국인의 주요 사망 원인 중 하나인 뇌경색은 뇌혈관이 갑자기 폐쇄됨으로써 뇌가 손상되어 신경학적 이상이 발생하는 질병이다.
>
> 뇌경색의 발생 원인은 크게 분류하면 2가지가 있는데, 그중 첫 번째는 동맥경화증이다. 동맥경화증은 혈관의 중간층에 퇴행성 변화가 일어나서 섬유화가 진행되고 혈관의 탄성이 줄어드는 노화현상의 일종으로, 뇌로 혈류를 공급하는 큰 혈관이 폐쇄되거나 뇌 안의 작은 혈관이 폐쇄되어 발생하는 것이다. 두 번째는 심인성 색전으로, 심장에서 형성된 혈전이 혈관을 타고 흐르다 갑자기 뇌혈관을 폐쇄시켜 발생하는 것이다.
>
> 뇌경색이 발생하여 환자가 응급실에 내원한 경우, 폐쇄된 뇌혈관을 확인하기 위한 뇌혈관 조영 CT를 촬영하거나 손상된 뇌경색 부위를 좀 더 정확하게 확인해야 하는 경우에는 뇌 자기공명 영상(Brain MRI) 검사를 한다. 이렇게 시행한 검사에서 큰 혈관의 폐쇄가 확인되면 정맥 내에 혈전용해제를 투여하거나 동맥 내부의 혈전제거술을 시행하게 된다. 시술이 필요하지 않은 경우라면, 뇌경색의 악화를 방지하기 위하여 뇌경색 기전에 따라 항혈소판제나 항응고제 약물 치료를 하게 된다.
>
> 뇌경색의 원인 중 동맥경화증의 경우 여러 가지 위험 요인에 의하여 장시간 동안 서서히 진행된다. 고혈압, 당뇨, 이상지질혈증, 흡연, 과도한 음주, 비만 등이 위험 요인이며, 평소 이러한 원인이 있는 사람은 약물 치료 및 생활 습관 개선으로 위험 요인을 줄여야 한다. 특히 뇌경색이 한번 발병했던 사람은 재발 방지를 위한 약물을 지속적으로 복용하는 것이 필요하다.

① 뇌경색의 주요 증상
② 뇌경색 환자의 약물치료 방법
③ 뇌경색의 발병 원인과 치료 방법
④ 뇌경색이 발생했을 때의 조치사항

24 다음은 2019 ~ 2023년 건강보험료 부과 금액 및 1인당 건강보험 급여비에 대한 자료이다. 이에 대한 설명으로 옳지 않은 것은?

<건강보험료 부과 금액 및 1인당 건강보험 급여비>

구분	2019년	2020년	2021년	2022년	2023년
건강보험료 부과 금액 (십억 원)	59,130	63,120	69,480	76,775	82,840
1인당 건강보험 급여비(원)	1,300,000	1,400,000	1,550,000	1,700,000	1,900,000

① 건강보험료 부과 금액과 1인당 건강보험 급여비는 모두 매년 증가하였다.
② 2020 ~ 2023년 동안 전년 대비 1인당 건강보험 급여비가 가장 크게 증가한 해는 2023년이다.
③ 2020 ~ 2023년 동안 전년 대비 건강보험료 부과 금액의 증가율은 항상 10% 미만이었다.
④ 2019년 대비 2023년의 1인당 건강보험 급여비는 40% 이상 증가하였다.

25

- 잎이 넓은 나무는 키가 크다.
- 잎이 넓지 않은 나무는 덥지 않은 지방에서 자란다.
- _____
- 따라서 더운 지방에서 자라는 나무는 열매가 많이 맺힌다.

① 잎이 넓지 않은 나무는 열매가 많이 맺힌다.

② 열매가 많이 맺히지 않는 나무는 키가 작다.

③ 벌레가 많은 지역은 열매가 많이 맺히지 않는다.

④ 키가 작은 나무는 덥지 않은 지방에서 자란다.

26

- 풀을 먹는 동물은 몸집이 크다.
- 사막에서 사는 동물은 물속에서 살지 않는다.
- _____
- 따라서 물속에서 사는 동물은 몸집이 크다.

① 몸집이 큰 동물은 물속에서 산다.

② 물이 있으면 사막이 아니다.

③ 사막에 사는 동물은 몸집이 크다.

④ 풀을 먹지 않는 동물은 사막에 산다.

27

- 모든 1과 사원은 가장 실적이 많은 2과 사원보다 실적이 많다.
- 가장 실적이 많은 4과 사원은 모든 3과 사원보다 실적이 적다.
- 3과 사원 중 일부는 가장 실적이 많은 2과 사원보다 실적이 적다.
- 따라서 _____

① 모든 2과 사원은 4과 사원 중 일부보다 실적이 적다.

② 어떤 1과 사원은 가장 실적이 많은 3과 사원보다 실적이 적다.

③ 어떤 3과 사원은 가장 실적이 적은 1과 사원보다 실적이 적다.

④ 1과 사원 중 가장 적은 실적을 올린 사원과 같은 실적을 올린 사원이 4과에 있다.

28 다음은 대한민국 입국 목적별 비자 종류의 일부이다. 외국인 A ~ D씨가 피초청자로서 입국할 때, 발급받아야 하는 비자의 종류를 바르게 짝지은 것은?(단, 비자면제 협정은 없는 것으로 가정한다)

<대한민국 입국 목적별 비자 종류>

- 외교 · 공무
  - 외교(A-1) : 대한민국 정부가 접수한 외국 정부의 외교사절단이나 영사기관의 구성원, 조약 또는 국제관행에 따라 외교사절과 동등한 특권과 면제를 받는 사람과 그 가족
  - 공무(A-2) : 대한민국 정부가 승인한 외국 정부 또는 국제기구의 공무를 수행하는 사람과 그 가족
- 유학 · 어학연수
  - 학사유학(D-2-2) : (전문)대학, 대학원 또는 특별법의 규정에 의하여 설립된 전문대학 이상의 학술기관에서 정규과정(학사)의 교육을 받고자 하는 자
  - 교환학생(D-2-6) : 대학 간 학사교류 협정에 의해 정규과정 중 일정 기간 동안 교육을 받고자 하는 교환학생
- 비전문직 취업
  - 제조업(E-9-1) : 외국인근로자의 고용에 관한 법률의 규정에 의한 국내 취업요건을 갖추어 제조업체에 취업하고자 하는 자
  - 농업(E-9-3) : 외국인근로자의 고용에 관한 법률의 규정에 의한 국내 취업요건을 갖추어 농업, 축산업 등에 취업하고자 하는 자
- 결혼이민
  - 결혼이민(F-6-1) : 한국에서 혼인이 유효하게 성립되어 있고, 우리 국민과 결혼생활을 지속하기 위해 국내 체류를 하고자 하는 외국인
  - 자녀양육(F-6-2) : 국민의 배우자(F-6-1) 자격에 해당하지 않으나 출생한 미성년 자녀(사실혼 관계 포함)를 국내에서 양육하거나 양육하려는 부 또는 모
- 치료 요양
  - 의료관광(C-3-3) : 국내 의료기관에서 진료 또는 요양할 목적으로 입국하는 외국인 환자와 간병 등을 위해 동반입국이 필요한 동반가족 및 간병인(90일 이내)
  - 치료요양(G-1-10) : 국내 의료기관에서 진료 또는 요양할 목적으로 입국하는 외국인 환자와 간병 등을 위해 동반입국이 필요한 동반가족 및 간병인(1년 이내)

<피초청자 초청 목적>

피초청자	국적	초청 목적
A	말레이시아	부산에서 6개월가량 입원 치료가 필요한 아들의 간병(아들의 국적 또한 같음)
B	베트남	경기도 소재 O제조공장 취업(국내 취업 요건을 모두 갖춤)
C	사우디아라비아	서울 소재 K대학교 교환학생
D	인도네시아	대한민국 개최 APEC 국제기구 정상회의 참석

	A	B	C	D
①	C-3-3	D-2-2	F-6-1	A-2
②	G-1-10	E-9-1	D-2-6	A-2
③	G-1-10	D-2-2	F-6-1	A-1
④	C-3-3	E-9-1	D-2-6	A-1

통계청이 발표한 출생·사망통계에 따르면 국내 합계출산율(가임여성 1명이 평생 낳을 것으로 기대되는 평균 출생아 수)은 2015년 1.24명에서 2023년 0.72명으로 급격하게 감소했다. 이 수치는 OECD 38개국 중 꼴찌일 뿐 아니라 바로 앞 순위인 스페인의 1.19명과도 상당한 차이를 보인다.

실제로 2020년부터 사망자 수가 출생아 수를 넘어서면서 이른 바 데드크로스 현상이 나타나고 있으며, 이 사태가 지속된다면 머지않아 경제, 사회, 안보 등 모든 분야가 순차적으로 직격탄을 맞게 될 것이다.

이에 정부는 현 상황을 해결하고자 3대 핵심부분인 일·가정 양립, 양육, 주거를 중심으로 지원하겠다고 밝혔다. 특히 소득 차이를 줄이기 위한 방안으로 현행 월 150만 원인 육아휴직 월 급여 상한을 최초 3개월 동안 250만 원으로 증액시키고, 연 1회 2주 단위의 단기휴직을 도입하겠다고 밝혔다.

이 외에도 경력단절 문제를 해결하기 위한 방안으로 육아기 단축근로제도를 수정하였는데, 기존 제도에서 ＿＿＿＿＿＿＿＿＿＿＿＿ 또 육아휴직과 출산휴가를 통합신청을 가능하게 하고 이에 대해 14일 이내 사업주가 서면으로 허용하지 않으면 자동 승인되도록 하여 눈치 보지 않고 육아휴직 및 출산휴가를 사용할 수 있도록 개선하였다.

다만 제도가 변경되어도 현실적으로 육아휴직 사용이 어려운 소규모 사업장에서의 사용률을 높일 수 있는 법적 강제화 방안은 제외되었으며, 배달라이더 등 특수고용노동자나 자영업자는 전과 같이 적용대상에서 제외되었다.

29 다음 중 윗글에 대한 설명으로 적절하지 않은 것은?

① 2020년 이후 우리나라 전체 인구수는 감소하고 있다.

② 2023년 OECD 38개국 중 유일하게 우리나라만 인구감소 현상이 나타났다.

③ 정부는 저출생의 가장 큰 원인을 일·가정 양립, 양육, 주거로 보고 있다.

④ 육아 휴직 및 출산 휴가 제도가 개선되었더라도 수혜 대상은 이전과 유사하다.

30 다음 중 윗글의 빈칸에 들어갈 내용으로 가장 적절한 것은?

① 자녀의 대상연령은 축소하고, 제도의 이용기간은 줄였다.

② 자녀의 대상연령은 축소하고, 제도의 이용기간은 늘렸다.

③ 자녀의 대상연령은 확대하고, 제도의 이용기간은 줄였다.

④ 자녀의 대상연령은 확대하고, 제도의 이용기간은 늘렸다.

※ 다음 글을 읽고 이어지는 질문에 답하시오. [31~32]

헤겔의 정반합 이론은 변증법이라고도 하며, '정', '반', '합'의 3단계 과정으로 이루어진다. 먼저 '정'이라는 하나의 명제가 존재하고 여기에 반대되는 주장인 '반'이 등장해 둘 사이는 갈등을 통해 통합된 하나의 주장인 '합'을 도출해낸다. 이 이론의 각 단계를 살펴보면 다음과 같다.

먼저 '정'이라는 하나의 추상적인 또는 객관적인 명제로부터 이 이론은 시작된다. '정' 단계에서는 그 명제 자체만으로도 독립적인 의미를 가지고 있는 상태로, 어떠한 갈등이나 대립도 없어 다음 단계로 발전하지 못하는 잠재적인 무의식의 단계이다.

그 다음 단계인 '반'은 앞선 단계인 '정'의 명제에 대해 반대되거나 모순되어 갈등 상황을 일으키는 명제이다. 비록 부정적이지만 이성에 근거한 이 명제는 '정'으로 하여금 이미 자신이 내포하고 있었던 내재적 모순을 표면적으로 드러나게 하여 스스로를 객관적으로 바라보고 이를 반성할 수 있도록 이끈다. 따라서 이 단계는 직접적인 갈등 과정이 표면으로 드러나면서 이를 자각하고 이전보다 한걸음 발전했기 때문에 의식적 단계라고 볼 수 있다.

마지막 단계인 '합'은 '정'과 '반' 두 명제를 통합하는 과정으로, 두 명제 사이의 갈등을 해결해 마침내 이성적이고 긍정적인 판단을 이끌어내는 것이다. 이로써 '합'은 두 명제의 모순을 해결해 하나로 합쳐 스스로를 인식하는 진정한 의식적 단계에 다다른 것이다.

하지만 헤겔의 변증법적인 발전은 '합' 단계에서 그치는 것이 아니다. '합'은 다시 '정'이 되어 스스로가 내재적으로 가지고 있는 모순을 다시금 꺼내어 정반합의 단계를 되풀이하면서 계속하여 발전해 간다. 즉, 이 이론의 핵심은 _____이다.

31 다음 중 윗글에 대한 설명으로 적절하지 않은 것을 〈보기〉에서 모두 고르면?

> **보기**
> ㄱ. '정'과 '반'의 명제가 무조건적으로 대립되는 관계는 아니다.
> ㄴ. 헤겔의 정반합 이론에서 '합'은 '정'과 '반'보다 더 발전된 명제이다.
> ㄷ. '정'과 '반'의 명제의 우위를 가려 더 발전적 결과인 '합'을 도출하여야 한다.
> ㄹ. '정'과 '반'이 하나의 의견으로 도출해내지 못한다면, 이는 헤겔의 정반합 이론이 적용되었다고 보기 어렵다.

① ㄱ, ㄴ   ② ㄱ, ㄷ
③ ㄴ, ㄷ   ④ ㄷ, ㄹ

32 다음 중 윗글의 빈칸에 들어갈 내용으로 가장 적절한 것은?

① 개인과 사회는 정반합의 과정처럼 계속하여 갈등상황에 놓이게 된다는 것
② 개인과 사회는 정반합의 과정을 계속하면서 이전보다 더 발전하게 된다는 것
③ 개인과 사회는 발전하기 위해 끊임없이 '반'에 해당하는 명제를 제시해야 한다는 것
④ 개인과 사회는 발전하기 위해 서로 상반된 주장도 통합할 수 있는 판단을 이끌어내야 한다는 것

33 다음과 같이 일정한 규칙으로 수를 나열할 때 빈칸에 들어갈 수는?

• 6	13	8	8	144
• 7	11	7	4	122
• 8	9	6	2	100
• 9	7	5	1	( )

① 75

② 79

③ 83

④ 87

34 다음과 같이 둘레의 길이가 2,000m인 원형 산책로에서 오후 5시 정각에 A씨가 3km/h의 속력으로 산책로를 따라 걷기 시작했다. 30분 후 B씨는 A씨가 걸어간 반대 방향으로 7km/h의 속력으로 같은 산책로를 따라 달리기 시작했을 때, A씨와 B씨가 두 번째로 만나게 되는 시각은?

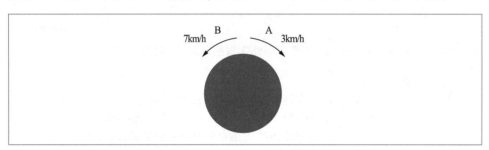

① 오후 6시 30분

② 오후 6시 15분

③ 오후 6시

④ 오후 5시 45분

35 두 주사위 A, B를 던져 나온 수를 각각 a, b라고 할 때, $a \neq b$일 확률은?

① $\dfrac{2}{3}$

② $\dfrac{13}{18}$

③ $\dfrac{7}{9}$

④ $\dfrac{5}{6}$

36 어떤 상자 안에 빨간색 공 2개와 노란색 공 3개가 들어 있다. 이 상자에서 공 3개를 꺼낼 때, 빨간색 공 1개와 노란색 공 2개를 꺼낼 확률은?(단, 꺼낸 공은 다시 넣지 않는다)

① $\dfrac{1}{2}$

② $\dfrac{3}{5}$

③ $\dfrac{2}{3}$

④ $\dfrac{3}{4}$

37 다음 중 제시된 명제가 모두 참일 때, 빈칸에 들어갈 명제로 가장 적절한 것은?

- 전제 1 : 아파트에 사는 어떤 사람은 강아지를 키운다.
- 전제 2 : _____
- 전제 3 : 아파트에 사는 강아지를 키우거나 식물을 키우는 사람은 빨간색 옷을 입는다.
- 결론 : 그러므로 아파트에 사는 모든 사람은 빨간색 옷을 입는다.

① 아파트에 사는 모든 사람은 식물을 키우지 않는다.

② 아파트에 사는 어떤 사람은 식물을 키운다.

③ 아파트에 사는 강아지를 키우지 않는 모든 사람은 식물을 키운다.

④ 아파트에 사는 어떤 사람은 강아지를 키우지 않는다.

38 신입사원 A ~ G 7명이 다음 〈조건〉에 따라 5층까지 있는 사택에서 살 때, 각 층에 사는 사원을 바르게 연결한 것은?

조건

- 한 층에 최대 2명까지 들어갈 수 있다.
- A, B는 같은 층에 산다.
- C는 A보다 아래에 산다.
- D, E는 서로 다른 층에 산다.
- F는 E의 바로 위에 산다.
- G와 같은 층에 사는 신입사원은 없다.
- 3층은 사택 복지 공간이므로 사람이 살 수 없다.

---

① 1층 – G
② 2층 – D, F
③ 4층 – E
④ 5층 – B, C

39 다음 중 파일 여러 개가 열려 있는 상태에서 즉시 바탕화면으로 돌아가고자 할 때, 입력해야 할 단축키로 옳은 것은?

① 〈Window 로고 키〉 + 〈R〉
② 〈Window 로고 키〉 + 〈I〉
③ 〈Window 로고 키〉 + 〈L〉
④ 〈Window 로고 키〉 + 〈D〉

40 엑셀 프로그램에서 "서울특별시 영등포구 홍제동"으로 입력된 텍스트를 "서울특별시 서대문구 홍제동"으로 수정하여 입력하고자 할 때, 입력해야 할 함수식으로 옳은 것은?

① =SUBSTITUTE("서울특별시 영등포구 홍제동", "영등포", "서대문")
② =IF("서울특별시 영등포구 홍제동"="영등포", "서대문", " ")
③ =MOD("서울특별시 영등포구 홍제동", "영등포", "서대문")
④ =NOT("서울특별시 영등포구 홍제동", "영등포", "서대문")

※ 다음은 중학생 15명을 대상으로 한 달 용돈 금액을 조사한 자료이다. 이어지는 질문에 답하시오.
  [41~42]

	A	B
1	이름	금액(원)
2	강○○	30,000
3	권○○	50,000
4	고○○	100,000
5	김○○	30,000
6	김△△	25,000
7	류○○	75,000
8	오○○	40,000
9	윤○○	100,000
10	이○○	150,000
11	임○○	75,000
12	장○○	50,000
13	전○○	60,000
14	정○○	45,000
15	황○○	50,000
16	황△△	100,000

┃ 건강보험심사평가원 / 정보능력

41 다음 중 한 달 용돈이 50,000원 이상인 학생 수를 구하고자 할 때, 입력해야 할 함수식으로 옳은 것은?

① = MODE(B2:B16)

② = COUNTIF(B2:B16, " > = 50000")

③ = MATCH(50000, B2:B16, 0)

④ = VLOOKUP(50000, $B$1:$B$16, 1, 0)

┃ 건강보험심사평가원 / 정보능력

42 다음 중 학생들이 받는 한 달 평균 용돈을 백 원 미만은 버림하여 구하고자 할 때, 입력해야 할 함수식으로 옳은 것은?

① = LEFT((AVERAGE(B2:B16)), 2)

② = RIGHT((AVERAGE(B2:B16)), 2)

③ = ROUNDUP((AVERAGE(B2:B16)), - 2)

④ = ROUNDDOWN((AVERAGE(B2:B16)), - 2)

※ 다음은 국제표준도서번호(ISBN-13)와 부가기호의 기본 구조에 대한 자료이다. 이어지는 질문에 답하시오. **[43~45]**

〈국제표준도서번호 기본 구조〉

제1군		제2군		제3군		제4군		제5군
접두부		국별번호		발행자번호		서명식별번호		체크기호
978	–	89	–	671876	–	6	–	8

- 접두부 : 국제상품코드관리협회에서 부여하는 3자리 수이며, 도서의 경우 '978', '979'를 부여한다. 단, '978'은 배정이 완료되어 2013년 3월 6일 이후로 '979'를 부여한다.
- 국별번호 : 국가, 지역별 또는 언어별 군을 나타내는 수이다. 대한민국의 경우 제1군(접두부)의 숫자가 '978'일 때 '89'를 부여하고 '979'일 때 '11'을 부여한다.
- 발행자번호 : 출판사, 개인, 기관 등의 발행처를 나타내는 수이며, 대한민국은 국립중앙도서관 한국서지표준센터에서 배정한다.
- 서명식별번호 : 발행처가 간행한 출판물의 특정 서명이나 판을 나타내는 수이며, 제3군(발행자번호)의 자릿수와 제4군의 자릿수의 합은 항상 7이다.
- 체크기호 : ISBN의 정확성 여부를 자동으로 점검할 수 있는 기호로 다음과 같은 규칙을 따른다.
  1. ISBN번호의 1번째 자리부터 12번째 자리까지 1, 3, 1, 3, … 의 가중치를 부여한다.
  2. 각 자릿수와 가중치를 곱하여 더한다.
  3. 2.의 값에 10을 나눈 나머지를 구한다.
  4. 10에서 3.에서 구한 나머지를 뺀 값이 체크기호 수이다.

  예 어떤 도서의 ISBN-13기호가 978-89-671876-6-8일 때

ISBN	9	7	8	8	9	6	7	1	8	7	6	6
가중치	1	3	1	3	1	3	1	3	1	3	1	3

$9 \times 1 + 7 \times 3 + 8 \times 1 + 8 \times 3 + 9 \times 1 + 6 \times 3 + 7 \times 1 + 1 \times 3 + 8 \times 1 + 7 \times 3 + 6 \times 1 + 6 \times 3 = 152$

$152 \div 10 = 15 \cdots 2 \rightarrow 10 - 2 = 8$

따라서 978-89-671876-6-8 도서의 체크기호는 정확하다.

〈부가기호 기본 구조〉

제1행	제2행	제3행
독자대상기호	발행형태기호	내용분류기호
1	3	320

- 독자대상기호

기호	0	1	2	3	4
내용	교양	실용	(예비)	(예비)	청소년(비교육)
기호	5	6	7	8	9
내용	중등·고등 교육	초등교육	아동(비교육)	(예비)	학술·전문

단, 기호가 2개 이상 중복될 경우, 발행처가 선택할 수 있다.

- 발행형태기호

기호	0	1	2	3	4
내용	문고본	사전	신서판	단행본	전집
기호	5	6	7	8	9
내용	전자출판물	도감	만화 및 그림책	혼합 자료	(예비)

1. 발행형태기호로 '9'는 임의사용이 불가능하다.
2. 발행형태기호를 2개 이상 적용할 수 있다면 가장 큰 수를 적용하되, 전자출판물은 항상 '5'를 적용한다.

- 내용분류기호

주제 – 세부분야 – 0으로 이루어져 있으며, 다섯 번째 자리 숫자는 '0' 이외의 숫자는 예외 없이 사용이 불가능하다.

번호	000 ~ 099	100 ~ 199	200 ~ 299	300 ~ 399	400 ~ 499
내용	수필, 간행물 등	철학, 심리학 등	종교	사회과학	자연과학
번호	500 ~ 599	600 ~ 699	700 ~ 799	800 ~ 899	900 ~ 999
내용	기술과학	예술	언어	문학	역사

43 다음 중 자료에 대한 설명으로 옳지 않은 것은?

① 부가기호 '53415'는 존재하지 않는다.

② 아동 대상의 학습용 만화 단행본의 부가기호 앞 두 자리 숫자는 '77'이다.

③ 고등학교 교육용 도서와 중학교 교육용 도서의 부가기호 앞자리 숫자는 다르다.

④ 국제표준도서번호의 앞 다섯 자리 숫자가 '97889'인 도서는 2013년 3월 6일 이전에 번호가 부여됐다.

⑤ 2024년 초 신규 발행처에서 발행한 국내도서의 국제표준도서번호의 앞 다섯 자리 숫자는 '97911'이다.

44 어떤 도서의 국제표준도서번호가 '9791125483360'일 때, 이 도서의 체크기호(O)는?

① 6 　　　　　② 7

③ 8 　　　　　④ 9

⑤ 0

45 다음 중 도서의 주제와 부가기호의 내용분류기호의 범위가 바르게 연결되지 않은 것은?

① 동아시아사 – 900 ~ 999 　　　② 행정학 – 800 ~ 899

③ 일본어 – 700 ~ 799 　　　④ 천문학 – 400 ~ 499

⑤ 불교 – 200 ~ 299

※ 다음은 2023년 7 ~ 12월 경상수지에 대한 자료이다. 이어지는 질문에 답하시오. [46~47]

〈2023년 7 ~ 12월 경상수지〉

(단위 : 백만 달러)

구분		2023년 7월	2023년 8월	2023년 9월	2023년 10월	2023년 11월	2023년 12월
경상수지(계)		4,113.9	5,412.7	6,072.7	7,437.8	3,890.7	7,414.6
상품수지		4,427.5	5,201.4	7,486.3	5,433.3	6,878.2	8,037.4
	수출	50,247.2	53,668.9	56,102.5	57,779.9	56,398.4	ㄴ
	수입	45,819.7	ㄱ	48,616.2	52,346.6	49,520.2	50,966.5
서비스수지		−2,572.1	−1,549.5	−3,209.9	−1,279.8	−2,210.9	−2,535.4
본원소득수지		3,356.3	1,879	2,180.4	3,358.5	−116.6	2,459.5
이전소득수지		−1,097.8	−118.2	−384.1	−74.2	−660	−546.9

※ (경상수지)＝(상품수지)＋(서비스수지)＋(본원소득수지)＋(이전소득수지)

※ (상품수지)＝(수출)−(수입)

※ 수지가 양수일 경우 흑자, 음수일 경우 적자이다.

46 다음 중 자료에 대한 설명으로 옳은 것은?

① 본원소득수지는 항상 흑자를 기록하였다.

② 경상수지는 2023년 11월에 적자를 기록하였다.

③ 상품수지가 가장 높은 달의 경상수지가 가장 높았다.

④ 2023년 8월 이후 서비스수지가 가장 큰 적자를 기록한 달의 상품수지 증가폭이 가장 크다.

⑤ 2023년 8월 이후 전월 대비 경상수지 증가폭이 가장 작은 달의 상품수지 증가폭이 가장 낮다.

47 다음 중 빈칸에 들어갈 수로 옳은 것은?

	ㄱ	ㄴ
①	48,256.2	59,003.9
②	48,256.2	58,381.1
③	48,467.5	59,003.9
④	48,467.5	58,381.1
⑤	47,685.7	59,003.9

48 S편의점을 운영하는 P씨는 개인사정으로 이번 주 토요일 하루만 오전 10시부터 오후 8시까지 직원들을 대타로 고용할 예정이다. 직원 A ~ D의 시급과 근무 가능 시간이 다음과 같을 때, 가장 적은 인건비는 얼마인가?

<S편의점 직원 시급 및 근무 가능 시간>

직원	시급	근무 가능 시간
A	10,000원	오후 12:00 ~ 오후 5:00
B	10,500원	오전 10:00 ~ 오후 3:00
C	10,500원	오후 12:00 ~ 오후 6:00
D	11,000원	오후 12:00 ~ 오후 8:00

※ 추가 수당으로 시급의 1.5배를 지급한다.
※ 직원 1명당 근무시간은 최소 2시간 이상이어야 한다.

① 153,750원　　　　　　　　　　② 155,250원
③ 156,000원　　　　　　　　　　④ 157,500원
⑤ 159,000원

49 다음은 S마트에 진열된 과일 7종의 판매량에 대한 자료이다. 30개 이상 팔린 과일의 개수를 구하기 위해 [C9] 셀에 입력해야 할 함수식으로 옳은 것은?

<S마트 진열 과일 판매량>

	A	B	C
1	번호	과일	판매량(개)
2	1	바나나	50
3	2	사과	25
4	3	참외	15
5	4	배	23
6	5	수박	14
7	6	포도	27
8	7	키위	32
9			

① =MID(C2:C8)　　　　　　　　② =COUNTIF(C2:C8, ">=30")
③ =MEDIAN(C2:C8)　　　　　　④ =AVERAGEIF(C2:C8, ">=30")
⑤ =MIN(C2:C8)

50 다음 〈보기〉 중 실무형 팔로워십을 가진 사람의 자아상으로 옳은 것을 모두 고르면?

> **보기**
>
> ㄱ. 기쁜 마음으로 과업을 수행   ㄴ. 판단과 사고를 리더에 의존
> ㄷ. 조직의 운영 방침에 민감   ㄹ. 일부러 반대의견을 제시
> ㅁ. 규정과 규칙에 따라 행동   ㅂ. 지시가 있어야 행동

① ㄱ, ㄴ   ② ㄴ, ㄷ
③ ㄷ, ㅁ   ④ ㄹ, ㅁ
⑤ ㅁ, ㅂ

51 다음 중 갈등의 과정 단계를 순서대로 바르게 나열한 것은?

> ㄱ. 이성과 이해의 상태로 돌아가며 협상과정을 통해 쟁점이 되는 주제를 논의하고, 새로운 제안을 하고, 대안을 모색한다.
> ㄴ. 설득보다는 강압적·위협적인 방법 등 극단적인 모습을 보이며 상대방의 생각이나 의견, 제안을 부정하고, 상대방은 그에 대한 반격으로 대응함으로써 자신들의 반격을 정당하게 생각한다.
> ㄷ. 의견 불일치가 해소되지 않아 감정이 개입되어 상대방의 주장에 대한 문제점을 찾기 시작하고, 상대방의 입장은 부정하면서 자기주장만 하려고 한다.
> ㄹ. 서로 간의 생각이나 신념, 가치관 차이로 인해 의견 불일치가 생겨난다.
> ㅁ. 회피, 경쟁, 수용, 타협, 통합의 방법으로 서로 간의 견해를 일치하려 한다.

① ㄹ - ㄱ - ㄴ - ㄷ - ㅁ   ② ㄹ - ㄴ - ㄷ - ㄱ - ㅁ
③ ㄹ - ㄷ - ㄴ - ㄱ - ㅁ   ④ ㅁ - ㄱ - ㄴ - ㄷ - ㄹ
⑤ ㅁ - ㄹ - ㄴ - ㄷ - ㄱ

52 다음 〈보기〉 중 근로윤리의 덕목과 공동체윤리의 덕목을 바르게 구분한 것은?

> **보기**
>
> ⊙ 근면 ⓛ 봉사와 책임의식
> ⓒ 준법 ⓔ 예절과 존중
> ⓜ 정직 ⓗ 성실

	근로윤리	공동체윤리
①	⊙, ⓛ, ⓗ	ⓒ, ⓔ, ⓜ
②	⊙, ⓒ, ⓜ	ⓛ, ⓔ, ⓗ
③	⊙, ⓜ, ⓗ	ⓛ, ⓒ, ⓔ
④	ⓛ, ⓔ, ⓜ	⊙, ⓒ, ⓗ
⑤	ⓛ, ⓜ, ⓗ	⊙, ⓒ, ⓔ

53 다음 중 B에 대한 A의 행동이 직장 내 괴롭힘에 해당하지 않는 것은?

① A대표는 B사원에게 본래 업무에 더해 개인적인 용무를 자주 지시하였고, B사원은 과중한 업무로 인해 근무환경이 악화되었다.

② A팀장은 업무처리 속도가 늦은 B사원만 업무에서 배제시키고 청소나 잡일만을 지시하였다. 이에 B사원은 고의적인 업무배제에 정신적 고통을 호소하였다.

③ A팀장은 기획의도와 맞지 않는다는 이유로 B사원에게 수차례 보완을 요구하였다. 계속해서 보완을 명령받은 B사원은 늘어난 업무량으로 인해 스트레스를 받아 휴직을 신청하였다.

④ A대리는 육아휴직 후 복직한 동기인 B대리를 다른 직원과 함께 조롱하고 무시하며 따돌렸다. 이에 B대리는 우울증을 앓았고 결국 퇴사하였다.

⑤ A대표는 실적이 부진하다는 이유로 B과장을 다른 직원이 보는 앞에서 욕설 등의 모욕감을 주었고 이에 B과장은 정신적 고통을 호소하였다.

54 다음 중 S의 사례에서 볼 수 있는 직업윤리 의식으로 옳은 것은?

어릴 적부터 각종 기계를 분해하고 다시 조립하는 취미가 있던 S는 공대를 졸업한 뒤 로봇 엔지니어로 활동하고 있다. S는 자신의 직업이 적성에 꼭 맞는다고 생각하여 더 높은 성취를 위해 성실히 노력하고 있다.

① 소명의식   ② 봉사의식

③ 책임의식   ④ 직분의식

⑤ 천직의식

55 다음 중 경력개발의 단계별 내용으로 적절하지 않은 것은?

① 직업선택 : 외부 교육 등 필요한 교육을 이수함

② 조직입사 : 조직의 규칙과 규범에 대해 배움

③ 경력 초기 : 역량을 증대시키고 꿈을 추구해 나감

④ 경력 중기 : 이전 단계를 재평가하고 더 업그레이드된 꿈으로 수정함

⑤ 경력 말기 : 지속적으로 열심히 일함

56 다음 10개의 수의 중앙값이 8일 때, 빈칸에 들어갈 수로 옳은 것은?

	10	( )	6	9	9	7	8	7	10	7

① 6
② 7
③ 8
④ 9

57 1 ~ 200의 자연수 중에서 2, 3, 5 중 어느 것으로도 나누어떨어지지 않는 수는 모두 몇 개인가?

① 50개
② 54개
③ 58개
④ 62개

58 다음 그림과 같은 길의 A지점에서 출발하여 최단거리로 이동하여 B지점에 도착하는 경우의 수는?

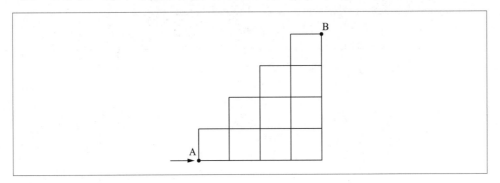

① 36가지   ② 42가지

③ 48가지   ④ 54가지

59 어떤 원형 시계가 4시 30분을 가리키고 있다. 이 시계의 시침과 분침이 만드는 작은 부채꼴의 넓이 와 전체 원의 넓이의 비는 얼마인가?

① $\dfrac{1}{8}$ ② $\dfrac{1}{6}$

③ $\dfrac{1}{4}$ ④ $\dfrac{1}{2}$

60 다음은 2019 ~ 2023년 발전설비별 발전량에 대한 자료이다. 이에 대한 설명으로 옳은 것은?

〈발전설비별 발전량〉

(단위 : GWh)

구분	수력	기력	원자력	신재생	기타	합계
2019년	7,270	248,584	133,505	28,070	153,218	570,647
2020년	6,247	232,128	145,910	33,500	145,255	563,040
2021년	7,148	200,895	160,184	38,224	145,711	552,162
2022년	6,737	202,657	158,015	41,886	167,515	576,810
2023년	7,256	199,031	176,054	49,285	162,774	594,400

① 2020 ~ 2023년 동안 기력 설비 발전량과 전체 설비 발전량의 전년 대비 증감 추이는 같다.

② 2019 ~ 2023년 동안 수력 설비 발전량은 항상 전체 설비 발전량의 1% 미만이다.

③ 2019 ~ 2023년 동안 신재생 설비 발전량은 항상 전체 설비 발전량의 5% 이상이다.

④ 2019 ~ 2023년 동안 원자력 설비 발전량과 신재생 설비의 발전량은 전년 대비 꾸준히 증가하였다.

⑤ 2020 ~ 2023년 동안 전년 대비 전체 설비 발전량의 증가량이 가장 많은 해와 신재생 설비 발전량의 증가량이 가장 적은 해는 같다.

02 | 2024 ~ 2023년 주요 공기업
전공 기출복원문제

정답 및 해설 p.018

| 01 | 경영학

| 코레일 한국철도공사

01 다음 중 공정성 이론에서 절차적 공정성에 해당하지 않는 것은?

① 접근성　　　　　　　　　　② 반응속도
③ 형평성　　　　　　　　　　④ 유연성
⑤ 적정성

| 코레일 한국철도공사

02 다음 중 e-비즈니스 기업의 장점으로 옳지 않은 것은?

① 빠른 의사결정을 진행할 수 있다.
② 양질의 고객서비스를 제공할 수 있다.
③ 배송, 물류비 등 각종 비용을 절감할 수 있다.
④ 기업이 더 높은 가격으로 제품을 판매할 수 있다.
⑤ 소비자에게 더 많은 선택권을 부여할 수 있다.

| 코레일 한국철도공사

03 다음 중 조직시민행동에 대한 설명으로 옳지 않은 것은?

① 조직 구성원이 수행하는 행동에 대해 의무나 보상이 존재하지 않는다.
② 조직 구성원의 자발적인 참여가 바탕이 되며, 대부분 강제적이지 않다.
③ 조직 구성원의 처우가 좋지 않을수록 조직시민행동은 자발적으로 일어난다.
④ 조직 내 바람직한 행동을 유도하고, 구성원의 조직 참여도를 제고한다.
⑤ 조직의 리더가 구성원으로부터 신뢰를 받을 때 구성원의 조직시민행동이 크게 증가한다.

04 다음 중 분배적 협상의 특징으로 옳지 않은 것은?

① 상호 목표 배치 시 자기의 입장을 명확히 주장한다.

② 협상을 통해 공동의 이익을 확대(Win – Win)한다.

③ 정보를 숨겨 필요한 정보만 선택적으로 활용한다.

④ 협상에 따른 이익을 정해진 비율로 분배한다.

⑤ 간부회의, 밀실회의 등을 통한 의사결정을 주로 진행한다.

05 다음 글에서 설명하는 직무분석방법은?

> • 여러 직무활동을 동시에 기록할 수 있다.
> • 직무활동 전체의 모습을 파악할 수 있다.
> • 직무성과가 외형적일 때 적용이 가능하다.

① 관찰법 　　　　　　　　　　② 면접법

③ 워크 샘플링법 　　　　　　　④ 질문지법

⑤ 연구법

06 다음 중 전문품에 대한 설명으로 옳지 않은 것은?

① 가구, 가전제품 등이 해당된다.

② 제품의 가격이 상대적으로 비싼 편이다.

③ 특정 브랜드에 대한 높은 충성심이 나타난다.

④ 충분한 정보 제공 및 차별화가 중요한 요소로 작용한다.

⑤ 소비자가 해당 브랜드에 대한 충분한 지식이 없는 경우가 많다.

07 다음 중 연속생산에 대한 설명으로 옳은 것은?

① 단위당 생산원가가 낮다.
② 운반비용이 많이 소요된다.
③ 제품의 수명이 짧은 경우 적합한 방식이다.
④ 제품의 수요가 다양한 경우 적합한 방식이다.
⑤ 작업자의 숙련도가 떨어질 경우 작업에 참여시키지 않는다.

08 다음 중 테일러의 과학적 관리법과 관계가 없는 것은?

① 시간연구   ② 동작연구
③ 동등 성과급제   ④ 과업관리
⑤ 표준 작업조건

09 다음 중 근로자가 직무능력 평가를 위해 개인능력평가표를 활용하는 제도는 무엇인가?

① 자기신고제도   ② 직능자격제도
③ 평가센터제도   ④ 직무순환제도
⑤ 기능목록제도

10 다음 중 데이터베이스 마케팅에 대한 설명으로 옳지 않은 것은?

① 기업 규모와 관계없이 모든 기업에서 활용이 가능하다.
② 기존 고객의 재구매를 유도하며, 장기적인 마케팅 전략 수립이 가능하다.
③ 인구통계, 심리적 특성, 지리적 특성 등을 파악하여 고객별 맞춤 서비스가 가능하다.
④ 고객자료를 바탕으로 고객 및 매출 증대에 대한 마케팅 전략을 실행하는 데 목적이 있다.
⑤ 단방향 의사소통으로 고객과 1 : 1 관계를 구축하여 즉각적으로 반응을 확인할 수 있다.

11 다음 중 자본, 자산, 부채의 계정항목이 바르게 연결되지 않은 것은?

① 당좌자산 : 현금 및 현금성자산, 매출채권

② 투자자산 : 만기보유금융자산, 투자부동산

③ 유동부채 : 단기차입금, 퇴직급여충당부채

④ 자본잉여금 : 주식발행초과금, 자기주식처분이익

12 다음 중 기업잉여현금흐름(FCFF)에 대한 설명으로 옳지 않은 것은?

① 기업잉여현금흐름은 주주, 채권자 모두에게 귀속되는 현금흐름이다.

② 기업의 자본구조를 반영하지 않아 레버리지가 없는 잉여현금흐름이다.

③ 회사의 배당금 지급, 채무자의 상환 능력 등을 나타낸다.

④ 급격하게 성장하는 사업 초기 기업일수록 FCFF는 양수로 나타난다.

13 다음 중 해외시장 진출방법에 대한 설명으로 옳지 않은 것은?

① 라이센싱 : 특허, 상표, 디자인 등의 사용권을 해외에 판매하여 진출하는 방식이다.

② 생산계약 : 현지 기업이 일정한 수준의 품질과 가격으로 제품을 납품하게 하는 방식이다.

③ 프랜차이징 : 표준화된 제품, 시스템 등을 제공하고, 현지에서는 인력, 자본 등을 제공하는 방식이다.

④ 합작투자 : 2개 이상의 기업이 공동의 목표를 달성하기 위해 공동사업체를 설립하여 진출하는 간접투자 방식이다.

14 다음 중 주식 관련 상품에 대한 설명으로 옳지 않은 것은?

① ELS : 주가지수 또는 종목의 주가 움직임에 따라 수익률이 결정되며, 만기가 없는 증권이다.

② ELB : 채권, 양도성 예금증서 등 안전자산에 주로 투자하며, 원리금이 보장된다.

③ ELD : 수익률이 코스피200지수에 연동되는 예금으로, 주로 정기예금 형태로 판매한다.

④ ELT : ELS를 특정금전신탁 계좌에 편입하는 신탁상품으로, 투자자의 의사에 따라 운영한다.

⑤ ELF : ELS와 ELD의 중간 형태로, ELS를 기초 자산으로 하는 펀드를 말한다.

15 다음 중 인사와 관련된 이론에 대한 설명으로 옳지 않은 것은?

① 로크는 인간이 합리적으로 행동한다는 가정하에 개인이 의식적으로 얻으려고 설정한 목표가 동기와 행동에 영향을 미친다고 주장하였다.

② 브룸은 동기 부여에 대해 기대이론을 적용하여 기대감, 적합성, 신뢰성을 통해 구성원의 직무에 대한 동기 부여를 결정한다고 주장하였다.

③ 매슬로는 욕구의 위계를 생리적 욕구, 안전의 욕구, 애정과 공감의 욕구, 존경의 욕구, 자아실현의 욕구로 나누어 단계별로 욕구가 작용한다고 설명하였다.

④ 맥그리거는 인간의 본성에 대해 부정적인 관점인 X이론과 긍정적인 관점인 Y이론이 있으며, 경영자는 조직목표 달성을 위해 근로자의 본성(X, Y)을 파악해야 한다고 주장하였다.

⑤ 허즈버그는 욕구를 동기요인과 위생요인으로 나누었으며, 동기요인에는 인정감, 성취, 성장 가능성, 승진, 책임감, 직무 자체가 해당되고, 위생요인에는 보수, 대인관계, 감독, 직무안정성, 근무환경, 회사의 정책 및 관리가 해당된다.

16 다음 글에 해당하는 마케팅 STP 단계는 무엇인가?

> • 서로 다른 욕구를 가지고 있는 다양한 고객들을 하나의 동질적인 고객집단으로 나눈다.
> • 인구, 지역, 사회, 심리 등을 기준으로 활용한다.
> • 전체시장을 동질적인 몇 개의 하위시장으로 구분하여 시장별로 차별화된 마케팅을 실행한다.

① 시장세분화   ② 시장매력도 평가

③ 표적시장 선정   ④ 포지셔닝

⑤ 재포지셔닝

17 다음 중 종단분석과 횡단분석의 비교가 옳지 않은 것은?

구분	종단분석	횡단분석
방법	시간적	공간적
목표	특성이나 현상의 변화	집단의 특성 또는 차이
표본 규모	큼	작음
횟수	반복	1회

① 방법   ② 목표
③ 표본 규모   ④ 횟수

18 다음 중 향후 채권이자율이 시장이자율보다 높아질 것으로 예상될 때 나타날 수 있는 현상으로 옳은 것은?

① 별도의 이자 지급 없이 채권발행 시 이자금액을 공제하는 방식을 선호하게 된다.
② 1년 만기 은행채, 장기신용채 등의 발행이 늘어난다.
③ 만기에 가까워질수록 채권가격 상승에 따른 이익을 얻을 수 있다.
④ 채권가격이 액면가보다 높은 가격에 거래되는 할증채 발행이 증가한다.

19 다음 중 BCG 매트릭스에 대한 설명으로 옳은 것은?

① 스타(Star) 사업 : 높은 시장점유율로 현금창출은 양호하나, 성장 가능성은 낮은 사업이다.
② 현금젖소(Cash Cow) 사업 : 성장 가능성과 시장점유율이 모두 낮아 철수가 필요한 사업이다.
③ 개(Dog) 사업 : 성장 가능성과 시장점유율이 모두 높아서 계속 투자가 필요한 유망 사업이다.
④ 물음표(Question Mark) 사업 : 신규 사업 또는 현재 시장점유율은 낮으나, 향후 성장 가능성이 높은 사업이다.

20 다음 중 테일러의 과학적 관리법의 특징에 대한 설명으로 옳지 않은 것은?

① 작업능률을 최대로 높이기 위하여 노동의 표준량을 정한다.
② 작업에 사용하는 도구 등을 개별 용도에 따라 다양하게 제작하여 성과를 높인다.
③ 작업량에 따라 임금을 차등하여 지급한다.
④ 관리에 대한 전문화를 통해 노동자의 태업을 사전에 방지한다.

| 02 | 경제학

01 다음 중 수요공급의 가격탄력성에 대한 설명으로 옳지 않은 것은?

① 수요가 탄력적일수록 수요의 가격탄력성은 1보다 커진다.
② 수요곡선이 비탄력적일수록 기울기는 더 가파르게 된다.
③ 대체재가 존재하는 경우 수요의 가격탄력성이 커지게 된다.
④ 장기공급의 가격탄력성이 단기공급의 가격탄력성보다 작다.

02 다음 중 국내 총수요를 계산하는 산식으로 옳은 것은?

① (소비)+(투자)−(정부지출)−(수출)−(수입)
② (소비)+(투자)−(정부지출)−(수출)+(수입)
③ (소비)+(투자)+(정부지출)+(수출)+(수입)
④ (소비)+(투자)+(정부지출)+(수출)−(수입)

03 다음 〈조건〉을 참고하여 최적생산량을 구하면 얼마인가?

> **조건**
> - 총비용 : $50+Q^2$
> - 총수입 : $60Q-Q^2$

① 10 ② 15
③ 20 ④ 25

04 다음 중 장기적인 경제성장을 위해 필요한 전략으로 옳지 않은 것은?

① 장기적 성장을 위해서는 자본투자와 생산가능인구 확대를 통해 잠재성장률을 끌어올려야 한다.

② 노동, 자본 등의 양적 생산요소 및 기술, 지식 등의 질적 생산요소의 경쟁력을 강화하여야 한다.

③ 제조업 제품뿐만 아니라 고부가 서비스제품의 수출 확대를 통해 글로벌 산업구조에 대응하여야 한다.

④ 경제의 외부충격에 대비하기 위해 내수시장을 집중하여 키우고, 이후 수출주도 경제성장 전략을 도입하여야 한다.

05 다음 중 대표적인 물가지수인 GDP 디플레이터를 구하는 계산식으로 옳은 것은?

① (실질 GDP)÷(명목 GDP)×100

② (명목 GDP)÷(실질 GDP)×100

③ (실질 GDP)+(명목 GDP)÷2

④ (명목 GDP)−(실질 GDP)÷2

⑤ (실질 GDP)÷(명목 GDP)×2

06 다음 〈조건〉을 참고할 때, 한계소비성향(MPC) 변화에 따른 현재 소비자들의 소비 변화폭은?

> **조건**
> • 기존 소비자들의 연간 소득은 3,000만 원이며, 한계소비성향은 0.6을 나타내었다.
> • 현재 소비자들의 연간 소득은 4,000만 원이며, 한계소비성향은 0.7을 나타내었다.

① 700

② 1,100

③ 1,800

④ 2,500

⑤ 3,700

07 다음 글의 빈칸에 들어갈 단어가 바르게 나열된 것은?

• 환율이 _____㉠_____ 하면 순수출이 증가한다.
• 국내이자율이 높아지면 환율은 _____㉡_____ 한다.
• 국내물가가 오르면 환율은 _____㉢_____ 한다.

	㉠	㉡	㉢
①	하락	상승	하락
②	하락	상승	상승
③	하락	하락	하락
④	상승	하락	상승
⑤	상승	하락	하락

08 다음 중 독점적 경쟁시장에 대한 설명으로 옳지 않은 것은?

① 독점적 경쟁시장은 완전경쟁시장과 독점시장의 중간 형태이다.
② 대체성이 높은 제품의 공급자가 시장에 다수 존재한다.
③ 시장진입과 퇴출이 자유롭다.
④ 독점적 경쟁기업의 수요곡선은 우하향하는 형태를 나타낸다.
⑤ 가격경쟁이 비가격경쟁보다 활발히 진행된다.

09 다음 중 고전학파와 케인스학파에 대한 설명으로 옳지 않은 것은?

① 케인스학파는 경기가 침체할 경우, 정부의 적극적 개입이 바람직하지 않다고 주장하였다.
② 고전학파는 임금이 매우 신축적이어서 노동시장이 항상 균형상태에 이르게 된다고 주장하였다.
③ 케인스학파는 저축과 투자가 국민총생산의 변화를 통해 같아지게 된다고 주장하였다.
④ 고전학파는 실물경제와 화폐를 분리하여 설명한다.
⑤ 케인스학파는 단기적으로 화폐의 중립성이 성립하지 않는다고 주장하였다.

10 다음 자료를 참고하여 실업률을 구하면 얼마인가?

- 생산가능인구 : 50,000명
- 취업자 : 20,000명
- 실업자 : 5,000명

① 10%   ② 15%

③ 20%   ④ 25%

⑤ 30%

11 J기업이 다음 〈조건〉과 같이 생산량을 늘린다고 할 때, 한계비용은 얼마인가?

조건

- J기업의 제품 1단위당 노동가격은 4, 자본가격은 6이다.
- J기업은 제품 생산량을 50개에서 100개로 늘리려고 한다.
- 평균비용 $P=2L+K+\dfrac{100}{Q}$ (L : 노동가격, K : 자본가격, Q : 생산량)

① 10   ② 12

③ 14   ④ 16

12 다음은 A국과 B국이 노트북 1대와 TV 1대를 생산하는 데 필요한 작업 시간을 나타낸 자료이다. A국과 B국의 비교우위에 대한 설명으로 옳은 것은?

구분	노트북	TV
A국	6시간	8시간
B국	10시간	8시간

① A국이 노트북, TV 생산 모두 비교우위에 있다.
② B국이 노트북, TV 생산 모두 비교우위에 있다.
③ A국은 노트북 생산, B국은 TV 생산에 비교우위가 있다.
④ A국은 TV 생산, B국은 노트북 생산에 비교우위가 있다.

13 다음 중 다이내믹 프라이싱에 대한 설명으로 옳지 않은 것은?

① 동일한 제품과 서비스에 대한 가격을 시장 상황에 따라 변화시켜 적용하는 전략이다.

② 호텔, 항공 등의 가격을 성수기 때 인상하고, 비수기 때 인하하는 것이 대표적인 예이다.

③ 기업은 소비자별 맞춤형 가격을 통해 수익을 극대화할 수 있다.

④ 소비자 후생이 증가해 소비자의 만족도가 높아진다.

14 다음 〈보기〉 중 빅맥 지수에 대한 설명으로 옳은 것을 모두 고르면?

> 보기
>
> ㉠ 빅맥 지수를 최초로 고안한 나라는 미국이다.
> ㉡ 각 나라의 물가수준을 비교하기 위해 고안된 지수로, 구매력 평가설을 근거로 한다.
> ㉢ 맥도날드 빅맥 가격을 기준으로 한 이유는 전 세계에서 가장 동질적으로 판매되고 있는 상품이기 때문이다.
> ㉣ 빅맥 지수를 구할 때 빅맥 가격은 제품 가격과 서비스 가격의 합으로 계산한다.

① ㉠, ㉡

② ㉠, ㉢

③ ㉡, ㉢

④ ㉡, ㉣

15 다음 중 확장적 통화정책의 영향으로 옳은 것은?

① 건강보험료가 인상되어 정부의 세금 수입이 늘어난다.

② 이자율이 하락하고, 소비 및 투자가 감소한다.

③ 이자율이 상승하고, 환율이 하락한다.

④ 은행이 채무불이행 위험을 줄이기 위해 더 높은 이자율과 담보 비율을 요구한다.

| 03 | 행정학

❘ K-water 한국수자원공사

01 다음 중 정책참여자에 대한 설명으로 옳지 않은 것은?

① 의회와 지방자치단체는 모두 공식적 참여자에 해당된다.
② 정당과 NGO는 비공식적 참여자에 해당된다.
③ 사회구조가 복잡해진 현대에는 공식적 참여자의 중요도가 상승하였다.
④ 사회적 의사결정에서 정부의 역할이 줄어들수록 비공식적 참여자의 중요도가 높아진다.

❘ K-water 한국수자원공사

02 다음 중 정책문제에 대한 설명으로 옳지 않은 것은?

① 정책문제는 정책결정의 대상으로, 공적인 성격이 강하고 공익성을 추구하는 성향을 갖는다.
② 주로 가치판단의 문제를 포함하고 있어 계량화가 난해하다.
③ 정책문제 해결의 주요 주체는 정부이다.
④ 기업경영에서의 의사결정에 비해 고려사항이 단순하다.

❘ K-water 한국수자원공사

03 다음 중 회사모형의 특징에 대한 설명으로 옳은 것은?

① 사이어트와 드로어가 주장한 모형으로, 조직의 의사결정 방식에 대해 설명하는 이론이다.
② 합리적 결정과 점증적 결정이 누적 및 혼합되어 의사결정이 이루어진다고 본다.
③ 조직들 간의 연결성이 강하지 않은 경우를 전제로 하고 있다.
④ 정책결정 단계를 초정책결정 단계, 정책결정 단계, 후정책결정 단계로 구분하여 설명한다.

04 다음 〈보기〉 중 블라우와 스콧이 주장한 조직 유형에 대한 설명으로 옳지 않은 것을 모두 고르면?

ㄱ. 호혜조직의 1차적 수혜자는 조직 내 의사결정의 참여를 보장받는 구성원이며, 은행, 유통업체 등이 해당된다.
ㄴ. 사업조직의 1차적 수혜자는 조직의 소유자이며, 이들의 주목적은 이윤 추구이다.
ㄷ. 봉사조직의 1차적 수혜자는 이들을 지원하는 후원조직으로, 서비스 제공을 위한 인프라 및 자금조달을 지원한다.
ㄹ. 공공조직의 1차적 수혜자는 공공서비스의 수혜자인 일반대중이며, 경찰, 소방서, 군대 등이 공공조직에 해당된다.

① ㄱ, ㄴ
② ㄱ, ㄷ
③ ㄴ, ㄷ
④ ㄷ, ㄹ

05 다음 중 우리나라 직위분류제의 구조에 대한 설명으로 옳지 않은 것은?

① 직군 : 직위분류제의 구조 중 가장 상위의 구분 단위이다.
② 직위 : 개인에게 부여되는 직무와 책임이다.
③ 직류 : 동일 직렬 내 직무가 동일한 것이다.
④ 직렬 : 일반적으로 해당 구성원 간 동일한 보수 체계를 적용받는 구분이다.

06 다음 중 엽관주의와 실적주의에 대한 설명으로 옳지 않은 것은?

① 민주주의적 평등 이념의 실현을 위해서는 엽관주의보다 실적주의가 유리하다.
② 엽관주의와 실적주의 모두 조직 수반에 대한 정치적 정합성보다 정치적 중립성 확보가 강조된다.
③ 공공조직에서 엽관주의적 인사가 이루어질 시 조직 구성원들의 신분이 불안정해진다는 단점이 있다.
④ 미국의 경우, 엽관주의의 폐단에 대한 대안으로 펜들턴 법의 제정에 따라 인사행정에 실적주의가 도입되었다.

07 다음 중 발생주의 회계의 특징으로 옳은 것은?

① 현금의 유출입 발생 시 회계 장부에 기록하는 방법을 의미한다.
② 실질적 거래의 발생을 회계처리에 정확히 반영할 수 있다는 장점이 있다.
③ 회계연도 내 경영활동과 성과에 대해 정확히 측정하기 어렵다는 한계가 있다.
④ 재화나 용역의 인수 및 인도 시점을 기준으로 장부에 기입한다.
⑤ 수익과 비용이 대응되지 않는다는 한계가 있다.

08 다음 〈보기〉 중 맥그리거(D. McGregor)의 인간관에 대한 설명으로 옳지 않은 것을 모두 고르면?

> **보기**
> ㄱ. X이론은 부정적이고 수동적인 인간관에 근거하고 있고, Y이론은 긍정적이고 적극적인 인간관에 근거하고 있다.
> ㄴ. X이론에서는 보상과 처벌을 통한 통제보다는 직원들에 대한 조언과 격려에 의한 경영전략을 강조하였다.
> ㄷ. Y이론에서는 자율적 통제를 강조하는 경영전략을 제시하였다.
> ㄹ. X이론의 적용을 위한 대안으로 권한의 위임 및 분권화, 직무 확대 등을 제시했다.

① ㄱ, ㄴ
② ㄱ, ㄷ
③ ㄴ, ㄷ
④ ㄴ, ㄹ
⑤ ㄷ, ㄹ

09 다음 중 대한민국 중앙정부의 인사조직형태에 대한 설명으로 옳지 않은 것은?

① 실적주의 인사행정을 위해서는 독립합의형보다 비독립단독형 인사조직이 적절하다.
② 비독립단독형 인사기관은 독립합의형 인사기관에 비해 의사결정이 신속하다는 특징이 있다.
③ 독립합의형 인사기관의 경우 비독립단독형 인사기관에 비해 책임소재가 불분명하다는 특징이 있다.
④ 독립합의형 인사기관은 일반적으로 일반행정부처에서 분리되어 있으며, 독립적 지위를 가진 합의체의 형태를 갖는다.

10 다음 〈보기〉 중 정부실패의 원인으로 옳지 않은 것을 모두 고르면?

> **보기**
>
> ㉠ 정부가 민간주체보다 정보에 대한 접근성이 높아서 발생한다.
> ㉡ 공공부문의 불완전경쟁으로 인해 발생한다.
> ㉢ 정부행정이 사회적 필요에 비해 장기적 관점에서 추진되어 발생한다.
> ㉣ 정부의 공급은 공공재라는 성격을 가지기 때문에 발생한다.

① ㉠, ㉡   ② ㉠, ㉢
③ ㉡, ㉢   ④ ㉡, ㉣

11 다음 〈보기〉의 행정의 가치 중 수단적 가치가 아닌 것을 모두 고르면?

> **보기**
>
> ㉠ 공익   ㉡ 자유
> ㉢ 합법성   ㉣ 민주성
> ㉤ 복지

① ㉠, ㉡, ㉣   ② ㉠, ㉡, ㉤
③ ㉠, ㉢, ㉣   ④ ㉠, ㉣, ㉤

12 다음 중 신공공관리론과 뉴거버넌스에 대한 설명으로 옳은 것은?

① 뉴거버넌스는 민영화, 민간위탁을 통한 서비스의 공급을 지향한다.
② 영국의 대처주의, 미국의 레이거노믹스는 모두 신공공관리론에 토대를 둔 정치기조이다.
③ 뉴거버넌스는 정부가 사회의 문제해결을 주도하여 민간 주체들의 적극적 참여를 유도하는 것을 추구한다.
④ 신공공관리론은 정부실패를 지적하며 등장한 이론으로, 민간에 대한 충분한 정보력을 갖춘 크고 완전한 정부를 추구한다.

13 다음 중 사물인터넷을 사용하지 않은 경우는?

① 스마트 팜 시스템을 도입하여 작물 재배의 과정을 최적화, 효율화한다.

② 비상전력체계를 이용하여 재난 및 재해 등 위기상황으로 전력 차단 시 동력을 복원한다.

③ 커넥티드 카를 이용하여 차량 관리 및 운행 현황 모니터링을 자동화한다.

④ 스마트홈 기술을 이용하여 가정 내 조명, 에어컨 등을 원격 제어한다.

14 다음 〈보기〉 중 수평적 인사이동에 해당하지 않는 것을 모두 고르면?

> **보기**
>
> ㄱ. 강임   ㄴ. 승진
> ㄷ. 전보   ㄹ. 전직

① ㄱ, ㄴ   ② ㄱ, ㄷ

③ ㄴ, ㄷ   ④ ㄷ, ㄹ

15 다음 〈보기〉 중 유료 요금제에 해당하지 않는 것을 모두 고르면?

> **보기**
>
> ㄱ. 국가지정문화재 관람료
> ㄴ. 상하수도 요금
> ㄷ. 국립공원 입장료

① ㄱ   ② ㄷ

③ ㄱ, ㄴ   ④ ㄴ, ㄷ

| 04 | 법학

01 다음 중 민법에서 규정하는 법률행위의 취소권자로 옳지 않은 것은?

① 미성년자
② 피특정후견인
③ 피성년후견인
④ 사기·강박에 의하여 의사표시를 한 자

02 다음 중 행정소송에 해당하는 것으로 옳지 않은 것은?

① 행정청의 처분 등이나 부작위에 대하여 제기하는 소송
② 행정청의 처분 등을 원인으로 하는 법률관계에 관한 소송
③ 국가기관과 지방자치단체 간 및 지방자치단체 상호간의 권한쟁의 심판 소송
④ 국가가 법률에 위반되는 행위를 한 때에 그 시정을 구하기 위하여 제기하는 소송

03 다음 〈보기〉 중 행정소송법상 당사자소송이 아닌 것은?

> **보기**
>
> ㄱ. 비위사실로 인해 면직을 당한 공무원이 면직이 무효라고 주장하면서 국가를 상대로 공무원의 지위확인을 구하는 소송
> ㄴ. 국가를 상대로 국가유공자 확인을 구하는 소송
> ㄷ. 공무원이 미지급된 봉급에 대한 지급을 청구하는 소송
> ㄹ. 선거의 관리 및 집행이 규정을 위반하였다고 주장하면서 해당 선거의 불법성을 다투는 소송

① ㄱ ② ㄴ
③ ㄷ ④ ㄹ

04 다음 중 노동법의 성질이 다른 하나는?

① 산업안전보건법
② 남녀고용평등법
③ 산업재해보상보험법
④ 근로자참여 및 협력증진에 관한 법
⑤ 고용보험법

05 다음 〈보기〉 중 용익물권에 해당하는 것을 모두 고르면?

> **보기**
>
> 가. 지상권 나. 점유권
> 다. 지역권 라. 유치권
> 마. 전세권 바. 저당권

① 가, 다, 마 ② 가, 라, 바
③ 나, 라, 바 ④ 다, 라, 마
⑤ 라, 마, 바

06 다음 중 선고유예와 집행유예의 내용에 대한 분류가 옳지 않은 것은?

구분	선고유예	집행유예
실효	유예한 형을 선고	유예선고의 효력 상실
요건	1년 이하 징역·금고, 자격정지, 벌금	3년 이하 징역·금고, 500만 원 이하의 벌금형
유예기간	1년 이상 5년 이하	2년
효과	면소	형의 선고 효력 상실

① 실효 ② 요건
③ 유예기간 ④ 효과
⑤ 없음

07 다음 〈보기〉 중 형법상 몰수가 되는 것은 모두 몇 개인가?

> 보기
>
> • 범죄행위에 제공한 물건
> • 범죄행위에 제공하려고 한 물건
> • 범죄행위로 인하여 생긴 물건
> • 범죄행위로 인하여 취득한 물건
> • 범죄행위의 대가로 취득한 물건

① 1개 ② 2개
③ 3개 ④ 4개
⑤ 5개

08 다음 중 상법상 법원이 아닌 것은?

① 판례 ② 조례
③ 상관습법 ④ 상사자치법
⑤ 보통거래약관

| 05 | 토목일반

| 코레일 한국철도공사

01 직경이 5cm인 강봉에 10kN의 축방향 하중을 가하자 75mm가 늘어났다. 이 강봉의 늘어나기 전 처음 길이는?(단, 강봉의 탄성계수는 170MPa이다)

① 약 1m

② 약 1.8m

③ 약 2.2m

④ 약 2.5m

⑤ 약 3m

| 코레일 한국철도공사

02 다음 그림과 같이 양단고정보에 등분포하중 w와 집중하중 P가 동시에 작용할 때, B지점에서 작용하는 모멘트는?

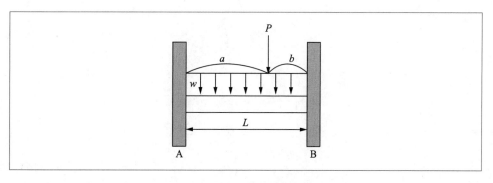

① $\dfrac{12Pa^2b+18wL^4}{18L^2}$

② $\dfrac{12Pa^2b+wL^4}{12L^2}$

③ $\dfrac{12Pa^2b+6wL^4}{12L^2}$

④ $\dfrac{4Pa^2b+wL^4}{12L^2}$

⑤ $\dfrac{Pa^2b+2wL^4}{3L^2}$

03 다음 글에서 설명하는 이론으로 옳은 것은?

- $P = \dfrac{\partial U}{\partial \delta_i}$: 하중(P)은 변형에너지(U)의 변위(δ_i)에 대한 도함수이다.

- $\theta = \dfrac{\partial U}{\partial u_i}$: 처짐각(θ)은 변형에너지(U)의 휨모멘트(u_i)에 대한 도함수이다.

- $\delta = \dfrac{\partial U}{\partial P_i}$: 처짐량(δ)은 변형에너지(U)의 하중(P_i)에 대한 도함수이다.

① 베르누이의 정리
② 에너지 보존의 법칙
③ 카스틸리아노의 정리
④ 중첩의 원리
⑤ 최소 작용의 원리

04 다음 중 트랜싯의 망원경에 그어진 선을 이용하여 두 지점 간의 수평거리와 고저차를 간접적으로 구하는 측량은?

① 삼각측량
② 수준측량
③ 측지측량
④ 평면측량
⑤ 스타디아측량

05 표고가 1,000m, 해발이 3,000m인 상공에서 초점거리가 200mm인 사진기를 이용하여 사진측량을 실시하였다. 사진 매수가 180매이고 사진 크기가 20cm×20cm일 때, 실제 측정한 면적은?(단, 안전율은 20%이며, 종중복도는 50%, 횡중복도는 40%이다)

① 180km^2
② 210km^2
③ 240km^2
④ 270km^2
⑤ 300km^2

06 다음 그림과 같이 일단고정 타단지지보에 등분포하중과 집중하중이 동시에 작용하였을 때, 전단력이 0인 지점은 A로부터 얼마나 떨어져 있는가?

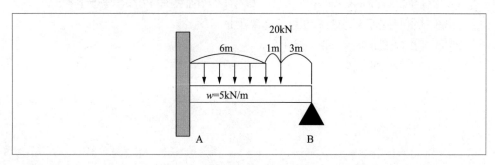

① 4.8m
② 5.4m
③ 6m
④ 6.6m
⑤ 7.2m

07 다음 중 홍수의 위험이 있거나 철도 등 통행에 제약이 있고 단면형상 변화에 대한 적응성이 양호한 공법은?

① FCM 공법
② FSM 공법
③ ILM 공법
④ MSS 공법
⑤ PSM 공법

08 다음 중 모래다짐말뚝 공법의 장점으로 옳지 않은 것은?

① 지반이 균질화된다.
② 압밀침하량이 적다.
③ 진동 및 소음이 적다.
④ 지반의 전단강도가 증가한다.
⑤ 지반의 액상화 현상을 방지할 수 있다.

09 다음 중 지중연속벽에 대한 설명으로 옳지 않은 것은?

① 굴착면의 붕괴 및 지하수의 유입을 방지하기 위해 벤토나이트를 공급한다.

② 지하시설물에 적용할 수 있는 구조물이다.

③ 작업 시 발생하는 소음이 적다.

④ 시공비가 저렴하다.

⑤ 암반층을 최소 1m 굴착하여야 한다.

10 다음 중 기둥을 단주와 장주로 나눌 때, 장주의 기준이 되는 세장비의 최솟값은?

① 25 ② 50

③ 75 ④ 100

⑤ 500

11 다음 중 고강도 경량콘크리트의 설계기준압축강도(f_{ck})의 최솟값은?

① 15MPa ② 24MPa

③ 27MPa ④ 30MPa

⑤ 40MPa

12 다음 중 설계기준압축강도(f_{ck})가 60MPa인 콘크리트 부재의 극한변형률은?

① 0.0031 ② 0.0032

③ 0.0033 ④ 0.0034

⑤ 0.0035

13 다음 중 포장된 아스팔트의 파손 원인으로 옳은 것을 〈보기〉에서 모두 고르면?

> **보기**
> ㄱ. 과적 차량의 잦은 통행으로 인한 피로 파괴
> ㄴ. 아스팔트 배합설계 불량
> ㄷ. 우천 시 우수의 배수 불량
> ㄹ. 혼합물의 다짐온도 불량

① ㄱ, ㄴ   ② ㄴ, ㄹ
③ ㄱ, ㄴ, ㄹ   ④ ㄴ, ㄷ, ㄹ
⑤ ㄱ, ㄴ, ㄷ, ㄹ

14 다음 중 DAD 해석과 관련있는 요소가 바르게 짝지어진 것은?

① 강우량, 유수단면적, 최대수심
② 적설량, 분포면적, 적설일수
③ 강우깊이, 유역면적, 최대수심
④ 강우깊이, 유역면적, 지속기간

15 다음 중 단면적이 같은 정사각형과 원의 단면계수비는?(단, 정사각형 단면의 일변은 h이고, 단면의 지름은 D이다)

① $1:0.46$ ② $1:0.85$
③ $1:1.18$ ④ $1:2.24$

16 펌프는 흡입실양정 및 토출량을 고려하여 전양정에 따라 선정하여야 한다. 전양정이 5m 이하일 때 표준이며, 비교회전도(N_s)가 1,100 ~ 2,000 정도인 펌프 형식은?

① 축류펌프   ② 사류펌프

③ 원심사류펌프   ④ 원심펌프

17 구경이 400mm인 모터의 직결펌프에서 양수량은 $10\text{m}^3/\text{min}$, 전양정은 50m, 회전수는 1,100rpm일 때, 비교회전도(N_s)는 얼마인가?

① 약 148   ② 약 168

③ 약 185   ④ 약 194

18 엘리데이드 고저측량에서 수평거리는 34m, 분획차는 8.4, 측표의 높이는 2.0m, 시준공까지의 높이는 1.2m일 때 두 점 간의 고저차는 얼마인가?

① 1.856m   ② 1.956m

③ 2.056m   ④ 2.156m

19 다음 중 사진측량의 특징에 대한 설명으로 옳지 않은 것은?

① 측량의 정확도가 균일하다.

② 정성적 관측이 가능하다.

③ 정량적 관측이 가능하다.

④ 기상의 제약 없이 측량이 가능하다.

20 다음 그림과 같이 어떤 유체가 원형 직관을 통하여 정상 상태로 흐를 때, 관의 축소부로 인한 수두 손실은?(단, $V_1 = 0.5$m/s, $D_1 = 0.2$m, $D_2 = 0.1$m, $f_c = 0.36$이다)

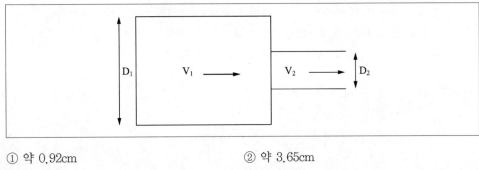

① 약 0.92cm

② 약 3.65cm

③ 약 5.6cm

④ 약 7.3cm

21 다음 그림과 같이 x, y축에 대칭인 단면에 비틀림응력이 550kN·m가 작용할 때, 최대전단응력은 얼마인가?

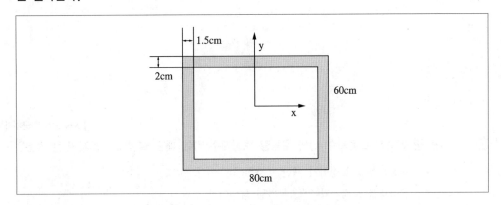

① 약 30.2MPa

② 약 40.27MPa

③ 약 60.4MPa

④ 약 80.53MPa

22 다음 중 수문곡선에 대한 설명으로 옳지 않은 것은?

① 하천유로상의 임의의 한 점에서 수문량의 시간에 대한 유량의 관계곡선이다.

② 초기에는 지하수에 의한 기저유출만이 하천에 존재한다.

③ 시간이 경과함에 따라 지수분포형의 감수곡선이 된다.

④ 표면유출은 점차적으로 수문곡선을 하강시키게 된다.

23 지름이 30cm이고 길이가 1m인 관의 손실수두가 30cm일 때, 관 벽면에 작용하는 마찰력 τ_0는?

① 150N/m^2

② 175N/m^2

③ 200N/m^2

④ 225N/m^2

24 다음 중 에너지 보정계수(α)와 운동량 보정계수(β)에 대한 설명으로 옳지 않은 것은?

① α는 속도수두를 보정하기 위한 무차원 상수이다.

② β는 운동량을 보정하기 위한 무차원 상수이다.

③ α, β값은 흐름이 난류일 때보다 층류일 때가 크다.

④ 실제유체 흐름에서는 $\beta > \alpha > 1$이다.

25 다음 중 잔골재와 굵은 골재에 대한 설명으로 옳지 않은 것은?

① 잔골재는 0.074mm 이상, 굵은 골재는 4.76mm 이상인 것을 말한다.

② 잔골재의 비중은 $2.50 \sim 2.65$, 굵은 골재의 비중은 $2.55 \sim 2.70$의 값을 표준으로 하고 있다.

③ 잔골재는 입도가 클수록 단위무게가 크다.

④ 콘크리트용 골재의 조립율은 잔골재에서 $6.0 \sim 8.0$, 굵은골재에서 $2.3 \sim 3.1$ 정도가 적당하다.

26 현장에서 다짐된 사질토의 상대다짐도가 95%이고 최대 및 최소 건조단위중량이 각각 $1.76t/m^3$, $1.5t/m^3$일 때, 현장시료의 상대밀도는?

① 약 59%

② 약 64%

③ 약 69%

④ 약 74%

27 다음 중 보강토 공법의 특징으로 옳지 않은 것은?

① 시공이 신속하다.

② 지진피해가 많다.

③ 시공관리에 용이하며 건설공해가 적다.

④ 부등침하에 어느 정도 유연하게 대처 가능하다.

28 다음 중 하천에 오수가 유입될 때, 하천의 자정작용 중 최초의 분해지대에서 BOD가 증가하는 주요 원인은?

① 온도의 변화   ② 탁도의 감소

③ 미생물의 번식   ④ 유기물의 침전

29 지름이 2m이고, 영향권의 반지름이 1,000m이며, 원지하수의 수위 $H=7$m, 집수정의 수위 $h_0=5$m인 심정에서의 양수량은 얼마인가?(단, $K=0.0038$m/s이고, $\ln 10 = 2.3$이다)

① 약 $0.0415\text{m}^3/\text{s}$ ② 약 $0.0461\text{m}^3/\text{s}$

③ 약 $0.083\text{m}^3/\text{s}$ ④ 약 $0.145\text{m}^3/\text{s}$

30 다음 중 유수는 원활하지만 관거의 매설 깊이가 증가하여 보공비가 많이 들고, 펌프 배수 시 펌프양정을 증가시키는 단점이 있는 하수관거의 접합 방법은?

① 수면접합   ② 관중심접합

③ 관저접합   ④ 관정접합

| 06 | 기계일반

| 코레일 한국철도공사

01 다음 중 질량 10kg의 물을 10℃에서 60℃로 가열할 때 필요한 열량은?

① 2,100kJ   ② 2,300kJ

③ 2,500kJ   ④ 2,700kJ

⑤ 2,900kJ

| 코레일 한국철도공사

02 다음 중 이상기체의 내부에너지와 엔탈피에 대한 설명으로 옳은 것을 〈보기〉에서 모두 고르면?

> **보기**
>
> ㄱ. n몰의 단원자 분자 기체의 내부에너지와 다원자 분자 기체의 내부에너지는 같다.
> ㄴ. n몰의 단원자 분자인 이상기체의 내부에너지는 절대온도만의 함수이다.
> ㄷ. n몰의 단원자 분자인 이상기체의 엔탈피는 절대온도만의 함수이다.
> ㄹ. 이상기체의 엔탈피는 이상기체의 무질서도를 표현한 함수이다.

① ㄱ, ㄴ   ② ㄱ, ㄹ

③ ㄴ, ㄷ   ④ ㄴ, ㄹ

⑤ ㄷ, ㄹ

| 코레일 한국철도공사

03 다음 중 자동차의 안정적인 선회를 위해 사용하는 차동 기어 장치에서 찾아볼 수 없는 것은?

① 링기어   ② 베벨기어

③ 스퍼기어   ④ 유성기어

⑤ 태양기어

04 다음 중 소르바이트 조직을 얻기 위한 열처리 방법은?

① 청화법
② 침탄법
③ 마퀜칭
④ 질화법
⑤ 파텐팅

05 다음 중 축과 보스를 결합하기 위해 축에 삼각형 모양의 톱니를 새긴 가늘고 긴 키 홈은?

① 묻힘키
② 세레이션
③ 둥근키
④ 테이퍼
⑤ 스플라인

06 다음 중 카르노 사이클에서 열을 공급받는 과정은?

① 정적 팽창 과정
② 정압 팽창 과정
③ 등온 팽창 과정
④ 단열 팽창 과정
⑤ 열을 공급받지 않는다.

07 다음 중 정적 가열과 정압 가열이 동시에 이루어지는 고속 디젤 엔진의 사이클로 옳은 것은?

① 오토 사이클
② 랭킨 사이클
③ 브레이턴 사이클
④ 사바테 사이클
⑤ 카르노 사이클

08 다음 중 담금질 효과가 가장 작은 것은?

① 페라이트
② 펄라이트
③ 오스테나이트
④ 마텐자이트
⑤ 시멘타이트

09 다음 중 하중의 크기와 방향이 주기적으로 반복하여 변하면서 작용하는 하중은?

① 정하중
② 교번하중
③ 반복하중
④ 충격하중
⑤ 임의진동하중

10 다음 중 운동에너지를 압력에너지로 변환시키는 장치는?

① 노즐
② 액추에이터
③ 디퓨저
④ 어큐뮬레이터
⑤ 피스톤 로드

11 리벳 이음 중 평행형 겹치기 이음에서 판의 끝부분에서 가장 가까운 리벳의 구멍 열 중심까지의 거리를 무엇이라 하는가?

① 마진 　　　　　　　　　　　② 피치

③ 뒷피치 　　　　　　　　　　④ 리드

⑤ 유효지름

12 다음 중 단면 1차 모멘트에 대한 설명으로 옳지 않은 것은?

① 단면 1차 모멘트의 차원은 L^3이다.

② 단면 1차 모멘트의 값은 항상 양수이다.

③ 중공형 단면의 1차 모멘트는 전체 형상의 단면 1차 모멘트에서 뚫린 형상의 단면 1차 모멘트를 제하여 구한다.

④ 임의 형상에 대한 단면 1차 모멘트는 미소 면적에 대한 단면 1차 모멘트를 전체 면적에 대해 적분하여 구한다.

13 다음 중 알루미늄 호일을 뭉치면 물에 가라앉지만, 같은 양의 호일로 배 형상을 만들면 물에 뜨는 이유로 옳은 것은?

① 부력은 물체의 밀도와 관련이 있다.

② 부력은 유체에 잠기는 영역의 부피와 관련이 있다.

③ 부력은 중력과 관련이 있다.

④ 부력은 유체와 물체 간 마찰력과 관련이 있다.

14 다음 중 백주철을 열처리한 것으로, 강도, 인성, 내식성 등이 우수하여 유니버설 조인트 등에 사용되는 주철은?

① 회주철

② 가단주철

③ 칠드주철

④ 구상흑연주철

15 다음 화학식을 참고할 때, 탄소 6kg 연소 시 필요한 공기의 양은?(단, 공기 내 산소는 20%이다)

$$C + O_2 = CO_2$$

① 30kg

② 45kg

③ 60kg

④ 80kg

16 다음 중 하중의 종류와 그 하중이 적용하는 방식에 대한 설명으로 옳지 않은 것은?

① 압축하중의 하중 방향은 축 방향과 평행으로 작용한다.

② 인장하중의 하중 방향은 축 방향과 평행으로 작용한다.

③ 전단하중의 하중 방향은 축 방향과 수직으로 작용한다.

④ 교번하중은 일정한 크기와 일정한 방향을 가진 하중이 반복적으로 작용하는 하중이다.

17 단면이 원이고 탄성계수가 250,000Mpa인 철강 3m가 있다. 이 철강에 100kN의 인장하중이 작용하여 1.5mm가 늘어날 때, 이 철강의 직경은?

① 약 2.3cm   ② 약 3.2cm

③ 약 4.5cm   ④ 약 4.8cm

18 단면이 직사각형인 단순보에 다음과 같은 등분포하중이 작용할 때, 최대 처짐량은 얼마인가?(단, $E=240$Gpa이다)

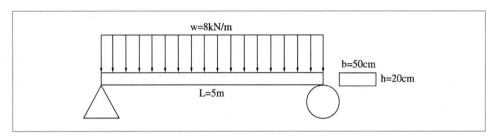

① 약 0.13mm   ② 약 0.32mm

③ 약 0.65mm   ④ 약 0.81mm

19 다음 그림과 같은 외팔보에 등분포하중이 작용할 때, 처짐각은?(단, $EI=10,000$kN $\cdot$ m^2 이다)

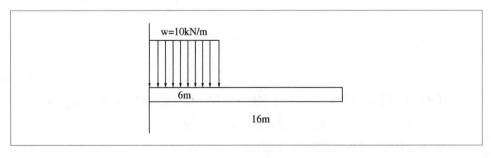

① 0.9×10^{-2}rad   ② 1.8×10^{-2}rad

③ 2.7×10^{-2}rad   ④ 3.6×10^{-2}rad

20 다음 중 프루드(Fr) 수에 대한 정의로 옳은 것은?

① 관성력과 점성력의 비를 나타낸다.
② 관성력과 탄성력의 비를 나타낸다.
③ 중력과 점성력의 비를 나타낸다.
④ 관성력과 중력의 비를 나타낸다.

21 다음 〈보기〉의 원소들을 체심입방격자와 면심입방격자로 바르게 구분한 것은?

보기	
ㄱ. Al	ㄴ. Cr
ㄷ. Mo	ㄹ. Cu
ㅁ. V	ㅂ. Ag

	체심입방격자	면심입방격자
①	ㄱ, ㄷ, ㄹ	ㄴ, ㅁ, ㅂ
②	ㄱ, ㄹ, ㅂ	ㄴ, ㄷ, ㅁ
③	ㄴ, ㄷ, ㄹ	ㄱ, ㅁ, ㅂ
④	ㄴ, ㄷ, ㅁ	ㄱ, ㄹ, ㅂ

22 $G = 80 \times 10^3 \text{N/mm}^2$이고 유효권수가 100인 스프링에 300N의 외력을 가하였더니 길이가 30cm 변하였다. 이 스프링의 평균 반지름의 길이는 얼마인가?(단, 스프링지수는 10이다)

① 80mm
② 90mm
③ 100mm
④ 110m

23 다음은 어떤 냉동사이클의 T – S 선도이다. 이 냉동사이클의 성능계수는?

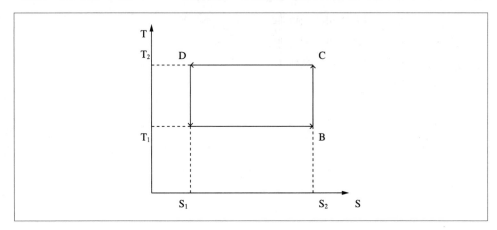

① $\dfrac{T_2 - T_1}{T_1}$

② $\dfrac{T_1}{T_2 - T_1}$

③ $\dfrac{S_2 - S_1}{S_1}$

④ $\dfrac{S_1}{S_2 - S_1}$

24 다음 중 주철과 강재를 비교한 내용으로 옳지 않은 것은?

① 주철은 강재에 비해 융점이 낮다.

② 주철은 강재에 비해 내부식성이 강하다.

③ 주철은 강재에 비해 단단하고 잘 부서지지 않는다.

④ 주철은 강재에 비해 연신율이 떨어진다.

25 다음 중 소성가공에 대한 설명으로 옳은 것은?

① 제품에 손상이 가지 않도록 탄성한도보다 작은 외력을 가해야 한다.

② 소성가공 완류 후 잔류응력은 자연스럽게 제거된다.

③ 주물에 비해 치수가 부정확하다.

④ 절삭가공에 비해 낭비되는 재료가 적다.

| 07 | 전기일반

| 코레일 한국철도공사

01 다음 중 엘리베이터, 에스컬레이터, 전기자동차의 인버터 모터와 같은 각종 AC모터에 적용되는 VVVF 제어가 제어하는 것을 〈보기〉에서 모두 고르면?

> **보기**
> ㄱ. 전압
> ㄴ. 전류
> ㄷ. 주파수
> ㄹ. 위상차

① ㄱ, ㄴ 　　　　　　　　② ㄱ, ㄷ
③ ㄴ, ㄷ 　　　　　　　　④ ㄴ, ㄹ
⑤ ㄷ, ㄹ

| 코레일 한국철도공사

02 다음 중 선로 구조물이 아닌 것은?

① 급전선 　　　　　　　　② 전차선
③ 철주 　　　　　　　　　④ 침목
⑤ 측구

| 코레일 한국철도공사

03 다음 글이 설명하는 용어로 옳은 것은?

> 레일 이음매부에 레일의 온도 변화에 의한 신축을 위하여 두는 간격으로, 레일은 온도의 상승 또는 하강에 따라 물리적으로 신축하는데, 이 신축에 적응하기 위해 이음매부의 레인 사이에 두는 틈이다. 레일온도 변화의 범위, 레일강의 선팽창계수 및 레일길이를 토대로 계산하여 산정한다.

① 고도 　　　　　　　　　② 구배
③ 침목 　　　　　　　　　④ 유간
⑤ 확도

04 다음 중 철도 궤간의 국제 표준 규격 길이는?

① 1,355mm
② 1,435mm
③ 1,550mm
④ 1,600mm
⑤ 1,785mm

05 다음 중 차량의 운행거리를 정차시간 및 제한속도 운전시간 등을 포함한 운전시분으로 나눈 값은?

① 표정속도
② 평균속도
③ 설계속도
④ 균형속도
⑤ 최고속도

06 다음 중 PP급전방식에 대한 설명으로 옳지 않은 것은?

① 선로 임피던스가 작다.
② 전압강하가 작다.
③ 역간이 짧고 저속 운행구간에 적합하다.
④ 상대적으로 고조파의 공진주파수가 낮고 확대율이 작다.
⑤ 회생전력 이용률이 높다.

07 다음 강체가선방식 중 T-bar 방식과 R-bar 방식의 표준길이를 바르게 연결한 것은?

	T-bar	R-bar
①	8m	10m
②	10m	8m
③	10m	12m
④	12m	10m
⑤	12m	15m

08 다음 중 유도장해를 경감시키기 위한 전력선에 대한 대책으로 옳지 않은 것은?

① 변류기를 사용하고, 절연변압기를 채용한다.

② 전선의 위치를 바꾼다.

③ 소호리액터를 사용한다.

④ 고주파의 발생을 방지한다.

⑤ 전력선과 통신선 사이의 간격을 크게 한다.

09 다음 중 전차선로의 가선방식이 아닌 것은?

① 강체식

② 제3궤조식

③ 가공단선식

④ 가공복선식

⑤ 직접조가식

10 다음 중 교류송전방식의 특징으로 옳지 않은 것은?

① 주파수가 다른 계통끼리 연결이 불가능하다.

② 직류송전에 비해 안정도가 저하된다.

③ 회전자계를 쉽게 얻을 수 있다.

④ 표피효과 및 코로나 손실이 발생한다.

⑤ 선로의 리액턴스가 없고 위상각을 고려할 필요가 없다.

11 다음 중 직류식 전기철도와 비교한 교류식 전기철도의 장점으로 옳지 않은 것은?

① 고속 운전에 적합하다.

② 통신장애가 적다.

③ 전차선 설비에서의 전선이 얇다.

④ 운전전류가 작아 사고전류의 선택적 차단이 용이하다.

⑤ 변전소 설치 간격을 길게 설계할 수 있다.

12 다음 중 커티너리 조가방식에 대한 설명으로 옳지 않은 것은?

① 종류로 심플식, 컴파운드식, 사조식이 있다.

② 전차선의 레일면상 표준높이는 5,200mm이다.

③ 전기차의 속도 향상을 위해 전차선의 이선율을 작게 한다.

④ 전차선의 두 지지점 사이에서 궤도면에 대하여 일정한 높이를 유지하도록 하는 방식이다.

⑤ 가장 단순한 구조의 방식으로, 전차선만 1조로 구성되어 있다.

13 다음 중 컴파운드 커티너리 조가방식의 각 전선의 굵기 및 장력을 크게 늘려 가선한 조가방식은?

① 단식 커티너리 조가방식

② 헤비 심플 커티너리 조가방식

③ 헤비 컴파운드 커티너리 조가방식

④ 합성 컴파운드 커티너리 조가방식

⑤ 변Y형 커티너리 조가방식

14 다음 전동차의 제동 방식 중 저항에서 발생하는 열을 이용하여 제동하는 방식은?

① 역상제동

② 발전제동

③ 회생제동

④ 와류제동

⑤ 와전류 레일제동

※ 다음 〈보기〉를 보고 이어지는 질문에 답하시오. [15~16]

> **보기**
>
> ㄱ. 출발저항　　　　　　　　　ㄴ. 곡선저항
> ㄷ. 가속도저항　　　　　　　　ㄹ. 터널저항
> ㅁ. 구배저항　　　　　　　　　ㅂ. 주행저항

15 다음 〈보기〉 중 저항의 방향이 주행방향의 역방향이 아닌 것은?

① ㄱ　　　　　　　　　　　　② ㄴ
③ ㄷ　　　　　　　　　　　　④ ㄹ
⑤ ㅁ

16 다음 〈보기〉 중 전기철도의 저항에서 손실로 적용하지 않는 저항을 모두 고르면?

① ㄱ, ㄷ　　　　　　　　　　② ㄱ, ㄹ
③ ㄴ, ㅁ　　　　　　　　　　④ ㄴ, ㅂ
⑤ ㄷ, ㅁ

17 다음 커티너리 조가방식에서 A의 명칭은?

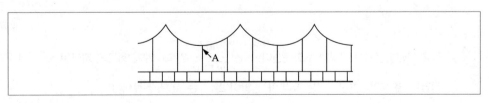

① 지지점　　　　　　　　　　② 드로퍼
③ 조가선　　　　　　　　　　④ 보조조가선
⑤ 행거

18 어떤 구형 커패시터의 단면이 다음과 같을 때, 이 커패시터의 정전용량은?(단, 커패시터 내부 유전체의 유전율은 ε이다)

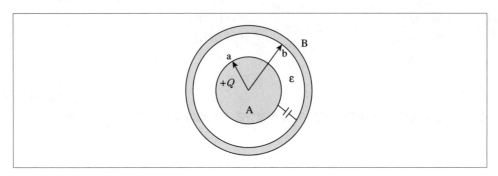

① $4\pi\varepsilon\left(\dfrac{b}{a}-\dfrac{a}{b}\right)$

② $\dfrac{4\pi\varepsilon ab}{b-a}$

③ $4\pi\varepsilon(b-a)$

④ $4\pi\varepsilon\left(\dfrac{1}{a}-\dfrac{1}{b}\right)$

⑤ $\dfrac{\varepsilon ab}{4\pi(b-a)}$

19 직류 분권발전기의 무부하 포화곡선이 $V=\dfrac{950I_f}{35+I_f}$ 일 때, 계자 회로의 저항이 5Ω이면 유기되는 전압은 몇 V인가?(단, V는 무부하 전압이고, I_f는 계자 전류이다)

① 675V

② 700V

③ 725V

④ 750V

⑤ 775V

20 다음 중 오버슈트에 대한 설명으로 옳은 것은?

① 어떤 신호의 값이 과도기간 중에도 목표값에 한참 미치지 못하는 현상이다.

② 어떤 신호의 값이 과도기간 도달 전에 목표값의 63.2%를 넘어서는 시기이다.

③ 어떤 신호의 값이 과도기간 도달 전에 목표값의 50%를 넘어서는 시기이다.

④ 어떤 신호의 값이 과도기간 중에 목표값을 넘어서는 현상이다.

21 $f(t) = e^{2t}\sin \omega t$일 때, $\mathcal{L}[f(t)]$의 값은?

① $\dfrac{2}{(s-2)^2 + \omega^2}$

② $\dfrac{2}{s^2 + (\omega - 2)^2}$

③ $\dfrac{\omega}{(s-2)^2 + \omega^2}$

④ $\dfrac{\omega}{s^2 + (\omega - 2)^2}$

22 다음 회로에서 저항 R_1에 흐르는 전류는 몇 A인가?

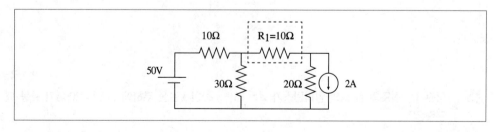

① 1.85A

② 1.93A

③ 2.01A

④ 2.19A

23 저압 인입선을 횡단보도교 위에 시설하는 경우 노면상 몇 m 이상이어야 하는가?

① 3m

② 4m

③ 5m

④ 6.5m

24 다음 중 나전선을 사용할 수 없는 것은?

① 애자공사 시 전기로용 전선

② 라이팅덕트공사

③ 버스덕트공사

④ 금속덕트공사

25 어떤 3상 회로의 한 상의 임피던스가 $Z = 15 + j20$인 Y결선 부하에 선전류 200A가 흐를 때, 무효 전력은?

① 800kVar

② 2,400kVar

③ 2,500kVar

④ 3,000kVar

26 다음 중 RLC 직렬회로에서 과제동이 발생하는 조건은?

① $R < \sqrt{\dfrac{L}{C}}$ ② $R = \sqrt{\dfrac{L}{C}}$

③ $R > \sqrt{\dfrac{L}{C}}$ ④ $R = \dfrac{1}{2\pi\sqrt{LC}}$

27 $E = 3x^2 y\,i - 7yz\,j + 5xz^2\,k$ 일 때, $\text{div}\,E$의 값은?

① $3x^2 - 7y + 5z^2$ ② $5x + 3y - 7z$

③ $6xy + 10xz - 7z$ ④ $-7x + 5y + 3z$

28 다음 중 비례추이를 할 수 없는 것을 〈보기〉에서 모두 고르면?

보기	
ㄱ. 동손	ㄴ. 역률
ㄷ. 효율	ㄹ. 1차 출력
ㅁ. 2차 출력	

① ㄱ, ㄴ, ㄹ   ② ㄱ, ㄷ, ㅁ

③ ㄴ, ㄷ, ㅁ   ④ ㄴ, ㄹ, ㅁ

29 면적이 $5S$이고 충전용량이 C인 평행판 축전기가 있다. 비유전율이 4인 유전물질을 이 축전기의 평행판 사이에 면적의 $\dfrac{4}{5}$를 채웠을 때, 충전용량은?

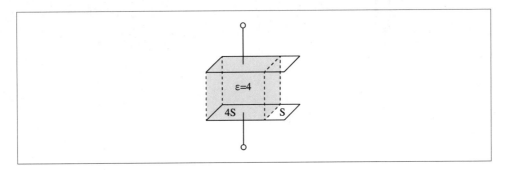

① $\dfrac{9}{5}C$

② $\dfrac{13}{5}C$

③ $\dfrac{17}{5}C$

④ $\dfrac{21}{5}C$

30 다음 중 변압기 병렬운전 시 병렬운전이 불가능한 결선조합은?

① Y - Y와 Y - Y

② Y - △와 △ - Y

③ △ - Y와 △ - Y

④ Y - △와 △ - △

PART 1

합격의 공식 시대에듀 www.sdedu.co.kr

직업기초능력평가

의사소통능력

합격 Cheat Key

의사소통능력은 평가하지 않는 공사·공단이 없을 만큼 필기시험에서 중요도가 높은 영역으로, 세부 유형은 문서 이해, 문서 작성, 의사 표현, 경청, 기초 외국어로 나눌 수 있다. 문서 이해·문서 작성과 같은 지문에 대한 주제 찾기, 내용 일치 문제의 출제 비중이 높으며, 문서의 특성을 파악하는 문제도 출제되고 있다.

1 문제에서 요구하는 바를 먼저 파악하라!

의사소통능력에서 가장 중요한 것은 제한된 시간 안에 빠르고 정확하게 답을 찾아내는 것이다. 의사소통능력에서는 지문이 아니라 문제가 주인공이므로 지문을 보기 전에 문제를 먼저 파악해야 하며, 문제에 따라 전략적으로 빠르게 풀어내는 연습을 해야 한다.

2 잠재되어 있는 언어 능력을 발휘하라!

세상에 글은 많고 우리가 학습할 수 있는 시간은 한정적이다. 이를 극복할 수 있는 방법은 다양한 글을 접하는 것이다. 실제 시험장에서 어떤 내용의 지문이 나올지 아무도 예측할 수 없으므로 평소에 신문, 소설, 보고서 등 여러 글을 접하는 것이 필요하다.

3 상황을 가정하라!

업무 수행에 있어 상황에 따른 언어 표현은 중요하다. 같은 말이라도 상황에 따라 다르게 해석될 수 있기 때문이다. 그런 의미에서 자신의 의견을 효과적으로 전달할 수 있는 능력을 평가하는 것이다. 업무를 수행하면서 발생할 수 있는 여러 상황을 가정하고 그에 따른 올바른 언어표현을 정리하는 것이 필요하다.

4 말하는 이의 입장에서 생각하라!

잘 듣는 것 또한 하나의 능력이다. 상대방의 이야기에 귀 기울이고 공감하는 태도는 업무를 수행하는 관계 속에서 필요한 요소이다. 그런 의미에서 다양한 상황에서 듣는 능력을 평가하는 것이다. 말하는 이가 요구하는 듣는 이의 태도를 파악하고, 이에 따른 판단을 할 수 있도록 언제나 말하는 사람의 입장이 되는 연습이 필요하다.

01 | 모듈이론

01 의사소통능력의 의의

(1) 의사소통이란?

① 의사소통의 정의

두 사람 또는 그 이상의 사람들 사이에서 일어나는 의사의 전달과 상호교류를 의미하며, 어떤 개인 또는 집단이 개인 또는 집단에 대해서 정보, 감정, 사상, 의견 등을 전달하고 그것들을 받아들이는 과정을 말한다.

② 성공적인 의사소통의 조건

> 내가 가진 정보를 상대방이 이해하기 쉽게 표현

+

> 상대방이 어떻게 받아들일 것인가에 대한 고려

=

> 의사소통의 정확한 목적을 알고, 의견을 나누는 자세

(2) 의사소통능력의 종류

① 문서적인 의사소통능력

문서이해능력	문서로 작성된 글이나 그림을 읽고 내용을 이해, 요점을 판단하는 능력
문서작성능력	목적과 상황에 적합하도록 정보를 전달할 수 있는 문서를 작성하는 능력

② 언어적인 의사소통능력

경청능력	상대방의 이야기를 듣고, 의미를 파악하며, 이에 적절히 반응하는 능력
의사표현능력	자신의 의사를 목적과 상황에 맞게 설득력을 가지고 표현하는 능력

③ 특징

구분	문서적인 의사소통능력	언어적인 의사소통능력
장점	권위감, 정확성, 전달성, 보존성이 높음	유동성이 높음
단점	의미의 곡해	정확성이 낮음

④ 일상에서의 의사소통

> • 고객사에서 보내온 수취 확인서 : 문서적인 의사소통
> • 수취확인 문의전화 : 언어적인 의사소통
> • 업무지시 메모 : 문서적인 의사소통
> • 영문 운송장 작성 : 문서적인 의사소통
> • 주간 업무보고서 작성 : 문서적인 의사소통

(3) 의사소통의 저해요인과 의사소통의 유형

① 의사소통의 저해요인

㉠ 의사소통 기법의 미숙, 표현 능력의 부족, 이해 능력의 부족
'일방적으로 말하고', '일방적으로 듣는' 무책임한 태도

㉡ 판단적인 태도, 잠재적 의도
'전달했는데', '아는 줄 알았는데'라고 착각하는 태도

㉢ 과거의 경험, 선입견과 고정관념
'말하지 않아도 아는 문화'에 안주하는 태도

㉣ 기타 요인
정보의 과다, 메시지의 복잡성, 메시지의 경쟁, 상이한 직위와 과업지향성, 신뢰의 부족, 의사소통을 위한 구조상의 권한, 잘못된 의사소통 매체의 선택, 폐쇄적인 의사소통 분위기 등

② 키슬러의 대인관계 의사소통 유형

유형	특징	제안
지배형	자신감이 있고 지도력이 있으나, 논쟁적이고 독단이 강하여 대인 갈등을 겪을 수 있음	타인의 의견을 경청하고 수용하는 자세가 필요
실리형	이해관계에 예민하고 성취지향적으로 경쟁적이며 자기중심적임	타인의 입장을 배려하고 관심을 갖는 자세가 필요
냉담형	이성적인 의지력이 강하고 타인의 감정에 무관심하며 피상적인 대인관계를 유지함	타인의 감정상태에 관심을 가지고 긍정적 감정을 표현하는 것이 필요
고립형	혼자 있는 것을 선호하고 사회적 상황을 회피하며 지나치게 자신의 감정을 억제함	대인관계의 중요성을 인식하고 타인에 대한 비현실적인 두려움의 근원을 성찰하는 것이 필요
복종형	수동적이고 의존적이며 자신감이 없음	적극적인 자기표현과 주장이 필요
순박형	단순하고 솔직하며 자기주관이 부족함	자기주장을 적극적으로 표현하는 것이 필요
친화형	따뜻하고 인정이 많고 자기희생적이며 타인의 요구를 거절하지 못함	타인과의 정서적인 거리를 유지하는 노력이 필요
사교형	외향적이고 인정하는 욕구가 강하며 타인에 대한 관심이 많고 쉽게 흥분함	심리적인 안정을 취하고 지나친 인정욕구에 대한 성찰이 필요

(4) 의사소통능력의 개발방법과 의사소통전략

① 의사소통능력의 개발

　㉠ 사후검토와 피드백의 활용

　　직접 말로 물어보거나 얼굴표정, 기타 표시 등을 통해 정확한 반응을 살핀다.

　㉡ 언어의 단순화

　　명확하고 쉽게 이해 가능한 단어를 선택하여 이해도를 높인다.

　㉢ 적극적인 경청

　　감정을 이입하여 능동적으로 집중하며 경청한다.

　㉣ 감정의 억제

　　감정에 치우쳐 메시지를 곡해하지 않도록 침착하게 의사소통한다.

② 입장에 따른 의사소통전략

화자의 입장	• 의사소통에 앞서 생각을 명확히 할 것 • 문서를 작성할 때는 주된 생각을 앞에 쓸 것 • 평범한 단어를 쓸 것 • 편견 없는 언어를 사용할 것 • 사실 밑에 깔린 감정을 의사소통할 것 • 어조·표정 등 비언어적인 행동이 미치는 결과를 이해할 것 • 행동을 하면서 말로 표현할 것 • 피드백을 받을 것
청자의 입장	• 세세한 어휘를 모두 들으려고 노력하기보다는 요점 파악에 집중할 것 • 말하고 있는 바에 관한 생각과 사전 정보를 동원하여 말하는 바에 몰입할 것 • 모든 이야기를 듣기 전에 결론에 이르지 말고 전체 생각을 청취할 것 • 말하는 사람의 관점에서 진술을 반복하여 피드백할 것 • 들은 내용을 요약할 것

OX 문제

01 의사소통은 내가 상대방에게 메시지를 전달하는 과정이다. [　]

02 전문용어는 그 언어를 사용하는 집단 구성원들 사이에서 사용될 때에나 조직 밖에서 사용할 때나 동일하게 이해를 촉진시킨다. [　]

03 '의사소통 과정에서의 상호작용 부족', '분명하지 않은 메시지', '말하지 않아도 아는 문화에 안주하는 마음' 등은 의사소통의 저해요인에 해당한다. [　]

---

01 [×] 의사소통은 내가 상대방에게 메시지를 전달하는 과정이 아니라, 상대방과의 상호작용을 통해 메시지를 다루는 과정이다.

02 [×] 전문용어의 사용은 그 언어를 사용하는 집단 구성원들 사이에서 사용될 때에는 이해를 촉진시키지만, 조직 밖의 사람들에게 즉, 고객 등의 사람들에게 사용했을 때에는 의외의 문제를 야기할 수 있기 때문에 의사소통을 할 때에는 단어 선택에 반드시 주의를 기울여야 한다.

03 [O]

(1) 문서이해능력의 의의와 문서이해의 절차

① 문서이해능력의 의의

ⓐ 문서이해능력이란?

직업현장에서 자신의 업무와 관련된 인쇄물이나 기호화된 정보 등 필요한 문서를 확인하여 문서를 읽고, 내용을 이해하고 요점을 파악하는 능력을 말한다.

ⓑ 문서이해의 필요성

문서를 제대로 이해하지 못한다면 자신에게 주어진 업무가 무엇인지, 자신에게 요구된 행동이 무엇인지 파악하기 어렵다. 따라서 이를 이해하기 위해서는 문서이해능력이 필수적이다.

ⓒ 문서이해의 중요성

> • 같은 업무를 추진하더라도 요점을 파악하고 정리하는지의 여부가 업무 성과의 차이를 가져온다.
> • 자신의 업무를 추진하는 데 있어서 문서이해를 통해 정보를 획득하고, 수집·종합하는 것이 중요하다.

② 문서이해의 절차

문서의 목적을 이해하기

⬇

이러한 문서가 작성되게 된 배경과 주제를 파악하기

⬇

문서에 쓰여진 정보를 밝혀내고, 문서가 제시하고 있는 현안문제를 파악하기

⬇

문서를 통해 상대방의 욕구와 의도 및 내게 요구되는 행동에 관한 내용을 분석하기

⬇

문서에서 이해한 목적 달성을 위해 취해야 할 행동을 생각하고 결정하기

⬇

상대방의 의도를 도표나 그림 등으로 메모하여 요약·정리해 보기

(2) 문서의 종류

① 공문서

- 행정기관에서 공무를 집행하기 위해 작성하는 문서
- 정부기관이 일반회사나 단체로부터 접수하는 문서 및 일반회사에서 정부기관을 상대로 사업을 진행할 때 작성하는 문서 포함
- 엄격한 규격과 양식에 따라 정당한 권리를 가진 사람이 작성
- 최종 결재권자의 결재가 있어야 문서로서의 기능이 성립

② 보고서

특정 업무에 대한 현황이나 진행 상황 또는 연구·검토 결과 등을 보고할 때 작성하는 문서이다.

종류	내용
영업보고서	영업상황을 문장 형식으로 기재해 보고하는 문서
결산보고서	진행됐던 사안의 수입과 지출결과를 보고하는 문서
일일업무보고서	매일의 업무를 보고하는 문서
주간업무보고서	한 주간에 진행된 업무를 보고하는 문서
출장보고서	출장 후 외부 업무나 그 결과를 보고하는 문서
회의보고서	회의 결과를 정리해 보고하는 문서

③ 설명서

상품의 특성이나 사물의 성질과 가치, 작동 방법이나 과정을 소비자에게 설명하는 것을 목적으로 작성한 문서이다.

종류	내용
상품소개서	• 일반인들이 내용을 쉽게 이해하도록 하는 문서 • 소비자에게 상품의 특징을 잘 전달해 상품을 구입하도록 유도
제품설명서	• 제품의 특징·활용도를 세부적으로 언급하는 문서 • 제품의 사용법에 대해 알려주는 것이 주목적

④ 비즈니스 메모

업무상 필요한 중요한 일이나 앞으로 체크해야 할 일이 있을 때 필요한 내용을 메모 형식으로 작성하여 전달하는 글이다.

종류	내용
전화 메모	• 업무적인 내용부터 개인적인 전화의 전달사항들을 간단히 작성하여 당사자에게 전달하는 메모 • 스마트폰의 발달로 현저히 줄어듦
회의 메모	• 회의에 참석하지 못한 구성원에게 회의 내용을 적어 전달하거나 참고자료로 남기기 위해 작성하는 메모 • 업무 상황 파악 및 업무 추진에 대한 궁금증이 있을 때 핵심적인 자료
업무 메모	개인이 추진하는 업무나 상대의 업무 추진 상황을 기록하는 메모

⑤ 비즈니스 레터(E-Mail)

- 사업상의 이유로 고객이나 단체에 편지를 쓰는 것
- 직장업무나 개인 간의 연락, 직접 방문하기 어려운 고객관리 등을 위해 사용되는 비공식적 문서
- 제안서나 보고서 등 공식적인 문서를 전달하는 데도 사용됨

OX 문제

01 기획서란 회사의 업무에 대한 협조를 구하거나 의견을 전달할 때 작성하는 문서를 말한다. [　]

02 설명서는 정확한 내용 전달을 위해 명령문으로 작성한다. [　]

> **01** [×] 기획서가 아닌 기안서에 대한 설명이다. 기획서란 상대방에게 기획의 내용을 전달하여 기획을 시행하도록 설득하는 문서를 말한다.
> **02** [×] 설명서는 명령문이 아닌 평서문으로 작성해야 한다.

03 문서작성능력

(1) 문서작성능력의 의의

① 문서작성의 의의

ㄱ 문서의 의미

제안서 · 보고서 · 기획서 · 편지 · 메모 · 공지사항 등 문자로 구성된 것을 지칭하며 일상생활 뿐만 아니라 직장생활에서도 다양한 문서를 자주 사용한다.

ㄴ 문서작성의 목적

치열한 경쟁상황에서 상대를 설득하거나 조직의 의견을 전달하고자 한다.

ㄷ 문서의 구성요소

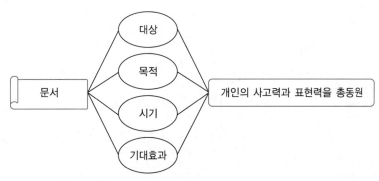

② 문서작성의 원칙

　　㉠ 문장구성 시 주의사항

- 문장은 짧고, 간결하게
- 상대방이 이해하기 쉽게
- 중요하지 않은 경우, 한자의 사용은 자제
- 표현은 간결하게 작성
- 문장은 긍정문의 형식으로
- 간단한 표제를 붙일 것
- 결론을 먼저 작성

　　㉡ 문서작성 시 주의사항

- 육하원칙에 의해 작성
- 문서의 작성시기에 맞게 작성
- 한 사안을 한 장의 용지에 작성
- 제출 전 반드시 최종점검
- 반드시 필요한 자료만 첨부
- 금액, 수량, 일자는 정확하게 기재
- 경어나 단어 사용에 신중을 기할 것

(2) 문서작성의 실제

① 상황에 따른 문서의 작성

상황	내용
요청이나 확인	• 공문서 형식 • 일정한 양식과 격식을 갖추어 작성
정보제공	• 홍보물, 보도자료, 설명서, 안내서 • 시각적인 정보의 활용 • 신속한 정보 제공
명령이나 지시	• 업무 지시서 • 명확한 지시사항이 필수적
제안이나 기획	• 제안서, 기획서 • 종합적인 판단과 예견적인 지식이 필요
약속이나 추천	• 제품의 이용에 대한 정보 • 입사지원, 이직 시 작성

② 문서의 종류에 따른 작성법

  ㉠ 공문서

  - 날짜는 연도와 월일을 반드시 함께 언급해야 한다.
  - 내용이 복잡할 경우 '-다음-', '-아래-'와 같은 항목을 만들어 구분한다.
  - 마지막에는 반드시 '끝'자로 마무리한다.

  ㉡ 설명서

  - 이해하기 어려운 전문용어의 사용은 가급적 삼가야 한다.
  - 복잡한 내용은 도표화한다.
  - 명령문보다 평서형으로, 동일한 표현보다는 다양한 표현으로 작성한다.

  ㉢ 기획서

  - 기획서의 목적과 핵심 메시지가 정확히 도출되었는지 확인한다.
  - 표나 그래프를 활용하는 경우, 내용이 제대로 도출되었는지 확인한다.
  - 인용한 자료의 출처가 정확한지 확인한다.

  ㉣ 보고서

  - 핵심내용을 구체적으로 제시한다.
  - 간결하고 핵심적인 내용의 도출이 우선이므로 내용의 중복을 피한다.
  - 보고서의 독자가 궁금한 점을 질문할 것에 대비한다.

(3) 문서표현의 시각화

① 시각화의 구성요소

문서의 내용을 시각화하기 위해서는 전하고자 하는 내용의 개념이 명확해야 하고, 수치 등의 정보는 그래프 등을 사용하여 시각화하며, 특히 강조하여 표현하고 싶은 내용은 도형을 이용할 수 있다.

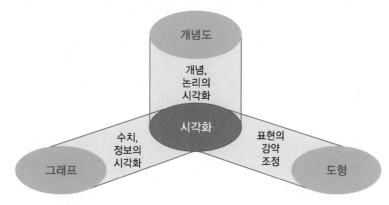

② 문서를 시각화하는 4가지 포인트

- 보기 쉬워야 한다.
- 이해하기 쉬워야 한다.
- 다채롭게 표현되어야 한다.
- 숫자는 그래프로 표시되어야 한다.

③ 시각화 방법

종류	내용
차트 시각화	데이터 정보를 쉽게 이해할 수 있도록 시각적으로 표현하며, 주로 통계 수치 등을 도표나 차트를 통해 명확하고 효과적으로 전달
다이어그램 시각화	개념이나 주제 등 중요한 정보를 도형, 선, 화살표 등 여러 상징을 사용하여 시각적으로 표현
이미지 시각화	전달하고자 하는 내용을 관련 그림이나 사진 등으로 표현

OX 문제

01 문서의 첨부자료는 반드시 필요한 자료 외에는 첨부하지 않도록 하여야 하며, 문서의 작성시기는 문서가 담고 있어야 하는 내용에 상당한 영향을 미친다. [ ]

02 문서에 기록되는 문장은 부정문 형식으로 작성해도 괜찮다. [ ]

03 다이어그램 시각화란 개념이나 주제 등 중요한 정보를 도형, 선, 화살표 등 여러 상징을 사용하여 시각적으로 표현하는 시각화 방식이다. [ ]

01 [O]
02 [×] 문장은 긍정문의 형식으로 작성해야 한다.
03 [O]

(1) 경청능력의 의의

① 경청능력이란?

    ㉠ 경청의 의미

        다른 사람의 말을 주의 깊게 들으며, 공감하는 능력을 말한다.

    ㉡ 경청의 효과

        대화의 상대방이 안도감을 느끼게 되며, 이 효과로 인해 말과 메시지, 감정이 효과적으로 상대방에게 전달된다.

② 경청의 중요성

| 경청을 통해 | + | 대화의 상대방을(의) | ⇨ | • 한 개인으로 존중하게 된다.
• 성실한 마음으로 대하게 된다.
• 입장에 공감하며 이해하게 된다. |

③ 올바른 경청의 방해요인

요인	내용
짐작하기	상대방의 말을 듣고 받아들이기보다 자신의 생각에 들어맞는 단서들을 찾아 자신의 생각을 확인하는 것
대답할 말 준비하기	자신이 다음에 할 말을 생각하기에 바빠서 상대방이 말하는 것을 잘 듣지 않는 것
걸러내기	상대의 말을 듣기는 하지만 상대방의 메시지를 온전하게 듣지 않는 것
판단하기	상대방에 대한 부정적인 판단 때문에, 또는 상대방을 비판하기 위해 상대방의 말을 듣지 않는 것
다른 생각하기	상대방이 말을 할 때 다른 생각을 하는 것으로 현실이 불만스럽지만 이러한 상황을 회피하고 있다는 신호임
조언하기	본인이 다른 사람의 문제를 지나치게 해결해 주고자 하는 것을 말하며, 말끝마다 조언하려고 끼어들면 상대방은 제대로 말을 끝맺을 수 없음
언쟁하기	단지 반대하고 논쟁하기 위해서만 상대방의 말에 귀를 기울이는 것
자존심 세우기	자존심이 강한 사람에게서 나타나는 태도로 자신의 부족한 점에 대한 상대방의 말을 듣지 않으려 함
슬쩍 넘어가기	문제를 회피하려 하거나 상대방의 부정적 감정을 회피하기 위해서 유머 등을 사용하는 것으로, 이로 인해 상대방의 진정한 고민을 놓치게 됨
비위 맞추기	상대방을 위로하기 위해서 너무 빨리 동의하는 것으로, 상대방에게 자신의 생각이나 감정을 충분히 표현할 시간을 주지 못하게 됨

(2) 효과적인 경청방법

① 적극적 경청과 소극적 경청

적극적 경청	상대의 말에 집중하고 있음을 행동을 통해 표현하며 듣는 것으로 질문, 확인, 공감 등으로 표현됨
소극적 경청	상대의 말에 특별한 반응 없이 수동적으로 듣는 것

② 적극적 경청을 위한 태도

- 비판적·충고적인 태도를 버린다.
- 상대방이 말하고 있는 의미 전체를 이해한다.
- 단어 이외의 표현에도 신경을 쓴다.
- 상대방이 말하고 있는 것에 반응한다.
- 감정을 흥분시키지 않아야 한다.

③ 경청의 올바른 자세

- 상대를 정면으로 마주하는 자세는 그와 함께 의논할 준비가 되었음을 알리는 자세이다.
- 손이나 다리를 꼬지 않는 소위 개방적 자세를 취하는 것은 상대에게 마음을 열어 놓고 있다는 표시이다.
- 상대방을 향하여 상체를 기울여 다가앉은 자세는 자신이 열심히 듣고 있다는 사실을 강조하는 것이다.
- 우호적인 눈의 접촉을 통해 자신이 관심을 가지고 있다는 사실을 알리게 된다.

④ 효과적인 경청을 위한 트레이닝

종류	내용
준비	사전에 나누어준 계획서 등을 미리 읽어 강연 등에 등장하는 용어에 친숙해질 필요가 있음
집중	말하는 사람의 속도와 말을 이해하는 속도 사이에 발생하는 간격을 메우는 방법을 학습해야 함
예측	대화를 하는 동안 시간 간격이 있으면, 다음에 무엇을 말할 것인가를 추측하려고 노력해야 함
연관	상대방이 전달하려는 메시지가 무엇인가를 생각해보고 자신의 삶, 목적, 경험과 관련시켜 보는 습관이 필요함
질문	질문에 대한 답이 즉각적으로 이루어질 수 없다고 하더라도 질문을 하려고 하면 경청하는데 적극적이 되고 집중력이 높아지게 됨
요약	대화 도중에 주기적으로 대화의 내용을 요약하면 상대방이 전달하려는 메시지를 이해하고, 사상과 정보를 예측하는데 도움이 됨
반응	상대방에 대한 자신의 지각이 옳았는지 확인할 수 있으며, 상대방에게 자신이 정확하게 의사소통을 하였는가에 대한 정보를 제공함

(3) 경청훈련

① 대화법을 통한 경청훈련

ㄱ 주의 기울이기

바라보기, 듣기, 따라하기가 이에 해당하며, 산만한 행동은 중단하고 비언어적인 것, 즉 상대방의 얼굴과 몸의 움직임뿐만 아니라 호흡하는 자세까지도 주의하여 관찰해야 한다.

ㄴ 상대방의 경험을 인정하고 더 많은 정보 요청하기

화자가 인도하는 방향으로 따라가고 있다는 것을 언어적·비언어적인 표현을 통하여 상대방에게 알려주는 것은 상대방이 더 많은 것을 말할 수 있는 수단이 된다.

ㄷ 정확성을 위해 요약하기

상대방에 대한 자신의 이해의 정확성을 확인할 수 있게 하며, 자신과 상대방의 메시지를 공유할 수 있도록 한다.

ㄹ 개방적인 질문하기

단답형의 대답이나 반응보다 상대방의 다양한 생각을 이해하고, 상대방으로부터 보다 많은 정보를 얻기 위한 방법이다.

ㅁ '왜?'라는 질문 피하기

'왜?'라는 질문은 보통 진술을 가장한 부정적·추궁적·강압적인 표현이므로 사용하지 않는 것이 좋다.

② 공감적 태도와 공감적 반응

공감적 태도	상대방이 하는 말을 상대방의 관점에서 이해하고 느끼는 것으로 성숙한 인간관계를 유지하기 위해 필요
공감적 반응	상대방의 이야기를 자신의 관점이 아닌 그의 관점에서 이해하며, 상대방의 말 속에 담겨 있는 감정과 생각에 민감하게 반응

OX 문제

01 상대방의 이야기를 들어주는 것과 경청의 의미는 같다. [　]

02 경청은 상대방으로 하여금 개방적이고 솔직한 의사소통을 하도록 촉진하는 기능을 가진다. [　]

03 효과적인 경청을 위해서는 상대방의 말을 적당히 걸러내며 듣는 것이 필요하다. [　]

01 [×] 단순히 이야기를 듣는 것은 수동적인 데 반해 경청은 능동적인 의미의 탐색이므로, 이야기를 들어주는 것과 경청의 의미는 다르다.

02 [O]

03 [×] 상대방의 말을 듣기는 하지만 듣는 사람이 임의로 그 내용을 걸러내며 들으면, 상대방의 의견을 제대로 이해할 수 없다.

(1) 의사표현능력이란?

① 의사표현의 의미

말하는 이가 자신의 생각과 감정을 듣는 이에게 음성언어나 신체언어로 표현하는 행위로서, 말하는 이의 목적을 달성하는 데 효과가 있다고 생각하는 말하기를 말한다.

② 의사표현의 종류

종류	내용
공식적 말하기	사전에 준비된 내용을 대중을 상대로 하여 말하는 것 예 연설, 토의, 토론 등
의례적 말하기	정치적·문화적 행사에서와 같이 의례 절차에 따라 말하는 것 예 식사, 주례, 회의 등
친교적 말하기	매우 친근한 사람들 사이에서 이루어지는 것으로, 자연스런 상황에서 떠오르는 대로 주고받는 말하기

(2) 의사표현의 중요성

언어에 의해 그려지는 이미지로 인해 자신의 이미지가 형상화될 수 있다. 즉, 자신이 자주 하는 말로써 자신의 이미지가 결정된다는 것이다.

(3) 효과적인 의사표현법

종류	내용
지적	• 충고나 질책의 형태로 나타남 • '칭찬 – 질책 – 격려'의 샌드위치 화법을 사용할 것 • 충고는 최후의 수단으로 은유적으로 접근할 것
칭찬	• 대화 서두의 분위기 전환용으로 사용 • 상대에 어울리는 중요한 내용을 포함할 것
요구	• 부탁 : 구체적으로 부탁하며, 거절을 당해도 싫은 내색을 하지 않을 것 • 업무상 지시, 명령 : 강압적 표현보다는 청유식 표현을 활용할 것
거절	• 거절에 대한 사과와 함께 응할 수 없는 이유를 설명할 것 • 요구를 들어주는 것이 불가능할 경우 단호하게 거절하지만, 정색하는 태도는 지양할 것
설득	• 강요는 금물임 • 문 안에 한 발 들여놓기 기법 : 말하는 이가 요청하고 싶은 도움이 100이라면 처음에는 상대방이 'YES' 라고 할 수 있도록 50, 60 정도로 부탁을 하고 점차 도움의 내용을 늘려서 상대방의 허락을 유도하는 방법 • 얼굴 부딪히기 기법 : 말하는 이가 원하는 도움의 크기가 50이라면 처음에 100을 상대방에게 요청하고 거절을 유도하는 것이다. 이후 이미 한 번 도움을 거절한 듣는 이는 말하는 이에게 미안한 마음을 가지게 되고, 좀 더 작은 도움을 요청받으면 미안한 마음을 보상하기 위해 100보다 작은 요청을 들어줄 수 있음

(4) 의사표현에 영향을 미치는 요소

① 연단공포증

청중 앞에서 이야기를 해야 하는 상황일 때 정도의 차이는 있지만 누구나 가슴이 두근거리는 등의 현상을 느끼게 된다. 이러한 연단공포증은 소수가 경험하는 심리상태가 아니라, 90% 이상의 사람들이 호소하는 불안이므로 이를 걱정할 필요는 없으며, 오히려 이러한 심리현상을 잘 통제하면서 표현을 한다면 청자는 그것을 더 인간답다고 생각하게 된다.

② 말

종류	내용
장단	표기가 같은 말이라도 소리가 길고 짧음에 따라 전혀 다른 뜻이 되는 단어의 경우 긴 소리와 짧은 소리를 구분하여 정확하게 발음해야 한다.
발음	발음이 분명하지 못하면 듣는 이에게 정확하게 의사를 전달하기 어렵다. 천천히 복식호흡을 하며 깊은 소리로 침착하게 이야기하는 습관을 가져야 한다.
속도	발표할 때의 속도는 10분에 200자 원고지 15장 정도가 적당하다. 이보다 빠르면 청중이 내용에 대해 생각할 시간이 부족하고 놓친 메시지가 있다고 느끼며, 말하는 사람이 바쁘고 성의 없다는 느낌을 주게 된다. 반대로 느리게 말하면, 분위기가 처지게 되어 청중이 내용에 집중을 하지 못한다. 발표에 능숙하게 되면 청중의 반응을 감지하면서 분위기가 처질 경우 좀 더 빠르게, 내용상 중요한 부분을 짚고 넘어가고자 할 경우는 조금 여유 있게 말하는 등의 조절을 할 수 있다.
쉼	의도적으로 쉼을 잘 활용함으로써 논리성, 동질감 등을 확보할 수 있다.

③ 몸짓

종류	내용
몸의 방향	몸의 방향을 통해 대화 상대를 향하는가 혹은 피하는가가 판단된다. 예를 들어 대화 도중에 끼어든 제3자가 있다고 상상했을 때, 말하는 이가 제3자를 불편하게 생각하는 경우 살짝 몸을 돌릴 수 있다. 몸의 방향은 의도적일 수도 있고, 비의도적일 수도 있으나 말하는 이가 그 사람을 '피하고' 있음을 표현하는 방식이 된다.
자세	특정 자세를 보고 그 사람의 분노, 슬픔, 행복과 같은 일부 감정들을 맞히는 것이 90% 이상 일치한다는 연구 결과가 있다. 자신뿐 아니라 지금 대화를 나누고 있는 상대방의 자세에 주의를 기울임으로써 우리는 언어적 요소와는 다른 중요한 정보를 얻을 수 있다.
몸동작	몸짓의 가장 흔한 유형은 몸동작으로, 화자가 말을 하면서 자연스럽게 동반하는 움직임이다. 누군가 우리에게 길을 물어볼 때 자연스럽게 말과 함께 손가락과 몸짓을 통해 길을 알려준다. 몸동작은 말로는 설명하기 어려운 것들을 설명하는 데 자주 사용되며, 몸동작이 완전히 배제된 의사표현은 때로 어색함을 줄 수 있다. 또한, "최고다."라는 긍정적 신호를 보내기 위해 엄지를 들어 올리는 등의 상징적 동작은 말을 동반하지 않아도 의사표현이 가능하게 한다. 상징적 동작은 문화권에 따라 다를 수 있으므로, 다른 문화권의 사람들과 의사소통을 해야 할 경우에는 문화적 차이를 고려해야 한다.
유머	유머는 의사표현을 더욱 풍요롭게 도와준다. 하지만 하루아침에 유머를 포함한 의사표현을 할 수 있는 것은 아니며, 평소 일상생활 속에서 부단히 유머 감각을 훈련하여야만 자연스럽게 상황에 맞는 유머를 즉흥적으로 구사할 수 있다.

OX 문제

01 개방적인 질문은 상대방의 다양한 생각을 이해하게 도와준다. [　]

02 의사표현의 종류에는 공식적인 말하기와 의례적인 말하기가 있으며, 친구들끼리의 친교적 대화는 포함되지 않는다. [　]

03 상대방의 잘못을 지적할 때는 샌드위치 화법으로 칭찬과 격려를 같이 사용한다. [　]

04 상대방에게 부탁해야 할 때는 상대방의 사정은 고려하지 않고 일단 자신의 요구사항부터 제시해야 한다. [　]

05 효과적인 의사표현을 위해서는 말하는 이가 자신이 전달하고 싶은 메시지가 무엇인지 분명하게 인식해야 한다. [　]

---

01 [○]

02 [×] 의사표현의 종류는 상황이나 사태와 관련하여 공식적 말하기, 의례적 말하기, 친교적 말하기로 구분하며, 구체적으로 대화, 토론, 보고, 연설, 인터뷰, 낭독, 구연, 소개하기, 전화로 말하기, 안내하는 말하기 등이 있다. 따라서 친구들끼리의 친교적 대화도 포함된다.

03 [○]

04 [×] 상대방에게 부탁할 때는 먼저 상대방이 그 부탁을 들어줄 수 있는지 상황부터 확인해야 한다.

05 [○]

06 기초외국어능력

(1) 기초외국어능력이란?

우리만의 언어가 아닌 세계의 언어로 의사소통을 가능하게 하는 능력을 말하며, 필요한 문서이해나 문서작성, 의사표현, 경청 등 기초적인 의사소통을 기초적인 외국어로서 가능하게 하는 능력을 말한다.

(2) 기초외국어능력의 중요성

외국인들과의 업무가 잦은 특정 직무뿐만 아니라 컴퓨터 활용 및 공장의 기계 사용, 외국산 제품의 사용법을 확인하는 경우 등 기초외국어를 모르면 불편한 경우가 많다.

(3) 외국인과의 비언어적 의사소통

① 표정으로 알아채기

웃는 표정은 행복과 만족, 친절을 표현하는 데 비해, 눈살을 찌푸리는 표정은 불만족과 불쾌를 나타낸다. 또한 눈을 마주 쳐다보는 것은 흥미와 관심이 있음을, 그리고 그렇게 하지 않음은 무관심을 말해준다.

② 음성으로 알아채기

어조가 높으면 적대감이나 대립감을 나타내고, 낮으면 만족이나 안심을 나타낸다. 또한 목소리가 커졌으면 내용을 강조하는 것이거나 흥분, 불만족 등의 감정 상태를 표현하는 것이다. 또한 말의 속도와 리듬이 매우 빠르거나 짧게 얘기하면 공포나 노여움을 나타내는 것이며, 너무 자주 말을 멈추면 결정적인 의견이 없음을 의미하거나 긴장 또는 저항을 의미한다.

OX 문제

01 외국인과의 의사소통 시 자주 말을 중지하는 것은 결정적인 의견이 없음을 의미하거나 긴장 또는 저항을 의미한다. [   ]

02 기초외국어능력은 외국인과의 유창한 의사소통능력을 말한다. [   ]

---

01 [○]

02 [×] 기초외국어능력은 일 경험 중에 필요한 공문서, 기계 설명서 등 문서이해나 문서작성, E-mail과 전화응대 등 의사표현과 같은 기초적인 의사소통을 기초적인 외국어로 가능하게 하는 능력을 말한다.

02 | 의사소통능력 맛보기

01 김상수 부장은 박정수 부장의 조언에 따라 부하직원들에게 〈보기〉와 같이 말하였다. 이때, 김상수 부장이 박정수 부장의 조언을 제대로 활용하지 못한 대화는 무엇인가?

> 김상수 부장 : 요즘 우리 부서 직원들이 실수를 자주 하는데, 어떻게 꾸짖어야 하는지 잘 모르겠어. 혹시 내가 말을 잘못해서 상처받지 않을까 하고 그냥 참고 있는데, 좋은 방법이 없을까?
> 박정수 부장 : 아, 그럴 때는 상황에 맞는 의사표현법을 써야지. 상대방의 기분을 해치지 않으면서도 효과적으로 내 의사를 전달할 수 있게 말이야.
> 김상수 부장 : 그래? 몇 가지 방법 좀 알려줄 수 있어?
> 박정수 부장 : 부하 직원이 잘못을 저질렀을 때는, 본인이 알 수 있도록 확실하게 지적해야 해. 괜히 돌려 말한다고 모호한 말로 얘기하면 설득력이 떨어져. 그리고 이왕 꾸짖는 거니 그동안 잘못했던 일을 한꺼번에 얘기하면 서로 불편한 일 여러 번 하지 않아서 좋지.
> 김상수 부장 : 그렇군.
> 박정수 부장 : 그리고 질책만 하지 말고, 칭찬을 먼저하고 질책을 한 다음, 끝에 격려의 말을 한다면 더 좋을 거야.
> 김상수 부장 : 그래. 너무 질책만 하면 의기소침해 질 수 있으니까.
> 박정수 부장 : 또 충고해야 할 때는 속담이나 예화를 들어 비유법으로 깨우쳐주면 듣는 사람도 이해하기가 쉽겠지. 그리고 충고는 가급적이면 최후의 수단으로 하는 것이 좋아. 그나저나, 우리 부서 강과장이 연단공포증이 있어서 큰일이야. 지난번에 실적 발표를 하면서 덜덜 떨던 거 자네도 기억하나? 앞으로 많은 사람 앞에서 발표할 일이 많을 텐데 어떻게 해줘야 할지 모르겠어.

보기

ㄱ. '두 마리 토끼를 잡으려다 한 마리도 못 잡는다.'라는 말이 있지 않나. 너무 욕심 부리지 말고 지금 진행하고 있는 프로젝트부터 끝내도록 하게.

ㄴ. 보고서 21페이지의 표가 잘못되었어. 2023년이 아니라 2024년 수치로 넣도록 해.

ㄷ. 최근 고객으로부터 자네가 불친절하다는 항의를 들었어. 고객대응 매뉴얼을 다시 한 번 정독하고 앞으로는 이런 얘기가 나오지 않도록 하게.

ㄹ. 계약서를 이렇게 쓰면 어떻게 하나. 그래도 채대리는 꼼꼼한 성격이니 다음부터는 이런 실수가 없을 거야. 기운 내도록 해.

ㅁ. 최사원의 이번 기획안이 참 좋네. 세부 계획의 내용이 좀 부족한데 그 부분을 상세하게 수정하면 잘 될걸세.

① ㄱ   ② ㄴ

③ ㄹ   ④ ㄴ, ㄷ

⑤ ㄷ, ㅁ

[정답] ③

상대방을 질책해야 할 때는 질책을 가운데 두고 칭찬을 먼저 한 다음에 격려의 말을 해야 한다. ㄹ의 경우에는 질책 – 칭찬 – 격려 순으로 구성되어 잘못된 의사표현법에 해당한다.

[오답분석]

ㄱ. 충고를 하면서 비유법을 활용하고 있다.

ㄴ·ㄷ. 잘못된 부분을 돌려 얘기하지 않고 확실하게 지적하고 있다.

ㅁ. 질책을 가운데 두고 칭찬을 먼저 한 다음, 마지막으로 격려의 말을 하고 있다.

[풀이 전략!]

실제 대화를 통해 올바른 의사소통방법에 대해 묻는 문제로, 거의 매번 출제되는 유형이다. 특히 상대방의 잘못을 지적할 때는 지금 당장 꾸짖고 있는 내용에만 한정해야 한다는 것에 주의할 필요가 있다. 이것저것 함께 꾸짖으면 효과가 없으며, '칭찬의 말', '질책의 말', '격려의 말' 순서대로 질책을 가운데 두고 칭찬을 먼저 한 다음 끝에 격려의 말을 하면 상대방이 부드럽게 받아들일 수 있다. 모호한 표현은 설득력을 약화시키므로 확실하게 지적하되 비유를 활용하기도 한다. 통상 오답으로 그동안 잘못했던 일을 한꺼번에 지적하는 사례가 등장하는 경우가 많다.

우리가 조선의 왕을 부를 때 흔히 이야기하는 태종, 세조 등의 호칭은 묘호(廟號)라고 한다. 왕은 묘호뿐 아니라 시호(諡號), 존호(尊號) 등도 받았으므로 정식 칭호는 매우 길었다. 예를 들어 선조의 정식 칭호는 '선조소경정륜입극성덕홍렬지성대의격천희운현문의무성예달효대왕(宣祖昭敬正倫立極盛德洪烈至誠大義格天熙運顯文毅武聖睿達孝大王)'이다. 이 중 '선조'는 묘호, '소경'은 명에서 내려준 시호, '정륜입극성덕홍렬'은 1590년에 올린 존호, '지성대의격천희운'은 1604년에 올린 존호, '현문의무성예달효대왕'은 신하들이 올린 시호이다.

묘호는 왕이 사망하여 삼년상을 마친 뒤 그 신주를 종묘에 모실 때 사용하는 칭호이다. 묘호에는 왕의 재위 당시의 행적에 대한 평가가 담겨 있다. 시호는 왕의 사후 생전의 업적을 평가하여 붙여졌는데, 중국 천자가 내린 시호와 조선의 신하들이 올리는 시호 두 가지가 있었다. 존호는 왕의 공덕을 찬양하기 위해 올리는 칭호이다. 기본적으로 왕의 생전에 올렸지만 경우에 따라서는 '추상존호(追上尊號)'라 하여 왕의 승하 후 생전의 공덕을 새롭게 평가하여 존호를 올리는 경우도 있었다. 왕실의 일원들을 부르는 호칭도 경우에 따라 달랐다. 왕비의 아들은 '대군'이라 부르고, 후궁의 아들은 '군'이라 불렀다. 또한 왕비의 딸은 '공주'라 하고, 후궁의 딸은 '옹주'라 했으며, 세자의 딸도 적실 소생은 '군주', 부실 소생은 '현주'라 불렀다. 왕실에 관련된 다른 호칭으로 '대원군'과 '부원군'도 있었다. 비슷한 듯 보이지만 크게 차이가 있었다. 대원군은 왕을 낳아준 아버지, 즉 생부를 가리키고, 부원군은 왕비의 아버지를 가리키는 말이었다. 조선시대에 선조, 인조, 철종, 고종은 모두 방계에서 왕위를 계승했기 때문에 그들의 생부가 모두 대원군의 칭호를 얻게 되었다. 그런데 이들 중 살아 있을 때 대원군의 칭호를 받은 이는 고종의 아버지 흥선대원군 한 사람뿐이었다. 왕비의 아버지를 부르는 호칭인 부원군은 경우에 따라 책봉된 공신(功臣)에게도 붙여졌다.

① 세자가 왕이 되면 적실의 딸은 옹주로 호칭이 바뀔 것이다.
② 조선시대 왕의 묘호에는 명나라 천자로부터 부여받은 것이 있다.
③ 왕비의 아버지가 아님에도 부원군이라는 칭호를 받은 신하가 있다.
④ 우리가 조선시대 왕을 지칭할 때 사용하는 일반적인 칭호는 존호이다.
⑤ 흥선대원군은 왕의 생부이지만 고종이 왕이 되었을 때 생존하지 않았더라면 대원군이라는 칭호를 부여받지 못했을 것이다.

정답 ③

왕비의 아버지를 부르는 호칭인 '부원군'은 경우에 따라 책봉된 공신에게도 붙여졌다고 하였으므로 적절한 내용이다.

오답분석

① 세자의 딸 중 적실 소생은 '군주'라고 칭했으며, '옹주'는 후궁의 딸을 의미한다.

② 왕의 사후에 생전의 업적을 평가하여 붙이는 것을 '시호'라 하는데, 이 '시호'에는 중국 천자가 내린 시호와 조선의 신하들이 올리는 시호 두 가지가 있었다고 하였다. 묘호는 왕이 사망하여 삼년상을 마친 뒤 그 신주를 종묘에 모실 때 사용하는 칭호인데, 이를 중국의 천자가 내린 것인지는 알 수 없다.

④ 우리가 조선의 왕을 부를 때 흔히 이야기하는 태종, 세조 등의 호칭은 묘호라고 하며, 존호는 왕의 공덕을 찬양하기 위해 올리는 칭호이다.

⑤ 대원군이라는 칭호는 생존 여부와는 무관하게 왕을 낳아준 아버지를 모두 지칭하는 말이므로 적절하지 않은 내용이다.

풀이 전략!

흔히 제시문의 첫 부분에 나오는 구체적인 내용들은 중요하지 않은 정보라고 판단하여 넘기곤 한다. 하지만 의외로 첫 부분에 등장하는 내용이 선택지로 구성되는 경우가 상당히 많은 편이며, 물론, 첫 부분의 내용으로 구성된 선택지가 답이 되는 경우는 드물지만 이것이 글 전체의 흐름을 알게 해주는 길잡이와 같은 역할을 하는 경우가 빈번하므로 지엽적인 정보라고 하더라도 꼼꼼하게 챙기도록 하자.

03 | 대표유형 적중문제

정답 및 해설 p.050

| 01 | 모듈형

01 A씨 부부는 대화를 하다 보면 사소한 다툼으로 이어지곤 한다. A씨의 아내는 A씨가 자신의 이야기를 제대로 들어주지 않기 때문이라고 생각한다. 다음 사례에 나타난 A씨의 경청을 방해하는 습관으로 가장 적절한 것은?

> A씨의 아내가 남편에게 직장에서 업무 실수로 상사에게 혼난 일을 이야기하자 A씨는 "항상 일을 진행하면서 꼼꼼하게 확인하라고 했잖아요. 당신이 일을 처리하는 방법이 잘못됐어요. 다음부터는 일을 하기 전에 미리 계획을 세우고 체크리스트를 작성해보세요."라고 이야기했다. A씨의 아내는 이런 대답을 듣자고 이야기한 것이 아니라며 더 이상 이야기하고 싶지 않다고 말하며 밖으로 나가 버렸다.

① 짐작하기 　　　　　　　　　　② 걸러내기
③ 판단하기 　　　　　　　　　　④ 조언하기
⑤ 옳아야만 하기

02 K물류회사에 입사한 B사원은 첫 팀 회의를 앞두고 있다. 다음 중 팀 회의에서의 원활한 의사표현을 위한 방법으로 가장 적절한 것은?

① 상대방이 말하는 동안 어떤 답을 할지 미리 생각해놔야 한다.
② 공감을 보여주는 가장 쉬운 방법은 상대편의 말을 그대로 받아서 맞장구를 치는 것이다.
③ 핵심은 중요하므로 구체적으로 길게 표현해야 한다.
④ 이견이 있거나 논쟁이 붙었을 때는 앞뒤 말의 '논리적 개연성'만 따져보아야 한다.
⑤ 상대의 인정을 얻기 위해 자신의 단점이나 실패경험보다 장점을 부각해야 한다.

※ 다음은 K기업의 야근문화 개선을 위한 회의 내용이다. 이어지는 질문에 답하시오. **[3~4]**

> 윤대표 : 야근에 대한 설문조사 결과 과반수 이상이 눈치를 보고, 자기 일이 끝나도 퇴근을 못한다고 응답했다고 합니다. 강제 야근이 발생하게 되면 업무의 효율성도 저하된다는 의견도 나왔습니다. 야근문화를 개선해야 할 필요가 있다고 생각하는데 다들 어떠신가요?
>
> 박팀장 : 설문조사 내용 좀 볼 수 있을까요? 저는 저희 팀에서 야근에 대한 불평을 들어 본 적이 없어요.
>
> 윤대표 : 아니, 그걸 누가 그렇게 대놓고 얘기를 합니까? 박팀장, 우선 해결 방안부터 생각해 보는 것은 어때요? 신팀장은 어떠세요?
>
> 신팀장 : 아, 죄송합니다. 지금 처리하고 있는 것이 있어서 못 들었는데요. 무슨 얘기를 하는 거죠?
>
> 윤대표 : 아니, 회의에 집중하셔야죠. 여기 모두 바쁜데 참석한 것이잖아요. 정신 좀 차리세요. 회의 때마다 집중을 안 하시네요? 맨날 그러니까 안 좋은 얘기가 나오는 겁니다.
>
> 박팀장 : 자기가 맡은 업무가 끝나면 퇴근하는 문화를 조성해야 된다고 생각해요. 그러기 위해선 업무 분담에 조금 더 신경 쓰고 모두가 업무를 효율적으로 처리하는 방향으로 환경을 만들어야 된다고 생각합니다.
>
> 윤대표 : 아니, 박팀장. 선임이 일이 안 끝났는데 먼저 끝낸다고 집에 가는 건 좀 아니지 않아요? 같이 도와 줘도 모자랄 판에. 그런 소리 말고 다들 야근 문화를 개선할 수 있는 방안을 팀원들하고 상의해서 내일까지 제출해 주세요.

03 다음 중 윤대표, 신팀장, 박팀장이 가져야 할 경청 방법으로 적절한 것을 〈보기〉에서 모두 고르면?

> **보기**
> ㉠ 상대방의 말을 중간에 끊거나 가로채지 않고, 끝까지 듣는다.
> ㉡ 상대방의 말에 맞장구를 치며, 공감하고 긍정적으로 반응한다.
> ㉢ 남의 말을 잘 듣는 청중이 되어 다른 사람의 말에 세심히 귀 기울인다.
> ㉣ 임의로 화제를 바꾸지 않는다.

① ㉠, ㉡
② ㉡, ㉣
③ ㉢, ㉣
④ ㉠, ㉡, ㉢
⑤ ㉡, ㉢, ㉣

04 윤대표는 대화를 통해 경청 훈련의 필요성을 느끼게 되었다. 다음 중 경청 훈련법으로 적절하지 않은 것은?

① 주의 기울이기(바라보기, 듣기, 따라하기)
② 상대방의 경험을 인정하고 더 많은 정보 요청하기
③ 개방적인 질문하기
④ '왜?'라는 질문을 통해 정확성 파악하기
⑤ 정확성을 위해 요약하기

※ 다음은 K기업의 황윤지 사원이 거래처 B일보 담당자에게 보낸 메일이다. 이어지는 질문에 답하시오.
[5~7]

To : kija@bilbo.com
From : yjhwang@acompany.com

제목 계약 금액에 관한 문의

최성우 기자님, 안녕하세요. K기업의 황윤지입니다.

다름이 아니라 이번 저희가 체결하는 계약에 대해서 문의드리고자 메일 드립니다.
지금까지 협의되신 사항으로는 총 계약금액 15,000,000원인데, 이 금액이 부가세가 포함된 금액인지 확인
이 필요할 것 같습니다. 저희는 부가세를 미포함하신 금액으로 생각했던지라, 부가세를 포함한 최종적인 금
액은 15,000,000에 부가세를 더한 16,500,000이 될 것 같습니다. 우선 계약서 초안을 첨부파일로 보내드
리니 확인 부탁드립니다.

궁금하신 사항이 있으시면 언제든지 물어봐 주세요.

감사합니다.

황윤지 드림.

[첨부파일] 계약서 초안.hwp

[1/1] page

05 다음 중 황윤지 사원이 준수하지 못한 문서작성 시 주의사항에 해당하는 것을 〈보기〉에서 모두
고르면?

> **보기**
> ㉠ 문서 내용 중 금액, 수량, 일자, 단위 등의 기재에 정확성을 기해야 한다.
> ㉡ 문장표현은 작성자의 성의가 담기도록 경어나 단어 사용에 신경을 써야 한다.
> ㉢ 문서의 첨부자료는 반드시 필요한 자료 외에는 첨부하지 않도록 한다.
> ㉣ 문서는 한 사안을 한 장의 용지에 작성해야 한다.

① ㉠, ㉡
② ㉠, ㉢
③ ㉡, ㉢
④ ㉡, ㉣
⑤ ㉢, ㉣

06 다음 중 윗글의 문서 종류에 대한 설명으로 가장 적절한 것은?

① 사업상의 이유로 고객이나 단체에 편지를 쓰는 문서이다.
② 개인이 추진하는 업무나 상대의 업무 추진 상황을 메모로 적는 형태의 문서이다.
③ 기업체가 언론을 상대로 자신의 정보가 기사로 보도되도록 하기 위해 보내는 자료이다.
④ 회사의 업무에 대한 협조를 구하기 위해 작성하는 문서로, 흔히 사내 공문서라 불린다.
⑤ 특정한 일에 관한 현황이나 그 진행 상황을 보고하고자 할 때 작성한다.

07 메일을 주고받은 후, 황윤지 사원과 최성우 기자가 만나 다음와 같이 대화를 나누었다. 이를 이해한 내용으로 적절하지 않은 것은?

> 황윤지 사원 : 기자님, 안녕하세요. 오시느라 고생하셨어요.
> 최성우 기자 : 아닙니다. 바쁘신 것 같은데 얼른 끝내시죠.
> 황윤지 사원 : (최성우 기자의 맞은편에 앉아 정면으로 마주하며) 네. 지난번에 제가 보내드린 계약서 초안은 보셨나요? 다른 내용은 기존과 모두 똑같은데, 계약금액이 달라졌습니다.
> 최성우 기자 : 아, 네. 계약금액이 달라진 게…. 영업비용 때문이었죠?
> 황윤지 사원 : 아니요. 부가세요.
> 최성우 기자 : 아, 그랬네요. (다리를 꼬고 앉으며) 부가세면 어쩔 수 없죠.
> 황윤지 사원 : 네, 서로 소통하는 데 약간의 오해가 있었던 모양이에요. 그럼 16,500,000원으로 진행하겠습니다.
> 최성우 기자 : 부가세를 포함한 최종적인 계약금액이 16,500,000원이군요. 알겠습니다.

① 최성우 기자는 황윤지 사원이 보낸 메일을 제대로 읽지 않았군.
② 황윤지 사원은 상대를 정면으로 마주하는 경청의 올바른 자세를 보이고 있군.
③ 최성우 기자의 다리를 꼬고 앉는 태도는 개방적인 태도를 보이는 것이라고 할 수 있어.
④ 최성우 기자는 대화 중 대화의 주요 내용을 요약하는 '요약하기'의 경청방법을 활용하고 있어.
⑤ 최성우 기자는 '왜?'라는 질문은 삼가고 상대방의 말을 수용적인 자세로 듣고 있어.

08 다음은 의사표현의 말하기 중 '쉼'에 대한 설명이다. 빈칸에 들어갈 수 있는 내용으로 적절하지 않은 것은?

> 쉼이란 대화 도중 잠시 침묵하는 것으로 의도적인 경우도 있고, 비의도적인 경우도 있으며, 의도적으로 할 경우 쉼을 활용하여 논리성, 감성제고, 동질감 등을 얻을 수 있다. 듣기에 좋은 말의 속도는 이야기 전체에서 35 ~ 40%가 적당하다는 주장이 있으며, 대화를 할 때 쉼을 하는 경우는 _____ 등이 있다.

① 이야기가 전이될 때
② 양해, 동조의 경우
③ 생략, 암시의 경우
④ 분노, 화냄의 경우
⑤ 여운을 남길 때

09 K회사의 신입사원인 A ~ E는 회사에서 문서작성 시 주의해야 할 사항에 대한 교육을 받은 뒤 서로 이야기를 나누었다. 다음 중 잘못된 내용을 이야기하고 있는 사람을 〈보기〉에서 모두 고르면?

> **보기**
>
> A사원 : 문서를 작성할 때는 주로 '누가, 언제, 어디서, 무엇을, 어떻게, 왜'의 육하원칙에 따라 작성해야 해.
> B사원 : 물론 육하원칙에 따라 글을 작성하는 것도 중요하지만, 되도록 글이 한눈에 들어올 수 있도록 하나의 사안은 한 장의 용지에 작성해야 해.
> C사원 : 글은 한 장의 용지에 작성하되, 자료는 최대한 많이 첨부하여 문서를 이해하는 데 어려움이 없도록 하는 것이 좋아.
> D사원 : 문서를 작성한 후에는 내용을 다시 한 번 검토해 보면서 높임말로 쓰인 부분은 없는지 살펴보고, 있다면 이를 낮춤말인 '해라체'로 고쳐 써야 해.
> E사원 : 특히 문서나 첨부 자료에 금액이나 수량, 일자 등이 사용되었다면 정확하게 쓰였는지 다시 한 번 꼼꼼하게 검토하는 것이 좋겠지.

① A사원, B사원
② A사원, C사원
③ B사원, D사원
④ C사원, D사원
⑤ D사원, E사원

| 02 | 피듈형

01 다음 글을 읽고 추론할 수 있는 내용으로 가장 적절한 것은?

> 조선이 임진왜란 중에도 필사적으로 보존하고자 한 서적이 바로 조선왕조실록이다. 실록은 원래 서울의 춘추관과 성주·충주·전주 4곳의 사고(史庫)에 보관되었으나, 임진왜란 이후 전주 사고의 실록만 온전한 상태였다. 전란이 끝난 후 단 1벌 남은 실록을 다시 여러 벌 등서하자는 주장이 제기되었다. 우여곡절 끝에 실록 인쇄가 끝난 시기는 1606년이었다. 재인쇄 작업의 결과 원본을 포함해 모두 5벌의 실록을 갖추게 되었다. 원본은 강화도 마니산에 봉안하고 나머지 4벌은 서울의 춘추관과 평안도 묘향산, 강원도의 태백산과 오대산에 봉안했다.
>
> 이 5벌 중에서 서울 춘추관의 것은 1624년 이괄의 난 때 불에 타 없어졌고, 묘향산의 것은 1633년 후금과의 관계가 악화되자 전라도 무주의 적상산에 사고를 새로 지어 옮겼다. 강화도 마니산의 것은 1636년 병자호란 때 청군에 의해 일부 훼손되었던 것을 현종 때 보수하여 숙종 때 강화도 정족산에 다시 봉안했다. 결국 내란과 외적 침입으로 인해 5곳 가운데 1곳의 실록은 소실되었고, 1곳의 실록은 장소를 옮겼으며, 1곳의 실록은 손상을 입었던 것이다.
>
> 정족산, 태백산, 적상산, 오대산 4곳의 실록은 그 후 안전하게 지켜졌다. 그러나 일본이 다시 여기에 손을 대었다. 1910년 조선 강점 이후 일제는 정족산과 태백산에 있던 실록을 조선총독부로 이관하고, 적상산의 실록은 구황궁 장서각으로 옮겼으며, 오대산의 실록은 일본 동경제국대학으로 반출했다. 일본으로 반출한 것은 1923년 관동 대지진 때 거의 소실되었다. 정족산과 태백산의 실록은 1930년에 경성제국대학으로 옮겨져 지금까지 서울대학교에 보존되어 있다. 한편 장서각의 실록은 6·25 전쟁 때 북한으로 옮겨져 현재 김일성종합대학에 소장되어 있다.

① 재인쇄하였던 실록은 모두 5벌이다.

② 태백산에 보관하였던 실록은 현재 일본에 있다.

③ 현재 한반도에 남아 있는 실록은 모두 4벌이다.

④ 적상산에 보관하였던 실록은 일부가 훼손되었다.

⑤ 현존하는 실록 중에서 가장 오래된 것은 서울대학교에 있다.

기업은 상품의 사회적 마모를 촉진시키는 주체이다. 생산과 소비가 지속되어야 이윤을 남길 수 있기 때문에, 하나의 상품을 생산해서 그 상품의 물리적 마모가 끝날 때까지를 기다렸다가는 기업이 망하기 십상이다. 이러한 상황에서 늘 수요에 비해서 과잉 생산을 하는 기업이 살아남을 수 있는 길은 상품의 사회적 마모를 짧게 해서 사람들로 하여금 계속 소비하게 만드는 것이다.

그래서 ㉠ 기업들은 더 많은 이익을 내기 위해서 상품의 성능을 향상시키기보다는 디자인을 변화시키는 것이 더 바람직하다고 생각한다. 산업이 발달하여 상품의 성능이나 기능, 내구성이 이전보다 더욱 향상되었는데도 불구하고 상품의 생명이 이전보다 더 짧아지는 것은 어떻게 생각하면 자본주의 상품이 지닌 모순이라고 할 수 있다. 섬유의 질은 점점 좋아지지만 그 옷을 입는 기간은 이에 비해서 점점 짧아지게 되는 것이 바로 자본주의 상품이 지니고 있는 모순이다. 산업이 계속 발달하여 상품의 성능이 향상되는데 상품의 사회적인 마모 기간은 누군가에 의해서 엄청나게 짧아지고 있다. 상품의 질은 향상되고 내가 버는 돈은 늘어가는 것 같은데 늘 무엇인가 부족한 듯한 느낌이 드는 것도 이와 관련이 있다.

02 다음 중 윗글을 읽고 추론한 내용으로 적절하지 않은 것은?

① 기업은 물리적 마모가 짧을수록 유리하기 때문에 제품의 성능에 전혀 신경을 쓰지 않는다.

② 사회적 마모 기간이 짧아지면 생산과 소비는 지속된다.

③ 기업은 이익을 위해 상품의 디자인 변화가 이윤추구에 더 바람직하다고 생각한다.

④ 자본주의 시대를 사는 사람들은 제품의 품질이 좋아져도 오래 사용하지 않는다.

⑤ 사회적 마모 기간이 짧아지는 것을 자본주의의 모순으로 볼 수도 있다.

03 다음 중 밑줄 친 ㉠에 대해 제기할 수 있는 반론으로 가장 적절한 것은?

① 상품의 성능은 그대로 두어도 향상될 수 있는가?

② 디자인에 관한 소비자들의 취향이 바뀌는 것을 막을 방안은 있는가?

③ 상품의 성능 향상을 등한시하며 디자인만 바꾼다고 소비가 증가할 것인가?

④ 사회적 마모 기간이 점차 짧아지면 디자인을 개발하는 것이 기업에 도움이 되겠는가?

⑤ 소비 성향에 맞춰 디자인을 다양화할 수 있는가?

04 다음 글의 내용으로 적절하지 않은 것은?

> 저작권은 저자의 권익을 보호함으로써 활발한 저작 활동을 촉진하여 인류의 문화 발전에 기여하기 위한 것이다. 그러나 이렇게 공적 이익을 추구하기 위한 저작권이 현실에서는 일반적으로 지나치게 사적 재산권을 행사하는 도구로 인식되고 있다. 저작물 이용자들의 권리를 보호하기 위해 마련한 공익적 성격의 법조항도 법적 분쟁에서는 항상 사적 재산권의 논리에 밀려 왔다. 저작권 소유자 중심의 저작권 논리는 실제로 저작권이 담당해야 할 사회적 공유를 통한 문화 발전을 방해한다.
>
> 몇 해 전의 '애국가 저작권'에 대한 논란은 이러한 문제를 단적으로 보여준다. 저자 사후 50년 동안 적용되는 국내 저작권법에 따라, 애국가가 포함된 〈한국 환상곡〉의 저작권이 작곡가 안익태의 유족들에게 2015년까지 주어진다는 사실이 언론을 통해 알려진 것이다. 누구나 자유롭게 이용할 수 있는 국가(國歌)마저 공공재가 아닌 개인 소유라는 사실에 많은 사람들이 놀랐다. 창작은 백지 상태에서 완전히 새로운 것을 만드는 것이 아니라 저작자와 인류가 쌓은 지식 간의 상호 작용을 통해 이루어진다. "내가 남들보다 조금 더 멀리보고 있다면, 이는 내가 거인의 어깨 위에 올라서 있는 난쟁이이기 때문"이라는 뉴턴의 겸손은 바로 이를 말한다.
>
> 이렇듯 창작자의 저작물은 인류의 지적 자원에서 영감을 얻은 결과이다. 그러한 저작물을 다시 인류에게 되돌려 주는 데 저작권의 의의가 있다. 이러한 생각은 이미 1960년대 프랑스 철학자들에 의해 형성되었다. 예컨대 기호학자인 바르트는 '저자의 죽음'을 거론하면서 저자가 만들어 내는 텍스트는 단지 인용의 조합일 뿐 어디에도 '오리지널'은 존재하지 않는다고 단언한다.
>
> 전자 복제 기술의 발전과 디지털 혁명은 정보나 자료의 공유가 지니는 의의를 잘 보여주고 있다. 인터넷과 같은 매체 환경의 변화는 원본을 무한히 복제하고 자유롭게 이용함으로써 누구나 창작의 주체로서 새로운 문화 창조에 기여할 수 있도록 돕는다. 인터넷 환경에서 이용자는 저작물을 자유롭게 교환할 뿐 아니라 수많은 사람들과 생각을 나눔으로써 새로운 창작물을 생산하고 있다. 이러한 상황은 저작권을 사적 재산권의 측면에서보다는 공익적 측면에서 바라볼 필요가 있음을 보여준다.

① 저작권 보호기간인 사후 50년이 지난 저작물은 누구나 자유롭게 이용할 수 있다.
② 공적 이익 추구를 위한 저작권이 사적 재산권 보호를 위한 도구로 전락하였다.
③ 창작은 이미 존재하는 지적 자원의 영향을 받아 이루어진다.
④ 매체 환경의 변화로 누구나 새로운 문화를 창조할 수 있게 되었다.
⑤ 저작권의 의의는 전혀 새로운 문화를 창작한다는 데 있다.

05 다음은 노인장기요양보험법의 일부이다. 이를 이해한 내용으로 적절하지 않은 것은?

국가 및 지방자치단체의 책무 등(제4조)

① 국가 및 지방자치단체는 노인이 일상생활을 혼자서 수행할 수 있는 온전한 심신상태를 유지하는 데 필요한 사업(이하 "노인성질환예방사업"이라 한다)을 실시하여야 한다.

② 국가는 노인성질환예방사업을 수행하는 지방자치단체 또는 국민건강보험법에 따른 국민건강보험공단(이하 "공단"이라 한다)에 대하여 이에 소요되는 비용을 지원할 수 있다.

③ 국가 및 지방자치단체는 노인인구 및 지역특성 등을 고려하여 장기요양급여가 원활하게 제공될 수 있도록 적정한 수의 장기요양기관을 확충하고 장기요양기관의 설립을 지원하여야 한다.

④ 국가 및 지방자치단체는 장기요양급여가 원활히 제공될 수 있도록 공단에 필요한 행정적 또는 재정적 지원을 할 수 있다.

⑤ 국가 및 지방자치단체는 장기요양요원의 처우를 개선하고 복지를 증진하며 지위를 향상시키기 위하여 적극적으로 노력하여야 한다.

⑥ 국가 및 지방자치단체는 지역의 특성에 맞는 장기요양사업의 표준을 개발·보급할 수 있다.

장기요양급여에 관한 국가정책방향(제5조)

국가는 제6조의 장기요양기본계획을 수립·시행함에 있어서 노인뿐만 아니라 장애인 등 일상생활을 혼자서 수행하기 어려운 모든 국민이 장기요양급여, 신체활동지원서비스 등을 제공받을 수 있도록 노력하고 나아가 이들의 생활안정과 자립을 지원할 수 있는 시책을 강구하여야 한다.

장기요양기본계획(제6조)

① 보건복지부장관은 노인 등에 대한 장기요양급여를 원활하게 제공하기 위하여 5년 단위로 다음 각 호의 사항이 포함된 장기요양기본계획을 수립·시행하여야 한다.
1. 연도별 장기요양급여 대상인원 및 재원조달 계획
2. 연도별 장기요양기관 및 장기요양전문인력 관리 방안
3. 장기요양요원의 처우에 관한 사항
4. 그 밖에 노인등의 장기요양에 관한 사항으로서 대통령령으로 정하는 사항

② 지방자치단체의 장은 제1항에 따른 장기요양기본계획에 따라 세부시행계획을 수립·시행하여야 한다.

---

① 보건복지부장관은 5년 단위로 장기요양기본계획을 수립한다.

② 노인성질환예방사업을 수행하는 데 소요되는 비용은 지방자치단체가 지원한다.

③ 국가는 공단의 장기요양급여 제공에 있어 행정적 또는 재정적으로 지원한다.

④ 장기요양기본계획에 따른 세부시행계획은 지방자치단체의 장이 수립·시행한다.

⑤ 국가 및 지방자치단체는 장기요양사업의 표준을 지역의 특성에 맞게 개발한다.

06 다음은 행정기관의 기안문 작성방법이다. 이에 대한 설명으로 적절하지 않은 것은?

〈기안문 작성방법〉

1. 행정기관명 : 그 문서를 기안한 부서가 속한 행정기관명을 기재한다. 행정기관명이 다른 행정기관명과 같은 경우에는 바로 위 상급 행정기관명을 함께 표시할 수 있다.

2. 수신 : 수신자명을 표시하고 그다음에 이어서 괄호 안에 업무를 처리할 보조·보좌 기관의 직위를 표시하되, 그 직위가 분명하지 않으면 ○○업무담당과장 등으로 쓸 수 있다. 다만, 수신자가 많은 경우에는 두문의 수신란에 '수신자 참조'라고 표시하고 결문의 발신명의 다음 줄의 왼쪽 기본선에 맞추어 수신자란을 따로 설치하여 수신자명을 표시한다.

3. (경유) : 경유문서인 경우에 '이 문서의 경유기관의 장은 ○○○(또는 제1차 경유기관의 장은 ○○○, 제2차 경유기관의 장은 ○○○)이고, 최종 수신기관의 장은 ○○○입니다.'라고 표시하고, 경유기관의 장은 제목란에 '경유문서의 이송'이라고 표시하여 순차적으로 이송하여야 한다.

4. 제목 : 그 문서의 내용을 쉽게 알 수 있도록 간단하고, 명확하게 기재한다.

5. 발신명의 : 합의제 또는 독임제 행정기관의 장의 명의를 기재하고, 보조기관 또는 보좌기관 상호 간에 발신하는 문서는 그 보조기관 또는 보좌기관의 명의를 기재한다. 시행할 필요가 없는 내부 결재문서는 발신명의를 표시하지 않는다.

6. 기안자·검토자·협조자·결재권자의 직위 / 직급 : 직위가 있는 경우에는 직위를, 직위가 없는 경우에는 직급(각급 행정기관이 6급 이하 공무원의 직급을 대신하여 사용할 수 있도록 정한 대외직명을 포함한다. 이하 이 서식에서 같다)을 온전하게 쓴다. 다만, 기관장과 부기관장의 직위는 간략하게 쓴다.

7. 시행 처리과명 – 연도별 일련번호(시행일), 접수 처리과명 – 연도별 일련번호(접수일) : 처리과명(처리과가 없는 행정기관은 10자 이내의 행정기관명 약칭)을 기재하고, 시행일과 접수일란에는 연월일을 각각 마침표(.)를 찍어 숫자로 기재한다. 다만, 민원문서인 경우로서 필요한 경우에는 시행일과 접수일란에 시·분까지 기재한다.

8. 우 도로명주소 : 우편번호를 기재한 다음 행정기관이 위치한 도로명 및 건물번호 등을 기재하고, 괄호 안에 건물 명칭과 사무실이 위치한 층수와 호수를 기재한다.

9. 홈페이지 주소 : 행정기관의 홈페이지 주소를 기재한다.

10. 전화번호( ), 팩스번호( ) : 전화번호와 팩스번호를 각각 기재하되, 괄호 안에는 지역번호를 기재한다. 기관 내부문서의 경우는 구내 전화번호를 기재할 수 있다.

11. 공무원의 전자우편주소 : 행정기관에서 공무원에게 부여한 전자우편주소를 기재한다.

12. 공개구분 : 공개, 부분공개, 비공개로 구분하여 표시한다. 부분공개 또는 비공개인 경우에는 「공공기록물 관리에 관한 법률 시행규칙」 제18조에 따라 '부분공개( )' 또는 '비공개( )'로 표시하고, 「공공기관의 정보공개에 관한 법률」 제9조 제1항 각 호의 번호 중 해당 번호를 괄호 안에 표시한다.

13. 관인생략 등 표시 : 발신명의의 오른쪽에 관인생략 또는 서명생략을 표시한다.

---

① 기안자 또는 협조자의 직위가 없는 경우 직급을 기재한다.

② 연월일 날짜 뒤에는 각각 마침표(.)를 찍는다.

③ 도로명주소를 먼저 기재한 후 우편번호를 기재한다.

④ 행정기관에서 부여한 전자우편주소를 기재해야 한다.

⑤ 전화번호를 적을 때 지역번호는 괄호 안에 기재해야 한다.

01 다음은 '밀그램 실험'에 대한 글이다. 이를 바탕으로 〈보기〉와 같이 요약했을 때, 빈칸에 들어갈 단어로 가장 적절한 것은?

사람이 얼마나 권위 있는 잔인한 명령에 복종하는지를 알아보는 악명높은 실험이 있었다. 예일대학교 사회심리학자인 스탠리 밀그램(Stanley Milgram)이 1961년에 한 실험이다. 권위를 가진 주체가 말을 하면 아주 잔인한 명령이라도 기꺼이 복종하는 것을 알아보는, 인간의 연약함과 악함을 보여주는 그런 종류의 실험이다.

밀그램 실험에서는 피실험자에게 매우 강력한 전기충격을 가해야 한다는 명령을 내린다. 그 전기충격의 강도는 최고 450V로, 사람에게 치명적인 피해를 입힐 수 있다. 물론 이 실험에서 실제로 전기가 통하게 하지는 않았다. 전기충격을 받은 사람은 고통스럽게 비명을 지르며 그만하라고 소리치게 했지만, 이 역시 전문 배우가 한 연극이었다. 밀그램은 실험참가자에게 과학적 발전을 위한 실험이며, 4달러를 제공하고, 중간에 중단해서는 안된다는 지침을 내렸다.

인간성에 대한 근원적인 의문을 탐구하기 위해 밀그램은 특수한 실험장치를 고안했다. 실험에 참가한 사람들은 실험자의 명령에 따라 옆방에 있는 사람에게 전기충격을 주는 버튼을 누르도록 했다. 30개의 버튼은 비교적 해가 안되는 15V에서 시작해 최고 450V까지 올라간다. 450V까지 높아지면 사람들은 치명적인 상처를 입는데, 실험참가자들은 그러한 위험성에 대한 주의를 받았다.

실제로는 전기충격 버튼을 눌러도 약간의 무서운 소리와 빛이 번쩍이는 효과만 날 뿐 실제로 전기가 흐르지는 않았다. 다만 옆방에서 전기충격을 받는 사람은 실험참가자들이 전기버튼을 누를 때마다 마치 진짜로 감전되는 것 같이 소리를 지르고 대가를 받는 훈련된 배우였다.

밀그램 실험에 참가한 40명 중 65%는 명령에 따라 가장 높은 450V의 버튼을 눌렀다. 감전된 것처럼 연기한 배우가 고통스럽게 소리를 지르면서 그만하라고 소리를 지르는데도 말이다. 일부 사람들은 실험실에서 나와서는 이같은 잔인한 실험을 계속하는 데 대해 항의했다. 밀그램은 실험 전에는 단 0.1%만이 450V까지 전압을 올릴 것이라 예상했으나, 실제 실험결과는 무려 65%의 참가자들이 450V까지 전압을 올렸다. 이들은 상대가 죽을 수 있다는 걸 알고 있었고, 비명도 들었으나 모든 책임은 연구원이 지겠다는 말에 복종했다.

보기

밀그램이 시행한 전기충격 실험은 사람들이 권위를 가진 명령에 어디까지 복종하는지를 알아보기 위한 실험이다. 밀그램이 예상한 것과 달리 아주 일부의 사람만 _____을/를 하였다.

① 이타적 행동 ② 순응
③ 고민 ④ 불복종
⑤ 참가

02 다음 문단을 논리적 순서대로 바르게 나열한 것은?

(가) 이어 경제위기로 인한 경색이 나타나기도 했으나, 1991년에는 거의 모든 산업 분야를 아울러 단일시장을 지향하는 유럽연합(EU) 조약이 체결되었다.

(나) 그 후 이 세 공동체가 통합하여 공동시장을 목표로 하는 유럽공동체(EC)로 발전하였다.

(다) 유럽 석탄철강공동체(ECSC)는 당시 가장 중요한 자원의 하나였던 석탄과 철강이 국제 분쟁의 주요 요인이 되면서 자유로운 교류의 필요성이 대두됨에 따라 관련 국가들이 체결한 관세동맹이었다.

(라) 지향하는 바에 따라 국가를 대체하게 될 새로운 단일 정치체제를 수립하려던 시도는 일부 회원국 내에서의 비준 반대로 실패로 돌아갔다.

(마) 유럽연합(EU)의 기원은 1951년 독일, 프랑스, 이탈리아 및 베네룩스 3국이 창설한 유럽 석탄철강공동체(ECSC)이다.

(바) 이러한 과정과 효과가 비경제적 부문으로 확산되어 암스테르담 조약과 니스 조약 체결을 통해 유럽은 정치적 공동체를 지향하게 되었다.

(사) 그러나 상당수의 전문가들은 장기적으로는 유럽지역이 하나의 연방체제를 구성하는 정치 공동체가 될 것이라고 예측하고 있다.

(아) 이 관세동맹을 통해 다른 산업분야에서도 상호의존이 심화되었으며, 그에 따라 원자력 교류 동맹체인 유럽 원자력공동체(EURATOM)와 여러 산업 부문들을 포괄하는 유럽 경제공동체(EEC)가 설립되었다.

---

① (가) – (라) – (다) – (아) – (나) – (사) – (마) – (바)
② (다) – (라) – (아) – (가) – (마) – (나) – (바) – (사)
③ (마) – (다) – (아) – (나) – (가) – (바) – (라) – (사)
④ (마) – (아) – (가) – (나) – (다) – (사) – (바) – (라)
⑤ (바) – (나) – (아) – (가) – (마) – (사) – (다) – (라)

다음 글을 토대로 판단할 때, 〈보기〉에서 적절한 것을 모두 고르면?

경국대전은 조선의 기본 법전으로, 여러 차례의 개정 작업을 거쳐 1485년(성종16년)에 최종본이 반포되었다. 경국대전은 6조(曹)의 직능에 맞추어 이(吏)·호(戶)·예(禮)·병(兵)·형(刑)·공(工)의 6전(典)으로 구성되어 있다.

경국대전에는 임금과 신하가 만나서 정사를 논의하는 조회제도의 기본 규정이 제시되어 있다. 조회에 대한 사항은 의례 관련 규정을 수록하고 있는 예전(禮典)의 조의(朝儀) 조항에 집약되어 있다. 이때 조의는 '신하가 임금을 만나는 의식'을 의미한다. 다음은 경국대전 '조의'에 규정된 조회 의식의 분류와 관련 내용이다.

〈경국대전의 조회 의식〉

분류	종류	시행일	장소	참여대상
대조 (大朝)	정실조하 (正室朝賀)	정삭(正朔), 동지(冬至), 탄일(誕日)	근정전 (勤政殿)	왕세자, 모든 관원, 제방객사(諸方客使)
	삭망조하 (朔望朝賀)	매월 삭(朔)(1일)·망(望)(15일)	근정전 (勤政殿)	
상조 (常朝)	조참 (朝參)	매월 5·11·21·25일	근정문 (勤政門)	모든 관원, 제방객사(諸方客使)
	상참 (常參)	매일	사정전 (思政殿)	상참관(常參官)

※ '대조'는 특별한 시점에 시행되는 조회라는 의미이고, '상조'는 일상적인 조회라는 의미이다.
※ '제방객사'는 주변국 외교사절로서, '삭망조하'와 '조참'에는 경우에 따라 참석하였다.

대조(大朝)의 범주에 해당하는 조회는 경국대전에 조하(朝賀)로 규정되어 있다. 조하는 축하를 모임의 목적으로 하는 의식이다. 정월 초하루, 해의 길이가 가장 짧아지는 동지 및 국왕의 생일 행사는 대조 중에서도 특별히 구분하여 3대 조회라고 지칭하고 의식의 규모도 가장 크다. 조하는 달의 변화에 따라 시행되기도 하였는데, 달의 변화를 기준으로 작성된 달력에 따라 매월 1일에 해당되는 삭일(朔日)과 보름달이 뜨는 망일(望日)에는 삭망조하가 시행되었다.

보기

ㄱ. 삭망조하는 달의 변화에 맞추어 시행되었다.
ㄴ. 정실조하의 참여대상 범위는 대체로 상참보다 넓다.
ㄷ. 한 해 동안 조회가 가장 많이 열리는 곳은 사정전이다.
ㄹ. 조회에 관한 사항은 공전(工典)의 의례 관련 규정에 집약되어 있다.

① ㄱ, ㄷ   ② ㄴ, ㄹ
③ ㄱ, ㄴ, ㄷ   ④ ㄱ, ㄴ, ㄹ
⑤ ㄴ, ㄷ, ㄹ

04 다음 글의 빈칸 (가) ~ (다)에 들어갈 문장을 〈보기〉에서 골라 바르게 연결한 것은?

비어즐리는 '제도론적 예술가'와 '낭만주의적 예술가'의 개념을 대비시킨다. 낭만주의적 예술가는 사회의 모든 행정과 교육의 제도로부터 독립하여 작업하는 사람이다. 그는 자기만의 상아탑에 칩거하며, 혼자 캔버스 위에서 일하고, 자신의 돌을 깎고, 자신의 소중한 서정시의 운율을 다듬는다. 그러나 사회와 동떨어져 혼자 작업하더라도 예술가는 작품을 만드는 동안 예술 제도로부터 단절될 수 없다. _____ (가) _____ 즉, 예술가는 특정 예술 제도 속에서 예술의 사례들을 경험하고, 예술적 기술의 훈련이나 교육을 받음으로써 예술에 대한 배경지식을 얻게 된다. 그리고 이와 같은 배경지식이 예술가의 작품 활동에 반영된다.

낭만주의적 예술가 개념은 예술 창조의 주도권이 완전히 개인에게 있으며, 예술가가 문화의 진공 상태 안에서 작품을 창조할 수 있다고 가정한다. 하지만 그런 낭만주의적 예술가는 사실상 존재하기 어렵다. 심지어 어린 아이들의 그림이나 놀이조차도 문화의 진공 상태에서 이루어지지 않는다. _____ (나) _____

어떤 사람이 예술작품을 전혀 본 적 없는 상태에서 진흙으로 어떤 형상을 만들어 냈다고 가정해 보자. 이것이 지금까지 본 적이 없던 새로운 형상이라 하더라도, 그 사람은 예술작품을 창조한 것이라 볼 수 없다. _____ (다) _____ 비어즐리의 주장과는 달리 예술가는 아무 맥락 없는 진공 상태에서 창작하지 않는다. 예술은 어떤 사람이 문화적 역할을 수행한 산물이며, 언제나 문화적 주형(鑄型) 안에 존재한다.

보기

ㄱ. 왜냐하면 어떤 사람이 예술작품을 창조하였다고 하기 위해서는 예술작품이 무엇인가에 대한 개념을 가지고 있어야 하기 때문이다.

ㄴ. 왜냐하면 사람은 두세 살만 되어도 인지구조가 형성되고, 이 과정에서 문화의 영향을 받을 수밖에 없기 때문이다.

ㄷ. 왜냐하면 예술가들은 예술작품을 만들 때 의식적이든 무의식적이든 예술교육을 받으면서 수용한 가치 등을 고려하는데, 그러한 교육은 예술 제도 안에서 이루어지기 때문이다.

	(가)	(나)	(다)
①	ㄱ	ㄴ	ㄷ
②	ㄴ	ㄱ	ㄷ
③	ㄴ	ㄷ	ㄱ
④	ㄷ	ㄱ	ㄴ
⑤	ㄷ	ㄴ	ㄱ

05 다음 글의 주장을 강화하는 것을 〈보기〉에서 모두 고르면?

우리는 물체까지의 거리 자체를 직접 볼 수는 없다. 거리는 눈과 그 물체를 이은 직선의 길이인데, 우리의 망막에는 직선의 한쪽 끝점이 투영될 뿐이기 때문이다. 그러므로 물체까지의 거리 판단은 경험을 통한 추론에 의해서 이루어진다고 보아야 한다. 예컨대 우리는 건물, 나무와 같은 친숙한 대상들의 크기가 얼마나 되는지, 이들이 주변 배경에서 얼마나 공간을 차지하는지 등을 경험을 통해 이미 알고 있다. 우리는 물체와 우리 사이에 혹은 물체 주위에 이런 친숙한 대상들이 어느 정도 거리에 위치해 있는지를 우선 지각한다. 이로부터 우리는 그 물체가 얼마나 멀리 떨어져 있는지를 추론하게 된다. 또한 그 정도 떨어진 다른 사물들이 보이는 방식에 대한 경험을 토대로, 그보다 작고 희미하게 보이는 대상들은 더 멀리 떨어져 있다고 판단한다. 거리에 대한 이런 추론은 과거의 경험에 기초하는 것이다.

반면에 물체가 손이 닿을 정도로 아주 가까이에 있는 경우, 물체까지의 거리를 지각하는 방식은 이와 다르다. 우리의 두 눈은 약간의 간격을 두고 서로 떨어져 있다. 이에 우리는 두 눈과 대상이 위치한 한 점을 연결하는 두 직선이 이루는 각의 크기를 감지함으로써 물체까지의 거리를 알게 된다. 물체를 바라보는 두 눈의 시선에 해당하는 두 직선이 이루는 각은 물체까지의 거리가 멀어질수록 필연적으로 더 작아진다. 대상까지의 거리가 몇 미터만 넘어도 그 각의 차이는 너무 미세해서 우리가 감지할 수 없다. 하지만 팔 뻗는 거리 안의 가까운 물체에 대해서는 그 각도를 감지하는 것이 가능하다.

> **보기**
>
> ㄱ. 100미터 떨어진 지점에 민수가 한 번도 본 적이 없는 대상만 보이도록 두고 다른 사물들은 보이지 않도록 민수의 시야 나머지 부분을 가리는 경우, 민수는 그 대상을 보고도 얼마나 떨어져 있는지 판단하지 못한다.
> ㄴ. 아무것도 보이지 않는 캄캄한 밤에 안개 속의 숲길을 걷다가 앞쪽 멀리서 반짝이는 불빛을 발견한 태훈이가 불빛이 있는 곳까지의 거리를 어렵지 않게 짐작한다.
> ㄷ. 태어날 때부터 한쪽 눈이 실명인 영호가 30센티미터 거리에 있는 낯선 물체 외엔 어떤 것도 보이지 않는 상황에서 그 물체까지의 거리를 바르게 판단한다.

① ㄱ
② ㄷ
③ ㄱ, ㄴ
④ ㄴ, ㄷ
⑤ ㄱ, ㄴ, ㄷ

04 | 심화문제

정답 및 해설 p.054

01 다음 글의 논지를 반박하는 진술로 가장 적절한 것은?

> 자신의 스마트폰 없이는 도무지 일과를 진행하지 못하는 K의 경우를 생각해 보자. 그의 일과표는 전부 스마트폰에 저장되어 있어서 그의 스마트폰은 적절한 때가 되면 그가 해야 할 일을 알려줄 뿐만 아니라 약속 장소로 가기 위해 무엇을 타고 어떻게 움직여야 할지까지 알려 준다. K는 어릴 때 보통 사람보다 기억력이 매우 나쁘다는 진단을 받았지만 스마트폰 덕분에 어느 동료에게도 뒤지지 않는 업무 능력을 발휘하고 있다. 이와 같은 경우, K는 스마트폰 덕분에 인지 능력이 보강된 것으로 볼 수 있는데, 그 보강된 인지 능력을 K 자신의 것으로 볼 수 있는가? 이 물음에 대한 답은 긍정이다. 즉 우리는 K의 스마트폰이 그 자체로 K의 인지 능력 일부를 실현하고 있다고 보아야 한다. 그런 판단의 기준은 명료하다. 스마트폰의 메커니즘이 K의 손바닥 위나 책상 위가 아니라 그의 두뇌 속에서 작동하고 있다고 가정해 보면 된다. 물론 사실과 다른 가정이지만 만일 그렇게 가정한다면 우리는 필경 K 자신이 모든 일과를 정확하게 기억하고 있고 또 약속 장소를 잘 찾아간다고 평가할 것이다. 이처럼 '만일 K의 두뇌 속에서 일어난다면'이라는 상황을 가정했을 때 그것을 K 자신의 기억이나 판단이라고 인정할 수 있다면, 그런 과정은 K 자신의 인지 능력이라고 평가해야 한다.

① K가 자신이 미리 적어 놓은 메모를 참조해서 기억력 시험 문제에 답한다면 누구도 K가 그 문제의 답을 기억한다고 인정하지 않는다.

② K가 종이 위에 연필로 써가며 253×87과 같은 곱셈을 할 경우 종이와 연필의 도움을 받은 연산 능력 역시 K 자신의 인지 능력으로 인정해야 한다.

③ K가 집에 두고 나온 스마트폰에 원격으로 접속하여 거기 담긴 모든 정보를 알아낼 수 있다면 그는 그 스마트폰을 손에 가지고 있는 것과 다름없다.

④ 스마트폰의 모든 기능을 두뇌 속에서 작동하게 하는 것이 두뇌 밖에서 작동하게 하는 경우보다 우리의 기억력과 인지 능력을 향상시키지 않는다.

⑤ 전화번호를 찾으려는 사람의 이름조차 기억이 나지 않을 때에도 스마트폰에 저장된 전화번호 목록을 보면서 그 사람의 이름을 상기하고 전화번호를 알아낼 수 있다.

두뇌 연구는 지금까지 뉴런을 중심으로 진행되어 왔다. 뉴런 연구로 노벨상을 받은 카얄은 뉴런이 '생각의 전화선'이라는 이론을 확립하여 사고와 기억 등 두뇌에서 일어나는 모든 현상을 뉴런의 연결망과 뉴런 간의 전기 신호로 설명했다. 그러나 두뇌에는 뉴런 외에도 신경교 세포가 존재한다. 신경교 세포는 뉴런처럼 그 수가 많지만 전기 신호를 전달하지 못한다. 이 때문에 과학자들은 신경교 세포가 단지 두뇌 유지에 필요한 영양 공급과 두뇌 보호를 위한 전기 절연의 역할만을 가진다고 여겼다.

하지만 최근 과학자들은 신경교 세포에서 그 이상의 기능을 발견했다. 신경교 세포 중에도 '성상세포'라 불리는 별 모양의 세포는 자신만의 화학적 신호를 가진다는 것이 밝혀졌다. 성상세포는 뉴런처럼 전기를 이용하지는 않지만, '뉴런송신기'라고 불리는 화학물질을 방출하고 감지한다. 과학자들은 이러한 화학적 신호의 연쇄반응을 통해 신경교 세포가 전체 뉴런을 조정한다고 추론했다.

A연구팀은 신경교 세포가 전체 뉴런을 조정하면서 기억력과 사고력을 향상시킨다고 예상하고, 이를 확인하기 위해 인간의 신경교 세포를 갓 태어난 생쥐의 두뇌에 주입했다. 쥐가 자라면서 주입된 인간의 신경교 세포도 성장했다. 이 세포들은 쥐의 뉴런들과 완벽하게 결합되어 쥐의 두뇌 전체에 걸쳐 퍼지게 되었다. 심지어 어느 두뇌 영역에서는 쥐의 뉴런의 숫자를 능가하기도 했다. 뉴런과 달리 쥐와 인간의 신경교 세포는 비교적 쉽게 구별된다. 인간의 신경교 세포는 매우 길고 무성한 섬유질을 가지기 때문이다. 쥐에 주입된 인간의 신경교 세포는 그 기능을 그대로 간직한다. 그렇게 성장한 쥐들은 다른 쥐들과 잘 어울렸고, 다른 쥐들의 관심을 끄는 것에 흥미를 보였다. 또한 이 쥐들은 미로를 통과해 치즈를 찾는 테스트에서 더 뛰어났다. 보통의 쥐들은 네다섯 번의 시도 끝에 올바른 길을 배웠지만, 인간의 신경교 세포를 주입받은 쥐들은 두 번 만에 학습했다.

① 인간의 신경교 세포를 쥐에게 주입하면, 쥐의 뉴런은 전기 신호를 전달하지 못할 것이다.

② 인간의 뉴런 세포를 쥐에게 주입하면, 쥐의 두뇌에는 화학적 신호의 연쇄 반응이 더 활발해질 것이다.

③ 인간의 뉴런 세포를 쥐에게 주입하면, 그 뉴런 세포는 쥐의 두뇌 유지에 필요한 영양을 공급할 것이다.

④ 인간의 신경교 세포를 쥐에게 주입하면, 그 신경교 세포는 쥐의 뉴런을 보다 효과적으로 조정할 것이다.

⑤ 인간의 신경교 세포를 쥐에게 주입하면, 그 신경교 세포는 쥐의 신경교 세포의 기능을 갖도록 변화할 것이다.

다음 글의 빈칸 ㉠, ㉡에 들어갈 문장을 〈보기〉에서 골라 바르게 연결한 것은?

한편에서는 "C시에 건설될 도시철도는 무인운전 방식으로 운행된다."라고 주장하고, 다른 한편에서는 "C시에 건설될 도시철도는 무인운전 방식으로 운행되지 않는다."라고 주장한다고 하자. 이 두 주장은 서로 모순되는 것처럼 보인다. 하지만 우리는 양편이 팽팽히 대립한 회의가 "C시에 도시철도는 적합하지 않다고 판단되므로, 없던 일로 합시다."라는 결론으로 끝날 가능성도 있다는 사실을 고려해야 한다. C시에 도시철도가 건설되지 않을 경우에도 양편의 주장에 참이나 거짓이라는 값을 매겨야 한다면 어떻게 매겨야 할까?

한 가지 분석 방안에 따르면, "C시에 건설될 도시철도는 무인운전 방식으로 운행된다."라는 문장은 "_____㉠_____"라는 의미로 해석한다. 이렇게 해석할 경우, C시에 도시철도를 건설하지 않기로 했으므로 원래의 문장은 거짓이 된다. 이런 분석은 "C시에 건설될 도시철도는 무인운전 방식으로 운행되지 않는다."에 대해서도 똑같이 적용되어 그것에도 거짓이라는 값을 부여한다.

원래 문장을 "C시에 건설될 도시철도는 무인운전 방식으로 운행된다."를 분석하는 두 번째 방안도 있다. 이 방안에서는 우선 원래 문장을 "_____㉡_____"라는 의미로 해석한다. 그런 다음 이렇게 분석된 이 문장은 C시에 도시철도를 건설해 그것을 무인운전이 아닌 방식으로 운행하는 일은 없다는 주장과 같은 의미를 나타낸다고 이해한다. 이렇게 해석할 경우 원래의 문장은 참이 된다. 왜냐하면 C시에 도시철도를 건설하지 않기로 했으므로 C시에 도시철도를 건설해 그것을 무인운전이 아닌 방식으로 운행하는 일도 당연히 없을 것이기 때문이다. 이런 분석은 "C시에 건설될 도시철도는 무인운전 방식으로 운행되지 않는다."에 대해서도 똑같이 적용되어 그것에도 참이라는 값을 부여한다.

보기

(가) C시에 도시철도가 건설되고, 그 도시철도는 무인운전 방식으로 운행된다.
(나) C시에 무인운전 방식으로 운행되는 도시철도가 건설되거나, 아니면 아무 도시철도도 건설되지 않는다.
(다) C시에 도시철도가 건설되면, 그 도시철도는 무인운전 방식으로 운행된다.
(라) C시에 도시철도가 건설되는 경우에만, 그 도시철도는 무인운전 방식으로 운행된다.

	㉠	㉡
①	(가)	(다)
②	(가)	(라)
③	(나)	(다)
④	(나)	(라)
⑤	(라)	(다)

04 다음 밑줄 친 ㉠~㉤ 중 글의 전체 흐름과 맞지 않는 한 곳을 찾아 수정하려고 할 때, 가장 적절한 것은?

'단일환자방식'은 숫자가 아닌 문자를 암호화하는 가장 기본적인 방법이다. 이는 문장에 사용된 문자를 일정한 규칙에 따라 일대일 대응으로 재배열하여 문장을 암호화하는 방법이다. 예를 들어, 철수가 이 방법에 따라 영어 문장 'I LOVE YOU'를 암호화하여 암호문으로 만든다고 하자. 철수는 먼저 알파벳을 일대일 대응으로 재배열하는 규칙을 정하고, 그 규칙에 따라 'I LOVE YOU'를 'Q RPDA LPX'와 같이 암호화하게 될 것이다. 이때 철수가 사용한 규칙에는 ㉠ <u>'I를 Q로 변경한다.'</u>, 'L을 R로 변경한다.' 등이 포함되어 있는 셈이다.

우리가 단일환자방식에 따라 암호화한 영어 문장을 접한다고 하자. 그 암호문을 어떻게 해독할 수 있을까? ㉡ <u>우리가 그 암호문에 단일환자방식의 암호화 규칙이 적용되어 있다는 것을 알고 있다면 문제가 쉽게 해결될 수도 있다.</u> 알파벳의 사용 빈도를 파악하여 일대일 대응의 암호화 규칙을 추론해낼 수 있기 때문이다. 만약 통계 자료를 통해 영어에서 사용되는 알파벳의 사용 빈도를 조사해 보니 E가 12.51%로 가장 많이 사용되었고, 그 다음 빈도는 T, A, O, I, N, S, R, H의 순서라는 것이 밝혀졌다고 하자. ㉢ <u>물론 이러한 통계 자료를 확보했다고 해도 암호문이 한두 개 밖에 없다면 암호화 규칙을 추론하기는 힘들 것이다.</u> 그러나 암호문을 많이 확보하면 할수록 암호문을 해독할 수 있는 가능성이 높아질 것이다.

이제 누군가가 어떤 영자 신문에 포함되어 있는 모든 문장을 단일환자방식의 암호화 규칙 α에 따라 암호문들로 만들었다고 하자. 그 신문 전체에 사용된 알파벳 수는 충분히 많기 때문에 우리는 암호문들에 나타난 알파벳 빈도의 순서에 근거하여 규칙 α가 무엇인지 추론할 수 있다. ㉣ <u>만일 규칙 α가 앞서 예로 든 철수가 사용한 규칙과 동일하다면, 암호문들에 가장 많이 사용된 알파벳은 E일 가능성이 높을 것이다.</u> 그런데 조사 결과 암호문들에는 영어 알파벳 26자가 모두 사용되었는데, 그 중 W가 25,021자로 가장 많이 사용되었고, 이후의 빈도는 P, F, C, H, Q, T, N의 순서라는 것이 밝혀졌다. 이에 따라 우리는 철수가 정한 규칙은 규칙 α가 아니라고 추론할 수 있다. 또한 규칙 α에 대해 추론하면서 암호문들을 해독할 수 있다. 예를 들어, ㉤ <u>암호문 'H FPW HP'는 'I ATE IT'를 암호화한 것이라는 사실을 알 수 있게 된다.</u>

① ㉠을 'Q를 I로 변경한다.', 'R을 L로 변경한다.'로 수정한다.

② ㉡을 '우리가 그 암호문에 단일환자방식의 암호화 규칙이 적용되어 있지 않다고 생각한다 해도 문제는 쉽게 해결될 수 있다.'로 수정한다.

③ ㉢을 '이러한 통계 자료를 확보하게 되면 자동적으로 암호화 규칙을 추론할 수 있게 될 것이다.'로 수정한다.

④ ㉣을 '만일 규칙 α가 앞서 철수가 사용한 규칙과 동일하다면, 암호문들에 가장 많이 사용된 알파벳은 A일 가능성이 높을 것이다.'로 수정한다.

⑤ ㉤을 '암호문 'I ATE IT'는 'H FPW HP'를 암호화한 것이라는 사실을 알 수 있게 된다.'로 수정한다.

05 다음 대화의 밑줄 친 ㉠에 대한 설명으로 가장 적절한 것은?

> 갑 : 우리는 타인의 언어나 행동을 관찰함으로써 타인의 마음을 추론한다. 예를 들어, 우리는 철수의 고통을 직접적으로 관찰할 수 없다. 그러면 철수가 고통스러워한다는 것을 어떻게 아는가? 우리는 철수에게 신체적인 위해라는 특정 자극이 주어졌다는 것과 그가 신음 소리라는 특정 행동을 했다는 것을 관찰함으로써 철수가 고통이라는 심리 상태에 있다고 추론하는 것이다.
>
> 을 : 그러한 추론이 정당화되기 위해서는 내가 보기에 ㉠ <u>A원리</u>가 성립한다고 가정해야 한다. 그렇지 않다면, 특정 자극에 따른 철수의 행동으로부터 철수의 고통을 추론하는 것은 잘못이다. 그런데 A원리가 성립하는지는 아주 의심스럽다. 예를 들어, 로봇이 우리 인간과 유사하게 행동할 수 있다고 하더라도 로봇이 고통을 느낀다고 생각하는 것은 잘못이다.
>
> 병 : 나도 A원리는 성립하지 않는다고 생각한다. 아무런 고통을 느끼지 못하는 사람이 있다고 하자. 그런데 그는 고통을 느끼는 척하는 방법을 배웠다. 많은 연습 끝에 그는 신체적인 위해가 가해졌을 때 비명을 지르고 찡그리는 등 고통과 관련된 행동을 완벽하게 해낸다. 그렇지만 그가 고통을 느낀다고 생각하는 것은 잘못이다.
>
> 정 : 나도 A원리는 성립하지 않는다고 생각한다. 위해가 가해져 고통을 느끼지만 비명을 지르는 등 고통과 관련된 행동을 전혀 하지 않는 사람도 있기 때문이다. 가령 고통을 느끼지만 그것을 표현하지 않고 잘 참는 사람도 많지 않은가? 그런 사람들을 예외적인 사람으로 치부할 수는 없다. 고통을 참는 것이 비정상적인 것은 아니다.
>
> 을 : 고통을 참는 사람들이 있고 그런 사람들이 비정상적인 것은 아니라는 데는 나도 동의한다. 하지만 그러한 사람의 존재가 내가 얘기한 A원리에 대한 반박 사례는 아니다.

① 어떤 존재의 특정 심리상태 X가 관찰 가능할 경우, X는 항상 특정 자극에 따른 행동 Y와 동시에 발생한다.

② 어떤 존재의 특정 심리상태 X가 항상 특정 자극에 따른 행동 Y와 동시에 발생할 경우, X는 관찰 가능한 것이다.

③ 어떤 존재에게 특정 자극에 따른 행동 Y가 발생할 경우, 그 존재에게는 항상 특정 심리상태 X가 발생한다.

④ 어떤 존재에게 특정 심리상태 X가 발생할 경우, 그 존재에게는 항상 특정 자극에 따른 행동 Y가 발생한다.

⑤ 어떤 존재에게 특정 심리상태 X가 발생할 경우, 그 존재에게는 항상 특정 자극에 따른 행동 Y가 발생하고, 그 역도 성립한다.

CHAPTER 02

수리능력

합격 Cheat Key

수리능력은 사칙 연산·통계·확률의 의미를 정확하게 이해하고 이를 업무에 적용하는 능력으로, 기초 연산과 기초 통계, 도표 분석 및 작성의 문제 유형으로 출제된다. 수리능력 역시 채택하지 않는 공사·공단이 거의 없을 만큼 필기시험에서 중요도가 높은 영역이다.

특히, 난이도가 높은 공사·공단의 시험에서는 도표 분석, 즉 자료 해석 유형의 문제가 많이 출제되고 있고, 응용 수리 역시 꾸준히 출제하는 공사·공단이 많기 때문에 기초 연산과 기초 통계에 대한 공식의 암기와 자료 해석 능력을 기를 수 있는 꾸준한 연습이 필요하다.

1 응용 수리의 공식은 반드시 암기하라!

응용 수리는 공사·공단마다 출제되는 문제는 다르지만, 사용되는 공식은 비슷한 경우가 많으므로 자주 출제되는 공식을 반드시 암기하여야 한다. 문제에서 묻는 것을 정확하게 파악하여 그에 맞는 공식을 적절하게 적용하는 꾸준한 노력과 공식을 암기하는 연습이 필요하다.

2 자료의 해석은 자료에서 즉시 확인할 수 있는 지문부터 확인하라!

수리능력 중 도표 분석, 즉 자료 해석 능력은 많은 시간을 필요로 하는 문제가 출제되므로, 증가·감소 추이와 같이 눈으로 확인이 가능한 지문을 먼저 확인한 후 복잡한 계산이 필요한 지문을 확인하는 방법으로 문제를 풀이한다면 시간을 조금이라도 아낄 수 있다. 또한, 여러 가지 보기가 주어진 문제 역시 지문을 잘 확인하고 문제를 풀이한다면 불필요한 계산을 생략할 수 있으므로 항상 지문부터 확인하는 습관을 들여야 한다.

3 도표 작성에서 지문에 작성된 도표의 제목을 반드시 확인하라!

도표 작성은 하나의 자료 혹은 보고서와 같은 수치가 표현된 자료를 도표로 작성하는 형식으로 출제되는데, 대체로 표보다는 그래프를 작성하는 형태로 많이 출제된다. 지문을 살펴보면 각 지문에서 주어진 도표에도 소제목이 있는 경우가 대부분이다. 이때, 자료의 수치와 도표의 제목이 일치하지 않는 경우 함정이 존재하는 문제일 가능성이 높으므로 도표의 제목을 반드시 확인하는 것이 중요하다.

01 | 모듈이론

01 수리능력의 의의

(1) 수리능력의 기초

① 수리능력이란?

사칙연산과 기초적인 통계를 이해하고, 도표의 의미를 파악하거나 도표를 이용해서 결과를 효과적으로 제시하는 능력을 의미한다.

② 수리능력의 분류

분류	내용
기초연산능력	기초적인 사칙연산과 계산방법을 이해하고 활용하는 능력
기초통계능력	평균, 합계와 같은 기초적인 통계기법을 활용하여 자료의 특성과 경향성을 파악하는 능력
도표분석능력	도표의 의미를 파악하고, 필요한 정보를 해석하는 능력
도표작성능력	도표를 이용하여 결과를 효과적으로 제시하는 능력

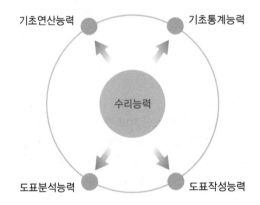

③ 수리능력의 중요성

㉠ 수학적 사고를 통한 문제해결

수학적 원리를 활용하면 업무 중 문제 해결이 더욱 쉽고 편해진다.

㉡ 직업세계의 변화에 적응

수리능력은 논리적이고 단계적인 학습을 통해서만 향상된다. 수십 년에 걸친 직업세계의 변화에 적응하기 위해 수리능력을 길러야 한다.

㉢ 실용적 가치의 구현

수리능력의 향상을 통해 일상생활과 업무수행에 필요한 수학적 지식을 습득하며, 생활수준의 발전에 따라 실용성도 늘어난다.

(2) 도표의 분석 및 해석

① 도표의 의의

내용을 선·그림·원 등으로 시각화하여 표현하는 것이며, 한 눈에 내용을 파악할 수 있다는 데에 그 특징이 있다.

② 도표작성의 목적

㉠ 타인에 대한 보고·설명 : 회의에서의 설명, 상급자에게 보고

㉡ 현재의 상황분석 : 상품별 매출액의 경향

㉢ 관리목적 : 진도표

③ 도표 작성시 주의사항

- 보기 쉽게 깨끗이 그린다.
- 하나의 도표에 여러 가지 내용을 넣지 않는다.
- 특별히 순서가 정해 있지 않는 것은 큰 것부터, 왼쪽에서 오른쪽으로, 또는 위에서 아래로 그린다.
- 눈금의 간격을 부적절하게 설정할 경우 수치가 왜곡될 수 있으므로 주의한다.
- 수치를 생략할 경우에는 잘못 이해하는 경우가 생기니 주의한다.
- 컴퓨터에 의한 전산 그래프를 최대한 이용한다.

④ 도표 해석시 주의사항

- 요구되는 지식의 수준
- 도표에 제시된 자료의 의미에 대한 정확한 숙지
- 도표로부터 알 수 있는 것과 없는 것의 구별
- 총량의 증가와 비율 증가의 구분
- 백분위수와 사분위수의 이해

⑤ 도표 해석 시 필요한 단위의 환산

종류	단위 환산
길이	$1cm=10mm$, $1m=100cm$, $1km=1,000m$
넓이	$1cm^2=100mm^2$, $1m^2=10,000cm^2$, $1km^2=1,000,000m^2$
부피	$1cm^3=1,000mm^3$, $1m^3=1,000,000cm^3$, $1km^3=1,000,000,000m^3$
들이	$1m\ell=1cm^3$, $1d\ell=100cm^3=100m\ell$, $1\ell=1,000cm^3=10d\ell$
무게	$1kg=1,000g$, $1t=1,000kg=1,000,000g$
시간	1분$=60$초, 1시간$=60$분$=3,600$초
할푼리	1푼$=0.1$할, 1리$=0.01$할

02　기초연산능력

(1) 사칙연산과 검산

① 사칙연산의 의의

수에 관한 덧셈, 뺄셈, 곱셈, 나눗셈의 네 종류의 계산법으로, 사칙계산이라고도 한다. 특히 업무를 원활하게 수행하기 위해서는 기본적인 사칙연산뿐만 아니라 복잡한 사칙연산까지도 수행할 수 있어야 한다.

② 기초연산능력이 요구되는 상황

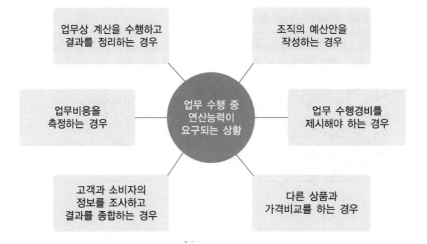

③ 검산

　　㉠ 검산의 의의

　　　　연산의 결과를 확인하는 과정을 의미하며, 업무를 수행하는데 있어서 연산의 결과를 확인하는
　　　　검산과정을 거치는 것은 필수적이다.

　　㉡ 검산방법의 종류

역연산법	본래의 풀이와 반대로 연산을 해가면서 본래의 답이 맞는지를 확인해나가는 방법
구거법	원래의 수와 각자리 수의 합이 9로 나눈 나머지와 같다는 원리를 이용하는 것으로, 각각의 수를 9로 나눈 나머지가 같은지를 확인하는 방법

　　㉢ 구거법의 예

　　　　$3,456+341=3,797$에서 좌변의 $3+4+5+6$을 9로 나눈 나머지는 0, $3+4+1$을 9로 나눈 나
　　　　머지는 8이고, 우변의 $3+7+9+7$을 9로 나눈 나머지는 8인데, 구거법에 의하면 좌변의 나머지
　　　　의 합(8)과 우변의 나머지(8)가 같으므로 이 계산은 옳은 것이 된다.

(2) 응용수리

① 방정식·부등식의 활용

　　㉠ 거리·속력·시간

　　　　$(거리)=(속력)\times(시간)$, $(속력)=\dfrac{(거리)}{(시간)}$, $(시간)=\dfrac{(거리)}{(속력)}$

　　㉡ 농도

　　　　$[소금물의 농도(\%)]=\dfrac{(소금의 양)}{(소금물의 양)}\times100$, $(소금의 양)=\dfrac{[소금물의 농도(\%)]}{100}\times(소금물의 양)$

　　㉢ 비율

　　　　x가 $a\%$ 증가 : $x\times\left(1+\dfrac{a}{100}\right)$, x가 $a\%$ 감소 : $x\times\left(1-\dfrac{a}{100}\right)$

　　㉣ 금액

　　　　ⅰ) $(정가)=(원가)+(이익)$, $(이익)=(원가)\times(이율)$

　　　　ⅱ) a원에서 $b\%$ 할인한 가격$=a\times\left(1-\dfrac{b}{100}\right)$

　　　　ⅲ) 단리법·복리법(원금 : a, 이율 : r, 기간 : n, 원리합계 : S)

단리법	복리법
• 정의 : 원금에 대해서만 약정된 이자율과 기간을 곱해 이자를 계산 • $S=a\times(1+r\times n)$	• 정의 : 원금에 대한 이자를 가산한 후 이 합계액을 새로운 원금으로 계산 • $S=a\times(1+r)^{n}$

　　㉤ 날짜·요일

　　　　ⅰ) 1일$=24$시간$=1,440(=24\times60)$분$=86,400(=1,440\times60)$초

　　　　ⅱ) 월별 일수 : 1, 3, 5, 7, 8, 10, 12월은 31일, 4, 6, 9, 11월은 30일, 2월은 28일 또는 29일

　　　　ⅲ) 윤년(2월 29일)은 4년에 1번

ⓑ 시계

  ⅰ) 시침이 1시간 동안 이동하는 각도 : $\dfrac{360°}{12}=30°$

  ⅱ) 시침이 1분 동안 이동하는 각도 : $\dfrac{30°}{60}=0.5°$

  ⅲ) 분침이 1분 동안 이동하는 각도 : $\dfrac{360°}{60}=6°$

ⓢ 수

  ⅰ) 연속한 두 자연수 : x, $x+1$

  ⅱ) 연속한 세 자연수 : $x-1$, x, $x+1$

  ⅲ) 연속한 두 짝수(홀수) : x, $x+2$

  ⅳ) 연속한 세 짝수(홀수) : $x-2$, x, $x+2$

  ⅴ) 십의 자릿수가 x, 일의 자릿수가 y인 두 자리 자연수 : $10x+y$

  ⅵ) 백의 자릿수가 x, 십의 자릿수가 y, 일의 자릿수가 z인 세 자리 자연수 : $100x+10y+z$

② 경우의 수

  ㉠ 어떤 사건이 일어날 수 있는 모든 가짓수

  ㉡ 합의 법칙 : 두 사건 A와 B가 동시에 일어나지 않을 때, 사건 A가 일어나는 경우의 수를 m, 사건 B가 일어나는 경우의 수를 n이라 하면, 사건 A 또는 B가 일어나는 경우의 수는 $(m+n)$이다.

  ㉢ 곱의 법칙 : 사건 A가 일어나는 경우의 수를 m, 사건 B가 일어나는 경우의 수를 n이라 하면, 사건 A와 B가 동시에 일어나는 경우의 수는 $(m\times n)$이다.

③ 순열·조합

순열	조합
• 서로 다른 n개에서 r개를 순서대로 나열하는 경우의 수 • $_nP_r=\dfrac{n!}{(n-r)!}$ • $_nP_n=n!$, $0!=1$, $_nP_0=1$	• 서로 다른 n개에서 r개를 순서에 상관없이 나열하는 경우의 수 • $_nC_r=\dfrac{n!}{(n-r)!\times r!}$ • $_nC_r=\,_nC_{n-r}$, $_nC_0=\,_nC_n=1$

④ 확률

  ㉠ (사건 A가 일어날 확률)$=\dfrac{(\text{사건 A가 일어나는 경우의 수})}{(\text{모든 경우의 수})}$

  ㉡ 여사건의 확률 : 사건 A가 일어날 확률이 p일 때, 사건 A가 일어나지 않을 확률은 $(1-p)$이다.

  ㉢ 확률의 덧셈정리 : 두 사건 A, B가 동시에 일어나지 않을 때 A가 일어날 확률을 p, B가 일어날 확률을 q라고 하면, 사건 A 또는 B가 일어날 확률은 $(p+q)$이다.

  ㉣ 확률의 곱셈정리 : A가 일어날 확률을 p, B가 일어날 확률을 q라고 하면, 사건 A와 B가 동시에 일어날 확률은 $(p\times q)$이다.

(1) 통계의 의의

① 통계란?

집단현상에 대한 구체적인 양적 기술을 반영하는 숫자를 의미하며, 특히 사회집단 또는 자연집단의 상황을 숫자로 나타낸 것을 말한다.

② 통계의 기능

- 많은 수량적 자료를 처리가능하고 쉽게 이해할 수 있는 형태로 축소시킨다.
- 표본을 통해 연구대상 집단의 특성을 유추할 수 있게 한다.
- 의사결정의 보조수단으로 이용된다.
- 관찰가능한 자료를 통해 논리적으로 결론을 추출·검증할 수 있게 한다.

③ 통계의 속성

㉠ 단위와 표지

집단을 구성하는 각 개체를 단위라 하며, 단위가 가지고 있는 공통의 성질을 표지라고 한다.

㉡ 표지의 분류

속성통계	질적인 표지	남녀, 산업, 직업 등
변수통계	양적인 표지	연령, 소득금액 등

(2) 통계자료의 해석

① 기본적인 통계치

종류	내용
빈도	어떤 사건이 일어나거나 증상이 나타나는 정도
빈도분포	빈도를 표나 그래프로 종합적이면서도 일목요연하게 표시하는 것
평균	모든 사례의 수치를 합한 후 총 사례 수로 나눈 값
백분율	백분비라고도 하며, 전체의 수량을 100으로 하여, 해당되는 수량이 그 중 몇이 되는가를 가리키는 수를 %로 나타낸 것
범위	분포의 흩어진 정도를 가장 간단히 알아보는 방법으로, 최고값에서 최저값을 뺀 값을 의미
분산	각 관찰값과 평균값과의 차이를 제곱한 값의 평균을 의미하며, 구체적으로는 각 관찰값과 평균값과의 차이를 제곱한 값을 모두 합하여 개체의 수로 나눈 값
표준편차	분산의 제곱근 값을 의미하며, 개념적으로는 평균으로부터 얼마나 떨어져 있는가를 나타내는 개념으로 분산과 개념적으로 동일함

② 다섯 숫자 요약

종류	내용
최솟값(m)	원자료 중 값의 크기가 가장 작은 값
최댓값(M)	원자료 중 값의 크기가 가장 큰 값
중앙값(Q_2)	최솟값부터 최댓값까지 크기에 의하여 배열하였을 때 중앙에 위치하는 값
하위 25%값(Q_1)	원자료를 크기순으로 배열하여 4등분한 값을 의미하며, 백분위 수의 관점에서 25백분위수,
상위 25%값(Q_3)	제75백분위수로 표기

③ 평균값과 중앙값
  ㉠ 원자료에 대한 대푯값으로써 평균값과 중앙값은 엄연히 다른 개념이지만 모두 중요한 역할을 하게 되므로 통계값을 제시할 때에는 어느 수치를 이용했는지를 명확하게 제시해야 한다.
  ㉡ 평균값이 중앙값보다 높다는 의미는 자료 중에 매우 큰 값이 일부 있음을 의미하며, 이와 같은 경우는 평균값과 중앙값 모두를 제시해줄 필요가 있다.

OX 문제

01 통계란 선·그림·원 등으로 그림을 그려서 내용을 시각적으로 표현하여, 다른 사람이 한눈에 자신의 주장을 알아볼 수 있게 한 것이다. [   ]

02 통계는 관찰 가능한 자료를 통해 논리적으로 어떠한 결론을 추출·검증한다. [   ]

03 평균은 관찰값(자료값) 전부에 대한 정보를 담고 있으나, 극단적인 값이나 이질적인 값에 의해 쉽게 영향을 받아 전체를 바르게 대표하지 못할 가능성이 있다. [   ]

04 빈도란 어떤 사건이 일어나거나 증상이 나타나는 정도를 말한다. [   ]

05 통계란 어떤 현상의 상태를 양으로 나타낸 것이다. [   ]

01 [×] 통계가 아닌 도표에 대한 설명이다.
02 [○]
03 [○]
04 [○]
05 [○]

(1) 도표의 활용

종류	내용
선 그래프	시간적 추이(시계열 변화)를 표시할 때 적합 예 연도별 매출액 추이 변화
막대 그래프	수량간의 대소 관계를 비교하고자 할 때 적합 예 영업소별 매출액
원 그래프	내용의 구성비를 분할하여 나타내고자 할 때 적합 예 제품별 매출액 구성비
점 그래프	지역분포를 비롯한 기업 등의 평가나 위치, 성격을 표시할 때 적합 예 광고비율과 이익률의 관계
층별 그래프	합계와 각 부분의 크기를 백분율로 나타내고 시간적 변화를 보고자 할 때 적합 예 상품별 매출액 추이
거미줄 그래프	다양한 요소를 비교할 때 적합 예 매출액의 계절변동

(2) 도표의 형태별 특징

① 선 그래프

시간의 경과에 따라 수량에 의한 변화의 상황을 선의 기울기로 나타내는 그래프로, 시간적 변화에 따른 수량의 변화를 표현하기에 적합하다.

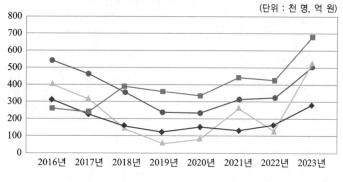

〈중학교 장학금, 학비감면 수혜현황〉

② 막대 그래프

비교하고자 하는 수량을 막대 길이로 표시하고 그 길이를 비교하여 각 수량간의 대소관계를 나타내는 그래프로, 전체에 대한 구성비를 표현할 때 다양하게 활용할 수 있다.

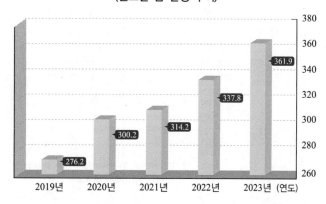

〈연도별 암 발생 추이〉

③ 원 그래프

내용의 구성비를 원을 분할하여 작성하는 그래프로, 전체에 대한 구성비를 표현할 때 다양하게 활용할 수 있다.

〈입후보자의 득표수〉

④ 층별 그래프

선의 움직임보다는 선과 선 사이의 크기로써 데이터 변화를 나타내는 그래프로, 시간적 변화에 따른 구성비의 변화를 표현하고자 할 때 활용할 수 있다.

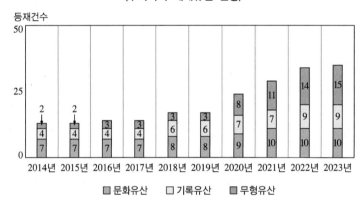

〈우리나라 세계유산 현황〉

⑤ 점 그래프

종축과 횡축에 두 개의 요소를 두고, 각 항목이 어떤 위치에 있는가를 알고자 하는데 쓰인다.

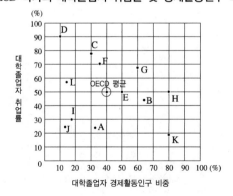

〈OECD 국가의 대학졸업자 취업률 및 경제활동인구 비중〉

⑥ 거미줄 그래프(레이더 차트)

비교하는 수량을 직경으로 나누어 원의 중심에서의 거리에 따라 각각의 관계를 나타낸다.

〈외환위기 전후 한국의 경제상황〉

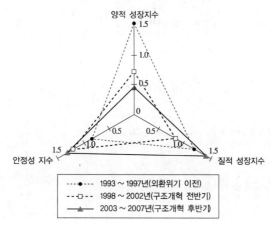

PART 1

OX 문제

01 원 그래프는 내역이나 내용의 구성비를 분할하여 나타내고자 하는 경우에 작성하며, 선 그래프는 꺾은 선으로 시간적 추이를 표시하고자 할 때 작성한다. [   ]

02 그래프 중에서 다양한 요소의 비교를 가장 잘 나타내는 것은 방사형 그래프이다. [   ]

03 그래프 중에서 자료의 분포상태를 가장 잘 나타내는 것은 점 그래프이다. [   ]

01 [○]
02 [○]
03 [○]

(1) 도표의 작성절차

```
작성하려는 도표의 종류 결정
        ↓
가로축과 세로축에 나타낼 것을 결정
        ↓
가로축과 세로축의 눈금의 크기 결정
        ↓
자료를 가로축과 세로축이 만나는 곳에 표시
        ↓
표시된 점에 따라 도표 작성
        ↓
도표의 제목 및 단위 표기
```

(2) 도표 작성시 유의사항

① 선 그래프

- 세로축에 수량(금액, 매출액 등), 가로축에 명칭 구분(연, 월, 장소 등)을 표시하고 축의 모양은 L자형으로 하는 것이 일반적이다.
- 선의 높이에 따라 수치를 파악하는 경우가 많으므로 세로축의 눈금을 가로축의 눈금보다 크게 하는 것이 효과적이다.
- 선이 두 종류 이상인 경우는 각각에 대해 명칭을 기입해야 하며, 중요한 선을 다른 선보다 굵게 하는 등의 노력을 기울일 필요가 있다.

② 막대 그래프

- 세로형이 보다 일반적이나 가로형으로 작성할 경우 사방을 틀로 싸는 것이 좋다.
- 가로축은 명칭 구분(연, 월, 장소 등), 세로축은 수량(금액, 매출액)을 표시하는 것이 일반적이다.
- 막대의 수가 많은 경우에는 눈금선을 기입하는 것이 알아보기에 좋다.
- 막대의 폭은 모두 같게 하여야 한다.

③ 원 그래프

- 12시의 선을 시작선으로 하며, 이를 기점으로 하여 오른쪽으로 그리는 것이 일반적이다.
- 구성비율이 큰 순서로 그리되, '기타' 항목은 구성비율의 크기에 관계없이 가장 뒤에 그린다.
- 각 항목의 명칭은 같은 방향으로 기록하는 것이 일반적이나, 각도가 작아서 명칭을 기록하기 힘든 경우에는 지시선을 사용하여 기록한다.

④ 층별 그래프

- 가로로 할 것인지 세로로 할 것인지는 작성자의 기호나 공간에 따라 판단하나, 구성비율 그래프는 가로로 작성하는 것이 좋다.
- 눈금은 선 그래프나 막대 그래프보다 적게 하고 눈금선을 넣지 않아야 하며, 층별로 색이나 모양이 모두 완전히 다른 것이어야 한다.
- 세로 방향일 경우 위로부터 아래로, 가로 방향일 경우 왼쪽에서 오른쪽으로 나열하면 보기가 좋다.

(3) 도수분포표의 작성

① 도수분포표의 의의

자료의 범위가 넓은 연속적 변수인 경우에 사용하는 것으로, 각 계급을 중복되지 않는 일정한 구간으로 정하여 그 구간에 속하는 자료의 개수를 정리한 것을 말한다.

〈도수분포표의 예〉

계급구간(초임연봉)	도수	상대도수	누적도수	누적상대도수
1,500만 원 미만	15	0.15	15	0.15
1,500만 원 이상 2,000만 원 미만	45	0.45	60	0.60
2,000만 원 이상 2,500만 원 미만	25	0.25	85	0.85
2,500만 원 이상 3,000만 원 미만	10	0.10	95	0.95
3,000만 원 이상	5	0.05	100	1.00
계	100	1.00	–	–

② 도수분포표의 작성원칙

- 각 구간의 폭은 같은 것이 바람직하다.
- 계급의 수는 분포의 특성이 나타날 수 있게 6개 이상 15개 미만이 바람직하다.
- 계급에 속하는 도수가 없거나 너무 적지 않게 구간을 결정한다.
- 극한값을 반영하기 위하여 제일 아래 계급이나 위 계급을 개방할 수도 있다.

③ 도수분포표의 작성절차

- 1단계 : 자료의 최댓값과 최솟값을 찾아 범위(＝최댓값－최솟값)를 구한다.
- 2단계 : 자료의 수와 범위를 고려하여 계급의 수를 잠정적으로 결정한다.
- 3단계 : 잠정적으로 계급의 폭(＝범위/계급의 수)를 올림하여 소수를 정리한 후 계급의 폭을 조정한다.
- 4단계 : 첫 계급의 하한과 마지막 계급의 상한을 조정한다(계급의 시작은 0, 1, 5, 10으로, 상한은 0, 5, 9, 10으로 정하는 것이 바람직하다).
- 5단계 : 각 계급에 속하는 도수 등을 계산한다.

OX 문제

01 원 그래프를 작성할 때 '기타' 항목의 구성비율이 가장 큰 경우에는 가장 앞에 그리는 것이 좋다. [   ]

02 막대 그래프를 작성할 때에는 막대의 폭은 모두 같도록 하여야 한다. [   ]

03 엑셀 프로그램을 활용하여 그래프를 그릴 때는 풀다운 메뉴 중 삽입을 사용한다. [   ]

04 층별 그래프를 작성할 때에는 층별로 색이나 모양은 다르게 하고, 같은 항목끼리는 선으로 연결하여 보기 쉽도록 하는 것이 좋다. [   ]

05 엑셀 프로그램을 활용하여 그래프를 그리는 경우, 범례는 별도로 작성하여 붙여넣기를 해야 한다. [   ]

---

01 [×] 원 그래프를 작성할 때에는 '기타' 항목의 구성비율이 가장 크다고 할지라도 가장 마지막에 그리는 것이 좋다.

02 [○]

03 [○]

04 [○]

05 [×] 별도로 작성하는 것이 아니라 그래프를 작성할 때에 같이 입력한다.

02 | 수리능력 맛보기

01 다음 자료를 도표로 나타내고자 할 때, 가장 적절한 그래프는?

〈N타이어 전국 가맹점 연간 매출액〉

(단위 : 억 원)

가맹점	2020년	2021년	2022년	2023년
서울 1호점	120	150	180	280
부산 2호점	150	140	135	110
대구 3호점	30	70	100	160

① 원 그래프   ② 점 그래프

③ 띠 그래프   ④ 선 그래프

⑤ 꺾은선 그래프

정답 ④

선 그래프는 시간의 경과에 따른 수량의 변화를 선의 기울기로 나타내는 그래프로서, 해당 자료를 표현하기에 가장 적절하다.

오답분석

① 원 그래프 : 작성 시, 정각 12시의 선을 시작선으로 하며, 이를 기점으로 하여 오른쪽으로 그리는 것이 보통이다. 또한 분할선은 구성비율이 큰 순서로 그리되, '기타' 항목은 구성비율의 크기에 관계없이 가장 뒤에 그리는 것이 일반적이다.

② 점 그래프 : 지역분포를 비롯하여 도시, 지방, 기업, 상품 등의 평가나 위치, 성격 등을 표시하는 데 주로 이용된다.

③ 띠 그래프 : 전체에 대한 부분의 비율을 나타내는 데 많이 쓰인다.

⑤ 꺾은선 그래프 : 시간이 흐름에 따라 변해가는 모습을 나타내는 데 많이 쓰이며, 날씨 변화, 에너지 사용 증가율, 물가의 변화 등을 나타내기에는 막대 그래프보다 꺾은선 그래프가 유용하다. 그래서 꺾은선 그래프를 읽을 때는 변화의 추이를 염두에 두고 자료를 분석하는 것이 좋다.

풀이 전략!

단순히 문제풀이를 위해서 뿐만 아니라 도표는 우리 삶의 여러 부분에서 다양하게 활용되며, 활용되는 국면에 따라 도표의 종류를 달리할 필요가 있다. 따라서 업무 수행을 원활하게 하기 위해서는 각각의 도표가 어떤 경우에 활용되는지에 대해 숙지하고 있을 필요가 있다.

02 다음은 2023년 극한기후 유형별 발생일수와 발생지수에 대한 자료이다. 이에 대한 설명으로 옳은 것은?

〈2023년 극한기후 유형별 발생일수와 발생지수〉

유형	폭염	한파	호우	대설	강풍
발생일수(일)	16	5	3	0	1
발생지수	5.00	( )	( )	1.00	( )

※ 극한기후 유형은 폭염, 한파, 호우, 대설, 강풍만 존재한다.

〈산정식〉

$$(극한기후\ 발생지수)=4\times\left(\frac{A-B}{C-B}\right)+1$$

- A : 당해년도 해당 극한기후 유형 발생일수
- B : 당해년도 폭염, 한파, 호우, 대설, 강풍의 발생일수 중 최솟값
- C : 당해년도 폭염, 한파, 호우, 대설, 강풍의 발생일수 중 최댓값

① 발생지수가 가장 높은 유형은 한파이다.
② 호우의 발생지수는 2.00 이상이다.
③ 대설과 강풍의 발생지수의 합은 호우의 발생지수보다 크다.
④ 극한기후 유형별 발생지수의 평균은 3.00 이상이다.
⑤ 폭염의 발생지수는 강풍의 발생지수의 5배이다.

정답 ③

먼저 산정식에서 B는 0이고, C는 16이므로 극한기후 발생지수 산정식은 $\dfrac{A}{4}+1$로 단순화시킬 수 있다. 이를 이용하여 빈칸을 채워 넣으면 다음과 같다.

유형	폭염	한파	호우	대설	강풍
발생일수(일)	16	5	3	0	1
발생지수	5.00	$\dfrac{9}{4}$	$\dfrac{7}{4}$	1.00	$\dfrac{5}{4}$

대설(1.00)과 강풍$\left(\dfrac{5}{4}\right)$의 발생지수의 합은 $\dfrac{9}{4}$이므로, 호우의 발생지수 $\dfrac{7}{4}$보다 크다. 따라서 옳은 내용이다.

[오답분석]

① 발생지수가 가장 높은 것은 폭염(5.00)이므로 옳지 않은 내용이다.

② 호우의 발생지수는 $\dfrac{7}{4}$이므로 2.00에 미치지 못한다. 따라서 옳지 않은 내용이다.

④ 제시된 극한기후 유형별 발생지수를 모두 더하면 $\dfrac{(20+9+7+4+5)}{4}=\dfrac{45}{4}$이므로, 이의 평균은 $\dfrac{45}{20}=\dfrac{9}{4}$임을 알 수 있다. 이는 3에 미치지 못하는 수치이므로 옳지 않은 내용이다.

⑤ 폭염의 발생지수는 $\dfrac{20}{4}$이고, 강풍의 발생지수는 $\dfrac{5}{4}$이므로 전자는 후자의 4배이다. 따라서 옳지 않은 내용이다.

풀이 전략!

빈칸이 4개 이하이면서 덧셈, 뺄셈과 같이 간단한 사칙연산으로만 이루어진 경우에는 미리 채워놓고 시작하는 것이 현명하다. 표의 크기가 작고, 빈칸의 개수가 적을수록 그것이 선택지에 활용될 가능성은 높아지며, 빈칸이 4개 이하라면 확실하다고 봐도 무방하다. 하지만 반대로 빈칸의 수가 적더라도 항목의 수가 많은 경우라면 기계적으로 먼저 채워놓기보다는 일단 선택지를 보고 판단하는 것이 좋다. 자료의 크기가 커진다면 꼭 그 빈칸이 아니더라도 선택지로 활용될 수 있는 것들이 많아지기 때문이다.

03 | 대표유형 적중문제

정답 및 해설 p.056

| 01 | 모듈형

01 사냥개가 토끼의 뒤를 쫓고 있다. 사냥개가 세 걸음을 달리는 동안 토끼는 네 걸음을 달리고, 사냥개의 두 걸음의 길이는 토끼의 세 걸음의 길이와 같다. 사냥개와 토끼 사이의 거리가 10m라고 할 때, 사냥개가 토끼를 잡으려면 몇 m를 더 달려야 하는가?

① 82m   ② 85m

③ 88m   ④ 90m

⑤ 94m

02 작년 기획팀 팀원 20명의 평균 나이는 35세였다. 올해 65세 팀원 A와 55세 팀원 B가 퇴직하고 새로운 팀원 C가 입사하자 기획팀의 평균 나이가 작년보다 3세 줄었다. 이때, C의 나이는 몇 살인가?

① 28세   ② 30세

③ 32세   ④ 34세

⑤ 36세

03 K중학교 학생 10명의 혈액형을 조사하였더니 A형, B형, O형인 학생이 각각 2명, 3명, 5명이었다. 10명의 학생 중에서 임의로 2명을 뽑을 때, 혈액형이 서로 다를 경우의 수는?

① 19가지　　　　　　　　　　② 23가지
③ 27가지　　　　　　　　　　④ 31가지
⑤ 35가지

04 농도가 10%인 소금물과 4%인 소금물을 섞어 8%의 소금물을 만들었다. 이 소금물을 100g 덜어낸 후 20g의 소금을 더 넣었더니 12%의 소금물이 되었을 때, 처음 10%의 소금물의 양은 얼마인가?

① 350g　　　　　　　　　　② 355g
③ 360g　　　　　　　　　　④ 365g
⑤ 370g

05 진희는 자전거 뒷좌석에 동생을 태우고 10km/h의 속력으로 회사에 가는데, 회사에 가는 도중 어린이집에 동생을 내려주고, 처음의 1.4배 속력으로 다시 회사에 간다. 진희의 집에서 회사까지의 거리는 12km이고, 진희가 8시에 집에서 나와 9시에 회사에 도착하였을 때, 진희가 어린이집에서 출발한 시각은 언제인가?

① 8시 25분　　　　　　　　　② 8시 30분
③ 8시 35분　　　　　　　　　④ 8시 40분
⑤ 8시 45분

06 K회사는 사옥 옥상 정원에 있는 가로 644cm, 세로 476cm인 직사각형 모양의 뜰 가장자리에 조명을 설치하려고 한다. 네 모퉁이에는 반드시 조명을 설치하고, 일정한 간격으로 조명을 추가 배열하려고 할 때, 필요한 조명의 최소 개수는?(단, 조명의 크기는 고려하지 않는다)

① 68개   ② 72개

③ 76개   ④ 80개

⑤ 84개

07 B씨는 마당에 원통형 스탠드 식탁을 만들어 페인트칠을 하려고 한다. 페인트칠 비용이 원형 윗면은 넓이 $1m^2$당 10만 원, 옆면은 넓이 $1m^2$당 7만 원일 때, 윗면과 옆면에 페인트칠을 하는 데 들어가는 총비용은 얼마인가?[단, 원주율(π)은 3으로 계산한다]

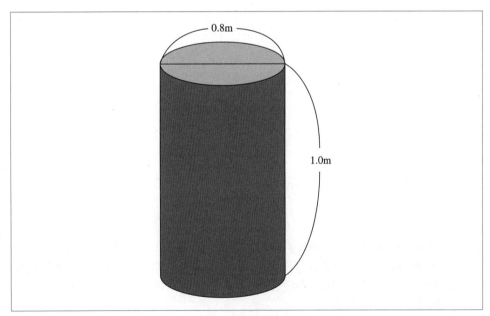

① 192,000원   ② 205,000원

③ 215,000원   ④ 216,000원

⑤ 224,000원

※ 다음 글을 읽고 이어지는 질문에 답하시오. [8~9]

> A기업에서는 매년 인사평가로 팀 평가를 실시한다. 홍보팀의 박채은 팀장은 자신의 팀원 김진주, 박한열, 최성우, 정민우 사원에 대해 25점 만점 기준으로 평가 점수를 부여하였다. 네 사람의 평가 점수는 다음과 같다.
> • 김진주의 점수는 22점이다.
> • 최성우와 정민우의 점수의 합은 김진주의 점수와 같다.
> • 박한열은 김진주보다 5점이 적다.
> • 김진주와 박한열의 점수 차보다 최성우와 정민우의 점수 차가 1점 더 많다.
> • 네 명의 점수 합은 61점이다.

08 다음 중 윗글을 토대로 추론할 때, 김진주와 정민우의 점수의 합은 얼마인가?

① 30 　　　　　　　　　　　　② 33

③ 35 　　　　　　　　　　　　④ 37

⑤ 39

09 팀원들의 점수를 도출한 뒤 값이 맞는지 확인하기 위해 다음과 같은 검산 과정을 거쳤다. 이때 사용한 검산법은 무엇인가?

> '(김진주의 점수)+(박한열의 점수)+(최성우의 점수)+(정민우의 점수)=61'로 계산식을 만들었을 때, 좌변에 제시된 수들을 9로 나눈 나머지와 우변에 제시된 수들을 9로 나눈 나머지가 같은지 확인해 봐야겠군.

① 역연산 　　　　　　　　　　② 단위환산

③ 구거법 　　　　　　　　　　④ 사칙연산

⑤ 산술평균

B기업에서는 올해 상반기 신입사원 50명을 대상으로 보고서 작성 관련 교육을 진행하였다. 교육이 모두 끝난 후, 교육을 이수한 신입사원을 대상으로 설문조사를 실시하였다. 설문 문항은 총 5문항이며, 전반적인 강의 만족도, 교육 강사의 전문성, 강의 장소 및 시간에 대한 만족도, 강의 내용의 도움 정도, 향후 타 강의 참여 의향에 대해 질문하였다. 각 문항은 '매우 그렇다', '그렇다', '보통이다', '그렇지 않다', '매우 그렇지 않다'로 답변할 수 있도록 설문지를 구성하였다.

다음 표는 각 문항에 대하여 '매우 그렇다'와 '그렇다'라고 답변한 빈도와 백분율을 나타낸 것이다.

〈올해 상반기 보고서 작성 세미나 만족도 조사 결과 – 긍정 답변〉

구분	빈도	백분율
1. 나는 전반적으로 교육에 대해 만족한다.	30	㉠
2. 교육 강사의 전문성에 대해 만족하였다.	25	㉡
3. 강의 공간과 강의 시간에 대해 만족하였다.	48	㉢
4. 강의 내용은 향후 업무 수행에 도움이 될 것이다.	41	㉣
5. 향후 비슷한 강의가 있다면 참여하고 싶다.	30	㉤

10 B기업 인사팀 A씨는 각 만족도 문항의 긍정 답변에 대해 백분율을 산출하려고 한다. 빈칸 ㉠ ~ ㉤에 들어갈 백분율이 바르게 연결된 것은?(단, 소수점 둘째 자리에서 반올림한다)

	㉠	㉡	㉢	㉣	㉤
①	30%	25%	48%	41%	60%
②	60%	12.5%	24%	20.5%	15%
③	35%	30%	53%	46%	46%
④	60%	50%	96%	82%	60%
⑤	30%	35%	60%	41%	96%

11 B기업은 매년 신입사원 교육을 S교육 컨설팅에게 의뢰하여 진행하고 있는데, 매년 재계약 여부를 만족도 조사 점수를 통해 결정한다. B기업은 올해 만족도 조사 점수가 낮아 내년에도 S교육 컨설팅에게 교육을 맡겨야 하는지 고민 중이다. 다음 중 B기업의 만족도 점수 활용에 대한 설명으로 가장 적절한 것은?

① 관찰 가능한 자료를 통해 논리적으로 어떠한 결론을 추출 또는 검증한다.

② 의사결정의 보조적인 수단으로 활용하였다.

③ 표본을 통해 연구대상 집단의 특성을 유추한다.

④ 많은 수량적 자료를 처리 가능하고 쉽게 이해할 수 있는 형태로 축소한다.

⑤ 불확실성을 제거해 일반화를 이루는 데 도움이 된다.

※ 다음은 K개발공사의 직원 평균보수 현황이다. 이어지는 질문에 답하시오. **[12~13]**

〈K개발공사의 직원 평균보수 현황〉

(단위 : 천 원, 명, 월)

구분	2018년 결산	2019년 결산	2020년 결산	2021년 결산	2022년 결산	2023년 결산
월 급여 (A+B+C+D+E+F)	71,740	74,182	73,499	70,575	71,386	69,663
(A) 기본급	53,197	53,694	53,881	53,006	53,596	53,603
(B) 고정수당	859	824	760	696	776	789
(C) 실적수당	6,620	7,575	7,216	5,777	5,712	6,459
(D) 급여성 복리후생비	866	963	967	1,094	1,118	1,291
(E) 경영평과 성과급	1,508	1,828	1,638	1,462	1,566	0
(F) 기타 성과상여금	8,690	9,298	9,037	8,540	8,618	7,521
1인당 평균 보수액	70,232	72,354	71,861	69,113	69,821	69,665
1인당 남성 보수액	0	0	79,351	76,332	77,142	69,665
1인당 여성 보수액	0	0	56,802	55,671	57,250	69,665
전체 종업원 수	505.66	500.13	522.06	554.40	560.92	580.00
남성 종업원 수	0	0	348.66	360.67	354.49	367.00
여성 종업원 수	0	0	173.40	193.73	206.43	213.00
평균 근속연수	205.32	202.68	196.08	191.76	189.95	188.80
남성 근속연수	0	0	220.68	221.64	224.72	230.67
여성 근속연수	0	0	135.72	139.32	132.55	143.32

※ 경영평가 성과급의 경우 당해 연도 예산은 경영평가 결과 미확정으로, 0으로 기재한다.
※ 현재는 2024년 1월이다.

12 다음 중 자료에 대한 설명으로 옳은 것은?

① 기본급은 2018년 이후 지속적으로 증가하고 있다.

② 1인당 평균 보수액은 매년 남성 종업원이 여성 종업원보다 높다.

③ 1인당 평균 보수액은 2018년 이후 지속적으로 증가하고 있다.

④ 전체 종업원 수는 2018년 이후 지속적으로 늘고 있으며, 2023년 기준 여성 종업원의 비율은 아직까지 32%가 넘지 않는다.

⑤ 평균 근속연수가 2018년 이후 지속적으로 감소하고 있으며, 남성 종업원이 여성 종업원보다 재직 기간이 긴 편이다.

13 월 급여에서 A ~ F항목이 각각 차지하는 구성비를 나타내는 차트를 작성하려고 한다. 이때, 가장 적절한 그래프는 무엇인가?

① 점 그래프

② 방사형 그래프

③ 원 그래프

④ 막대 그래프

⑤ 선 그래프

01 다음은 2023년 경제자유구역 입주 사업체 투자재원조달 실태조사 결과에 대한 자료이다. 이에 대한 설명으로 옳은 것을 〈보기〉에서 모두 고르면?

〈2023년 경제자유구역 입주 사업체 투자재원조달 실태조사 결과〉

(단위 : 백만 원, %)

구분		전체		국내투자		해외투자	
		금액	비중	금액	비중	금액	비중
국내재원	자체	4,025	57.2	2,682	52.6	1,343	69.3
	정부	2,288	32.5	2,138	42.0	150	7.7
	기타	356	5.0	276	5.4	80	4.2
	소계	6,669	94.7	5,096	100.0	1,573	81.2
해외재원	소계	365	5.3	–	–	365	18.8
합계		7,034	100.0	5,096	100.0	1,938	100.0

> **보기**
>
> ㄱ. 자체 재원조달금액 중 국내투자에 사용되는 금액이 차지하는 비중은 60%를 초과한다.
> ㄴ. 해외재원은 모두 해외투자에 사용되고 있다.
> ㄷ. 국내재원 중 정부조달금액이 차지하는 비중은 40%를 초과한다.
> ㄹ. 국내재원 중 국내투자금액은 해외투자금액의 3배 미만이다.

① ㄱ, ㄴ
② ㄱ, ㄷ
③ ㄴ, ㄷ
④ ㄴ, ㄹ
⑤ ㄷ, ㄹ

02 다음은 주요 온실가스의 연평균 농도 변화 추이를 나타낸 자료이다. 이에 대한 설명으로 옳지 않은 것은?

<table>
<tr><td colspan="8" align="center">〈주요 온실가스 연평균 농도 변화 추이〉</td></tr>
<tr><td>구분</td><td>2017년</td><td>2018년</td><td>2019년</td><td>2020년</td><td>2021년</td><td>2022년</td><td>2023년</td></tr>
<tr><td>이산화탄소 농도(ppm)</td><td>387.2</td><td>388.7</td><td>389.9</td><td>391.4</td><td>392.5</td><td>394.5</td><td>395.7</td></tr>
<tr><td>오존전량(DU)</td><td>331</td><td>330</td><td>328</td><td>325</td><td>329</td><td>343</td><td>335</td></tr>
</table>

① 이산화탄소의 농도는 계속해서 증가하고 있다.

② 오존전량은 계속해서 증가하고 있다.

③ 2023년 오존전량은 2017년 대비 4DU 증가했다.

④ 2023년 이산화탄소의 농도는 2018년 대비 7ppm 증가했다.

⑤ 2023년의 전년 대비 오존전량 감소율은 2.5%p 미만이다.

03 다음은 주요 산업국 연도별 연구개발비에 대한 자료이다. 이에 대한 설명으로 옳은 것을 〈보기〉에서 모두 고르면?

<table>
<tr><td colspan="7" align="center">〈주요 산업국 연도별 연구개발비〉</td></tr>
<tr><td colspan="7" align="right">(단위 : U.S 백만 달러)</td></tr>
<tr><td>구분</td><td>2018년</td><td>2019년</td><td>2020년</td><td>2021년</td><td>2022년</td><td>2023년</td></tr>
<tr><td>한국</td><td>23,587</td><td>28,641</td><td>33,684</td><td>31,304</td><td>29,703</td><td>37,935</td></tr>
<tr><td>중국</td><td>29,898</td><td>37,664</td><td>48,771</td><td>66,430</td><td>84,933</td><td>–</td></tr>
<tr><td>일본</td><td>151,270</td><td>148,526</td><td>150,791</td><td>168,125</td><td>169,047</td><td>–</td></tr>
<tr><td>독일</td><td>69,317</td><td>73,737</td><td>84,148</td><td>97,457</td><td>92,552</td><td>92,490</td></tr>
<tr><td>영국</td><td>39,421</td><td>42,693</td><td>50,016</td><td>47,138</td><td>40,291</td><td>39,924</td></tr>
<tr><td>미국</td><td>325,936</td><td>350,923</td><td>377,594</td><td>403,668</td><td>401,576</td><td>–</td></tr>
</table>

보기

ㄱ. 2022년에 연구개발비가 전년 대비 감소한 곳은 4개국이다.

ㄴ. 2022년 연구개발비의 2018년 대비 증가율이 가장 높은 곳은 중국이고, 가장 낮은 곳은 일본이다.

ㄷ. 2020년 한국 연구개발비의 전년 대비 증가율은 독일보다 높고, 중국보다 낮다.

① ㄱ

② ㄴ

③ ㄱ, ㄷ

④ ㄴ, ㄷ

⑤ ㄱ, ㄴ, ㄷ

01   다음은 지역별 마약류 단속에 대한 자료이다. 이에 대한 설명으로 옳은 것은?

<지역별 마약류 단속 건수>

(단위 : 건, %)

지역＼마약류	대마	마약	향정신성의약품	합계	비중
서울	49	18	323	390	22.1
인천·경기	55	24	552	631	35.8
부산	6	6	166	178	10.1
울산·경남	13	4	129	146	8.3
대구·경북	8	1	138	147	8.3
대전·충남	20	4	101	125	7.1
강원	13	0	35	48	2.7
전북	1	4	25	30	1.7
광주·전남	2	4	38	44	2.5
충북	0	0	21	21	1.2
제주	0	0	4	4	0.2
전체	167	65	1,532	1,764	100.0

※ 수도권은 서울과 인천·경기를 합한 지역임
※ 마약류는 대마, 마약, 향정신성의약품으로만 구성됨

① 대마 단속 전체 건수는 마약 단속 전체 건수의 3배 이상이다.
② 수도권의 마약류 단속 건수는 마약류 단속 전체 건수의 50% 이상이다.
③ 마약 단속 건수가 없는 지역은 5곳이다.
④ 향정신성의약품 단속 건수는 대구·경북 지역이 광주·전남 지역의 4배 이상이다.
⑤ 강원 지역은 향정신성의약품 단속 건수가 대마 단속 건수의 3배 이상이다.

02 다음은 A지역의 2023년 주요 버섯의 도·소매가와 주요 버섯 소매가의 전년 동분기 대비 등락액에 대한 자료이다. 이에 대한 설명으로 옳은 것을 〈보기〉에서 모두 고르면?

〈2023년 주요 버섯의 도·소매가〉

(단위 : 원/kg)

버섯종류	구분	1분기	2분기	3분기	4분기
느타리	도매	5,779	6,752	7,505	7,088
	소매	9,393	9,237	10,007	10,027
새송이	도매	4,235	4,201	4,231	4,423
	소매	5,233	5,267	5,357	5,363
팽이	도매	1,886	1,727	1,798	2,116
	소매	3,136	3,080	3,080	3,516

〈2023년 주요 버섯 소매가의 전년 동분기 대비 등락액〉

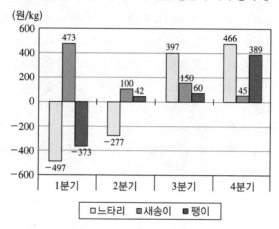

보기

ㄱ. 2023년 매분기 '느타리' 1kg의 도매가는 '팽이' 3kg의 도매가보다 높다.
ㄴ. 2022년 매분기 '팽이'의 소매가는 3,000원/kg 이상이다.
ㄷ. 2023년 1분기 '새송이'의 소매가는 2022년 4분기에 비해 상승했다.
ㄹ. 2023년 매분기 '느타리'의 소매가는 도매가의 1.5배 미만이다.

① ㄱ, ㄴ
② ㄱ, ㄷ
③ ㄴ, ㄷ
④ ㄴ, ㄹ
⑤ ㄷ, ㄹ

03 다음은 인터넷 공유활동 참여 현황을 정리한 자료이다. 이를 바르게 이해하지 못한 사람은?

〈인터넷 공유활동 참여율(복수응답)〉

(단위 : %)

구분		커뮤니티 이용	퍼나르기	블로그 운영	댓글달기	UCC 게시
성별	남성	79.1	64.1	49.9	52.2	46.1
	여성	76.4	59.6	55.1	38.4	40.1
연령대별	10대	75.1	63.9	54.7	44.3	51.3
	20대	88.8	74.4	76.3	47.3	54.4
	30대	77.3	58.5	46.3	44.0	37.5
	40대	66.0	48.6	27.0	48.2	29.6

※ 성별, 연령대별 조사인원은 동일함

① A사원 : 자료에 의하면 20대가 다른 연령대에 비해 인터넷상에서 공유활동을 활발히 참여하고 있네요.

② B주임 : 대체로 남성이 여성에 비해 상대적으로 활발한 활동을 하고 있는 것 같아요. 그런데 블로그 운영 활동은 여성이 더 많네요.

③ C대리 : 남녀 간의 참여율 격차가 가장 큰 영역은 댓글달기이네요. 반면에 커뮤니티 이용은 남녀 간의 참여율 격차가 가장 적네요.

④ D사원 : 10대와 30대의 공유활동 참여율을 높은 순서대로 나열하면 재미있게도 두 연령대의 활동 순위가 동일하네요.

⑤ E사원 : 40대는 대부분의 공유활동에서 모든 연령대의 참여율보다 낮지만, 댓글달기에서는 가장 높은 참여율을 보이고 있네요.

04 다음은 재화 수출액 및 수입액, 무역수지와 무역특화지수에 대한 자료이다. 이에 대한 설명으로 옳은 것을 〈보기〉에서 모두 고르면?(단, 소수점 셋째 자리에서 반올림한다)

〈한국·중국·일본의 재화 수출액 및 수입액〉

(단위 : 억 달러)

연도	국가 수출입액 재화	한국		중국		일본	
		수출액	수입액	수출액	수입액	수출액	수입액
2003년	원자재	578	832	741	1,122	905	1,707
	소비재	117	104	796	138	305	847
	자본재	1,028	668	955	991	3,583	1,243
2023년	원자재	2,015	3,232	5,954	9,172	2,089	4,760
	소비재	138	375	4,083	2,119	521	1,362
	자본재	3,444	1,549	12,054	8,209	4,541	2,209

〈용어 정의〉

- (무역수지)=(수출액)−(수입액)

  ※ 무역수지의 값이 양(＋)이면 흑자, 음(−)이면 적자이다.

- $(무역특화지수)=\dfrac{(수출액)-(수입액)}{(수출액)+(수입액)}$

  ※ 무역특화지수의 값이 클수록 수출경쟁력이 높다.

보기

ㄱ. 2023년 한국, 중국, 일본 각각에서 원자재 무역수지는 적자이다.

ㄴ. 2023년 한국의 원자재, 소비재, 자본재 수출액은 2003년에 비해 각각 50% 이상 증가하였다.

ㄷ. 2023년 자본재 수출경쟁력은 일본이 한국보다 높다.

① ㄱ
② ㄴ
③ ㄱ, ㄴ
④ ㄱ, ㄷ
⑤ ㄴ, ㄷ

05 다음은 국가 A ~ D의 정부신뢰에 대한 자료이다. 〈조건〉을 토대로 A ~ D에 해당하는 국가를 바르게 연결한 것은?

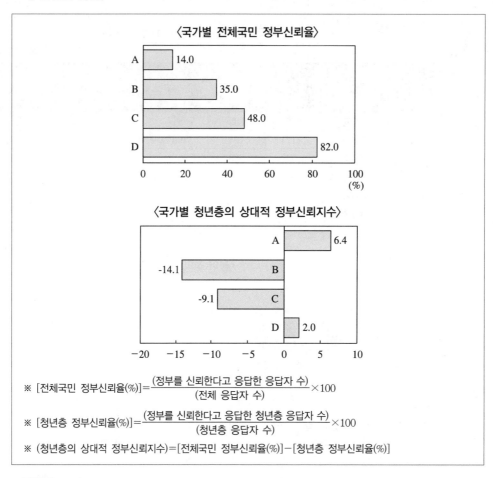

〈국가별 전체국민 정부신뢰율〉

〈국가별 청년층의 상대적 정부신뢰지수〉

※ [전체국민 정부신뢰율(%)]=$\dfrac{(정부를\ 신뢰한다고\ 응답한\ 응답자\ 수)}{(전체\ 응답자\ 수)}\times100$

※ [청년층 정부신뢰율(%)]=$\dfrac{(정부를\ 신뢰한다고\ 응답한\ 청년층\ 응답자\ 수)}{(청년층\ 응답자\ 수)}\times100$

※ (청년층의 상대적 정부신뢰지수)=[전체국민 정부신뢰율(%)]-[청년층 정부신뢰율(%)]

조건
• 청년층 정부신뢰율은 스위스가 그리스의 10배 이상이다.
• 영국과 미국에서는 청년층 정부신뢰율이 전체국민 정부신뢰율보다 높다.
• 청년층 정부신뢰율은 미국이 스위스보다 30%p 이상 낮다.

	A	B	C	D
①	그리스	영국	미국	스위스
②	스위스	영국	미국	그리스
③	스위스	미국	영국	그리스
④	그리스	미국	영국	스위스
⑤	영국	그리스	미국	스위스

04 | 심화문제

01 다음은 비만도 측정에 관한 자료와 3명의 학생의 신체조건이다. 이에 대한 설명으로 옳지 않은 것은?(단, 비만도는 소수점 첫째 자리에서 반올림한다)

<비만도 측정법>

- (표준체중)$=[(신장)-100]\times0.9$
- (비만도)$=\dfrac{(현재\ 체중)}{(표준\ 체중)}\times100$

<비만도 구분>

구분	조건
저체중	90% 미만
정상체중	90% 이상 110% 이하
과체중	110% 초과 120% 이하
경도비만	120% 초과 130% 이하
중등도비만	130% 초과 150% 이하
고도비만	150% 이상 180% 이하
초고도비만	180% 초과

<신체조건>

- 혜지 : 키 158cm, 몸무게 58kg
- 기원 : 키 182cm, 몸무게 71kg
- 용준 : 키 175cm, 몸무게 96kg

① 혜지의 표준체중은 52.2kg이며 기원이의 표준체중은 73.8kg이다.

② 기원이가 과체중이 되기 위해선 5kg 이상 체중이 증가해야 한다.

③ 3명의 학생 중 정상체중인 학생은 기원이뿐이다.

④ 용준이가 약 22kg 이상 체중을 감량하면 정상체중 범주에 포함된다.

⑤ 혜지의 현재 체중과 표준 체중의 비만도 차이에 4배를 한 값은 용준이의 현재 체중과 표준 체중의 비만도 차이 값보다 더 크다.

다음은 어느 학원의 A ~ E강사의 시급과 수강생 만족도에 대한 자료이다. 이에 대한 설명으로 옳은 것은?

<강사의 시급 및 수강생 만족도>

(단위 : 원, 점)

구분	2022년		2023년	
	시급	수강생 만족도	시급	수강생 만족도
A강사	50,000	4.6	55,000	4.1
B강사	45,000	3.5	45,000	4.2
C강사	52,000	( )	54,600	4.8
D강사	54,000	4.9	59,400	4.4
E강사	48,000	3.2	( )	3.5

<수강생 만족도 점수별 시급 인상률>

수강생 만족도	인상률
4.5점 이상	10% 인상
4.0점 이상 4.5점 미만	5% 인상
3.0점 이상 4.0점 미만	동결
3.0점 미만	5% 인하

※ 다음 연도 시급의 인상률은 당해 연도 시급 대비 당해 연도 수강생 만족도에 따라 결정된다.
※ 강사가 받을 수 있는 시급은 최대 60,000원이다.

① E강사의 2023년 시급은 45,600원이다.
② 2024년 시급은 D강사가 C강사보다 높다.
③ 2023년과 2024년 시급 차이가 가장 큰 강사는 C이다.
④ C강사의 2023년 수강생 만족도 점수는 4.5점 이상이다.
⑤ 2024년 A강사와 B강사의 시급 차이는 10,000원이다.

03 다음은 통신사별 스마트폰 소매가격 및 평가점수 자료이다. 이에 대한 설명으로 옳은 것을 〈보기〉에서 모두 고르면?

〈통신사별 스마트폰의 소매가격 및 평가점수〉

(단위 : 달러, 점)

통신사	스마트폰	소매가격	평가항목					종합품질점수
			화질	내비게이션	멀티미디어	배터리수명	통화성능	
갑	A	150	3	3	3	3	1	13
	B	200	2	2	3	1	2	( )
	C	200	3	3	3	1	1	( )
을	D	180	3	3	3	2	1	( )
	E	100	2	3	3	2	1	11
	F	70	2	1	3	2	1	( )
병	G	200	3	3	3	2	2	( )
	H	50	3	2	3	2	1	( )
	I	150	3	2	2	3	2	12

※ 스마트폰의 종합품질점수는 해당 스마트폰의 평가항목별 평가점수의 합이다.

보기

ㄱ. 소매가격이 200달러인 스마트폰 중 종합품질점수가 가장 높은 스마트폰은 C이다.

ㄴ. 소매가격이 가장 낮은 스마트폰은 종합품질점수도 가장 낮다.

ㄷ. 통신사 각각에 대해서 해당 통신사 스마트폰의 통화성능 평가점수의 평균을 계산하여 통신사별로 비교하면 병이 가장 높다.

ㄹ. 평가항목 각각에 대해서 스마트폰 A ~ I 평가점수의 합을 계산하여 평가항목별로 비교하면 멀티미디어가 가장 높다.

① ㄱ

② ㄷ

③ ㄱ, ㄴ

④ ㄴ, ㄹ

⑤ ㄷ, ㄹ

04 다음은 미국이 환율조작국을 지정하기 위해 만든 요건별 판단기준과 A ~ K국에 대한 자료이다. 이에 대한 설명으로 옳은 것을 〈보기〉에서 모두 고르면?

〈요건별 판단기준〉

요건	X	Y	Z
	현저한 대미무역수지 흑자	상당한 경상수지 흑자	지속적 환율시장 개입
판단기준	대미무역수지 200억 달러 초과	GDP 대비 경상수지 비중 3% 초과	GDP 대비 외화자산순매수액 비중 2% 초과

※ 요건 중 세 가지를 모두 충족하면 환율조작국으로 지정된다.
※ 요건 중 두 가지만을 충족하면 관찰대상국으로 지정된다.

〈환율조작국 지정 관련 자료〉

(단위 : 10억 달러, %)

구분	대미무역수지	GDP 대비 경상수지 비중	GDP 대비 외화자산순매수액 비중
A	365.7	3.1	−3.9
B	74.2	8.5	0.0
C	68.6	3.3	2.1
D	58.4	−2.8	−1.8
E	28.3	7.7	0.2
F	27.8	2.2	1.1
G	23.2	−1.1	1.8
H	17.6	−0.2	0.2
I	14.9	−3.3	0.0
J	14.9	14.6	2.4
K	−4.3	−3.3	0.1

보기

㉠ 환율조작국으로 지정되는 국가는 없다.
㉡ B국은 X요건과 Y요건을 충족한다.
㉢ 관찰대상국으로 지정되는 국가는 모두 4곳이다.
㉣ X요건의 판단기준을 '대미무역수지 200억 달러 초과'에서 '대미무역수지 150억 달러 초과'로 변경하여도 관찰대상국 및 환율조작국으로 지정되는 국가들은 동일하다.

① ㉠, ㉡

② ㉠, ㉢

③ ㉡, ㉣

④ ㉢, ㉣

⑤ ㉡, ㉢, ㉣

05 다음은 K국의 자동차 매출에 대한 자료이다. 이에 대한 설명으로 옳은 것은?

〈2023년 10월 월매출액 상위 10개 자동차의 매출 현황〉

(단위 : 억 원, %)

자동차	순위	월매출액		
			시장점유율	전월 대비 증가율
A	1	1,139	34.3	60
B	2	1,097	33.0	40
C	3	285	8.6	50
D	4	196	5.9	50
E	5	154	4.6	40
F	6	149	4.5	20
G	7	138	4.2	50
H	8	40	1.2	30
I	9	30	0.9	150
J	10	27	0.8	40

※ (시장점유율)$=\dfrac{\text{(해당 자동차 월매출액)}}{\text{(전체 자동차 월매출 총액)}}\times100$

〈2023년 I자동차 누적매출액〉

(단위 : 억 원)

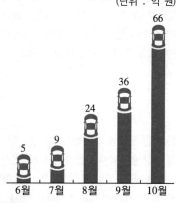

※ 월매출액은 해당 월 말에 집계된다.

① 2023년 9월 C자동차의 월매출액은 200억 원 이상이다.

② 2023년 10월 월매출액 상위 6개 자동차의 순위는 전월과 동일하다.

③ 2023년 6월부터 9월 중 I자동차의 월매출액이 가장 큰 달은 9월이다.

④ 2023년 10월 월매출액 상위 5개 자동차의 10월 월매출액 기준 시장점유율은 80% 미만이다.

⑤ 2023년 10월 K국의 전체 자동차 월매출 총액은 4,000억 원 미만이다.

문제해결능력

합격 Cheat Key

문제해결능력은 업무를 수행하면서 여러 가지 문제 상황이 발생하였을 때, 창의적이고 논리적인 사고를 통하여 이를 올바르게 인식하고 적절히 해결하는 능력으로, 하위 능력에는 사고력과 문제처리능력이 있다.

문제해결능력은 NCS 기반 채용을 진행하는 대다수의 공사·공단에서 채택하고 있으며, 다양한 자료와 함께 출제되는 경우가 많아 어렵게 느껴질 수 있다. 특히, 난이도가 높은 문제로 자주 출제되기 때문에 다른 영역보다 더 많은 노력이 필요할 수는 있지만 그렇기에 차별화를 할 수 있는 득점 영역이므로 포기하지 말고 꾸준하게 노력해야 한다.

1 질문의 의도를 정확하게 파악하라!

문제해결능력은 문제에서 무엇을 묻고 있는지 정확하게 파악하여 먼저 풀이 방향을 설정하는 것이 가장 효율적인 방법이다. 특히, 조건이 주어지고 답을 찾는 창의적·분석적인 문제가 주로 출제되고 있기 때문에 처음에 정확한 풀이 방향이 설정되지 않는다면 문제를 제대로 풀지 못하게 되므로 첫 번째로 출제 의도 파악에 집중해야 한다.

2 중요한 정보는 반드시 표시하라!

출제 의도를 정확히 파악하기 위해서는 문제의 중요한 정보를 반드시 표시하거나 메모하여 하나의 조건, 단서도 잊고 넘어가는 일이 없도록 해야 한다. 실제 시험에서는 시간의 압박과 긴장감으로 정보를 잘못 적용하거나 잊어버리는 실수가 많이 발생하므로 사전에 충분한 연습이 필요하다.

3 반복 풀이를 통해 취약 유형을 파악하라!

문제해결능력은 특히 시간관리가 중요한 영역이다. 따라서 정해진 시간 안에 고득점을 할 수 있는 효율적인 문제 풀이 방법을 찾아야 한다. 이때, 반복적인 문제 풀이를 통해 자신이 취약한 유형을 파악하는 것이 중요하다. 정확하게 풀 수 있는 문제부터 빠르게 풀고 취약한 유형은 나중에 푸는 효율적인 문제 풀이를 통해 최대한 고득점을 맞는 것이 중요하다.

01 | 모듈이론

01 문제해결능력의 의의

(1) 문제의 의의

① 문제와 문제점

문제	업무를 수행함에 있어서 답을 요구하는 질문이나 의논하여 해결해야 하는 사항
문제점	문제의 원인이 되는 사항으로 문제해결을 위해서 조치가 필요한 대상

난폭운전으로 전복사고가 일어난 경우는 '사고의 발생'이 문제이며, '난폭운전'은 문제점이다.

② 문제의 유형

　㉠ 기능에 따른 분류 : 제조 문제, 판매 문제, 자금 문제, 인사 문제, 경리 문제, 기술상 문제

　㉡ 시간에 따른 분류 : 과거 문제, 현재 문제, 미래 문제

　㉢ 해결방법에 따른 분류 : 논리적 문제, 창의적 문제

③ 문제의 분류

발생형 문제 (보이는 문제)	• 눈앞에 발생되어 해결하기 위해 고민하는 문제를 말하며, 원인지향적인 문제라고도 함 • 이탈 문제 : 어떤 기준을 이탈함으로써 생기는 문제 • 미달 문제 : 기준에 미달하여 생기는 문제
탐색형 문제 (보이지 않는 문제)	• 현재의 상황을 개선하거나 효율을 높이기 위한 문제를 말하며, 문제를 방치하면 뒤에 큰 손실이 따르거나 해결할 수 없게 되는 것 • 잠재 문제 : 문제가 잠재되어 인식하지 못하다가 결국 확대되어 해결이 어려운 문제 • 예측 문제 : 현재는 문제가 아니지만 계속해서 현재 상태로 진행될 경우를 가정하고 앞으로 일어날 수 있는 문제 • 발견 문제 : 현재는 문제가 없으나 좋은 제도나 기법, 기술을 발견하여 개선·향상시킬 수 있는 문제
설정형 문제 (미래의 문제)	• 장래의 경영전략을 통해 앞으로 어떻게 할 것인가 하는 문제 • 새로운 목표를 설정함에 따라 일어나는 문제로, 목표 지향적 문제라고도 함 • 많은 창조적인 노력이 요구되므로 창조적 문제라고도 함

(2) 문제해결의 의의

① 문제해결이란?

목표와 현상을 분석하고, 이 분석 결과를 토대로 과제를 도출하여 최적의 해결책을 찾아 실행·평가해가는 활동을 말한다.

② 문제해결의 장애요소

- 문제를 철저하게 분석하지 않는 것
- 고정관념에 얽매이는 것
- 쉽게 떠오르는 단순한 정보에 의지하는 것
- 너무 많은 자료를 수집하려고 노력하는 것

③ 문제해결에 필요한 기본적 사고

㉠ 전략적 사고

현재 당면하고 있는 문제와 해결방법에만 집착하지 말고, 그 문제와 해결방안이 상위 시스템과 어떻게 연결되어 있는지를 생각하는 것이 필요하다.

㉡ 분석적 사고

전체를 각각의 요소로 나누어 그 요소의 의미를 도출한 다음 우선순위를 부여하고, 구체적인 문제해결방법을 실행하는 것이 요구된다.

종류	요구되는 사고
성과 지향의 문제	기대하는 결과를 명시하고 효과적으로 달성하는 방법을 사전에 구상하고 실행에 옮길 것
가설 지향의 문제	현상 및 원인분석 전에 지식과 경험을 바탕으로 일의 과정이나 결과·결론을 가정한 다음 검증 후 사실일 경우 다음 단계의 일을 수행할 것
사실 지향의 문제	일상 업무에서 일어나는 상식·편견을 타파하여 객관적 사실로부터 사고와 행동을 시작할 것

㉢ 발상의 전환

기존에 가지고 있는 사물과 세상을 바라보는 인식의 틀을 전환하여 새로운 관점에서 바로 보는 사고를 지향하는 것이 필요하다.

㉣ 내·외부자원의 효과적 활용

기술, 재료, 방법, 사람 등 필요한 자원 확보 계획을 수립하고, 내·외부자원을 효과적으로 활용하도록 해야 한다.

(3) 제3자를 통한 문제해결

종류	내용
소프트 어프로치	• 대부분의 기업에서 볼 수 있는 전형적인 스타일 • 조직 구성원들이 같은 문화적 토양을 가짐 • 직접적인 표현보다는 암시를 통한 의사전달 • 결론이 애매하게 산출되는 경우가 적지 않음 • 제3자 : 결론을 미리 그려 가면서 권위나 공감에 의지함
하드 어프로치	• 조직 구성원들이 상이한 문화적 토양을 가짐 • 직설적인 주장을 통한 논쟁과 협상 • 논리, 즉 사실과 원칙에 근거한 토론 • 이론적으로는 가장 합리적인 방법 • 제3자 : 지도와 설득을 통해 전원이 합의하는 일치점 추구 • 창조적인 아이디어나 높은 만족감을 이끌어내기 어려움
퍼실리테이션	• 그룹의 지향점을 알려주고, 공감을 이룰 수 있도록 도와주는 것 • 창조적인 해결방안 도출, 구성원의 동기와 팀워크 강화 • 퍼실리테이터의 줄거리대로 결론이 도출되어서는 안됨 • 제3자 : 깊이 있는 커뮤니케이션을 통해 창조적인 문제해결 도모

(4) 퍼실리테이션

① 퍼실리테이션을 통해 배양되는 능력

- 객관적으로 사물을 보는 능력
- 다른 사람의 견해를 편견 없이 들을 수 있는 청취 능력
- 다양한 관점에서 사물을 볼 수 있는 관찰력
- 현상에 대한 분석력
- 인간관계 능력
- 논리적인 사고 능력

② 퍼실리테이션에 필요한 기본 역량

- 문제의 탐색과 발견
- 문제해결을 위한 구성원 간의 커뮤니케이션 조정
- 합의를 도출하기 위한 구성원들 사이의 갈등 관리

OX 문제

01 문제란 해결하기를 원하지만 실제로 해결해야 하는 방법을 모르고 있는 상태를 말한다. [　]

02 발생형 문제란 현재의 상황을 개선하거나 효율을 높이기 위한 문제를 말한다. [　]

03 앞으로 어떻게 할 것인가에 대한 문제는 설정형 문제라고 한다. [　]

04 현상 및 원인분석 전에 일의 과정이나 결론을 가정한 후 일을 수행하는 것은 가설 지향의 문제에 해당한다. [　]

05 객관적 사실로부터 사고와 행동을 시작하는 것은 성과 지향의 문제에 해당한다. [　]

---

01 [O]

02 [×] 탐색형 문제에 대한 설명이다. 발생형 문제란 현재 직면하여 해결하기 위해 고민하는 문제를 말한다.

03 [O]

04 [O]

05 [×] 사실 지향의 문제에 대한 설명이다. 성과 지향의 문제에는 기대하는 결과를 명시하고 효과적으로 달성하는 방법을 사전에 구상하는 것이 해당한다.

(1) 창의적 사고와 브레인스토밍

① 창의적 사고란?

당면한 문제를 해결하기 위해 경험적 지식을 해체하여 새로운 아이디어를 다시 도출하는 것으로, 개인이 가지고 있는 경험과 지식을 통해 참신한 아이디어를 산출하는 힘이다.

② 창의적 사고의 특징

- 발전적(확산적) 사고
- 새롭고 유용한 아이디어를 생산해 내는 정신적인 과정
- 기발하거나, 신기하며 독창적인 것
- 유용하고 적절하며, 가치가 있는 것
- 기존의 정보들을 새롭게 조합시킨 것

③ 브레인스토밍

미국의 알렉스 오즈번이 고안한 그룹발산기법으로, 창의적인 사고를 위한 발산방법 중 가장 흔히 사용되는 방법이다. 집단의 효과를 살려서 아이디어의 연쇄반응을 일으켜 자유분방한 아이디어를 내고자 하는 것이다.

④ 브레인스토밍 진행 방법

- 주제를 구체적이고 명확하게 정한다.
- 구성원의 얼굴을 볼 수 있는 좌석 배치와 큰 용지를 준비한다.
- 구성원들의 다양한 의견을 도출할 수 있는 사람을 리더로 선출한다.
- 구성원은 다양한 분야의 사람들로 5~8명 정도로 구성한다.
- 발언은 누구나 자유롭게 할 수 있도록 하며, 모든 발언 내용을 기록한다.
- 아이디어에 대해 비판해서는 안 된다.

(2) 창의적 사고의 개발 방법

① 자유 연상법 – 생각나는 대로 자유롭게 발상 – 브레인스토밍

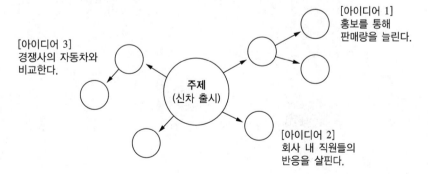

② 강제 연상법 - 각종 힌트와 강제적으로 연결지어서 발상 - 체크리스트

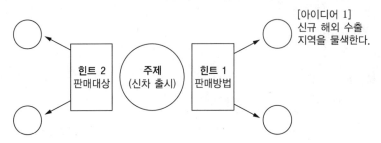

③ 비교 발상법 - 주제의 본질과 닮은 것을 힌트로 발상 - NM법, Synetics

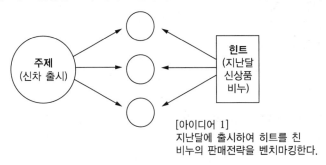

(3) 논리적 사고의 의의

① 논리적 사고란?

> • 사고의 전개에 있어서 전후의 관계가 일치하고 있는가를 살피고, 아이디어를 평가하는 능력을 말한다.
> • 업무 수행 중에 자신이 만든 계획이나 주장을 주위 사람에게 이해시켜 실현시키기 위해서는 체계적인 설득 과정을 거쳐야 하는데, 이때 필요로 하는 것이 논리적 사고이다.

② 논리적 사고의 5요소

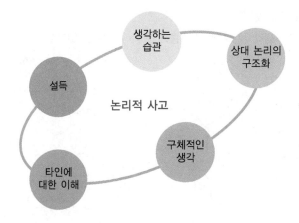

③ 논리적 사고를 개발하기 위한 방법
  ㉠ 피라미드 기법
    보조 메시지들을 통해 주요 메인 메시지를 얻고, 다시 메인 메시지를 종합한 최종적인 정보를
    도출해 내는 방법이다.

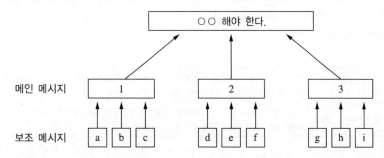

  ㉡ So What 기법
    "그래서 무엇이지?" 하고 자문자답하는 의미로 눈앞에 있는 정보로부터 의미를 찾아내어 가치
    있는 정보를 이끌어 내는 사고이다. "So what?"은 단어나 체언만으로 표현하는 것이 아니라 주
    어와 술어가 있는 글로 표현함으로써 "어떻게 될 것인가?", "어떻게 해야 한다."라는 내용이 포함
    되어야 한다.

[상황]

ㄱ. 우리 회사의 자동차 판매대수가 사상 처음으로 전년 대비 마이너스를 기록했다.

ㄴ. 우리나라의 자동차 업계 전체는 일제히 적자 결산을 발표했다.

ㄷ. 주식 시장은 몇 주간 조금씩 하락하는 상황에 있다.

[So What?을 사용한 논리적 사고의 예]

a. 자동차 판매의 부진

b. 자동차 산업의 미래

c. 자동차 산업과 주식시장의 상황

d. 자동차 관련 기업의 주식을 사서는 안 된다.

e. 지금이야말로 자동차 관련 기업의 주식을 사야 한다.

[해설]

a. 상황 ㄱ만 고려하고 있으므로 So What의 사고에 해당하지 않는다.

b. 상황 ㄷ을 고려하지 못하고 있으므로 So What의 사고에 해당하지 않는다.

c. 상황 ㄱ ~ ㄷ을 모두 고려하고는 있으나 자동차 산업과 주식시장이 어떻게 된다는 것을 알
   수 없으므로 So What의 사고에 해당하지 않는다.

d · e. "주식을 사지 마라(사라)."는 메시지를 주고 있으므로 So What의 사고에 해당한다.

---

(4) 비판적 사고

① 비판적 사고

어떤 주제나 주장 등에 대해서 적극적으로 분석하고 종합하며 평가하는 능동적인 사고를 말한다. 이는 문제의 핵심을 중요한 대상으로 하며, 지식과 정보를 바탕으로 한 합당한 근거에 기초를 두고 현상을 분석하여 평가하는 사고이다.

② 비판적 사고에 필요한 요소

종류	내용
문제의식	문제의식을 가지고 있다면 주변의 사소한 일에서도 정보를 수집할 수 있으며, 이러한 정보를 통해서 새로운 아이디어를 끊임없이 생산해 낼 수 있다.
고정관념의 타파	고정관념은 사물을 보는 시각에 영향을 주며, 일방적인 평가를 내리기 쉽게 한다. 따라서 지각의 폭을 넓히기 위해 고정관념을 타파해야 한다.

OX 문제

01 창의적 사고란 기존의 정보를 객관적으로 분석하는 것을 말한다. [ ]

02 자유 연상법은 생각나는 대로 자유롭게 발상하는 방법으로, 체크리스트가 대표적인 방법이다. [ ]

03 비교 발상법은 주제의 본질과 닮은 것을 힌트로 발상해 내는 것으로, NM법이나 Synetics가 대표적이다. [ ]

04 논리적인 사고의 구성요소에서 자신의 사상을 강요하지 않고 자신이 함께 일을 진행하는 상대와 의논해 나가는 가운데, 자신이 깨닫지 못했던 새로운 가치를 발견하고 생각해 낼 수 있는 과정은 설득에 해당한다. [ ]

05 비판적 사고를 방해하는 것으로서, 사물을 바라보는 편협적인 시각을 의미하는 것을 고정관념이라고 한다. [ ]

---

01 [×] 기존의 정보를 객관적으로 분석하는 일은 논리적 사고 혹은 비판적 사고의 개념이다.

02 [×] 자유 연상법의 대표적인 방법은 브레인스토밍이며, 체크리스트는 강제 연상법의 대표적인 방법이다.

03 [O]

04 [O]

05 [O]

(1) 문제 인식의 절차

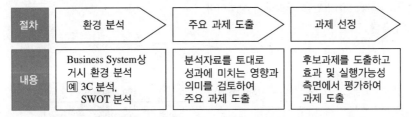

절차	환경 분석	주요 과제 도출	과제 선정
내용	Business System상 거시 환경 분석 예 3C 분석, SWOT 분석	분석자료를 토대로 성과에 미치는 영향과 의미를 검토하여 주요 과제 도출	후보과제를 도출하고 효과 및 실행가능성 측면에서 평가하여 과제 도출

① 환경 분석(3C 분석)

사업환경을 구성하고 있는 요소인 자사, 경쟁사, 고객을 3C라고 하며, 3C에 대한 체계적인 분석을 통해서 환경 분석을 수행할 수 있다.

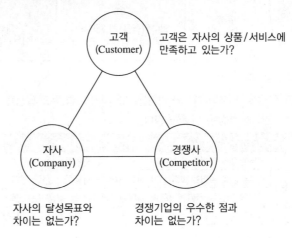

② 주요 과제 도출

과제안을 작성할 때는 과제들 간의 수준은 동일한지, 표현은 구체적인지, 주어진 기간 내에 해결가능한 안인지를 확인해야 한다.

③ 과제 선정

과제안 중 효과 및 실행 가능성 측면을 평가하여 우선순위를 부여한 후 우선순위가 높은 안을 선정하며, 우선순위 평가시에는 과제의 목표, 자원현황 등을 종합적으로 고려하여 평가한다.

(2) SWOT 분석

① SWOT 분석의 의의
기업내부의 강점·약점과 외부환경의 기회·위협요인을 분석 및 평가하며, 이들을 서로 연관지어 전략을 개발하고 문제해결 방안을 개발하는 방법이다.

② SWOT 분석의 흐름

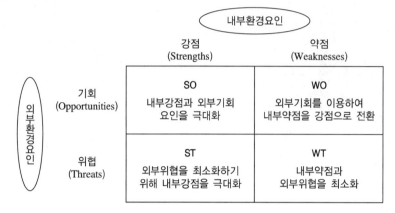

③ SWOT 전략 수립 방법
내부의 강점과 약점을, 외부의 기회와 위협을 대응시켜 기업 목표 달성을 위한 SWOT 분석을 바탕으로 구축한 발전전략의 특성은 다음과 같다.

종류	내용
SO전략	외부환경의 기회를 활용하기 위해 강점을 사용하는 전략 선택
ST전략	외부환경의 위협을 회피하기 위해 강점을 사용하는 전략 선택
WO전략	자신의 약점을 극복함으로써 외부환경의 기회를 활용하는 전략 선택
WT전략	외부환경의 위협을 회피하고 자신의 약점을 최소화하는 전략 선택

④ SWOT 분석의 구체적인 방법

종류	내용
외부환경 분석	• 좋은 쪽으로 작용하는 것은 기회, 나쁜 쪽은 위협으로 분류 • 언론매체, 개인 정보망 등을 통하여 입수한 상식적인 세상의 변화 내용을 시작으로 당사자에게 미치는 영향을 순서대로 점차 구체화 • 인과관계가 있는 경우 화살표로 연결 • 동일한 데이터라도 자신에게 긍정적으로 전개되면 기회로, 부정적으로 전개되면 위협으로 구분 • 외부환경분석시에는 SCEPTIC 체크리스트를 활용 Social(사회), Competition(경쟁), Economic(경제), Politic(정치), Technology(기술), Information(정보), Client(고객)
내부환경 분석	• 경쟁자와 비교하여 나의 강점과 약점을 분석 • 강점과 약점의 내용 : 보유하거나 동원 가능하거나 활용 가능한 자원 • 내부환경 분석에는 MMMITI 체크리스트를 활용 Man(사람), Material(물자), Money(돈), Information(정보), Time(시간), Image(이미지)

(3) 표적집단면접(Focus Group Interview)

① 표적집단면접의 의미

6 ~ 8인으로 구성된 그룹에서 특정 주제에 대해 논의하는 과정으로, 숙련된 사회자의 컨트롤 기술에 의해 집단의 이점을 십분 활용하여 구성원들의 의견을 도출하는 방법이다.

② 표적집단면접 진행 절차

절차	조사 목적 수립	대상자 분석	그룹 수 결정	대상자 리쿠르트	가이드라인 작성
내용	확보해야 하는 정보는?	정보 획득 대상의 특징은?	정보를 획득하는 가장 적절한 그룹 수는?	대상자를 어떻게 선발할 것인가?	일반적인 주제에서 심층적인 주제로 작성

③ 표적집단면접 시 주의사항

- 인터뷰 종료 후 전체 내용에 대한 합의를 한다.
- 가이드라인에 따라 내용을 열거하고, 열거된 내용의 상호 관련을 생각하면서 결론을 얻어 나간다.
- 가능한 그룹으로 분석 작업을 진행한다.
- 동의 혹은 반대의 경우 합의 정도와 강도를 중시한다.
- 조사의 목적에 따라 결론을 이끌 수 있도록 한다.
- 앞뒤에 흩어져 있는 정보들을 주제에 대한 연관성을 고려하여 수집한다.
- 확실한 판정이 가능한 것은 판정을 하지만 그렇지 못한 경우는 판정을 내려서는 안 된다.

(4) 문제 도출

① 세부 절차

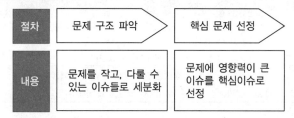

절차	문제 구조 파악	핵심 문제 선정
내용	문제를 작고, 다룰 수 있는 이슈들로 세분화	문제에 영향력이 큰 이슈를 핵심이슈로 선정

② 문제 구조 파악

㉠ 전체 문제를 개별화된 세부 문제로 쪼개는 과정으로 문제의 내용 및 미치고 있는 영향 등을 파악하여 문제의 구조를 도출해내는 것이다. 이를 위해서는 문제가 발생한 배경이나 문제를 일으키는 메커니즘을 분명히 해야 하며, 문제의 본질을 다면적으로 보아야 한다.

㉡ Logic Tree 방법

주요 과제를 나무모양으로 분해·정리하는 기술로서, 제한된 시간 동안 문제의 원인을 깊이 파고 든다든지, 해결책을 구체화할 때 유용하게 사용된다. 이를 위해서는 전체 과제를 명확히 해야 하며, 분해해가는 가지의 수준을 맞춰야 하고, 원인이 중복되거나 누락되지 않고 각각의 합이 전체를 포함해야 한다.

(5) 원인 분석

① 세부 절차

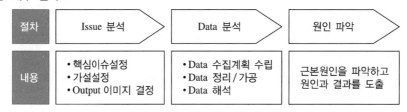

② Issue 분석

절차	내용
핵심이슈설정	업무에 가장 크게 영향을 미치는 문제로 선정하며, 사내·외 고객 인터뷰 등을 활용한다.
가설설정	이슈에 대해 자신의 직관, 경험 등에 의존하여 일시적인 결론을 예측하는 것이며, 설정된 가설은 관련자료 등을 통해 검증할 수 있어야 하며, 논리적이며 객관적이어야 한다.
Output 이미지 결정	가설검증 계획에 의거하여 분석결과를 미리 이미지화하는 것이다.

③ Data 분석

절차	내용
Data 수집계획 수립	데이터 수집 시에는 목적에 따라 수집 범위를 정하고, 전체 자료의 일부인 표본을 추출하는 전통적인 통계학적 접근과 전체 데이터를 활용한 빅데이터 분석을 구분해야 한다. 이때, 객관적인 사실을 수집해야 하며 자료의 출처를 명확히 밝힐 수 있어야 한다.
Data 정리 / 가공	데이터 수집 후에는 목적에 따라 수집된 정보를 항목별로 분류·정리해야 한다.
Data 해석	정리된 데이터는 "What", "Why", "How" 측면에서 의미를 해석해야 한다.

④ 원인 파악

절차	내용
단순한 인과관계	원인과 결과를 분명하게 구분할 수 있는 경우로, 어떤 원인이 앞에 있어 여기에서 결과가 생기는 인과관계를 의미한다.
닭과 계란의 인과관계	원인과 결과를 구분하기가 어려운 경우로, 브랜드의 향상이 매출확대로 이어지고, 매출확대가 다시 브랜드의 인지도 향상으로 이어지는 경우가 이에 해당한다.
복잡한 인과관계	단순한 인과관계와 닭과 계란의 인과관계의 유형이 복잡하게 서로 얽혀 있는 경우로, 대부분의 경영상 과제가 이에 해당한다.

(6) 해결안 개발

① 세부 절차

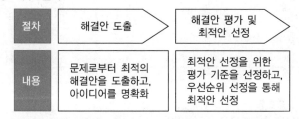

② 해결안 도출 과정

- 근본원인으로 열거된 내용을 어떠한 방법으로 제거할 것인지를 명확히 한다.
- 독창적이고 혁신적인 방안을 도출한다.
- 전체적인 관점에서 보아 해결의 방향과 방법이 같은 것을 그룹으로 묶는다.
- 최종 해결안을 정리한다.

③ 해결안 평가 및 최적안 선정

문제(What), 원인(Why), 방법(How)을 고려해서 해결안을 평가하여 가장 효과적인 해결안을 선정해야 하며, 중요도와 실현가능성 등을 고려해서 종합적인 평가를 내리고 채택 여부를 결정하는 과정이다.

④ 해결안 개발의 예시

해결안	중요도		실현 가능성			종합평가	채택 여부
	고객만족도	문제해결	개발기간	개발능력	적용 가능성		
해결안 1							
해결안 2							
해결안 3							
해결안 4							

(7) 실행 및 후속조치

① 세부 절차

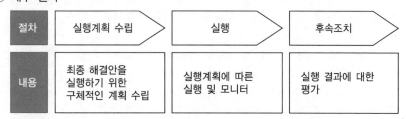

② 실행계획 수립

세부 실행내용의 난이도를 고려하여 가급적 구체적으로 세우는 것이 좋으며, 각 해결안별 실행계획서를 작성함으로써 실행의 목적과 과정별 진행내용을 일목요연하게 파악하도록 하는 것이 필요하다.

③ 실행 및 후속조치
    ㉠ 파일럿 테스트를 통해 문제점을 발견하고, 해결안을 보완한 후 대상 범위를 넓혀서 전면적으로
       실시해야 한다. 그리고 실행상의 문제점 및 장애요인을 신속히 해결하기 위해서 모니터링 체제를
       구축하는 것이 바람직하다.
    ㉡ 모니터링 시 고려 사항

    - 바람직한 상태가 달성되었는가?
    - 문제가 재발하지 않을 것을 확신할 수 있는가?
    - 사전에 목표한 기간 및 비용은 계획대로 지켜졌는가?
    - 혹시 또 다른 문제를 발생시키지 않았는가?
    - 해결책이 주는 영향은 무엇인가?

OX 문제

01 전체 문제를 세부 문제로 쪼개는 과정을 통해 문제의 구조를 파악하는 방법을 Logic Tree 방법이라고
한다. [ ]

02 해결안을 평가하고 채택할 때 사용되는 실현 가능성의 평가 기준은 개발 기간, 고객 만족, 적용 가능성
등을 들 수 있다. [ ]

03 해결안 평가 및 최적안 선정은 문제(What), 원인(Why), 방법(How)을 고려해서 해결안을 평가하고,
가장 효과적인 해결안을 선정해야 한다. [ ]

04 실행계획을 수립할 때에는 실행상의 문제점을 해결하기 위한 모니터링 체제를 구축해야 한다. [ ]

05 문제해결 절차 중 선정된 문제를 분석하여 해결해야 할 것이 무엇인지를 명확히 하는 단계는 문제
도출 단계이다. [ ]

01 [O]
02 [×] 개발 기간, 개발 능력, 적용 가능성은 해결안이 실현 가능한지를 평가하는 기준인 반면, 고객 만족은
해결안의 평가 기준이지만 실현 가능성이 아니라 해결안이 적절한지에 대한 기준이다.
03 [O]
04 [×] 모니터링 체제의 구축은 실행 및 후속조치 단계에서 이루어지는 것이다.
05 [O]

02 │ 문제해결능력 맛보기

01 다음 글의 내용이 참일 때, 최종 선정되는 단체로 옳은 것은?

> K부는 우수 문화예술 단체 A~E 다섯 중 한 곳을 선정하여 지원하려 한다. 이번 선정 방침은 다음 두 가지다. 첫째, 어떤 형태로든 지원을 받고 있는 단체는 최종 후보가 될 수 없다. 둘째, 최종 선정 시 올림픽 관련 단체를 엔터테인먼트 사업(드라마, 영화, K-pop) 단체보다 우선한다.
> A단체는 자유무역협정을 체결한 갑국에 드라마 컨텐츠를 수출하고 있지만 올림픽과 관련된 사업은 하지 않는다. B는 올림픽의 개막식 행사를, C는 폐막식 행사를 각각 주관하는 단체다. E는 오랫동안 한국 음식문화를 세계에 보급해 온 단체다. A와 C 중 적어도 한 단체가 최종 후보가 되지 못한다면, 대신 B와 E 중 적어도 한 단체는 최종 후보가 된다. 반면 게임 개발로 각광을 받은 단체인 D가 최종 후보가 된다면, 한국과 자유무역협정을 체결한 국가와 교역을 하는 단체는 모두 최종 후보가 될 수 없다. 후보 단체들 중 가장 적은 부가가치를 창출한 단체는 최종 후보가 될 수 없고, 최종 선정은 최종 후보가 된 단체 중에서만 이루어진다. 올림픽의 개막식 행사를 주관하는 모든 단체는 이미 K부로부터 지원을 받고 있다. 그리고 위 문화예술 단체 가운데 한국 음식문화 보급과 관련된 단체의 부가가치 창출이 가장 저조하였다.

① A   ② B
③ C   ④ D
⑤ E

정답 ③

ⅰ) 먼저 주어진 조건만으로 소거되는 단체를 찾아보면, 어떤 형태로든 지원을 받고 있는 단체는 최종 후보가 될 수 없다는 점에서 B를 제거할 수 있으며, 부가가치 창출이 가장 적었던 E 역시 최종 후보가 될 수 없다.

ⅱ) 다음으로 제시된 조건을 정리해보면 [A(×) ∨ C(×)] → [B(○) ∨ E(○)]로 나타낼 수 있으며, 이를 대우로 변환하면 [B(×) ∧ E(×)] → [A(○)∧ C(○)]로 표시할 수 있다. 이 조건식과 앞서 B와 E가 모두 최종 후보가 될 수 없다는 것을 결합하면, 결국 A와 C가 최종 후보에 올라간다는 것을 알 수 있다.

ⅲ) 이제 D가 최종 후보가 될 경우 자유무역협정을 체결한 국가와 교역을 하는 단체는 모두 최종 후보가 될 수 없다는 두 번째 조건을 정리하면 [D(○) → A(×)]로 나타낼 수 있으며, 이를 대우로 변환하면 (A○ → D×)로 표시할 수 있다. 그런데 앞서 A는 최종 후보에 올라가는 것이 확정되어 있는 상태이기 때문에 D는 후보가 될 수 없다는 것을 알 수 있다.

결국 최종 후보는 A와 C만 남은 상황인데, 조건에서 올림픽 단체를 엔터테인먼트 사업단체보다 우선한다고 하였으므로 폐막식 행사를 주관하는 C가 최종 선정되게 된다.

풀이 전략!

거의 대부분의 논리문제는 대우명제를 결합하여 숨겨진 논리식을 찾는 수준을 벗어나지 않는다. 따라서 '~라면'이 포함된 조건식이 등장한다면 일단 대우명제로 바꾼 것을 같이 적어주는 것이 좋다. 조금 더 과감하게 정리한다면, 제시된 조건식은 그 자체로는 사용되지 않고 대우명제로만 사용되는 경우가 대부분이다.

02 다음 글에서 말하고 있는 문제해결방법인 퍼실리테이션에 대한 설명으로 가장 적절한 것은?

> A협회에서는 지난 달 1일 대한민국 퍼실리테이션 / 퍼실리테이터 협의회를 개최하였다. 퍼실리테이션이란 리더가 전권을 행사하는 기존의 조직과는 달리 그룹 구성원들이 심도 높은 의사소통 등 효과적인 기법과 절차에 따라 문제해결 과정에 적극적으로 참여하고 상호 작용을 촉진해 문제를 해결하고 목적을 달성하는 활동을 의미한다. 퍼실리테이터란 이러한 퍼실리테이션 활동을 능숙하게 해내는 사람 또는 퍼실리테이션을 수행하는 조직의 리더라고 정의할 수 있다. 이번 협의회에서는 4차 산업혁명의 기술을 활용한 디지털 혁신이 산업 생태계 및 공공 부분 등 사회 전반의 패러다임을 바꾸고 있는 상황에서, 퍼실리테이션의 중요성을 강조하는 자리를 마련하였다. 개최사를 맡은 한국대학교 최선아 교수는 지금까지의 조직변화와 사회변화를 위한 퍼실리테이션의 역할을 다시 한 번 생각하고, 시대 변화에 따른 역할과 기능을 탐색하는 노력을 통해 퍼실리테이션의 방향성을 제시하는 것이 필요하다고 언급하였다. 또한 퍼실리테이션을 통한 성공적인 문제해결 사례로 K기업의 워크숍 사례를 소개하였다. 이 워크숍에서는 미래 조직관점에서 퍼실리테이터의 역할과 요구, 조직 내 갈등 해결, 협력적 의사결정, 변화 촉진 등의 다양한 문제해결을 위한 내용이 포함되어 있다고 밝혔다.

① 문제해결방법의 종류인 소프트 어프로치와 하드 어프로치를 혼합한 방법이라 할 수 있다.

② 서로의 생각을 직설적으로 주장하고 논쟁이나 협상을 통해 서로의 의견을 조정해 가는 방법이다.

③ 주관적 관점에서 사물을 보는 관찰력과 추상적인 사고 능력으로 문제를 해결한다.

④ 직접적인 표현이 바람직하지 않다고 여기며, 무언가를 시사하거나 암시를 통하여 의사를 전달하고 서로를 이해하게 함으로써 문제해결을 도모한다.

⑤ 깊이 있는 커뮤니케이션을 통해 서로의 문제점을 이해하고 공감함으로써 창조적인 문제해결을 도모하여, 초기에 생각하지 못했던 창조적인 해결 방법이 도출된다.

정답 ⑤

퍼실리테이션(Facilitation)이란 '촉진'을 의미하며, 어떤 그룹이나 집단이 의사결정을 잘 하도록 도와주는 일을 의미한다. 깊이 있는 커뮤니케이션을 통해 서로의 문제점을 이해하고 공감함으로써, 초기에는 미처 생각하지 못했던 창조적인 문제해결 방법이 도출된다.

오답분석

② 하드 어프로치에 대한 설명이다. 하드 어프로치란 상이한 문화적 토양을 가지고 있는 구성원을 가정하여 서로의 생각을 직설적으로 주장하고 논쟁이나 협상을 통해 의견을 조정해 가는 방법이다. 이때 중심적 역할을 하는 것이 논리, 즉 사실과 원칙에 근거한 토론이다.

③ 퍼실리테이션의 효과에는 객관적으로 사물을 보는 관찰력, 논리적 사고 능력, 편견 없이 듣는 청취력, 원만한 인간관계 능력, 문제를 탐색 및 발견하는 능력, 자신의 변혁 추구 능력, 문제해결을 위한 구성원 간의 커뮤니케이션 조정 능력, 합의 도출을 위한 구성원 간의 갈등 관리능력 등이 있다.

④ 소프트 어프로치에 대한 설명이다. 소프트 어프로치란 조직 구성원들은 같은 문화적 토양을 가지고 이심전심으로 서로를 이해하는 상황을 가정한다.

풀이 전략!

퍼실리테이션에 관련된 문제가 자주 출제되고 있다. 특히 그 중에서도 중요한 것은 퍼실리테이터가 존재한다고 하더라도 구성원이 문제해결을 할 때는 자율적으로 실행하는 것이며, 제3자가 합의점이나 줄거리를 준비해 놓고 예정대로 결론이 도출되어 가도록 해서는 안 된다는 것이다. 따라서 구성원의 역할이 유동적이라고 볼 수 있으며, 반대로 전통적인 조직에서의 구성원의 역할은 고정적이라고 볼 수 있다.

03 | 대표유형 적중문제

정답 및 해설 p.065

|01| 모듈형

01 다음 사례에서 K사가 문제해결에 사용한 사고방식으로 가장 적절한 것은?

> 게임 업체인 K사는 2000년대 이후 지속적인 하락세를 보였으나, 최근 AR 기반의 모바일 게임을 통해 변신에 성공했다. K사는 대표이사가 한때 "모바일 게임 시장이 곧 사라질 것"이라고 말했을 정도로 기존에 강세를 보이던 분야인 휴대용 게임만을 고집했었다. 그러나 기존의 관점에서 벗어나 신기술인 AR에 주목했고, 그동안 홀대했던 모바일 게임 분야에 뛰어들었다. 오히려 변화를 자각하고 새로운 기술을 활용하자 좋은 결과가 따른 것이다.

① 전략적 사고
② 분석적 사고
③ 발상의 전환
④ 내·외부자원의 효과적 활용
⑤ 발산적 사고

02 문제해결절차의 실행 및 평가 단계가 다음과 같은 절차로 진행될 때, 실행계획 수립 단계에서 고려해야 할 사항으로 적절하지 않은 것은?

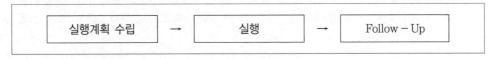

실행계획 수립 → 실행 → Follow – Up

① 인적자원, 물적자원, 예산자원, 시간자원을 고려하여 계획을 세운다.
② 세부 실행내용의 난이도를 고려하여 구체적으로 세운다.
③ 해결안별 구체적인 실행계획서를 작성한다.
④ 실행의 목적과 과정별 진행내용을 일목요연하게 파악할 수 있도록 작성한다.
⑤ 실행상의 문제점 및 장애요인을 신속하게 해결하기 위해 모니터링 체제를 구축한다.

03 다음 중 비판적 사고에 대해 잘못 설명하고 있는 것을 〈보기〉에서 모두 고르면?

> **보기**
>
> A : 비판적 사고의 목적은 주장의 단점을 명확히 파악하는 것이다.
> B : 맹목적이고 무원칙적인 사고는 비판적 사고라 할 수 없다.
> C : 비판적 사고를 하기 위해서는 감정을 철저히 배제한 중립적 입장에서 주장을 파악해야 한다.
> D : 비판적 사고는 타고난 것이므로 학습을 통한 배움에는 한계가 있다.
> E : 비판적 사고는 어떤 주장에 대해 적극적으로 분석하는 것이다.

① A, C
② A, D
③ C, D
④ C, E
⑤ D, E

04 다음 기사에 나타난 문제 유형에 대한 설명으로 가장 적절한 것은?

> 도색이 완전히 벗겨진 차선과 지워지기 직전의 흐릿한 차선이 서울 강남의 도로 여기저기서 발견되고 있다. 알고 보니 규격 미달의 불량 도료 때문이었다. 시공 능력이 없는 업체들이 서울시가 발주한 도색 공사를 따낸 뒤 브로커를 통해 전문 업체에 공사를 넘겼고, 이 과정에서 수수료를 떼인 전문 업체들이 손해를 만회하기 위해 값싼 도료를 사용한 것이다. 차선용 도료에 값싼 일반용 도료를 섞다 보니 야간에 차선이 잘 보이도록 하는 유리알이 제대로 붙어있지 못해 차선 마모는 더욱 심해졌다. 지난 4년간 서울 전역에서는 74건의 부실시공이 이뤄졌고, 총 공사 대금은 183억 원에 달하는 것으로 밝혀졌다.

① 발생형 문제로, 일탈 문제에 해당한다.
② 발생형 문제로, 미달 문제에 해당한다.
③ 탐색형 문제로, 잠재 문제에 해당한다.
④ 탐색형 문제로, 예측 문제에 해당한다.
⑤ 탐색형 문제로, 발견 문제에 해당한다.

※ 다음 글을 읽고 이어지는 질문에 답하시오. [5~6]

A기업 기획팀의 이현수 대리는 금일 오후 5시까지 전산시스템을 통해 제출해야 하는 사업계획서를 제출하지 못하였다. 이는 A기업이 정부로부터 지원금을 받을 수 있는 매우 중요한 사안으로, 이번 사건으로 A기업 전체에 비상이 걸렸다. 이현수 대리를 비롯하여 사업계획서와 관련된 담당자들은 금일 오후 4시 30분까지 제출 준비를 모두 마쳤으나, 회사 전산망 마비로 전산시스템 접속이 불가능해 사업계획서를 제출하지 못하였다. 이들은 정부 기관 측 담당자에게 사정을 설명하였으나, 담당자는 예외는 없다고 답변하였다. 이를 지켜본 강민호 부장은 '㉠ 이현수 대리는 기획팀을 대표하는 인재인데 이런 실수를 하다니 기획팀이 하는 업무는 모두 실수투성일 것이 분명할 것'이라고 말하였다.

05 다음 중 윗글에서 나타난 문제와 문제점을 바르게 연결한 것은?

	문제	문제점
①	사업계획서 제출 실패	정부 담당자 설득 실패
②	정부 담당자 설득 실패	사업계획서 제출 실패
③	사업계획서 제출 실패	전산망 마비
④	전산망 마비	사업계획서 제출 실패
⑤	전산망 마비	정부 담당자 설득 실패

06 다음 중 밑줄 친 ㉠에서 나타난 논리적 오류는?

① 권위나 인신공격에 의존한 논증

② 무지의 오류

③ 애매성의 오류

④ 연역법의 오류

⑤ 허수아비 공격의 오류

※ 다음 글을 읽고 이어지는 질문에 답하시오. [7~8]

당면한 문제를 해결하기 위해 개인이 가지고 있는 경험과 지식을 가치 있는 새로운 아이디어로 결합함으로써 참신한 아이디어를 산출하는 능력을 창의적 사고라고 한다.

이때, 창의적 사고를 기를 수 있는 방법 중 어떤 생각에서 다른 생각을 계속해서 떠올리는 작용을 통해 어떤 주제에서 생각나는 것을 계속해서 열거해 나가는 발산적 사고 방법을 _____이라고 한다.

예 브레인스토밍

07 다음 중 윗글의 빈칸에 들어갈 말로 가장 적절한 것은?

① 강제연상법　　　　　　② 비교발상법

③ 자유연상법　　　　　　④ 강제결합법

⑤ 자유발상법

08 다음 중 브레인스토밍의 진행 순서에 대한 설명으로 가장 적절한 것은?

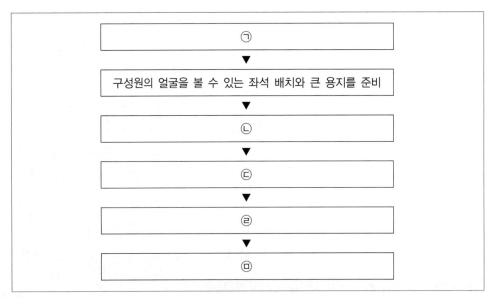

① ㉠ : 구성원들의 다양한 의견을 도출할 수 있는 리더 선출

② ㉡ : 주제를 구체적이고 명확하게 선정

③ ㉢ : 다양한 분야의 5~8명 정도의 사람으로 구성원 구성

④ ㉣ : 제시된 아이디어 비판 및 실현 가능한 아이디어 평가

⑤ ㉤ : 구성원들의 자유로운 발언 및 발언 내용 기록 후 구조화

09 다음 중 SWOT 분석에 대한 설명으로 적절하지 않은 것은?

⟨SWOT 분석⟩

강점, 약점, 기회, 위협요인을 분석·평가하고, 이들을 서로 연관 지어 전략을 개발하고 문제해결 방안을 개발하는 방법이다.

	강점 (Strengths)	약점 (Weaknesses)
기회 (Opportunities)	SO	WO
위협 (Threats)	ST	WT

---

① 강점과 약점은 외부환경요인에 해당하며, 기회와 위협은 내부환경요인에 해당한다.
② SO전략은 강점을 살려 기회를 포착하는 전략을 의미한다.
③ ST전략은 강점을 살려 위협을 회피하는 전략을 의미한다.
④ WO전략은 약점을 보완하여 기회를 포착하는 전략을 의미한다.
⑤ WT전략은 약점을 보완하여 위협을 회피하는 전략을 의미한다.

| 02 | 피둘형

01 월요일부터 일요일까지 4형제가 돌아가면서 어머니 병간호를 하기로 했다. 주어진 〈조건〉이 항상 참일 때, 다음 중 항상 옳지 않은 것은?

조건

- 첫째, 둘째, 셋째는 이틀씩, 넷째는 하루 병간호를 하기로 했다.
- 어머니가 혼자 계시도록 두는 날은 없다.
- 첫째는 화요일과 목요일에 병간호를 할 수 없다.
- 둘째는 평일에 하루, 주말에 하루 병간호를 하기로 했다.
- 셋째는 일요일과 평일에 병간호를 하기로 했다.
- 넷째는 수요일에 병간호를 하기로 했다.

① 첫째는 월요일과 금요일에 병간호를 한다.
② 넷째는 수요일에 하루만 병간호를 한다.
③ 셋째는 화요일과 일요일에 병간호를 한다.
④ 둘째는 화요일에 병간호를 할 수도, 하지 않을 수도 있다.
⑤ 둘째는 토요일과 평일에 하루 병간호를 한다.

02 P공사는 직원 A ~ E 중 일부를 지방으로 발령하기로 결정하였다. 다음 〈조건〉에 따라 A의 지방 발령이 결정되었다고 할 때, 지방으로 발령되지 않는 직원은 총 몇 명인가?

조건

- 공사는 B와 D의 지방 발령에 대하여 같은 결정을 한다.
- 공사는 C와 E의 지방 발령에 대하여 다른 결정을 한다.
- D를 지방으로 발령한다면, E는 지방으로 발령하지 않는다.
- E를 지방으로 발령하지 않는다면, A도 지방으로 발령하지 않는다.

① 1명   ② 2명
③ 3명   ④ 4명
⑤ 5명

03 K공사에 근무하는 A대리는 국내 자율주행자동차 산업에 대한 SWOT 분석 결과에 따라 국내 자율주행자동차 산업 발달을 위한 방안을 고안하는 중이다. A대리가 SWOT 분석에 의한 경영전략에 따라 판단하였다고 할 때, 다음 〈보기〉 중 SWOT 분석에 의한 경영전략에 맞춘 판단으로 적절하지 않은 것을 모두 고르면?

〈국내 자율주행자동차 산업에 대한 SWOT 분석 결과〉

구분	분석 결과
강점(Strength)	• 민간 자율주행기술 R&D 지원을 위한 대규모 예산 확보 • 국내외에서 우수한 평가를 받는 국내 자동차기업 존재
약점(Weakness)	• 국내 민간기업의 자율주행기술 투자 미비 • 기술적 안전성 확보 미비
기회(Opportunity)	• 국가의 지속적 자율주행자동차 R&D 지원법안 본회의 통과 • 완성도 있는 자율주행기술을 갖춘 외국 기업들의 등장
위협(Threat)	• 자율주행차에 대한 국민들의 심리적 거부감 • 자율주행차에 대한 국가의 과도한 규제

〈SWOT 분석에 의한 경영전략〉

• SO전략 : 기회를 이용해 강점을 활용하는 전략
• ST전략 : 강점을 활용하여 위협을 최소화하거나 극복하는 전략
• WO전략 : 기회를 활용하여 약점을 보완하는 전략
• WT전략 : 약점을 최소화하고 위협을 회피하는 전략

보기

ㄱ. 자율주행기술 수준이 우수한 외국 기업과의 기술이전협약을 통해 국내 우수 자동차기업들의 자율주행기술 연구 및 상용화 수준을 향상시키려는 전략은 SO전략에 해당한다.
ㄴ. 민간의 자율주행기술 R&D를 적극 지원하여 자율주행기술의 안전성을 높이려는 전략은 ST전략에 해당한다.
ㄷ. 자율주행자동차 R&D를 지원하는 법률을 토대로 국내 기업의 기술개발을 적극 지원하여 안전성을 확보하려는 전략은 WO전략에 해당한다.
ㄹ. 자율주행기술개발에 대한 국내기업의 투자가 부족하므로 국가기관이 주도하여 기술개발을 추진하는 전략은 WT전략에 해당한다.

① ㄱ, ㄴ
② ㄱ, ㄷ
③ ㄴ, ㄷ
④ ㄴ, ㄹ
⑤ ㄱ, ㄴ, ㄷ

04 A사원은 자동차도로 고유번호 부여 규정을 근거로 하여 도로에 노선번호를 부여할 계획이다. 그림에서 점선은 '영토'를, 실선은 '고속국도'를 표시한 것이며, (가) ~ (라)는 '간선노선'을, (마), (바)는 '보조간선노선'을 나타낸 것이다. 다음 중 노선번호를 바르게 부여한 것은?

〈자동차도로 고유번호 부여 규정〉

자동차도로는 관리상 고속국도, 일반국도, 특별광역시도, 지방도, 시도, 군도, 구도의 일곱 가지로 구분된다. 이들 각 도로에는 고유번호가 부여되어 있고, 이는 지형도상의 특정 표지판 모양 안에 표시되어 있다. 그러나 군도와 구도는 구간이 짧고 노선 수가 많아 노선번호가 중복될 우려가 있어 표지상에 번호를 표기하지 않는다.

고속국도 가운데 간선노선의 경우 두 자리 숫자를 사용하며, 남북을 연결하는 경우는 서에서 동으로 가면서 숫자가 증가하는데 끝자리에 5를 부여하고, 동서를 연결하는 경우는 남에서 북으로 가면서 숫자가 증가하는데 끝자리에 0을 부여한다.

보조간선노선은 간선노선 사이를 연결하는 고속국도로서 이 역시 두 자리 숫자로 표기한다. 그런데 보조간선노선이 남북을 연결하는 모양에 가까우면 첫자리는 남쪽 시작점의 간선노선 첫자리를 부여하고 끝자리에는 5를 제외한 홀수를 부여한다. 한편 동서를 연결하는 모양에 가까우면 첫자리는 동서를 연결하는 간선노선 가운데 해당 보조간선노선의 바로 아래쪽에 있는 간선노선의 첫자리를 부여하며, 이때 끝자리는 0을 제외한 짝수를 부여한다.

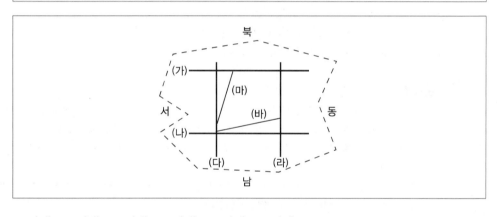

	(가)	(나)	(다)	(라)	(마)	(바)
①	25	15	10	20	19	12
②	20	10	15	25	18	14
③	25	15	20	10	17	12
④	20	10	15	25	17	12
⑤	20	15	15	25	17	14

05 다음은 두 고생물학자 A, B의 가상 대화이다. 두 사람의 보고와 주장이 모두 참이라고 가정할 때, 〈보기〉에서 옳지 않은 것을 모두 고르면?

A : 지난해 일본 북해도에서는 다양한 암모나이트 화석이 많이 발견되었고, 그 때문에 북해도는 세계적으로 유명한 암모나이트 산지로 알려지게 되었습니다. 중생대 표준화석은 여러 가지가 있지만, 그중에서도 암모나이트는 세계적으로 대표적인 표준화석입니다. 표준화석은 지층의 지질 시대를 지시하는 화석으로, 특징 있는 형태와 넓은 분포, 다량의 산출 및 한정된 지질 시대에 생존했다는 조건을 갖춘 화석을 의미합니다.

B : 그렇습니다. 암모나이트는 중생대 바다를 지배한 동물이었고, 중생대 육지에서는 공룡이 군림하였습니다. 공룡 화석은 다양한 지역에서 산출되며, 중생대에만 한정되어 생존하였습니다. 그런데 우리나라에서는 경상도 지역을 중심으로 분포된 중생대 지층에서 암모나이트 화석은 발견되지 않았고, 공룡 화석만 발견되었다고 들었습니다.

A : 말씀하신 것처럼 경상도 지역에서 표준화석인 암모나이트가 산출되고 있지 않지만 공룡 화석들은 많이 산출되고 있습니다. 그리고 지금까지는 경상도 지역의 바다 환경에서 퇴적된 중생대 지층이 확인되었다는 보고가 없습니다.

B : 저는 가까운 일본에서 암모나이트가 발견되는 것을 보면 경상도 지역에서도 분명히 암모나이트가 나올 가능성이 있다고 생각합니다. 중생대에 우리나라 바다에서 퇴적된 해성층이 있었을 가능성이 있으므로 다시 조사해야 할 필요가 있습니다.

보기

ㄱ. 우리나라 경상도 지역은 옛날 중생대 때에는 모두 육지였다.
ㄴ. 공룡 화석은 암모나이트 화석과 같은 중생대 표준화석이 아니다.
ㄷ. 우리나라에서도 암모나이트 화석이 발견될 가능성이 있다.
ㄹ. 세계적으로 중생대에는 육지와 바다가 모두 존재하였다.
ㅁ. 일본 북해도 지역에는 바다에서 퇴적된 해성층이 분포되어 있다.
ㅂ. 경상도에서 암모나이트 화석이 산출되지 않는 것을 보면 경상도 지역에는 중생대 지층이 없다.

① ㄱ, ㄴ, ㅂ   ② ㄱ, ㄷ, ㅁ
③ ㄱ, ㄹ, ㅂ   ④ ㄷ, ㄹ, ㅂ
⑤ ㄷ, ㅁ, ㅂ

01 다음은 국가별 와인 상품과 세트에 대한 자료이다. 이를 바탕으로 세트 가격을 한도로 하여 구입할 수 있는 국가별 와인 상품을 바르게 연결한 것은?

〈국가별 와인 상품〉

와인	생산지	인지도	풍미	당도	가격(원)
A	이탈리아	5	4	3	50,000
B	프랑스	5	2	4	60,000
C	포르투갈	4	3	5	45,000
D	독일	4	4	4	70,000
E	벨기에	2	2	1	80,000
F	네덜란드	3	1	2	55,000
G	영국	5	5	4	65,000
H	스위스	4	3	3	40,000
I	스웨덴	3	2	1	75,000

※ 인지도 및 풍미와 당도는 '5'가 가장 높고, '1'이 가장 낮다.

〈와인 세트〉

1 Set	2 Set
프랑스 와인 1병 외 다른 국가 와인 1병	이탈리아 와인 1병 외 다른 국가 와인 1병
인지도가 높고 풍미가 좋은 와인 구성	당도가 높은 와인 구성
포장비 : 10,000원	포장비 : 20,000원
세트 가격 : 130,000원	세트 가격 : 160,000원

※ 반드시 세트로 구매해야 하며, 세트 가격에는 포장비가 포함되어 있지 않다.
※ 같은 조건이면 인지도와 풍미, 당도가 더 높은 와인으로 세트를 구성한다.

① 1 Set : 프랑스, 독일
② 1 Set : 프랑스, 영국
③ 1 Set : 이탈리아, 벨기에
④ 2 Set : 이탈리아, 스위스
⑤ 2 Set : 이탈리아, 포르투갈

02 갑은 다음 규칙을 참고하여 알파벳 단어를 숫자로 변환하고자 한다. 규칙을 적용한 〈보기〉의 ㉠ ~ ㉣ 단어에서 알파벳 Z에 해당하는 자연수들을 모두 더한 값은?

〈규칙〉

① 알파벳 'A'부터 'Z'까지 순서대로 자연수를 부여한다.
　예 A=2라고 하면 B=3, C=4, D=5이다.
② 단어의 음절에 같은 알파벳이 연속되는 경우 ①에서 부여한 숫자를 알파벳이 연속되는 횟수만큼 거듭제곱한다.
　예 A=2이고 단어가 'AABB'이면 AA는 '2^2'이고, BB는 '3^2'이므로 '49'로 적는다.

보기

㉠ AAABBCC는 10000001020110404로 변환된다.
㉡ CDFE는 3465로 변환된다.
㉢ PJJYZZ는 1712126729로 변환된다.
㉣ QQTSR은 625282726으로 변환된다.

① 154 　　　　　　　② 176
③ 199 　　　　　　　④ 212
⑤ 244

03 A회사의 K시 본부는 사업 추진을 담당하는 부서별 사업 성과 점수를 산정해 이에 따라 부서원들의 성과급을 지급하기로 하였다. 자료를 참고하여 점수를 산정할 때, 부서의 분기 사업 성과 점수로 나올 수 없는 점수는?

〈부서별 사업 성과 점수 산정 방법〉

• 각 부서에서 직전 분기에 담당하였던 기존 사업들의 현재 진행 상황에 따라 부서별로 사업 성과 점수를 산정한다.
• 모든 부서는 직전 분기에 각자 20개의 사업들을 담당하였다.
• 다음 표를 기준으로 기존 사업 진행 상황에 따라 부서별 사업 성과 점수를 부여한다.

기존 사업 진행 상황	개선 / 확장	현행 유지	중단
점수	20점	12점	8점

① 200점 　　　　　② 218점
③ 248점 　　　　　④ 264점
⑤ 304점

04 다음 글을 참고할 때, 국제행사의 개최도시로 선정될 곳은?

K사무관은 대한민국에서 열리는 국제행사의 개최도시를 선정하기 위해 다음과 같은 후보도시 평가표를 만들었다. 후보도시 평가표에 따른 점수와 국제해양기구의 의견을 모두 반영하여, 합산점수가 가장 높은 도시를 개최도시로 선정하고자 한다.

〈후보도시 평가표〉

구분	서울	인천	대전	부산	제주
1) 회의 시설 1,500명 이상 수용 가능한 대회의장 보유 등	A	A	C	B	C
2) 숙박 시설 도보거리에 특급 호텔 보유 등	A	B	A	A	C
3) 교통 공항접근성 등	B	A	C	B	B
4) 개최 역량 대규모 국제행사 개최 경험 등	A	C	C	A	B

※ A : 10점, B : 7점, C : 3점

〈국제해양기구의 의견〉

• 외국인 참석자의 편의를 위해 '교통'에서 A를 받은 도시의 경우 추가로 5점을 부여해 줄 것
• 바다를 끼고 있는 도시인 인천, 부산, 제주의 경우 추가로 5점을 부여해 줄 것
• 예상 참석자가 2,000명 이상이므로 '회의 시설'에서 C를 받은 도시는 제외할 것

① 서울
② 인천
③ 대전
④ 부산
⑤ 제주

05 K씨가 다음 컴퓨터 정보와 〈조건〉을 참고하여 컴퓨터를 구입하려고 할 때, 구입할 컴퓨터는 무엇인가?

〈컴퓨터 정보〉

컴퓨터 \ 항목	램 메모리 용량(Giga Bytes)	하드 디스크 용량(Tera Bytes)	가격(천 원)
A	4	2	500
B	16	1	1,500
C	4	3	2,500
D	16	2	2,500
E	8	1	1,500

조건

- 컴퓨터를 구입할 때, 램 메모리 용량, 하드 디스크 용량, 가격을 모두 고려한다.
- 램 메모리와 하드 디스크 용량이 크면 클수록, 가격은 저렴하면 저렴할수록 선호한다.
- 항목별로 가장 선호하는 경우 100점, 가장 선호하지 않는 경우 0점, 그 외의 경우 50점을 각각 부여한다. 단, 가격은 다른 항목보다 중요하다고 생각하여 2배의 점수를 부여한다.
- 항목별 점수의 합이 가장 큰 컴퓨터를 구입한다.

① A
② B
③ C
④ D
⑤ E

06 K기업의 시설과에 직원 A ~ F가 있다. 이들 중 4명의 직원으로만 팀을 구성하여 회의에 참석해 달라는 요청이 있었다. E가 불가피한 사정으로 회의에 참석할 수 없을 때, 다음 〈조건〉에 따라 모두 몇 개의 팀이 구성될 수 있는가?

조건

- A 또는 B는 반드시 참석해야 한다. 하지만 A, B가 함께 참석할 수 없다.
- D 또는 E는 반드시 참석해야 한다. 하지만 D, E가 함께 참석할 수 없다.
- 만약 C가 참석하지 않게 된다면 D도 참석할 수 없다.
- 만약 B가 참석하지 않게 된다면 F도 참석할 수 없다.

① 0개
② 1개
③ 2개
④ 3개
⑤ 4개

07 다음 〈조건〉과 대화 내용을 근거로 판단할 때, 6월생은 누구인가?

> **조건**
> • 같은 해에 태어난 5명(지나, 정선, 혜명, 민경, 효인)은 각자 자신의 생일을 알고 있다.
> • 5명은 자신을 제외한 나머지 4명의 생일이 언제인지는 모르지만, 3월생이 2명, 6월생이 1명, 9월 생이 2명이라는 사실은 알고 있다.
> • 다음은 5명이 한 자리에 모여 나눈 대화를 순서대로 기록한 것이다.
> • 5명은 대화의 진행에 따라 상황을 논리적으로 판단하고, 솔직하게 대답한다.

> 민경 : 지나야, 네 생일이 5명 중에서 제일 빠르니?
> 지나 : 그럴 수도 있지만 확실히는 모르겠어.
> 정선 : 혜명아, 네가 지나보다 생일이 빠르니?
> 혜명 : 그럴 수도 있지만 확실히는 모르겠어.
> 지나 : 민경아, 넌 정선이가 몇 월생인지 알겠니?
> 민경 : 아니, 모르겠어.
> 혜명 : 효인아, 넌 민경이보다 생일이 빠르니?
> 효인 : 그럴 수도 있지만 확실히는 모르겠어.

① 지나
② 민경
③ 혜명
④ 정선
⑤ 효인

04 | 심화문제

정답 및 해설 p.071

01 이벤트에 당첨된 A ~ C에게 〈조건〉에 따라 경품을 지급하였다. 다음 중 이에 대한 설명으로 옳은 것을 〈보기〉에서 모두 고르면?

> **조건**
>
> • 지급된 경품은 냉장고, 세탁기, 에어컨, 청소기가 각각 프리미엄형과 일반형 1대씩이었고, 전자레인지는 1대였다.
> • 당첨자 중 1등은 A, 2등은 B, 3등은 C였으며, 이 순서대로 경품을 각각 3개씩 가져갔다.
> • A는 프리미엄형 경품을 총 2개 골랐는데, 청소기 프리미엄형은 가져가지 않았다.
> • B는 청소기를 고르지 않았다.
> • C가 가져간 경품 중 A와 겹치는 종류가 1개 있다.
> • B와 C가 가져간 경품 중 겹치는 종류가 1개 있다.
> • 한 사람이 같은 종류의 경품을 2개 이상 가져가지 않았다.

> **보기**
>
> ㉠ C는 반드시 전자레인지를 가져갔을 것이다.
> ㉡ A는 청소기를 가져갔을 수도, 그렇지 않을 수도 있다.
> ㉢ B가 가져간 프리미엄형 가전은 최대 1개이다.
> ㉣ C는 프리미엄형 가전을 가져가지 못했을 것이다.

① ㉠

② ㉠, ㉡

③ ㉠, ㉢

④ ㉡, ㉣

⑤ ㉢, ㉣

02 다음 자료를 근거로 판단할 때, A팀이 최종적으로 선택하게 될 이동수단의 종류와 그 비용을 바르게 연결한 것은?

4명으로 구성된 A팀은 해외출장을 계획하고 있다. A팀은 출장지에서의 이동수단 한 가지를 결정하려 한다. 이때 A팀은 경제성, 용이성, 안전성의 총 3가지 요소를 고려하여 최종점수가 가장 높은 이동수단을 선택한다.

- 각 고려요소의 평가결과 '상' 등급을 받으면 3점을, '중' 등급을 받으면 2점을, '하' 등급을 받으면 1점을 부여한다. 단, 안전성을 중시하여 안전성 점수는 2배로 계산한다(예 안전성 '하' 등급 2점).
- 경제성은 이동수단별 최소비용이 적은 것부터 상, 중, 하로 평가한다.
- 고려요소의 평가점수를 합하여 최종점수를 구한다.

〈이동수단별 평가표〉

이동수단	경제성	용이성	안전성
렌터카	( )	상	하
택시	( )	중	중
대중교통	( )	하	중

〈이동수단별 비용계산식〉

이동수단	비용계산식
렌터카	(렌트비+유류비)×(이용 일수) – (렌트비)=$50/1일(4인승 차량) – (유류비)=$10/1일(4인승 차량)
택시	[거리당 가격($1/1마일)]×[이동거리(마일)] – 최대 4명까지 탑승 가능
대중교통	[대중교통패스 3일권($40/1인)]×(인원수)

〈해외출장 일정〉

출장 일정	이동거리(마일)
11월 1일	100
11월 2일	50
11월 3일	50

	이동수단	비용
①	렌터카	$180
②	택시	$200
③	택시	$400
④	대중교통	$140
⑤	대중교통	$160

03 다음 자료를 근거로 판단할 때, 〈보기〉에서 옳은 것을 모두 고르면?

> A국과 B국은 대기오염 정도를 측정하여 통합지수를 산정하고 이를 바탕으로 경보를 한다.
> A국은 5가지 대기오염 물질 농도를 각각 측정하여 대기환경지수를 산정하고, 그 평균값을 통합지수로 한다. 통합지수의 범위에 따라 호흡 시 건강에 미치는 영향이 달라지며, 이를 기준으로 그 등급을 아래와 같이 6단계로 나눈다.
>
> 〈A국 대기오염 등급 및 경보기준〉
>
> | 등급 | 좋음 | 보통 | 민감군에게 해로움 | 해로움 | 매우 해로움 | 심각함 |
> |------|------|------|------------------|--------|------------|--------|
> | 통합지수 | 0 ~ 50 | 51 ~ 100 | 101 ~ 150 | 151 ~ 200 | 201 ~ 300 | 301 ~ 500 |
> | 경보색깔 | 초록 | 노랑 | 주황 | 빨강 | 보라 | 적갈 |
> | 행동지침 | 외부활동 가능 | | 외부활동 자제 | | | |
>
> ※ 민감군 : 노약자, 호흡기 환자 등 대기오염에 취약한 사람
>
> B국은 A국의 5가지 대기오염 물질을 포함한 총 6가지 대기오염 물질의 농도를 각각 측정하여 대기환경지수를 산정하고, 이 가운데 가장 높은 대기환경지수를 통합지수로 사용한다. 다만 오염물질별 대기환경지수 중 101 이상인 것이 2개 이상일 경우에는 가장 높은 대기환경지수에 20을 더하여 통합지수를 산정한다. 통합지수는 그 등급을 아래와 같이 4단계로 나눈다.
>
> 〈B국 대기오염 등급 및 경보기준〉
>
> | 등급 | 좋음 | 보통 | 나쁨 | 매우 나쁨 |
> |------|------|------|------|-----------|
> | 통합지수 | 0 ~ 50 | 51 ~ 100 | 101 ~ 250 | 251 ~ 500 |
> | 경보색깔 | 파랑 | 초록 | 노랑 | 빨강 |
> | 행동지침 | 외부활동 가능 | | 외부활동 자제 | |

보기

ㄱ. A국과 B국의 통합지수가 동일하더라도, 각 대기오염 물질의 농도는 다를 수 있다.
ㄴ. B국의 통합지수가 180이라면, 6가지 대기오염 물질의 대기환경지수 중 가장 높은 것은 180 미만일 수 없다.
ㄷ. A국이 대기오염 등급을 '해로움'으로 경보한 경우, 그 정보만으로는 특정 대기오염 물질 농도에 대한 정확한 수치를 알 수 없을 것이다.
ㄹ. B국 국민이 A국에 방문하여 경보색깔이 노랑인 것을 확인하고 B국의 경보기준을 따른다면, 외부활동을 자제할 것이다.

① ㄱ, ㄴ
② ㄱ, ㄷ
③ ㄴ, ㄹ
④ ㄱ, ㄷ, ㄹ
⑤ ㄴ, ㄷ, ㄹ

04 면접시험에서 A~L 순서대로 면접을 본 응시자들 중 다음 〈조건〉에 따라 평가 점수가 가장 높은 6명이 합격할 때, 합격자를 점수가 높은 순서대로 바르게 나열한 것은?(단, 동점인 경우 먼저 면접을 진행한 응시자를 우선으로 한다)

조건
- 면접관 5명이 부여한 점수 중 최고점과 최저점을 제외한 나머지 면접관 3명이 부여한 점수의 평균과 보훈 가점의 합으로 평가한다.
- 최고점과 최저점이 1개 이상일 때는 1명의 점수만 제외한다.
- 소수점 셋째 자리에서 반올림한다.

〈지원자 면접 점수〉

(단위 : 점)

구분	면접관 1	면접관 2	면접관 3	면접관 4	면접관 5	보훈 가점
A	80	85	70	75	90	–
B	75	90	85	75	100	5
C	70	95	85	85	85	–
D	75	80	90	85	80	–
E	80	90	95	100	85	5
F	85	75	95	90	80	–
G	80	75	95	90	95	10
H	90	80	80	85	100	–
I	70	80	80	75	85	5
J	85	80	100	75	85	–
K	85	100	70	75	75	5
L	75	90	70	100	70	–

① G－A－C－F－E－L
② D－A－F－L－H－I
③ E－G－B－C－F－H
④ G－E－B－C－F－H
⑤ G－A－B－F－E－L

05 다음 그림과 같이 각 층에 1인 1실의 방이 4개 있는 3층 호텔에 A ~ I 9명이 투숙해 있다. 〈조건〉을 참고할 때, 항상 참인 것은?

좌	301호	302호	303호	304호	우
	201호	202호	203호	204호	
	101호	102호	103호	104호	

조건

- 각 층에는 3명씩 투숙해 있다.
- A의 바로 위에는 C가 투숙해 있으며, A의 바로 오른쪽 방에는 아무도 투숙해 있지 않다.
- B의 바로 위의 방에는 아무도 투숙해 있지 않다.
- C의 바로 왼쪽에 있는 방에는 아무도 투숙해 있지 않으며, C는 D와 같은 층의 바로 옆에 인접해 있다.
- D는 E의 바로 아랫방에 투숙해 있다.
- E, F, G는 같은 층에 투숙해 있다.
- G의 옆방에는 아무도 투숙해 있지 않다.
- I는 H보다 위층에 투숙해 있다.

① B는 101호에 투숙해 있다.
② D는 204호에 투숙해 있다.
③ F는 304호에 투숙해 있다.
④ G는 301호에 투숙해 있다.
⑤ A, C, F는 같은 열에 투숙해 있다.

CHAPTER 04

자원관리능력

합격 Cheat Key

자원관리능력은 현재 NCS 기반 채용을 진행하는 많은 공사·공단에서 핵심영역으로 자리 잡아, 대부분의 시험에서 출제되고 있다.

세부 유형은 비용 계산, 해외파견 지원금 계산, 주문 제작 단가 계산, 일정 조율, 일정 선정, 행사 대여 장소 선정, 최단거리 구하기, 시차 계산, 소요시간 구하기, 해외파견 근무 기준에 부합하는 또는 부합하지 않는 직원 고르기 등으로 나눌 수 있다.

1 시차를 먼저 계산하라!

시간 자원 관리의 대표유형 중 시차를 계산하여 일정에 맞는 항공권을 구입하거나 회의시간을 구하는 문제에서는 각각의 나라 시간을 한국 시간으로 전부 바꾸어 계산하는 것이 편리하다. 조건에 맞는 나라들의 시간을 전부 한국 시간으로 바꾸고 한국 시간과의 시차만 더하거나 빼면 시간을 단축하여 풀 수 있다.

2 선택지를 잘 활용하라!

계산을 해서 값을 요구하는 문제 유형에서는 선택지를 먼저 본 후 자리 수가 몇 단위로 끝나는지 확인해야 한다. 예를 들어 412,300원, 426,700원, 434,100원인 선택지가 있다고 할 때, 제시된 조건에서 100원 단위로 나올 수 있는 항목을 찾아 그 항목만 계산하는 방법이 있다. 또한, 일일이 계산하는 문제가 많다. 예를 들어 640,000원, 720,000원, 810,000원 등의 수를 이용해 푸는 문제가 있다고 할 때, 만 원 단위를 절사하고 계산하여 64, 72, 81처럼 요약하는 방법이 있다.

3 최적의 값을 구하는 문제인지 파악하라!

물적 자원 관리의 대표유형에서는 제한된 자원 내에서 최대의 만족 또는 이익을 얻을 수 있는 방법을 강구하는 문제가 출제된다. 이때, 구하고자 하는 값을 x, y로 정하고 연립방정식을 이용해 x, y 값을 구한다. 최소 비용으로 목표생산량을 달성하기 위한 업무 및 인력 할당, 정해진 시간 내에 최대 이윤을 낼 수 있는 업체 선정, 정해진 인력으로 효율적 업무 배치 등을 구하는 문제에서 사용되는 방법이다.

4 각 평가항목을 비교하라!

인적 자원 관리의 대표유형에서는 각 평가항목을 비교하여 기준에 적합한 인물을 고르거나, 저렴한 업체를 선정하거나, 총점이 높은 업체를 선정하는 문제가 출제된다. 이런 유형은 평가항목에서 가격이나 점수 차이에 영향을 많이 미치는 항목을 찾아 1~2개의 선택지를 삭제하고, 남은 3~4개의 선택지만 계산하여 시간을 단축할 수 있다.

01 | 모듈이론

01 자원관리능력의 의의

(1) 자원과 자원관리

① 자원이란?

사전적으로는 인간생활에 도움이 되는 자연계의 일부를 말하며, 물질적 자산(물적자원), 재정적 자산(예산), 인적 자산(인적자원)으로 나누기도 한다. 최근에는 여기에 시간도 중요한 자원 중 하나로 보고 있다.

② 자원의 유한성

주어진 시간은 제한되기 마련이어서 정해진 시간을 어떻게 활용하느냐가 중요하며, 돈과 물적자원 역시 제한적일 수밖에 없다. 또한 인적자원 역시 제한된 사람들을 알고 활용할 수 밖에 없다. 이러한 자원의 유한성으로 인해 자원을 효과적으로 확보·유지·활용하는 자원관리는 매우 중요하다고 할 수 있다.

③ 자원관리의 분류

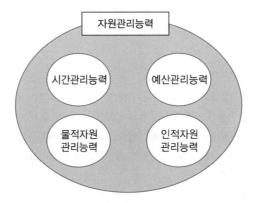

④ 자원낭비의 요인

종류	내용
비계획적 행동	계획 없이 충동적이고 즉흥적으로 행동하여 자신이 활용할 수 있는 자원들을 낭비하게 되는 것
편리성 추구	자원을 활용하는데 있어서 너무 편한 방향으로만 활용하는 것
자원에 대한 인식 부재	자신이 가지고 있는 중요한 자원을 인식하지 못하는 것
노하우 부족	자원관리의 중요성을 인식하면서도 효과적인 방법을 활용할 줄 모르는 것

(2) 자원관리의 과정

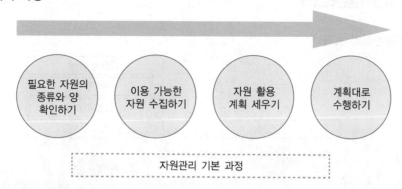

필요한 자원의 종류와 양 확인하기 → 이용 가능한 자원 수집하기 → 자원 활용 계획 세우기 → 계획대로 수행하기

자원관리 기본 과정

① 필요한 자원의 종류와 양 확인하기

업무를 추진하는데 있어서 어떤 자원이 필요하며, 또 얼마만큼 필요한지를 파악하는 단계이다.

② 이용 가능한 자원 수집하기

실제 준비나 활동을 하는 데 있어서 계획과 차이를 보이는 경우가 빈번하기 때문에, 자원을 여유 있게 확보하는 것이 안전하다.

③ 자원 활용 계획 세우기

자원을 실제 필요한 업무에 할당하여 계획을 세워야 하며, 목적을 이루는 데 핵심이 되는 것에 우선 순위를 두고 계획을 세울 필요가 있다.

④ 계획대로 수행하기

최대한 계획대로 수행하는 것이 바람직하며, 불가피하게 수정해야 하는 경우에는 전체 계획에 미칠 수 있는 영향을 고려해야 한다.

OX 문제

01 자원을 확보하는 데 있어 중요한 것은 실제 수행상에서의 차이 발생에 대비하여 여유 있게 확보하는 것이다. [　]

02 주어진 과제나 활동의 우선순위를 고려하여 달성하고자 하는 최종 목적을 이루는 데 가장 핵심이 되는 것에 우선순위를 두고 자원을 활용하는 계획을 세우는 것은 자원 활용 계획 수립 단계이다. [　]

03 자원은 기업 활동을 위해 사용되는 모든 시간, 예산, 물적·인적자원을 의미한다. [　]

04 자원관리 과정은 자원 확인, 자원 수집, 자원 활용 계획 수립, 계획 수행의 과정으로 이루어진다. [　]

01 [O]
02 [O]
03 [O]
04 [O]

(1) 시간자원관리의 효과

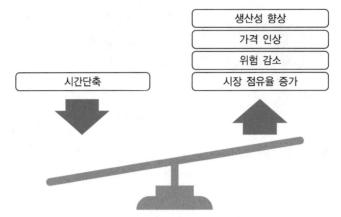

생산성 향상
가격 인상
위험 감소
시간단축
시장 점유율 증가

※ '가격 인상'은 기업의 입장에서 일을 수행할 때 소요되는 시간을 단축함으로써 비용이 절감되고, 상대적으로 이익이 늘어남으로써 사실상 '가격 인상' 효과가 있다는 의미이다.

(2) 시간낭비

① 시간낭비의 요인

• 목적이 불명확하다.	• 우선순위가 없이 일을 한다.
• 여러 가지 일을 한 번에 많이 다룬다.	• 일에 도움이 되지 않는 일을 한다.
• 하루의 계획이 구체적이지 않다.	• 책상 위가 항상 번잡하다.
• 서류정리를 하다가 서류를 숙독한다.	• 파일링시스템이 부적당하다.
• 메모 등을 찾는 시간이 걸리는 편이다.	• 일에 대한 의욕이 없다.
• 팀워크가 부족하다.	• 전화를 너무 많이 한다.
• 예정외의 방문자가 많다.	• 'NO'라고 말하지 못한다.
• 불완전하거나 지연된 정보가 많다.	• 극기심이 결여되어 있다.
• 일을 끝내지 않고 남겨둔다.	• 주의가 산만하다.
• 회의 시간이 길다.	• 회의에 대한 준비가 불충분하다.
• 커뮤니케이션이 부족하다.	• 잡담이 많다.
• 통지문서가 많다.	• 메모 회람이 많다.
• 일을 느긋하게 처리하는 경향이 있다.	• 모든 것에 대해 사실을 알고 싶어 한다.
• 기다리는 시간이 많다.	• 초조하고 성질이 급하다.
• 권한위임을 충분히 하지 않는다.	• 권한위임한 업무의 관리가 부족하다.

② 시간관리에 대한 오해

> 시간관리는 상식에 불과하다. 나는 회사에서 일을 잘하고 있기 때문에 시간관리도 잘한다고 말할 수 있다.

> 나는 시간에 쫓기면 일을 더 잘하는데, 시간을 관리하면 오히려 나의 이런 강점이 없어질지도 모른다.

시간관리에 대한 오해

> 나는 약속을 표시해 둔 달력과 해야 할 일에 대한 목록만으로 충분하다.

> 시간관리 자체는 유용할지 모르나 창의적인 일을 하는 나에게는 잘 맞지 않는다. 나는 일상적인 업무에 얽매이는 것이 싫다.

(3) 시간계획

① 시간계획의 의의

> 시간이라고 하는 자원을 최대한 활용하기 위하여,
> • 가장 많이 반복되는 일에 가장 많은 시간을 분배하고,
> • 최단시간에 최선의 목표를 달성하는 것을 의미한다.

② SMART 법칙

SMART 법칙은 목표를 어떻게 설정할 것인지와 그 목표를 성공적으로 달성하기 위해 꼭 필요한 필수요건들을 S.M.A.R.T.라는 5개 철자에 따라 제시한 것이다.

구분	의미	내용
S(Specific)	구체적으로	목표를 구체적으로 작성한다. 예 나는 토익점수 700점을 넘을 것이다.
M(Measurable)	측정가능하도록	수치화, 객관화 시켜 측정이 가능한 척도를 세운다. 예 나는 2시간 안에 10페이지 분량의 보고서를 작성한다.
A(Action-Oriented)	행동지향적으로	사고 및 생각에 그치는 것이 아닌 행동을 중심으로 목표를 세운다. 예 매일 부모님을 생각하기(×) 매일 아침 부모님에게 전화드리기(○)
R(Realistic)	현실성 있게	실현 가능한 목표를 세운다. 예 하루 만에 5개 국어 마스터하기(×) 1년 안에 토익 700점 넘기기(○)
T(Time limited)	시간적 제약이 있게	목표를 설정함에 있어 제한 시간을 둔다. 예 오늘 안에, 이번 주까지 등

③ 시간계획 작성의 순서
ㄱ 명확한 목표 설정
ㄴ 일의 우선순위 판단(Stenphen R. Covey)

중요성	결과와 연관되는 사명과 가치관, 목표에 기여하는 정도
긴급성	즉각적인 처리가 요구되고 눈앞에 보이며, 심리적으로 압박감을 주는 정도

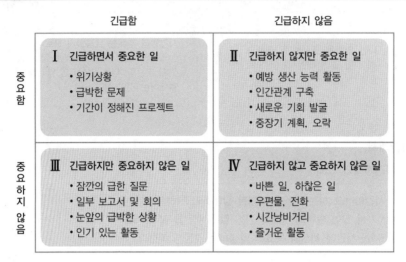

ㄷ 예상 소요시간 결정

모든 일마다 자세한 계산을 할 필요는 없으나, 규모가 크거나 힘든 일의 경우에는 정확한 소요시간을 계산하여 결정하는 것이 효과적이다.

ㄹ 시간 계획서 작성

해야 할 일의 우선순위와 소요 시간을 바탕으로 작성하며 간단한 서식, 일정관리 소프트웨어 등 다양한 도구를 활용할 수 있다.

④ 60 : 40의 법칙

계획된 행동(60%)	계획 외의 행동(20%)	자발적 행동(20%)

총시간

⑤ 시간계획 시 고려요소

종류	내용
행동과 시간 / 저해요인의 분석	어디에서 어떻게 시간을 사용하고 있는가를 점검
일과 행동의 목록화	해당 기간에 예정된 행동을 모두 목록화
규칙성 – 일관성	시간계획을 정기적·체계적으로 체크하여 일관성 있게 일을 마칠 수 있게 해야 함
현실적인 계획	무리한 계획을 세우지 않도록 해야 하며, 실현가능한 것만을 계획화해야 함
유연성	머리를 유연하게 하여야 함. 시간계획은 그 자체가 중요한 것이 아니고, 목표달성을 위해 필요한 것
시간의 손실	발생된 시간 손실은 가능한 한 즉시 메워야 함. 밤을 세우더라도 미루지 않는 자세가 중요함
기록	체크리스트나 스케줄표를 활용하여 계획을 반드시 기록하여 전체상황을 파악할 수 있게 하여야 함

미완료된 일	꼭 해야만 할 일을 끝내지 못했을 경우, 차기 계획에 반영함
성과	예정 행동만을 계획하는 것이 아니라 기대되는 성과나 행동의 목표도 기록
시간 프레임	적절한 시간 프레임을 설정하고 특정의 일을 하는 데 소요되는 꼭 필요한 시간만을 계획에 삽입할 것
우선순위	여러 일 중에서 어느 일이 가장 우선적으로 처리해야 할 것인가를 결정하여야 함
권한위양	기업의 규모가 커질수록 그 업무활동은 점점 복잡해져서 관리자가 모든 것을 다스리기가 어려우므로, 사무를 위임하고 책임을 지움
시간의 낭비요인	예상 못한 방문객 접대, 전화 등의 사건으로 예정된 시간이 부족할 경우를 대비하여 여유 시간 확보
여유 시간	자유롭게 된 시간(이동시간 또는 기다리는 시간)도 계획에 삽입하여 활용할 것
정리 시간	중요한 일에는 좀 더 시간을 할애하고, 중요도가 낮은 일에는 시간을 단축시켜 전체적인 계획을 정리
시간 계획의 조정	자기 외 다른 사람(비서·부하·상사)의 시간 계획을 감안하여 계획 수립

OX 문제

01 시간계획이란 시간이라는 자원을 최대한 활용하기 위하여 가장 많이 반복되는 일에 가장 많은 시간을 분배하고, 최단시간에 최선의 목표를 달성하는 것을 의미한다. [   ]

02 시간계획 수립 시 계획 외의 행동이라 함은 예정 외의 행동에 대비한 시간을 의미한다. [   ]

01 [O]

02 [O]

---

03 예산자원관리능력

(1) 예산자원관리능력의 의의

① 예산이란?

필요한 비용을 미리 헤아려 계산하는 것 또는 그 비용을 의미한다.

② 예산자원관리

아무리 예산을 정확하게 수립하였다 하더라도 활동이나 사업을 진행하는 과정에서 계획에 따라 적절히 관리하지 않으면 아무런 효과가 없다. 따라서 활동이나 사업에 소요되는 비용을 산정하고, 예산을 편성하는 것뿐만 아니라 예산을 통제하는 과정이 필요하며, 이 과정을 예산자원관리라 한다.

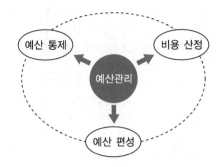

③ 예산자원관리의 필요성

예산자원관리란 이용 가능한 예산을 확인하고, 어떻게 사용할 것인지 계획하여 그 계획대로 사용하는 능력을 의미하며, 최소의 비용으로 최대의 효과를 얻기 위해 요구된다.

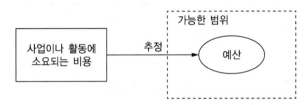

④ 예산책정의 원칙

(2) 예산의 구성요소

① 직접비용

간접비용에 상대되는 용어로서, 제품 생산 또는 서비스를 창출하기 위해 직접 소비된 것으로 여겨지는 비용을 말한다.

② 직접비용의 구성

종류	내용
재료비	제품의 제조를 위하여 구매된 재료에 지출된 비용
원료와 장비	제품을 제조하는 과정에서 소모된 원료나 과제를 수행하기 위해 필요한 장비에 지출된 비용. 이 비용에는 실제 구매·임대한 비용이 모두 포함
시설비	제품을 효과적으로 제조하기 위한 목적으로 건설되거나 구매된 시설에 지출한 비용
여행(출장)경비 및 잡비	제품 생산 또는 서비스를 창출하기 위해 출장이나 타 지역으로의 이동이 필요한 경우와 기타 과제 수행 상에서 발생하는 다양한 비용을 포함
인건비	제품 생산 또는 서비스 창출을 위한 업무를 수행하는 사람들에게 지급되는 비용. 계약에 의해 고용된 외부 인력에 대한 비용도 인건비에 포함. 일반적으로 인건비는 전체 비용 중에서 가장 비중이 높은 항목

③ 간접비용

제품을 생산하거나 서비스를 창출하기 위해 소비된 비용 중에서 직접비용을 제외한 비용으로, 제품 생산에 직접 관련되지 않은 비용을 말한다.

예 보험료, 건물관리비, 광고비, 통신비, 사무비품비, 각종 공과금 등

(3) 예산수립과 예산집행

① 예산수립절차

② 필요한 과업 및 활동 규명 : 과업세부도

과제 및 활동의 계획을 수립하는데 있어서 가장 기본적인 수단으로 활용되는 그래프로, 필요한 모든 일들을 중요한 범주에 따라 체계화시켜 구분해 놓은 것을 말한다. 다음은 생일파티를 진행하기 위한 과업세부도의 예이다.

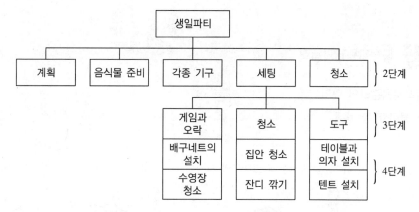

③ 우선순위 결정

과제를 핵심적인 활동과 부수적인 활동으로 구분한 후, 핵심활동 위주로 예산을 편성한다.

④ 예산 배정

- 과업세부도와 예산을 서로 연결하여 배정할 경우 어떤 항목에 얼마만큼의 비용이 소요되는지를 정확하게 파악할 수 있다.
- 이를 통해 과제 수행에 필요한 예산 항목을 빠뜨리지 않고 확인할 수 있으며, 전체 예산을 정확하게 분배할 수 있다.
- 큰 단위의 예산을 수립하고자 할 때에는 해당 기관의 규정을 잘 확인하여야 한다.

⑤ 예산 집행

효과적으로 예산을 관리하기 위해서는 예산 집행 과정에 대한 관리가 중요하다. 개인 차원에서는 가계부 등을 작성함으로 인해 관리할 수 있으며, 프로젝트나 과제와 같은 경우는 예산 집행 실적 워크시트를 작성함으로써 효과적인 예산관리를 할 수 있다.

OX 문제

01 예산은 '필요한 과업 및 활동 규명 → 예산 배정 → 우선순위 결정'의 과정을 거쳐 수립된다. [   ]

02 예산자원관리능력은 최소의 비용으로 최대의 효과를 얻기 위해 요구되는 능력이다. [   ]

03 예산관리에서 중요한 점은 무조건 적은 비용을 들여야 한다는 것이다. [   ]

04 인건비에는 계약에 의해 고용된 외부 인력에 대한 비용도 포함한다. [   ]

---

01 [×] 예산은 '필요한 과업 및 활동 규명 → 우선순위 결정 → 예산 배정'의 과정을 거쳐 수립된다.

02 [O]

03 [×] 예산관리에서 중요한 점은 무조건 적은 비용을 들이는 것이 아니라 개발 책정 비용과 실제 비용의 차이
를 비슷한 상태로 만드는 것이며, 이것이 가장 이상적인 상태라고 할 수 있다.

04 [O]

---

04 물적자원관리능력

(1) 물적자원관리의 의의

① 물적자원의 종류

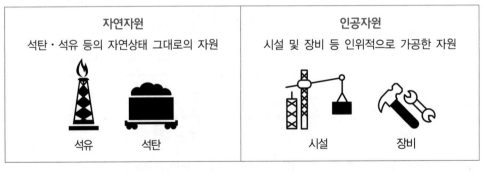

자연자원	인공자원
석탄·석유 등의 자연상태 그대로의 자원	시설 및 장비 등 인위적으로 가공한 자원
석유 석탄	시설 장비

② 물적자원관리의 중요성

물적자원을 효과적으로 관리하지 않으면 경제적 손실과 더불어 과제 및 사업의 실패를 낳을 수 있다.

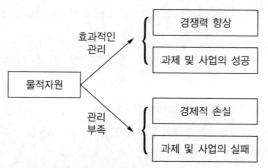

③ 물적자원 활용의 방해요인

- 보관 장소를 파악하지 못하는 경우
- 훼손된 경우
- 분실한 경우
- 분명한 목적 없이 물건을 구입한 경우

(2) 물적자원관리 과정과 기법

① 물적자원관리의 과정

사용 물품과 보관 물품의 구분

- 물품활용의 편리성
- 반복 작업 방지

↓

동일 및 유사 물품의 분류

- 동일성의 원칙
- 유사성의 원칙

↓

물품 특성에 맞는 보관 장소 선정

- 물품의 형상
- 물품의 소재

② 바코드와 QR코드

바코드	• 컴퓨터가 쉽게 판독하고 데이터를 빠르게 입력하기 위하여 굵기가 다른 검은 막대와 하얀 막대를 조합시켜 문자나 숫자를 코드화한 것
QR코드	• 격자무늬 패턴으로 정보를 나타내는 매트릭스 형식의 바코드 • 바코드가 용량 제한에 따라 가격과 상품명 등 한정된 정보만 담는 데 비해, QR코드는 넉넉한 용량을 강점으로 다양한 정보를 담을 수 있음

③ 전자태그(RFID) 물품관리 시스템

- 물품에 RFID 태그를 부착하여 취득·보관·사용·처분까지 물품의 수명기간 동안 실시간, 무선으로 물품을 추적 관리하는 시스템
- RFID 관리시스템 구축으로 인해 63 ~ 87%의 생산성이 향상될 것으로 기대되고, 장부에 의한 재물조사 방식에 비해 시간이 약 75% 절감됨

OX 문제

01 회전대응 보관의 원칙은 입·출하의 빈도가 높은 품목은 출입구 가까운 곳에 보관하는 것을 말한다.
   [   ]

02 QR코드란 문자나 숫자를 흑과 백의 막대 모양 기호로 조합한 것으로, 컴퓨터가 쉽게 판독하고 데이터
   를 빠르게 입력하기 위하여 쓰인다. [   ]

03 QR코드는 바코드에 비해 정보를 담을 수 있는 용량이 적은 단점이 있다. [   ]

04 효과적인 물적자원관리를 위해서는 '사용 물품과 보관 물품의 구분 → 동일 및 유사 물품의 분류 →
   물품 특성에 맞는 보관 장소 선정'의 단계를 거쳐야 한다. [   ]

---

01 [O]

02 [×] 바코드에 대한 설명이다.

03 [×] 기존의 바코드는 기본적으로 가로 배열에 최대 20여 자의 숫자 정보만 넣을 수 있는 1차원적 구성이지만,
       QR코드는 가로·세로를 활용하여 숫자는 최대 7,089자, 문자는 최대 4,296자, 한자도 최대 1,817자
       정도를 기록할 수 있는 2차원적 구성이다.

04 [O]

---

05 인적자원관리능력

(1) 인적자원의 의의

① 인적자원관리란?

- 기업이 필요한 인적자원을 조달·확보·유지·개발하여 경영조직 내에서 구성원들이 능력을 최고
  로 발휘하게 하는 것
- 근로자 스스로가 자기만족을 얻게 하는 동시에 경영 목적을 효율적으로 달성하게끔 관리하는 것

② 효율적이고 합리적인 인사관리 원칙

종류	내용
적재적소 배치의 원칙	해당 직무 수행에 가장 적합한 인재를 배치해야 한다.
공정 보상의 원칙	근로자의 인권을 존중하고 공헌도에 따라 노동의 대가를 공정하게 지급해야 한다.
공정 인사의 원칙	직무 배당·승진·상벌·근무 성적의 평가·임금 등을 공정하게 처리해야 한다.
종업원 안정의 원칙	직장에서 신분이 보장되고 계속해서 근무할 수 있다는 믿음을 갖게 하여 근로자가 안정된 회사 생활을 할 수 있도록 해야 한다.
창의력 계발의 원칙	근로자가 창의력을 발휘할 수 있도록 새로운 제안·건의 등의 기회를 마련하고, 적절한 보상을 하여 인센티브를 제공해야 한다.
단결의 원칙	직장 내에서 구성원들이 소외감을 갖지 않도록 배려하고, 서로 유대감을 가지고 협동·단결하는 체제를 이루도록 해야 한다.

(2) 개인차원과 조직차원에서의 인적자원관리

① 개인차원에서의 인적자원관리

㉠ 인맥의 분류

종류	내용
핵심인맥	자신과 직접적인 관계가 있는 사람들
파생인맥	핵심인맥으로부터 파생되어 자신과 연결된 사람들

㉡ 개인이 인맥을 활용할 경우 이를 통해 각종 정보와 정보의 소스를 획득하고, 참신한 아이디어와 해결책을 도출하며, 유사시 필요한 도움을 받을 수 있다는 장점이 있다.

② 조직차원에서의 인적자원관리

㉠ 인적자원관리의 중요성

기업체의 경우 인적자원에 대한 관리가 조직의 성과에 큰 영향을 미치는데, 이는 기업의 인적자원이 가지는 특성에서 비롯된다.

㉡ 인적자원의 특성

종류	내용
능동성	물적자원으로부터의 성과는 자원 자체의 양과 질에 의해 지배되는 수동적인 특성을 지니고 있는 반면, 인적 자원의 경우는 욕구와 동기, 태도와 행동 그리고 만족감 여하에 따라 성과가 결정됨
개발가능성	인적자원은 자연적인 성장과 성숙, 그리고 교육 등을 통해 개발될 수 있는 잠재능력과 자질을 보유하고 있다는 것
전략적 중요성	조직의 성과는 인적자원, 물적자원 등을 효과적이고 능률적으로 활용하는데 달려 있음

(3) 인맥관리방법

① 명함관리

ㄱ 명함의 가치

- 자신의 신분을 증명한다.
- 자신을 PR하는 도구로 사용할 수 있다.
- 자신의 정보를 전달하고 상대방에 대한 정보를 얻을 수 있다.
- 대화의 실마리를 제공할 수 있다.
- 후속 교류를 위한 도구로 사용할 수 있다.

ㄴ 명함에 메모해 두면 좋은 정보

- 언제, 어디서, 무슨 일로 만났는지에 관한 내용
- 소개자의 이름
- 학력이나 경력
- 상대의 업무내용이나 취미, 기타 독특한 점
- 전근·전직 등의 변동 사항
- 가족사항
- 거주지와 기타 연락처
- 대화를 나누고 나서의 느낀 점이나 성향

② 소셜네트워크(SNS; Social Network Service)

ㄱ 초연결사회

정보통신기술 발달하면서 사람·정보·사물 등을 네트워크로 촘촘하게 연결한 사회를 말하는데, 초연결사회에서는 직접 대면하지 않고 시간과 공간을 초월하여 네트워크상에서 인맥을 형성하고 관리한다.

ㄴ 소셜네트워크 서비스(SNS)와 더불어 인맥 구축과 채용에 도움이 되는 비즈니스 특화 인맥관리 서비스(BNS; Business social Network Service)로 관심이 증대되고 있다.

(4) 인력 배치의 원리

① 인력 배치의 3원칙

ㄱ 적재적소주의

팀의 효율성을 높이기 위해 팀원의 능력이나 성격을 바탕으로 적합한 위치에 배치하여 팀원 개개인의 능력을 최대로 발휘해 줄 것을 기대하는 것이다.

ㄴ 능력주의

능력을 발휘할 수 있는 기회와 장소를 부여하고, 그 성과를 바르게 평가하고, 평가된 능력과 실적에 대해 그에 상응하는 보상을 주는 원칙을 말하며, 적재적소주의 원칙의 상위개념이다.

ㄷ 균형주의

모든 팀원에 대한 평등한 적재적소, 즉 팀 전체의 적재적소를 고려할 필요가 있다는 것이다.

② 배치의 3가지 유형

종류	내용
양적 배치	부분의 작업량과 조업도, 여유 또는 부족 인원을 감안하여 소요인원을 결정하여 배치하는 것
질적 배치	적재적소주의와 동일한 개념
적성 배치	팀원의 적성 및 흥미에 따라 배치하는 것

③ 과업세부도

할당된 과업에 따른 책임자와 참여자를 명시하여 관리함으로써 업무 추진에 차질이 생기는 것을 막기 위한 문서이다. 다음은 과업세부도의 예이다.

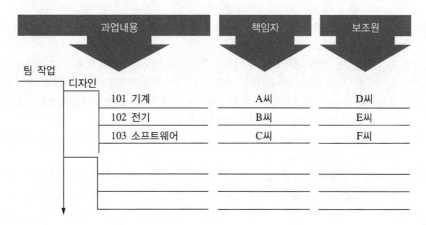

PART 1

OX 문제

01 과업세부도란 과제 및 활동의 계획을 수립할 때 가장 기본적인 수단으로 활용되는 그래프로, 필요한 모든 일들을 중요한 범주에 따라 체계화하여 구분해 놓은 것이다. [　]

02 명함은 자신의 신분을 증명하고, 대화의 실마리를 제공할 수 있다. [　]

03 적재적소 배치의 원리란 해당 직무 수행에 가장 적합한 인재를 배치해야 한다는 것이다. [　]

04 공정 인사의 원칙이란 직장 내에서 구성원들이 소외감을 갖지 않도록 배려하고, 서로 유대감을 가지고 협동·단결하는 체제를 이루게 하는 것이다. [　]

---

01 [○]

02 [○]

03 [○]

04 [×] 공정 인사의 원칙이 아닌 단결의 원칙에 대한 설명이다. 공정 인사의 원칙이란 직무 배당·승진·상별·근무 평정·임금을 공평하게 처리해야 한다는 것을 의미한다.

02 | 자원관리능력 맛보기

01 다음 대화에서 알 수 있는 오팀장이 선호하는 인력 배치 유형의 특징으로 옳은 것은?

> 오팀장 : 저는 주로 팀원들이 자신의 적성에 맞고 흥미를 가지고 있는 업무를 할 때 성과가 높아진
> 다고 생각합니다.
> 이팀장 : 제 의견으로는 인력 배치를 통해 팀원 개개인이 자신들의 역량을 발휘해 줄 것을 기대하
> 고 있습니다. 그래서 저는 팀원의 능력이나 성격 등과 가장 적합한 위치에 배치하여 팀의
> 효율성을 높이고 싶습니다. 즉, 작업이나 직무가 요구하는 요건과 개인이 보유하고 있는
> 역량을 균형 있게 배치하는 것을 선호하는 편입니다.
> 김팀장 : 저는 인력 배치를 할 때 작업량과 여유 또는 부족 인원을 감안하여 소요 인원을 결정하여
> 배치하는 것을 선호합니다.
> 박부장 : 각 팀장님들의 의견 잘 들었습니다. 말씀해 주신 인력 배치 유형들을 적절하게 조화하여
> 팀을 운영한다면 더 좋은 성과를 낼 수 있겠네요.

① 자신의 업무에 흥미를 느낄 수 있는 곳으로 배치된다.
② 작업량과 조업도, 여유 또는 부족 인원을 감안하여 소요 인원을 결정 및 배치한다.
③ 능력이나 성격 등을 고려하여, 가장 적합한 위치에 배치한다.
④ 개인에게 능력을 발휘할 수 있는 기회와 장소를 부여한다.
⑤ 모든 팀원을 평등하게 고려해서 배치한다.

O팀장이 선호하는 인력 배치 유형은 적성 배치로, 팀원들이 각자의 적성에 맞고 흥미를 가지고 있는 업무를 할 때 성과가 높아진다고 가정하여 배치한다.

오답분석

② 양적 배치 : 작업량과 조업도, 여유 또는 부족 인원을 감안하여 소요 인원을 결정 및 배치하는 것에 해당한다.
③ 질적 배치 : 능력이나 성격 등과 가장 적합한 위치에 배치하는 것에 해당한다.
④ 능력주의 : 개인에게 능력을 발휘할 수 있는 기회와 장소를 부여하는 것으로, 효과적인 인력배치를 위한 3가지 원칙 중 하나에 해당한다.
⑤ 균형주의 : 효과적인 인력배치를 위한 3가지 원칙 중 하나로, 모든 팀원에 대한 평등한 적재적소, 즉 팀 전체의 적재적소를 고려할 필요가 있다는 것이다.

풀이 전략!

인적자원관리와 관련된 문제 중 가장 중요한 것을 꼽으라면 단연 배치유형별 특징을 묻는 문제를 들 수 있다. 이에 대한 것은 다음 내용을 숙지하고 있지 않으면 풀이가 불가능한 경우가 많으므로 확실하게 정리해두도록 하자.

인력 배치 유형	내용
적성 배치	인력 배치 시 팀원들이 적성에 맞고 흥미를 가질 때 성과가 높아진다는 가정 하에, 각 팀원들의 적성 및 흥미에 따라 배치하는 인력 배치 유형이다.
질적 배치	인력 배치 시 팀원들을 능력이나 성격 등과 가장 적합한 적재적소에 배치하여 팀원 개개인의 능력을 최대로 발휘해 줄 것을 기대하는 것으로서, 작업이나 직무가 요구하는 요건과 개인이 보유하고 있는 조건이 서로 균형 있고 적합하게 대응되어야 하는 인력 배치 유형이다.
양적 배치	인력 배치 시 작업량과 여유 또는 부족 인원을 감안해서 소요 인원을 결정하여 배치하는 인력 배치 유형이다.

02 다음은 갑 회사의 공채 지원자 평가 자료와 평가 점수 및 평가 등급의 결정방식에 대한 자료이다. 이에 대한 설명으로 옳지 않은 것은?

〈갑 회사의 공채 지원자 평가 자료〉

(단위 : 점)

지원자 \ 구분	창의성 점수	성실성 점수	체력 점수	최종 학위	평가 점수
가	80	90	95	박사	( )
나	90	60	80	학사	310
다	70	60	75	석사	300
라	85	( )	50	학사	255
마	95	80	60	학사	295
바	55	95	65	학사	280
사	60	95	90	석사	355
아	80	( )	85	박사	375
자	75	90	95	석사	( )
차	60	70	( )	학사	290

〈평가 점수 및 평가 등급의 결정방식〉

• 최종 학위 점수는 학사 0점, 석사 1점, 박사 2점이다.
• (지원자 평가 점수)=(창의성 점수)+(성실성 점수)+[(체력 점수)×2]+(최종 학위 점수)×20
• 평가 등급 및 평가 점수

평가 등급	평가 점수
S	350점 이상
A	300점 이상 350점 미만
B	300점 미만

① '가'의 평가 점수는 400점으로, 지원자 중 가장 높다.
② '라'의 성실성 점수는 '다'보다 높지만 '마'보다는 낮다.
③ '아'의 성실성 점수는 '라'와 같다.
④ S등급인 지원자는 4명이다.
⑤ '차'는 체력 점수를 원래 점수보다 5점 더 받는다면 A등급이 된다.

제시된 평가 점수와 평가 등급의 결정방식에 따라 갑 회사의 공채 지원자 평가 자료의 빈칸을 채우면 다음과 같다.

(단위 : 점)

지원자 \ 구분	창의성 점수	성실성 점수	체력 점수	최종 학위	평가 점수
가	80	90	95	박사	(400)
나	90	60	80	학사	310
다	70	60	75	석사	300
라	85	(70)	50	학사	255
마	95	80	60	학사	295
바	55	95	65	학사	280
사	60	95	90	석사	355
아	80	(85)	85	박사	375
자	75	90	95	석사	(375)
차	60	70	(80)	학사	290

따라서 '아'의 성실성 점수(85점)는 '라'의 성실성 점수(70점)와 같지 않으므로 옳지 않다.

오답분석

① 위 표에 따르면 '가'의 평가 점수는 400점이고, 전체 지원자 중 가장 높으므로 옳은 내용이다.
② 위 표에 따르면 '라'의 성실성 점수(70점)는 '다'(60점)보다 높지만 '마'(80점)보다 낮으므로 옳은 내용이다.
④ 평가 점수가 350점 이상인 지원자에게 S등급이 부여되므로, 이를 충족하는 지원자는 '가, 사, 아, 자' 4명이다.
⑤ '차'가 체력 점수에서 5점을 더 얻는다면 2배 가중한 값인 10점만큼 전체 평가 점수가 상승하게 되어 300점을 얻게 된다. 제시된 기준에 따르면 300점 이상 350점 미만인 경우 A등급이 부여된다고 하였으므로 옳은 내용이다.

풀이 전략!

산식이 주어지고 무엇인가를 계산해야 하는 문제는 많을 경우에는 거의 절반 이상의 비중을 차지한다. 이 문제들은 사칙연산에 약한 취준생에게는 시간을 잡아먹는 문제가 될 수 있고, 평소에 조건이나 단서를 놓치는 등의 실수가 잦은 취준생에게는 오답을 체크할 확률이 높은 문제이다. 따라서 평소 문제를 많이 풀면서 자신의 강점과 약점을 파악한 후, 풀 수 없는 문제는 패스하고 풀 수 있는 문제에 집중하여 정답률을 높이는 것이 핵심 전략이라고 할 수 있다. 한 가지 확실한 것은 아무리 계산 문제에 자신이 없다고 하여도, 이 문제들을 모두 스킵해서는 절대로 합격할 수 없다는 사실이다.

03 | 대표유형 적중문제

정답 및 해설 p.074

| 01 | 모듈형

01 다음 중 A씨가 시간관리를 통해 일상에서 얻을 수 있는 효과로 적절하지 않은 것은?

> A씨는 일과 생활의 균형을 유지하기 위해 항상 노력한다. 매일 아침 가족들과 함께 아침 식사를 하며 대화를 나눈 후 출근 준비를 한다. 출근길 지하철에서는 컴퓨터 자격증 공부를 틈틈이 하고 있다. 업무를 진행하는 데 있어서 컴퓨터 사용 능력이 부족하다는 것을 스스로 느꼈기 때문이다. 회사에 출근 시간보다 여유롭게 도착하면 먼저 오늘의 업무 일지를 작성하여 무슨 일을 해야 하는지 파악한다. 근무 시간에는 일정표를 바탕으로 정해진 순서대로 일을 진행한다. 퇴근 후에는 가족과 영화를 보거나 저녁 식사를 하며 시간을 보낸다. A씨는 철저한 시간관리를 통해 후회 없는 생활을 하고 있다.

① 스트레스 감소
② 균형적인 삶
③ 생산성 향상
④ 목표 성취
⑤ 사회적 인정

02 다음 중 예산 집행 관리에 대한 설명으로 가장 적절한 것은?

① 프로젝트나 과제의 경우 가계부를 작성함으로써 효과적으로 예산 집행 과정을 관리할 수 있다.
② 예산에 대한 계획을 제대로 세워놓았다면, 실제 예산 집행 과정에서는 관리가 필요하지 않다.
③ 예산을 관리하기 위해서는 예산 사용을 얼마만큼 했는지를 알아볼 수 있도록 수시로 정리해야 한다.
④ 예산 사용 내역에서 계획된 지출보다 계획되지 않은 지출이 더 많은 경우 비교적 예산 집행에 대한 관리를 잘하고 있다고 할 수 있다.
⑤ 예산 집행 과정에서의 관리 및 통제는 사업과 같은 큰 단위에서만 필요하므로 직장인의 월급이나 용돈 등에는 필요하지 않다.

03 다음 중 빈칸 ㉠~㉢에 들어갈 말을 순서대로 바르게 나열한 것은?

인적자원 배치의 유형에는 세 가지가 있다. 먼저 양적 배치는 작업량과 조업도, 여유 또는 부족 인원을 감안하여 소요인원을 결정하여 배치하는 것을 말한다. 반면, 질적 배치는 효과적인 인력배치의 세 가지 원칙 중 ___㉠___ 주의에 따른 배치를 말하며, ___㉡___ 배치는 팀원의 ___㉢___ 및 흥미에 따라 배치하는 것을 말한다.

	㉠	㉡	㉢
①	균형	적성	능력
②	적재적소	균형	능력
③	적재적소	적성	적성
④	능력	적성	적성
⑤	능력	균형	적성

04 A사원은 인적자원의 효과적 활용에 대한 강연을 듣고, 인맥을 활용하였을 때의 장점에 대해 다음과 같이 정리하였다. 밑줄 친 ㉠~㉣ 중 A사원이 잘못 메모한 내용은 모두 몇 개인가?

〈인적자원의 효과적 활용〉

• 인적자원이란?

… 중략 …

• 인맥 활용 시 장점
　– ㉠ 각종 정보와 정보의 소스 획득
　– ㉡ '나' 자신의 인간관계나 생활에 대해서 알 수 있음
　　↳ ㉢ 자신의 인생에 탄력이 생김
　– ㉣ '나' 자신만의 사업을 시작할 수 있음 ← 참신한 아이디어 획득

① 0개　　　　　　　　　　　　　② 1개
③ 2개　　　　　　　　　　　　　④ 3개
⑤ 4개

05 다음 사례에서 나타나는 자원낭비 요인으로 가장 적절한 것은?

> A씨는 회사일과 집안일 그리고 육아를 병행하면서도 자기만의 시간을 확보하기 위해 여러 방법들을 사용하고 있다. 반찬 하는 시간을 줄이기 위해 반찬가게에서 반찬 구매하기, 빨래하는 시간을 줄이기 위해 세탁소 이용하기, 설거지하는 시간을 줄이기 위해 일회용기 사용하기, 어린이집 데려다주는 시간을 줄이기 위해 베이비시터 고용하기 등이 그 방법들이다.

① 비계획적 행동
② 경험의 부족
③ 자원에 대한 인식 부재
④ 노하우의 부족
⑤ 편리성 추구

06 다음 글을 참고할 때, 성격이 다른 비용은?

> 예산관리란 활동이나 사업에 소요되는 비용을 산정하고 예산을 편성하는 것뿐만 아니라 예산을 통제하는 것 또한 포함된다. 예산은 대부분 개인 또는 기업에서 한정되어 있기 때문에 정해진 예산을 얼마나 효율적으로 사용하는지는 매우 중요한 문제이다. 하지만 어떤 활동이나 사업의 비용을 추정하거나 예산을 잡는 작업은 결코 생각하는 것만큼 쉽지 않다. 무엇보다 추정해야 할 매우 많은 유형의 비용이 존재하기 때문이다. 이러한 비용은 크게 제품 생산 또는 서비스를 창출하기 위해 직접 소비되는 비용인 직접비용과 제품 생산 또는 서비스를 창출하기 위해 소비된 비용 중에서 직접비용을 제외한 비용으로, 제품 생산에 직접 관련되지 않은 비용인 간접비용으로 나눌 수 있다.

① 보험료
② 건물관리비
③ 잡비
④ 통신비
⑤ 광고비

> K회사를 퇴직한 직원들은 다음 주 금요일에 오랜만에 모여 즐거운 저녁 시간을 보내기로 약속하였다. 모두 같은 본부에서 근무하던 5명의 멤버들은 각자 그간 지내 온 세월에 대해 이야기를 나눌 기대감에 부풀어 정해진 날짜가 다가오기만을 기다리고 있었다. 그러던 중 같은 날 다른 약속과 이중약속이 되어있는 것을 깨달은 A대리는 개인적인 사정이 있다는 변명과 함께 불참 의사를 통보하였고, 연이어 B사원과 C사원도 개인 사정으로 인해 참석이 어렵게 되었다는 통보를 하였다. 결국 2명만 남게 된 약속은 자연스레 취소가 되었고, 끝까지 다른 일정을 취소하며 시간을 확보해 두었던 마지막 두 사람은 약속했던 금요일 시간을 적절히 활용하지 못한 채 허비할 수밖에 없었다.

PART 1

07 다음 중 윗글과 같은 상황에서 시간자원낭비의 원인으로 가장 적절한 것은?

① 비계획적인 행동 때문에 시간자원이 낭비되었다.

② 자원의 효과적인 활용을 할 줄 몰라 시간자원이 낭비되었다.

③ 금요일 약속의 중요성을 인식하지 못해 시간자원이 낭비되었다.

④ 약속 불이행이라는 편리성 추구 때문에 시간자원이 낭비되었다.

⑤ 우선순위를 결정하지 못하고 즉흥적인 행동으로 인해 시간자원이 낭비되었다.

08 다음 중 A대리에게 할 조언으로 가장 적절한 것은?

① 목표치를 세워 계획적으로 행동해야 합니다.

② 물적자원 외 다른 자원들도 중요하게 인식해야 합니다.

③ 자원을 활용하는 데 있어서 오로지 편한 방향으로만 활용하지 말아야 합니다.

④ 경험을 통해 노하우를 축적해야 합니다.

⑤ 우선순위를 결정해서 행동해야 합니다.

※ 다음은 B기업의 프로젝트 예산수립 사례이다. 이어지는 질문에 답하시오. [9~10]

B기업의 기획팀에 근무하는 천인지 과장은 근로자들의 업무 향상 방안을 위한 프로젝트를 수행하게 되었다. 천인지 과장은 프로젝트 팀장으로서 프로젝트 수행에 필요한 예산을 수립하기 위해 프로젝트 수행 과정을 계획하여 과정별로 소요되는 비용을 산출하였다. 이렇게 예산을 수립한 후 프로젝트를 본격적으로 시작하였고, 진행 역시 순조롭게 이루어지고 있었다. 프로젝트의 결과가 나올 때쯤, 프로젝트 팀원 회의에서 결과에 대해 전문가의 타당성 검토를 받는 것이 좋겠다는 의견이 나왔다. 그리하여 전문가를 초빙하여 결과에 대한 타당성을 검토 받는 워크샵을 진행하였다. 워크샵은 성공적으로 마무리 되었고, 기획팀은 이번 프로젝트의 결과에 대하여 큰 기대를 가지게 되었다. 그러나 전문가의 타당성 검토에 대한 사전 계획이 없었던 탓에 전문가 검토 수당 지급에 대한 문제가 발생하였다. 천인지 과장은 다른 항목에서 비용을 조정하려고 하였지만 이 역시 어려운 상황이었다. 전문가 수당을 지불하기 위해 계속 고민해 보았지만 적절한 방안을 찾기 어려웠다. 그리하여 천인지 과장은 결국 전문가들이 평소에 친분이 있던 사람이어서 사정을 설명하고 양해를 구하였고, 개인적인 사례를 통해 그 일을 무마할 수 있었다.

09 다음 중 윗글을 이해한 내용으로 가장 적절한 것은?

① 전문가들은 평소에 친분이 있는 사람이 좋다.

② 프로젝트 진행 시 타당성 검토 단계를 위한 전문가 초빙은 예산수립 시 필수적인 사항이다.

③ 천인지 과장은 프로젝트에 필요한 비용을 미리 헤아려 계산하지 못하였다.

④ 예산에 대한 문제가 발생하였기 때문에 이번 프로젝트는 전면적으로 재검토해야 한다.

⑤ 실제 생각하지도 못했던 예산이 필요한 경우가 발생할 때에는 개인적인 사례를 통해 해결해야 한다.

10 다음은 효과적인 예산수립 과정이다. 이를 참고할 때, 천인지 과장에 대한 설명으로 가장 적절한 것은?

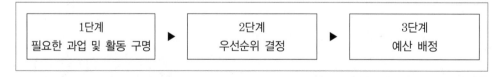

1단계 필요한 과업 및 활동 구명	▶	2단계 우선순위 결정	▶	3단계 예산 배정

① 천인지 과장은 업무를 추진하는 과정인 1단계에서 예산에 필요한 모든 활동을 도출하지 못했다.

② 천인지 과장은 2단계에서 활동별로 예산 지출 규모를 제대로 파악하고 결정하지 못했기 때문에 문제가 발생하였다.

③ 천인지 과장은 2단계에서 우선순위를 결정했지만 그대로 따르지 않았다.

④ 천인지 과장은 3단계에서 프로젝트에 소요되는 비용을 산정하였지만 제대로 통제하지 못하였다.

⑤ 천인지 과장은 3단계에서 필요한 과업과 활동에 대한 예산을 적절히 배정하지 못했다.

| 02 | 피듈형

01 P공사는 동절기에 인력을 감축하여 운영한다. 다음 〈조건〉을 참고할 때, 동절기 업무시간 단축 대상자는?

<동절기 업무시간 단축 대상자 현황>

성명	업무성과 평가	통근거리	자녀 유무
최나래	C	3km	없음
박희영	B	5km	있음
이지규	B	52km	없음
박슬기	A	55km	있음
황보연	D	30km	있음
김성배	B	75km	없음
이상윤	C	60km	있음
이준서	B	70km	있음
김태란	A	68km	있음
한지혜	C	50km	없음

조건

- P공사의 동절기 업무시간 단축 대상자는 총 2명이다.
- 업무성과 평가에서 상위 40% 이내에 드는 경우 동절기 업무시간 단축 대상 후보자가 된다.
  ※ 단, A>B>C>D 순서로 매기고, 동 순위자 발생 시 동 순위자를 모두 대상 후보자가 된다.
- 통근거리가 50km 이상인 경우에만 동절기 업무시간 단축 대상자가 될 수 있다.
- 동 순위자 발생 시 자녀가 있는 경우에는 동절기 업무시간 단축 대상 우선순위를 준다.
- 위의 조건에서 대상자가 정해지지 않은 경우에는 통근거리가 가장 먼 직원부터 대상자로 선정한다.

① 김성배, 이준서   ② 박슬기, 김태란
③ 박희영, 이지규   ④ 황보연, 이상윤
⑤ 이준서, 김태란

02 K공사 인사관리부에서 근무하는 W대리는 2박 3일간 실시하는 신입사원 연수에 대한 기획안과 예산안을 작성해 제출해야 한다. 그중 식사에 대한 예산을 측정하기 위해 연수원에서 다음과 같이 메뉴별 가격 및 안내문을 받았다. 연수를 가는 신입사원은 총 50명이지만 이 중 15명은 둘째 날 오전 7시에 후발대로 도착할 예정이고, 예산은 최대 금액으로 편성하려고 할 때 W대리가 식사비 예산으로 측정할 금액은 얼마인가?

〈메뉴〉

정식 ·· 9,000원
일품 ·· 8,000원
스파게티 ··· 7,000원
비빔밥 ·· 5,000원
낙지덮밥 ··· 6,000원

〈안내문〉

- 식사시간 : (조식) 08:00 ~ 09:00 / (중식) 12:00 ~ 13:00 / (석식) 18:00 ~ 19:00
- 편의를 위하여 도착 후 첫 식사인 중식은 정식, 셋째 날 마지막 식사인 조식은 일품으로 통일한다.
- 나머지 식사는 정식과 일품을 제외한 메뉴에서 자유롭게 선택한다.

---

① 1,820,000원

② 1,970,000원

③ 2,010,000원

④ 2,025,000원

⑤ 2,070,000원

03 K공단에서는 약 2개월 동안 근무할 인턴사원을 선발하고자 다음과 같은 공고를 게시하였다. A ~E지원자 중에서 K공단의 인턴사원으로 가장 적절한 지원자는?

〈인턴 모집 공고〉

• 근무기간 : 약 2개월(6 ~ 8월)
• 자격 요건
  – 1개월 이상 경력자
  – 포토샵 가능자
  – 근무 시간(9 ~ 18시) 이후에도 근무가 가능한 자
• 기타 사항
  – 경우에 따라서 인턴 기간이 연장될 수 있음

A지원자	• 경력 사항 : 출판사 3개월 근무 • 컴퓨터 활용 능력 中(포토샵, 워드 프로세서) • 대학 휴학 중(9월 복학 예정)
B지원자	• 경력 사항 : 없음 • 포토샵 능력 우수 • 전문대학 졸업
C지원자	• 경력 사항 : 마케팅 회사 1개월 근무 • 컴퓨터 활용 능력 上(포토샵, 워드 프로세서, 파워포인트) • 4년제 대학 졸업
D지원자	• 경력 사항 : 제약 회사 3개월 근무 • 포토샵 가능 • 저녁 근무 불가
E지원자	• 경력 사항 : 마케팅 회사 1개월 근무 • 컴퓨터 활용 능력 中(워드 프로세서, 파워포인트) • 대학 졸업

① A지원자   ② B지원자
③ C지원자   ④ D지원자
⑤ E지원자

04 다음은 부서별 핵심역량가치 중요도와 신입사원들의 핵심역량평가 결과를 정리한 자료이다. 이를 참고할 때, C사원과 E사원의 부서가 바르게 배치된 것은?(단, '-'는 중요도가 상관없다는 표시이다)

〈핵심역량가치 중요도〉

구분	창의성	혁신성	친화력	책임감	윤리성
영업팀	-	중	상	중	-
개발팀	상	상	하	중	상
지원팀	-	중	-	상	하

〈핵심역량평가 결과표〉

구분	창의성	혁신성	친화력	책임감	윤리성
A사원	상	하	중	상	상
B사원	중	중	하	중	상
C사원	하	상	상	중	하
D사원	하	하	상	하	중
E사원	상	중	중	상	하

　　C사원　　E사원
① 개발팀　　지원팀
② 개발팀　　영업팀
③ 지원팀　　영업팀
④ 영업팀　　개발팀
⑤ 영업팀　　지원팀

05 Q물류회사에서 근무 중인 귀하에게 화물운송기사 두 명이 찾아와 운송시간에 대한 질문을 하였다. 다음 주요 도시 간 이동시간을 참고했을 때, 두 기사에게 안내해야 할 시간이 바르게 연결된 것은? (단, 귀하와 두 기사는 A도시에 위치하고 있다)

> K기사 : 저는 여기서 화물을 싣고 E도시로 운송한 후에 C도시로 가서 다시 화물을 싣고 여기로 돌아와야 하는데 시간이 얼마나 걸릴까요? 최대한 빨리 마무리 지었으면 좋겠는데….
> P기사 : 저는 여기서 출발해서 모든 도시를 한 번씩 거쳐 다시 여기로 돌아와야 해요. 만약에 가장 짧은 이동시간으로 다녀오면 얼마나 걸릴까요?

PART 1

〈주요도시 간 이동시간〉

(단위 : 시간)

출발도시 \ 도착도시	A	B	C	D	E
A	–	1.0	0.5	–	–
B	–	–	–	1.0	0.5
C	0.5	2.0	–	–	–
D	1.5	–	–	–	0.5
E	–	–	2.5	0.5	–

※ 화물을 싣고 내리기 위해 각 도시에서 정차하는 시간은 고려하지 않는다.
※ '–' 표시가 있는 구간은 이동이 불가능하다.

	K기사	P기사
①	4시간	4시간
②	4.5시간	5시간
③	4.5시간	5.5시간
④	5시간	5.5시간
⑤	5.5시간	5.5시간

01 모스크바 지사에서 일하고 있는 A대리는 밴쿠버 지사와의 업무협조를 위해 4월 22일 오전 10시 15분에 밴쿠버 지사로 업무협조 메일을 보냈다. 〈조건〉에 따라 밴쿠버 지사에서 가장 빨리 메일을 읽었을 때, 모스크바의 시각은?

> **조건**
>
> • 밴쿠버는 모스크바보다 10시간이 늦다.
> • 밴쿠버 지사의 업무시간은 오전 10시부터 오후 6시까지다.
> • 밴쿠버 지사에서는 4월 22일 오전 10시부터 15분간 전력 점검이 있었다.

① 4월 22일 오전 10시 15분
② 4월 23일 오전 10시 15분
③ 4월 22일 오후 8시 15분
④ 4월 23일 오후 8시 15분
⑤ 4월 23일 오후 10시 15분

02 K공사에서 근무하는 A사원은 기업 관련 홍보자료를 만들어서 배포하려고 한다. 다음 중 가장 저렴한 비용으로 인쇄할 수 있는 업체는?

〈인쇄업체별 비용 견적〉

(단위 : 원)

업체명	페이지당 비용	표지 비용		권당 제본 비용	할인
		유광	무광		
A인쇄소	50	500	400	1,500	–
B인쇄소	70	300	250	1,300	–
C인쇄소	70	500	450	1,000	100부 초과 시 초과 부수만 총비용에서 5% 할인
D인쇄소	60	300	200	1,000	–
E인쇄소	100	200	150	1,000	총 인쇄 페이지 5,000페이지 초과 시 총비용에서 20% 할인

※ 홍보자료는 관내 20개 지점에 배포하고, 지점마다 10부씩 배포한다.
※ 홍보자료는 30페이지 분량으로 제본하며, 표지는 유광표지로 한다.

① A인쇄소
② B인쇄소
③ C인쇄소
④ D인쇄소
⑤ E인쇄소

03 다음은 개발부에서 근무하는 K사원의 9월 근태기록이다. 규정을 참고했을 때 K사원이 받을 시간외근무수당은 얼마인가?(단, 정규근로시간은 09:00 ~ 18:00이다)

〈시간외근무규정〉

• 시간외근무(조기출근 포함)는 1일 4시간, 월 57시간을 초과할 수 없다.
• 시간외근무수당은 1일 1시간 이상 시간외근무를 한 경우에 발생하며, 1시간을 공제한 후 매분 단위까지 합산하여 계산한다(단, 월 단위 계산 시 1시간 미만은 절사한다).
• 시간외근무수당 지급단가 : 사원(7,000원), 대리(8,000원), 과장(10,000원)

〈K사원의 9월 근태기록(출근시각 / 퇴근시각)〉

• 9월 1일부터 9월 15일까지의 시간외근무시간은 12시간 50분(1일 1시간 공제 적용)이다.

18일(월)	19일(화)	20일(수)	21일(목)	22일(금)
09:00 / 19:10	09:00 / 18:00	08:00 / 18:20	08:30 / 19:10	09:00 / 18:00
25일(월)	26일(화)	27일(수)	28일(목)	29일(금)
08:00 / 19:30	08:30 / 20:40	08:30 / 19:40	09:00 / 18:00	09:00 / 18:00

※ 주말 특근은 고려하지 않는다.

---

① 112,000원
② 119,000원
③ 126,000원
④ 133,000원
⑤ 140,000원

04 다음은 K공사의 불법하도급 신고 보상 기준에 대한 자료이다. S사원은 이를 토대로 불법하도급 신고 보상금의 사례를 제시하고자 한다. S사원이 제시한 불법하도급 공사 계약금액과 이에 대한 보상금이 바르게 연결된 것은?

〈불법하도급 신고 보상 기준〉

• 송 · 변전공사 이외 모든 공사(배전공사, 통신공사 등)

불법하도급 공사 계약금액	보상금 지급 기준
5천만 원 이하	5%
5천만 원 초과 3억 원 이하	250만 원+5천만 원 초과금액의 3%
3억 원 초과 10억 원 이하	1,000만 원+3억 원 초과금액의 0.5%
10억 원 초과 20억 원 이하	1,350만 원+10억 원 초과금액의 0.4%
20억 원 초과	1,750만 원+20억 원 초과금액의 0.2%

• 송 · 변전공사(관련 토건공사 포함)

불법하도급 공사 계약금액	보상금 지급 기준
5천만 원 이하	5%
5천만 원 초과 3억 원 이하	250만 원+5천만 원 초과금액의 3%(한도 1,000만 원)
3억 원 초과 10억 원 이하	1,000만 원+3억 원 초과금액의 0.5%(한도 1,350만 원)
10억 원 초과 100억 원 이하	1,350만 원+10억 원 초과금액의 0.4%(한도 1,750만 원)

	불법하도급 공사 계약금액	보상금
①	배전공사 6천만 원	280만 원
②	송전공사 12억 원	1,750만 원
③	변전공사 5억 원	1,250만 원
④	통신공사 23억 원	2,220만 원
⑤	송전공사 64억 원	3,510만 원

05 K은행의 A지점은 M구의 신규 입주아파트 분양업자와 협약체결을 통하여 분양 중도금 관련 집단대출을 전담하게 되었다. A지점에 근무하는 L사원은 한 입주예정자로부터 평일에는 개인사정으로 인해 영업시간 내에 방문하지 못한다는 문의를 받고 입주예정자의 거주지 근처인 G지점에서 대출신청을 진행할 수 있도록 안내하였다. 다음 〈조건〉을 토대로 입주예정자의 대출신청을 완료하는 데까지 걸리는 최소시간은 얼마인가?[단, 각 지점 간 숫자는 두 영업점 간의 거리(km)를 의미한다]

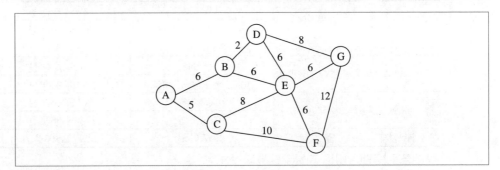

조건
- 대출과 관련한 서류는 A지점에서 G지점까지 행낭을 통해 전달한다.
- 은행 영업점 간 행낭 배송은 시속 60km로 운행하며, 요청에 따라 배송지 순서는 변경(생략)할 수 있다(단, 연결된 구간으로만 운행 가능하다).
- 대출 신청서 등 대출 관련 서류는 입주예정자 본인 또는 대리인이 작성하여야 한다(단, 작성하는 시간은 총 30분이 소요된다).
- 대출 신청 완료는 A지점에 입주예정자가 작성한 신청 서류가 도착했을 때를 기준으로 한다.

① 46분   ② 49분
③ 57분   ④ 1시간 2분
⑤ 1시간 5분

A국은 신재생에너지 보급 사업 활성화를 위하여 신재생에너지 설비에 대한 지원 내용을 공고하였다. 이를 참고할 때, 갑 ~ 무 중 가장 많은 지원금을 받는 신청자는?

〈지원 기준〉

구분		용량(성능)	지원금 단가
태양광	단독주택	2kW 이하	kW당 80만 원
		2kW 초과 3kW 이하	kW당 60만 원
	공동주택	30kW 이하	kW당 80만 원
태양열	평판형·진공관형	10m² 이하	m²당 50만 원
		10m² 초과 20m² 이하	m²당 30만 원
지열	수직밀폐형	10kW 이하	kW당 60만 원
		10kW 초과	kW당 50만 원
연료전지	인산형 등	1kW 이하	kW당 2,100만 원

- 지원금은 [용량(성능)]×(지원금 단가)로 산정
- 국가 및 지방자치단체 소유 건물은 지원 대상에서 제외
- 전월 전력사용량이 450kWh 이상인 건물은 태양열 설비 지원 대상에서 제외
- 용량(성능)이 지원 기준의 범위를 벗어나는 신청은 지원 대상에서 제외

〈지원 신청 현황〉

신청자	설비 종류	용량(성능)	건물 소유자	전월 전력사용량	비고
갑	태양광	8kW	개인	350kWh	공동주택
을	태양열	15m²	개인	550kWh	진공관형
병	태양열	5m²	국가	400kWh	평판형
정	지열	15kW	개인	200kWh	수직밀폐형
무	연료전지	3kW	개인	500kWh	인산형

① 갑 ② 을
③ 병 ④ 정
⑤ 무

01 K공사는 직원들에게 매월 25일 월급을 지급하고 있다. A대리는 이번 달 급여명세서를 보고 자신의 월급이 잘못 나왔음을 알았다. 다음 〈조건〉을 참고하여, 다음 달 A대리가 상여금과 다른 수당들이 없다고 할 때, 소급된 금액과 함께 받을 월급은 총 얼마인가?(단, 4대 보험은 국민연금, 건강보험, 장기요양, 고용보험이며 금액의 10원 미만은 절사한다)

〈급여명세서〉

(단위 : 원)

성명 : A	직책 : 대리	지급일 : 2024-3-25	
지급항목	지급액	공제항목	공제액
기본급	2,000,000	소득세	17,000
야근수당(2일)	80,000	주민세	1,950
휴일수당	–	고용보험	13,000
상여금	50,000	국민연금	90,000
기타	–	장기요양	4,360
식대	100,000	건강보험	67,400
교통비	–	연말정산	–
복지후생	–		
		공제합계	193,710
지급총액	2,230,000	차감수령액	2,036,290

> **조건**
> • 국민연금은 9만 원이고, 건강보험은 기본급의 6.24%이며 회사와 50%씩 부담한다.
> • 장기요양은 건강보험 총 금액의 7.0% 중 50%만 내고 고용보험은 13,000원이다.
> • 잘못 계산된 금액은 다음 달에 소급한다.
> • 야근수당은 하루당 기본급의 2%이며, 상여금은 5%이다.
> • 다른 항목들의 금액은 급여명세서에 명시된 것과 같으며 매달 같은 조건이다.

① 1,865,290원
② 1,866,290원
③ 1,924,290원
④ 1,966,290원
⑤ 1,986,290원

02 다음은 주택용 전력 요금에 대한 자료이다. 단독주택에 거주하는 A씨는 전력을 저압으로 공급받고, 빌라에 거주하는 B씨는 전력을 고압으로 공급받는다. 이번 달 A씨의 전력사용량은 285kWh이고, B씨의 전력사용량은 410kWh일 때, A씨와 B씨의 전기요금을 바르게 연결한 것은?

<주택용 전기요금>

구분	기본요금(원/호)		전력량 요금(원/kWh)	
주택용 전력 (저압)	200kWh 이하 사용	910	처음 200kWh 까지	93.3
	201 ~ 400kWh 사용	1,600	다음 200kWh 까지	187.9
	400kWh 초과 사용	7,300	400kWh 초과	280.6
주택용 전력 (고압)	200kWh 이하 사용	730	처음 200kWh 까지	78.3
	201 ~ 400kWh 사용	1,260	다음 200kWh 까지	147.3
	400kWh 초과 사용	6,060	400kWh 초과	215.6

※ (전기요금)=(기본요금)+(전력량 요금)+(부가가치세)+(전력산업기반기금)
※ 전력량 요금은 주택용 요금 누진제 적용(10원 미만 절사)
  – 주택용 요금 누진제는 사용량이 증가함에 따라 순차적으로 높은 단가가 적용되며, 현재 200kWh 단위로 3단계 운영
※ (부가가치세)=[(기본요금)+(전력량 요금)]×0.1(10원 미만 절사)
※ (전력산업기반기금)=[(기본요금)+(전력량 요금)]×0.037(10원 미만 절사)

	A씨의 전기요금	B씨의 전기요금
①	41,190원	55,830원
②	40,500원	55,300원
③	41,190원	60,630원
④	46,890원	55,830원
⑤	40,500원	60,630원

03 다음 자료를 근거로 할 때, 최우선 순위의 당첨 대상자는?

> 보금자리주택 특별공급 사전예약이 진행된다. 신청자격은 사전예약 입주자 모집 공고일 현재 미성년(만 20세 미만)인 자녀를 3명 이상 둔 서울, 인천, 경기도 등 수도권 지역에 거주하는 무주택 가구주에게 있다. 청약저축통장이 필요 없고, 당첨자는 배점기준표에 의한 점수 순에 따라 선정된다. 특히 자녀가 만 6세 미만 영유아일 경우, 2명 이상은 10점, 1명은 5점을 추가로 받게 된다. 총점은 가산점을 포함하여 90점 만점이며, 배점기준은 다음 배점기준표와 같다.
>
> 〈배점기준표〉
>
> | 배점요소 | 배점기준 | 점수 |
> |---|---|---|
> | 미성년 자녀수 | 4명 이상 | 40 |
> | | 3명 | 35 |
> | 가구주 연령·무주택 기간 | 가구주 연령이 만 40세 이상이고, 무주택 기간 5년 이상 | 20 |
> | | 가구주 연령이 만 40세 미만이고, 무주택 기간 5년 이상 | 15 |
> | | 무주택 기간 5년 미만 | 10 |
> | 당해 시·도 거주 기간 | 10년 이상 | 20 |
> | | 5년 이상 10년 미만 | 15 |
> | | 1년 이상 5년 미만 | 10 |
> | | 1년 미만 | 5 |
>
> ※ 다만 동점자인 경우에는 미성년 자녀수가 많은 자, 미성년 자녀수가 같을 경우에는 가구주의 연령이 많은 자 순으로 선정한다.

① 만 7세 이상 만 17세 미만인 자녀 4명을 두고, 인천에서 8년 거주하고 있으며, 14년 동안 무주택자인 만 45세의 가구주

② 만 19세와 만 15세의 자녀를 두고, 대전광역시에서 10년 이상 거주하고 있으며, 7년 동안 무주택자인 만 40세의 가구주

③ 각각 만 1세, 만 3세, 만 7세, 만 10세인 자녀를 두고, 서울에서 4년 거주하고 있으며, 15년 동안 무주택자인 만 37세의 가구주

④ 각각 만 6세, 만 8세, 만 12세, 만 21세인 자녀를 두고, 서울에서 9년 거주하고 있으며, 20년 동안 무주택자인 만 47세의 가구주

⑤ 만 7세 이상 만 11세 미만인 자녀 3명을 두고, 경기도 하남시에서 15년 거주하고 있으며, 10년 동안 무주택자인 만 45세의 가구주

04 K고등학교 갑 ~ 정 4명의 학생들이 퀴즈대회에 참가했다. 퀴즈는 총 36문제로 한 문제를 맞히면 10점을 얻고, 틀리면 5점이 감점된다고 한다. 학생들이 버저를 누르고 문제를 맞힌다고 할 때, 4명의 퀴즈 점수 결과와 〈조건〉을 참고하여 모든 학생들이 버저를 누른 횟수는 총 얼마인가?

〈퀴즈 점수 결과〉

구분	갑 학생	을 학생	병 학생	정 학생
점수	65점	70점	30점	35점

조건
- 한 문제에 한 사람당 버저는 한 번만 가능하다.
- 갑 학생과 정 학생은 버저를 누른 총횟수가 같다.
- 정 학생은 맞힌 개수와 틀린 개수가 같다.
- 을 학생과 병 학생은 틀린 개수가 같다.
- 버저를 안 누른 경우, 점수 변동은 없다.
- 모든 문제는 맞힌 사람이 있다.

① 66번

② 68번

③ 70번

④ 72번

⑤ 80번

05 다음은 A기업 직원의 직무역량시험 영역별 점수 상위 5명의 자료이다. 이에 대한 설명으로 옳은 것을 〈보기〉에서 모두 고르면?

〈A기업 직원의 직무역량시험 영역별 점수 상위 5명〉

(단위 : 점)

순위	논리		추리		윤리	
	이름	점수	이름	점수	이름	점수
1	하선행	94	신경은	91	양선아	97
2	성혜지	93	하선행	90	박기호	95
3	김성일	90	성혜지	88	황성필	90
4	양선아	88	황성필	82	신경은	88
5	황성필	85	양선아	76	하선행	84

※ A기업 직원 중 같은 이름을 가진 직원은 없다.
※ 전체 순위는 '총점(세 영역 점수의 합)'이 높은 순서대로 정한다.
※ A기업 직무역량시험 영역은 논리, 추리, 윤리로만 구성된다.
※ A기업 직원 전체는 세 영역에 모두 응시한다.

보기

ㄱ. A기업 직원 중 총점이 가장 높은 직원은 하선행이다.
ㄴ. 양선아는 총점을 기준으로 A기업 전체 순위 2위이다.
ㄷ. 신경은의 총점은 260점을 초과하지 못한다.
ㄹ. A기업 직무역량시험의 시험 합격 최저점이 총점 기준 251점이라면 김성일은 불합격이다.

① ㄱ, ㄴ
② ㄱ, ㄹ
③ ㄴ, ㄷ
④ ㄱ, ㄷ, ㄹ
⑤ ㄴ, ㄷ, ㄹ

CHAPTER 05

정보능력

합격 Cheat Key

정보능력은 업무를 수행함에 있어 기본적인 컴퓨터를 활용하여 필요한 정보를 수집·분석·활용하는 능력으로, 업무와 관련된 정보를 수집하고, 이를 분석하여 의미 있는 정보를 얻는 능력을 의미한다. 세부 유형은 컴퓨터 활용, 정보 처리로 나눌 수 있다.

1 평소에 컴퓨터 활용 스킬을 틈틈이 익혀라!

윈도우(OS)에서 어떠한 설정을 할 수 있는지, 응용프로그램(엑셀 등)에서 어떠한 기능을 활용할 수 있는지를 평소에 직접 사용해 본다면 문제를 보다 수월하게 해결할 수 있다. 여건이 된다면 컴퓨터 활용 능력에 관련된 자격증 공부를 하는 것도 이론과 실무를 익히는 데 도움이 될 것이다.

2 문제의 규칙을 찾는 연습을 하라!

일반적으로 코드체계나 시스템 논리체계를 제공하고 이를 분석하여 문제를 해결하는 유형이 출제된다. 이러한 문제는 문제해결능력과 같은 맥락으로 규칙을 파악하여 접근하는 방식으로 연습이 필요하다.

3 현재 보고 있는 그 문제에 집중하라!

정보능력의 모든 것을 공부하려고 한다면 양이 너무나 방대하다. 그렇기 때문에 수험서에서 본인이 현재 보고 있는 문제들을 집중적으로 공부하고 기억하려고 해야 한다. 그러나 엑셀의 함수 수식, 연산자 등 암기를 필요로 하는 부분들은 필수적으로 암기를 해서 출제가 되었을 때 오답률을 낮출 수 있도록 한다.

4 사진·그림을 기억하라!

컴퓨터 활용 능력을 파악하는 영역이다 보니 컴퓨터 속 옵션, 기능, 설정 등의 사진·그림이 문제에 같이 나오는 경우들이 있다. 그런 부분들은 직접 컴퓨터를 통해서 하나하나 확인을 하면서 공부한다면 더 기억에 잘 남게 된다. 조금 귀찮더라도 한 번씩 클릭하면서 확인해 보도록 한다.

01 | 모듈이론

01 정보능력의 의의

(1) 정보의 의의

① 정보능력의 의미

컴퓨터를 활용하여 필요한 정보를 수집·분석·활용하는 능력이다.

② 자료(Data)·정보(Information)·지식(Knowledge)

구분	일반적 정의	사례
자료	객관적 실체를 전달이 가능하게 기호화한 것	스마트폰 활용 횟수
정보	자료를 특정한 목적과 문제 해결에 도움이 되도록 가공한 것	20대의 스마트폰 활용 횟수
지식	정보를 체계화 하여 보편성을 갖도록 한 것	스마트폰 디자인에 대한 20대의 취향
일반적으로 '자료⊇지식⊇정보'의 포함관계로 나타낼 수 있다.		

③ 정보의 특성

㉠ 적시성 : 정보는 원하는 시간에 제공되어야 한다

㉡ 독점성 : 정보는 공개가 되고 나면 정보가치가 급감하나(경쟁성), 정보획득에 필요한 비용이 줄어드는 효과도 있다(경제성).

구분	공개 정보	반(半)공개 정보	비(非)공개 정보
경쟁성	낮음	⇨	높음
경제성	높음	⇨	낮음

(2) 정보화 사회

① 정보화 사회의 의의

정보가 사회의 중심이 되는 사회로, IT기술을 활용해 필요한 정보가 창출되는 사회이다.

② 정보화 사회의 특징

- 정보의 사회적 중요성이 요구되며, 정보 의존성이 강화된다.
- 전 세계를 하나의 공간으로 여기는 수평적 네트워크 커뮤니케이션이 가능해진다.
- 경제 활동의 중심이 유형화된 재화에서 정보·서비스·지식의 생산으로 옮겨간다.
- 정보의 가치 생산을 중심으로 사회 전체가 움직이게 된다.

③ 미래 사회의 특징

> - 지식 및 정보 생산 요소에 의한 부가가치 창출
> - 세계화의 진전
> - 지식의 폭발적 증가

④ 정보화 사회의 필수 행위

정보 검색, 정보 관리, 정보 전파

⑤ 미래사회의 6T

정보기술(IT), 생명공학(BT), 나노기술(NT), 환경기술(ET), 문화산업(CT), 우주항공기술(ST)

(3) 컴퓨터의 활용 분야

① 기업 경영 분야

경영정보시스템(MIS) 의사결정지원시스템(DSS)	기업 경영에 필요한 정보를 효과적으로 활용하도록 지원하여 경영자가 신속히 의사결정을 할 수 있게 함
전략정보시스템(SIS)	기업의 전략을 실현해 경쟁 우위를 확보하기 위한 목적으로 사용
사무자동화(OA)	문서 작성과 보관의 자동화, 전자 결재 시스템이 도입되어 업무 처리의 효율을 높여 줌
전자상거래(EC)	기업의 입장에서는 비용을 절감할 수 있으며, 소비자는 값싸고 질 좋은 제품을 구매할 수 있게 함

② 행정 분야

행정 데이터베이스	민원 처리, 행정 통계 등의 행정 관련 정보의 데이터베이스 구축
행정 사무자동화	민원 서류의 전산 발급

③ 산업 분야

공업	컴퓨터를 이용한 공정 자동화
산업	산업용 로봇의 활용
상업	POS 시스템

④ 전자상거래(EC)

> - 컴퓨터나 정보통신망 등 전자화된 기술을 이용해 기업과 소비자가 상품과 서비스를 사고파는 것을 의미한다.
> - 홈쇼핑, 홈뱅킹, 인터넷 서점 등이 이에 해당한다.
> - 모든 기업과 모든 소비자를 대상으로 기업의 상품 및 서비스가 제공된다.
> - 전자상거래가 활성화되면 기업은 물류 비용을 줄일 수 있으며, 소비자는 값싸고 질 좋은 제품을 집에서 구매할 수 있게 된다.

(4) 정보 처리 과정

| 기획 | ➡ | 수집 | ➡ | 관리 | ➡ | 활용 |

① 기획

　정보 활동의 가장 첫 단계이며, 정보 관리의 가장 중요한 단계이다.

5W	What(무엇을)	정보의 입수대상을 명확히 한다.
	Where(어디에서)	정보의 소스를 파악한다.
	When(언제)	정보의 요구시점을 고려한다.
	Why(왜)	정보의 필요 목적을 염두에 둔다.
	Who(누가)	정보 활동의 주체를 확정한다.
2H	How(어떻게)	정보의 수집 방법을 검토한다
	How much(얼마나)	정보 수집의 효용성을 중시한다

② 수집

　㉠ 다양한 정보원으로부터 목적에 적합한 정보를 입수하는 것이다.

　㉡ 정보 수집의 최종적인 목적은 '예측'을 잘하기 위함이다.

③ 관리

　㉠ 수집된 다양한 형태의 정보를 사용하기 쉬운 형태로 바꾸는 것이다.

　㉡ 정보관리의 3원칙

목적성	사용 목적을 명확히 설명해야 한다.
용이성	쉽게 작업할 수 있어야 한다.
유용성	즉시 사용할 수 있어야 한다.

④ 정보활용능력

• 정보가 필요하다는 문제 상황을 인지할 수 있는 능력 • 문제해결에 적합한 정보를 찾고 선택할 수 있는 능력 • 찾은 정보를 문제해결에 적용할 수 있는 능력 • 윤리의식을 가지고 합법적으로 정보를 활용할 수 있는 능력

OX 문제

01 정보란 정보 작성을 위하여 필요한 데이터를 말하는 것으로, 이는 '아직 특정의 목적에 대하여 평가되지 않은 상태의 숫자나 문자들의 단순한 나열'을 뜻한다. [　]

02 지식이란 자료를 가공하여 이용 가능한 정보로 만드는 과정이다. [　]

03 정보관리의 3원칙이란 목적성, 용이성, 유용성을 말한다. [　]

04 정보관리의 3원칙 중 용이성이란 해당 정보를 즉시 사용할 수 있어야 한다는 것을 의미한다. [　]

01 [×] 정보가 아닌 자료에 대한 설명이다. 정보란 자료를 일정한 프로그램에 따라 컴퓨터가 처리 · 가공함으로써 '특정한 목적을 달성하는 데 필요하거나 특정한 의미를 가진 것으로 다시 생산된 것'을 뜻한다.

02 [×] 지식이 아닌 정보처리에 대한 설명이다. 지식이란 '어떤 특정의 목적을 달성하기 위해 과학적 또는 이론적으로 추상화되거나 정립되어 있는 일반화된 정보'를 뜻한다.

03 [○]

04 [×] 용이성이 아닌 유용성에 대한 설명이다. 용이성이란 쉽게 작업할 수 있어야 한다는 것을 의미한다.

(1) 인터넷 서비스의 종류

① 전자우편

> • 인터넷을 이용하여 다른 이용자들과 정보를 주고받는 통신 방법을 말한다.
> • 포털・회사・학교 등에서 제공하는 전자우편 시스템에 계정을 만들어 이용 가능하다.

② 웹하드

웹서버에 대용량의 저장 기능을 갖추고 사용자가 개인의 하드디스크와 같은 기능을 인터넷을 통해 이용할 수 있게 하는 서비스를 말한다.

③ 메신저

컴퓨터를 통해 실시간으로 메시지와 데이터를 주고받을 수 있는 서비스이며, 응답이 즉시 이루어져 가장 보편적으로 사용되는 서비스이다.

④ 클라우드

> • 사용자들이 별도의 데이터 센터를 구축하지 않고도, 인터넷 서버를 활용해 정보를 보관하고 있다가 필요할 때 꺼내 쓰는 기술을 말한다.
> • 모바일 사회에서는 장소와 시간에 관계없이 다양한 단말기를 통해 사용 가능하다.

⑤ SNS

온라인 인맥 구축을 목적으로 개설된 커뮤니티형 웹사이트를 말하며, 트위터, 페이스북, 인스타그램과 같은 1인 미디어와 정보 공유 등을 포괄하는 개념이다.

⑥ 전자상거래

협의의 전자상거래	인터넷이라는 전자적인 매체를 통해 재화나 용역을 거래하는 것
광의의 전자상거래	소비자와의 거래뿐만 아니라 관련된 모든 기관과의 행위를 포함

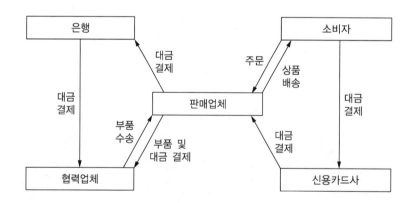

(2) 인터넷 정보 검색

① 정보 검색 단계

검색 주제에 대한 사전 지식을 확보하면 정보검색에 드는 시간을 절약할 수 있다.

첫째, 뉴스 정보인가?

둘째, 인터넷 정보원을 활용해야 하는가?

셋째, 논문자료에서 찾을 수 있는가?

넷째, 해당 주제와 관련 있는 학회나 관공서 사이트에서 찾을 수 있는가?

❶ 검색주제 선정 ➡ ❷ 정보원 선택 ➡ ❸ 검색식 작성 ➡ ❹ 결과 출력

② 검색 엔진의 유형

종류	내용
키워드 검색 방식	• 정보와 관련된 키워드를 직접 입력하여 정보를 찾는 방식 • 방법이 간단하나 키워드를 불명확하게 입력하면 검색이 어려움
주제별 검색 방식	• 주제별, 계층별로 문서들을 정리해 DB를 구축한 후 이용하는 방식 • 원하는 정보를 찾을 때까지 분류된 내용을 차례로 선택해 검색
자연어 검색 방식	• 문장 형태의 질의어를 형태소 분석을 거쳐 각 질문에 답이 들어 있는 사이트를 연결해 주는 방식
통합형 검색 방식	• 검색 엔진 자신만의 DB를 구축하지 않음 • 검색어를 연계된 다른 검색 엔진에 보낸 후 검색 결과를 보여줌

③ 정보 검색 시 주의사항

• 논문 등 특정 데이터들은 특화된 검색 엔진을 이용하는 것이 효율적이다.

• 키워드는 구체적으로 입력하는 것이 좋으며, 결과 내 재검색 기능을 활용한다.

• 검색 연산자는 검색 엔진에 따라 다소 차이가 있을 수 있다.

(3) 업무용 소프트웨어

① 워드프로세서

㉠ 문서를 작성·편집·저장·인쇄할 수 있는 프로그램을 말하며, 키보드 등으로 입력한 문서의 내용을 화면으로 확인하면서 쉽게 고칠 수 있어 편리하다.

㉡ 흔글과 MS-Word가 가장 대표적으로 활용되는 프로그램이다.

㉢ 워드프로세서의 주요 기능

종류	내용
입력	키보드나 마우스를 통해 문자·그림 등을 입력할 수 있는 기능
표시	입력한 내용을 표시 장치를 통해 나타내 주는 기능
저장	입력된 내용을 저장하여 필요할 때 사용할 수 있는 기능
편집	문서의 내용이나 형태 등을 변경해 새롭게 문서를 꾸미는 기능
인쇄	작성된 문서를 프린터로 출력하는 기능

② 스프레드시트

    ㉠ 수치나 공식을 입력하여 그 값을 계산해 내고, 결과를 차트로 표시할 수 있는 프로그램을 말하며, 다양한 함수를 이용해 복잡한 수식도 계산할 수 있다.

    ㉡ 엑셀이 가장 대표적으로 활용되는 프로그램이다.

    ㉢ 스프레드시트의 구성단위

        스프레드시트는 셀, 열, 행, 영역의 4가지 요소로 구성된다. 그중에서 셀은 가로행과 세로열이 교차하면서 만들어지는 공간을 말하며, 이는 정보를 저장하는 기본단위이다.

③ 프레젠테이션

    ㉠ 컴퓨터 등을 이용하여 그 속에 담겨 있는 각종 정보를 전달하는 행위를 프레젠테이션이라고 하며, 이를 위해 사용되는 프로그램들을 프레젠테이션 프로그램이라고 한다.

    ㉡ 파워포인트와 키노트가 가장 대표적으로 활용되는 프로그램이다.

(4) 유틸리티 프로그램

① 파일 압축 유틸리티

    파일의 크기를 압축하거나 줄여 준다. 파일을 압축하면 하드 디스크 또는 플로피 디스크의 저장 용량을 적게 차지하므로 디스크의 저장 공간을 넓혀 주고, 파일을 전송하거나 내려받을 때 걸리는 시간을 단축할 수 있다.

② 바이러스 백신 프로그램

    바이러스 백신 프로그램이란 컴퓨터 바이러스를 찾아내고 기능을 정지시키거나 제거하여 손상된 파일을 치료하는 기능을 가진 소프트웨어를 뜻한다. 따라서 백신 프로그램은 일종의 치료제 역할을 하는 프로그램으로, 사전에 바이러스 프로그램의 감염을 막지는 못한다.

③ 화면 캡처 프로그램

    모니터 화면에 나타나는 영상을 사용자가 원하는 크기 · 모양 등을 선택하여 이미지 파일로 만들어 주는 프로그램이다.

④ 이미지 뷰어 프로그램

    이미지 뷰어 프로그램은 그림 파일이나 디지털 카메라로 찍은 이미지 파일들을 볼 수 있도록 도와주는 유틸리티 프로그램이다. 여러 장의 이미지를 편리하게 볼 수 있도록 화면 크기에 맞게 확대 · 축소 · 연속 보기 · 두 장 보기 등의 기능이 있다.

⑤ 동영상 재생 프로그램

    동영상 재생 프로그램은 각종 영화나 애니메이션을 감상하거나 음악을 즐길 수 있는 유틸리티 프로그램이다. 느린 속도와 빠른 속도로 선택 재생이 가능하고, 재생 시점을 임의로 조정할 수 있다.

(5) 데이터베이스

① 데이터베이스의 의의

여러 개의 서로 연관된 파일을 데이터베이스라 하며, 이 연관성으로 인해 사용자는 여러 파일에 있는 정보를 한 번에 검색할 수 있다.

데이터베이스 관리시스템	데이터와 파일의 관계를 생성·유지·검색할 수 있게 하는 소프트웨어
파일 관리시스템	한 번에 한 개의 파일만 생성·유지·검색할 수 있는 소프트웨어

② 데이터베이스의 필요성

종류	내용
데이터 중복 감소	데이터를 한 곳에서만 갖고 있으므로 유지 비용이 절감된다.
데이터 무결성 증가	데이터가 변경될 경우 한 곳에서 수정하는 것만으로 해당 데이터를 이용하는 모든 프로그램에 반영된다.
검색의 용이	한 번에 여러 파일에서 데이터를 찾을 수 있다.
데이터 안정성 증가	사용자에 따라 보안등급의 차등을 둘 수 있다.

③ 데이터베이스의 기능

종류	내용
입력 기능	형식화된 폼을 사용해 내용을 편리하게 입력할 수 있다.
검색 기능	필터나 쿼리 기능을 이용해 데이터를 빠르게 검색하고 추출할 수 있다.
일괄 관리 기능	테이블을 사용해 데이터를 관리하기 쉽고, 많은 데이터를 종류별로 분류해 일괄적으로 관리할 수 있다.
보고서 기능	데이터를 이용해 청구서나 명세서 등의 문서를 쉽게 만들 수 있다.

④ 데이터베이스의 작업순서

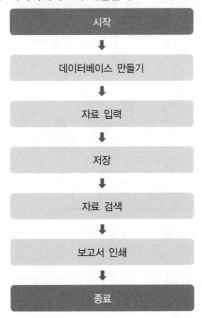

시작
↓
데이터베이스 만들기
↓
자료 입력
↓
저장
↓
자료 검색
↓
보고서 인쇄
↓
종료

OX 문제

01 정보 검색은 '검색주제 선정 → 정보원 선택 → 검색식 작성 → 결과 출력'의 과정을 거친다. [   ]

02 파일시스템은 데이터베이스 시스템에 비해서 여러 개의 파일이 서로 연관되어 있으므로, 사용자는 여러 개의 파일에 있는 정보를 한 번에 검색해서 볼 수 있는 이점이 있다. [   ]

03 데이터베이스는 데이터가 중복되지 않고 한 곳에만 기록되어 있으므로 데이터의 무결성, 즉 결함 없는 데이터를 유지하는 것이 훨씬 쉬워졌다. [   ]

04 검색 엔진 자신만의 DB를 구축하지 않으며, 검색어를 연계된 다른 검색 엔진에 보낸 후 검색 결과를 보여주는 것을 통합형 검색 방식이라고 한다. [   ]

---

01 [○]

02 [×] 데이터베이스 시스템은 파일시스템에 비해서 여러 개의 파일이 서로 연관되어 있으므로, 사용자는 여러 개의 파일에 있는 정보를 한 번에 검색해서 볼 수 있는 이점이 있다.

03 [○]

04 [○]

---

03 정보처리능력

(1) 정보의 수집

① 1차 자료와 2차 자료

1차 자료	• 원래의 연구 성과가 기록된 자료 • 단행본, 학술지와 학술지 논문, 학술회의자료, 연구보고서, 학위논문, 특허정보, 표준 및 규격자료, 레터, 출판 전 배포자료, 신문, 잡지 등
2차 자료	• 1차 자료를 효과적으로 찾아보기 위한 자료 혹은 1차 자료에 포함되어 있는 정보를 압축·정리한 자료 • 사전, 백과사전, 편람, 연감, 서지데이터베이스 등

② 인포메이션과 인텔리전스

인포메이션	하나하나의 개별적인 정보
인텔리전스	인포메이션 중에 몇 가지를 선별해 그것을 연결시켜 판단하기 쉽게 도와주는 하나의 정보 덩어리

③ 정보 수집을 잘하기 위한 방법

    ㉠ 신뢰관계 수립 : 중요한 정보는 신뢰관계가 좋은 사람에게만 전해지므로, 중요한 정보를 수집하려면 먼저 신뢰관계를 이루어야 한다.

    ㉡ 선수필승(先手必勝) : 변화가 심한 시대에는 질이나 내용보다 빠른 정보 획득이 중요하다.

    ㉢ 구조화 : 얻은 정보를 의식적으로 구조화하여 머릿속에 가상의 서랍을 만들어두어야 한다.

    ㉣ 도구의 활용 : 기억력에는 한계가 있으므로 박스·스크랩 등을 활용하여 정리하여야 한다.

(2) **정보 분석**

① 정보 분석의 정의

여러 정보를 상호 관련지어 새로운 정보를 생성해내는 활동을 말한다.

② 정보 분석의 절차

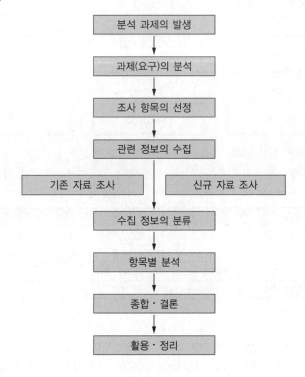

③ 정보 분석의 특징

- 좋은 자료가 있다고 해서 항상 훌륭한 분석이 되는 것은 아니다.
- 반드시 고도의 수학적 기법을 요구하는 것만은 아니다.
- 한 개의 정보만으로는 불분명한 사항일지라도 다른 정보를 통해 이를 명백히 할 수 있다.
- 서로 상반되는 정보들을 판단하여 새로운 해석을 가능하게 한다.

④ 정보의 서열화와 구조화

(3) 효율적인 정보 관리 방법

① 목록을 이용한 정보 관리

정보에서 중요 항목을 찾아 기술한 후 정리해 목록을 만드는 것이다.

② 색인을 이용한 정보 관리

㉠ 목록과 색인의 차이

목록	한 정보원에 하나의 목록이 대응된다.
색인	한 정보원에 여러 색인을 부여할 수 있다.

㉡ 색인의 구성요소

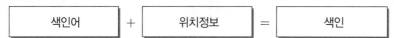

③ 분류를 이용한 정보 관리

㉠ 유사한 정보를 하나로 모아 분류하여 정리하는 것은 신속한 정보 검색을 가능하게 한다.

㉡ 분류 기준 예시

기준	내용	예
시간적 기준	정보의 발생 시간별로 분류	2024년 봄, 7월 등
주제적 기준	정보의 내용에 따라 분류	정보사회, ○○대학교 등
기능적 / 용도별 기준	정보의 용도나 기능에 따라 분류	참고자료용, 강의용, 보고서 작성용 등
유형적 기준	정보의 유형에 따라 분류	도서, 비디오, CD, 한글파일, 파워포인트 파일 등

④ 특징

- 디지털 파일에 색인을 저장하면 추가·삭제·변경이 쉽다.
- 목록은 한 정보원에 하나만 대응하지만, 색인은 여러 개를 부여할 수 있다.
- 정보 목록은 정보에서 중요 항목을 찾아 기술한 후 정리하면서 만들어진다.

(4) 정보의 활용

① 정보활용의 형태

- 수집한 정보를 그대로 활용한다.
- 수집한 정보를 그대로 활용하되, 일정한 형태로 표현하여 활용한다.
- 수집한 정보를 정리·분석·가공하여 활용한다.
- 수집한 정보를 정리·가공하여 활용하되, 일정한 형태로 표현하여 활용한다.
- 생산된 정보를 일정한 형태로 재표현하여 활용한다.
- 일정한 형태로 표현한 정보, 한 번 이용한 정보를 보존·정리하여 장래에 활용한다.

② 동적정보와 정적정보

동적정보	• 시시각각으로 변하는 정보이다.
	• 정보를 입수한 그 자리에서 판단해 처리하면 미련 없이 버릴 수 있다.
	• 변화하는 정보이기 때문에 유통기한이 있다.
정적정보	• 보존되어 멈추어 있는 정보(저장정보)이다.

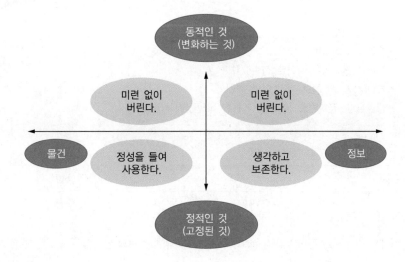

(5) 인터넷의 역기능과 네티켓

① 인터넷의 역기능

- 불건전 정보의 유통
- 개인 정보 유출
- 사이버 성폭력
- 사이버 언어폭력
- 언어 훼손
- 인터넷 중독
- 불건전한 교제
- 저작권 침해

② 네티켓

③ 컴퓨터 바이러스 예방방법

- 출처가 불분명한 첨부파일은 바이러스 검사 후 사용
- 백신 프로그램의 실시간 감시 기능 활용, 정기적인 업데이트
- 정품 소프트웨어 사용
- 중요한 파일은 별도의 보조 매체에 백업
- 프로그램 복사 시 바이러스 감염 여부 확인

(6) 개인정보 보호

① 개인정보의 의미

생존하는 개인에 관한 정보로서, 정보에 포함된 성명 등에 의해 개인을 식별할 수 있는 정보를 의미하며, 단일 정보뿐만 아니라 다른 정보와 결합해 식별할 수 있는 것도 이에 해당한다.

② 개인정보의 유출 방지

- 회원 가입 시 이용 약관 확인
- 이용 목적에 부합하는 정보를 요구하는지 확인
- 정기적인 비밀번호 교체
- 정체가 불분명한 사이트 접속 자제
- 가입 해지 시 정보 파기 여부 확인
- 생년월일, 전화번호 등 유추 가능한 비밀번호 사용 자제

OX 문제

01 정보원은 정보를 수집하는 사람의 입장에서 볼 때 공개된 것만 포함된다. [   ]

02 정적정보는 유효기간이 비교적 짧고, 보존이 불가능한 정보를 말한다. [   ]

03 정보분석을 위해서는 1차 정보가 포함하는 주요 개념을 대표하는 용어(Key Word)를 추출하며, 이를 간결하게 서열화 및 구조화하여야 한다. [   ]

04 색인은 한 정보원에 하나의 색인이 대응되는 반면, 목록은 한 정보원에 여러 목록을 부여할 수 있다는 점에서 차이가 있다. [   ]

05 현행 법령상 개인정보란 생존하는 개인에 관한 정보를 뜻한다. [   ]

---

01 [×] 정보원은 정보를 수집하는 사람의 입장에서 볼 때 공개된 것은 물론이고, 비공개된 것도 포함된다.

02 [×] 정적정보는 유효기간이 비교적 길고, 보존이 가능한 정보를 말하며 잡지, 책 등이 이에 해당한다.

03 [○]

04 [×] 목록은 한 정보원에 하나의 목록이 대응되는 반면, 색인은 한 정보원에 여러 색인을 부여할 수 있다는 점에서 차이가 있다.

05 [○]

02 | 정보능력 맛보기

01 A기업의 최윤오 연구원은 기업의 성과관리에 대한 보고서를 작성하던 도중, 임금체계와 성과급에 대한 자료가 필요해 이를 데이터베이스에서 찾으려고 한다. 임금체계와 성과관리가 모두 언급된 자료를 검색하기 위한 검색 키워드로 '임금체계'와 '성과급'을 입력했을 때, 최윤오 연구원이 활용할 수 있는 검색 명령어를 〈보기〉에서 모두 고르면?

> A기업은 사회 이슈에 대해 보고서를 발간하며, 모든 자료는 사내 데이터베이스에 보관하고 있다. 데이터베이스를 구축한지 오랜 시간이 흐르고, 축적한 자료도 많아 원하는 자료를 일일이 찾기엔 어려워 A기업에서는 데이터베이스 이용시 검색 명령을 활용하라고 권장하고 있다. A기업의 데이터베이스에서 사용할 수 있는 검색 명령어는 아래와 같다.

*	두 단어가 모두 포함된 문서를 검색
OR	두 단어가 모두 포함되거나, 두 단어 중에서 하나만 포함된 문서를 검색
|	OR 대신 사용할 수 있는 명령어
!	! 기호 뒤에 오는 단어는 포함하지 않는 문서를 검색
~	앞/뒤에 단어가 가깝게 인접해 있는 문서를 검색

> **보기**
>
> ㉠ * ㉡ OR ㉢ ! ㉣ ~

① ㉠
② ㉠, ㉡
③ ㉠, ㉡, ㉢
④ ㉠, ㉡, ㉣
⑤ ㉡, ㉢, ㉣

정답 ④

㉠ 임금체계 * 성과급 : 임금체계와 성과급이 모두 포함된 문서를 검색한다.
㉡ 임금체계 OR 성과급 : 임금체계와 성과급이 모두 포함되거나, 두 단어 중에서 하나만 포함된 문서를 검색한다.
㉣ 임금체계 ~ 성과급 : 임금체계와 성과급이 가깝게 인접해 있는 문서를 검색한다.

오답분석

㉢ 임금체계와 성과급이 모두 언급된 자료를 검색해야 하므로, 한 단어가 포함되지 않는 문서를 검색하는 명령어 '!'는 적절하지 않다.

풀이 전략!

> 최근에는 자연어 검색방식이 매우 발달하였지만 정확한 검색결과를 얻기 위해서는 여전히 명령어를 사용한 검색방법이 활용되고 있다. 이러한 유형의 문제가 출제된다면 특정한 검색방법을 숙지하고 있는지를 묻는 것이 아닌, 검색방법이 지문에 주어지고 그 방법에 따라 명령어를 입력하면 되게끔 출제되고 있으니 큰 부담은 없는 유형이다. 따라서 이러한 유형의 문제가 출제된다면 반드시 맞춰야 한다는 것을 명심하자.

02 현재 판매량을 제외한 판매 금액이 10,000원 이상인 것들만 모아서 따로 합계를 내려고 할 때, 사용할 수 있는 함수식으로 옳은 것은?

	A	B	C	D	E	F	G
1							
2			표1				표2
3	제품	판매량	단가	금액		물품	금액
4	샴푸	6	10,000	30,000		샴푸	
5	린스	7	10,000	30,000		린스	300,000
6	비누	3	2,000	5,000		비누	90,000
7	바디워시	9	10,000	20,000		바디워시	320,000
8	비누	5	5,000	15,000			
9	린스	9	5,000	10,000			
10	샴푸	30	2,000	5,000			
11	바디워시	14	5,000	10,000			
12	면도크림	4	10,000	20,000			
13	면도기	9	20,000	40,000			
14							

① $=$ SUM(C4:D13, " $> =$ 10,000")

② $=$ SUM(D4:D13, " $> =$ 10,000")

③ $=$ SUMIF(D4:D13, " $> =$ 10,000")

④ $=$ SUMIF(D4:D13, " $=$ 10,000")

⑤ $=$ SUMIFS(D4:D13, " $=$ 10,000")

정답 ③

SUMIF는 조건을 만족하는 경우의 합을 구하는 함수식으로, 판매 금액을 10,000원 이상만 모아서 따로 합계를 내고 싶을 때 사용할 수 있는 옳은 함수식은 '$=$SUMIF(D4:D13, "$>=$10,000")'이다.

오답분석

⑤ SUMIFS 함수식은 주어진 조건에 따라 지정되는 셀을 더한다.

풀이 전략!

엑셀의 함수식을 활용하는 문제는 매번 등장하는 유형이지만 실제 출제되는 문제들의 난도는 그리 높지 않은 편이다. 하지만 엑셀의 활용법 및 함수식을 숙지하고 있지 않으면 손을 댈 수 없는 유형이므로 시간적 여유가 있을 때 별도로 학습해둘 것을 추천한다. 컴퓨터 활용능력 2급 수준의 지식만 익혀놓고 있으면 충분하다.

03 | 대표유형 적중문제

정답 및 해설 p.082

| 01 | 모듈형

01 다음 글을 읽고 정보관리의 3원칙 중 밑줄 친 ㉠~㉢에 해당하는 내용을 바르게 나열한 것은?

> '구슬이 서말이라도 꿰어야 보배'라는 속담처럼 여러 가지 채널과 같은 노력 끝에 입수한 정보가 우리가 필요한 시점에 즉시 활용되기 위해서는 모든 정보가 차곡차곡 정리되어 있어야 한다. 이처럼 정보의 관리란 수집된 다양한 형태의 정보를 어떤 문제해결이나 결론도출에 사용하기 쉬운 형태로 바꾸는 일이다. 정보를 관리할 때에는 특히 ㉠ 정보에 대한 사용목표가 명확해야 하며, ㉡ 정보를 쉽게 작업할 수 있어야 하고, ㉢ 즉시 사용할 수 있어야 한다.

	㉠	㉡	㉢
①	목적성	용이성	유용성
②	다양성	용이성	통일성
③	용이성	통일성	다양성
④	통일성	목적성	유용성
⑤	통일성	목적성	용이성

02 K공사의 L사원은 거래처의 컴퓨터를 빌려서 쓰게 되었는데, 해당 컴퓨터를 부팅하고 바탕화면에 저장된 엑셀 파일을 열자 어디에 사용될지 모르는 고객의 상세한 신상정보가 담겨 있었다. 다음 중 L사원이 취해야 할 태도로 가장 적절한 것은?

① 고객 신상 정보를 즉시 지우고 빌린 컴퓨터를 사용한다.

② 고객 신상 정보의 훼손을 방지하고자 자신의 USB에 백업해두고 보관해준다.

③ 고객 신상 정보를 저장장치에 복사해서 빌린 거래처 담당자에게 되돌려준다.

④ 거래처에 고객 신상 정보 삭제를 요청한다.

⑤ 고객 신상 정보에 나와 있는 고객에게 연락하여 알려준다.

03 다음은 데이터베이스에 대한 설명이다. 데이터베이스의 특징으로 적절하지 않은 것은?

데이터베이스란 대량의 자료를 관리하고 내용을 구조화하여 검색이나 자료 관리 작업을 효과적으로 실행하는 프로그램으로, 삽입, 삭제, 수정, 갱신 등을 통하여 항상 최신의 데이터를 유동적으로 유지할 수 있으며, 이와 같은 대량의 데이터는 사용자의 질의에 대한 신속한 응답 처리를 가능하게 한다. 또한 이러한 데이터를 여러 명의 사용자가 동시에 공유할 수 있고, 각 데이터를 참조할 때는 사용자가 요구하는 내용에 따라 참조가 가능함은 물론 응용프로그램과 데이터베이스를 독립시킴으로써 데이터를 변경시키더라도 응용프로그램은 변경되지 않는다.

① 실시간 접근성   ② 계속적인 진화
③ 동시 공유   ④ 내용에 의한 참조
⑤ 데이터 논리적 의존성

04 다음 중 빈칸 (가) ~ (다)에 들어갈 말을 순서대로 바르게 나열한 것은?

(가) ▶	객관적 실제의 반영이며, 그것을 전달할 수 있도록 기호화한 것	▶	• 고객의 주소, 성별, 이름, 나이, 스마트폰 기종 등
(나) ▶	(가)를 특정한 목적과 문제해결에 도움이 되도록 가공한 것	▶	• 중년층의 스마트폰 기종 • 중년층의 스마트폰 활용 횟수
(다) ▶	(나)를 집적하고 체계화하여 장래의 일반적인 사항에 대비해 보편성을 갖도록 한 것	▶	• 스마트폰 디자인에 대한 중년층의 취향 • 중년층을 주요 타깃으로 신종 스마트폰 개발

	(가)	(나)	(다)
①	자료	지식	정보
②	정보	자료	지식
③	지식	자료	정보
④	자료	정보	지식
⑤	지식	정보	자료

05 다음 중 4차 산업혁명의 적용사례로 적절하지 않은 것은?

① 농사 기술에 ICT를 접목한 농장에서는 농작물 재배 시설의 온도·습도·햇볕량·토양 등을 분석하고, 그 결과에 따라 기계 등을 작동하여 적절한 상태로 변화시킨다.

② 주로 경화성 소재를 사용하고, 3차원 모델링 파일을 출력 소스로 활용하여 프린터로 입체 모형의 물체를 뽑아낸다.

③ 인터넷 서버에 데이터를 저장하고 여러 IT 기기를 사용해 언제 어디서든 이용할 수 있는 컴퓨팅 환경에서는 자신의 컴퓨터가 아닌 인터넷으로 연결된 다른 컴퓨터로 정보를 처리할 수 있다.

④ 인터넷에서 정보를 교환하는 시스템으로, 하이퍼텍스트 구조를 활용해서 인터넷상의 정보들을 연결해 준다.

⑤ 사물에 센서를 부착해 실시간으로 데이터를 인터넷으로 주고받는 환경에서는 세상 모든 유형·무형 객체들이 연결되어 새로운 서비스를 제공한다.

06 다음은 기획안을 제출하기 위한 정보수집 전에 어떠한 정보를 어떻게 수집할지에 대한 '정보의 전략적 기획'의 사례이다. S사원이 필요한 정보로 적절하지 않은 것은?

> K전자의 S사원은 상사로부터 세탁기 신상품에 대한 기획안을 제출하라는 업무를 받았다. 먼저 S사원은 기획안을 작성하기 위해 자신에게 어떠한 정보가 필요한지를 생각해 보았다. 개발하려는 세탁기 신상품의 컨셉은 중년층을 대상으로 한 실용적이고 경제적이며 조작하기 쉬운 것을 대표적인 특징으로 삼고 있다.

① 기존에 세탁기를 구매한 고객들의 데이터베이스로부터 정보가 필요할 수도 있다.

② 현재 세탁기를 사용하면서 불편한 점은 무엇인지에 대한 정보가 필요하다.

③ 데이터베이스로부터 성별로 세탁기 선호 디자인에 대한 정보가 필요하다.

④ 고객들의 세탁기에 대한 부담 가능한 금액은 얼마인지에 대한 정보도 필요할 것이다.

⑤ 데이터베이스를 통해 중년층이 선호하는 디자인이나 색은 무엇인지에 대한 정보도 있으면 좋을 것이다.

07 K물산에 근무하는 B사원은 제품 판매 결과보고서를 작성할 때, 자주 사용하는 여러 개의 명령어를 묶어 하나의 키 입력 동작으로 만들어서 빠르게 완성하였다. 그리고 판매 결과를 여러 유통업자에게 알리기 위해 같은 내용의 안내문을 미리 수집해 두었던 주소록을 활용하여 쉽게 작성하였다. 이러한 사례에서 사용한 워드프로세서(한글 2010)의 기능으로 옳은 것을 〈보기〉에서 모두 고르면?

> **보기**
> ㄱ. 매크로   ㄴ. 글맵시
> ㄷ. 메일 머지   ㄹ. 하이퍼링크

① ㄱ, ㄴ   ② ㄱ, ㄷ
③ ㄴ, ㄷ   ④ ㄴ, ㄹ
⑤ ㄷ, ㄹ

08 RFID 기술이 확산됨에 따라 K유통업체는 RFID를 물품관리시스템에 도입하여 긍정적인 효과를 얻고 있다. 다음 중 RFID에 대한 설명으로 적절하지 않은 것은?

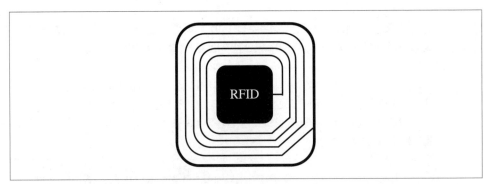

① 바코드와 달리 물체에 직접 접촉하지 않고도 데이터를 인식할 수 있다.
② 여러 개의 정보를 동시에 인식하거나 수정할 수 있다.
③ 바코드에 비해 많은 양의 데이터를 허용한다.
④ 데이터를 읽는 속도가 매우 빠르며, 데이터의 신뢰도 또한 높다.
⑤ 종류에 따라 반복적으로 데이터를 기록할 수 있지만 단기적으로만 이용할 수 있다.

| 02 | 엑셀형

01 다음 중 워크시트의 인쇄에 대한 설명으로 옳지 않은 것은?

① 워크시트의 내용 중 특정 부분만을 인쇄 영역으로 설정하여 인쇄할 수 있다.

② 인쇄하기 전에 워크시트를 미리 보려면 〈Ctrl〉+〈F2〉를 누른다.

③ 기본적으로 화면에 표시되는 열 머리글(A, B, C 등)이나 행 머리글(1, 2, 3 등)은 인쇄되지 않는다.

④ 인쇄 영역에 포함된 도형은 기본적으로 인쇄가 되지 않으므로 인쇄를 하려면 도형의 [크기 및 속성] 대화상자에서 '개체 인쇄' 옵션을 선택해야 한다.

⑤ 워크시트의 셀 구분선을 그대로 인쇄하려면 페이지 설정 대화상자의 [시트] 탭에서 '눈금선'을 선택하면 된다.

02 다음 중 엑셀의 기능 중 틀 고정에 대한 설명으로 옳지 않은 것은?

① 틀을 고정하면 셀 포인터의 이동에 상관없이 고정된 행이나 열이 표시된다.

② 인쇄할 때는 틀 고정을 해놓은 것이 적용이 안되므로 인쇄를 하려면 설정을 바꿔줘야 한다.

③ 틀 고정을 취소할 때에는 셀 포인터의 위치는 상관없이 [보기] – [틀 고정 취소]를 클릭한다.

④ 문서의 내용이 많은 경우 셀 포인터를 이동하면 문서의 제목 등이 안 보이므로 틀 고정을 사용한다.

⑤ 고정하고자 하는 행의 위 또는 열의 왼쪽에 셀 포인터를 위치시킨 후 [보기] – [틀 고정]을 선택한다.

03 다음 중 함수식에 대한 결괏값으로 옳지 않은 것은?

	함수식	결괏값
①	=TRIM("1/4분기 수익")	1/4분기 수익
②	=SEARCH("세","세금 명세서",3)	5
③	=PROPER("republic Of korea")	REPUBLIC OF KOREA
④	=LOWER("Republic Of Korea")	republic of korea
⑤	=MOD(18,−4)	−2

04 다음 시트에서 [B1] 셀에 〈보기〉의 (가) ~ (마) 함수를 입력하였을 때, 표시되는 결괏값이 다른 것은?

◢	A	B
1	333	
2	합격	
3	불합격	
4	12	
5	7	

보기

(가) =ISNUMBER(A1)   (나) =ISNONTEXT(A2)

(다) =ISTEXT(A3)   (라) =ISEVEN(A4)

(마) =ISODD(A5)

① (가)   ② (나)

③ (다)   ④ (라)

⑤ (마)

05 다음 워크시트에서 '박지성'의 결석 값을 찾기 위한 함수식은?

◢	A	B	C	D
1	성적표			
2	이름	중간	기말	결석
3	김남일	86	90	4
4	이천수	70	80	2
5	박지성	95	85	5

① =VLOOKUP("박지성",$A$3:$D$5,4,1)

② =VLOOKUP("박지성",$A$3:$D$5,4,0)

③ =HLOOKUP("박지성",$A$3:$D$5,4,0)

④ =HLOOKUP("박지성",$A$3:$D$5,4,1)

⑤ =HLOOKUP("박지성",$A$3:$D$5,4,2)

※ K공사에 근무 중인 S사원은 체육대회를 준비하고 있다. S사원은 체육대회에 사용될 물품 구입비를 다음과 같이 엑셀로 정리하였다. 이어지는 질문에 답하시오. [6~7]

	A	B	C	D	E
1	구분	물품	개수	단가(원)	비용(원)
2	의류	A팀 체육복	15	20,000	300,000
3	식품류	과자	40	1,000	40,000
4	식품류	이온음료수	50	2,000	100,000
5	의류	B팀 체육복	13	23,000	299,000
6	상품	수건	20	4,000	80,000
7	상품	USB	10	10,000	100,000
8	의류	C팀 체육복	14	18,000	252,000
9	식품류	김밥	30	3,000	90,000

06 S사원은 표에서 단가가 두 번째로 높은 물품의 금액을 알고자 한다. 다음 중 S사원이 입력해야 할 함수로 옳은 것은?

① =MAX(D2:D9,2)
② =MIN(D2:D9,2)
③ =MID(D2:D9,2)
④ =LARGE(D2:D9,2)
⑤ =INDEX(D2:D9,2)

07 S사원은 구입물품 중 의류의 총개수를 파악하고자 한다. 다음 중 S사원이 입력해야 할 함수로 옳은 것은?

① =SUMIF(A2:A9,A2,C2:C9)
② =COUNTIF(C2:C9,C2)
③ =VLOOKUP(A2,A2:A9,1,0)
④ =HLOOKUP(A2,A2:A9,1,0)
⑤ =AVERAGEIF(A2:A9,A2,C2:C9)

08 K중학교에서 근무하는 P교사는 반 학생들의 과목별 수행평가 제출 여부를 확인하기 위해 다음과 같이 자료를 정리하였다. P교사가 [D11] ~ [D13] 셀에 〈보기〉와 같이 함수를 입력하였을 때, [D11] ~ [D13] 셀에 나타날 결괏값이 바르게 연결된 것은?

◢	A	B	C	D
1			(제출했을 경우 '1'로 표시)	
2	이름	A과목	B과목	C과목
3	김혜진	1	1	1
4	이방숙	1		
5	정영교	재제출 요망	1	
6	정혜운		재제출 요망	1
7	이승준		1	
8	이혜진			1
9	정영남	1		1
10				
11				
12				
13				

보기

• [D11] 셀에 입력한 함수 → =COUNTA(B3:D9)
• [D12] 셀에 입력한 함수 → =COUNT(B3:D9)
• [D13] 셀에 입력한 함수 → =COUNTBLANK(B3:D9)

	[D11]	[D12]	[D13]
①	12	10	11
②	12	10	9
③	10	12	11
④	10	12	9
⑤	10	10	9

09 K공사의 P사원은 고객의 지출성향을 파악하기 위하여 다음과 같은 내역을 조사하여 파일을 작성하였다. 다음 중 외식비로 지출된 금액의 총액을 구하고자 할 때, [G5] 셀에 들어갈 함수식으로 옳은 것은?

PART 1

	A	B	C	D	E	F	G
1							
2		날짜	항목	지출금액			
3		01월 02일	외식비	35,000			
4		01월 05일	교육비	150,000			
5		01월 10일	월세	500,000		외식비 합계	
6		01월 14일	외식비	40,000			
7		01월 19일	기부	1,000,000			
8		01월 21일	교통비	8,000			
9		01월 25일	외식비	20,000			
10		01월 30일	외식비	15,000			
11		01월 31일	교통비	2,000			
12		02월 05일	외식비	22,000			
13		02월 07일	교통비	6,000			
14		02월 09일	교육비	120,000			
15		02월 10일	월세	500,000			
16		02월 13일	외식비	38,000			
17		02월 15일	외식비	32,000			
18		02월 16일	교통비	4,000			
19		02월 20일	외식비	42,000			
20		02월 21일	교통비	6,000			
21		02월 23일	외식비	18,000			
22		02월 24일	교통비	8,000			
23							
24							

① =SUMIF(C4:C23, "외식비", D4:D23)

② =SUMIF(C3:C22, "외식비", D3:D22)

③ =SUMIF(C3:C22, "C3", D3:D22)

④ =SUMIF("외식비", C3:C22, D3:D22)

⑤ =SUMIF(C3:C22, D3:D22, "외식비")

기술능력

합격 Cheat Key

기술능력은 업무를 수행함에 있어 도구, 장치 등을 포함하여 필요한 기술에 어떠한 것들이 있는지 이해하고, 실제 업무를 수행함에 있어 적절한 기술을 선택하여 적용하는 능력이다.

세부 유형은 기술 이해 · 기술 선택 · 기술 적용으로 나눌 수 있다. 제품설명서나 상황별 매뉴얼을 제시하는 문제 또는 명령어를 제시하고 규칙을 대입할 수 있는지 묻는 문제가 출제되기 때문에 이런 유형들을 공략할 수 있는 전략을 세워야 한다.

1 긴 지문이 출제될 때는 보기의 내용을 미리 보라!

기술능력에서 자주 출제되는 제품설명서나 상황별 매뉴얼을 제시하는 문제에서는 기술을 이해하고, 상황에 알맞은 원인 및 해결방안을 고르는 문제가 출제된다. 실제 시험장에서 문제를 풀 때는 시간적 여유가 없기 때문에 보기를 먼저 읽고, 그 다음 긴 지문을 보면서 동시에 보기와 일치하는 내용이 나오면 확인해 가면서 푸는 것이 좋다.

2 모듈형에도 대비하라!

모듈형 문제의 비중이 늘어나는 추세이므로 공기업을 준비하는 취업준비생이라면 모듈형 문제에 대비해야 한다. 기술능력의 모듈형 이론 부분을 학습하고 모듈형 문제를 풀어보고 여러 번 읽으며 이론을 확실히 익혀두면 실제 시험장에서 이론을 묻는 문제가 나왔을 때 단번에 답을 고를 수 있다.

3 전공 이론도 익혀 두어라!

지원하는 직렬의 전공 이론이 기술능력으로 출제되는 경우가 많기 때문에 전공 이론을 익혀두는 것이 좋다. 깊이 있는 지식을 묻는 문제가 아니더라도 출제되는 문제의 소재가 전공과 관련된 내용일 가능성이 크기 때문에 최소한 지원하는 직렬의 전공 용어는 확실히 익혀 두어야 한다.

4 쉽게 포기하지 말라!

직업기초능력평가에서 주요 영역이 아니면 소홀한 경우가 많다. 시험장에서 기술능력을 읽어보지도 않고 포기하는 경우가 많은데 차근차근 읽어보면 지문만 잘 읽어도 풀 수 있는 문제들이 출제되는 경우가 있다. 이론을 모르더라도 풀 수 있는 문제인지 파악해보자.

01 | 모듈이론

01 기술능력의 의의

(1) 기술의 의의

① 기술의 의미

지적인 도구를 특정한 목적에 사용하는 지식 체계를 말하며, 제품이나 용역을 생산하는 원료·생산 공정 등에 관한 지식의 집합체를 의미한다.

② 노하우(Know-how)와 노와이(Know-why)

원래 노하우의 개념이 강하였으나 시대가 지남에 따라 노하우와 노와이가 결합하는 모습을 보이고 있다.

노하우	• 특허권을 수반하지 않는 엔지니어 등이 가지고 있는 체화된 기술 • 경험적·반복적인 행위를 통해 얻게 됨
노와이	• 어떻게 기술이 성립하고 작용하는가에 관한 원리적 측면 • 이론적인 지식으로 과학적인 탐구를 통해 얻게 됨

③ 기술의 특징

> • 하드웨어나 인간에 의해 만들어진 비자연적인 대상 혹은 그 이상을 의미한다.
> • 기술을 설계·생산·사용하기 위해서는 노하우가 필요하므로, 기술은 노하우를 포함한다.
> • 하드웨어를 생산하는 과정이다.
> • 인간의 능력을 확장시키기 위한 하드웨어와 그것의 활용이다.
> • 정의 가능한 문제를 해결하기 위해 순서화되고, 이해 가능한 노력을 뜻한다.

④ 광의의 기술과 협의의 기술

광의의 기술	직업 세계에서 필요로 하는 기술적 요소
협의의 기술	구체적 직무 수행 능력

⑤ 지속가능한 발전과 기술

지속가능한 발전	• 현재의 욕구를 충족시키지만, 동시에 후속 세대의 욕구 충족을 침해하지 않는 발전
지속가능한 기술	• 지속가능한 발전을 가능하게 하는 기술 • 고갈되지 않는 자연 에너지를 활용 • 낭비적인 소비 행태를 지양 • 기술적 효용만이 아닌 환경효용을 추구하는 기술

(2) 기술능력의 의의

① 기술교양과 기술능력

기술교양	• 기술의 특성 등에 대해 일정 수준의 지식을 갖추는 것
기술능력	• 기술교양의 개념을 구체화시킨 개념 • 일상적으로 요구되는 수단·도구·조작 등에 관한 기술적인 요소들을 이해하고, 적절한 기술을 선택·적용하는 능력

② 기술능력을 향상시키는 방법

전문 연수원	• 연수 분야의 노하우를 통한 체계적인 교육이 가능 • 최신 실습장비, 전산 시설 등을 활용할 수 있음 • 자체교육에 비해 교육비가 저렴하며, 고용보험 환급도 가능
E-Learning	• 원하는 시간과 장소에서 학습이 가능 • 새로운 내용을 커리큘럼에 반영하기가 수월 • 의사소통과 상호작용이 자유롭게 이루어질 수 있음
상급학교 진학	• 실무 중심의 교육이 가능하며, 인적 네트워크 형성이 가능 • 경쟁을 통해 학습 효과를 향상시킬 수 있음
OJT	• 시간 낭비가 적고 조직의 필요에 부합하는 교육이 가능 • 교육자와 피교육자 사이에 친밀감이 조성

(3) 산업재해

① 산업재해의 의미
산업 활동 중의 사고로 인해 사망·부상을 당하거나 유해 물질에 의한 중독 등으로 직업성 질환·신체적 장애를 가져오는 것

② 산업재해의 원인

교육적 원인	안전지식의 불충분, 안전수칙의 오해, 훈련의 불충분 등
기술적 원인	기계 장치의 설계불량, 구조물의 불안정, 생산 공정의 부적당 등
작업 관리상 원인	안전관리 조직의 결함, 작업 준비 불충분, 인원 배치의 부적당 등

③ 산업재해 예방 대책 5단계

안전관리 조직	• 경영자 : 사업장의 안전 목표 설정, 안전관리 책임자 선정 • 안전관리 책임자 : 안전계획 수립·시행·감독
사실의 발견	• 사고 조사, 현장 분석, 관찰 및 보고서 연구, 면담 등
원인 분석	• 발생 장소, 재해 형태, 재해 정도, 공구 및 장비의 상태 등
시정책의 선정	• 기술적 개선, 인사 조정 및 교체, 공학적 조치 등
시정책의 적용	• 안전에 대한 교육 및 훈련 실시, 결함 개선 등

④ 불안전한 행동과 상태의 제거

불안전한 행동 제거	안전수칙 제정, 상호 간 불안전한 행동 지적, 쾌적한 작업 환경 등
불안전한 상태 제거	안전성이 보장된 설비 제작, 사고 요인의 사전 제거

02 기술이해능력과 기술선택능력

(1) 기술 시스템

① 기술 시스템의 의의

개별 기술들이 네트워크로 결합하여 새로운 기술이 만들어지는 것을 말한다.

② 기술 시스템의 발전 4단계

1단계	• 발명·개발·혁신의 단계 • 기술 시스템이 탄생하고 성장 • 기술자의 역할이 중요
2단계	• 기술 이전의 단계 • 성공적인 기술이 다른 지역으로 이동 • 기술자의 역할이 중요
3단계	• 기술 경쟁의 단계 • 기술 시스템 사이의 경쟁이 이루어짐 • 기업가의 역할이 중요
4단계	• 기술 공고화 단계 • 경쟁에서 승리한 기술 시스템이 관성화 • 자문 엔지니어의 역할이 중요

(2) 기술혁신

① 기술혁신의 특성

- 과정 자체가 매우 불확실하고, 장기간의 시간을 필요로 한다.
- 지식 집약적인 활동이며, 조직의 경계를 넘나드는 특성이 있다.
- 혁신과정의 불확실성·모호함은 기업 내에서 많은 논쟁과 갈등을 유발할 수 있다.
- 기술혁신은 조직의 경계를 넘나드는 특성을 갖고 있다.

② 기술혁신의 과정과 역할

과정	혁신 활동	필요한 자질
아이디어 창안	• 아이디어를 창출하고 가능성을 검증 • 일을 수행하는 새로운 방법 고안	• 각 분야의 전문지식 • 추상화와 개념화 능력
챔피언	• 아이디어의 전파 • 혁신을 위한 자원 확보	• 정력적이고 위험을 감수 • 아이디어의 응용
프로젝트 관리	• 리더십 발휘 • 프로젝트의 기획 및 조직	• 의사결정능력 • 업무 수행 방법에 대한 지식
정보 수문장	• 조직외부의 정보를 내부에 전달 • 조직 내 정보원 기능	• 높은 수준의 기술적 역량 • 원만한 대인관계능력
후원	• 혁신에 대한 격려와 안내 • 불필요한 제약에서 프로젝트 보호	• 조직의 주요 의사결정에 대한 영향력

③ 기술혁신의 지식 집약성

> • 지식과 경험은 인간의 개별적인 지능과 창의성, 상호 학습을 통해 축적되고 학습된다.
> • 개발에 참가한 엔지니어의 지식은 문서화되기 어렵기 때문에 다른 사람들에게 쉽게 전파될 수 없다.

OX 문제

01 기술 이전의 단계는 성공적인 기술이 다른 지역으로 이동하는 단계로 기술자들의 역할이 중요하며, 기술 공고화 단계는 경쟁에서 승리한 기술 시스템이 관성화되는 단계이다. [   ]

02 기술혁신은 그 과정 자체가 매우 불확실하고, 장기간의 시간을 필요로 한다. [   ]

03 기술혁신은 노동 집약적인 활동이다. [   ]

04 기술혁신은 조직의 경계를 넘나드는 특성을 갖고 있다. [   ]

05 사전의 의도나 계획보다는 우연에 의해 이루어지는 경우도 기술혁신에 포함된다. [   ]

01 [O]
02 [O]
03 [×] 기술혁신은 지식 집약적인 활동이다.
04 [O]
05 [O]

(1) 기술선택

① 기술선택의 의의

기술을 외부로부터 도입할 것인지 자체 개발할 것인지를 결정하는 것이다.

② 기술선택 방법

상향식 기술선택	• 연구자나 엔지니어들이 자율적으로 기술을 선택 • 고객의 니즈와 동떨어진 기술이 선택될 수 있음
하향식 기술선택	• 경영진과 기획담당자들에 의한 체계적인 분석이 이루어짐 • 내부역량과 외부환경 분석, 전략수립을 통해 우선순위를 결정

③ 기술선택 시 우선순위

> • 제품의 성능이나 원가에 미치는 영향력이 큰 기술
> • 매출과 이익 창출 잠재력이 큰 기술
> • 기업 간에 모방이 어려운 기술
> • 기업이 생산하는 제품에 보다 광범위하게 활용할 수 있는 기술
> • 최신 기술로 인해 진부화될 가능성이 적은 기술

④ 기술선택 절차

㉠ 외부 환경 분석 : 수요 변화 및 경쟁자 변화, 기술 변화 등 분석

㉡ 중장기 사업목표 설정 : 기업의 장기 비전, 중장기 매출목표 및 이익목표 설정

㉢ 내부 역량 분석 : 기술능력, 생산능력, 마케팅·영업능력, 재무능력 등 분석

㉣ 사업 전략 수립 : 사업 영역 결정, 경쟁우위 확보 방안 수립

㉤ 요구 기술 분석 : 제품 설계·디자인 기술, 제품 생산공정, 원재료·부품 제조 기술 분석

㉥ 기술 전략 수립 : 핵심기술의 선택, 기술 획득 방법 결정

(2) 벤치마킹

① 벤치마킹의 의의

특정 분야에서 뛰어난 기술 등을 배워 합법적으로 응용하는 것으로, 단순한 모방이 아니라 자사의 환경에 맞추어 재창조하는 것을 말한다.

② 벤치마킹의 종류

비교대상에 따른 분류	내부 벤치마킹	• 대상 : 같은 기업 내의 유사한 활용 • 자료 수집이 용이하고 다각화된 우량기업의 경우 효과가 크나, 관점이 제한적일 수 있다.
	경쟁적 벤치마킹	• 대상 : 동일 업종에서 고객을 공유하는 경쟁기업 • 기술에 대한 비교가 가능하지만, 대상의 적대적인 태도로 인해 자료 수집이 어렵다.
	비경쟁적 벤치마킹	• 대상 : 우수한 성과를 거둔 비경쟁 기업 • 혁신적인 아이디어의 창출 가능성이 높으나, 환경이 상이하다는 것을 감안하지 않으면 효과가 없다.
	글로벌 벤치마킹	• 대상 : 최고로 우수한 동일 업종의 비경쟁적 기업 • 자료 수집이 용이하나, 문화적·제도적 차이를 감안하지 않으면 효과가 없다.
수행방식에 따른 분류	직접적 벤치마킹	• 직접 접촉하여 자료를 입수하고 조사하기 때문에 정확도가 높으며 지속가능하다. • 벤치마킹 대상의 선정이 어렵고, 수행비용 및 시간이 과다하게 소요된다.
	간접적 벤치마킹	• 벤치마킹 대상의 수에 제한이 없고 다양하다. • 벤치마킹 대상을 직접적으로 방문하지 않고 문서 등을 이용해 수행한다. • 비용 또는 시간이 상대적으로 많이 절감된다. • 벤치마킹 결과가 피상적이며, 정확한 자료의 확보가 어렵다.

(3) 매뉴얼

① 매뉴얼의 의의

기술선택과 적용·활용에 있어 가장 종합적이고 기본적인 안내서를 말한다.

② 매뉴얼의 종류

제품 매뉴얼	• 제품의 특징이나 기능 설명, 사용방법, 유지보수, A/S, 폐기까지 제품에 관련된 정보를 소비자에게 제공하는 것 • 사용능력 및 사용자의 오작동까지 고려해 만들어야 함
업무 매뉴얼	• 어떤 일의 진행방식, 규칙, 관리상의 절차 등을 일관성 있게 표준화해 설명하는 지침서 • 프랜차이즈 점포의 경우 '편의점 운영 매뉴얼', '제품 진열 매뉴얼', 기업의 경우 '부서 운영 매뉴얼', '품질 경영 매뉴얼' 등이 대표적임

③ 매뉴얼 작성 방법

> • 내용이 정확해야 한다.
>   추측성 기능 설명은 사용자에게 사고를 유발할 수 있으므로 절대 금물이다.
> • 사용자가 이해하기 쉬운 문장으로 작성해야 한다.
>   하나의 문장에는 하나의 명령 또는 밀접하게 관련된 소수의 명령만을 포함해야 하며, 수동태보다는 능동태를, 추상적 명사보다는 행위 동사를 사용한다.
> • 사용자를 위한 심리적 배려가 있어야 한다.
>   사용자의 질문들을 예상하고 사용자에게 답을 제공한다.
> • 사용자가 찾고자 하는 정보를 쉽게 찾을 수 있어야 한다.
>   짧고 의미 있는 제목을 사용하여 원하는 정보의 위치를 파악하는 데 도움이 된다.
> • 사용하기 쉬워야 한다.
>   사용자가 보기 불편하게 크거나, 구조가 복잡해 찾아보기 힘들다면 아무 소용이 없다.

(4) 지식재산권

① 지식재산권의 의의

인간의 창조적 활동 또는 경험 등을 통해 창출되거나 발견한 지식·정보·기술이나 표현·표시, 그 밖에 무형적인 것으로서, 재산적 가치가 실현될 수 있는 지적 창작물에 부여된 권리를 말한다.

② 지식재산권의 체계

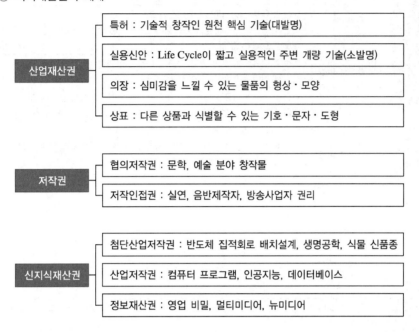

③ 지식재산권의 특징

- 국가 산업 발전 및 경쟁력을 결정짓는 산업자본이다.
- 눈에 보이지 않는 무형의 재산이다.
- 지식재산권을 활용한 다국적 기업화가 이루어지고 있다.
- 연쇄적인 기술 개발을 촉진하는 계기를 마련하고 있다.
- 타인에게 사용권을 설정하거나 권리 자체를 양도해 판매 수입 등을 얻을 수 있다.

OX 문제

01 하향식 기술선택은 기술 개발 실무를 담당하는 기술자들의 흥미를 유발하고, 그들의 창의적인 아이디어를 활용할 수 있다는 장점이 있다. [　]

02 인터넷 및 문서 형태의 자료를 통해서 수행하는 방법은 간접적 벤치마킹에 해당하는 방법이다. [　]

03 매뉴얼은 작성자 위주의 쉬운 문장으로 쓰여야 한다. [　]

04 특허란 기술적 창작 수준이 소발명 정도인 실용적인 창작(고안)을 보호하기 위한 것을 말한다. [　]

05 지식재산권은 타인에게 사용권을 설정하거나 권리 자체를 양도할 수 있다. [　]

---

01 [×] 상향식 기술선택은 기술 개발 실무를 담당하는 기술자들의 흥미를 유발하고, 창의적인 아이디어를 활용할 수 있다는 장점이 있다. 하향식 기술선택은 경영진에 의한 체계적인 분석이 이루어지고, 내부역량·외부환경 분석·전략수립을 통해 우선순위를 결정한다는 특징이 있다.

02 [○]

03 [×] 매뉴얼은 작성자가 아닌 사용자가 알기 쉽도록 작성되어야 한다.

04 [×] 특허가 아닌 실용신안에 대한 설명이다. 특허란 자연법칙을 이용한 기술적 사상(Idea)의 창작으로, 기술 수준이 높은 것에 대한 독점적 권리를 뜻한다.

05 [○]

(1) 기술적용능력

① 기술적용능력의 의의
직장생활에 필요한 기술을 실제로 적용하고 결과를 확인하는 능력을 말한다.

② 기술적용의 형태

기술을 그대로 적용	• 시간과 비용의 절감 • 기술이 적합하지 않을 경우 실패할 가능성 높음
기술을 그대로 적용하되, 불필요한 기술은 버리고 적용	• 시간과 비용의 절감, 프로세스의 효율성 • 버린 기술이 과연 불필요한가에 대한 문제 제기
기술을 분석하고 가공	• 시간과 비용의 소요 • 업무 환경에 맞는 프로세스를 구축할 수 있음

③ 기술적용 시 고려사항

- 기술적용에 따른 비용이 많이 드는가?
- 기술의 수명주기는 어떻게 되는가?
- 기술의 전략적 중요도는 어떻게 되는가?
- 잠재적으로 응용 가능성이 있는가?

(2) 기술경영

① 기술경영자의 일반적 요건

- 기술 개발이 결과 지향적으로 수행되도록 유도하는 능력
- 기술 개발 과제의 세부 사항까지 파악하는 치밀함
- 기술 개발 과제의 전 과정을 전체적으로 조망하는 능력

② 기술경영자에게 요구되는 행정능력

- 기술을 기업의 전반적인 전략 목표에 통합시키는 능력
- 새로운 기술을 습득하고 기존의 기술에서 탈피하는 능력
- 기술을 효과적으로 평가할 수 있는 능력
- 기술 이전을 효과적으로 할 수 있는 능력
- 새로운 제품 개발 시간을 단축할 수 있는 능력
- 서로 다른 분야에 걸쳐있는 프로젝트를 수행할 수 있는 능력
- 기술 전문 인력을 운용할 수 있는 능력

(3) 네트워크 혁명과 융합기술

① 네트워크 혁명의 의의

사람과 사람을 연결하는 방법, 정보를 교환하는 방법 등 대상 간의 연결 방법에 혁명적인 변화가 생기고 있는 현상을 말하며, 인터넷이 상용화된 1990년대 이후에 촉발되었다.

② 네트워크 혁명의 특징

- 정보통신 네트워크의 전 지구성에 따라 네트워크 혁명도 전 지구적이다.
- 상호 영향이 보편화되면서 사회의 위험과 개인의 불안이 증가한다.
- '이타적 개인주의'라는 공동체 철학이 부각된다.

③ 네트워크 혁명의 3가지 법칙

무어의 법칙	컴퓨터의 파워가 18개월마다 2배씩 증가
메트칼프의 법칙	네트워크의 가치는 사용자 수의 제곱에 비례
카오의 법칙	창조성은 네트워크가 가진 다양성에 비례

④ 네트워크 혁명의 역기능

- 사례 : 디지털 격차(Digital Divide), 정보화에 따른 실업, 게임 중독, 반사회적 사이트 활성화, 정보기술을 이용한 감시
- 문제점 : 네트워크의 역기능과 순기능은 잘 분리되지 않아 해결책을 찾기 어려움
- 해결방안 : 법적 – 제도적 기반 구축, 사회 전반에 걸친 정보화 윤리의식 강화, 시스템 보안–관리 제품의 개발

⑤ 융합기술

- 나노기술(NT), 생명공학기술(BT), 정보기술(IT), 인지과학(CS)의 4대 핵심기술(NBIC)이 상호 의존적으로 결합되는 것을 의미
- NT, BT, IT 등의 신기술 간 또는 이들과 기존 산업·학문 간의 상승적인 결합을 통해 새로운 창조적 가치를 창출함으로써 미래 경제와 사회·문화의 변화를 주도하는 기술

OX 문제

01 기술경영자는 새로운 제품개발 시간을 연장할 수 있는 능력을 가져야 한다. [   ]

02 무어의 법칙이란 네트워크의 가치는 사용자 수의 제곱에 비례한다는 법칙을 말한다. [   ]

01 [×] 기술경영자는 새로운 제품개발 시간을 연장하는 것이 아니라 단축할 수 있는 능력을 보유해야 한다.

02 [×] 무어의 법칙이 아닌 메트칼프의 법칙에 대한 설명이다. 무어의 법칙이란 컴퓨터의 파워가 18개월마다 2배씩 증가한다는 법칙을 말한다.

02 | 기술능력 맛보기

01 B사원은 아래 제품 설명서의 내용을 기반으로 직원들을 위해 '사용 전 꼭 읽어야 할 사항'을 만들려고 한다. 작성된 내용으로 적절하지 않은 것은?

〈제품 설명서〉

[사용 전 알아두어야 할 사항]
1. 물통 또는 제품 내부에 절대 의류 외에 다른 물건을 넣지 마십시오.
2. 제품을 작동시키기 전 문이 제대로 닫혔는지 확인하십시오.
3. 필터는 제품 사용 전후로 반드시 청소해 주십시오.
4. 제품의 성능유지를 위해서 물통을 자주 비워 주십시오.
5. 겨울철이거나 건조기가 설치된 곳의 기온이 낮을 경우 건조시간이 길어질 수 있습니다.
6. 과도한 건조물을 넣고 기계를 작동시키면 완벽하게 건조되지 않거나 의류에 구김이 생길 수 있습니다. 최대용량 5kg 이내로 의류를 넣어 주십시오.
7. 가죽, 슬립, 전기담요, 마이크로 화이바 소재 의류, 이불, 동·식물성 충전재 사용 제품은 사용을 피해 주십시오.

[동결 시 조치방법]
1. 온도가 낮아지게 되면 물통이나 호스가 얼 수 있습니다.
2. 동결 시 작동 화면에 'ER' 표시가 나타납니다. 이 경우 일시정지 버튼을 눌러 작동을 멈춰 주세요.
3. 물통이 얼었다면, 물통을 꺼내 따뜻한 물에 20분 이상 담가 주세요.
4. 호스가 얼었다면, 호스 안의 이물질을 모두 꺼내고, 호스를 따뜻한 물 또는 따뜻한 수건으로 20분 이상 녹여 주세요.

---

① 사용 전, 후로 필터는 꼭 청소해 주세요.
② 건조기에 넣은 의류는 5kg 이내로 해 주세요.
③ 사용이 불가한 의류 제품 목록을 꼭 확인해 주세요.
④ 화면에 ER 표시가 떴을 때는 전원을 끄고 작동을 멈춰 주세요.
⑤ 호스가 얼었다면, 호스를 따뜻한 물 또는 따뜻한 수건으로 20분 이상 녹여 주세요.

제시문의 [동결 시 조치방법] 2에서는 화면에 'ER' 표시가 나타나면 전원 버튼이 아닌, 일시정지 버튼을 눌러 작동을 멈추라고 설명하고 있다.

오답분석

① [사용 전 알아두어야 할 사항] 3에서 필터는 제품 사용 전후로 반드시 청소하라고 기술되어 있다.

② [사용 전 알아두어야 할 사항] 6에서 과도한 건조물을 넣고 기계를 작동시키면 완벽하게 건조되지 않거나 의류에 구김이 생길 수 있으니, 최대용량 5kg 이내로 의류를 넣으라고 기술되어 있다.

③ [사용 전 알아두어야 할 사항] 7에서 건조기 사용이 불가한 제품 목록이 기술되어 있다.

⑤ [동결 시 조치방법] 4에서 호스가 얼었다면, 호스 안의 이물질을 모두 꺼내고, 호스를 따뜻한 물 또는 따뜻한 수건으로 20분 이상 녹이라고 설명하고 있다.

풀이 전략!

일상에서 흔히 접할 수 있는 가전제품 등의 설명서와 실제 해당 제품을 사용하는 상황이 주어지는 유형이다. 결론적으로 매우 쉬운 유형이지만 제시되는 설명서의 분량이 방대하여 선택지의 내용이 설명서의 어느 부분에 해당하는지를 찾는 것에 상당한 시간이 소요된다. 이 유형은 문제를 푼다는 마음으로 깊이 있게 접근하기보다는, 자신이 가전제품을 구입했다고 생각하고 가볍게 접근하는 것이 좋다.

박사원은 반도체 생산기업에 기술직으로 입사한 신입사원이다. 기술 시스템 관련 교육에 참석한 박사원은 기술직뿐만 아니라 다양한 직무의 신입사원들이 함께 교육받는다는 것을 알고 의아해했다. 그러나 기술 시스템의 발전 단계를 보고 각 단계에서 중요한 역할을 하는 직무 및 사람이 다르다는 것을 알게 되어 의문이 풀렸다. 아래는 박사원이 교육받은 내용이다.

• 기술 시스템의 의미

개별기술이 네트워크와 결합하여 만들어진 것으로, 인공물의 집합체만이 아니라 회사, 투자회사, 법적 제도, 더 나아가 정치, 과학, 자연자원을 모두 포함하는 개념이다. 기술적인 것과 사회적인 것이 결합하여 공존하므로 사회기술 시스템이라고 불리기도 한다.

• 기술 시스템의 발전 단계

1) 발명, 개발, 혁신의 단계 : 기술 시스템이 탄생하고 성장

2) ㉠ : 성공적인 기술이 다른 지역으로 이동

3) ㉡ : 기술 시스템 사이의 경쟁

4) 기술 공고화 단계 : 경쟁에서 승리한 기술 시스템의 관성화

02 다음 발전 단계 중 ㉠에 해당하는 내용으로 옳은 것은?

① 기술 상세화 단계

② 기술 이전의 단계

③ 기술 이후의 단계

④ 기술 경쟁의 단계

⑤ 기술 공고화 단계

03 다음 중 ㉡ 단계에서 중요한 역할을 하는 사람은?

① 자문 엔지니어 ② 기술자

③ 금융 전문가 ④ 기업가

⑤ 정치인

02

정답 ②

기술 시스템의 발전 단계

발명(Invention) · 개발(Development) · 혁신(Innovation)의 단계 → 기술 이전(Transfer)의 단계 → 기술 경쟁(Competition)의 단계 → 기술 공고화(Consolidation) 단계

03

정답 ④

기술 시스템의 발전 단계

단계	중요 역할자
발명 · 개발 · 혁신의 단계	기술자
기술 이전의 단계	기술자
기술 경쟁의 단계	기업가
기술 공고화 단계	자문 엔지니어, 금융 전문가

풀이 전략!

앞서 살펴본 영역들과 기술능력 부분은 사전적으로 알고 있어야 풀이가 가능한 문제들이 종종 출제되는 편이다. 특히 이 문제와 같이 특정한 단계에 대한 세부적인 내용을 묻는 경우가 많은데, 이를 위해서는 본 교재의 이론편에 수록된 이론들을 확실하게 숙지할 필요가 있다. 다른 영역에 비해 투입 대비 산출이 명확한 영역이 바로 기술능력이다.

| 01 | 모듈형

01 다음은 기술선택을 위한 절차를 나타낸 자료이다. 밑줄 친 (A) ~ (E)에 대한 행동으로 옳은 것은?

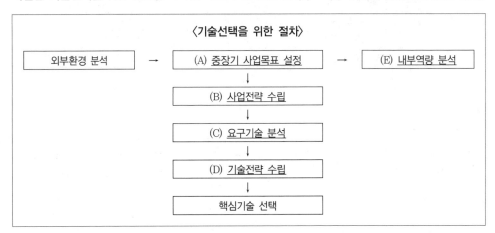

① (A) : 기술획득 방법 결정
② (B) : 사업 영역 결정, 경쟁 우위 확보 방안 수립
③ (C) : 기업의 장기비전, 매출목표 및 이익목표 설정
④ (D) : 기술능력, 생산능력, 마케팅 / 영업능력, 재무능력 등 분석
⑤ (E) : 제품 설계 / 디자인 기술, 제품 생산 공정, 원재료 / 부품 제조기술

※ 다음 글을 읽고 이어지는 질문에 답하시오. [2~3]

- 인쇄기기 제조업체 A사는 타 업체에 시장점유율이 밀리자 해당 업체의 프린터기를 구입하여 분해한 뒤 분석하여, 성공요인을 도출하였다. 이러한 성공요인을 신제품 개발에 활용하거나 기존 제품에 적용함으로써 자사의 제품 경쟁력을 향상시켰다.
- 대형 유통판매업체 B사는 해외 대형 할인점을 따라 다수의 패션브랜드를 매장 안에 입점시킴으로써 매장의 분위기를 전환하였다. B사의 관계자는 해외 대형 할인점을 참고한 것은 맞으나, 구체적인 방법은 국내 현실 및 소비자 성향에 맞게 조정하였다고 밝혔다.
- 국내 금융업체인 C금융사의 본사에는 대형 디스플레이가 설치되어 있다. 이 디스플레이에는 C금융사 고객이 남긴 불만사항이 실시간으로 업데이트되고 있다. 이러한 방식은 뉴욕의 한 신문사에서 본사에 설치된 모니터의 독자의 댓글들이 실시간으로 나타나는 것을 보게 된 경영진이 C금융사에도 도입한 것이다. 그러나 디스플레이 도입 후, 직원들은 디스플레이가 부담스럽고 심리적 압박감을 유발한다고 불만사항을 제기하였다. 예상치 못한 결과에 C금융사의 경영진들은 직원들의 불만을 잠재우면서도 디스플레이의 설치 목적은 그대로 유지할 수 있는 방안을 마련하고자 한다.

02 다음 중 A ~ C사가 수행한 기술선택의 방법에 대한 설명으로 옳지 않은 것은?

① 우수 기업이나 성공 사례의 장점을 자사에 그대로 적용하는 방법이다.
② 특정 분야에서 뛰어난 업체나 상품, 기술, 경영 방식 등을 배워 합법적으로 응용하는 것이다.
③ 계획 단계, 자료 수집 단계, 분석 단계, 개선 단계로 진행될 수 있다.
④ 비교대상에 따른 분류와 수행방식에 따른 분류로 그 종류를 나눌 수 있다.
⑤ 수행방식에 따른 분류에는 직·간접적 방법이 있다.

03 다음 중 C금융사가 수행한 기술선택의 방법으로 옳은 것을 〈보기〉에서 모두 고르면?

> **보기**
>
> ㉠ 같은 기업 내의 다른 지역, 타 부서, 국가 간의 유사한 활용을 대상으로 하는 기술선택 방법이다.
> ㉡ 동일 업종에서 고객을 직접적으로 공유하는 경쟁기업을 대상으로 하는 기술선택 방법이다.
> ㉢ 제품, 서비스 및 프로세스의 단위 분야에 있어 가장 우수한 실무를 보이는 비경쟁적 기업 내의 유사 분야를 대상으로 하는 기술선택 방법이다.
> ㉣ 대상을 직접 방문하여 수행하는 기술선택 방법이다.
> ㉤ 인터넷 및 문서 형태의 자료를 통해서 수행하는 기술선택 방법이다.

① ㉠, ㉡
② ㉠, ㉤
③ ㉡, ㉢
④ ㉢, ㉣
⑤ ㉣, ㉤

CHAPTER 06 기술능력 • **199**

04 다음 중 D씨가 하고 있는 것은 무엇인가?

> D씨는 하이베드 딸기 재배 기법을 배우기 위해 네덜란드 PTC+에서 교육을 받았다. 한국에 돌아온 D씨는 네덜란드 PTC+에서 배워온 딸기 재배 기법을 단순 적용한 것이 아니라 우리나라 실정에 맞게 변형한 재배 기법을 실시함으로써 고수익을 올릴 수 있었다. D씨는 수개월간의 시행착오 끝에 네덜란드의 기후, 토양의 질 등과는 다른 우리나라 환경에 적합한 딸기를 재배하기 위해 배양액의 농도, 토질, 조도시간, 생육기간과 당도까지 최적의 기술을 연구함으로써 국내 최고의 질을 자랑하는 딸기를 출하할 수 있게 되었다.

① 벤치마크 ② 벤치마킹
③ 표절 ④ 모방
⑤ 차용

05 다음 중 기술 시스템의 발전 단계에 따라 빈칸에 들어갈 내용을 바르게 나열한 것은?

발전 단계	특징	Key Man
발명 · 개발 · 혁신의 단계	기술 시스템이 탄생하고 성장	기술자
↓		
㉠	성공적인 기술이 다른 지역으로 이동	기술자
↓		
㉡	기술 시스템 사이의 경쟁	㉢
↓		
기술 공고화 단계	경쟁에서 승리한 기술 시스템의 관성화	㉣

	㉠	㉡	㉢	㉣
①	기술 이전의 단계	기술 경쟁의 단계	기업가	자문 엔지니어
②	기술 경쟁의 단계	기술 이전의 단계	금융전문가	자문 엔지니어
③	기술 이전의 단계	기술 경쟁의 단계	기업가	기술자
④	기술 경쟁의 단계	기술 이전의 단계	금융전문가	기업가
⑤	기술 이전의 단계	기술 경쟁의 단계	금융전문가	기술자

06 다음 글을 읽고 산업재해에 대한 원인으로 적절하지 않은 것은?

> 전선 제조 사업장에서 고장난 변압기 교체를 위해 K전력 작업자가 변전실에서 작업을 준비하던 중 특고압 배전반 내 충전부 COS 1차 홀더에 접촉 감전되어 치료 도중 사망하였다. 증언에 따르면 변전실 TR-5 패널의 내부는 협소하고, 피재해자의 키에 비하여 경첩의 높이가 높아 문턱 위에 서서 불안전한 작업자세로 작업을 실시하였다고 한다. 또한 피재해자는 전기 관련 자격이 없었으며, 복장은 일반 안전화, 면장갑, 패딩점퍼를 착용한 상태였다.

① 불안전한 행동   ② 불안전한 상태
③ 작업 관리상 원인   ④ 기술적 원인
⑤ 작업 준비 불충분

07 다음 중 지속가능한 기술의 사례로 적절한 것을 〈보기〉에서 모두 고르면?

> **보기**
> ㉠ A사는 카메라를 들고 다니지 않으면서도 사진을 찍고 싶어 하는 소비자들을 위해 일회용 카메라 대신 재활용이 쉽고, 재사용도 가능한 카메라를 만들어내는 데 성공했다.
> ㉡ 잉크, 도료, 코팅에 쓰이던 유기 용제 대신에 물로 대체한 수용성 수지를 개발한 B사는 휘발성 유기화합물의 배출이 줄어듦과 동시에 대기오염 물질을 줄임으로써 소비자들로부터 찬사를 받고 있다.
> ㉢ C사는 가구처럼 맞춤 제작하는 냉장고를 선보였다. 맞춤 양복처럼 가족수와 식습관, 라이프스타일, 주방 형태 등을 고려해 1도어부터 4도어까지 여덟 가지 타입의 모듈을 자유롭게 조합하고, 세 가지 소재와 아홉 가지 색상을 매치해 공간에 어울리는 나만의 냉장고를 꾸밀 수 있게 된 것이다.
> ㉣ D사는 기존에 소각처리해야 했던 석유화학 옥탄올 공정을 변경하여 폐수처리로 전환하고, 공정 최적화를 통해 화약 제조 공정에 발생하는 총 질소의 양을 원천적으로 감소시키는 공정 혁신을 이루었다. 이로 인해 연간 4천 톤의 오염 물질 발생량을 줄였으며, 약 60억 원의 원가도 절감했다.
> ㉤ 등산 중 갑작스러운 산사태를 만나거나 길을 잃어서 조난 상황이 발생한 경우 골든타임 확보가 무척 중요하다. 이를 위해 E사는 조난객의 상황 파악을 위한 5G 통신 모듈이 장착된 비행선을 선보였다. 이 비행선은 현재 비행거리와 시간이 짧은 드론과 비용과 인력 소모가 많이 드는 헬기에 비해 매우 효과적일 것으로 기대하고 있다.

① ㉠, ㉡, ㉢   ② ㉠, ㉡, ㉣
③ ㉠, ㉢, ㉣   ④ ㉡, ㉢, ㉣
⑤ ㉡, ㉢, ㉤

| 02 | 피듈형

※ K유치원에서는 유아 교육자료 제작을 위해 코팅기를 구입하였다. 다음 설명서를 참고하여 이어지는 질문에 답하시오. [1~3]

■ **사용방법**

1) 앞면에 있는 스위치를 'ON'으로 돌리면 파란불이 들어오며 예열을 시작합니다.
2) 3~5분 정도의 예열이 끝나면 예열표시등이 빨간불로 바뀌고 코팅을 할 수 있습니다.
3) 코팅할 서류를 코팅지에 넣어 주시고, 봉합된 변까지 밀어 넣습니다.
   - 각 변에 최소 3~5mm 여유 공간을 남겨 주십시오.
   - 두께가 100micron 이하이거나 160micron 이상인 코팅지를 사용하지 마십시오.
4) 서류를 넣은 코팅지는 봉합된 부분부터 평행으로 코팅 투입구에 넣어 주십시오.
5) 코팅지는 코팅기를 통과하며 기기 뒷면 코팅 배출구에서 나옵니다.
   - 임의로 코팅지를 잡아당기면 안 됩니다.
6) 코팅지가 전부 나온 후 기기에서 분리해 주십시오.
7) 사용 완료 후 스위치를 'OFF'로 돌려 주십시오.
   - 사용 후 1~2시간 정도 열을 식혀 주십시오.

■ **코팅지 걸림 발생 시**

1) 코팅지가 기기에 걸렸을 경우 앞면의 스위치를 'OFF'로 돌린 다음 기기 전원을 차단시킵니다.
2) 기기 뒷면에 있는 'REMOVE' 스위치를 화살표 방향으로 밀면서 코팅 서류를 조심스럽게 당겨 뽑아 주십시오.

■ **주의사항**

- 기기가 작동 중일 때 표면이 매우 뜨거우므로 손으로 만지지 마십시오.
- 기기를 사용한 후, 기계 플러그를 뽑고 열이 충분히 식은 후에 이동 및 보관을 합니다.
- 기기 위에 무겁거나 날카로운 물건을 두지 마십시오.
- 기기의 내부에 물을 떨어뜨리지 마십시오.
- 기기에 다른 물질을 넣지 마십시오.
- 전문가의 도움 없이 절대 분해하거나 재조립 또는 수리하지 마십시오.
- 기기를 장시간 사용하지 않을 경우 전원 코드를 뽑아 주십시오.
- 사용 중 기기가 과열되거나 이상한 냄새가 나거나 종이 걸림이 있을 경우 신속히 전원을 끕니다.

■ **문제해결**

고장	원인	해결
코팅 중에 코팅물이 나오지 않을 때	• 필름을 잘라서 사용했을 경우 • 두께를 초과하는 용지로 코팅했을 경우 • 과도하게 용지를 투입했을 경우 • 코팅지가 롤러에 말린 경우	• 전원을 끄고 'REMOVE' 스위치를 화살표 방향으로 밀면서 말린 필름을 제거합니다.
필름을 투입했지만, 필름이 들어가지 않고 멈춰있을 때	• 투입 불량으로 접착액이 다량으로 붙어 있는 경우	• 전원을 끄고 냉각시킨 다음 다시 시도해 봅니다.
전원 지시등이 켜지지 않을 때	• 기기 전원 스위치가 접속되어 있지 않은 경우	• 전원코드 및 기기 스위치가 'ON'으로 되어 있는지 확인합니다.

01 A교사는 연구수업에 쓰일 교육자료 제작을 위해 코팅기를 사용하였다. 다음 중 A교사의 행동으로 가장 적절한 것은?

① 코팅기 앞면의 스위치를 'ON'으로 놓자마자 코팅지를 투입하였다.

② 코팅지를 평행으로 놓고, 봉합된 부분의 반대 방향부터 투입구에 넣었다.

③ 120micron 코팅지에 코팅할 서류를 넣었다.

④ 코팅기를 통과하면서 나오는 코팅지를 뒷면에서 잡아당겼다.

⑤ 사용 완료 후 기기 전원을 끄고 바로 보관함 상자에 넣었다.

02 B원장은 기기 관리를 위해 교사들에게 코팅기 사용 시 주의사항에 대해 안내하고자 한다. 다음 중 코팅기 사용 시 주의해야 할 사항으로 적절하지 않은 것은?

① 기기 사용 중에는 표면이 많이 뜨거우므로 아이들의 손이 닿지 않도록 주의하세요.

② 기기 위에 무거운 물건이나 날카로운 물건을 올리지 마세요.

③ 사용 후에는 스위치를 'OFF'로 돌려놓고, 퇴근 시에는 전원코드를 뽑아 주세요.

④ 사용 중 이상한 냄새가 날 경우 신속히 전원을 끄도록 합니다.

⑤ 사용 중 기기에 코팅지가 걸릴 경우 기기 앞면에서 코팅 서류를 조심스럽게 꺼냅니다.

03 C교사가 코팅기를 사용하는데 코팅물이 나오지 않았다. 다음 중 문제의 원인으로 적절하지 않은 것은?

① 코팅 필름을 잘라서 코팅기에 넣었다.

② 두꺼운 코팅 필름을 사용해 코팅기에 넣었다.

③ 코팅물이 빠져나오지 않은 상태에서 새로운 코팅물을 넣었다.

④ 코팅지가 롤러 사이에 말려 있었다.

⑤ 코팅지 주변에 접착액이 다량으로 붙어 있었다.

※ 기획전략팀에서는 사무실을 간편히 청소할 수 있는 새로운 청소기를 구매하였다. 기획전략팀의 B대리는 새 청소기를 사용하기 전에 다음 사용 설명서를 참고하였다. 이어지는 질문에 답하시오. [4~6]

〈사용 설명서〉

1. 충전

- 충전 시 작동 스위치 2곳을 반드시 꺼주십시오.
- 타 제품의 충전기를 사용할 경우 고장의 원인이 되오니 반드시 전용 충전기를 사용하십시오.
- 충전 시 충전기에 열이 느껴지는 것은 고장이 아닙니다.
- 본 제품에는 배터리 보호를 위하여 과충전 보호회로가 내장되어 있어 적정 충전시간을 초과하여도 배터리는 심한 손상이 없습니다.
- 충전기의 줄을 잡고 뽑을 경우 감전, 쇼트, 발화 및 고장의 원인이 됩니다.
- 충전하지 않을 때는 전원 콘센트에서 충전기를 뽑아 주십시오. 절연 열화에 따른 화재, 감전 및 고장의 원인이 됩니다.

2. 이상발생 시 점검 방법

증상	확인사항	해결 방법
스위치를 켜도 청소기가 작동하지 않는다면?	• 청소기가 충전잭에 꽂혀 있는지 확인하세요. • 충전이 되어 있는지 확인하세요. • 본체에 핸디 청소기가 정확히 결합되었는지 확인하세요. • 접점부(핸디, 본체)를 부드러운 면으로 깨끗이 닦아 주세요.	• 청소기에서 충전잭을 뽑아 주세요.
사용 중 갑자기 흡입력이 떨어진다면?	• 흡입구를 커다란 이물질이 막고 있는지 확인하세요. • 먼지 필터가 막혀 있는지 확인하세요. • 먼지통 내에 오물이 가득 차 있는지 확인하세요.	• 이물질을 없애고 다시 사용하세요.
청소기가 멈추지 않는다면?	• 스틱 손잡이 / 핸디 손잡이 스위치 2곳 모두 꺼져 있는지 확인하세요. • 청소기 본체에서 핸디 청소기를 분리하세요.	–
사용시간이 짧다고 느껴진다면?	• 10시간 이상 충전하신 후 사용하세요.	–
라이트 불이 켜지지 않는다면?	• 청소기 작동 스위치를 ON으로 하셨는지 확인하세요. • 라이트 스위치를 ON으로 하셨는지 확인하세요.	–
파워브러시가 작동하지 않는다면?	• 머리카락이나 실 등 이물질이 감겨있는지 확인하세요.	• 청소기 전원을 끄고 이물질 제거 후 전원을 켜면 파워브러시가 재작동하며, 평상시에도 파워브러시가 멈추었을 때는 전원 스위치를 껐다 켜시면 브러시가 재작동합니다.

04 다음 중 배터리 충전 중 고장이 발생한 경우, 그 원인으로 적절하지 않은 것은?

① 충전 시 작동 스위치 2곳을 모두 끄지 않은 경우
② 충전기를 뽑을 때 줄을 잡고 뽑은 경우
③ 충전하지 않을 때 충전기를 계속 꽂아 둔 경우
④ 적정 충전시간을 초과하여 충전한 경우
⑤ 타 제품의 충전기를 사용한 경우

05 B대리는 청소기의 전원을 껐다 켬으로써 청소기의 작동 불량을 해결하였다. 다음 중 어떤 작동 불량이 발생하였는가?

① 청소기가 멈추지 않았다.
② 사용시간이 짧게 느껴졌다.
③ 파워브러시가 작동하지 않았다.
④ 사용 중 흡입력이 떨어졌다.
⑤ 라이트 불이 켜지지 않았다.

06 다음 중 청소기에 이물질이 많이 들어있을 때 나타날 수 있는 증상은?

① 사용시간이 짧아진다.
② 라이트 불이 켜지지 않는다.
③ 스위치를 켜도 청소기가 작동하지 않는다.
④ 충전 시 충전기에서 열이 난다.
⑤ 사용 중 갑자기 흡입력이 떨어진다.

※ 다음은 신입사원에게 사내 전화기 사용방법을 알려주기 위한 매뉴얼이다. 이어지는 질문에 답하시오. [7~8]

〈사내 전화기 사용방법〉

■ **전화걸기**
- 수화기를 들고 전화번호를 입력한 후 2초간 기다리거나 [#] 버튼을 누른다.
- 이전 통화자와 다시 통화하기를 원하면 수화기를 들고 [재다이얼] 버튼을 누른다.
- 통화 중인 상태에서 다른 곳으로 전화를 걸기 원하면 [메뉴 / 보류] 버튼을 누른 뒤 새로운 번호를 입력한 후 2초간 기다리거나 [#] 버튼을 누른다. 다시 이전 통화자와 연결을 원하면 [메뉴 / 보류] 버튼을 누른다.

■ **전화받기**
- 벨이 울릴 때 수화기를 들어 올린다.
- 통화 중에 다른 전화를 받기를 원하면 [메뉴 / 보류] 버튼을 누른다. 다시 이전 통화자와 연결을 원하면 [메뉴 / 보류] 버튼을 누른다.

■ **통화내역 확인**
- [통화내역] 버튼을 누르면 LCD 창에 '발신', '수신', '부재중' 3가지 메뉴가 뜨며, [볼륨조절] 버튼으로 원하는 메뉴에 위치한 후 [통화내역] 버튼을 눌러 내용을 확인한다.

■ **당겨받기**
- 다른 전화가 울릴 때 자신의 전화로 받을 수 있는 기능이며, 동일 그룹 안에 있는 경우만 가능하다.
- 수화기를 들고 [당겨받기] 버튼을 누른다.

■ **돌려주기**
- 걸려 온 전화를 다른 전화기로 돌려주는 기능이다.
- 통화 중일 때 [돌려주기] 버튼을 누른 뒤 돌려줄 번호를 입력하고 [#] 버튼을 누르면 새 통화가 연결되며, 그 후에 수화기를 내려놓는다.
- 즉시 돌려주기를 할 경우에는 위 통화 중일 때 [돌려주기] 버튼을 누른 후 돌려줄 번호를 입력하고 수화기를 내려놓는다.

■ **3자통화**
- 동시에 3인과 통화할 수 있는 기능이다.
- 통화 중일 때 [메뉴 / 보류] 버튼을 누르고 통화할 번호를 입력한 후, [#] 버튼을 눌러 새 통화가 연결되면 [3자통화] 버튼을 누른다.
- 통화 중일 때 다른 전화가 걸려 왔다면, [메뉴 / 보류] 버튼을 누른 후 새 통화가 연결되면 [3자통화] 버튼을 누른다.

■ **수신전환**
- 전화가 오면 다른 전화기로 받을 수 있도록 하는 기능으로, 무조건·통화중·무응답 세 가지 방법으로 설정할 수 있다.
- 전화기 내 [수신전환] 버튼을 누른 뒤 [볼륨조절] 버튼으로 전환방법을 선택한 후 [통화내역] 버튼을 누르고, 다른 전화기 번호를 입력한 후 다시 [통화내역] 버튼을 누른다.
- 해제할 경우에는 [수신전환] 버튼을 누르고 [볼륨조절] 버튼으로 '사용 안 함' 메뉴에 위치한 후 [통화내역] 버튼을 누른다.

07 오늘 첫 출근한 귀하에게 선배 사원은 별다른 설명 없이 사내 전화기 사용 매뉴얼을 건네주었다. 마침 매뉴얼을 한 번 다 읽어본 후, 옆 테이블에 있는 전화기가 울렸다. 그러나 주변에는 아무도 없었다. 이때, 전화기의 어떤 기능을 사용해야 하는가?

① 전화걸기   ② 3자통화
③ 돌려주기   ④ 당겨받기
⑤ 수신전환

08 귀하가 근무한 지 벌써 두 달이 지나 새로운 인턴사원이 입사하게 되었다. 귀하는 새로운 인턴에게 사내 전화기 사용 매뉴얼을 전달하고자 한다. 그러나 글로만 되어 있던 매뉴얼이 불편했던 생각이 들어 더욱 쉽게 이해할 수 있도록 그림을 추가하고자 한다. 다음 중 전화걸기 항목에 들어갈 그림으로 옳은 것은?

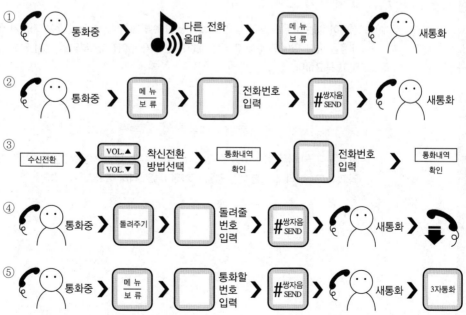

CHAPTER 07

조직이해능력

합격 Cheat Key

조직이해능력은 업무를 원활하게 수행하기 위해 조직의 체제와 경영을 이해하고 국제적인 추세를 이해하는 능력이다. 현재 많은 공사·공단에서 출제 비중을 높이고 있는 영역이기 때문에 미리 대비하는 것이 중요하다. 실제 업무 능력에서 조직이해능력을 요구하기 때문에 중요도는 점점 높아질 것이다.

세부 유형은 조직 체제 이해, 경영 이해, 업무 이해, 국제 감각으로 나눌 수 있다. 조직도를 제시하는 문제가 출제되거나 조직의 체계를 파악해 경영의 방향성을 예측하고, 업무의 우선순위를 파악하는 문제가 출제된다.

1 문제 속에 정답이 있다!

경력이 없는 경우 조직에 대한 이해가 낮을 수밖에 없다. 그러나 문제 자체가 실무적인 내용을 담고 있어도 문제 안에는 해결의 단서가 주어진다. 부담을 갖지 않고 접근하는 것이 중요하다.

2 경영·경제학원론 정도의 수준은 갖추도록 하라!

지원한 직군마다 차이는 있을 수 있으나, 경영·경제이론을 접목시킨 문제가 꾸준히 출제되고 있다. 따라서 기본적인 경영·경제이론은 익혀 둘 필요가 있다.

3 지원하는 공사·공단의 조직도를 파악하라!

출제되는 문제는 각 공사·공단의 세부내용일 경우가 많기 때문에 지원하는 공사·공단의 조직도를 파악해 두어야 한다. 조직이 운영되는 방법과 전략을 이해하고, 조직을 구성하는 체제를 파악하고 간다면 조직이해능력에서 조직도가 나올 때 단기간에 문제를 풀수 있을 것이다.

4 실제 업무에서도 요구되므로 이론을 익혀라!

각 공사·공단의 직무 특성상 일부 영역에 중요도가 가중되는 경우가 있어서 많은 취업준비생들이 일부 영역에만 집중하지만, 실제 업무 능력에서 직업기초능력평가 10개 영역이 골고루 요구되는 경우가 많고, 현재는 필기시험에서도 조직이해능력을 출제하는 기관의 비중이 늘어나고 있기 때문에 미리 이론을 익혀 둔다면 모듈형 문제에서 고득점을 노릴수 있다.

01 | 모듈이론

01 조직이해능력의 의의

(1) 조직과 조직이해능력

① 조직의 의의

두 사람 이상이 공동의 목표를 달성하기 위해 의식적으로 구성되며, 상호작용과 조정을 행하는 행동의 집합체를 말한다.

② 조직의 기능

경제적 기능	재화나 서비스를 생산
사회적 기능	조직 구성원들에게 만족감을 주고 협동을 지속시킴

(2) 조직의 유형

① 공식성에 따른 분류

비공식조직으로부터 공식화가 진행되어 공식조직으로 발전되지만, 공식조직 내에서 인간관계를 지향하면서 비공식조직이 새롭게 생성되기도 한다.

공식조직	조직의 구조·기능·규정 등이 조직화되어 있는 조직
비공식 조직	개인들의 협동과 상호작용에 따라 형성된 자발적인 집단 조직

② 영리성에 따른 분류

영리조직	기업과 같이 이윤을 목적으로 하는 조직
비영리조직	정부조직을 비롯해 공익을 추구하는 조직

③ 조직 규모에 따른 분류

소규모조직	가족 소유의 상점과 같이 규모가 작은 조직
대규모조직	대기업과 같이 규모가 큰 조직, 최근에는 동시에 둘 이상의 국가에서 법인을 설립하고 경영 활동을 벌이는 다국적 기업이 증가하고 있음

(3) 조직 체제의 구성 요소

① 체제이해능력

조직은 하나의 체제(System)이며, 체제는 특정한 방식이나 양식으로 서로 결합된 부분들의 총체를 의미한다. 따라서 한 조직의 구성원은 자신이 속한 조직의 체제를 이해할 수 있어야 한다.

② 체제(System)의 구성

- 인풋(Input) : 시스템에 유입되는 것
- 업무 프로세스(Process) : 시스템의 연결망, 즉 조직의 구조를 통해서 인풋이 아웃풋으로 전환되는 과정
- 아웃풋(Output) : 업무 프로세스를 통해 창출된 시스템의 결과물

③ 조직의 목표

- 조직이 달성하려는 장래의 상태로, 조직이 존재하는 정당성·합법성을 제공
- 전체 조직의 성과·자원·시장·인력개발·혁신과 변화·생산성에 대한 목표를 포함

④ 조직의 구조

기계적 조직	구성원들의 업무나 권한이 분명하게 정의된 조직
유기적 조직	의사결정권이 하부에 위임되고 업무가 고정적이지 않은 조직

⑤ 조직도와 업무 프로세스

조직도	구성원들의 임무와 수행하는 과업, 일하는 장소 등을 알 수 있게 해줌
업무 프로세스	조직에 유입된 인풋 요소들이 최종 산출물로 만들어지기까지 구성원 간의 업무 흐름이 어떻게 연결되는지를 보여줌

⑥ 조직의 문화

- 조직 구성원들의 사고, 행동에 영향을 주며, 일체감·정체성을 부여하고 조직이 안정적으로 유지되게 함
- 조직문화를 긍정적인 방향으로 조성하기 위한 경영층의 노력이 강조

⑦ 조직의 규칙

- 조직의 목표나 전략에 따라 수립되어 조직 구성원들의 활동 범위를 제약, 일관성 부여
- 공식화 정도에 따라 조직의 구조가 결정되기도 함

(4) 조직의 변화

① 조직 변화의 의의

급변하는 환경에 맞춰 조직이 생존하려면 조직은 새로운 아이디어와 행동을 받아들이는 조직 변화에 적극적이어야 한다.

② 조직 변화의 과정

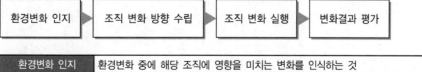

환경변화 인지	환경변화 중에 해당 조직에 영향을 미치는 변화를 인식하는 것
조직 변화 방향 수립	체계적으로 구체적인 추진 전략을 수립하고, 추진 전략별 우선순위를 마련함
조직 변화 실행	수립된 조직 변화 방향에 따라 조직을 변화시킴
변화결과 평가	조직 개혁의 진행 사항과 성과를 평가함

③ 조직 변화의 유형

제품·서비스의 변화	기존 제품, 서비스의 문제점을 인식하고 고객의 요구에 부응하기 위한 것
전략·구조의 변화	조직의 목적 달성과 효율성 제고를 위해 조직 구조·경영 방식·각종 시스템 등을 개선함
기술 변화	새로운 기술을 도입하는 것으로, 신기술이 발명되었을 때나 생산성을 높이기 위한 변화
문화의 변화	구성원들의 사고방식·가치체계를 변화시키는 것으로, 조직의 목적과 일치시키기 위해 문화를 유도함

OX 문제

01 조직이 발달해 온 역사를 보면 공식조직에서 자유로운 비공식조직으로 발전해 왔다. [　]

02 체제이해능력이란 조직의 구조와 목적, 업무 프로세스, 조직문화, 규칙 및 규정 등 자신이 속한 조직의 체제를 이해하는 능력을 말한다. [　]

03 조직 구조는 구성원들의 업무나 권한이 분명하게 정의된 유기적 조직과 의사결정권이 하부 구성원들에게 많이 위임되고 업무가 고정적이지 않은 기계적 조직으로 구분된다. [　]

04 조직의 구조는 조직 내의 부문 사이에 형성된 관계로, 조직 구성원들의 공유된 생활양식이나 가치이다. [　]

05 조직 변화는 기존의 조직 구조나 경영방식하에서 환경변화에 따라 제품이나 기술을 변화시키는 것이다. [　]

---

01 [×] 조직이 발달해 온 역사를 보면 비공식조직으로부터 공식화가 진행되어 공식조직으로 발전해 왔다.

02 [○]

03 [×] 조직 구조는 구성원들의 업무나 권한이 분명하게 정의된 기계적 조직과 의사결정권이 하부 구성원들에게 많이 위임되고 업무가 고정적이지 않은 유기적 조직으로 구분된다.

04 [×] 조직의 구조가 아닌 조직 문화에 대한 설명이다.

05 [×] 조직 변화는 전략이나 구조의 변화를 통해 조직의 조직 구조나 경영방식을 개선하는 것을 의미한다.

(1) 경영의 의의

① 경영이란?

조직의 목적을 달성하기 위한 전략·관리·운영 활동을 의미하며, 조직은 목적을 달성하기 위해 지속적인 관리와 운영이 요구된다.

② 경영의 4요소

경영 목적	조직의 목적을 어떤 과정과 방법을 통해 수행할 것인가를 제시함
조직 구성원	조직에서 일하고 있는 임직원들로, 이들의 역량과 직무수행능력에 따라 경영 성과가 달라짐
자금	경영 활동에 사용할 수 있는 돈으로, 이윤 추구를 목적으로 하는 사기업에서 자금은 새로운 이윤을 창출하는 기초가 됨
경영 전략	기업 내 모든 인적·물적 자원을 경영 목적을 달성하기 위해 조직화하고, 이를 실행에 옮겨 경쟁우위를 달성하는 일련의 방침 및 활동

③ 경영의 과정

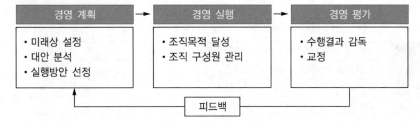

(2) 경영 활동

① 경영 활동의 유형

외부 경영 활동	조직 외부에서 조직의 효과성을 높이기 위해 이루어지는 활동으로 외적 이윤 추구 활동을 말하며, 마케팅 활동이 이에 해당함
내부 경영 활동	조직 내부에서 자원 및 기술을 관리하는 것을 말하며 인사·재무·생산 관리가 이에 해당함

② 경영참가제도

의의	근로자 또는 노동조합을 경영의 파트너로 인정하는 협력적 노사관계가 중시됨에 따라 이들을 경영의 사결정 과정에 참여시키는 것
목적	경영의 민주성 제고, 노사 간의 세력 균형 추구, 새로운 아이디어 제시 또는 현장에 적합한 개선방안 마련, 경영의 효율성 향상, 노사 간 상호 신뢰 증진
종류	공동의사결정제도, 노사협의회제도, 이윤분배제도, 종업원지주제도 등

PART 1

(3) 의사결정과정

① 확인 단계

의사결정이 필요한 문제를 인식하는 단계이다.

- 문제의 중요도나 긴급도에 따라서 체계적으로 이루어지기도 하고, 비공식적으로 이루어지기도 함
- 문제를 신속히 해결할 필요가 있는 경우에는 진단시간을 줄이고 즉각 대응해야 함
- 일반적으로는 다양한 문제를 리스트한 후 주요 문제를 선별하거나, 문제의 증상을 리스트한 후 그러한 증상이 나타나는 근본원인을 찾아야 함

② 개발 단계

확인된 문제의 해결방안을 모색하는 단계이다.

탐색	• 조직 내의 기존 해결 방법 중에서 새로운 문제의 해결방법을 찾는 과정 • 조직 내 관련자와의 대화나 공식적인 문서 등을 참고
설계	• 이전에 없었던 새로운 문제의 경우 이에 대한 해결안을 설계 • 시행착오적 과정을 거치면서 적합한 해결방법 모색

③ 선택 단계

실행 가능한 해결안을 선택하는 단계이다.

판단	한 사람의 의사결정권자의 판단에 의한 선택
분석	경영과학기법과 같은 분석에 의한 선택
교섭	이해관계집단의 토의와 교섭에 의한 선택
승인	해결방안의 선택 후에 조직 내에서 공식적인 승인 절차를 거친 다음 실행

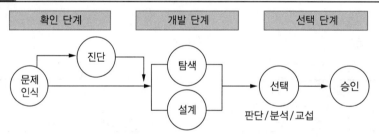

(4) 집단의사결정

① 집단의사결정의 특징

- 한 사람보다 집단이 가지고 있는 지식과 정보가 더 많으므로 집단의 의사결정이 더 효과적이다.
- 다양한 집단 구성원이 각자 다른 시각에서 문제를 바라보므로 다양한 견해를 가지고 접근할 수 있다.
- 의견이 불일치하는 경우 의사결정을 내리는 데 시간이 많이 소요된다.
- 특정 구성원에 의해 의사결정이 독점될 가능성이 있다.

② 브레인스토밍의 의의

여러 명이 한 가지의 문제를 놓고 아이디어를 비판 없이 제시해 그 중에서 최선책을 찾아내는 방법을 말한다.

③ 브레인스토밍의 규칙

> • 다른 사람이 아이디어를 제시할 때에는 비판하지 않는다.
> • 문제에 대한 제안은 자유롭게 이루어질 수 있다.
> • 아이디어는 많이 나올수록 좋다.
> • 모든 아이디어들이 제안되고 나면 이를 결합하여 해결책을 마련한다.

④ 브레인라이팅(Brain Writing)

구두로 의견을 교환하는 브레인스토밍과 달리 포스트잇 같은 메모지에 의견을 적은 다음 메모된 내용을 차례대로 공유하는 방법을 말한다.

⑤ 레드팀

조직 내부의 전략 수립에 개입되지 않은 독립적인 팀이 경쟁자들처럼 생각하고 시뮬레이션하여 기존에 세워진 가설을 검증하고, 취약점을 살피며, 나아가 대체방안을 분석하는 과정을 거쳐 복잡하게 얽힌 문제에 대해 새로운 시각으로 해결책을 제시하는 팀을 말한다.

(5) 경영 전략

① 경영 전략의 개념

조직이 환경에 적응해 목표를 달성할 수 있도록 경영 활동을 체계화하는 수단을 말한다.

② 경영 전략의 종류

조직 전략	조직의 사명을 정의함
사업 전략	사업 수준에서 각 사업의 경쟁적 우위를 점하기 위한 방향을 다룸
부문 전략	기능 부서별로 사업 전략을 구체화해 세부적인 수행 방법을 결정함

③ 본원적 경쟁 전략(Michael E. Porter)

원가우위 전략	• 원가를 절감해 해당 산업에서 우위를 점하는 전략 • 대량생산을 통해 원가를 낮추거나 새로운 생산 기술을 개발해야 함
차별화 전략	• 생산품과 서비스를 차별화해 고객에게 가치있게 인식되도록 하는 전략 • 연구・개발・광고를 통해 기술・품질・서비스・브랜드 이미지를 개선해야 함
집중화 전략	• 특정 시장과 고객에게 한정된 전략 • 경쟁 조직들이 소홀히 하고 있는 시장을 집중적으로 공략함

01 경영실행 단계에서는 구체적인 실행방안을 선정하고 조직 구성원을 관리한다. [　]

02 의사결정과정 중 선택 단계에서는 새로운 문제에 대한 해결안을 계획한다. [　]

03 브레인스토밍을 이용하여 의사결정을 할 때는 다른 사람이 아이디어를 비판하지 않는 것이 중요하다. [　]

01 [×] 경영의 과정은 계획・실행・평가로 구분되며, 실행 단계에서는 계획 단계에서 수립된 실행방안에 따라 조직목적 달성을 위한 활동과 조직 구성원의 관리가 이루어진다.

02 [×] 조직 내 의사결정과정 중 개발 단계에서는 새로운 문제에 대한 해결안을 설계한다.

03 [O]

03 체제이해능력

(1) 조직 목표

① 조직 목표의 개념

조직이 달성하려는 장래의 상태로, 미래지향적이지만 현재 조직 행동의 방향을 결정하는 역할을 한다.

② 조직 목표의 기능

• 조직이 존재하는 정당성과 합법성 제공	• 조직이 나아가야 할 방향 제시
• 조직 구성원 의사결정의 기준	• 조직 구성원 행동수행의 동기유발
• 수행평가의 기준	• 조직설계의 기준

③ 조직 목표의 특징

• 공식적 목표와 실제적 목표가 다를 수 있음	• 다수의 조직목표 추구 가능
• 조직 목표간 위계적 상호관계가 있음	• 가변적 속성
• 조직의 구성요소와 상호관계를 가짐	

④ 목표에 영향을 미치는 요인

내적 요인	조직 리더의 결단이나 태도 변화, 조직 내 권력 구조의 변화 등
외적 요인	경쟁업체의 변화, 자원의 변화, 경제 정책의 변화 등

⑤ MBO(Management by Objectives)와 OKR(Objective Key Results)

기업의 성과관리 기법의 하나로 사업 전략·사업 계획에서 출발해 목표를 정하고 결과를 측정·평가하는 기법이다.

MBO	1년간 달성해야 하는 목표치를 제시하고, 이를 달성하기 위해 노력하는 과정에서 생산성이 향상될 것이라고 막연히 기대한다.
OKR	단기간에 구체적인 수준의 목표를 달성하라고 요구하고, 이를 확인하는 과정에서 생산성 향상을 도모하는 것이다. 구글의 '3-3-3 원칙'이 대표적으로, 이는 3개월간 3개 목표에 집중하고 목표당 3개의 핵심 결과를 도출해내도록 하는 것이다.

(2) 조직 구조

① 조직 구조의 이해

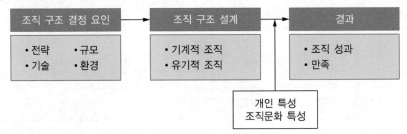

② 조직 구조의 결정 요인

전략	• 조직의 목적을 달성하기 위해 수립한 계획 • 조직이 자원을 배분하고 경쟁적 우위를 달성하기 위한 주요 방침
규모	• 대규모 조직은 소규모 조직에 비해 업무가 전문화·분화되어 있고, 많은 규칙과 규정이 존재함
기술	• 조직이 투입 요소를 산출물로 전환시키는 지식·절차 등을 의미 • 소량생산 기술은 유기적 조직, 대량생산 기술은 기계적 조직과 연결
환경	• 안정적이고 확실한 환경에서는 기계적 조직 • 급변하는 환경에서는 유기적 조직이 적합

③ 조직 구조의 유형

기계적 조직	• 구성원들의 업무가 분명하게 정의됨 • 다수의 규칙과 규제가 존재하며, 위계질서가 엄격함 • 상하간 의사소통이 공식적인 경로를 통해 이루어짐
유기적 조직	• 의사결정권한이 하부 구성원들에게 많이 위임됨 • 업무가 고정되지 않고 공유 가능 • 비공식적인 의사소통이 원활함 • 규제나 통제의 정도가 낮음

(3) 조직 구조의 형태

① 기능적 조직 구조

> • 최상층에 최고경영자(CEO)가 위치하고, 구성원들이 단계적으로 배열되는 구조
> • 환경이 안정되었거나 일상적인 기술을 사용하는 경우에 유리함
> • 기업의 규모가 작을 때 업무의 내용이 유사한 것들을 결합

② 사업별 조직 구조

> • 급변하는 환경에 대응하고 제품·지역 등의 차이에 신속하게 대응하기 위함
> • 의사결정이 분권화되어 이루어짐
> • 개별 제품·서비스·프로젝트 등에 따라 조직화됨

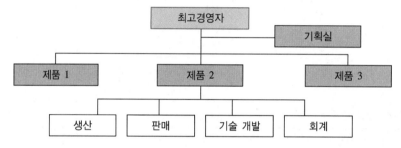

③ 애자일(Agile) 조직 구조

급변하는 시장 환경 속에서 다양한 수요에 유연하고 민첩하게 대응하기 위한 경영방식으로, 부서 간 경계를 허물고 필요에 맞게 소규모 팀을 구성해 업무를 수행하는 조직 구조를 말한다.

(4) 조직 내 집단

① 집단의 유형

공식적인 집단	• 조직의 공식적인 목표를 추구하기 위해 의도적으로 만든 집단 • 목표·임무가 명확하게 규정 • 참여하는 구성원들도 인위적으로 결정 예 각종 위원회, 임무 수행을 위한 태스크포스
비공식적인 집단	• 조직 구성원들의 요구에 따라 자발적으로 형성된 집단 • 공식적인 업무 수행 이외의 다양한 요구에 의해 이루어짐 예 스터디 모임, 봉사활동 동아리, 각종 친목회

② 집단 간 경쟁

조직 내의 한정된 자원을 더 많이 가지려 하거나, 서로 상반되는 목표를 추구하기 때문에 발생하게 된다.

순기능	집단 내부에서는 응집성이 강화되고, 집단의 활동이 더욱 조직화됨
역기능	경쟁이 과열되면 자원의 낭비, 업무 방해, 비능률 등의 문제가 발생

③ 팀

- 구성원들이 공동의 목표를 이루기 위해 기술을 공유하고 공동으로 책임을 지는 집단
- 상호 공동 책임을 중요시 하나, 자율성을 가지고 스스로 관리하는 경향이 강함
- 생산성을 높이고 의사를 신속하게 결정하며 창의성 향상을 도모하기 위해 구성
- 조직 구성원들의 협력과 관리자층의 지지가 필수적임

OX 문제

01 조직 목표 중 공식적인 목표인 조직 사명은 측정 가능한 형태로, 기술되는 단기적인 목표이다. [   ]

02 유기적 조직에서는 비공식적인 상호 의사소통이 원활히 이루어지며, 규제나 통제의 정도가 낮아 변화에 따라 쉽게 변할 수 있는 특징을 가진다. [   ]

01 [×] 조직 목표는 공식적이고 장기적인 목표인 조직 사명과 이를 달성하기 위한 단기적 관점의 세부목표로 이루어진다.

02 [○]

04   업무이해능력

(1) 업무의 의의와 특성

① 업무의 의의

상품이나 서비스를 창출하기 위한 생산적인 활동으로, 조직의 목적 달성을 위한 근거가 된다.

② 업무의 특성

공통된 목적 지향	업무는 조직 목적의 효과적 달성을 위해 세분화된 것이므로 궁극적으로 같은 목적을 지향함
적은 재량권	개인이 선호하는 업무를 임의로 선택할 수 있는 재량권이 적음
다른 업무와의 관련성	업무는 서로 독립적으로 이루어지지만 업무 간에는 서열이 있어서 순차적으로 이루어지기도 하며, 서로 정보를 주고 받기도 함
업무권한	구성원들이 업무를 공적으로 수행할 수 있는 힘을 말하며, 구성원들은 이에 따라 자신이 수행한 일에 대한 책임도 부여받음

(2) 업무 수행 계획 수립의 절차

① 업무 지침 확인

- 개인이 임의로 업무를 수행하지 않고 조직의 목적에 부합될 수 있도록 안내함
- 업무 지침을 토대로 작성하는 개인의 업무 지침은 업무 수행의 준거가 됨
- 개인의 업무 지침 작성 시에는 조직의 업무 지침, 장·단기 목표, 경영 전략 등을 고려
- 개인의 업무 지침은 3개월에 한 번 정도로 지속적인 개정이 필요

② 활용 자원 확인

- 물적 자원과 인적 자원 등의 업무 관련 자원을 확인
- 자원은 무한정하지 않으므로 효과적인 활용이 필요함
- 업무 수행에 필요한 지식, 기술이 부족하면 이를 함양하기 위한 계획의 수립이 필요

③ 업무 수행 시트의 작성

- 구체적인 업무 수행 계획을 수립하여 가시적으로 나타냄
- 주어진 시간 내에 일을 끝낼 수 있게 동기부여
- 단계별로 협조를 구해야 할 사항과 처리해야 할 일을 체계적으로 알 수 있음
- 문제 발생시 발생 지점을 정확히 파악할 수 있음

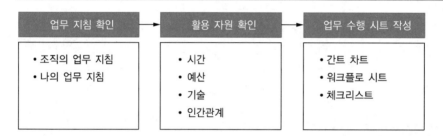

(3) 업무 수행 시트의 종류

① 간트 차트

단계별로 업무를 시작해서 끝내는 데 걸리는 시간을 바 형식으로 표시한다. 전체 일정을 한 눈에 볼 수 있고, 단계별로 소요되는 시간과 각 업무활동 사이의 관계를 파악할 수 있다.

업무		6월				7월				8월				9월			
설계	자료 수집	■	■	■													
	기본 설계					■	■	■									
	타당성 조사 및 실시 설계									■							
시공	시공											■	■				
	결과 보고													■	■	■	■

② 워크플로 시트

일의 흐름을 동적으로 보여주는 데 효과적이며, 사용되는 도형을 다르게 표현함으로써 각각의 작업의 특성을 구분하여 표현할 수 있다.

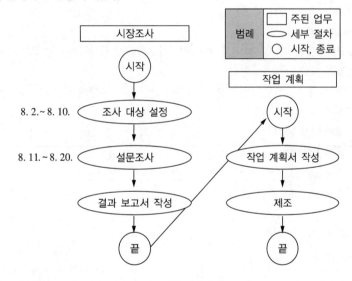

③ 체크리스트

업무의 각 단계를 효과적으로 수행했는지 자가 점검해볼 수 있으며, 활동별로 기대되는 수행 수준을 달성했는지를 확인하는 데 효과적이다. 단, 시간의 흐름을 표현하기는 어렵다.

업무		체크	
		YES	NO
고객관리	고객 대장을 정비하였는가?		
	3개월에 한 번씩 고객 구매 데이터를 분석하였는가?		
	고객의 청구 내용 문의에 정확하게 응대하였는가?		
	고객 데이터를 분석하여 판매 촉진 기획에 활용하였는가?		

OX 문제

05 국제감각

(1) 국제감각이란

① 국제감각의 의의

업무를 하는 중에 다른 나라의 문화를 이해하고 국제적인 동향을 이해하는 능력을 말한다.

② 글로벌화의 의의

활동 범위가 세계로 확대되는 것으로, 경제나 산업 등의 측면에서 벗어나 문화나 정치 등 다른 영역까지 확대되는 개념을 말한다.

③ 글로벌화에 따른 변화

세계적인 경제통합	• 신기술을 확보한 기업이 국경을 넘어 확장 • 다국적 기업의 증가에 따른 국가간 경제 통합 강화
FTA 체결	• 무역장벽을 없애기 위한 노력

(2) 외국인과의 커뮤니케이션

① 문화충격(Culture Shock)

- 한 문화권에 속한 사람이 다른 문화를 접하게 되었을 때 체험하는 충격이다.
- 상대문화를 이질적으로 대하게 되고, 위화감·심리적 부적응 상태를 경험하게 된다.
- 문화충격에 대비하려면 다른 문화에 대해 개방적인 태도를 견지해야 한다.
- 자신의 기준으로 다른 문화를 평가하지 않되, 자신의 정체성은 유지해야 한다.

② 이문화(Intercultural) 커뮤니케이션

언어적 커뮤니케이션	• 언어를 통해 의사소통하는 것으로 상대방에게 의사를 전달할 때 직접적으로 이용되는 것이다. • 외국어 사용능력과 직결된다.
비언어적 커뮤니케이션	• 생활양식·행동규범 등을 통해 상대방과 의사소통하는 것이다. • 외국어 능력이 유창해도 문화적 배경을 잘 모르면 언어에 내포된 의미를 오해하거나 수용하지 못할 수 있다.

OX 문제

01 국제감각은 자신의 업무와 관련하여 국제적인 동향을 파악하고, 이를 적용할 수 있는 능력이다. [　]

02 문화충격에 대비해서 가장 중요한 것은 자신이 속한 문화를 기준으로 다른 문화를 객관적으로 평가하는 일이다. [　]

01 [○]

02 [×] 문화충격에 대비해서 가장 중요한 것은 자신이 속한 문화를 기준으로 다른 문화를 평가하지 말고, 자신의 정체성은 유지하되 다른 문화를 경험하는 데 개방적이고 적극적 자세를 취하는 것이다.

02 | 조직이해능력 맛보기

※ 다음 글을 읽고 이어지는 질문에 답하시오. [1~2]

C사의 교육팀에 신입사원이 입사를 하게 되었다. 교육팀장은 교육운영을 맡았던 박대리에게 그 간의 업무는 신입사원에게 인수인계를 하고, 같은 팀 최과장을 도와 교육을 기획하는 업무를 담당하라고 이야기했다. 박대리는 신입사원이 출근하기에 앞서 교육팀에서 지난 2년간 수행했던 업무들을 정리하여 인수인계서를 작성했다. 인수인계서를 모두 작성하고 팀장의 결재를 받기 전에 내용이 빠짐없이 작성되었는지 확인할 필요가 있다고 판단되어 박대리는 팀 내에서 공통으로 활용하는 다음과 같은 점검표를 활용하기로 했다.

업무		확인	
		YES	NO
현황	담당업무에 대한 구분 및 정의는 명확하게 기술되었는가?		
	주요 업무계획 및 진행사항은 구체적으로 서술되었는가?		
	현안사항 및 문제점은 빠짐없이 작성되었는가?		
	주요 미결사항은 리스트와 세부 내용이 서술되었는가?		
⋮	⋮		

01 다음 중 박대리가 업무 인수인계서를 작성할 때 필수적으로 고려해야 할 항목으로 거리가 먼 것은?

① 조직의 업무 지침

② 업무 요령 및 활용 팁

③ 요구되는 지식, 기술, 도구

④ 관련 업무 및 유관부서 담당자

⑤ 요구되는 태도 및 재량권

02 다음 중 박대리는 업무수행을 점검하기 위해 어떤 도구를 활용하였는가?

① 체크리스트　　　　　　　② 간트 차트

③ 워크플로 시트　　　　　　④ 벤 다이어그램

⑤ 스프레드 시트

01

업무 수행에 필요한 요령이나 활용 팁 등은 인수인계서 작성 시 필수적으로 고려해야 할 항목은 아니다.

오답분석

업무 인수인계서를 작성할 때 필수적으로 고려해야 할 항목으로는 조직의 업무 지침, 요구되는 지식, 기술, 도구, 태도, 관련 업무 및 관련 부서 담당자, 자율권 및 재량권, 업무에 대한 구분 및 정의 등이 해당된다.

02

박대리는 팀 내에서 공통으로 활용하는 체크리스트로 업무를 점검하였다.

업무 수행 시트의 종류

시트	내용
체크리스트 (Checklist)	업무의 각 단계를 효과적으로 수행했는지 스스로 점검해 볼 수 있는 도구로, 시간의 흐름을 표현하는 데에는 한계가 있지만 업무를 세부적인 활동들로 나누고 활동별로 기대되는 수행수준을 달성했는지를 확인하는 데에는 효과적이다.
간트 차트 (Gantt Chart)	미국의 간트가 1919년에 창안한 작업진도 도표로, 단계별로 업무 전체 시간을 바(Bar) 형식으로 표시한 것이다. 일정을 한눈에 볼 수 있고, 단계별로 소요되는 시간과 각 업무활동 사이의 관계를 보여준다.
워크플로 시트 (Work Flow Sheet)	일의 흐름을 동적으로 보여 주는 데 효과적이다. 특히 도형을 다르게 표현함으로써 주된 작업과 부차적인 작업, 혼자 처리할 수 있는 일과 다른 사람의 협조를 필요로 하는 일, 주의해야 할 일, 컴퓨터와 같은 도구를 사용해서 할 일 등을 구분해서 표현할 수 있다.

풀이 전략!

조직이해능력에서는 조직 자체에 대한 내용과 그 조직이 수행하는 업무에 대한 이해력을 묻는 두 가지의 유형으로 출제된다. 전자의 경우는 본 교재에서 설명하고 있는 조직이해론을 이해하고 있으면 충분히 풀이가 가능하나, 후자의 경우는 업무 자체에 대한 이해와 그 업무를 수행하는 데 필요한 절차 및 도표에 대한 문제들이 복합적으로 연결되어 출제되는 편이다. 의외로 이 유형의 문제에서 난도가 높은 문제가 종종 출제되므로 주의하기 바란다.

1. _____ 직무 특성 및 소개

시설투자·공사지원·유지관리로 회사의 자산 가치를 극대화하고 임직원과의 소통과 원활한 경영활동 지원을 위한 업무를 수행합니다. 효율적인 공간 활용 및 쾌적한 사무환경 구축, 임직원 복지 증진으로 업무 효율성을 높이는 등 총체적인 업무지원 제반 활동을 진행합니다. 세부적으로 본사 및 사업장 부동산 자산관리, 임대차 자산 계약관리 등을 담당하는 관재업무, 설비 총괄 관리 및 시설물 관리로 쾌적한 근무 환경 조성 업무, 주주총회 기획·운영·관리 업무, 임직원 복리후생 제도 기획·운영 및 사회공헌 프로 그램을 진행하는 복지관련 업무, 경영진 및 VIP 의전 및 대민·대관 관련 업무 등을 수행합니다.

2. 구매직무 주요 업무 내용
   - 시장조사 : 환율, 원부자재 가격 변동 등 Trend 조사 및 분석
   - 업체발굴 : TCO관점에서 QCD 만족시키는 협력사 검토
   - 협상 / 계약 : 가격 협상 및 납기 조율
   - 자재관리 : 시스템 상 재고와 실 창고 재고 일치화 및 재고 수량 조사
   - 협력사 관리 및 협력사 기술 / 품질지원 : SRM시스템 구축 및 운영
   - 원가절감 활동 : 통합구매, 구매방식 다양화, 구매 시기 조정

03 다음 중 윗글의 빈칸에 들어갈 업무로 옳은 것은?

① 총무   ② 인사

③ 회계   ④ 생산

⑤ 기획

04 다음 중 구매 직무를 수행하기 위해 필요한 능력으로 옳지 않은 것은?

① 원가에 대한 이해력

② 데이터 분석 및 가공능력

③ 협상 및 설득능력

④ 생산 제품에 대한 지식

⑤ 협력사 검토 및 관리력

03

정답 ①

총무 업무는 일반적으로 주주총회 및 이사회 개최 관련 업무, 의전 및 비서업무, 집기비품 및 소모품의 구입과 관리, 사무실 임차 및 관리, 차량 및 통신시설의 운영, 국내외 출장 업무 협조, 복리후생업무, 법률자문과 소송관리, 사내외 홍보 광고업무 등이 있다.

오답분석

② 인사 업무 : 조직기구의 개편 및 조정, 업무분장 및 조정, 직원수급계획 및 관리, 직무 및 정원의 조정 종합, 노사관리, 평가관리, 상벌관리, 인사발령, 교육체계 수립 및 관리, 임금제도, 복리후생제도 및 지원업무, 복무관리, 퇴직관리 등

③ 회계 업무 : 회계제도의 유지 및 관리, 재무상태 및 경영실적 보고, 결산 관련 업무, 재무제표 분석 및 보고, 법인세, 부가가치세, 국세 지방세 업무자문 및 지원, 보험가입 및 보상업무, 고정자산 관련 업무 등

④ 생산 업무 : 생산계획 수립 및 총괄, 생산실행 및 인원관리, 원자재 수급 및 관리, 공정관리 및 개선업무, 원가관리, 외주관리 등

⑤ 기획 업무 : 경영계획 및 전략 수립, 전사기획업무 종합 및 조정, 중장기 사업계획의 종합 및 조정, 경영정보 조사 및 기획보고, 경영진단업무, 종합예산수립 및 실적관리, 단기사업계획 종합 및 조정, 사업계획, 손익추정, 실적관리 및 분석 등

04

정답 ④

생산 제품에 대한 지식은 품질관리 직무를 수행하기 위해 필요한 능력이다.

오답분석

① 원가절감 활동을 하기 위해서는 원가에 대한 이해력이 있어야 한다.

② 시장조사를 하기 위해서는 각종 데이터 분석 및 가공능력이 있어야 한다.

③ 협상 및 계약을 하기 위해서는 설득능력이 있어야 한다.

⑤ 업체 발굴 및 협력사 관리를 위해 필요한 능력이다.

풀이 전략!

업무 자체에 대한 이해를 묻는 문제로, 경우에 따라서는 실제 회사의 조직도가 주어지고 이와 연계하여 출제되는 경우도 종종 있는 편이다. 회사별로 업무 분장이 차이가 있을 수 있으나 총무, 인사 등과 같은 기본 업무들은 그 내용이 대동소이하므로 지원하는 곳의 조직도를 미리 구해 각 부서들이 실제로 수행하는 업무들을 살펴보는 것이 좋다. 이는 NCS 직업기초능력평가 뿐만 아니라 필기시험 합격 후 면접 시험을 대비할 때에도 큰 도움이 된다.

03 | 대표유형 적중문제

정답 및 해설 p.090

|01| 모듈형

01 다음 중 조직목표의 기능에 대한 설명으로 옳지 않은 것은?

① 조직이 나아갈 방향을 제시해 주는 기능을 한다.

② 조직 구성원의 의사결정 기준의 기능을 한다.

③ 조직 구성원의 행동에 동기를 유발시키는 기능을 한다.

④ 조직을 운영하는 데에 융통성을 제공하는 기능을 한다.

⑤ 조직구조나 운영과정과 같이 조직 체제를 구체화할 수 있는 기준이 된다.

02 다음 밑줄 친 ㉠, ㉡에 대한 설명으로 옳은 것은?

> 조직구조는 조직마다 다양하게 이루어지며, 조직목표의 효과적 달성에 영향을 미친다. 조직구조에 대한 많은 연구를 통해 조직구조에 영향을 미치는 요인으로는 조직의 전략, 규모, 기술, 환경 등이 있음을 확인할 수 있으며, 이에 따라 ㉠ <u>기계적 조직</u> 혹은 ㉡ <u>유기적 조직</u>으로 설계된다.

① ㉠은 의사결정 권한이 조직의 하부구성원들에게 많이 위임되어 있다.

② ㉡은 상하 간의 의사소통이 공식적인 경로를 통해 이루어진다.

③ ㉠은 규제나 통제의 정도가 낮아 의사소통 결정이 쉽게 변할 수 있다.

④ ㉡은 구성원들의 업무가 분명하게 정의된다.

⑤ 안정적이고 확실한 환경에서는 ㉠이 적합하고, 급변하는 환경에서는 ㉡이 적합하다.

03 다음 중 K기업의 상황을 고려할 때, 경영활동과 활동의 사례가 바르게 연결되지 않은 것은?

〈상황〉

- K기업은 국내 자동차 제조업체이다.
- K기업은 최근 인도네시아의 자동차 판매업체와 계약을 하여, 내년부터 인도네시아로 차량을 수출할 계획이다.
- K기업은 중국의 자동차 부품 제조업체와 협력하고 있는데, 최근 중국 내 전염병 확산으로 현지 업체들의 가동률이 급락하였다.
- K기업에서 최근 내부 설문조사를 실시한 결과, 사내 유연근무제 도입을 희망하는 직원의 비율은 72%, 희망하지 않는 직원의 비율은 20%, 무응답은 8%였다.
- K기업의 1분기 생산라인 피드백 결과, 엔진 조립 공정에서 진행속도를 20% 개선할 경우, 생산성이 12% 증가하는 것으로 나타났다.

	경영활동	사례
①	외부경영활동	인도네시아 시장의 자동차 구매성향 파악
②	내부경영활동	국내 자동차 부품 제조업체와의 협력안 검토
③	내부경영활동	인도네시아 현지 자동차 법규 및 제도 조사
④	내부경영활동	엔진 조립 공정 개선을 위한 공정 기술 연구개발
⑤	내부경영활동	생산라인에 부분적 탄력근무제 도입

04 A부장은 직원들의 업무 효율성이 많이 떨어졌다는 생각이 들어 각자의 의견을 들어보고자 회의를 열었다. 다음 중 적절하지 않은 의견을 낸 사람은?

① B대리 : 요즘 업무 외적인 통화에 시간을 낭비하는 경우가 많은 것 같습니다. 확실한 목표업무량을 세우고 목표량 달성 후 퇴근을 하는 시스템을 운영하면 개인 활동으로 낭비되는 시간이 줄어 생산성이 높아지지 않을까요?

② C주임 : 여유로운 일정이 주원인이라고 생각합니다. 1인당 최대 작업량을 잡아 업무를 진행하면 업무 효율성이 극대화될 것입니다.

③ D대리 : 계획을 짜면 업무를 체계적으로 진행할 수 있다는 의미에서 C주임의 말에 동의하지만, 갑자기 발생할 수 있는 일에 대해 대비해야 한다고 생각합니다. 어느 정도 여유 있게 계획을 짜는 게 좋지 않을까요?

④ E사원 : 목표량 설정 이외에도 업무 진행과정에서 체크리스트를 사용해 기록하고 전체적인 상황을 파악할 수 있게 하면 효율이 높아질 것입니다.

⑤ F사원 : 업무시간 내에 끝내지 못한 일이 있다면 무리해서 하는 것보다 다음날 예정사항에 적어 놓고 차후에 적절히 시간을 분배해 마무리하면 작업의 능률이 더 오를 것입니다.

※ 다음 글을 읽고 이어지는 질문에 답하시오. [5~6]

무역상사 B사의 김대리는 3년간 중국의 중소도시에서 파견 근무를 하게 되었다. 파견 간 지 얼마 되지 않아 중국 현지 파트너사 담당자의 결혼식에 초대를 받게 되었다. 김대리는 붉은 색 원피스에 단정하게 옷을 차려입고 대표이사님이 전달하라고 하는 축의금을 평소처럼 하얀색 봉투에 넣어 결혼식에 참석했다. 결혼식에 가서 충격을 받은 점은 사람들의 옷차림이었다. 정장을 입은 사람들은 몇 명 없었고 대부분 일상복 차림의 하객들이 많았다. 김대리는 속으로 '남의 결혼식에 너무 편안한 차림으로 오는 게 아닌가? 예의가 좀 없는 사람들이네.'라고 생각했다. 하객 테이블에는 선물로 예쁜 상자가 놓여 있었다. 김대리가 상자를 열어보니 사탕이 들어 있었다. '무슨 결혼식에서 선물로 사탕을 주냐.'라고 생각하며 김대리는 좀 실망하게 되었다. 결혼식이 끝나고 김대리는 한 팀에 근무하는 동료이자 현지 통역사인 왕대리와 차를 한 잔 마시며 이해가 가지 않는 중국 문화에 대해 물어보게 되었다.

05 다음 중 김대리가 중국 현지 결혼식에 참석하여 보고 느낀 점에 대한 설명으로 적절하지 않은 것은?

① 한 문화권에 속한 사람이 다른 문화를 접하게 되었을 때 체험하는 충격이다.
② 불일치, 위화감, 심리적 부적응 상태를 경험하게 된다.
③ 문화 충격 또는 컬쳐 쇼크라고 이야기한다.
④ 자신의 관점으로 다른 문화를 평가하고, 자신의 정체성을 유지해야 한다.
⑤ 새로 접한 문화에 대해 파악하려 하는 적극적 자세가 요구된다.

06 다음 중 김대리가 중국에서 사업과 생활을 하기 위해 필요한 자세로 적절하지 않은 것은?

① 중국인들의 상황에 따른 복식 문화
② 유창한 중국어 학습만을 통한 문화 차이 극복
③ 중국인들의 생활 속에서 사용하는 색의 의미 이해
④ 중국인들의 관혼상제 등에 대한 문화적 배경 이해
⑤ 중국인들의 가치관과 생활양식에 대한 개방적인 태도

※ 다음 글을 읽고 이어지는 질문에 답하시오. [7~8]

지난해 5월 구인구직 매칭 플랫폼 S가 기업 962개를 대상으로 '기업 내 직급·호칭파괴 제도'에 대해 조사한 결과, 응답한 기업의 65.4%가 효용성이 낮다고 보고 있었다. 실제로 제도를 운영하고 있는 기업(112개사)의 25%도 실효성에 대해서는 부정적이었다. 또한, 도입하지 않은 기업(822개사)의 83.3%는 향후에도 도입 의사가 없었다. 지난해 '호칭파괴 제도' 도입을 한 기업은 11.6%에 불과했고 도입을 하지 않거나, 도입을 해도 다시 직급 체계로 회귀한 기업은 88.3%에 달했다. ⊙K사의 경우 지난 2018년 팀장급 아래 직급과 호칭을 '매니저'로 단일화했다가 5년여 만인 2023년에 다시 원상복귀시켰다. H그룹도 지난 2021년 '매니저'로 호칭을 통일했으나 2년 전 '부장', '차장' 등 전통적 호칭 체계로 돌아왔다. 배달 앱 B사 경우 사원·주임·선임·책임·수석 등 직급 호칭을 유지하고 있다. 효율적인 ⓒ업무를 위한 조치이다. C사 등 일부 기업을 제외하면 직급 호칭 파괴를 임원 등 책임자 이하로 제한해 적용하는 것도 같은 맥락이다. 위의 설문조사에서는 도입하지 않는 이유 1위로 '호칭만으로 상명하복 조직문화 개선이 어려워서(37.3%, 복수응답)'가 꼽혔다. 이어 '불명확한 책임소재로 업무상 비효율적이어서 (30.3%)', '승진 등 직원들의 성취동기가 사라져서(15.6%)', '조직력을 발휘하는 데 걸림돌이 될 것 같아서 (13.4%)', '신속한 의사결정이 오히려 힘들어서(12.2%)' 등이 뒤를 이었다. 호칭이나 직급 변화로 효과를 얻기 위해선 업무 체계 재편도 동반되어야 한다는 목소리도 나온다.

07 다음 중 밑줄 친 ⊙과 같이 기업 내 직급·호칭파괴 제도가 실패한 원인으로 적절하지 않은 것은?

① 승진을 하면 직원들의 기분이 좋아져 업무 효율이 증가한다.

② 무늬만 바뀐 채 실제적인 변화가 없다.

③ 호칭과 직급 체계가 변했지만 업무 체계가 달라지지 않으면서 조직문화 변화로 이어지지 않았다.

④ 책임자가 명확치 않아 업무 효율이 저해된다거나 다른 회사와 일할 때 호칭 문제로 업무 혼선이 빚어진다.

⑤ 효율성이 중요한 제조업의 경우 조직력을 발휘하거나 신속한 의사결정이 오히려 힘들어 질 수 있다.

08 다음 중 밑줄 친 ⓒ에 대한 설명으로 적절하지 않은 것은?

① 보통 업무는 개인이 선호하는 업무를 임의로 선택하여 진행된다.

② 같은 규모의 조직이라고 하더라도 업무의 종류와 범위가 다를 수 있다.

③ 개별 업무들은 요구되는 지식, 기술, 도구의 종류가 다르고, 이들 간 다양성도 차이가 있다.

④ 업무가 독립적으로 이루어지지만 업무 간에는 서열이 있어서 순차적으로 이루어지기도 하며, 서로 정보를 주고받기도 한다.

⑤ 조직 내에서 업무는 조직의 목적을 보다 효과적으로 달성하기 위하여 세분화된 것이므로, 궁극적으로는 같은 목적을 지향한다.

| 03 | 피듈형

01 다음 상황에서 P기업이 해외 시장 개척을 앞두고 기존의 조직구조를 개편할 경우, P기업이 추가해야 할 조직으로 보기 어려운 것은?

> P기업은 몇 년 전부터 자체 기술로 개발한 제품의 판매 호조로 인해 기대 이상의 수익을 창출하게 되었다. 경쟁 업체들이 모방할 수 없는 독보적인 기술력을 앞세워 국내 시장을 공략한 결과, 국내 시장에서는 경쟁자가 없다고 할 만큼 탄탄한 시장 점유율을 확보하였다. 이러한 P기업의 M사장은 올 초부터 해외 시장 진출의 꿈을 갖고 필요한 자료를 수집하기 시작하였다. 충분한 자금력을 확보한 P기업은 우선 해외 부품 공장을 인수한 후 현지에 생산 기지를 건설하여 국내에서 생산되는 물량의 절반 정도를 현지로 이전하여 생산하고, 이를 통한 물류비 절감을 통해 주변국들부터 시장을 넓혀가겠다는 야심찬 계획을 세웠다. 한국 본사에서는 내년까지 4 ~ 5곳의 해외 거래처를 더 확보하여 지속적인 해외 시장 개척에 매진한다는 중장기 목표를 대내외에 천명해 둔 상태다.

① 해외관리팀
② 기업회계팀
③ 외환업무팀
④ 국제법무팀
⑤ 통관물류팀

02 다음은 P공단의 해외시장 진출 및 지원 확대를 위한 전략 과제의 필요성을 제시한 자료이다. 이를 통해 도출된 과제의 추진 방향으로 적절하지 않은 것은?

> 〈전략 과제 필요성〉
> 1. 해외시장에서 기관이 수주할 수 있는 산업 발굴
> 2. 국제사업 수행을 통한 경험 축적과 컨소시엄을 통한 기술·노하우 습득
> 3. 해당 산업 관련 민간기업의 해외 진출 활성화를 위한 실질적 지원

① 국제기관의 다양한 자금을 활용하여 사업을 발굴하고, 해당 사업의 해외 진출을 위한 기술 역량을 강화한다.
② 해당 산업 민간(중소)기업을 대상으로 입찰 정보 제공, 사업전략 상담, 동반 진출 등을 통한 실질적 지원을 확대한다.
③ 국제경쟁입찰의 과열 경쟁 심화와 컨소시엄 구성 시 민간기업과 업무 배분, 이윤 추구 성향 조율에 어려움이 예상된다.
④ 해외 봉사활동 등과 연계하여 기관 이미지 제고 및 사업에 대한 사전조사, 시장조사를 통한 선제적 마케팅 활동을 추진한다.
⑤ 국제사업에 참여하여 경험을 축적하고, 컨소시엄을 통해 습득한 기술 등을 재활용할 수 있는 사업을 구상하고 연구진을 지원한다.

03 다음 글을 보고 A사원이 처리할 첫 업무와 마지막 업무를 순서대로 바르게 나열한 것은?

> A씨, 우리 팀이 준비하는 상반기 프로젝트가 마무리 단계인 건 알고 있죠? 이제 곧 그동안 진행해온 팀 프로젝트를 발표해야 하는데 A씨가 발표자로 선정되어서 몇 가지 말씀드릴 게 있어요. 6월 둘째 주 월요일 오후 4시에 발표를 할 예정이니 그 시간에 비어있는 회의실을 찾아보고 예약해 주세요. 오늘이 벌써 첫째 주 수요일이네요. 보통 일주일 전에는 예약해야 하니 최대한 빨리 확인하고 예약해 주셔야 합니다. 또한 발표 내용을 PPT 파일로 만들어서 저한테 메일로 보내 주세요. 검토 후 수정사항을 회신할 테니 반영해서 최종본 내용을 브로슈어에 넣어 주세요. 최종본 내용을 모두 입력하면 디자인팀 D대리님께 파일을 넘겨 줘야 해요. 디자인팀에서 작업 후 인쇄소로 보낼 겁니다. 최종 브로슈어는 1층 인쇄소에서 받아오시면 되는데 원래는 한나절이면 찾을 수 있지만 이번에 인쇄 주문 건이 많아서 다음 주 월요일에 찾을 수 있을 거예요. 아, 그리고 브로슈어 내용 정리 전에 작년 하반기에 프로젝트 발표자였던 B주임에게 물어보면 어떤 식으로 작성해야 할지 이야기해 줄 거예요.

① 회의실 예약, 인쇄소 방문
② PPT 작성, D대리에게 파일 전달
③ 회의실 예약, D대리에게 파일 전달
④ B주임에게 조언 구하기, 인쇄소 방문
⑤ 회의실 예약, B주임에게 조언 구하기

04 인사팀 채부장은 신입사원들을 대상으로 조직의 의미를 다음과 같이 설명하였다. 이에 근거할 때, 조직으로 볼 수 없는 것은?

> 조직은 특정한 목적을 추구하기 위하여 의도적으로 구성된 사람들의 집합체로, 외부환경과 여러 가지 상호 작용을 하는 사회적 단위라고 말할 수 있다. 이러한 상호 작용이 유기적인 협력 체제하에서 행해지면서 조직이 추구하는 목적을 달성하기 위해서는 내부적인 구조가 있어야만 한다. 어떤 특정한 조직 구성원들의 공통된 목표를 달성하기 위하여 업무와 기능의 분배, 권한과 위임을 통해 여러 사람의 활동을 합리적으로 조정한 것이야말로 조직의 정의를 가장 잘 나타내주는 말이라고 할 수 있다.

① 영화 촬영을 위해 모인 스태프와 배우들
② 열띤 응원을 펼치고 있는 야구장의 관중들
③ 미국까지 가는 비행기 안에 탑승한 기장과 승무원들
④ 야간자율학습을 하고 있는 K고등학교 3학년 2반 학생들
⑤ 주말을 이용해 춘천까지 다녀오기 위해 모인 자전거 동호회원들

※ 다음은 S회사의 회의록이다. 이어지는 질문에 답하시오. **[5~6]**

〈회의록〉

회의일시	2024년 8월 12일	부서	생산팀, 연구팀, 마케팅팀	작성자	홍길동
참석자	생산팀 팀장·차장, 연구팀 팀장·차장, 마케팅팀 팀장·차장				
회의안건	제품에서 악취가 난다는 고객 불만에 따른 원인 조사 및 대책 방안				
회의내용	주문폭주로 인한 물량증가로 잉크가 덜 마른 포장상자를 사용해 냄새가 제품에 스며든 것으로 추측				
결정사항	[생산팀] 내부 비닐 포장, 외부 종이상자 포장이었던 기존방식에서 내부 2중 비닐포장, 외부 종이상자 포장으로 교체 [마케팅팀] 1. 주문 물량이 급격히 증가했던 일주일 동안 생산된 제품 전격 회수 2. 제품을 공급한 매장에 사과문 발송 및 100% 환불·보상 공지 [연구팀] 포장재질 및 인쇄된 잉크의 유해성분 조사				

05 다음 중 회의록을 보고 알 수 있는 것은?

① 이 조직은 6명으로 이루어져 있다.
② 회의 참석자는 총 3명이다.
③ 연구팀에서 제품을 전격 회수해 포장재질 및 인쇄된 잉크의 유해성분을 조사하기로 했다.
④ 주문량이 많아 잉크가 덜 마른 포장상자를 사용한 것이 문제 발생의 원인으로 추측된다.
⑤ 포장재질 및 인쇄된 잉크 유해성분을 조사한 결과 인체에는 무해한 것으로 밝혀졌다.

06 다음 중 회의 후 가장 먼저 해야 할 일은 무엇인가?

① 해당 브랜드의 전 제품 회수
② 포장재질 및 인쇄된 잉크 유해성분 조사
③ 새로 도입하는 포장방식 홍보
④ 주문 물량이 급격히 증가한 일주일 동안 생산된 제품 파악
⑤ 제품을 공급한 매장에 사과문 발송

※ S회사는 새로 출시할 화장품에 대한 회의를 하였다. 이어지는 질문에 답하시오. [7~8]

〈신제품 홍보 콘셉트 기획 1차 미팅〉

참여자	• 제품 개발팀 : A과장, B대리 • 기획팀 : C과장, D대리, E사원 • 온라인 홍보팀 : F대리, G사원		
회의 목적	• 신제품 홍보 방안 수립 • 제품명 개발	회의 날짜	2024.7.4.(목)

〈제품 특성〉

1. 여드름 치료에 적합한 화장품
2. 성분이 순하고, 향이 없음
3. 이용하기 좋은 튜브형 용기로 제작
4. 타사 여드름 관련 화장품보다 가격이 저렴함

〈회의 결과〉

• 제품 개발팀 : 제품의 특성을 분석
• 기획팀 : 특성에 맞고 소비자의 흥미를 유발하는 제품명 개발
• 온라인 홍보팀 : 현재 출시된 타사 제품에 대한 소비자 반응 확인, 온라인 설문조사 실시

07 다음 중 다음 회의까지 해야 할 일에 대해 잘못 이야기한 사람은?

① B대리 : 우리 제품이 피부자극이 적은 성분을 사용했다는 것을 성분표로 작성해 확인해 봐야겠어.
② C과장 : 여드름 치료 화장품이니 주로 청소년층이 우리 제품을 구매할 가능성이 커. 그러니 청소년층에게 흥미를 일으킬 수 있는 이름을 고려해야겠어.
③ D대리 : 현재 판매되고 있는 타사 여드름 제품의 이벤트 현황을 조사해야겠어.
④ F대리 : 화장품과 관련된 커뮤니티에서 타사의 여드름 제품에 대한 반응을 확인해야겠어.
⑤ G사원 : 여드름이 고민인 사람들이 많이 모인 커뮤니티에서 온라인 설문조사를 할 수 있는지 살펴봐야겠어.

08 온라인 홍보팀의 G사원은 온라인에서 타사의 여드름 화장품에 대한 소비자의 반응을 조사해 추후 회의에 가져갈 생각이다. 다음 중 회의에 가져갈 반응으로 적절하지 않은 것은?

① A응답자 : 여드름용 화장품에 들어간 알코올 성분 때문에 얼굴이 화끈거리고 따가워요.
② B응답자 : 화장품이 유리용기에 담겨 있어 쓰기에 불편해요.
③ C응답자 : 향이 강한 제품이 많아 거부감이 들어요.
④ D응답자 : 여드름 화장품을 사용하고 색조화장을 하면 화장이 자꾸 떠요.
⑤ E응답자 : 여드름용 화장품을 판매하는 매장이 적어 구매하기가 불편해요.

CHAPTER 08

대인관계능력

합격 Cheat Key

대인관계능력은 직장생활에서 접촉하는 사람들과 원만한 관계를 유지하고 조직구성원들에게 도움을 줄 수 있으며 조직 내부 및 외부의 갈등을 원만히 해결하고 고객의 요구를 충족할 수 있는 능력을 의미한다. 또한, 직장생활을 포함한 일상에서 스스로를 관리하고 개발하는 능력을 말한다. 세부 유형은 팀워크, 갈등 관리, 협상, 고객 서비스로 나눌 수 있다.

1 일반적인 수준에서 판단하라!

일상생활에서의 대인관계를 생각하면서 문제에 접근하면 어렵지 않게 풀 수 있다. 그러나 수험생들 입장에서 직장 내에서의 상황, 특히 역할(직위)에 따른 대인관계를 묻는 문제는 까다롭게 느껴질 수 있고 일상과는 차이가 있을 수 있기 때문에 이런 유형에 대해서는 따로 알아둘 필요가 있다.

2 이론을 먼저 익혀라!

대인관계능력 이론을 접목한 문제가 종종 출제된다. 물론 상식 수준에서도 풀 수 있지만 정확하고 신속하게 해결하기 위해서는 이론을 정독한 후 자주 출제되는 부분들은 암기를 필수로 해야 한다. 자주 출제되는 부분은 리더십과 멤버십의 차이, 단계별 협상 과정, 고객 불만 처리 프로세스 등이 있다.

3 실제 업무에 대한 이해를 높여라!

출제되는 문제의 수는 많지 않으나, 고객과의 접점에 있는 서비스직군 시험에 출제될 가능성이 높은 영역이다. 특히 상황 제시형 문제들이 많이 출제되므로 실제 업무에 대한 이해를 높여야 한다.

4 애매한 유형의 빈출 문제, 선택지를 파악하라!

대인관계능력의 출제 문제들을 보면 이것도 맞고, 저것도 맞는 것 같은 선택지가 많다. 하지만 정답은 하나이다. 출제자들은 대인관계능력이란 공부를 통해 얻는 것이 아닌 본인의 독립적인 성품으로부터 자연스럽게 나오는 것이라고 생각한다. 수험생들이 선택하는 보기로 그 수험생들을 파악한다. 그러므로 대인관계능력은 빈출 유형의 문제와 선택지를 파악하고 가는 것이 애매한 문제들의 정답률을 높이는 데 도움이 될 것이다. 내가 맞다고 생각하는 선택지가 답이 아닐 가능성이 있기 때문이다.

01 | 모듈이론

01 대인관계능력의 의의

(1) 대인관계능력이란?

① 대인관계의 의의

조직 구성원 간에 협조적인 관계를 유지하고, 구성원들에게 도움을 줄 수 있으며, 조직 내·외부의 갈등을 원만히 해결하는 능력을 말한다.

② 대인관계능력의 하위능력

종류	내용
팀워크 능력	다른 구성원들과 목표를 공유하고 원만한 관계를 유지하며, 책임감 있게 업무를 수행하는 능력
리더십 능력	조직 구성원들의 업무 향상에 도움을 주며 동기화시킬 수 있고, 조직의 목표 및 비전을 제시할 수 있는 능력
갈등관리 능력	조직 구성원 사이에 갈등이 발생하였을 경우, 이를 원만히 조절하는 능력
협상 능력	협상 가능한 목표를 세우고 상황에 맞는 협상 전략을 선택하여 다른 사람과 협상하는 능력
고객서비스 능력	고객서비스에 대한 이해를 바탕으로 실제 현장에서 다양한 고객에 대처하고 고객만족을 이끌어 낼 수 있는 능력

(2) 대인관계 양식의 유형과 특징

유형	특징
지배형	• 대인관계에 자신이 있으며 자기주장이 강하고 주도권을 행사함 • 지도력과 추진력이 있음 • 강압적·독단적·논쟁적이어서 마찰이 발생할 가능성이 높음 • 지시에 순종하지 않고 거만하게 보임
실리형	• 이해관계에 예민하며 성취 지향적임 • 자기중심적·경쟁적이며, 이익을 우선시함 → 타인에 대한 관심과 배려가 부족함 • 타인을 신뢰하지 못함 • 불공평한 대우에 예민함
냉담형	• 이성적이고 냉철하며, 의지가 강하고 타인과 거리를 둠 • 타인의 감정에 무관심함 • 긍정적인 감정 표현을 어려워함 • 오랜 기간 깊게 사귀기 어려움
고립형	• 혼자 일하는 것을 좋아하며, 감정을 드러내지 않음 • 사회적 상황을 회피하며 감정을 지나치게 억제함 • 침울하고 우유부단하여 고립될 가능성이 있음

복종형	• 수동적이고 의존적임 • 자신감이 낮고 주목받는 일을 피함 • 자신의 의사를 전달하기 어려워함 • 상급자의 위치에서 일하는 것에 부담을 느낌
순박형	• 단순하고 솔직하며, 너그럽고 겸손함 • 주관 없이 끌려다니기 쉬움 → 이용당할 가능성이 높음 • 원치 않을 때에도 타인의 의견에 반대하지 못함
친화형	• 타인을 배려하며 자기희생적 태도 • 요구를 잘 거절하지 못하고 타인의 필요를 자신보다 앞세움 • 타인과의 정서적 거리 유지 노력 • 본인의 이익도 중요함을 인식
사교형	• 외향적, 인정받고자 하는 욕구 • 타인에게 간섭하는 경향 • 흥분, 충동적 성향 • 개인적인 일을 타인에게 너무 알리는 경향이 있음 • 자신의 내면적 생활에 관심을 가지고, 인정받고자 하는 욕구에 대해 성찰할 필요가 있음

OX 문제

01 대인관계능력이란 조직원들과 협조적인 관계 유지, 조직 구성원들에게 업무상의 도움, 조직 내부 및 외부의 갈등 해결, 고객의 요구를 충족시켜줄 수 있는 능력 등을 포괄하는 개념이다. [   ]

02 친화형 인간의 경우는 나의 이익보다는 타인의 이익이 중요하다는 것을 인식함으로서 문제점을 해결할 수 있다. [   ]

03 대인관계 유형 중 순박형은 겸손하고 너그러운 경향이 있으며, 본인이 원치 않는 것에 대해서는 반대 의견을 잘 표현한다. [   ]

01 [○]

02 [×] 친화형의 경우 타인의 요구를 잘 거절하지 못하고 타인의 필요를 자신의 것보다 앞세우는 경향이 있기 때문에, 타인의 이익만큼이나 나의 이익이 중요하다는 것을 인식하는 게 중요하다.

03 [×] 순박형은 겸손하고 너그러운 경향이 있으며, 본인이 원치 않는 것에 대해서는 반대 의견을 잘 표현하지 못한다. 이에 자신의 의견을 표현하고 주장하는 노력이 필요하다.

(1) 팀워크의 의의와 특징

① 팀워크의 정의

'Team'과 'Work'의 합성어로, 팀 구성원이 공동의 목적을 달성하기 위해 상호 관계성을 가지고 협력해 업무를 수행하는 것을 말한다.

② 팀워크와 응집력의 차이

팀워크	응집력
구성원이 공동의 목적을 달성하기 위해 상호 관계성을 가지고 서로 협력해 업무를 수행하는 것	사람들로 하여금 집단에 머물도록 하고, 그 집단의 구성원으로 계속 남아 있기를 원하게 만드는 힘

③ 팀워크의 유형

협력·통제·자율 등의 3가지 기제를 통해 구분되는데, 조직이나 팀의 목적, 추구하는 사업 분야에 따라 서로 다른 유형의 팀워크를 필요로 한다.

④ 팀워크를 저해하는 요소

- 조직에 대한 이해 부족
- 이기주의
- 자아의식 과잉
- 질투나 시기로 인한 파벌주의
- 그릇된 우정과 인정
- 사고방식의 차이에 대한 무시

(2) 리더십과 팔로워십

① 팔로워십의 의의

리더를 따르는 것으로, 따르는 사람들은 헌신, 전문성, 용기, 정직하고 현명한 평가 능력, 융화력, 겸손함이 있어야 하며, 리더가 결점이 보일 때 덮어주는 아량도 있어야 한다. 리더십과 팔로워십은 상호 보완적이며 필수적인 관계를 이룬다.

② 팔로워십의 유형

구분	자아상	동료 / 리더의 시각	조직에 대한 자신의 느낌
소외형	• 자립적 • 일부러 반대의견 제시 • 조직의 양심	• 냉소적 • 부정적 • 고집이 셈	• 자신을 인정하지 않음 • 적절한 보상의 부재 • 불공정하며 문제가 있음
순응형	• 기쁜 마음으로 과업수행 • 팀플레이 • 리더나 조직을 믿고 헌신	• 아이디어 없음 • 인기 없는 일은 하지 않음 • 조직을 위해 자신과 가족의 요구를 양보	• 기존 질서 존중 • 리더의 의견을 거스르지 못함 • 획일적인 태도
실무형	• 조직의 운영방침에 민감 • 균형 잡힌 시각 • 규정과 규칙	• 개인의 이익 극대화 • 적당한 열의와 평범한 수완	• 규정 준수 강조 • 명령과 계획의 잦은 변경 • 리더와 부하 간의 비인간적 풍토

수동형	• 리더에 의존 • 지시에 의한 행동	• 제 몫을 하지 못함 • 감독이 반드시 필요	• 조직이 자신의 아이디어를 원치 않음 • 노력과 공헌은 소용없음
주도형	이상적인 유형		

(3) 팀워크의 촉진방법

① 건설적 피드백

문제 제기	해당 팀원으로 하여금 업무 수행이나 근무태도의 특정 사안에 대해 시정해야 할 부분이 있음을 알게 하는 것으로, 업무목표 달성과 관련된 경우나 자신이 해야 할 일이 아닌 업무를 하고 있을 때 문제를 제기하는 단계
상황 이해	업무 수행과 근무태도가 부서에 미치는 영향에 관해 기술하고, 상호 이해에 도달함으로써 해당 팀원이 무엇이 문제인지를 알게 하는 단계
문제 해결	바람직한 결과를 끌어내기 위해서 해당 팀원이 현재 상황을 개선할 수 있도록 행동을 취하게 하는 단계

② 갈등의 해결

ㄱ 성공적으로 운영되는 팀은 갈등의 해결에 능숙하다. 효과적인 갈등관리로 혼란과 내분을 방지하고, 팀 진전 과정에서의 방해 요소를 미리 없앤다.

ㄴ 팀원 사이의 갈등을 발견하면 제3자로서 신속히 개입해 중재해야 한다.

③ 훌륭한 결정이 되기 위해서 고려해야 할 2가지 측면

결정의 질	• 쟁점의 모든 측면을 다루었는가? • 모든 팀원과 협의하였는가? • 추가 정보나 조언을 얻기 위해 팀 외부와 협의할 필요가 있는가?
구성원의 참여	• 모든 팀원이 결정에 동의하는가? • 팀원들은 결정을 실행함에 있어서 각자의 역할을 이해하고 있는가? • 팀원들은 결정을 열성적으로 실행하고자 하는가?

OX 문제

01 응집력이란 사람들로 하여금 집단에 머물도록 만들고, 그 집단의 멤버로서 계속 남아 있기를 원하게 만드는 힘을 의미한다. [ ]

02 팔로워십 유형 중 실무형은 조직의 운영방침에 민감하며 사건을 균형 잡힌 시각으로 보는 특징을 가진다. [ ]

03 팔로워십의 유형 중 소외형은 조직이 자신을 인정해 주지 않는다고 느끼며, 다른 사람이 볼 때 다소 냉소적·부정적으로 보인다. [ ]

01 [O]
02 [O]
03 [O]

(1) 리더십의 의의

① 리더십의 의의

모든 조직 구성원이 각자의 위치에서 가질 수 있는 것으로, '조직의 공통된 목적을 달성하기 위하여 개인이 조직원들에게 영향을 미치는 과정'을 의미한다.

② 리더십에 대한 일반적인 정의·개념

- 조직 구성원들로 하여금 조직의 목표를 위해 자발적으로 노력하도록 영향을 주는 행위
- 어떤 주어진 상황 내에서 목표 달성을 위해 개인 또는 집단에 영향력을 행사하는 과정
- 자신의 주장을 소신 있게 나타내고 다른 사람들을 격려하는 힘

③ 리더와 관리자

리더	관리자
• 새로운 상황 창조자	• 상황에 수동적
• 혁신지향적	• 유지지향적
• '내일'에 초점을 맞춘다.	• '오늘'에 초점을 맞춘다.
• 사람을 중시	• 체제나 기구를 중시
• 정신적	• 기계적
• 계산된 리스크를 취한다.	• 리스크를 회피한다.
• '무엇을 할까?'를 생각한다.	• '어떻게 할까?'를 생각한다.

④ 리더십의 발휘 구도

산업 사회에서 정보 사회로 이행되면서 상사가 하급자에게 발휘하는 형태뿐만 아니라 조직원이 동료나 상사에게까지도 발휘해야 하는 전방위적 형태로 바뀌었다.

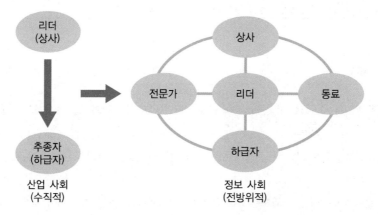

(2) 리더십의 유형

① 독재자 유형
- ㉠ 정책의사결정과 대부분의 핵심 정보를 자신에게만 국한해 소유한다.
- ㉡ 통제가 없이 방만한 상태에 있을 때 혹은 가시적인 성과물이 보이지 않을 때 효과적이다.
- ㉢ 특징 : 질문 금지, 모든 정보는 내 것, 실수를 용납하지 않음

② 민주주의 근접 유형
- ㉠ 독재자 유형보다는 관대하다. 전체 그룹 구성원 모두를 목표 방향 설정에 참여시킴으로써 구성원 들에게 확신을 심어주려고 노력한다.
- ㉡ 혁신적이고 탁월한 부하 직원들을 거느리고, 그러한 방향을 계속적으로 지향할 때 가장 효과적이다.
- ㉢ 특징 : 참여, 토론의 장려, 거부권

③ 파트너십 유형
- ㉠ 리더와 집단 구성원 사이의 구분이 희미하다.
- ㉡ 소규모 조직에서 풍부한 경험과 재능을 소유한 개개인들에게 적합하고 신뢰, 정직, 구성원들의 능력에 대한 믿음이 파트너십의 핵심 요소이다.
- ㉢ 특징 : 평등, 집단의 비전, 책임 공유

④ 변혁적 유형
- ㉠ 개개인과 팀이 유지해 온 업무 수행 상태를 뛰어넘으려 한다.
- ㉡ 특징 : 카리스마, 자기 확신, 존경심과 충성심, 풍부한 칭찬, 감화

(3) 동기부여

① 동기부여의 의의
'동기부여'는 리더십의 핵심 개념이다. 성과와 목표의 실현은 동기부여의 직접적인 결과이며, 자신에 게 동기를 부여해야 좋은 결과를 얻을 수 있다.

② 동기부여의 방법

긍정적 강화법	목표달성을 높이 평가하여 곧바로 보상하는 행위
새로운 도전의 기회 부여	환경 변화에 따라 조직원에게 새로운 업무를 맡을 기회를 제공하여 발전과 창조성을 고무
창의적인 문제 해결법 발견	문제를 해결하도록 지도하고 개입하지만, 해결책은 스스로 찾을 수 있도록 분위기를 조성
역할과 행동에 책임감 부여	업무에 책임을 지도록 하는 환경 조성 → 안정감을 느끼고 의미 있는 일을 하고 있다는 긍지를 가짐
코칭	문제 및 진척 상황을 팀원들과 함께 살피고 지원하며, 지도 및 격려
변화를 두려워하지 않음	위험을 감수해야 할 이유와 목표 제시를 통해 팀원이 안전지대를 벗어나 높은 목표를 향하도록 격려
지속적 교육	지속적인 교육과 성장의 기회 제공을 통해 상사로부터 인정받고 있으며, 권한을 위임받았다고 느낄 수 있도록 동기부여

(4) 임파워먼트(Empowerment)

① 임파워먼트의 의의

직원들에게 일정 권한을 위임하면 자신의 능력을 인정받았다고 인식해 업무 효율성이 높아지므로 훨씬 쉽게 목표를 달성할 수 있다.

② 임파워먼트 환경의 특징

- 도전적이고 흥미 있는 일
- 학습과 성장의 기회
- 높은 성과와 지속적인 개선을 가져오는 요인들에 대한 통제
- 긍정적인 인간관계
- 개인들이 공헌하며 만족한다는 느낌
- 상부로부터의 지원

③ 임파워먼트의 장애요인

개인 차원	주어진 일을 해내는 역량의 결여, 동기의 결여, 결의의 부족, 책임감 부족, 의존성
대인 차원	다른 사람과의 성실성 결여, 약속 불이행, 성과를 제한하는 조직의 규범, 갈등 처리 능력 부족, 승패의 태도
관리 차원	통제적 리더십 스타일, 효과적 리더십 발휘 능력 결여, 경험 부족, 정책 및 기획의 실행 능력 결여, 비전의 효과적 전달 능력 결여
조직 차원	공감대 형성이 없는 구조와 시스템, 제한된 정책과 절차

(5) 변화관리의 단계

① 1단계 : 변화의 이해

리더는 먼저 변화의 실상을 정확히 파악한 다음, 익숙했던 것들을 버리는 데서 오는 감정과 심리적 상태를 어떻게 다룰 것인가에 대해 심사숙고해야 한다. 변화관리에서 변화를 다루는 방법만큼 중요한 것은 없다.

- 변화가 왜 필요한가?
- 무엇이 변화를 일으키는가?
- 변화는 모두 좋은 것인가?

② 2단계 : 변화의 인식

리더는 직원들에게 변화와 관련된 상세한 정보를 제공하여 직원들 자신이 변화를 주도하고 있다는 마음이 들도록 이끌어야 한다.

- 개방적인 분위기를 조성한다.
- 구성원들의 감정을 세심하게 살핀다.
- 변화의 긍정적인 면을 강조한다.
- 변화에 적응할 시간을 준다.

③ 3단계 : 변화의 수용

> • 부정적인 행동을 보이는 구성원은 개별 면담을 통해 늘 관심 있게 지켜보고 있다는 사실과 언제든지 대화를 나눌 수 있다는 점을 주지시킨다.
> • 변화에 스스로 대처하려는 직원들에게도 도움을 주어야 한다. 이런 구성원들에게는 '인간은 자기실현적 예언자'라는 점을 인식시키면 좋다.

OX 문제

01 독재자 유형의 리더십은 집단이 통제가 없이 방만한 상태에 있을 때 혹은 가시적인 성과물이 보이지 않을 때 사용한다면 효과적일 수 있다. [   ]

02 목표달성을 높이 평가하여 곧바로 보상하는 행위를 긍정적 강화라고 한다. [   ]

03 지속적으로 동기부여하기 위해 가장 좋은 방법은 금전적인 보상이나 편익, 승진 등의 외적인 동기유발이다. [   ]

04 성공적인 임파워먼트를 위해서는 권한 위임의 한계를 명확하게 하여야 한다. [   ]

---

01 [O]

02 [O]

03 [×] 외적인 동기유발제는 일시적으로 효과를 낼 수 있으며, 단기간에 좋은 결과를 가져오고 사기를 끌어올릴 수 있지만, 그 효과는 오래가지 못한다.

04 [O]

(1) 갈등의 의의

① '갈등'의 일반적 의미

조직을 구성하는 개인과 집단, 조직 간에 잠재적 또는 현재적으로 대립하고 마찰하는 사회적·심리적 상태를 말한다.

② 갈등과 조직성과 사이의 관계

갈등수준이 전혀 없거나 낮을 때에는 조직 내부는 의욕이 상실되고 환경 변화에 대한 적응력도 떨어져 조직성과가 낮아지게 된다. 그러나 갈등수준이 적절(X_1)할 때는 조직 내부에 생동감이 넘치고 변화지향적이며 문제해결 능력이 발휘된다.

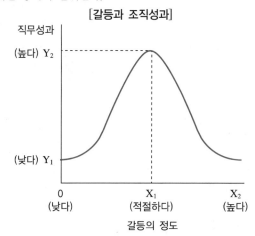

[갈등과 조직성과]

③ 갈등의 증폭원인

적대적 행동	• 팀원은 '승리·패배의 경기'를 시작한다. • 팀원은 문제를 해결하기보다는 '승리하기'를 원한다.
입장 고수	• 팀원은 공동의 목표를 달성할 필요성을 느끼지 않는다. • 팀원은 각자의 입장만을 고수하고, 의사소통의 폭을 줄이며, 서로 접촉하는 것을 꺼린다.
감정적 관여	• 팀원은 자신의 입장에 감정적으로 묶인다.

(2) 갈등의 두 가지 쟁점

핵심적인 문제들은 대부분 갈등의 밑바닥에 깔려 있는 반면에, 감정적인 문제들은 갈등을 복잡하게 만든다. 갈등을 해결하기 위해서는 핵심적인 문제부터 해결해야 한다.

핵심 문제	감정적 문제
• 역할 모호성 • 방법에 대한 불일치 • 목표에 대한 불일치 • 책임에 대한 불일치 • 가치에 대한 불일치	• 공존할 수 없는 개인적 스타일 • 통제나 권력 확보를 위한 싸움 • 자존심에 대한 위협 • 질투 • 분노

(3) 갈등을 해결하기 위한 방법

① 갈등의 과정

의견 불일치	상대방에게 생각과 동기를 설명할 수 있는 기회를 주고 대화를 나누다 보면 오해가 사라지고 더 좋은 관계로 발전할 수 있지만, 그냥 내버려 두면 심각한 갈등으로 발전하게 된다.
대결 국면	상대방의 입장은 부정하면서 자기주장만 하려고 하며, 서로의 입장을 고수하려는 강도가 높아지면서 서로 간의 긴장은 더욱 높아지고 감정적인 대응이 더욱 격화되어 간다.
격화 국면	상대방에 대하여 더욱 적대적으로 발전해 나가며, 상대방의 생각이나 의견·제안을 부정하고, 그에 대한 반격으로 대응함으로써 자신들의 반격을 정당하게 생각한다.
진정 국면	흥분과 불안이 가라앉고 이성과 이해의 원상태로 돌아가려 하며, 협상이 시작된다. 협상과정을 통해 쟁점이 되는 주제를 논의하고 새로운 제안을 하며 대안을 모색하게 된다.
갈등의 해소	갈등 당사자들은 문제를 해결하지 않고는 자신들의 목표를 달성하기 어렵다는 것을 알게 된다. 서로 간에 쌓인 갈등의 해소는 회피형, 지배 또는 강압형, 타협형, 순응형, 통합 또는 협력형 등의 방법으로 이루어진다.

② 갈등 해결 방법

회피형 (Avoiding)	• 자신과 상대방에 대한 관심이 모두 낮은 경우 • 개인의 갈등상황으로부터 철회 또는 회피하는 것 • '나도 지고, 너도 지는 방법(I Lose-You Lose)'
경쟁형 (Competing)	• '지배형'이라고도 함 • 자신에 대한 관심은 높고, 상대방에 대한 관심은 낮은 경우 • '나는 이기고, 너는 지는 방법(Win-Lose)', 제로섬(Zero Sum)
수용형 (Accomodating)	• 자신에 대한 관심은 낮고, 상대방에 대한 관심은 높은 경우 • '나는 지고, 너는 이기는 방법(I Lose-You Win)' • 상대방이 거친 요구를 해오는 경우에 전형적으로 나타나는 반응
타협형 (Compromising)	• 서로가 받아들일 수 있는 결정을 하기 위하여 타협적으로 주고받는 방식(Give and Take) • 갈등 당사자들이 반대의 끝에서 시작하여 중간 정도 지점에서 타협하여 해결점을 찾는 것
통합형 (Integrating)	• '협력형(Collaborating)'이라고도 함 • 자신은 물론 상대방에 대한 관심이 모두 높은 경우로서, '나도 이기고, 너도 이기는 방법(Win-Win)' • 가장 바람직한 갈등 해결 유형

(4) 윈-윈(Win-Win) 갈등관리법

① 윈-윈 갈등관리법의 의미

문제해결을 위해 서로의 관점과 공동의 책임을 수용하도록 하는 방법으로, 팀원들에게 서로의 역할을 바꾸어서 수행해보도록 하는 것 등을 예시로 들 수 있다(어떤 모델을 적용할지 미리 결정하는 것보다 팀 내에서 대립이 있을 때마다 적절한 모델을 적용하는 것이 중요).

② 윈-윈 전략에 의거한 갈등해결 7단계

㉠ 1단계 : 충실한 사전 준비

㉡ 2단계 : 긍정적인 접근 방식

㉢ 3단계 : 두 사람의 입장을 명확히 하기

㉣ 4단계 : Win-Win에 기초한 기준에 동의하기

㉤ 5단계 : 몇 가지 해결책을 생각해내기

㉥ 6단계 : 몇 가지 해결책을 평가하기

㉦ 7단계 : 최종 해결책을 선택하고, 실행하는 것에 동의하기

01 '윈 – 윈(Win – Win) 갈등 관리법'이란 갈등을 피하거나 타협으로 예방하기 위한 방법이다. [   ]

01 [×] 갈등을 피하거나 타협으로 예방하려고 하는 접근법은 상당히 효과적이기는 하지만 문제를 근본적으로 해결해 주는 데에는 한계가 있다.

05 협상능력

(1) 협상의 의의

차원	내용
의사소통 차원	이해당사자들이 자신들의 욕구를 충족시키기 위해 상대방으로부터 최선의 것을 얻어내려고 상대방을 설득하는 커뮤니케이션 과정
갈등 해결 차원	개인·조직 또는 국가가 가지고 있는 갈등의 문제를 해결하기 위해서 갈등관계에 있는 이해당사자들이 대화를 통해서 상반되는 이익은 조정하고, 공통되는 이익은 증진시키는 상호작용 과정
지식과 노력 차원	우리가 얻고자 원하는 것을 어떻게 다른 사람들보다 더 우월한 지위를 점유하면서 얻을 수 있을 것인가 등에 관련된 지식이며, 노력의 장
의사결정 차원	둘 이상의 이해당사자들이 여러 대안들 가운데 이해당사자들 모두가 수용가능한 대안을 찾기 위한 의사결정 과정
교섭 차원	선호가 서로 다른 당사자들이 합의에 도달하기 위해 의사결정하는 과정

(2) 협상의 단계

협상 시작	• 협상 당사자들 사이에 상호 친근감을 쌓음 • 간접적인 방법으로 협상 의사를 전달함
상호 이해	• 적극적으로 경청하고 자기주장을 제시함 • 협상을 위한 협상 대상 안건을 결정함
실질 이해	• 겉으로 주장하는 것과 실제로 원하는 것을 구분하여 실제로 원하는 것을 찾아냄 • 분할과 통합 기법을 활용해 이해관계를 분석함
해결 대안	• 협상 안건마다 대안들을 평가함 • 대안 이행을 위한 실행 계획을 수립함
합의 문서	• 합의문을 작성함 • 합의문 상의 합의 내용·용어 등을 재점검한 후 서명함

(3) 협상 전략의 종류

종류	내용
협력전략 : 문제해결전략 (Cooperative Strategy)	• 협상 참여자들이 협동과 통합으로 문제를 해결하고자 하는 협력적 문제해결전략 • 문제를 해결하는 합의에 이르기 위해서 협상 당사자들이 서로 협력하는 것 • 'I Win, You Win, We Win' 전략 • 협상전술 : 협동적 원인 탐색, 정보수집과 제공, 쟁점의 구체화, 대안들에 대한 공동평가, 협동하여 최종안 선택
유화전략 : 양보전략 (Smoothing Strategy)	• 상대방이 제시하는 것을 일방적으로 수용하여 협상의 가능성을 높이려는 전략 • 상대방의 욕구와 주장에 자신의 욕구와 주장을 조정하고 순응시켜 굴복 • 'I Lose, You Win' 전략 • 협상전술 : 유화, 양보, 순응, 수용, 굴복, 요구사항의 철회 등
회피전략 : 무행동전략 (Avoiding Strategy)	• 협상을 피하거나 잠정적으로 중단 또는 철수하는 전략 • 협상의 가치가 낮거나 중단하고자 할 때 혹은 상대방에게 필요한 양보를 얻어내고자 할 때, 또는 협상 이외의 방법으로 대안이 존재할 경우에 회피전략 사용 • 'I Lose, You Lose, We Lose' 전략 • 협상전술 : 협상을 회피·무시, 상대방의 도전에 대한 무반응, 협상안건을 타인에게 넘겨주기, 협상으로부터 철수 등
강압전략 : 경쟁전략 (Forcing Strategy)	• 상대방의 주장을 무시하고 자신의 힘으로 일방적으로 밀어붙여 상대방에게 자신의 입장을 강요하는 전략 • 상대방에 비해 자신의 힘이 강하거나 서로 인간관계가 나쁘고, 신뢰가 전혀 없는 상황에서 자신의 실질적 결과를 극대화하고자 할 때 강압전략을 사용 • 'I Win, You Lose' 전략 • 협상전술 : 위압적인 입장 천명, 협박과 위협, 협박적 설득, 확고한 입장에 대한 논쟁, 협박적 회유와 설득, 상대방 입장에 대한 강압적 설명 요청

(4) 상대방을 설득하는 방법

① See – Feel – Change 전략

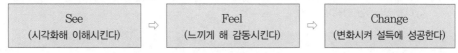

② 상대방 이해 전략

협상 전략에 있어서 상대방 이해란 협상 과정상의 갈등해결을 위해서 상대방에 대한 이해가 선행되어 있으면 갈등해결이 용이하다는 것이다.

③ 호혜관계 형성 전략

협상 당사자 사이에 어떤 혜택들을 주고받는 관계가 형성되어 있으면 그 협상 과정상의 갈등해결에 용이하다.

④ 헌신과 일관성 전략

협상 당사자 사이에 기대하는 바에 일관성 있게 헌신적으로 부응해 행동하게 되면 협상 과정상의 갈등해결이 용이하다.

⑤ 사회적 입증 전략

어떤 과학적인 논리보다도 동료나 이웃의 언행에 의해서 상대방 설득을 진행하는 것이 협상 과정상의 갈등해결이 더 쉽다.

⑥ 연결 전략

협상 과정상의 갈등상태가 발생했을 때 그 갈등 문제와 갈등관리자를 연결하는 것이 아니라 그 갈등을 야기한 사람과 관리자를 연결하면 갈등해결이 용이해진다.

⑦ 권위 전략

직위나 전문성, 외모 등을 이용하면 협상 과정상의 갈등해결에 도움이 될 수 있다.

⑧ 희소성 해결 전략

사람들은 시간적으로 희소하고 사회경제적으로 희소한 것을 소유하고자 하는 강력한 욕구가 있을 때 목숨을 걸 정도로 설득을 잘 당한다.

⑨ 반항심 극복 전략

반대가 심화될수록 희소성이 강화되고 반항심을 더욱 자극해 설득에 실패할 확률이 높아진다.

OX 문제

01 협상에서 성공하기 위해서는 시종 협상의 통제권을 잃지 않도록 해야 한다. [　]

02 협력전략은 협상 당사자들이 자신들의 목적이나 우선순위에 대한 정보를 서로 교환하여 통합적으로 해결하고자 할 때 사용한다. [　]

03 유화전략은 자신의 주장을 견지하면서 자신과 상대방의 주장을 절충하여 서로 양보하고자 할 때 사용한다. [　]

---

01 [×] 협상은 통제권을 확보하는 것이 아니라 함께 의견 차이를 조정하면서 최선의 해결책을 찾는 것이다.

02 [O]

03 [×] 유화전략은 상대방과의 충돌을 피하고자 상대방의 주장에 대하여 자신의 욕구와 주장을 순응시켜 양보하고 굴복하는 전략이다.

06 　고객서비스 능력

(1) 고객서비스의 의의와 고객의 불만

① 고객서비스의 의의

다양한 고객의 요구를 파악하고, 대응법을 마련하여 양질의 서비스를 제공하는 것을 말한다.

② 고객의 불만표현 유형

유형	내용
거만형	• 자신의 과시욕을 드러내고 싶어 하는 고객으로, 보통 제품을 폄하하는 사람들이 많다. • 대응법 : 정중하게 대하는 것이 좋고, 자신의 과시욕이 충족되도록 제지하지 않는 것이 좋다.
의심형	• 직원의 설명이나 제품의 품질에 대해 의심을 많이 하는 고객을 말한다. • 대응법 : 분명한 증거나 근거를 제시해 스스로 확신을 갖도록 유도하고, 때로는 책임자로 하여금 응대하도록 하는 것도 좋다.

트집형	• 사소한 것으로 트집을 잡는 까다로운 고객을 말한다. • 대응법 : 이야기를 경청하면서 맞장구치거나 추켜세우고 설득하는 방법이 효과적이다. 잠자코 고객의 의견을 경청하고 사과를 하는 응대가 바람직하다.
빨리빨리형	• 성격이 급하고, 확신 있는 말이 아니면 잘 믿지 않는 고객을 말한다. • 대응법 : 애매한 화법의 사용은 피하도록 하고, 여러 가지 일을 신속하게 처리하는 모습을 보이면 응대하기 쉽다.

③ 고객불만 처리 프로세스

경청	• 고객의 항의를 경청하며, 선입관을 버리고 문제를 파악한다.
감사와 공감 표시	• 일부러 시간을 내서 해결의 기회를 준 것에 감사를 표시한다. • 고객의 항의에 공감을 표시한다.
사과	• 문제점에 대해 인정하고, 잘못된 부분에 대해 사과한다.
해결약속	• 고객이 불만을 느낀 상황에 대해 관심과 공감을 보이며, 문제의 빠른 해결을 약속한다.
정보파악	• 문제 해결을 위해 꼭 필요한 질문만 하여 정보를 얻는다. • 최선의 해결 방법을 찾기 어려우면 고객에게 어떻게 해주면 만족스러울지를 묻는다.
신속처리	• 잘못된 부분을 신속하게 시정한다.
처리확인과 사과	• 불만 처리 후 고객에게 처리 결과에 만족하는지를 물어본다.
피드백	• 고객불만 사례를 회사 및 전 직원에게 알려 다시는 동일한 문제가 발생하지 않도록 한다.

(2) 고객만족 조사

① 고객만족 조사계획 수립

- 조사 분야 및 대상 설정
- 조사 목적 설정
- 조사 방법 및 횟수
- 조사 결과 활용 계획

② 고객만족 조사 시 주의사항

- 조사 방향에 일관성을 부여하기 위하여 조사 결과의 활용계획을 설정한다.
- 1회만 실시하는 조사보다는 연속해서 시행하는 것이 더 정확한 결과를 얻을 수 있다.

OX 문제

01 트집형 고객을 대할 때에는 고객의 주장이 옳지 않다는 것에 대한 분명한 증거나 근거를 제시하여 확신을 갖도록 유도하는 것이 좋다. [   ]

01 [×] 트집형 고객에 대해서는 반박을 하기 보다는 고객의 지적이 옳음을 표시하고, 고객의 의견을 들어주며 사과를 하는 응대가 바람직하다.

02 | 대인관계능력 맛보기

※ 다음 글을 읽고 이어지는 질문에 답하시오. [1~2]

> 직원 : 안녕하세요. 어떻게 오셨습니까?
> 고객 : 네, 안녕하세요. 다름이 아니라 이 회사가 있는 건물의 주차장 천장에 부착된 안내판이 위험해 보여
> 서요. 제가 며칠 전에도 왔는데 그 때도 떨어질 것 같이 흔들거리더니, 오늘도 계속 흔들거리는 게
> 위험해 보이네요.
> 직원 : ㉠ 그러셨습니까? 고객님. 일부러 찾아오셔서 알려주시니 정말 감사합니다. 그리고 ㉡ 이용에 불편
> 을 드려 죄송합니다.
> 고객 : 아니에요. 그게 떨어지면 큰 사고가 날 것 같은데, 얼른 조치를 취하셔야 할 것 같아요.
> 직원 : 알겠습니다. 확인하는 대로 바로 처리하겠습니다. ㉢ 혹시 몇 층 주차장인지 알려주실 수 있을까요?
> 고객 : 지하 3층 B 구역이요.
> 직원 : 감사합니다. ㉣ 바로 담당 직원을 보내 확인 후 처리하도록 하겠습니다. ㉤ 다시 한 번 이용에 불편
> 을 드려 죄송합니다.

01 다음 중 윗글의 밑줄 친 ㉠ ~ ㉤과 이에 해당하는 고객 불만처리 프로세스가 잘못 짝지어진 것은?

① ㉠ : 일부러 시간을 내서 해결의 기회를 준 것에 감사를 표시한다.

② ㉡ : 고객의 이야기를 듣고 잘못된 부분에 대해 사과한다.

③ ㉢ : 문제 해결을 위해 꼭 필요한 정보를 얻는다.

④ ㉣ : 고객 불만 사례를 회사 및 전 직원에게 알려 다시는 동일한 문제가 발생하지 않도록 한다.

⑤ ㉤ : 문제점에 대해 인정하며 잘못된 부분에 대해 사과한다.

02 다음 중 밑줄 친 ㉢은 고객 불만 처리 과정에서 어느 단계에 해당하는가?

① 정보파악 단계   ② 신속처리 단계

③ 처리확인과 사과 단계   ④ 피드백 단계

⑤ 감사와 공감 표시 단계

01

정답 ④

ㄹ은 문제의 빠른 해결을 약속하는 '해결약속' 단계에서 해야 될 말이다.

오답분석

① 감사와 공감 표시에 대한 설명이다.
②·⑤ 사과에 대한 설명이다.
③ 정보파악에 대한 설명이다.

고객 불만 처리 프로세스

경청	고객의 항의에 선입관을 버리고 끝까지 경청한다.
감사와 공감표시	일부러 시간을 내서 해결의 기회를 준 것에 감사를 표시하며, 고객의 항의에 공감을 표시한다.
사과	고객의 이야기를 듣고 문제점에 대해 인정하며, 잘못된 부분에 대해 사과한다.
해결약속	고객이 불만을 느낀 상황에 대해 관심과 공감을 보이며, 문제의 빠른 해결을 약속한다.
정보파악	문제해결을 위해 꼭 필요한 질문만 하여 정보를 얻고, 최선의 해결방법을 찾기 어려우면 고객에게 어떻게 해주면 만족스러운지를 묻는다.
신속처리	잘못된 부분을 신속하게 시정한다.
처리확인과 사과	불만처리 후 고객에게 처리 결과에 만족하는지를 물어보고, 고객에게 불편을 끼친 점에 대해 사과한다.
피드백	고객 불만 사례를 회사 및 전 직원에게 알려 다시는 동일한 문제가 발생하지 않도록 한다.

02

정답 ①

ⓒ은 문제해결을 위해 꼭 필요한 질문만 하여 정보를 얻고, 최선의 해결방법을 찾기 어려우면 고객에게 어떻게 해주면 만족스러운지를 묻는 정보파악 단계 과정이다.

풀이 전략!

대인관계능력에서는 주로 고객과 직접 접촉하는 과정에서 발생할 수 있는 상황이 주어지고 이 상황에서 어떻게 대처하는 것이 올바른가를 묻는 문제가 출제된다. 특히 이 문제와 같이 가상의 대화가 주어지고 올바르게 대처하지 않은 부분을 찾게 하는 유형이 대표적이다. 그런데 이 유형의 경우 '이 정도는 괜찮겠지.'라고 생각되는 부분이 오답으로 처리되는 경우가 자주 등장한다. 따라서 대화를 분석할 때에는 일상적인 대화보다는 도덕교과서 수준으로 보다 엄격하게 해석할 필요가 있다.

※ 다음은 A시 시설공단의 고객만족도 조사 시행계획이다. 이어지는 질문에 답하시오. [3~4]

〈고객만족도 제고를 위한 집단심층면접(FGI; Focus Group Interview) 조사 공고〉

고객님께 더 나은 서비스를 제공하고자 고객만족도 제고를 위한 집단심층면접 조사를 실시하게 되어 이를 공고합니다.

• 조사개요
 – 조사명 : 고객만족도 제고를 위한 집단심층면접 조사
 – 조사 대상 : 공단 서비스 이용 고객
 – 조사 기간 : 2024년 7월
 – 조사 수행업체 : B리서치(123-456-7890)
• 조사목적 및 내용
 – 선별된 주요 고객과의 심층 인터뷰를 통해 고객의 불만해소, 니즈 파악, 이후의 사업 관련 정보 입수 목적
 – 공단의 사업별 만족 요인 심층 조사
 – 공단의 전반적인 서비스 만족 / 불만족 주요 요인에 대한 심층 조사
 – 개선이 필요한 서비스 심층 조사

---

03 다음 중 윗글에서 나타난 조사의 내용으로 적절하지 않은 것은?

① 고객에 대한 대응 및 고객과의 관계 유지 파악 목적이다.

② 평균치 계산으로 많은 목적이 달성된다.

③ 고객심리 및 평가의 결정요인에 대한 해명 등이 분석의 대상이다.

④ 공단의 고객에 대한 개선이 필요한 서비스를 조사하고자 하는 목적이다.

⑤ 고객만족도 수준은 어떠한 상황에 있는지, 어떠한 요인에 의해 결정되는지 등 전체적인 관점에서 조사한다.

04 다음 중 윗글에서 나타난 조사 방법에 대한 설명으로 적절하지 않은 것은?

① 인터뷰 결과를 사실과 다르게 해석할 수 있다.

② 비교적 빠른 시간 내에 조사를 실시할 수 있다.

③ 다른 방법을 통해 포착할 수 없는 심층적이고, 독특한 정보를 경험적으로 얻을 수 있다.

④ 여러 응답자들을 모아놓고 조사하고자 하는 주제에 대해 서로 토론하도록 하는 방법이다.

⑤ 조사자와 응답자 간의 대면접촉에 의해 응답자의 잠재적 동기, 신념, 태도 등을 발견하는 데 사용된다.

03

제시문에서는 고객만족도 조사에 대한 평균치 계산에 대한 내용은 포함되어 있지 않다. 고객만족도 조사의 목적에는 전체적 경향 파악, 고객에 대한 개별대응 및 고객과의 관계 유지 파악, 평가목적, 개선목적 등이 있다.

04

집단심층면접은 주로 소비자 면접 전용 장소에 6 ~ 12명의 소비자들을 모아놓고 조사하고자 하는 주제에 대해 서로 토론하도록 하는 방법으로, 심층면접법은 일반 면접법에 비해 30분에서 1시간 정도의 비교적 긴 시간이 소요된다.

> **풀이 전략!**
>
> 고장난 가전제품을 A/S 받은 상황에서 주로 접하게 되는 고객만족도 조사에 대한 문제도 자주 출제되는 유형이다. 앞서 기술능력의 설명서 문제유형과 같이 자신이 직접 고객만족도 조사에 참여한다고 생각하고 문제를 풀면 의외로 간단하게 풀리는 유형이다. 단, 주의할 것은 문제를 풀 때에 기업의 입장에서 판단해서는 안 된다는 것이다. 반드시 제품 내지는 서비스를 이용하는 고객의 입장에서 판단해야 한다.

PART 1

01 다음 중 협상과정의 5단계를 순서대로 바르게 나열한 것은?

> ㄱ. 적극적으로 경청하고 자기주장을 제시한다.
> ㄴ. 합의문을 작성한다.
> ㄷ. 분할과 통합 기법을 활용하여 이해관계를 분석한다.
> ㄹ. 간접적인 방법으로 협상의사를 전달한다.
> ㅁ. 협상 안건마다 대안들을 평가한다.

① ㄱ → ㄷ → ㄹ → ㅁ → ㄴ   ② ㄱ → ㄹ → ㄷ → ㄴ → ㅁ

③ ㄹ → ㄱ → ㄴ → ㄷ → ㅁ   ④ ㄹ → ㄱ → ㄷ → ㅁ → ㄴ

⑤ ㄹ → ㄱ → ㅁ → ㄷ → ㄴ

02 다음은 고객불만 처리 프로세스 8단계를 나타낸 것이다. 밑줄 친 (A) ~ (E)에 대한 설명으로 옳지 않은 것은?

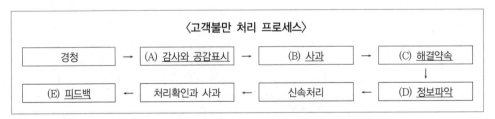

〈고객불만 처리 프로세스〉

경청 → (A) 감사와 공감표시 → (B) 사과 → (C) 해결약속

(E) 피드백 ← 처리확인과 사과 ← 신속처리 ← (D) 정보파악

① (A) : 고객이 일부러 시간을 내서 해결의 기회를 준 것에 대한 감사를 표시한다.

② (B) : 고객의 이야기를 듣고 문제점에 대한 인정하며, 잘못된 부분에 대해 사과한다.

③ (C) : 고객이 납득할 수 있도록 신중하고 천천히 문제를 해결할 것임을 약속한다.

④ (D) : 문제해결을 위해 꼭 필요한 질문만 하여 정보를 얻는다.

⑤ (E) : 고객불만 사례를 회사 및 전 직원에게 알려 다시는 동일한 문제가 발생하지 않도록 한다.

03 다음은 협상전략의 유형에 대한 설명이다. (A) ~ (D)에 해당하는 용어가 바르게 연결된 것은?

> (A) 상대방이 제시하는 것을 일방적으로 수용하여 협상의 가능성을 높이려는 전략이다. 즉, 상대방의 욕구와 주장에 자신의 욕구와 주장을 조정하고 순응시켜 굴복한다.
> (B) 자신이 상대방보다 힘에 있어서 우위를 점유하고 있을 때 자신의 이익을 극대화하기 위한 공격적 전략이다. 즉, 상대방의 주장을 무시하고 자신의 힘으로 일방적으로 밀어붙여 상대방에게 자신의 입장을 강요하는 전략이다.
> (C) 무행동전략이며, 협상으로부터 철수하는 철수전략이다. 협상을 피하거나 잠정적으로 중단하여 철수하는 전략이다.
> (D) 협상 참여자들이 협동과 통합으로 문제를 해결하고자 하는 협력적 협상전략이다. 문제를 해결하는 합의에 이르기 위해서 협상 당사자들이 서로 협력하는 것이다.

	(A)	(B)	(C)	(D)
①	유화전략	협력전략	강압전략	회피전략
②	회피전략	강압전략	유화전략	협력전략
③	유화전략	강압전략	협력전략	회피전략
④	회피전략	협력전략	강압전략	유화전략
⑤	유화전략	강압전략	회피전략	협력전략

04 다음 중 팀워크를 통한 조직목표 달성의 효과성 개선을 위한 노력으로 적절한 것을 〈보기〉에서 모두 고르면?

> **보기**
> ㄱ. A부서는 외부 조직과의 협업에서 문제가 발생할 경우를 대비하여 절차상의 하자 제거를 최우선시함으로써 책임소재를 명확히 한다.
> ㄴ. B부서는 추진사업 선정에 있어 부서 내 의견이 불일치하는 경우, 부서장의 의견에 따라 사안을 결정한다.
> ㄷ. C부서는 사업 계획단계에서 평가 지표를 미리 선정해두고, 해당 지표에 따라 사업의 성패 여부를 판단한다.
> ㄹ. D부서는 비효율적인 결재 절차를 간소화하기 위해 팀을 수평적 구조로 재편하였다.

① ㄱ, ㄴ   ② ㄱ, ㄷ

③ ㄴ, ㄷ   ④ ㄴ, ㄹ

⑤ ㄷ, ㄹ

05 다음 중 거래적 리더십과 변혁적 리더십의 차이점에 대한 설명으로 옳지 않은 것은?

> 거래적 리더십은 '규칙을 따르는' 의무에 관계되어 있기 때문에 거래적 리더들은 변화를 촉진하기보다는 조직의 안정을 유지하는 것을 중시한다. 그리고 거래적 리더십에는 리더의 요구에 부하가 순응하는 결과를 가져오는 교환 과정이 포함된다. 그러나 조직원들의 과업목표에 대해 열의와 몰입까지는 발생시키지 않는 것이 일반적이다.
> 반면, 변혁적 리더십은 리더가 조직원들에게 장기적 비전을 제시하고 그 비전을 향해 매진하도록 조직원들로 하여금 자신의 정서·가치관·행동 등을 바꾸어 목표달성을 위한 성취의지와 자신감을 고취시킨다. 즉, 거래적 리더십은 교환에 초점을 맞춰 단기적 목표를 달성하고 이에 따른 보상을 받고, 변혁적 리더십은 장기적으로 성장과 발전을 도모하며 조직원들의 소속감, 몰입감, 응집력, 직무만족 등을 발생시킨다.

① 거래적 리더십의 보상체계는 규정에 맞게 성과 달성 시 인센티브와 보상이 주어진다.
② 변혁적 리더십은 기계적 관료제에 적합하고, 거래적 리더십은 단순구조나 임시조직에 적합하다.
③ 거래적 리더십은 안전을 지향하고 폐쇄적인 성격을 가지고 있다.
④ 변혁적 리더십은 공동목표를 추구하고 리더가 교육적 역할을 담당한다.
⑤ 변혁적 리더십은 업무 등의 과제의 가치와 당위성을 주시하여 성공에 대한 기대를 제공한다.

06 다음 글에서 설명하고 있는 설득전략으로 가장 적절한 것은?

> 어떤 과학적인 논리보다도 동료를 비롯한 사람들의 말과 행동으로 상대방을 설득하는 것이 협상과정에서 생기는 갈등을 해결하기가 더 쉽다는 것이다. 즉, 사람은 과학적 이론보다 자신의 동료나 이웃의 말이나 행동에 의해서 쉽게 설득된다는 것이다. 예를 들어 광고를 내보내서 고객들로 하여금 자신의 제품을 구매하도록 설득하는 것보다 소위 '입소문'을 통해서 설득하는 것이 매출에 더 효과적임 알 수 있다.

① See – Feel – Change 전략   ② 호혜 관계 형성 전략
③ 헌신과 일관성 전략   ④ 사회적 입증 전략
⑤ 희소성 해결 전략

※ 다음 글을 읽고 이어지는 질문에 답하시오. [7~9]

E-스포츠 팀인 N팀은 올해 K리그 경기 출전하여 우승했다. N팀은 작년에 예선 탈락이라는 패배를 겪었고 N팀 주장과 감독은 패배의 실패 원인을 분석했다. 대부분이 개인플레이로 진행되었고 협동적으로 공격해야 할 때 각자 공격하는 방식을 취해 실패한 것으로 판단하였다. 그래서 N팀은 이번 리그를 준비하면서 개인플레이의 실력을 향상시키는 것보다 협동 공격의 연습에 집중하였다. 협동 공격 연습을 진행하던 중 불만이 생긴 A씨는 개인플레이어로서의 실력이 경기에서의 우승을 좌우하는 것이라고 주장하며 감독과 동료들 사이에서 마찰을 일으켰다. 결국, A씨는 자신의 의견이 받아들여지지 않자 팀을 탈퇴하였고 N팀은 새로운 배치로 연습을 진행해야 했다. 불과 리그를 6개월 앞둔 상황에서 벌어진 일이었다. N팀 감독은 N팀의 사기 저하를 신경쓰면서 ⊙ 팀의 연습에 대해서 서로 의견을 나누어 결정할 수 있게 도왔으며, 팀 개개인에게 칭찬과 ⓒ 동기부여를 지속적으로 제공했다. 그 결과, K리그 경기에서 N팀이 우승할 것이라고 아무도 예상하지 못한 생각을 뒤집고, 올해 K리그 경기에서 우승하였다.

07 A씨는 감독과 팀원들이 자신을 인정 안 해준다고 생각하며, 합동 연습에 부정적인 시각을 가지고 있다. 다음 중 A씨는 어떤 멤버십의 유형에 속하는가?

① 소외형   ② 순응형
③ 실무형   ④ 수동형
⑤ 주도형

08 윗글의 밑줄 친 ⊙은 팀워크를 촉진시키는 방법이다. 다음 중 팀워크를 촉진시키는 방법으로 옳지 않은 것은?

① 동료와의 피드백 장려하기   ② 갈등해결하기
③ 창의력 조성을 위해 협력하기   ④ 책임을 공유하기
⑤ 참여적으로 의사결정하기

09 다음 중 윗글의 밑줄 친 ⓒ의 동기부여 방법에 대한 설명으로 적절하지 않은 것은?

① 긍정적 강화법을 활용
② 새로운 도전의 기회를 부여
③ 책임감에 대한 부담을 덜어주기
④ 지속적인 교육과 성장의 기회를 제공하기
⑤ 코칭을 통해 개인이 권한과 목적의식을 가지고 있는 중요한 사람이라는 사실을 느낄 수 있도록 하기

CHAPTER **09**

자기개발능력

합격 Cheat Key

자기개발능력은 직업인으로서 자신의 능력, 적성, 특성 등의 객관적 이해를 기초로 자기 발전 목표를 스스로 수립하고 자기관리를 통하여 성취해 나가는 능력을 의미한다. 또한 직장 생활을 포함한 일상에서 스스로를 관리하고 개발하는 능력을 말한다. 국가직무능력표준에 따르면 세부 유형은 자아 인식 · 자기 관리 · 경력 개발로 나눌 수 있다.

1 개념을 정립하라!

자기개발능력의 문제들은 대부분 어렵거나 특별한 지식을 요구하지는 않는다. 그렇기 때문에 따로 시간을 할애해 학습하지 않아도 득점이 가능하다. 다만, 매슬로의 욕구 단계, 조하리의 창 등의 개념이나 키워드들은 정리해서 미리 알아 둘 필요가 있다.

2 개념과 상황에 대비하라!

자신에 대한 이해를 바탕으로 스스로를 관리하고 나아가 개발하는 것에 대한 문제가 대부분인데, 상식으로 풀 수 있는 내용뿐만 아니라 지식을 알아 두지 않으면 틀릴 수밖에 없는 내용도 많다. 그렇기 때문에 자주 출제되는 개념들은 분명히 정리해야 하고, 출제되는 유형이 지식 자체를 묻기보다는 대화나 예시와 함께 제시되기 때문에 상황과 함께 연결해서 정리해 두어야 한다.

3 업무 사례와 연관 지어라!

자기개발의 정의와 구성 요인을 파악하는 기본적인 이론도 중요하지만, 실제 업무 사례와 연관 짓거나 상황에 적용하는 등의 문제를 통해 자기개발 전략에 대해 이해할 필요가 있다. 스스로 자기개발 계획을 수립하여 실제 업무 수행 시 반영할 수 있어야 한다.

4 출제 이유를 생각하라!

이 영역은 굳이 공부를 하지 않아도 되는 영역이라고 생각하는 사람들이 많다. 그럼에도 공사·공단에서 자기개발능력을 시험으로 출제하는 근본적인 이유를 생각해 볼 필요가 있다. 대부분의 수험생들이 자기개발능력에 공부시간을 전혀 할애하지 않고 시험을 보러 간다. 그렇기 때문에 본인이 찍는 정답이 곧 본인의 가치관을 반영하는 것이라고 할 수 있다. 자기개발은 본인 스스로를 위해서 이루어지고, 직장생활에서의 자기개발은 업무의 성과를 향상시키기 위해 이루어진다. 출제자들은 그것을 파악하려고 하는 것이다. 이는 기본적인 개념을 암기해야 할 이유이다.

01 | 모듈이론

01 자기개발능력의 의의

(1) 자기개발의 의미와 필요성

① 자기개발의 의미

자신의 능력·적성·특성 등에 있어서 강점을 강화하고, 약점을 관리해 성장을 위한 기회로 활용하는 것이다.

② 자기개발능력의 의미

자신의 능력·적성·특성 등의 이해를 기초로 자기 발전 목표를 스스로 수립하고 자기관리를 통해 성취해 나가는 능력을 말한다.

③ 자기개발의 특징

- 자기개발을 통해 지향하는 바와 선호하는 방법 등이 사람마다 다르다.
- 평생에 걸쳐 이루어지는 과정이다.
- 일과 관련해 이루어지는 활동이다.
- 생활 가운데 이루어져야 한다.
- 모든 사람이 해야 하는 것이다.

④ 자기개발의 필요성

- 효과적인 업무 처리, 즉 업무 성과의 향상을 위해 필요하다.
- 빠르게 변화하는 환경에 적응하기 위해 필요하다.
- 주변 사람들과 긍정적인 인간관계를 형성하기 위해 필요하다.
- 달성하고자 하는 목표의 성취를 위해 필요하다.
- 개인적으로 보람된 삶을 살기 위해 필요하다.

(2) 자기개발의 방법

① 자아인식

의미	• 자신의 가치, 신념 등 자신이 누구인지 아는 것 • 자신이 어떠한 특성을 가지고 있는 지를 인식할 수 있어야 함
방법	• 내가 아는 나를 확인하는 방법, 다른 사람과의 대화를 통해 알아가는 방법, 표준화된 검사 척도를 이용하는 방법 등

② 자기관리

의미	자신을 이해하고, 목표의 성취를 위해 자신의 행동 및 업무수행을 관리하는 것
과정	자신에 대한 이해를 토대로 비전·목표를 수립 → 과제를 발견 → 자신의 일정을 수립·조정해 자기관리를 수행 → 반성 및 피드백

③ 경력개발

경력	일생에 걸쳐서 지속적으로 이루어지는 일과 관련된 경험
경력개발	개인의 경력목표와 전략을 수립하고 실행하며 피드백하는 과정
경력계획	자신과 상황을 인식하고 경력 관련 목표를 설정해 목표를 달성하기 위한 과정
경력관리	경력계획을 준비하고 실행하며 피드백함

(3) 자기개발 계획

① 자기개발 설계 전략

종류	내용
장·단기 목표의 수립	• 장기 목표 : 보통 5 ~ 20년 정도의 목표로, 욕구·가치·흥미·적성·기대를 고려해 수립한다. • 단기 목표 : 보통 1 ~ 3년 정도의 목표로, 장기 목표를 이루기 위한 기본 단계가 된다.
인간관계의 고려	• 인간관계를 고려하지 않고 자기개발 계획을 수립하면 계획을 실행하는 데 어려움을 겪는다. • 다른 사람과의 관계를 발전시키는 것도 하나의 자기개발 목표가 된다.
현재의 직무 고려	• 현재의 직무 상황과 이에 대한 만족도가 자기개발 계획의 수립에 중요한 역할을 한다. • 현재의 직무 담당에 필요한 능력과 이에 대한 자신의 수준, 개발해야 할 능력, 관련된 적성 등을 고려한다.
구체적인 방법 계획	• 자기개발 방법을 명확하고 구체적으로 수립하면, 노력을 집중하고 효율화할 수 있다. • 장기 목표일 경우에는 구체적인 방법을 계획하는 것이 어렵거나 바람직하지 않을 수도 있다.
자신의 브랜드화	• 자신을 알리는 것을 넘어 다른 사람과의 차별화된 특징을 지속적인 자기개발을 통하여 알리는 것을 말한다. • 구체적인 방법으로는 소셜네트워크와 인적네트워크 활용, 경력 포트폴리오의 구성 등이 있다.

② 자기개발 계획 수립의 장애 요인

자기 정보의 부족, 내·외부 작업 정보의 부족, 의사결정 시 자신감의 부족, 일상생활의 요구사항, 주변 상황의 제약

OX 문제

01 자기개발 계획을 수립함에 있어 장기 목표는 단기 목표를 수립하기 위한 기본 단계가 된다. [　]

02 인간관계는 자기개발 목표를 수립하는 데 고려해야 될 사항인 동시에 하나의 자기개발 목표가 될 수 있다. [　]

03 자기개발은 일과 관련하여 이루어지는 활동이다. [　]

04 자기개발은 주변 사람과의 관계에서 우위에 서기 위해 필요하다. [　]

---

01 [×] 단기 목표는 장기 목표를 수립하기 위한 기본 단계가 된다.

02 [○]

03 [○]

04 [×] 자기개발은 주변 사람들과 긍정적인 인간관계를 형성하기 위해서 필요한 것이지, 타인과의 관계에서 우위에 서기 위해 필요한 것은 아니다.

02　자아인식능력

(1) 자아인식의 개념

① 자아인식의 의미

자신의 요구를 파악하고 자신의 능력·기술을 이해하여 자신의 가치를 확신하는 것으로, 개인과 팀의 성과를 높이는 데 필수적으로 요구된다.

② 자아존중감

개인의 가치에 대한 주관적인 평가와 판단을 통해 자기결정에 도달하는 과정이며, 스스로에 대한 긍정적 또는 부정적 평가를 통해 가치를 결정짓는 것이다.

종류	내용
가치 차원	다른 사람들이 자신을 가치 있게 여기며 좋아한다고 생각하는 것
능력 차원	과제를 완수하고 목표를 달성할 수 있다는 신념
통제감 차원	자신이 세상에서 경험하는 일들과 거기에 영향을 미칠 수 있다고 느끼는 정도

③ 나를 아는 방법

- 본인 스스로에게 질문하는 방법
- 다른 사람과의 대화를 통하는 방법
- 표준화된 검사도구를 활용하는 방법

(2) 흥미와 적성의 개발 방법과 자아성찰

① 흥미와 적성의 개발 방법

- 마인드 컨트롤을 하라.
- 조금씩 성취감을 느껴라.
- 기업의 문화 및 풍토를 고려하라.

② 자아성찰의 필요성

- 다른 일을 할 때 필요한 노하우의 축적
- 성장의 기회
- 신뢰감 형성
- 창의적인 사고

OX 문제

01 성찰을 하더라도 한 번 한 실수는 반복적으로 하게 되므로, 어떤 경우에도 실수를 하지 않는 것이 중요하다. [ ]

02 자아존중감이란 개인의 가치에 대한 주관적인 평가와 판단을 통해 자기결정에 도달하는 과정이며, 스스로에 대한 긍정적 또는 부정적 평가를 통해 가치를 결정짓는 것이다. [ ]

01 [×] 사람은 누구나 처음에는 실수할 수 있다. 그러나 자아성찰을 통해 과거에 했었던 실수를 반복하지 않을 수 있으며, 이로 인해 업무를 수행하는 능력이 향상될 수 있다.

02 [O]

(1) 자기관리 단계별 계획

① 비전 및 목적 정립

- 나에게 가장 중요한 것은 무엇인가?
- 나의 가치관은?
- 내 삶의 목적은 어디에 있는가?

② 과제 발견

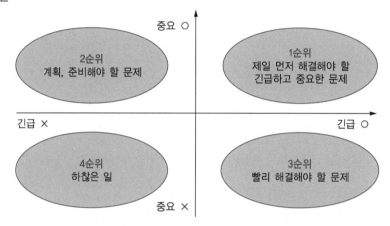

③ 일정 수립

긴급한 문제라고 하여 우선순위를 높게 잡고 계획을 세우면 오히려 중요한 일을 놓칠 수 있다. 앞서 분석한 우선순위에 따라 중요한 일을 모두 수행할 수 있도록 계획을 세워야 한다.

종류	내용
월간 계획	장기적인 관점에서 계획하고 준비해야 될 일을 작성
주간 계획	우선순위가 높은 일을 먼저 하도록 계획을 세움
일간 계획	보다 자세하게 시간 단위로 작성

④ 수행

내가 하려고 하는 일은 무엇인지, 이 일에 영향을 미치는 요소들은 무엇인지, 이를 관리하기 위한 방법은 어떤 것이 있는지 찾아 계획한대로 바람직하게 수행한다.

⑤ 반성 및 피드백

㉠ 일을 수행하고 나면 다음의 질문을 통해 분석한다.

- 일을 수행하는 동안 어떤 문제에 직면했는가?
- 어떻게 결정을 내리고 행동했는가?
- 우선순위, 일정에 따라 계획적으로 수행했는가?

㉡ 분석 결과를 다음 수행에 반영한다.

(2) 합리적인 의사결정

① 합리적인 의사결정 과정

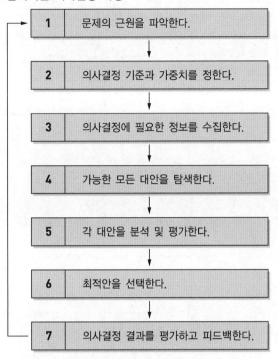

1	문제의 근원을 파악한다.
2	의사결정 기준과 가중치를 정한다.
3	의사결정에 필요한 정보를 수집한다.
4	가능한 모든 대안을 탐색한다.
5	각 대안을 분석 및 평가한다.
6	최적안을 선택한다.
7	의사결정 결과를 평가하고 피드백한다.

② 거절의 의사결정을 하고 표현할 때 유의할 사항

- 상대방의 말을 들을 때에는 주의를 기울여 문제의 본질을 파악한다.
- 거절의 의사결정은 빠를수록 좋다.
- 거절을 할 때에는 분명한 이유를 만들어야 한다.
- 대안을 제시한다.

(3) 의사결정의 오류

숭배에 의한 논증	권위 있는 전문가의 말을 따르는 것은 일반적으로 옳을 수 있지만, 무작정 따라간다면 문제가 있다.
상호성의 법칙	상대의 호의로 인한 부담으로 인해 부당한 요구를 거절하지 못하게 된다면 문제가 있다.
사회적 증거의 법칙	베스트셀러를 사는 것처럼 많은 사람들이 하는 것을 무의식적으로 따라간다면 문제가 있다.
호감의 법칙	자신에게 호감을 주는 상대의 권유에 무의식적으로 따라간다면 문제가 있다.
권위의 법칙	권위에 맹종하여 따라간다면 문제가 있다.
희귀성의 법칙	'얼마 없습니다.', '이번이 마지막 기회입니다.'라는 유혹에 꼭 필요하지 않은 것임에도 따라간다면 문제가 있다.

(4) 자신의 내면 관리와 성과 향상 방법

- 인내심 키우기
- 긍정적인 마음 가지기
- 업무수행 성과를 높이기 위한 행동전략 : 역할 모델 설정, 일을 미루지 않음, 회사·팀의 업무 지침을 따름, 업무를 묶어서 처리

OX 문제

01 인내심을 키우기 위해서는 일관되게 한 가지 시각으로 상황을 분석한다. [　]

02 합리적인 의사결정을 위해서는 핵심적으로 연관된 대안들을 찾은 후 분석하여야 한다. [　]

03 권위 있는 전문가의 말을 따르는 것이 옳다고 생각하는 것은 숭배에 의한 논증 오류(동굴의 우상)에 해당한다. [　]

01 [×] 인내심을 키우기 위해서는 여러 가지 새로운 시각으로 상황을 분석해야 한다.
02 [×] 합리적인 의사결정을 위해서는 가능한 모든 대안을 찾아야 한다.
03 [○]

(1) 경력개발의 의미

① 경력개발

개인이 경력목표와 전략을 수립하고 실행하며 피드백하는 과정으로, 개인은 한 조직의 구성원으로서 조직과 함께 상호작용하며 자신의 경력을 개발한다.

② 경력개발능력

자신의 진로에 대해 단계적 목표를 설정하고, 목표 성취에 필요한 역량을 개발해 나가는 능력을 말한다.

③ 경력개발능력의 필요성

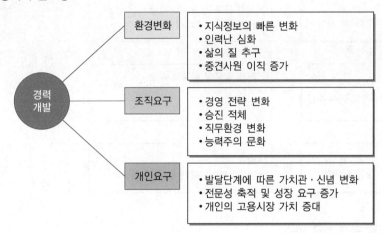

④ 지속적인 경력관리

계속적·적극적인 경력관리를 통해 경력목표를 지속적으로 수정하며, 환경·조직의 변화에 따라 새로운 미션을 수립해 새로운 경력이동 경로를 만들어야 한다.

(2) 경력단계의 과정

① 경력개발 단계별 세부 내용

단계	내용
직업선택 (0세 ~ 25세)	• 최대한 여러 직업의 정보를 수집하여 탐색 후 나에게 적합한 최초의 직업 선택 • 관련학과 외부 교육 등 필요한 교육 이수
조직입사 (18세 ~ 25세)	• 원하는 조직에서 일자리 얻음 • 정확한 정보를 토대로 적성에 맞는 적합한 직무 선택
경력초기 (25세 ~ 40세)	• 조직의 규칙과 규범에 대해 배움 • 직업과 조직에 적응해 감 • 역량(지식·기술·태도)을 증대시킴
경력중기 (40세 ~ 55세)	• 경력초기를 재평가함 • 성인 중기에 적합한 선택을 함
경력말기 (55세 ~ 퇴직)	• 자존심 유지 • 퇴직 준비의 자세한 계획

② 경력개발 계획의 단계

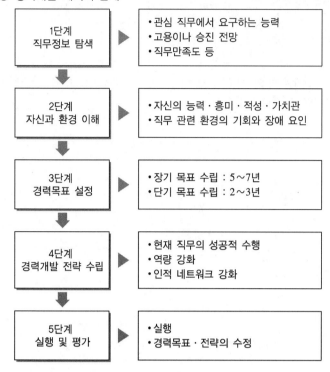

1단계 직무정보 탐색	▶	• 관심 직무에서 요구하는 능력 • 고용이나 승진 전망 • 직무만족도 등
2단계 자신과 환경 이해	▶	• 자신의 능력 · 흥미 · 적성 · 가치관 • 직무 관련 환경의 기회와 장애 요인
3단계 경력목표 설정	▶	• 장기 목표 수립 : 5~7년 • 단기 목표 수립 : 2~3년
4단계 경력개발 전략 수립	▶	• 현재 직무의 성공적 수행 • 역량 강화 • 인적 네트워크 강화
5단계 실행 및 평가	▶	• 실행 • 경력목표 · 전략의 수정

(3) 경력개발 관련 최근 이슈

① 평생학습 사회
② 투잡스(Two-Jobs)
③ 청년 실업
④ 독립근로자와 같은 새로운 노동 형태의 등장
⑤ 일과 생활의 균형(WLB; Work-life Balance, 워라밸)

OX 문제

01 경력개발은 자신과 자신의 환경 상황을 인식하고 분석하여 합당한 경력 관련 목표를 설정하는 과정으로, 경력계획과 이를 준비하고 실행하며 피드백 하는 경력관리로 이루어진다. [   ]

02 경력은 개인의 경력목표와 전략을 수립하고 실행하며 피드백하는 과정이며, 이는 자신과 상황을 인식하고 경력 관련 목표를 설정하여 그 목표를 달성하기 위한 과정인 경력계획과, 경력계획을 준비하고 실행하며 피드백하는 경력관리로 이루어진다. [   ]

03 경력개발은 경력을 탐색하고, 자신에게 적합한 경력목표를 설정하며, 이에 따른 전략을 수립해서 실행하고, 평가하여 관리하는 단계로 이루어진다. [   ]

04 경력초기를 재평가하고 업그레이드된 목표로 수정하는 단계는 경력중기 단계에 해당한다. [   ]

---

01 [O]

02 [×] 경력이 아닌 경력개발에 대한 내용이다. 경력은 일생에 걸쳐서 지속적으로 이루어지는 일과 관련된 경험을 의미한다.

03 [O]

04 [O]

02 | 자기개발능력 맛보기

※ 다음 글을 읽고 이어지는 질문에 답하시오. [1~2]

제과업체 인사부서에서 20년간 일하고 있는 40대 후반의 C씨는 최근 경기상황 악화로 인해 경영전략의 변화, 인사적체로 인해 조직 내에서 퇴사에 대한 압박을 받고 있다. 가장으로서 계속 경제활동을 해야 하는 입장이고, 하고 있는 일 이외에 마땅히 다른 일에 대한 고민도 해 보지 않았던 C씨는 갑자기 심각함을 느꼈다. 며칠 동안 고심하던 중 C씨는 중장년 재취업상담을 하는 기관에서 경력과 심리 상담을 받아보기로 했다. 심리 상담 결과를 분석해보니 C씨는 사람 중심의 업무를 선호하고, 사회봉사와 교육 분야에 특히 관심이 많은 것으로 나타났다. 또한 인사 및 노무 관리, 교육훈련 등 인사 분야의 경험이 많아 이에 대한 전문성을 가지고 있는 것으로 나왔다. C씨는 이를 바탕으로 취업 컨설턴트와 상의를 거쳐 취업 방향을 노인이나 아동복지 기관이나 직업훈련 기관의 교육행정직으로 정하고 몇 군데 기관에 지원서를 제출했다. 얼마 지나지 않아 C씨는 직장에서 퇴사를 하게 되었지만 경력과 직무 강점을 살려 사회복지 관련 기관의 교육훈련팀장으로 재취업을 하는 데 성공했다.

01 다음 중 C씨는 경력단계에서 어느 단계에 놓여 있는가?

① 경력초기   ② 경력중기

③ 경력말기   ④ 직업선택

⑤ 조직입사

02 다음 중 C씨의 경력단계에서 나타나는 현상으로 적절하지 않은 것은?

① 자신이 그동안 성취한 것을 재평가하고, 생산성을 그대로 유지한다.

② 직업 및 조직에서 어느 정도 입지를 굳혀 수직적인 승진가능성이 적은 경력 정체시기에 이른다.

③ 현재의 직종 및 직무와 관련 없는 다른 직업군으로 이동하는 경력변화가 일어나기도 한다.

④ 조직에서 자신의 입지를 확고히 다져나가 승진하는 데 많은 관심을 가지게 된다.

⑤ 개인적으로 현 직업이나 생활스타일에 대한 불만을 느끼며, 매일의 반복적인 일상에 따분함을 느끼기도 한다.

01

C씨는 40 ~ 55세의 성인중기에 위치해 있고, 경력중기 단계에 놓여 있다. 경력중기는 자신이 그동안 성취한 것을 재평가하고, 생산성을 그대로 유지하는 단계로 일반적으로 40 ~ 55세의 성인중기를 일컫는다.

02

경력중기 단계는 자신이 그동안 성취한 것을 재평가하고, 생산성을 그대로 유지하는 단계이다. 그러나 경력중기에 이르면 직업 및 조직에서 어느 정도 입지를 굳히게 되어 더 이상 수직적인 승진가능성이 적은 경력 정체시기에 이르게 되며, 새로운 환경의 변화에 직면하게 되어 생산성을 유지하는데 어려움을 겪기도 한다. 또한 개인적으로 현 직업이나 생활스타일에 대한 불만을 느끼며, 매일의 반복적인 일상에 따분함을 느끼기도 한다. 이에 따라 자신의 경력초기의 생각을 재검토하게 되며, 현재의 경력경로와 관련 없는 다른 직업으로 이동하는 경력변화가 일어나기도 한다.

풀이 전략!

경력개발 단계에 대한 문제는 매우 자주 출제되는 유형이다. 이 유형은 일반적인 상식으로는 풀이가 어려운 경우가 많으므로 본 교재의 이론편에서 설명하고 있는 각 단계별 세부 내용들을 확실하게 숙지할 필요가 있다. 이 문제와 같이 가상의 사례가 주어지고 주인공이 어느 단계에 해당하는지를 정확하게 잡아낼 수 있어야만 풀이가 가능하므로 주의가 필요하다. 대부분 초반부에 주인공의 연령대가 제시되므로 그 부분만 읽고 곧바로 문제를 풀이해도 큰 무리가 없다.

의류회사에 디자이너로 일하고 직장인 A씨는 평소 관심이 많았던 메이크업에 대해 꾸준히 공부하고 기술을 익혀 얼마 전부터 패션 유튜버로 활동하고 있다. 주중에는 회사에서 본연의 업무에 충실하고 주 52시간 근무제가 자리를 잡으면서 저녁 여가시간과 주말을 이용해 메이크업과 코디네이션에 대한 콘텐츠를 만들어 유튜버로 이름을 알리고 있다. 사람들이 평소 관심이 많은 분야라서 그런지 구독자 수는 생각보다 빨리 늘어나기 시작했다.

몇 개월 준비기간을 거쳐 일주일에 한 번씩 콘텐츠를 꾸준히 올린 결과 활동 6개월째부터는 많지는 않지만 광고수입도 일부 얻을 수 있었다. A씨는 유튜버로 활동하면서 추가 수입과 자신의 흥미를 충족시킬 수 있어 좋다는 생각도 들었다. 또 시간이 많이 흘러 조직생활이 끝나면 창업을 하거나 독립을 하게 되어도 자신에게 도움이 될 것이라는 생각도 하게 되었다.

03 다음 중 윗글은 경력개발과 관련된 어떤 이슈와 가장 연관이 깊은가?

① 청년실업
② 창업경력
③ 평생학습사회
④ 투잡(Two Jobs)
⑤ 일과 생활의 균형(Work-Life Balance)

04 다음 중 A씨가 하고 있는 경력개발과 관련된 사회 환경의 변화로 적절하지 않은 것은?

① 꾸준한 경력 개발에 대한 중요성이 커지고 있고, 경력 개발의 방법이 다양해지고 있다.
② 지속적인 경기불황에 따라 2개 혹은 그 이상의 직업을 가지는 사람들이 늘어나고 있다.
③ 주 5일제와 주 52시간 근무제가 시행되면서 직장인들 사이에 확대되는 추세를 보이고 있다.
④ 경제적인 이유와 자아실현, 실직 대비 등이 주요 목적으로 나타난다.
⑤ 지식과 정보의 폭발적인 증가로 새로운 기술개발에 따라 직업에서 요구되는 능력도 변화하고 있다.

03

A씨는 주중에는 회사에서 패션디자이너로 일을 하고, 퇴근 후와 주말시간에는 유튜버로 활동하는 투잡을 가진 사람이다. 최근 사회 환경을 변화에 따라 투잡을 희망하거나 가지고 있는 사람이 꾸준히 증가하고 있다.

오답분석

① 외환위기 이후 우리나라 노동시장에서 부각된 문제로 경기 침체 시 대부분의 기업들은 우선적으로 신규채용을 억제하기 때문에 청년 노동시장은 경기변동에 매우 민감한 특징이 있다.
② 전 세계적으로 창업이 증가하는 추세로, 최근에는 인터넷의 확산으로 공간이나 시간의 제약 없이 손쉽게 창업을 하고 있으며, 여성들의 창업도 증가하고 있다.
③ 지식과 정보의 폭발적인 증가로 새로운 기술개발에 따라 직업에서 요구되는 능력도 변화하고 있으며, 지속적인 능력개발이 필요한 시대가 되었다.
⑤ 우리나라의 경우 경쟁력 있는 복리후생 제도와 일과 삶의 균형에 대한 관심이 증가하고 있다.

04

지속적인 경기불황에 따라 2개 혹은 그 이상의 직업을 가지는 사람이 늘고 있다. 특히 주 5일제와 주 52시간 근무제가 시행되면서 이러한 투잡은 더욱 확대되고 있으며, 경제적 이유, 자아실현, 실직 대비 등으로 인해 투잡을 원하는 사람들이 늘어가고 있다. 또한 취업 이후에도 지속적인 경력 개발의 중요성이 점점 커지고 있으며 환경의 변화가 잦고, 평생직장이라는 개념이 약해지면서 취업 이후에도 자신의 직업을 유지하기 위해 노력하는 것이 좋다.

풀이 전략!

자기개발능력에서는 시사적인 문제들이 종종 출제된다. 청년 취업난을 반영한 사례, 창업에 뛰어든 사람들의 사례 등이 주어지고 각 사례들에서 시사하는 바를 찾게 하는 것이 대표적인 유형이다. 이러한 사례들은 주로 신문의 특별기획섹션 내지는 시사잡지 등에서 확인할 수 있으므로 평소 이런 자료들을 유심히 읽으며 자기 나름대로의 분석을 해보는 것이 좋다.

03 | 대표유형 적중문제

정답 및 해설 p.096

01 다음은 자아효능감에 대한 설명이다. 빈칸에 들어갈 말을 순서대로 바르게 나열한 것은?

> 반두라(Bandura)의 이론에 따르면 자아효능감(Self-Efficacy)이란 자신이 어떤 일을 성공적으로 수행할 수 있는 능력이 있다고 믿는 개인적 기대와 신념을 의미한다. 반두라는 자아효능감이 ___㉠___ 경험을 통해 결정된다고 보았다. 이를 위해서는 실제 성공할 수 있는 수준부터 시작하여 단계별로 높여 나가며 목표를 달성하도록 해야 한다. 스스로 해낼 수 있다는 긍정적인 신념은 성공 경험이 쌓임으로써 발생하기 때문이다.
>
> 또한 반두라는 실제 자신의 ___㉠___ 보다는 약하지만, 성공한 사람들의 경험을 간접적으로 학습하는 ___㉡___ 역시 자아효능감 형성에 영향을 미치는 요인으로 보았다. 다른 사람의 성공 사례를 통해 '저 사람이 할 수 있다면 나도 할 수 있다.'는 생각을 가질 수 있다는 것이다. 즉, 반두라는 개인의 행동과 반응이 다른 사람의 행동에 영향을 받는 ___㉢___ 경험의 역할을 강조하였다.
>
> 한편, 자신의 능력에 대한 의심이나 과제에 대한 불안은 자아효능감 형성에 좋지 않은 영향을 미친다고 보았으며, 오히려 적당한 ___㉣___ 상태에서 온전한 능력을 발휘할 수 있다고 보았다.

	㉠	㉡	㉢	㉣
①	모델링	정서적 각성	수행성취	사회적
②	모델링	수행성취	정서적 각성	사회적
③	사회적	수행성취	모델링	정서적 각성
④	수행성취	모델링	사회적	정서적 각성
⑤	수행성취	모델링	정서적 각성	사회적

02 경력단계는 직업선택, 조직입사, 경력초기, 경력중기, 경력말기로 구분된다. 다음 글의 경력단계에 대한 설명으로 가장 적절한 것은?

> 차장으로 재직 중인 45세 P씨는 입사동기 대부분이 부장으로 승진하였거나 퇴사한 상태이다. 조금 있으면 후배 차장들이 승진할 차례이고, 점차 빠르게 변화해 가는 조직에서 적응하기도 나름 힘들다는 걸 느끼고 있다. 퇴근 후에는 마음 놓고 속을 털어놓을 동료나 후배가 없어 혼자 포장마차에서 술을 마시는 경우가 많다. 매일 반복되는 생활 속에서 새로운 변화를 꿈꾸기도 하면서 서점에서 도움이 될 만한 자격증 서적을 찾아서 구입하기도 한다.

① 그동안 성취한 것을 재평가하고 생산성을 그대로 유지하는 단계이다.
② 자신이 선택한 경력 분야에서 원하는 조직의 일자리를 얻으며 직무를 선택하는 과정이다.
③ 자신에게 적합한 직업이 무엇인지를 탐색하고 이를 선택한 후, 여기에 필요한 능력을 키우는 과정이다.
④ 조직의 생산적인 기여자로 남고 자신의 가치를 지속적으로 유지하기 위하여 노력하며, 동시에 퇴직을 고려하게 되는 단계이다.
⑤ 자신이 맡은 업무 내용을 파악하고, 새로 들어간 조직의 규칙이나 규범, 분위기를 알아가는 단계이다.

03 다음 글을 읽고 자기개발이 필요한 이유로 적절하지 않은 것은?

> 자기개발이 필요한 이유를 살펴보면 다음과 같다. 먼저 우리는 자기개발을 통해 동일한 업무의 목표에 대하여 더 높은 성과를 가져올 수 있다. 만약 본인이 컴퓨터 활용능력을 향상시켰다면, 이를 통해 업무의 질과 속도가 향상될 수 있는 것이다. 또한 우리를 둘러싸고 있는 환경은 끊임없이 변화하고 있으며, 그 변화의 속도는 점점 빨라지고 있음을 볼 때, 우리는 가지고 있는 지식이나 기술이 과거의 것이 되지 않도록 지속적인 자기개발을 할 필요가 있다. 다음으로 자기개발을 통해 자신의 내면을 관리하고, 자신의 시간을 관리하며, 생산성을 높이게 되면 원만한 인간관계의 형성과 유지의 기반이 될 수 있다. 자신의 업무를 훌륭히 해내는 직원을 싫어할 사람은 없기 때문이다. 나아가 자기개발을 통해 자신감을 얻게 되고, 삶의 질이 향상되어 보다 보람된 삶을 살 수 있다. 자기개발을 위해서는 자신의 비전을 발견하고, 장단기 목표를 설정하는 일이 선행되어야 한다. 이로 인해 자신의 비전을 위한 자기개발의 필요성을 인식하고, 자기개발의 방향과 방법을 설정할 수 있는 것이다.

① 변화하는 환경에 적응하기 위해서 필요하다.
② 주변 사람들과 긍정적인 인간관계를 형성하기 위해서 필요하다.
③ 자신의 직위와 직급을 향상시키기 위해서 필요하다.
④ 자신이 달성하고자 하는 목표를 성취하기 위해서 필요하다.
⑤ 개인적으로 보람된 삶을 살기 위해서 필요하다.

04 다음은 자아인식, 자기관리, 경력개발의 의미에 대한 설명이다. 이를 바탕으로 자기관리에 해당하는 질문을 〈보기〉에서 모두 고르면?

자아인식	직업생활과 관련하여 자신의 가치, 신념, 흥미, 적성, 성격 등을 통해 자신이 누구인지 아는 것이다.
자기관리	자신의 목표성취를 위해 자신의 행동 및 업무수행을 관리하고 조정하는 것이다.
경력개발	개인의 일과 관련된 경험에서 목표와 전략을 수립하고, 실행하며, 피드백하는 과정이다.

보기

(가) 자기관리 계획은 어떻게 수립하는 것일까?

(나) 나의 업무수행에 있어 장단점은 무엇인가?

(다) 나는 언제쯤 승진하고, 퇴직을 하게 될까?

(라) 나의 직업흥미는 무엇인가?

(마) 나의 업무에서 생산성을 높이기 위해서는 어떻게 해야 할까?

(바) 경력개발과 관련된 최근 이슈는 어떤 것이 있을까?

(사) 내가 설계하는 나의 경력은 무엇인가?

(아) 다른 사람과의 대인관계를 향상시키기 위한 방법은?

(자) 나의 적성은 무엇인가?

① (가), (마), (아) ② (나), (라), (바)

③ (다), (마), (사) ④ (라), (사), (자)

⑤ (마), (바), (아)

※ 다음 글을 읽고 이어지는 질문에 답하시오. [5~6]

외국계 게임회사에서 신사업기획을 담당하다 2년 전 교육용 소프트웨어 회사의 기술영업직으로 이직을 한 김대리는 최근 자신에 대한 심각한 고민에 빠지기 시작했다. 처음 이직을 할 때는 자신감이 있었다. 외향적이며 적극적이라는 얘기도 주변에서 많이 들었고 무엇보다 영업을 하면 신사업기획을 할 때와는 달리 실제 현장에서 손에 잡히는 일을 할 수 있을 것이라고 느껴서 일을 시작하게 되었다. 그럼에도 불구하고 2년이 지난 지금 실적 문제로 인해 곤란한 상황에 놓이게 되었다. 팀 내에서도 실적이 제일 좋지 않아 매일 팀장 눈치를 보고 있고, 더군다나 경기도 안 좋아져서 조직 내 압박감도 크게 느끼고 있다.

기존에 신사업기획 직무를 맡았을 때는 인정도 받고 성과도 좋은 편에 속했다. 다만 스스로가 만족스럽지 않았다. 하는 일이 뜬구름 잡는 이야기 같고 내가 이걸 잘해서 뭘 할 수 있는지도 명확하지 않았다. 또 조직의 상황이나 방향에 따라 열심히 해 놓은 사업기획이 실행되지 않는 것으로 의욕이 많이 꺾이기도 했다. 실제 현장에서 뛰는 영업은 자신도 있고 잘할 수 있을 것이라고 생각했는데 요즘은 전에 했던 직무가 더 맞는 것인지 다시 의문이 든다. 그러다 보니 일도 손에 잘 안 잡히고 고민만 늘어가기 시작했다.

05 다음 중 업무전환에 대한 김대리의 문제점으로 적절하지 않은 것은?

① 객관적으로 자신을 바라보고 스스로를 잘 이해하지 못했다.

② 업무 수행을 위한 치밀한 준비와 노력이 선행되지 않았다.

③ 자신의 가치를 위해 한 단계 더 성장하고자 하는 욕구와 의지가 부족했다.

④ 업무전환에 대해 자신의 한계를 명확하게 인식하지 못했다.

⑤ 직업생활에서 자신의 가치에 대한 확신이 부족했다.

06 다음 중 김대리가 자신을 위해 해야 하는 행동으로 가장 적절한 것은?

① 지금 나타나는 자신의 한계를 돌파할 수 있는 단기적인 대응책을 찾아 실행해야 한다.

② 과거에 했던 일이나 지금 하는 일을 제외하고 현재 자신의 흥미는 무엇인지를 고민해야 한다.

③ 다른 사람들의 조언을 전부 수용하여 모두가 지향하는 모습으로 자기개발 방법을 설정해야 한다.

④ 다시 원점으로 돌아가 자신의 내면을 파악하고 행동에 미치는 영향에 대해 생각해 보아야 한다.

⑤ 성장 욕구나 의지 부족이라고 생각하고 더 강한 정신력을 가질 수 있도록 스스로를 채찍질해야 한다.

40대 직장인인 김대리는 어릴 때부터 못 생겼다는 말을 많이 들어서 외모에 자신이 없고 소극적인 성격의 소유자였다. 김대리는 꼼꼼하고 정확하게 업무를 수행했지만 자신의 성과를 잘 내세우거나 알리지 못했고, 늘 주눅이 든 사람처럼 자신 없는 표정으로 회사에 다녔다. 그러던 중 팀의 리더가 바뀌었고 과거의 리더와는 달리 새로운 팀장은 김대리에게 관심을 갖고 업무를 맡겼다. 새로운 팀장은 김대리가 예산을 수립하고 업무 프로세스를 세우는 데 있어서 꼼꼼하게 일을 처리는 모습을 팀원을 앞에서 자주 칭찬했고, 그의 존재감을 인식하지 못했던 팀원들까지 그를 다시 보기 시작했다. 새로운 팀장으로 인해 자신감을 얻고 자신의 강점에 대해 명확하게 인식하게 된 김대리는 과거와는 달리 자신의 콤플렉스보다는 자신의 업무에 집중해 계획을 세우고 꾸준히 노력하여 성과를 인정받아 과장으로 진급을 하게 되었다.

07 다음 중 김대리가 과거와 다르게 자신을 인식함으로써 나타난 모습과 가장 거리가 먼 것은?

① 자신의 강점을 살려 성장욕구를 가지고 열심히 일했다.

② 자신의 가치를 이해하고 개인과 팀의 성과가 향상되도록 노력했다.

③ 외면적 자아의 구성요소를 인식하고 활용하였다.

④ 체계적으로 계획을 세우고 꾸준히 노력했다.

⑤ 자신의 능력을 파악하여 자신의 가치를 인식할 수 있었다.

08 다음 중 김대리가 자아를 인식하고 개발하는 과정에서 스스로에게 한 질문의 내용으로 적절하지 않은 것은?

① 나의 성격이나 업무 수행에 있어 장단점은 무엇인가?

② 상사나 동료는 나를 어떻게 평가하는가?

③ 현재 내가 담당하는 업무를 수행하기에 부족한 능력은 무엇인가?

④ 나는 직장생활에서 어떤 목표를 가지고 있는가?

⑤ 업무가 나에게 어떤 의미가 있는가?

※ 다음 글을 읽고 이어지는 질문에 답하시오. [9~10]

A상사 해외영업팀의 이과장은 영업본부 내에서 우수성과자로 손꼽힌다. 전년도에도 최우수성과자로 선발되며 3년 연속 인사고과 A를 받았다. 이과장은 해외영업에서 파트너사와 협력사와의 신뢰를 지키며 회사의 규정대로 일을 꼼꼼히 처리하기로 정평이 나 있다. 국내 미팅과 해외 출장 등 빡빡한 일정 속에서도 기안서, 보고서 등의 제출기한을 한 번도 어긴 적이 없고 아침에 남보다 30분 일찍 출근해 업무 단위별로 다이어리를 정리하고 수행함으로써 업무 효율이 높은 것으로도 유명하다. 또한 사내외 인맥을 활용하여 자신이 목표로 하는 것은 꼭 달성하고야 하는 영리한 모습도 보인다. 얼마 전 팀 후배가 저지른 실수에 대해서도 함께 문제를 해결해 본부에 손실이 나는 것을 막았고, 본부에서도 이과장하면 일과 관계 두 마리의 토끼를 잡는 사냥꾼이라는 평을 듣고 있다.

09 다음 중 이과장의 업무 수행성과에 영향을 미친 요인으로 적절한 것을 〈보기〉에서 모두 고르면?

> **보기**
>
> ㉠ 자원 ㉡ 상사 및 동료의 지지
> ㉢ 업무지침 ㉣ 개인의 능력

① ㉠, ㉡, ㉢ ② ㉠, ㉡, ㉣
③ ㉠, ㉢, ㉣ ④ ㉡, ㉢, ㉣
⑤ ㉠, ㉡, ㉢, ㉣

10 다음 중 이과장의 업무 수행 전략으로 적절하지 않은 것은?

① 업무를 미루지 않는다.
② 회사와 팀의 업무지침을 따른다.
③ 역할 모델을 정한다.
④ 업무를 묶어서 처리한다.
⑤ 업무의 제출기한을 준수한다.

CHAPTER 10

직업윤리

합격 Cheat Key

직업윤리는 업무를 수행함에 있어 원만한 직업생활을 위해 필요한 태도, 매너, 올바른 직업관이다. 직업윤리는 필기시험뿐만 아니라 서류를 제출하면서 자기소개서를 작성할 때와 면접을 시행할 때도 포함되는 항목으로 들어가지 않는 공사·공단이 없을 정도로 필수 능력으로 꼽힌다.

직업윤리의 세부 능력은 근로 윤리·공동체 윤리로 나눌 수 있다. 구체적인 문제 상황을 제시하여 해결하기 위해 어떤 대안을 선택해야 할지에 관한 문제들이 출제된다.

1 오답을 통해 대비하라!

이론을 따로 정리하는 것보다는 문제에서 본인이 생각하는 모범답안을 선택하고 틀렸을 경우 그 이유를 정리하는 방식으로 학습하는 것이 효율적이다. 암기하기보다는 이해에 중점을 두고 자신의 상식으로 문제를 푸는 것이 아니라 해당 문제가 어느 영역 어떤 하위 능력의 문제인지 파악하는 훈련을 한다면 답이 보일 것이다.

2 직업윤리와 일반윤리를 구분하라!

일반윤리와 구분되는 직업윤리의 특징을 이해해야 한다. 통념상 비윤리적이라고 일컬어지는 행동도 특정한 직업에서는 허용되는 경우가 있다. 그러므로 문제에서 주어진 상황을 판단할 때는 우선 직업의 특성을 고려해야 한다.

3 직업윤리의 하위능력을 파악해 두어라!

직업윤리의 경우 직장생활 경험이 없는 수험생들은 조직에서 일어날 수 있는 구체적인 직업윤리와 관련된 내용에 흥미가 없고 이를 이해하는 데 어려움이 있을 수 있다. 그러나 문제에서는 구체적인 상황·사례를 제시하는 문제가 나오기 때문에 직장에서의 예절을 정리하고 문제 상황에서 적절한 대처를 선택하는 연습을 하는 것이 중요하다.

4 면접에서도 유리하다!

많은 공사·공단에서 면접 시 직업윤리에 관련된 질문을 하는 경우가 많다. 직업윤리 이론 학습을 미리 해 두면 본인의 가치관을 세우는 데 도움이 되고 이는 곧 기업의 인재상과도 연결되기 때문에 미리 준비해 두면 필기시험에서 합격하고 면접을 준비할 때도 수월할 것이다.

01 | 모듈이론

01 직업윤리의 의의

(1) 윤리란 무엇인가?

① 윤리의 의미

인간과 인간 사이에서 지켜야 할 도리를 바르게 하는 것 또는 인간사회에 필요한 올바른 질서라고 해석할 수 있다.

② 윤리규범의 형성

- 인간의 특성 : 기본적인 욕구 충족에 도움이나 방해가 되는 사물 등에 선호를 가지게 된다.
- 사회적 인간 : 인간은 사회의 공동 목표 달성과 구성원들의 욕구 충족에 도움이 되는 행위는 찬성하고, 반대되는 행위는 비난한다.
- 윤리규범의 형성 : 인간의 기본적인 특성과 사회성에 부합하는 행위가 반복되면서 무엇이 옳고 그른지에 대한 윤리규범이 형성된다.

(2) 비윤리적 행위의 원인과 유형

① 비윤리적 행위의 원인

무지	어떤 사람이 선이라고 생각하고 노력하는 대상이 실제로는 악이라는 사실을 모르거나 그것을 달성하기 위한 수단적 덕목들을 제대로 알지 못하는 경우이다.
무관심	자신의 행위가 비윤리적이라는 것은 알고 있지만, 윤리적인 기준에 따라 행동하는 것을 중요하게 여기지 않는 경우이다.
무절제	자신의 행위가 잘못이라는 것을 알고 그러한 행위를 하지 않으려고 하지만, 자신의 통제를 벗어나는 어떤 요인으로 인하여 비윤리적 행위를 저지르는 것이다.

② 비윤리적 행위의 유형

도덕적 타성	사람의 행동이나 사회현상에도 기존 패턴을 반복하려는 경향, 즉 타성(惰性, Inertia)이 존재한다. 타성은 나태함이나 게으름의 뜻을 내포하고 있는데, 바람직한 행동이 무엇인지 알고 있으면서도 취해야 할 행동을 취하지 않는 무기력한 모습이라고 할 수 있다.
도덕적 태만	비윤리적인 결과를 피하기 위하여 일반적으로 필요한 주의나 관심을 기울이지 않는 것을 말한다.
거짓말	상대를 속이려는 의도로 표현되는 메시지라고 할 수 있다. 주로 말이나 글로 표현되는 것에 한정하며, 상대를 속이려는 의도가 있는 것을 말한다.

(3) 직업과 직업윤리

① 직업의 특징

종류	내용
계속성	주기적으로 일을 하거나 명확한 주기가 없어도 계속 행해지며, 현재 하고 있는 일을 계속할 의지와 가능성이 있어야 함을 의미한다.
경제성	경제적 거래 관계가 성립되는 활동이어야 한다. 따라서 무급 자원봉사나 전업 학생은 직업으로 보지 않으며, 자연 발생적인 이득의 수취나 우연하게 발생하는 경제적 과실에 전적으로 의존하는 활동도 직업으로 보지 않는다.
윤리성	비윤리적인 영리 행위나 반사회적인 활동을 통한 경제적 이윤추구는 직업 활동으로 인정되지 않음을 의미한다.
사회성	모든 직업 활동이 사회 공동체적 맥락에서 의미 있는 활동이어야 한다는 것이다.
자발성	속박된 상태에서의 제반 활동은 경제성이나 계속성의 여부와 상관없이 직업으로 보지 않는다는 것이다.

② 직업윤리의 의미

직업 활동을 하는 개인이 자신의 직무를 잘 수행하고 자신의 직업과 관련된 직업과 사회에서 요구하는 규범에 부응하여 개인이 갖추고 발달시키는 직업에 대한 신념·태도·행위를 의미한다.

③ 직업윤리의 종류

종류	내용
소명의식	자신이 맡은 일은 하늘에 의해 맡겨진 일이라고 생각하는 태도
천직의식	자신의 일이 자신의 능력과 적성에 꼭 맞는다 여기며, 그 일에 열성을 가지고 성실히 임하는 태도
직분의식	자신이 하고 있는 일이 사회나 기업을 위해 중요한 역할을 하고 있다고 믿고, 자신의 활동을 수행하는 태도
책임의식	직업에 대한 사회적 역할과 책무를 충실히 수행하고 책임을 다하는 태도
전문가의식	자신의 일이 누구나 할 수 있는 것이 아니라 해당 분야의 지식과 교육을 밑바탕으로 성실히 수행해야만 가능한 것이라 믿고 수행하는 태도
봉사의식	직업 활동을 통해 다른 사람과 공동체에 대하여 봉사하는 정신을 갖추고 실천하는 태도

④ 직업윤리의 5대 기본원칙

종류	내용
객관성의 원칙	업무의 공공성을 바탕으로 공사 구분을 명확히 하고, 모든 것을 숨김없이 투명하게 처리하는 원칙을 말함
고객 중심의 원칙	고객에 대한 봉사를 최우선으로 생각하고, 현장 중심·실천 중심으로 일하는 원칙을 말함
전문성의 원칙	자기 업무에 전문가로서의 능력과 의식을 가지고 책임을 다하며, 능력을 연마하는 원칙을 말함
정직과 신용의 원칙	업무와 관련된 모든 것을 숨김없이 정직하게 수행하고, 본분과 약속을 지켜 신뢰를 유지하는 원칙을 말함
공정 경쟁의 원칙	법규를 준수하고, 경쟁 원리에 따라 공정하게 행동하는 원칙을 말함

⑤ 개인윤리와 직업윤리의 조화

- 개인윤리를 기반으로 공동의 협력을 추구한다.
- 규모가 큰 공동의 재산, 정보 등을 개인의 권한하에 위임한다.
- '팔은 안으로 굽는다'로 표현되는 공사 구분의 모호함을 배제한다.

OX 문제

01 직업이란 경제적인 보상이 있어야 하며, 본인의 자발적 의사에 의한 것이어야 한다. 또한 장기적으로 계속해서 일하는 지속성이 있어야 한다. [   ]

02 모든 윤리적 가치는 시대와 상황을 떠나서 절대적이므로 변하지 않는다. [   ]

03 직업윤리의 기본원칙 중 객관성의 원칙이란 업무의 공공성을 바탕으로 공과 사 구분을 명확히 하고, 모든 것을 숨김없이 투명하게 처리하는 원칙을 말한다. [   ]

---

01 [○]
02 [×] 윤리적 가치는 불변의 진리가 아니라 시대와 사회 상황에 따라 조금씩 다르게 변화하는 것이다.
03 [○]

---

02   근로윤리

(1) 근면한 태도

① 근면의 개념적 특성
  ㉠ 고난의 극복 : 근면은 과거의 고난을 극복한 경험을 통해 형성되고, 현재의 고난을 극복할 수 있는 자원이 된다.
  ㉡ 개인의 절제나 금욕 : 근면은 고난을 극복하기 위해서 금전과 시간, 에너지를 사용할 수 있도록 준비하는 것이다.
  ㉢ 장기적이고 지속적인 행위 과정 : 근면은 고난을 극복하기 위해서 어려움 속에서도 목표를 완성시킴으로써 결과에 만족하고 이를 마무리하면서 그 가치를 완성하는 것이다.

② 근면의 종류

종류	내용
외부로부터 강요당한 근면	삶(생계)의 유지를 위한 필요에 의해서 강요된 근면 예 오직 삶의 유지를 위해 열악한 노동 조건에서 기계적으로 일하는 것
자진해서 하는 근면	자신의 것을 창조하며 조금씩 자신을 발전시키고, 시간의 흐름에 따라 자아를 확립시켜가는 근면 예 세일즈맨이 자신의 성과를 높이기 위해 노력하는 것

(2) 정직과 성실

① 정직의 의의
  타인이 전하는 말·행동이 사실과 부합된다는 신뢰가 없다면 일일이 직접 확인해야 하므로 사람들의 행동은 상당한 제약을 피할 수 없으며, 조직과 사회 체제의 유지 자체가 불가능해진다.

② 성실의 의미

사전적 의미	정성스럽고 참됨을 의미하며, 단어의 본질을 살펴보았을 때 그 의미가 근면함보다는 충(忠) 혹은 신(信)의 의미와 더 가까움
심리학적 의미	사회규범이나 법을 존중하고 충동을 통제하며, 목표 지향적 행동을 조직하고 유지하며 목표를 추구하도록 동기를 부여하는 것을 의미하기도 함

③ 현대 사회에서의 성실성

- 성실의 항상성은 다른 덕목들의 모태가 되며, 어떠한 일을 할 때 꾸준히 자신의 정성을 다하도록 만든다. 이는 조직에서 생활을 영위할 때 중요한 요인으로 작동한다.
- 성실이 항상 긍정적인 측면만 지니고 있는 것은 아니다. 성실은 시대 개념적 차원에서 볼 때 현대 사회와 어울리지 않는 한계성 또한 지니고 있다.

OX 문제

01 성실의 항상성은 덕목들로부터 파생된 것으로, 현대에서 필수적인 요소로 작용한다. [　]

02 성실은 항상 긍정적인 측면만 지니므로 언제나 지켜야 할 사회규범이다. [　]

03 성실의 사전적 의미는 정성스럽고 참됨으로 풀이할 수 있으며, 단어의 본질을 살펴보았을 때 그 의미가 근면함보다는 충(忠) 혹은 신(信)의 의미에 더 가깝다. [　]

01 [×] 성실의 특징인 항상성은 다른 덕목들의 모태가 된다.
02 [×] 성실은 현대 사회와 어울리지 않는 한계가 있다.
03 [○]

03　공동체윤리

(1) 봉사와 사회적 책임, 준법의식

① 봉사와 사회적 책임의 의미

봉사	다른 사람과 공동체에 대하여 봉사하는 정신을 갖추고 실천하는 태도를 의미하며, 나아가 고객의 가치를 최우선으로 하는 고객 서비스 개념
책임의식	직업에 대한 사회적 역할과 책무를 충실히 수행하고 책임지려는 태도이며, 맡은 업무를 어떠한 일이 있어도 수행해 내는 태도

② 기업의 사회적 책임(CSR; Corporate Social Responsibility)
단순히 이윤 추구를 하는 집단의 형태를 벗어나 자신들이 벌어들인 이익의 일부분을 사회로 환원하는 개념을 말한다.

③ 준법의 의미

- 민주시민으로서 기본적으로 지켜야 하는 의무이며 생활 자세이다.
- 민주사회의 법과 규칙을 준수하는 것은 시민으로서의 자신의 권리를 보장받고, 다른 사람의 권리를 보호하며 사회질서를 유지하는 역할을 수행하는 것이다.

④ 우리사회의 준법의식

- 여전히 사회적 부패 현상이 만연해 있으며, 이러한 현상은 올바름에 대한 기준과 윤리적 판단 기준을 흐리게 한다.
- 민주주의와 시장경제는 구성원들에게 자유와 권리를 주는 동시에 규율의 준수와 책임을 요구하므로 개개인의 의식 변화와 함께 체계적 접근과 단계별 실행을 통한 제도적·시스템적 기반의 확립이 필요하다.

(2) 직장에서의 예절

① 예절의 의미

일정한 생활문화권에서 오랜 생활습관을 통해 하나의 공통된 생활방법으로 정립되어 관습적으로 행해지는 사회계약적인 생활규범을 말한다.

② 에티켓과 매너

에티켓	사람과 사람 사이에 마땅히 지켜야 할 규범으로서 형식적 측면이 강함
매너	형식을 나타내는 방식으로서 방법적 성격이 강함

③ 비즈니스 매너

㉠ 인사 예절

- 비즈니스에서 가장 일반적인 인사법인 악수는 윗사람이 아랫사람에게, 여성이 남성에게 청한다.
- 소개를 할 때는 연소자를 연장자에게, 내가 속해 있는 회사의 관계자를 타 회사의 관계자에게, 동료를 고객에게 먼저 소개한다.
- 명함을 건넬 때는 왼손으로 받치고 오른손으로 건네는데, 자신의 이름이 상대방을 향하도록 한다. 또한, 손아랫사람이 손윗사람에게 먼저 건네고 상사와 함께라면 상사가 먼저 건네도록 한다.

㉡ 전화 예절

- 전화는 태도나 표정을 보여줄 수 없으므로 상냥한 목소리와 정확한 발음에 유의한다.
- 전화가 연결되면 담당자 확인 후 자신을 소개하고, 간결하고 정확하게 용건을 전달한다. 전화를 끊기 전 내용을 다시 한 번 정리해 확인하며, 담당자가 없을 땐 전화번호를 남긴다.
- 전화를 받을 때는 벨이 3 ~ 4번 울리기 전에 받는다.

ⓒ 이메일 예절

> - 이메일을 쓸 때는 서두에 소속과 이름을 밝힌다.
> - 업무 성격에 맞는 형식을 갖추고 올바른 철자와 문법을 사용한다.
> - 메일 제목은 반드시 쓰고, 간결하면서 핵심을 알 수 있게 작성한다.

④ **직장 내 괴롭힘**
근로기준법에 따른 사용자 또는 근로자가 직장에서의 지위 또는 관계 등의 우위를 이용하여 업무상 적정 범위를 넘어 다른 근로자에게 신체적·정신적 고통을 주거나 근무환경을 악화시키는 행위를 말한다.

⑤ **직장 내 성희롱**
남녀고용평등과 일·가정 양립 지원에 관한 법률에 따른 사업주·상급자 또는 근로자가 직장 내의 지위를 이용하거나 업무와 관련하여 다른 근로자에게 성적 언동 등으로 성적 굴욕감 또는 혐오감을 느끼게 하거나 성적 언동 또는 그 밖의 요구 등에 따르지 아니하였다는 이유로 근로 조건 및 고용에서 불이익을 주는 것을 말한다.

OX 문제

01 책임이란 주어진 업무 또는 스스로 맡은 업무를 어떠한 일이 있어도 수행해 내는 태도이다. [　]

02 직업세계에서 다른 직종에 비해 더 많은 이익을 얻는 집단이라 해도 그들의 이익 분배에 대해 특별히 달리 생각할 필요는 없다. [　]

03 기업의 사회적 책임이란 단순히 이윤 추구를 하는 집단의 형태를 벗어나 자신들이 벌어들인 이익의 일부분을 사회로 환원하는 개념으로, 최근 들어 핵심적인 가치로 부각되고 있다. [　]

01 [○]
02 [×] 직업세계에서 다른 직종에 비해 더 많은 이익을 얻는 집단은 그렇지 않은 집단들에게 그들의 이익을 분배할 수 있는 사회 환원 의식도 가져야 할 것이다.
03 [○]

02 | 직업윤리 맛보기

※ 다음 글을 읽고 이어지는 질문에 답하시오. [1~2]

> K동의 지역공동체는 도시재생사업의 일환으로 만들어지게 되었다. 낙후된 지역으로 노인들이 대다수를 차지
> 했던 이 지역은 공동육아시설 운영, 교육 및 커뮤니티 카페사업을 통해 지역 경제 상생발전을 도모하고 있다.
> 이 지역공동체는 다양한 활동을 통해 지역을 살아있는 공간으로 만들고 커뮤니티 확장과 나눔을 실천해 나
> 갔다. 그로 인해 갈등을 대화로 해결하며 진정한 이웃사촌이 될 수 있었다.
> 최근 코로나19의 여파로 인해 이 지역공동체의 공동육아시설과 강의실, 카페 등은 운영이 수개월째 중단된
> 상태이다. 이러한 위기 상황에도 불구하고 이 지역공동체는 커뮤니티 구성원을 중심으로 결속력을 보이며,
> 시설 및 온라인 커뮤니티를 통해 나눔과 정보 교류 등을 꾸준히 진행하고 있다.

01 다음 중 윤리라는 본질적인 의미에서 볼 때, 윗글은 인간의 어떤 특성을 설명하고 있는가?

① 유희적 존재　　　　　　　　　② 문화적 존재

③ 사회적 존재　　　　　　　　　④ 정치적 존재

⑤ 윤리적 존재

02 윤리적 가치와 윤리적 규범이라는 측면에서 위기 상황임에도 불구하고 지속적인 운영이 되고 있는
이 공동체의 시사점으로 가장 적절한 것은?

① 지역 주민을 위한 교류 공간 활성화

② 주민 일자리 제공 및 수익 창출을 통한 지역 경제 상생발전

③ 지역 일대 명소로 자리매김

④ 유대감과 결속력 기반의 공동체 의식

⑤ 주민들의 소명의식 증대

01

정답 ③

사회적 존재인 개인의 욕구는 개인의 행동에 따라 충족되는 것이 아니라, 다른 삶의 행동과 협력을 바탕으로 충족된다. 제시문은 지역공동체가 다양한 활동을 통해 다른 구성원들과 소통과 협력하는 장으로 발전하는 인간의 사회적 존재로서의 모습을 설명하고 있다.

오답분석

① 유희적 존재 : 놀이를 하는 존재이다.
② 문화적 존재 : 사회와 소통하면서 서로 공감하는 존재이다.
④ 정치적 존재 : 국가를 이루고 개인과 공동체의 문제에 대한 정치 활동을 하는 존재이다.
⑤ 윤리적 존재 : 인간이 도덕적으로 자율성을 가지고 있는 존재이다.

02

정답 ④

주어진 공동체의 시사점으로 가장 적절한 것은 위기 상황임에도 불구하고 윤리적 측면에서 유대감과 결속력 기반의 공동체 의식에 대한 것이다.

풀이 전략!

최근 중요성이 부각되고 있는 직업윤리 영역은 추상적인 내용들로 가득 차 있는 탓에 학습하기가 만만치 않은 부분이다. 그러나 이 영역은 일부 암기가 필요한 부분을 제외하고는 대부분 '바르게 살아가는 법' 그 이상도 이하도 아니므로 크게 부담을 가질 필요가 없다. 다만, 공공분야에서 근무하는 사람이라면 반드시 알아두어야 할 일명 '김영란 법'에 대한 내용은 정리해둘 필요가 있다.

김대리 : (전화벨이 다섯 차례 넘게 울리자) 누가 전화 좀 받아요. 제가 통화 중이라.

홍사원 : (전화를 돌려받으며) 네. 전화 받았습니다. A기업 영업팀 홍길동 사원입니다. 아! 김대리님이요.
　　　　지금 통화 중이신데요. 나중에 다시 전화 주세요.

(전화 통화가 끝나고)

김대리 : 홍길동씨, 아까 저 찾는 전화인 것 같던데. 어디서 전화 왔어요?

홍사원 : 잘 모르겠는데요. 여자 분이셨어요.

김대리 : 네? 오늘 고객사에서 중요한 전화 올 게 있었는데. 누군지 안 여쭤 봤어요?

홍사원 : 네. 굳이 말씀하시지 않으셔서….

03 다음 중 홍사원의 전화예절에 대한 문제점으로 적절하지 않은 것은?

① 전화벨이 3~4번 울리기 전에 받는다.

② 담당자에게 전화와 관련된 내용을 전달한다.

③ 긍정적인 말로서 전화 통화를 마치도록 하고, 전화를 건 상대방에게 감사의 표시를 한다.

④ 자신이 누구인지를 즉시 말한다.

⑤ 상대방의 용건을 물어보지 않았다.

04 다음 중 김대리가 홍사원의 전화예절에 대해서 난색을 보인 이유로 적절하지 않은 것은?

① 상대방이 누구인지 물어보지 않았다.

② 전화를 대신 받았는데, 자신의 소속과 성명을 명확하게 밝히지 않았다.

③ 통화를 시작하고 마무리할 때 감사 인사를 하지 않았다.

④ 상대방의 용건이 무엇인지 메모하지 않았다.

⑤ 담당자에게 용건을 전달하지 않았다.

03

정답 ④

홍사원은 자신이 누구인지 즉시 말하였다.

> **전화예절**
> • 전화를 받을 때는 벨이 3 ~ 4번 울리기 전에 받는다.
> • 회사명과 부서명, 이름을 밝힌 뒤 상대방의 용건을 정확하게 확인한다.
> • 용건에 즉답하기 어려우면 양해를 구한 뒤, 회신 가능한 시간을 약속한다.
> • 통화 담당자가 없으면 자리를 비운 이유를 간단히 설명하고, 통화가 가능한 시간을 알려준다.
> • 용건을 물어본 후 처리할 수 있으면 처리한다.
> • 전화를 끊으면 담당자에게 정확한 메모를 전달한다.

04

정답 ②

홍사원은 전화를 대신 받았고, 자신의 소속과 성명을 밝혔다.

김대리가 홍사원의 전화예절에 대해 난색을 표시한 이유는 상대방이 누구이고, 용건이 무엇인지에 대해 파악하지 않고 전화가 왔다는 메모도 남기지 않았다는 점과 전화를 준 고객에 대한 감사 인사를 하지 않고 담당자에게 메모를 전달하지 않는 등 전화예절에 어긋나게 전화를 받은 점이다.

> **풀이 전략!**
>
> 의외로 많은 수험생들이 전화 예절 등 비즈니스 매너에 대한 문제들을 잘 처리하지 못한다. 이는 평소 가까운 지인들에게 하는 행동과 업무상 만나게 되는 사람들에게 하는 행동이 다르기 때문인데, 현실적으로 이를 단기간에 체화시키기는 어려우므로 본 교재에서 설명하고 있는 내용들을 암기하는 것도 하나의 방법이다. 다만, 어차피 합격 후 근무를 하게 되면 이 내용들과 같이 실천해야 할 것이니, 지금부터라도 이런 에티켓들을 하나하나 체화시켜 보기로 하자.

※ 다음 글을 읽고 이어지는 질문에 답하시오. [1~2]

세계적으로도 우수한 기술을 가지고 있는 A중공업은 지난해 정부의 해외 발전소 공사 사업 건을 수주하기 위해 기관 관계자에게 수억 원의 뇌물을 건넸다. A중공업의 영업임원과 기관 관계자는 대학 선후배 사이로 수년간 골프모임을 지속한 사실도 파악되었다. 이 사건으로 인해 A중공업은 향후 5년간 공공사업에 대한 입찰이 금지되었다. 대규모 공사 프로젝트 발주가 급격히 감소한 요즘, 정부 사업에 대한 수주가 원천적으로 금지된 것은 회사 입장에서도, 정부 입장에서도 엄청난 손실이 되었다.

결국 A중공업은 발전소 사업 외에 조선 사업도 수행하고 있는 업체라 당장 정부가 발주한 특수선 건조 사업에도 직격탄을 맞게 되었고, 과거처럼 업계의 관행을 답습하다가 회사의 존폐에 대한 위기까지 맞게 되었다.

01 다음 중 윗글에서 나타난 부패의 원인으로 적절하지 않은 것은?

① 사회적 윤리 의식의 부재
② 효율적 사회 시스템의 미비
③ 공사구분을 모호하게 하는 문화적 특성
④ 건전한 가치관의 미정립
⑤ 부패한 과거를 답습하는 문화

02 다음 중 윗글에 대한 설명으로 적절하지 않은 것은?

① 거래 당사자 간의 부도덕의 문제에 불과하며 사회적 비용으로 보기에는 무리가 있다.
② 공적인 입장의 사람이 자신의 권한과 권력을 이용해 이익을 취한 사례이다.
③ 사회 전체 시스템의 정상적인 가동을 방해하는 요인이 된다.
④ 막대한 사회적 비용을 수반하게 되며 사회구성원 전체에게 피해를 주게 된다.
⑤ 건전한 이윤추구의 가치를 훼손시키는 사례이다.

> (빈자리에 있는 전화가 3번 정도 울리고, 신입사원 A씨는 전화를 당겨 받았다)
>
> A씨 : ㉠ 네, J물산 A입니다.
>
> B씨 : 안녕하세요. 저는 K부품회사에 근무하는 B라고 합니다. 자재팀 C대리님 자리에 계신가요?
>
> A씨 : ㉡ 자리에 안 계십니다.
>
> B씨 : C대리님 언제쯤 들어오시는지 알 수 있을까요? 급한 건이라서 5시 전에는 통화해야 돼서요.
>
> A씨 : ㉢ 대리님 언제 들어오실지 모르겠습니다. ㉣ 급한 건이라면 핸드폰으로 직접 걸어보는 게 어떠신지요?
>
> B씨 : 대리님 개인연락처를 몰라서요. 핸드폰 번호 좀 알려주실 수 있으신가요?
>
> A씨 : 잠시만요. ㉤ 대리님 연락처는 010-××××-×××입니다.
>
> B씨 : 감사합니다.

03 다음 중 C대리가 신입사원 A씨의 전화 예절에 대해 할 수 있는 조언으로 가장 적절한 것은?

① 부재 시 전화를 당겨 받지 말아야 한다.

② 처음에 바로 회사 이름은 말하지 말고 본인 이름만 말해야 한다.

③ 개인정보를 함부로 알려주면 안 된다.

④ 메모를 남길 때 용건이나 성명 없이 상대방의 전화번호만 남긴다.

⑤ 간단한 용건이라도 대신 처리하지 않는다.

04 다음 밑줄 친 ㉠~㉤ 중 가장 바르게 응대한 것은?

① ㉠   ② ㉡

③ ㉢   ④ ㉣

⑤ ㉤

구매팀 김차장의 별명은 뱀장어이다. 스리슬쩍 빠져나가는 데는 도가 텄기 때문이다. 그의 뻔뻔함을 보여주는 사례는 수도 없이 많았다. 업체별 세부 거래 조건이 저장되어 있는 파일은 매우 예민한 자료라 부서원들 개인 컴퓨터에 저장하는 것은 물론 프린트도 금지되어 있었다. 오직 팀장과 김차장 그리고 담당자인 최과장에게만 접근 권한이 있었는데, 어느 날 김차장이 파일을 잘못 저장해서 내용이 모두 삭제된 사건이 발생했다.

김차장은 팀원들 모두를 불러놓고는 "왜 니들은 그 중요한 파일을 따로 저장도 안 해놨냐?", "나처럼 컴퓨터를 잘 사용하지 못하는 사람도 안전하게 수정할 수 있게 설정을 잘 해놨어야지! 아니면 니들이 사전에 귀띔을 해줘야 하는 거 아니냐고!"라고 하면서 한 시간이 넘게 잔소리를 퍼부었다. 그걸로도 화가 안 풀렸는지 담당자인 최과장을 불러놓고는 일이 "꼼꼼하지 못하네, 관리를 제대로 못하네, 담당자가 기술적 이해도가 떨어지네." 등등 잔소리가 30분 넘게 이어졌다.

05 다음 중 구매팀 김차장에게 필요한 것은?

① 소명의식
② 준법의식
③ 근면의식
④ 성실의식
⑤ 책임의식

06 다음 중 구매팀 김차장에게 필요한 직장생활의 자세로 옳은 것은?

① 나 자신의 일은 내 책임이지만, 나의 부서의 일은 내 책임이 아니라고 생각한다.
② 본인이 잘못을 저질렀을 때는 스스로 책임지려고 한다.
③ 나쁜 상황이 나에게 일어났을 때, '왜 이런 일이 나에게 일어났어?'라고 생각한다.
④ 미리 계획하여 책임질 수 있는 범위의 일을 맡는다.
⑤ 자신이 세운 목표를 달성하기 위해 부지런한 생활을 유지한다.

07 다음 중 구매팀 김차장에게 대처하는 방법을 잘못 이해한 사람은?

① 박주임 : 앞으로는 김차장님이 무책임할 수 있다는 것을 예상해야 해.
② 김대리 : 앞으로는 기록하고 동료들과 이야기하면서 증거를 모아야 해.
③ 전대리 : 김차장님이 하는 말은 신뢰도가 낮을 수 있으니 다른 경로로 확인할 필요가 있어.
④ 장주임 : 김차장님을 설득해서 김차장님이 변화할 수 있도록 도움을 드려야 해.
⑤ 송과장 : 김차장님의 무책임은 권력의 속성이니 내 감정이 휘둘리지 않게 조절해야 할 필요가 있어.

리베이트의 의미는 우리나라에서는 많이 퇴색되어 있지만 미국에서는 발달한 제도로, 대형 판촉행사에서 많이 활용되고 있다. 리베이트는 판매 장려금으로, 영업행위의 도구로 흔히 사용되고 있다.

우리나라의 경우 제약업에서 문제가 되는 경우가 빈번하다. 우리나라는 왜곡된 의료보장체계와 복제 의약품이 난립하고 있기 때문에 제약업계의 대부분 기업이 신약 개발에 투자하기보다는 복제 의약품 판매에 열을 올리고 있다. 환자를 뺏고 뺏기는 경쟁체제가 심화되면서 정직한 영업을 하기보다는 리베이트를 통해 시장 점유율과 매출을 확대시키려는 기업들이 늘어나고 있다. 처방을 해 주는 의사들에게 금전을 제공하거나 세미나나 모임 등을 음성적으로 지원해 주는 경우가 빈번하며, 제약업체 영업사원에게 병원 소모품 구매나 개인적인 업무 대행까지 요구해 문제가 되는 사례도 있다. 리베이트는 현행법상 불법이며, 횡령과 분식회계 등 사회적인 문제를 발생시키고 있다.

08 다음 중 윤리적 행위의 유형에서 리베이트가 해당하는 행위로 가장 적절한 것은?

① 도덕적 타성　　　　　　　　　　② 도덕적 태만
③ 거짓말　　　　　　　　　　　　　④ 무지
⑤ 무관심

09 다음 중 윗글과 같은 비윤리적 행위가 일어나는 원인으로 적절하지 않은 것은?

① 윤리적 문제에 대해 제대로 인식하지 못하는 데에서 기인한다.
② 비윤리적 행동이 미치는 영향에 대해 별거 아니라고 생각하는 데 원인이 있다.
③ 자신들의 입장과 처지를 보호하기 위해 보호적으로 하는 행위이다.
④ 비윤리적 행위라는 것을 분명히 알고 있으나, 그것과 서로 충돌하는 가치가 있을 경우 그것을 선호하는 경우이다.
⑤ 자신의 행위가 비윤리적이라는 것을 알고 있지만 윤리적인 기준에 따라 행동하는 것을 중요하게 여기지 않는 태도에 원인이 있다.

10 다음 중 자진해서 하는 근면의 사례에 해당하는 것을 〈보기〉에서 모두 고르면?

> **보기**
>
> (가) 영희는 미국 여행을 위해 아침 일찍 일어나 30분씩 영어 공부를 하고 있다.
> (나) K사에 근무 중인 A씨는 팀장의 요청으로 3일 동안 야근 중이다.
> (다) 자동차 세일즈맨으로 일하고 있는 B씨는 성과에 따라 보수가 결정되기 때문에 누구보다 열심히 성과를 높이기 위해 노력중이다.
> (라) 영희의 할아버지는 뒤늦게 공부에 재미를 느껴 현재 만학도로 공부에 전력하고 계신다.
> (마) 진수는 어머니의 성화에 못 이겨 자기 방으로 들어가 공부에 매진하고 있다.

① (가), (라)   ② (나), (다)
③ (가), (다), (라)   ④ (나), (라), (마)
⑤ (다), (라), (마)

11 다음 중 비윤리적 행위의 원인에 대해 바르게 설명한 사람을 〈보기〉에서 모두 고르면?

> **보기**
>
> 지원 : 비윤리적 행위의 주요 원인으로 무지, 무관심, 무절제, 자유 4가지를 꼽을 수 있어.
> 창인 : 어떤 사람이 악이라는 사실을 모른 채 선이라고 생각하여 노력하였다면, 이는 무관심에서 비롯된 비윤리적 행위에 해당해.
> 기율 : 자신의 행위가 비윤리적이라는 것을 알고 있으면서도 윤리적 기준을 따르는 것을 대수롭지 않게 여긴다면, 이는 무관심에서 비롯된 비윤리적 행위라고 볼 수 있어.
> 지현 : 자신의 행위가 비윤리적이라는 것을 알고 있으면서도 이를 통해 얻을 수 있는 이익이 주는 유혹이 너무 커 비윤리적 행위를 한다면, 이는 무절제에서 비롯된 것이야.

① 지원, 창인   ② 지원, 기율
③ 창인, 기율   ④ 창인, 지현
⑤ 기율, 지현

12 다음 직장 내 인사 예절 중 밑줄 친 ㉠~㉤을 수정한 내용으로 적절하지 않은 것은?

• ㉠ 연장자를 나이 어린 사람에게 먼저 소개한다.
• ㉡ 내가 속해 있는 회사의 관계자를 타 회사의 관계자에게 먼저 소개한다.
• 신참자를 고참자에게 먼저 소개한다.
• ㉢ 고객, 손님을 동료임원에게 먼저 소개한다.
• 비임원을 임원에게 먼저 소개한다.
• 소개받는 사람의 별칭은 그 이름이 비즈니스에서 사용되는 것이 아니라면 사용하지 않는다.
• ㉣ 성을 제외하고 이름만 말한다.
• 상대방이 항상 사용하는 경우라면, Dr. 또는 Ph.D. 등의 칭호를 함께 언급한다.
• ㉤ 정부 고관의 직급명은 퇴직한 경우 사용하지 않는다.
• 천천히 그리고 명확하게 말한다.
• 각각의 관심사와 최근의 성과에 대하여 간단한 언급을 한다.

---

① ㉠ : '나이 어린 사람을 연장자에게 먼저 소개한다.'라고 수정해야 한다.
② ㉡ : '타 회사의 관계자를 내가 속해 있는 회사의 관계자에게 먼저 소개한다.'라고 수정해야 한다.
③ ㉢ : '동료임원을 고객, 손님에게 먼저 소개한다.'라고 수정해야 한다.
④ ㉣ : '반드시 성과 이름을 함께 말한다.'라고 수정해야 한다.
⑤ ㉤ : '정부 고관의 직급명은 퇴직한 경우라도 항상 사용한다.'라고 수정해야 한다.

아이들이 답이 있는 질문을 하기 시작하면 그들이 성장하고 있음을 알 수 있다.

－존 J. 플룸프－

PART **2**

합격의 공식 시대에듀 www.sdedu.co.kr

직무수행능력평가

TER 01**   사무직 직무수행능력평가

CHAPTER 02   기술직 직무수행능력평가

01

사무직 직무수행능력평가

합격 Cheat Key

직무수행능력평가는 실제 직무를 수행하는 데 있어서 지원자의 전문성과 자질을 평가하기 위해 치러지는 시험으로, 직렬과 직무에 따라 요구되는 지식과 기술 등을 평가한다. 선발직렬에 의해 그 과목이 달라지며, 문항 수나 출제범위 등 그 변화가 잦으므로 항상 해당 공기업의 공고문을 잘 확인해야 한다.

사무직 직무수행능력평가의 경우, 주요 공사공단에서 주로 출제되는 과목은 경영·경제·행정· 법·회계 등이 있다.

1 경영학

주요 출제 범위는 경영학원론, 재무관리, 마케팅, 조직론, 재무회계 등이며, 주요 출제 기관으로는 서울교통공사, 한국철도공사, 건강보험심사평가원, 한국도로공사, 한국중부 발전, 한국수력원자력, 국민연금공단, 근로복지공단, 한국도로교통공단, 한국관광공사, 한국전기안전공사, 한국수자원공사, 한국가스공사, 한국가스안전공사, 한국가스기술공 사, 한국공항공사, 한국환경공단 등이 있다.

2 경제학

주요 출제 범위는 경제학원론, 미시경제, 거시경제, 국제경제, 계량경제, 재정학 등이며, 주요 출제 기관으로는 서울교통공사, 건강보험심사평가원, 한국도로공사, 한국중부발전, 한국수력원자력, 국민연금공단, 근로복지공단, 한국관광공사, 한국전기안전공사, 한국 수자원공사, 한국가스공사, 한국가스기술공사, 한국환경공단 등이 있다.

3 행정학

주요 출제 범위는 행정학원론, 행정조직론, 인사행정, 행정법, 정책학, 재무행정 등이며, 주요 출제 기관으로는 서울교통공사, 건강보험심사평가원, 한국도로공사, 한국중부발전, 한국수력원자력, 국민연금공단, 근로복지공단, 한국도로교통공단, 한국전기안전공사, 한국수자원공사, 한국가스안전공사, 한국가스기술공사, 한국환경공단 등이 있다.

4 법학

주요 출제 범위는 법학 일반, 헌법, 민법, 민사소송법, 상법, 행정법 등이며, 주요 출제 기관으로는 서울교통공사, 건강보험심사평가원, 한국도로공사, 한국중부발전, 한국수력원자력, 국민연금공단, 근로복지공단, 한국도로교통공단, 한국관광공사, 한국토지주택공사, 한국동서발전, 한국전기안전공사, 한국수자원공사, 한국가스안전공사, 한국가스기술공사 등이 있다.

01 | 경영학 핵심이론

01 테일러와 포드 시스템의 비교

테일러 시스템	포드 시스템
• 과업관리(시간과 동작연구를 통한) • 차별성과급 도입 : 객관적인 과학적 방법을 사용한 임금률 • 과학적 관리 방법을 도입한 표준화 • 작업의 과학화와 개별생산관리 • 인간노동의 기계화 시대	• 동시관리 : 작업조직의 철저한 합리화에 의해 작업의 동시적 진행을 기계적으로 실현하고 관리를 자동적으로 전개 • 컨베이어 시스템, 대량생산 • 공장 전체로 확대 • 인간에게 기계의 보조역할 요구

02 환경의 2가지 차원(환경의 동태성 및 복잡성의 정도)

• 환경의 동태성 : 안정적 환경 → 관리자가 미래의 사건 예측, 동태적 환경 → 관리자가 과거의 패턴으로부터 예측할 수 있게 된다.
• 복잡성의 정도 : 환경요소들이 단순한가, 그렇지 않은가를 말하는 것으로, 상호작용하는 환경요소의 수와 관련이 있다.
• 환경의 2가지 차원 도식화

구분		환경의 복잡성	
		단순	복잡
환경의 동태성	안정적	(단순)+(안정)=(낮은 불확실성) 예 컨테이너 제조업, 음료병 제조업	(복잡)+(안정)=(다소 낮은 불확실성) 예 대학, 병원
	동태적	(단순)+(동태적)=(다소 높은 불확실성) 예 유행의류 제조업, 장난감 제조업	(복잡)+(동태적)=(높은 불확실성) 예 전자산업, 석유회사

03 기업합병

• 법률적으로 독립적인 복수의 기업이 단일조직이 되는 형태
• 피합병기업은 완전히 독립성을 상실
• 흡수합병 및 신설합병
  – 흡수합병 : 어떠한 하나의 회사기업이 타 회사기업을 흡수하는 것
  – 신설합병 : 합병을 당하는 회사기업이 모두 해산·소멸함과 더불어 신회사기업이 설립

04 의사결정 문제와 의사결정 모형

사이먼은 의사결정 유형을 정형적·비정형적인 것으로 분류하고, 정형적 의사결정은 구조화된 결정 문제, 비정형적 의사결정은 비구조화된 결정 문제라고 하였다.

구분	정형적 의사결정	비정형적 의사결정
문제의 성격	보편적, 일상적인 상황	특수적, 비일상적인 상황
문제해결 방안의 구체화 방식	문제해결안이 조직의 정책 또는 절차 등에 의해 미리 상세하게 명시됨	해결안은 문제가 정의된 다음에 창의적으로 결정
의사결정의 계층	주로 하위층	주로 고위층
의사결정의 수준	업무적·관리적 의사결정	전략적 의사결정
적용조직의 형태	시장 및 기술이 안정되고 일상적이며, 구조화된 문제해결이 많은 조직	구조화가 되어 있지 않으며, 결정사항이 비일상적이면서 복잡한 조직
전통적 기법	업무절차, 관습 등	직관, 판단, 경험법칙, 창조성 등
현대적 기법	EDPS, OR 등	휴리스틱 기법

05 포드 시스템의 비판

• 동시작업 시스템의 문제 : 한 라인에서 작업이 중지될 경우 전체 라인의 작업이 중지되어 제품생산에 큰 차질을 빚게 한다.
• 인간의 기계적 종속화 : 컨베이어 시스템 등의 생산기계에 이상이 있을 시 생산은 중단되고 사람은 아무런 일도 하지 못하게 된다.
• 노동착취의 원인 제공 : 생산라인에서 사람은 쉬지 못할 뿐만 아니라 떠날 수도 없기 때문에, 이러한 생산과정은 노동의 과부하를 불러일으킬 수 있다.
• 제품의 단순화·표준화는 효율적이지만 다양한 욕구를 충족시키기에는 역부족이다.

06 다각화의 종류

• 수직적 다각화 : 기업이 자신의 분야에 포함된 분야로 사업영역을 확장하는 것이다.
• 수평적 다각화 : 자신의 분야와 동등한 수준의 분야로 다각화하는 것이다.
• 집중적 다각화 : 핵심기술 한 가지에 집중해서 판매하는 것 또는 다른 관점에서 바라보면 경영합리화의 목적, 시장통제의 목적, 금융상 이점 등을 목적으로 상호 간 협정 또는 제휴를 통해 과다경쟁으로 인한 폐해를 없애고 기업조직의 안정 및 시장지배를 목적으로 하는 것이다.
• 복합적 다각화 : 해당 사업이 연계한 동종업종의 것일 수도 있으며, 자신들의 업종과는 전혀 다른 양상의 분야로 확장해서 운영하는 것이다.

07 경쟁전략의 형태

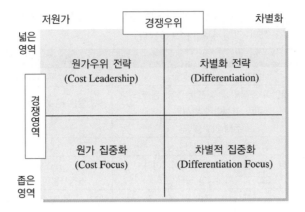

08 기능별 조직과 사업부제 조직의 비교

구분	기능별 조직	사업부제 조직
장점	• 기능별로 최적방법(품질관리, 생산관리, 마케팅 등)의 통일적인 적용 • 전문화에 의한 지식경험의 축적 및 규모의 경제성 • 인원 · 신제품 · 신시장의 추가 및 삭감이 신속하고 신축적 • 자원(사람 및 설비)의 공통 이용	• 부문 간 조정이 용이 • 제품별 명확한 업적평가, 자원의 배분 및 통제 용이 • 사업부별 신축성 및 창의성을 확보하면서 집권적인 스태프와 서비스에 의한 규모의 이익 추구 • 사업부장의 총체적 시각에서의 의사결정
단점	• 과도한 권한의 집중 및 의사결정의 지연 • 기능별 시각에 따른 모든 제품 및 서비스 경시 • 다각화 시 제품별 조건 적합적 관리 불가능 • 각 부문의 업적평가 곤란	• 단기적인 성과를 중시 • 스태프, 기타 자원의 중복에 의한 조직슬랙의 증대 • 분권화에 의한 새로운 부문 이기주의의 발생 및 사업부 이익의 부분 극대화 • 전문직 상호 간 커뮤니케이션의 저해

09 직무평가의 방법

비교기준 비교대상	직무전반	구체적 직무요소
직무 대 직무	서열법 (Ranking Method)	요소비교법 (Factor Comparison Method)
직무 대 기준	분류법 (Job Classfication Method)	점수법 (Point Method)

10 임금관리의 3요소

임금관리의 3요소	핵심사항	분류(고려 대상)
임금수준	적정성	생계비 수준, 사회적 임금 수준, 동종업계 임금 수준 감안
임금체계	공정성	연공급, 직능급, 성과급, 직무급
임금형태	합리성	시간급제, 일급제, 월급제, 연봉제

11 노동조합의 탈퇴 및 가입

- 오픈 숍(Open Shop) : 사용자가 노동조합에 가입한 조합원뿐만 아니라 비조합원도 자유롭게 채용할 수 있도록 하는 제도를 말한다. 종업원의 노동조합에 대한 가입·비가입 등이 채용이나 해고조건에 전혀 영향력을 끼치지 못하는 것이라 할 수 있다. 노동조합에 대한 가입 및 탈퇴에 대한 부분은 종업원들의 각자 자유에 맡기고, 사용자는 비조합원들도 자유롭게 채용할 수 있기 때문에 조합원들의 사용자에 대한 교섭권은 약화된다.
- 클로즈드 숍(Closed Shop) : 기업의 결원에 대한 보충이나 신규채용 등에 있어 사용자가 조합원 중에서 채용을 하지 않으면 안 되는 것을 의미한다. 노동조합의 가입이 채용의 전제조건이 되므로 조합원의 확보 방법으로서는 최상의 강력한 제도라 할 수 있으며, 클로즈드 숍하에서는 노동조합이 노동의 공급 등을 통제할 수 있기 때문에 노동가격(임금)을 상승시킬 수 있다.
- 유니언 숍(Union Shop) : 사용자의 노동자에 대한 채용은 자유롭지만, 일단 채용이 된 후 종업원들은 일정 기간이 지난 후에는 반드시 노동조합에 가입해야만 하는 제도이다.

12 JIT(Just In Time)시스템(적시생산시스템)

- 필요한 시기에 필요한 양만큼의 단위를 생산해 내는 것이다.
- 푸시 시스템 : 작업이 생산의 첫 단계에서 방출되고 차례로 재공품을 다음 단계로 밀어내어 최종 단계에서 완성품이 나온다.
- 풀 시스템 : 필요한 시기에 필요한 양만큼 생산해 내는 시스템으로, 이는 수요변동에 의한 영향을 감소시키고 분권화에 의해 작업관리의 수준을 높인다.
- JIT의 효과 : 납기 100% 달성, 고설계 적합성, 생산 리드타임의 단축, 수요변화의 신속한 대응, 낮은 수준의 재고를 통한 작업의 효율성, 작업 공간 사용의 개선, 분권화를 통한 관리의 증대, 재공품 재고변동의 최소화, 각 단계 간 수요변동의 증폭전달 방지, 불량 감소, 유연성 등

13 종합적 품질경영(TQM; Total Quality Management)

경영자의 열의 및 리더십을 기반으로 지속된 교육 및 참여에 의해 능력이 개발된 조직의 구성원들이 합리적이면서 과학적인 관리방식을 활용해서 기업조직 내 절차를 표준화하며, 이를 지속적으로 개선해 나가는 과정에서 종업원의 니즈를 만족시키고 소비자 만족 및 기업조직의 장기적인 성장을 추구하는 관점에서의 경영시스템이다.

14 목표시장 선정 전략

시장 세분화	• 시장 세분화를 위한 세분화 기준변수 파악 • 각 세분시장의 프로파일 개발
표적시장 선정	• 세분시장 매력도 평가를 위한 측정변수 개발 • 표적시장 선정
포지셔닝	• 표적시장별 포지셔닝을 위한 위치 파악 • 표적시장별 마케팅믹스 개발

15 제품믹스 전략

• 제품믹스 : 일반적으로 기업이 다수의 소비자에게 제공하는 모든 형태의 제품 계열과 제품품목을 통합한 것을 말한다.
• 제품계열 : 제품믹스 중에서 물리적·기술적 특징이나 용도가 비슷하거나 동일한 고객집단에 의해 구매되는 제품의 집단이다. 즉, 특성이나 용도가 비슷한 제품들로 이루어진 집단을 말한다.
  – 제품믹스의 폭 : 기업이 가지고 있는 제품계열의 수를 의미
  – 제품믹스의 깊이 : 각 제품계열 안에 있는 품목의 수를 의미
  – 제품믹스의 길이 : 제품믹스 내의 모든 제품품목의 수를 의미

16 푸시전략과 풀전략

푸시(Push)전략	• 제조업자가 소비자를 향해 제품을 밀어낸다는 의미로, 제조업자는 도매상에게, 도매상은 소매상에게, 소매상은 소비자에게 제품을 판매하게 만드는 전략을 말한다. • 푸시전략은 소비자들의 브랜드 애호가가 낮고, 브랜드 선택이 점포 안에서 이루어지며, 동시에 충동구매가 잦은 제품의 경우에 적합한 전략이다.
풀(Pull)전략	• 제조업자 쪽으로 당긴다는 의미로, 소비자를 상대로 적극적인 프로모션 활동을 하여 소비자들이 스스로 제품을 찾게 만들고 중간상들은 소비자가 원하기 때문에 제품을 취급할 수밖에 없게 만드는 전략을 말한다. • 광고와 홍보를 주로 사용하며, 소비자들의 브랜드 애호도가 높고, 점포에 오기 전 브랜드 선택에 대해서 관여도가 높은 상품에 적합한 전략이다.

17 재무회계와 관리회계 비교

구분	재무회계	관리회계
보고대상	외부정보 이용자	내부정보 이용자
보고시기	정기보고	수시보고
기준	GAAP	원가계산시스템
형식	일정한 형식	일정한 형식 없음
보고내용	주로 재무제표와 부속자료	제한 없음(주로 원가, 예산, 기타 분석 자료)

18 재고자산 평가방법의 비교

구분	크기비교	비고
기말재고자산	선입선출법>이동평균법>총평균법>후입선출법	제외
매출원가	선입선출법<이동평균법<총평균법<후입선출법	–
당기순이익	선입선출법>이동평균법>총평균법>후입선출법	–
법인세	선입선출법>이동평균법>총평균법>후입선출법	과세소득이 충분함
현금흐름	선입선출법<이동평균법<총평균법<후입선출법	법인세효과

19 체계적 위험(Systematic Risk)과 비체계적 위험(Unsystematic Risk)

체계적 위험	• 경제성장률, 이자율, 인플레이션, 환율, 국제유가 등 경제 전반에 영향을 미치는 요인들의 변동에 따른 위험 • 모든 주식에 공통적으로 영향을 미치기 때문에 여러 주식으로 포트폴리오를 구성해서 투자해도 제거할 수 없음
비체계적 위험	• 주식을 발행한 기업의 경영성과, 경영진의 교체, 신제품 개발의 성패 등과 같이 그 기업에만 영향을 미치는 요인들로 인한 위험 • 주식 수를 충분히 증가시켜서 투자하면 완전히 제거할 수 있음

20 듀레이션의 특징

• 만기가 길수록 듀레이션은 커진다.
• 표면이자율이 높을수록 듀레이션은 작아진다.
• 만기수익률이 높을수록 듀레이션은 작아진다.
• 이자 지급빈도가 증가할수록 듀레이션은 작아진다.

01 │ 경영학 적중예상문제

정답 및 해설 p.102

01 다음 중 M&A의 특징이 아닌 것은?

① 인수 비용이 적게 든다.

② 경쟁사의 반발이 심해진다.

③ 분산투자 효과를 얻을 수 있다.

④ 경영환경변화에 전략적으로 대응할 수 있다.

⑤ 기업의 안정성과 성장력의 동기를 부여할 수 있다.

02 다음 중 실적이나 자산에 비해 기업이 상대적으로 저평가됨으로써 현재 발생하는 주당 순이익에 비해 상대적으로 낮은 가격에 거래되는 주식은 무엇인가?

① 성장주   ② 황금주

③ 황제주   ④ 가치주

⑤ 경기순환주

03 다음 글에서 설명하고 있는 것은?

> 근로자가 고용되면 일정 기간 내에 노동조합에 가입하여 조합원 자격을 가져야 하고, 노동조합에 가입하지 않거나 탈퇴 또는 제명된 경우에는 해고하도록 정한 단체협약으로, 노동조합 및 노동관계 조정법 제81조 제2호를 근거로 규정하고 있다.

① 클로즈드 숍(Closed Shop)

② 유니온 숍(Union Shop)

③ 오픈 숍(Open Shop)

④ 에이전시 숍(Agency Shop)

⑤ 메인터넌스 숍(Maintenance of Membership Shop)

04 다음 빈칸에 들어갈 용어가 바르게 연결된 것은?

> - _____(가)_____은/는 기업이 개별 고객의 선호에 맞춘 제품 혹은 서비스를 통해 타사와의 차별성과 경쟁력을 확보하는 마케팅 기법으로, _____(나)_____, _____(다)_____, _____(라)_____ 세 단계로 이루어진다.
> - _____(나)_____ : 특정 시장을 공략하기 위한 선행 작업으로, 고객의 성별, 지역, 연령 등 다양한 기준으로 시장을 나눈다.
> - _____(다)_____ : 제품의 이미지나 특징에 가장 적합한 시장을 선정한다.
> - _____(라)_____ : 고객에게 타사와 다른 자사 제품의 차별성을 각인시킬 수 있도록 광고 등 커뮤니케이션을 한다.

	(가)	(나)	(다)	(라)
①	시장세분화	STP 전략	목표시장 설정	포지셔닝
②	STP 전략	시장세분화	포지셔닝	목표시장 설정
③	STP 전략	시장세분화	목표시장 설정	포지셔닝
④	포지셔닝	STP 전략	시장세분화	목표시장 설정
⑤	포지셔닝	목표시장 설정	시장세분화	STP 전략

05 다음 중 가격관리에 대한 설명으로 옳지 않은 것은?

① 명성가격결정법은 가격이 높으면 품질이 좋을 것이라고 느끼는 효과를 이용하여 수요가 많은 수준에서 고급상품의 가격결정에 이용된다.

② 침투가격정책은 신제품을 도입하는 초기에 저가격을 설정하여 신속하게 시장에 침투하는 전략으로, 수요가 가격에 민감하지 않은 제품에 많이 사용된다.

③ 상층흡수가격정책은 신제품을 시장에 도입하는 초기에는 고소득층을 대상으로 높은 가격을 받고 그 뒤 차차 가격을 인하하여 저소득층에 침투하는 것이다.

④ 탄력가격정책은 한 기업의 제품이 여러 제품계열을 포함하는 경우 품질, 성능, 스타일에 따라 서로 다른 가격을 결정하는 것이다.

⑤ 고가격정책은 신제품을 개발한 기업들이 초기에 그 시장의 소득층으로부터 많은 이익을 얻기 위해 높은 가격을 설정하는 전략이다.

06 다음 중 균형성과표(BSC)의 4가지 성과측정 관점이 아닌 것은?

① 재무관점　　　　　　　　　　　　② 고객관점

③ 공급자관점　　　　　　　　　　　④ 학습 및 성장관점

⑤ 내부 프로세스관점

07 다음 중 자본시장선(CML)과 증권시장선(SML)에 대한 설명으로 옳은 것은?

① 자본시장선을 이용하여 타인자본 비용을 산출할 수 있다.

② 자본시장선을 이용하여 비효율적 포트폴리오의 균형가격을 산출할 수 있다.

③ 자본시장선은 위험자산만을 고려할 경우의 효율적 투자기회선이다.

④ 증권시장선은 포트폴리오 기대수익률과 포트폴리오 표준편차 간의 선형관계를 나타낸다.

⑤ 증권시장선 위에 존재하는 주식은 주가가 과소평가된 주식이다.

08 A씨는 차량을 200만 원에 구입하여 40만 원은 현금으로 지급하고 잔액은 외상으로 하였다. 다음 중 거래결과로 옳은 것을 〈보기〉에서 모두 고르면?

> **보기**
>
> ㄱ. 총자산 감소　　　　　　　　　　ㄴ. 총자산 증가
> ㄷ. 총부채 감소　　　　　　　　　　ㄹ. 총부채 증가

① ㄱ, ㄷ　　　　　　　　　　　　　② ㄱ, ㄹ

③ ㄴ, ㄷ　　　　　　　　　　　　　④ ㄴ, ㄹ

⑤ ㄷ, ㄹ

09 다음 중 채권 금리가 결정되는 일반적인 원칙으로 옳은 것을 〈보기〉에서 모두 고르면?

> **보기**
>
> 가. 다른 조건이 같으면 만기가 길수록 채권 금리는 높아진다.
> 나. 경기가 좋아지면 국채와 회사채 간 금리 차이가 줄어든다.
> 다. 일반적으로 국채 금리가 회사채 금리보다 낮다.
> 라. 예상 인플레이션율이 낮을수록 금리는 높아진다.

① 가, 나   ② 나, 라
③ 다, 라   ④ 가, 나, 다
⑤ 가, 나, 다, 라

10 다음 글에서 설명하는 이론은 무엇인가?

> • 매슬로의 욕구단계론이 직면한 문제점들을 극복하고자 실증적인 연구에 기반하여 제시한 수정이론이다.
> • 알더퍼가 제시하였으며, 인간의 욕구를 생존욕구, 대인관계욕구, 성장욕구로 구분하였다.

① 호감득실이론   ② 사회교환이론
③ ERG이론   ④ 기대 – 불일치이론
⑤ 인지불협화이론

11 다음 글에서 설명하는 조직 구조는?

> • 수평적 분화에 중점을 두고 있다.
> • 각자의 전문분야에서 작업능률을 증대시킬 수 있다.
> • 생산, 회계, 인사, 영업, 총무 등의 기능을 나누고 각 기능을 담당할 부서단위로 조직된 구조이다.

① 기능 조직   ② 사업부 조직
③ 매트릭스 조직   ④ 수평적 조직
⑤ 네트워크 조직

12 다음 중 마이클 포터가 제시한 경쟁우위 전략에 대한 설명으로 옳지 않은 것은?

① 원가우위 전략은 경쟁기업보다 낮은 비용에 생산하여 저렴하게 판매하는 것을 의미한다.

② 차별화 전략은 경쟁사들이 모방하기 힘든 독특한 제품을 판매하는 것을 의미한다.

③ 집중화 전략은 원가우위에 토대를 두거나 차별화우위에 토대를 둘 수 있다.

④ 원가우위 전략과 차별화 전략은 일반적으로 대기업에서 많이 수행된다.

⑤ 마이클 포터는 기업이 성공하기 위해서는 한 제품을 통하여 원가우위 전략과 차별화 전략 두 가지 전략을 동시에 추구해야 한다고 보았다.

13 다음 중 델파이 기법에 대한 설명으로 옳지 않은 것은?

① 전문가들을 두 그룹으로 나누어 진행한다.

② 많은 전문가들의 의견을 취합하여 재조정 과정을 거친다.

③ 의사결정 및 의견개진 과정에서 타인의 압력이 배제된다.

④ 전문가들을 공식적으로 소집하여 한 장소에 모이게 할 필요가 없다.

⑤ 미래의 불확실성에 대한 의사결정 및 장기예측에 좋은 방법이다.

14 다음 중 직무평가방법에 해당하지 않는 것은?

① 서열법
② 요소비교법
③ 워크샘플링법
④ 점수법
⑤ 분류법

15 다음 중 경영정보 시스템 관련 용어에 대한 설명으로 옳은 것은?

① 데이터베이스 관리 시스템은 비즈니스 수행에 필요한 일상적인 거래를 처리하는 정보시스템이다.

② 전문가 시스템은 일반적인 업무를 지원하는 정보시스템이다.

③ 전사적 자원관리 시스템은 공급자와 공급기업을 연계하여 활용하는 정보시스템이다.

④ 의사결정 지원 시스템은 데이터를 저장하고 관리하는 정보시스템이다.

⑤ 중역정보 시스템은 최고경영자층이 전략적인 의사결정을 하도록 도와주는 정보시스템이다.

16 다음 중 직무분석에 대한 설명으로 옳지 않은 것은?

① 직무분석은 직무와 관련된 정보를 수집·정리하는 활동이다.

② 직무분석을 통해 얻어진 정보는 전반적인 인적자원관리 활동의 기초자료로 활용된다.

③ 직무분석을 통해 직무기술서와 직무명세서가 작성된다.

④ 직무기술서는 직무를 수행하는 데 필요한 인적요건을 중심으로 작성된다.

⑤ 직무평가는 직무분석을 기초로 이루어진다.

17 다음 글의 빈칸에 들어갈 용어로 옳은 것은?

_____을 마케팅에 이용한 레트로 마케팅(Retrospective Marketing)은 과거의 제품이나 서비스를 현재 소비자들의 기호에 맞게 재수정하여 다시 유행시키는 마케팅 기법이다. 1990년대 음악과 1세대 아이돌을 추억하게 하는 '토토가', 과거의 좋은 시절과 아름다운 첫사랑을 떠올리게 하는 '응답하라' 시리즈 등이 대표적이다. 이를 본 중장년층은 과거를 아름답게 회상하고, 젊은 세대는 새로움을 느끼게 된다.

① 스톡홀름 증후군(Stockholm Syndrome)

② 므두셀라 증후군(Methuselah Syndrome)

③ 순교자 증후군(Martyr Syndrome)

④ 스마일 마스크 증후군(Smile Mask Syndrome)

⑤ 리마 증후군(Lima Syndrome)

18 다음 중 재무제표 관련 용어의 설명이 바르게 연결된 것을 〈보기〉에서 모두 고르면?

보기

㉠ 매출채권 : 기업이 상품을 판매하는 과정에서 발생한 채권으로 외상매출금과 받을어음으로 구분된다.

㉡ 당좌자산 : 기업이 판매하기 위하여 또는 판매를 목적으로 제조 과정 중에 있는 자산을 의미한다.

㉢ 미수수익 : 수익이 실현되어 청구권이 발생했으나 아직 회수되지 않은 수익을 의미한다.

㉣ 자본잉여금 : 기업의 법정자본금을 초과하는 순자산금액 중 이익을 원천으로 하는 잉여금을 의미한다.

① ㉠, ㉡　　　　　　　　　② ㉠, ㉢

③ ㉡, ㉢　　　　　　　　　④ ㉡, ㉣

⑤ ㉢, ㉣

19 다음 중 기업합병에 대한 설명으로 옳지 않은 것은?

① 기업합병이란 두 독립된 기업이 법률적, 실질적으로 하나의 기업실체로 통합되는 것이다.

② 기업매각은 사업부문 중의 일부를 분할한 후 매각하는 것으로, 기업의 구조를 재편성하는 것이다.

③ 기업인수는 한 기업이 다른 기업의 지배권을 획득하기 위하여 주식이나 자산을 취득하는 것이다.

④ 기업합병에는 흡수합병과 신설합병이 있으며 흡수합병의 경우 한 회사는 존속하고 다른 회사의 주식은 소멸한다.

⑤ 수평적 합병은 기업의 생산이나 판매과정 전후에 있는 기업 간의 합병으로, 주로 원자재 공급의 안정성 등을 목적으로 한다.

20 다음 중 자본시장선(CML)에 대한 설명으로 옳은 것을 〈보기〉에서 모두 고르면?

> **보기**
>
> ㄱ. 위험자산과 무위험자산을 둘 다 고려할 경우의 효율적 투자 기회선이다.
> ㄴ. 자본시장선 아래에 위치하는 주식은 주가가 과소평가된 주식이다.
> ㄷ. 개별주식의 기대수익률과 체계적 위험 간의 선형관계를 나타낸다.
> ㄹ. 효율적 포트폴리오의 균형가격을 산출하는 데 필요한 할인율을 제공한다.

① ㄱ, ㄴ   ② ㄱ, ㄷ
③ ㄱ, ㄹ   ④ ㄷ, ㄹ
⑤ ㄴ, ㄷ, ㄹ

02 | 경제학 핵심이론

01 생산가능곡선의 개념

- 생산가능곡선이란 경제 내의 모든 생산요소를 가장 효율적으로 사용하여 최대로 생산할 수 있는 X재와 Y재의 조합을 나타내는 곡선을 말한다.
- 생산요소의 양이 주어져 있는 상태에서 X재와 Y재만을 생산한다고 가정하는 경우, X재의 생산량을 증가시키기 위해서는 Y재의 생산량을 감소시켜야 하므로 생산가능곡선은 우하향한다.
- 기회비용체증 법칙으로 인해 생산가능곡선은 원점에 대하여 오목한 형태이다.

02 수요의 가격탄력성

- 의의 : 수요의 가격탄력성(Price Elasticity of Demand)은 상품가격의 변화율에 대한 수요량 변화율의 상대적 크기로 측정된다.
- 가격탄력성의 도출

$$\varepsilon_P = -\frac{(수요량의\ 변화율)}{(가격의\ 변화율)} = -\frac{\dfrac{\triangle Q_D}{Q_D}}{\dfrac{\triangle P}{P}} = -\frac{\triangle Q_D}{\triangle P} \cdot \frac{P}{Q_D}$$

03 물품세 부과와 자원배분

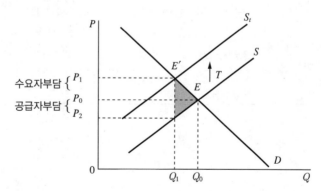

물품세 부과에 따라 소비자가격은 상승하며($P_0 \rightarrow P_1$), 공급자가 인식하는 가격수준은 하락한다($P_0 \rightarrow P_2$). 소비자가격의 상승분($\overline{P_1P_0}$)이 소비자부담에 해당하며, 공급자가 인식하는 가격수준의 하락폭($\overline{P_0P_2}$)이 공급자부담에 해당한다. 물품세 부과로 인하여 사회적으로 비효율이 발생하고 시장균형거래량은 감소한다.

04 소비자 균형의 변화

구분	대체효과	보상수요곡선의 기울기	소득효과	가격효과	(마샬)수요곡선의 기울기
정상재	−	우하향	−	−	우하향
열등재	−	우하향	+	0, −, +	알 수 없음
기펜재	−	우하향	+	+	우상향

※ 가격변화 방향과 구입량변화 방향이 동일한 경우 (+), 반대일 경우 (−)로 표시한다.

05 완전경쟁시장의 장기균형조건

$P = AR = MR = LMC = LAC$

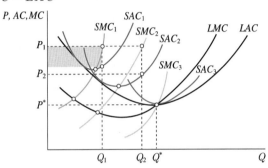

06 독점의 규제

개념		이윤극대화 조건의 변화	효과	평가
가격규제	가격의 상한을 설정	• $P = MC$ 수준에서 가격상한을 설정	• 가격 하락 • 생산량 증가	• 자연독점의 경우 기업은 손실을 볼 수 있음
조세 부과	종량세	재화 1단위당 조세 부과	• 평균비용 상승, 한계비용 상승	• 가격 상승 • 생산량 감소 • 독점이윤 감소	• 자원배분왜곡에 따른 비효율 발생
	정액세	산출량과 관계없이 일정액을 부과	• 평균비용 상승, 한계비용 불변	• 가격 불변 • 생산량 불변 • 독점이윤 감소	• 자원배분상태는 불변이나 독점이윤을 제거하여 분배측면은 개선 가능
	이윤세	기업의 이윤에 조세 부과	• 이윤세의 부과는 기업의 이윤극대화 조건을 변화시키지 않음		

07 쿠르노 모형

수요곡선이 직선인 경우 완전경쟁시장, 독점시장, 쿠르노 모형에서의 산출량 간에는 다음의 관계가 성립한다.

- (독점기업의 산출량)$=\dfrac{1}{2}\times$(완전경쟁기업의 산출량)

- (쿠르노 모형에서 각 기업의 산출량)$=\dfrac{1}{3}\times$(완전경쟁기업의 산출량)

08 로렌츠 곡선(Lorenz Curve)

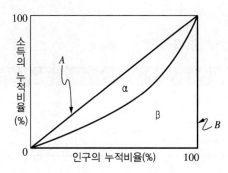

- 인구의 누적비율과 소득의 누적비율 사이의 관계를 나타낸 곡선이다.
- 완전평등 시 로렌츠 곡선 : A
- 완전불평등 시 로렌츠 곡선 : B
- Lorenz Curve의 장단점 : Lorenz Curve로 불평등도를 판단하는 방법은 최소한의 가치판단을 전제로 하고 있어서 높은 객관성이 유지되나 곡선 교차 시 평등도의 비교가 곤란하다. 아울러 서수적인 판단만이 가능하다.

09 시장실패의 원인

- 공공재(Public Goods) : 비경합성과 배제불가능성을 지니는 공공재의 경우 과소공급과 무임승차의 문제가 발생한다.
- 외부성(Externality) : 소비의 외부성이 존재하는 경우 SMB와 PMB가 일치하지 않게 되며, 생산의 외부성이 존재하는 경우 SMC와 PMC가 일치하지 않게 되어 과소 · 과다소비, 과소 · 과다생산이 이루어지게 된다.
- 불확실성 : 불확실성이 존재하는 경우에는 시장실패가 일어나는 것이 일반적이나 완전한 조건부상품시장이 존재하는 경우에는 시장실패가 발생하지 않는다(K. Arrow).
- 불완전한 정보 : 역선택과 도덕적 해이
- 완비되지 못한 시장 : 전쟁, 천재지변에 대한 보험시장이 존재하지 않는 경우

10 고전학파와 케인스학파의 비교

구분	고전학파	케인스학파
경제환경	19세기까지의 물물교환경제	20세기의 화폐경제
분석중심	초과수요경제	초과공급경제
기본가정	공급측	수요측
경제이론	모든 시장은 완전경쟁, 가격 변수의 신축성, 완전정보	가격변수의 경직성, 불완전정보, 불완전경쟁시장
경제의 안정 여부	자본주의 경제는 안정적이다.	자본주의 경제는 불안정적이다.
정책	자유방임정책	정부의 적극적 개입

11 IS곡선 기울기에 대한 학파별 견해

구분	고전학파	통화론자	케인스학파	케인스 단순모형
투자의 이자율탄력성	완전탄력적	탄력적	비탄력적	완전비탄력적
IS곡선의 기울기	수평	완만	가파른 형태	수직
재정정책의 유효성	무력	효과 적음 (구축효과가 크다)	효과 많음 (구축효과가 적다)	구축효과가 발생하지 않음

12 LM곡선 기울기에 대한 학파별 견해

구분	고전학파	통화론자	케인스학파	케인스 단순모형
화폐수요의 이자율탄력성	완전비탄력적	비탄력적	탄력적	탄력적 (유동성함정하 완전탄력적)
LM곡선의 기울기	수직	가파른 형태	완만	완만 (유동성함정하 수평)
금융정책의 유효성	고전적이분성, 효과 없음	유효	효과 적음	효과 적음 (유동성함정하 효과 없음)

13 금융정책의 중간지표에 대한 학파별 견해

• 통화주의학파(주요지표 : 통화량)

이자율지표는 매우 불완전한 정보를 제공하기 때문에 통화량을 금융지표로 사용해야 한다고 주장한다.

• 케인스학파(주요지표 : 이자율)

통화량증감은 그 자체에 의미가 있는 것이 아니라 그것이 이자율을 변동시켜 투자수요(실물경제)에 영향을 미칠 때 그 의미가 있다고 주장한다.

14 각 학파의 화폐수요함수 및 유통속도에 대한 견해

구분	고전적 화폐수량설	케인스의 유동성 선호설	프리드만의 신화폐수량설
화폐의 기능	교환의 매개수단 강조	가치저장수단 강조	가치저장수단 강조
화폐수요 결정요인	명목국민소득(PY)	소득과 이자율 → 이자율 강조	소득과 이자율 → 항상소득(Y_P) 강조
화폐유통속도	일정 (외생적 결정 변수)	불안정적	안정적
화폐수요함수	$M^d = \dfrac{1}{V}PY$	$\dfrac{M^d}{P} = L_T(Y) + L_S(r)$	$\dfrac{M^d}{P} = k(r, \pi^e)Y_P$
화폐수요함수의 안정성	매우 안정적	불안정적	매우 안정적
화폐수요의 이자율탄력성	완전 비탄력적	탄력적	비탄력적
화폐수요의 소득탄력성	1(단위 탄력적)	매우 비탄력적	1에 가깝다.

15 인플레이션의 발생원인

학파	수요견인 인플레이션	비용인상 인플레이션
고전학파	통화공급(M)의 증가	통화주의는 물가수준에 대한 적응적 기대를 하는 과정에서 생긴 현상으로 파악
통화주의학파		
케인스학파	정부지출 증가, 투자 증가 등 유효수요 증가와 통화량 증가	임금인상 등의 부정적 공급충격

16 실업률의 측정

- 실업률 : $\dfrac{(실업자)}{(경제활동인구)} \times 100(\%)$

- 경제활동참가율 : $\dfrac{(경제활동인구)}{(15세 \ 이상 \ 인구)} \times 100(\%)$

- [생산가능인구(15세 이상 인구)] = (경제활동인구) + (비경제활동인구)
- (경제활동인구) = (실업자) + (취업자)
- 비경제활동인구는 주부, 학생, 환자, 실망노동자 등 취업할 의사가 없는 사람

17 요소가격 균등화 정리

헥셔 – 오린모형에서 생산요소의 국가 간 이동은 불가능하다. 그러나 재화에 대한 자유무역이 발생하게 되면 양국 간 재화의 상대가격뿐만 아니라 절대가격이 동일하게 된다. 재화의 가격이 동일해짐에 따라 생산요소시장에서 생산요소의 수요의 변화와 산업 간 생산요소의 이동이 발생하고 이러한 변화에 기인하여 각국 간 생산요소의 절대가격과 상대가격이 동일하게 된다.

18 환율제도

구분	고정환율제도	변동환율제도
국제수지 불균형의 조정	정부개입에 의한 해결(평가절하, 평가절상)과 역외국에 대해서는 독자관세 유지	시장에서 환율의 변화에 따라 자동적으로 조정
환위험	작음	환율의 변동성에 기인하여 환위험에 크게 노출되어 있음
환투기의 위험	작음	큼(이에 대해 프리드먼은 환투기는 환율을 오히려 안정시키는 효과가 존재한다고 주장)
해외교란요인의 파급 여부	국내로 쉽게 전파됨	환율의 변화가 해외교란요인의 전파를 차단(차단효과)
금융정책의 자율성 여부	자율성 상실(불가능성 정리)	자율성 유지
정책의 유효성	금융정책 무력	재정정책 무력

02 | 경제학 적중예상문제

정답 및 해설 p.106

01 시장에서 어떤 상품의 가격이 상승하면서 동시에 거래량이 증가하였다. 다음 중 이러한 변화를 가져올 수 있는 요인은?(단, 이 재화는 정상재이다)

① 이 상품의 생산과 관련된 기술의 진보
② 이 상품과 보완관계에 있는 상품의 가격 하락
③ 이 상품과 대체관계에 있는 상품의 가격 하락
④ 이 상품을 주로 구매하는 소비자들의 소득 감소
⑤ 이 상품의 생산에 투입되는 노동자들의 임금 하락

PART 2

02 다음 상황과 관련이 있는 경제용어는 무엇인가?

> 지난 10여 년간 A국은 장기침체를 벗어나지 못하고 있다. 이에 대한 대책의 하나로 A국 정부는 극단적으로 이자율을 낮추고 사실상 제로금리정책을 시행하고 있으나, 투자 및 소비의 활성화 등 의도했던 수요확대 효과가 전혀 나타나지 않고 있다.

① 화폐 환상   ② 유동성 함정
③ 구축 효과   ④ J커브 효과
⑤ 피셔 방정식

03 다음은 기업 A와 기업 B의 광고 여부에 따른 보수행렬을 나타낸다. 내쉬균형에서 기업 A와 기업 B의 이윤은 각각 얼마인가?

구분		기업 B의 광고 전략	
		광고를 함	광고를 하지 않음
기업 A의 광고전략	광고를 함	(55, 75)	(235, 45)
	광고를 하지 않음	(25, 115)	(165, 85)

	기업 A의 이윤	기업 B의 이윤
①	25	75
②	55	75
③	55	115
④	235	45
⑤	235	115

04 다음 중 독점적 경쟁시장의 장기균형에 대한 설명으로 옳지 않은 것은?(단, P는 가격, SAC는 단기평균비용, LAC는 장기평균비용, SMC는 단기한계비용을 의미한다)

① $P=SAC$가 성립한다.

② $P=LAC$가 성립한다.

③ $P=SMC$가 성립한다.

④ 균형생산량은 SAC가 최소화되는 수준보다 작다.

⑤ 기업의 장기 초과이윤은 0이다.

05 다음 빈칸에 들어갈 용어를 순서대로 바르게 나열한 것은?

구매력평가이론(Purchasing Power Parity Theory)은 모든 나라의 통화 한 단위의 구매력이 같도록 환율이 결정되어야 한다는 것이다. 구매력평가이론에 따르면 양국통화의 __(가)__ 환율은 양국의 __(나)__ 에 의해 결정되며, 구매력평가이론이 성립하면 __(다)__ 환율은 불변이다.

	(가)	(나)	(다)
①	실질	물가수준	명목
②	명목	경상수지	실질
③	실질	경상수지	명목
④	명목	물가수준	실질
⑤	실질	자본수지	명목

06 다음 글에 대한 분석으로 옳은 것을 〈보기〉에서 모두 고르면?

> 우리나라에 거주 중인 광성이는 ㉠ 여름휴가를 앞두고 휴가 동안 발리로 서핑을 갈지, 빈 필하모닉 오케스트라의 3년 만의 내한 협주를 들으러 갈지 고민하다가 ㉡ 발리로 서핑을 갔다. 그러나 화산 폭발의 위험이 있어 안전의 위협을 느끼고 ㉢ 환불이 불가능한 숙박비를 포기한 채 우리나라로 돌아왔다.

> **보기**
>
> ㄱ. ㉠의 고민은 광성이의 주관적 희소성때문이다.
> ㄴ. ㉠의 고민을 할 때는 기회비용을 고려한다.
> ㄷ. ㉡의 기회비용은 빈 필하모닉 오케스트라 내한 협주이다.
> ㄹ. ㉡은 경제재이다.
> ㅁ. ㉢은 비합리적 선택 행위의 일면이다.

① ㄱ, ㄴ, ㄹ   ② ㄱ, ㄷ, ㅁ
③ ㄴ, ㄷ, ㄹ   ④ ㄴ, ㄷ, ㅁ
⑤ ㄱ, ㄴ, ㄷ, ㄹ

07 다음 중 수요의 가격탄력성에 대한 설명으로 옳은 것은?(단, 수요곡선은 우하향한다)

① 수요의 가격탄력성이 1보다 작은 경우, 가격이 하락하면 총수입은 증가한다.
② 대체재가 많을수록 수요의 가격탄력성은 작아진다.
③ 소비자 전체 지출에서 차지하는 비중이 큰 상품일수록 수요의 가격탄력성은 작아진다.
④ 직선인 수요곡선 상에서 수요량이 많아질수록 수요의 가격탄력성은 작아진다.
⑤ 수요의 가격탄력성이 작아질수록 물품세 부과로 인한 경제적 순손실(Deadweight Loss)은 커진다.

08 A국의 2022년 명목 GDP는 100억 원이었고, 2023년 명목 GDP는 150억 원이었다. 기준년도인 2022년 GDP 디플레이터가 100이고, 2023년 GDP 디플레이터는 120인 경우, 2023년의 전년 대비 실질 GDP 증가율은?

① 10%   ② 15%
③ 20%   ④ 25%
⑤ 30%

09 다음 중 디플레이션(Deflation)에 대한 설명으로 옳은 것을 〈보기〉에서 모두 고르면?

> **보기**
>
> 가. 명목금리가 마이너스(−)로 떨어져 투자수요와 생산 감소를 유발할 수 있다.
> 나. 명목임금의 하방경직성이 있는 경우 실질임금의 하락을 초래한다.
> 다. 기업 명목부채의 실질상환 부담을 증가시킨다.
> 라. 기업의 채무불이행 증가로 금융기관 부실화가 초래될 수 있다.

① 가, 나　　　　　　　　　　　② 가, 다
③ 나, 다　　　　　　　　　　　④ 나, 라
⑤ 다, 라

10 다음 중 우리나라의 실업통계에서 실업률이 높아지는 경우는?

① 취업자가 퇴직하여 전업주부가 되는 경우
② 취업을 알아보던 해직자가 구직을 단념하는 경우
③ 직장인이 교통사고를 당해 2주간 휴가 중인 경우
④ 대학생이 군 복무 후 복학한 경우
⑤ 공부만 하던 대학생이 편의점에서 주당 10시간 아르바이트를 시작하는 경우

11 다음 글에 대한 설명으로 옳지 않은 것은?

> 옵션거래는 주식, 채권, 주가지수 등 특정 자산을 장래의 일정 시점에 미리 정한 가격으로 살 수 있는 권리와 팔 수 있는 권리를 매매하는 거래를 말한다. 시장에서 당일 형성된 가격으로 물건을 사고파는 현물거래나 미래의 가격을 매매하는 선물거래와는 달리 사고팔 수 있는 '권리'를 거래하는 것이 옵션거래의 특징이다.

① 콜옵션은 매도자는 매수자가 옵션 권리를 행사하면 반드시 응해야 할 의무를 진다.
② 콜옵션은 가격이 예상보다 올랐으면 권리를 행사하고 값이 떨어지면 포기하면 된다.
③ 풋옵션은 거래 당사자들이 미리 정한 가격으로 장래의 특정 시점 또는 그 이전에 특정 대상물을 팔 수 있는 권리를 매매하는 계약이다.
④ 풋옵션을 매수한 사람은 시장에서 해당 상품이 사전에 정한 가격보다 낮은 가격에서 거래될 경우, 비싼 값에 상품을 팔 수 없다.
⑤ 풋옵션을 매수한 사람은 해당 상품의 시장 가격이 사전에 정한 가격보다 높은 경우는 권리를 행사하지 않을 권리도 있다.

12 시간당 임금이 5,000에서 6,000으로 인상될 때, 노동수요량이 10,000에서 9,000으로 감소하였다면 노동수요의 임금탄력성은?(단, 노동수요의 임금탄력성은 절대값이다)

① 0.1%

② 0.3%

③ 0.5%

④ 1%

⑤ 2%

13 어떤 경제의 취업자 수는 120만 명이다. 이 경제의 실업률이 20%이고, 노동가능인구(생산가능인구)는 200만 명일 때, 경제활동참가율은 얼마인가?

① 33.3%

② 50%

③ 66.7%

④ 75%

⑤ 85%

14 다음 중 물가지수에 대한 설명으로 옳지 않은 것은?

① 물가지수를 구할 때 모든 상품의 가중치를 동일하게 반영한다.

② 소비자물가지수는 상품가격 변화에 대한 소비자의 반응을 고려하지 않는다.

③ 물가수준 그 자체가 높다는 것과 물가상승률이 높다는 것은 다른 의미를 가진다.

④ GDP 디플레이터는 국내에서 생산된 상품만을 조사 대상으로 하기 때문에 수입상품의 가격동향을 반영하지 못한다.

⑤ 소비자물가지수는 소비재를 기준으로 측정하고, 생산자물가지수는 원자재 혹은 자본재 등을 기준으로 측정하기 때문에 두 물가지수는 일치하지 않을 수 있다.

15 다음 중 소득분배를 측정하는 방식에 대한 설명으로 옳지 않은 것은?

① 지니계수 값이 커질수록 더 불균등한 소득분배를 나타낸다.

② 십분위분배율 값이 커질수록 더 균등한 소득분배를 나타낸다.

③ 모든 구성원의 소득이 동일하다면 로렌츠 곡선은 대각선이다.

④ 동일한 지니계수 값을 갖는 두 로렌츠 곡선은 교차할 수 없다.

⑤ 전체 구성원의 소득기준 하위 10% 계층이 전체 소득의 10%를 번다면 로렌츠 곡선은 대각선이다.

16 다음 중 총수요곡선을 우측으로 이동시키는 요인으로 옳은 것을 〈보기〉에서 모두 고르면?

> **보기**
> ㄱ. 주택담보대출의 이자율 인하
> ㄴ. 종합소득세율 인상
> ㄷ. 기업에 대한 투자세액공제 확대
> ㄹ. 물가수준 하락으로 가계의 실질자산가치 증대
> ㅁ. 해외경기 호조로 순수출 증대

① ㄱ, ㄴ, ㄹ   ② ㄱ, ㄷ, ㅁ

③ ㄱ, ㄹ, ㅁ   ④ ㄴ, ㄷ, ㄹ

⑤ ㄴ, ㄷ, ㅁ

17 다음 중 변동환율제도에서 국내 원화의 가치가 상승하는 요인으로 옳은 것을 〈보기〉에서 모두 고르면?

> **보기**
> ㉠ 외국인의 국내 부동산 구입 증가
> ㉡ 국내 기준금리 인상
> ㉢ 미국의 확대적 재정정책 시행
> ㉣ 미국의 국채이자율의 상승

① ㉠, ㉡   ② ㉠, ㉢

③ ㉡, ㉢   ④ ㉡, ㉣

⑤ ㉢, ㉣

18 제품 A만 생산하는 독점기업의 생산비는 생산량에 관계없이 1단위당 60원이고, 제품 A에 대한 시장수요곡선은 $P=100-2Q$이다. 다음 중 이 독점기업의 이윤극대화 가격(P)과 생산량(Q)을 바르게 연결한 것은?

	P	Q
①	40원	30개
②	50원	25개
③	60원	20개
④	70원	15개
⑤	80원	10개

19 완전경쟁시장에서 수요곡선과 공급곡선이 다음과 같을 때, 시장균형에서 공급의 가격탄력성은? (단, P는 가격, Q는 수량이다)

> • 수요곡선 : $P=7-0.5Q$
> • 공급곡선 : $P=2+2Q$

① 0.75 ② 1

③ 1.25 ④ 1.5

⑤ 2

20 다음 중 내생적 경제성장이론에 대한 설명으로 옳은 것을 〈보기〉에서 모두 고르면?

> **보기**
> ㄱ. 인적자본의 축적이나 연구개발은 경제성장을 결정하는 중요한 요인이다.
> ㄴ. 정부의 개입이 경제성장에 중요한 역할을 한다.
> ㄷ. 자본의 한계생산은 체감한다고 가정한다.
> ㄹ. 선진국과 후진국 사이의 소득격차가 줄어든다.

① ㄱ, ㄴ ② ㄱ, ㄷ

③ ㄴ, ㄷ ④ ㄴ, ㄹ

⑤ ㄷ, ㄹ

03 | 행정학 핵심이론

01 행정학적 행정개념의 종류

구분	행정관리설	통치기능설	행정행태설	발전기능설	정책화기능설	거버넌스
대두 시기	1880 ~ 1930년대	1930 ~ 1940년대	1940 ~ 1960년대	1960년대	1970년대	1980년대 후반
대두 배경	엽관제의 극복, 행정의 능률성 추구	세계대공황과 뉴딜정책	행정의 과학화, 가치와 사실의 구분	신생독립국과 개발도상국의 발전 필요성	선진국의 사회문제 적극적 해결	감축관리의 필요성과 공공부문의 생산성 향상
내용	법이나 정책의 구체화를 위한 사무·관리· 기술·집행 체제	행정을 정책 결정과 집행으로 이해	행정행태의 규칙성을 과학적으로 규명	발전목표의 설정과 이를 위한 대응능력의 향상	행정의 정책형성 기능을 중시	신자유주의에 의한 작은 정부의 실현
정치·행정	정치·행정이원론	정치·행정일원론	신 정치·행정 이원론	신 정치·행정 일원론	신 정치·행정 일원론	정치·행정이 원론
행정·경영	공·사행정일원론	공·사행정이원론	신 공·사행정 일원론	신 공·사행정 이원론	신 공·사행정 이원론	공·사행정일 원론
행정이념	능률성	민주성	합리성	효과성	형평성	생산성
학자	W. Willson, L. D. White	M. E. Dimock, P. H. Appleby	C. I. Barmard, H. A. Simon	Esman, Weidner	I. Sharkansky, D. Allenworth	B. Guy Peters, Osborne 등

02 과학적 관리론과 인간관계론의 비교

구분	과학적 관리론	인간관계론
능률관	기계적 능률관	사회적 능률관
조직관	인간을 종속변수로만 인식	인간을 사회·정서적 존재로 인식
인간관	합리적 경제인관(X이론)	사회적 인간관(Y이론)
구조 측면	공식적 구조 중심	비공식적 구조, 소집단
기여	능률증진에 기여	민주성 확립에 기여
동기부여	경제적 유인	사회심리적 유인
의사전달	하향적	상향적·하향적
생산성 향상	구성원 간 경쟁을 통한 능률 향상	구성원 간 협동을 통한 능률 향상
조직목표와 개인욕구 간 균형	저해요인 제거에 의한 여건 조성으로 저절로 균형 성립	적극적 개입 전략에 의해 의식적으로 균형 성립

03 신공공관리와 뉴거버넌스의 비교

구분	신공공관리	뉴거버넌스
서비스 공급	시장	서비스 연계망
인식론	신자유주의, 신공공관리	공동체주의
관리 방식	고객 지향적	임무 중심적
작동 원리	시장 메커니즘	참여 메커니즘
관료의 역할	공공 기업가	조정자

04 합리모형과 점증모형의 비교

합리모형	점증모형
합리적 세계, 현상을 무시함	정치적 세계, 현상을 중요시함
무한정, 기득권을 무시함	한정된 수, 기득권을 중요시함
조직 간의 장벽이 제거됨	조직 간 구분을 인정함
수단을 목표와 조합	목표를 수단과 조합
연역적으로 접근	귀납적으로 접근
개발도상국에 적용됨	선진국에 적용됨
정책의 분할가능성이 낮음	정책의 분할가능성이 높음
하향적 결정	상향적 결정

05 평가의 타당성

구성적 타당성 (Constructive Validity)	처리, 결과, 모집단 및 상황들에 대한 이론적 구성요소들이 성공적으로 조작화된 정도를 의미한다.
통계적 결론의 타당성 (Statistical Conclusion Validity)	정책의 결과가 존재하고 이것이 제대로 조작되었다고 할 때 이에 대한 효과를 찾아낼 만큼 충분히 정밀하고 강력하게 연구설계가 이루어진 정도를 말한다.
내적 타당성 (Internal Validity)	조작화된 결과에 대하여 찾아낸 효과가 다른 경쟁적인 원인들에 의해서라기보다는 조작화된 처리에 기인된 것이라고 볼 수 있는 정도를 말한다.
외적 타당성 (External Validity)	조작화된 구성요소들 가운데에서 관찰된 효과들이 당초의 연구가설에 구체화된 그것들 이외에 다른 이론적 구성요소들까지도 일반화될 수 있는 정도를 의미한다.

06 조직이론의 종류

구분	고전적 조직이론	신고전적 조직이론	현대적 조직이론
기초이론	과학적 관리론	인간관계론	체제이론
인간관	합리적 경제인관	사회인관	복잡인관, 자기실현인관
추구하는 가치	기계적 능률, 구조·기술 행정 개혁, 수단 중시	사회적 능률, 실증·인간주의	다원적 가치, 조직발전, 동태적 조직, 상황 적응적 요인
주 연구대상	공식적 구조	비공식적 구조	계층적 구조
환경	폐쇄형	폐쇄형	개방형
연구방법	원리접근법	경험적 접근법	복합적 접근법
입장	정치·행정이원론 공·사행정일원론	정치·행정이원론적 성격 강함	정치·행정일원론 (공·사행정이원론)
기타 관련 이론	행정관리론, 고전적 관료체제	경험주의이론(실증주의 이론), 환경유관론(생태론)	행태과학·상황적응이론, 관리과학, 발전행정론 등

07 공식적 조직과 비공식적 조직의 비교

구분	공식적 의사전달	비공식적 의사전달
성격	제도적	자생적
주요 전달 방법	서면	구두
정보흐름 방향	하향적, 상향적, 수평적	동태적
장점	정확한 기록, 책임소재 파악 용이	효율적, 여론 파악, 속도 빠름, 융통성, 인간적
단점	시간·비용 과다 소요, 경직적, 편협성	공식적 권위관계 파괴, 조정 곤란, 통제 어려움

08 책임운영기관의 일반적 특징

설립근거	별도의 책임운영기관법에 근거하여 설립된 독립기관
업무성격	집행성격의 공공서비스 제공
조직 구성원 신분	공무원(일부는 계약직)
기관장 임용	계약직으로 외부민간인 임용
성과평가	별도의 평가위원회 성과계약 강조
예산·인사의 자율성	기관장의 자율성 보장, 특별회계(기업회계 원칙)

09 허즈버그(F. Herzberg)의 동기·위생 요인론

위생 요인	• 직무에 불만족을 느끼게 되는 요인 • 회사의 정책과 관리, 감독, 작업조건, 개인 상호 간의 관계, 임금, 보수, 지위, 안전 등
동기 요인	• 직무에 관하여 만족을 느끼게 되는 요인 • 성취감, 안정감, 도전감, 책임감, 성장과 발전, 일 자체 등 • 충족되지 않아도 불만은 없지만, 일단 충족되게 되면 적극적인 태도를 유도할 수 있음

10 목표관리(MBO)와 총체적 품질관리(TQM)의 비교

목표관리(MBO)	총체적 품질관리(TQM)
• 단기 · 미시 · 양적(정량적) • 대내지향(효과지향), 결과 중시 • 관리전략, 평가 및 환류 중시(사후적 관리) • 계량화 중시 • 개인별 보상	• 장기 · 거시 · 질적(정성적) • 대외지향(고객지향), 투입 · 과정 · 절차 중시 • 관리철학, 사전적 관리(예방적 통제) • 계량화를 중시하지 않음 • 총체적 헌신(집단중심)에 대한 팀 보상

11 실적주의와 직업공무원제의 비교

실적주의	직업공무원제
• 개방형으로 신분의 상대적 보장 • 결원의 충원방식이 외부충원형 • 공직임용 시 완전한 기회균등(연령 제한이 없음) • 직무급 보수제도 및 직위분류제	• 폐쇄형으로 신분의 절대적 보장 • 결원의 충원방식이 내부충원형 • 공직임용 시 연령, 학력 등의 제한으로 제약된 기회균등 • 생활급 및 계급제 적용

12 직위분류제와 계급제의 비교

구분	직위분류제	계급제
보수	직무급(동일노무 동일보수의 원칙 확립)	생활급
행정주체	전문행정가	일반행정가
인간과 직무	직무 중심 분류(인사행정의 합리화 추구)	인간 중심 분류(창조적 · 능동적인 자세)
채용과 시험	연결(특정업무와 관련된 전문 지식을 가진 사람 채용)	비연결(일반 교양지식을 지닌 장기적 발전 가능성과 잠재력을 가진 사람 채용)
교육훈련	교육훈련 수요의 정확한 파악, 효과의 단기화	교육훈련 수요나 내용 파악 곤란 → 순환보직 · 재직훈련 강조, 효과의 장기화
보직관리 · 인사이동	보직관리의 합리화 도모, 인사 관리의 불융통성, 인사이동 곤란, 승진의 폭 협소	보직관리의 정확성 · 합리성 확보 곤란, 인사관리의 신축성, 인사이동 · 승진의 폭이 넓음
신분보장	개방형에 따른 신분보장 곤란(직무와 밀접한 관계)	폐쇄형에 따른 폭넓은 순환보직으로 신분보장 가능
행정상 조정	행정상의 조정 · 협조 곤란	행정상의 조정 · 협조 원활
조직계획	현재의 조직배열에 가장 잘 부합	장기적 조직계획의 수립 · 발전에 유리

13 시험의 측정기준

구분	내용	측정방법
타당도	측정하고자 하는 내용의 정확한 측정 여부	근무성적과 시험성적의 비교
신뢰도	시험시기 · 장소 등 여건에 따라 점수가 영향을 받지 않는 정도(일관성, 일치도)	동일한 내용의 시험을 반복 시행할 때 그 결과가 비슷해야 함
객관도	채점의 공정성	–
난이도	쉬운 문제와 어려운 문제의 조화	득점자 분포의 광범위 여부
실용도	시험의 경제성, 채점의 용이성, 이용 가치	–

PART 2

14 근무성적평정상의 오류

- 연쇄효과(Halo Effect)
- 집중화 경향(Central Tendency)
- 대화 경향(Tendency of Leniency)과 엄격화 경향(Tendency of Severity)
- 규칙적 오류(일관적 오차, Systematic or Constant Error)와 총계적 오류(총합적 오차, Total Error)
- 시간적 오류(Recency Error)
- 선입견(Personal Bias)에 의한 오류
- 논리적 오차

15 품목별 예산, 성과주의 예산, 계획예산의 비교

구분	품목별 예산	성과주의 예산	계획예산
발달연대	1920 ~ 1930년대	1950년대	1960년대
중점	재정통제, 회계책임	사업중심, 관리중심	계획중심
결정권의 소재	분권화	분권화	집중화
관리책임	분산	중앙	감독책임자
예산의 중심단계	집행단계	편성단계	편성 전의 계획단계
예산기관의 역할	통제·감시	능률 향상	정책에의 관심
장점	회계책임 명확화, 재정통제 용이	사업목적 분명, 신축성 유지	기획+예산 자원의 합리적 배분, 조직 간 장벽 제거
단점	신축성 저해, 성과측정 곤란, 지출목적 불분명	회계책임 불분명	예산편성의 집권화, 환산작업 곤란, 하향적 예산편성

16 옴부즈만 제도의 특징

- 입법부 소속기관으로서 직무수행상의 독립성
- 고발행위의 다양성
- 사실조사와 간접적 통제
- 직권에 의한 조사
- 신속한 처리와 저렴한 비용
- 헌법상 독립기관
- 합법성·합목적성 조사기관
- 외부통제 보완수단
- 공무원의 직권남용 방지 수단
- 비공식적 절차를 주로 하되, 공개적인 조사 실시
- 의회와 정부 간 완충역할

03 | 행정학 적중예상문제

정답 및 해설 p.110

01 다음 글의 빈칸에 들어갈 용어로 옳은 것은?

> _____은/는 정부업무, 업무수행에 필요한 데이터, 업무를 지원하는 응용서비스 요소, 데이터와 응용시스템의 실행에 필요한 정보기술, 보안 등의 관계를 구조적으로 연계한 체계로서 정보자원관리의 핵심수단이다.
> _____은/는 정부의 정보시스템 간의 상호운용성 강화, 정보자원 중복투자 방지, 정보화 예산의 투자효율성 제고 등에 기여한다.

① 블록체인 네트워크   ② 정보기술아키텍처

③ 제3의 플랫폼   ④ 클라우드 – 클라이언트 아키텍처

⑤ 스마트워크센터

02 다음 중 우리나라의 지방재정조정제도에 대한 설명으로 옳지 않은 것은?

① 지방교부세의 재원은 내국세의 19.24%에 해당하는 금액과 종합부동산세 전액으로 구성된다.

② 중앙정부가 지방자치단체별로 지방교부세를 교부할 때 사용하는 기준지표는 지방재정자립도이다.

③ 지방교부세는 용도가 정해져 있지 않다는 점에서 국고보조금과 다르다.

④ 재정자립도를 산정할 때 지방교부세는 지방자치단체의 의존재원에 속한다.

⑤ 국고보조금은 행정서비스의 구역외 확산에 대처할 수 있지만 지역 간 재정력 격차 및 불균형을 심화시키기도 한다.

03 다음 중 예산분류 방식의 특징에 대한 설명으로 옳은 것은?

① 기능별 분류는 시민을 위한 분류라고도 하며, 행정수반의 사업계획 수립에 도움이 되지 않는다.

② 조직별 분류는 부처 예산의 전모를 파악할 수 있어 지출의 목적이나 예산의 성과 파악이 용이하다.

③ 품목별 분류는 사업의 지출 성과와 결과에 대한 측정이 곤란하다.

④ 경제 성질별 분류는 국민소득, 자본형성 등에 관한 정부활동의 효과를 파악하는 데 한계가 있다.

⑤ 품목별 분류는 예산집행기관의 재량을 확대하는 데 유용하다.

PART 2

04 다음 중 정책집행에 대한 설명으로 옳지 않은 것은?

① 정책의 희생집단보다 수혜집단의 조직화가 강하면 정책집행이 곤란하다.

② 집행은 명확하고 일관되게 이루어져야 한다.

③ 규제정책의 집행과정에서도 갈등은 존재한다고 본다.

④ 정책집행 유형은 집행자와 결정자와의 관계에 따라 달라진다.

⑤ 정책집행에는 환경적 요인도 작용한다.

05 다음 행정이론들을 시기 순서대로 바르게 나열한 것은?

> (가) 최소의 노동과 비용으로 최대의 능률을 올릴 수 있는 표준적 작업절차를 정하고 이에 따라 예정된 작업량을 달성하기 위한 가장 좋은 방법을 발견하려는 이론이다.
>
> (나) 기존의 거시적인 제도나 구조가 아닌 개인의 표출된 행태를 객관적·실증적으로 분석하는 이론이다.
>
> (다) 조직 구성원들의 사회적·심리적 욕구와 조직 내 비공식집단 등을 중시하며, 조직의 목표와 조직 구성원들의 목표 간의 균형 유지를 지향하는 민주적·참여적 관리 방식을 처방하는 이론이다.
>
> (라) 시민적 담론과 공익에 기반을 두고 시민에게 봉사하는 정부의 역할을 강조하는 이론이다.

① (가) – (나) – (다) – (라)　　　　② (가) – (다) – (나) – (라)

③ (가) – (다) – (라) – (나)　　　　④ (나) – (다) – (가) – (라)

⑤ (나) – (라) – (다) – (가)

06 다음 중 직위분류제에 대한 설명으로 옳지 않은 것은?

① 직위분류제는 인적자원 활용에 주는 제약이 크다는 비판을 받는다.

② 직위분류제는 책임명료화·갈등예방·합리적 절차 수립을 돕는다는 장점이 있다.

③ 직렬은 직무의 종류가 유사하고 그 책임과 곤란성의 정도가 상이한 직급의 군이다.

④ 계급제가 사람의 자격과 능력을 기준으로 한 계급구조라면 직위분류제는 사람이 맡아서 수행하는 직무와 그 직무 수행에 수반되는 책임을 기준으로 분류한 직위구조이다.

⑤ 직무 수행의 책임도와 자격 요건이 다르지만, 직무의 종류가 유사해 동일한 보수를 지급할 수 있는 직위의 횡적 군을 등급이라고 한다.

07 다음 중 예산제도에 대한 설명으로 옳은 것을 〈보기〉에서 모두 고르면?

> **보기**
>
> ㄱ. 품목별 예산제도(LIBS) : 지출의 세부적인 사항에만 중점을 두므로 정부활동의 전체적인 상황을 알 수 없다.
> ㄴ. 성과주의 예산제도(PBS) : 예산배정 과정에서 필요사업량이 제시되지 않아서 사업계획과 예산을 연계할 수 없다.
> ㄷ. 기획예산제도(PPBS) : 모든 사업이 목표달성을 위해 유기적으로 연계되어 있어 부처 간의 경계를 뛰어넘는 자원배분의 합리화를 가져올 수 있다.
> ㄹ. 영기준예산제도(ZBB) : 모든 사업이나 대안을 총체적으로 분석하므로 시간이 많이 걸리고 노력이 과중할 뿐만 아니라 과도한 문서자료가 요구된다.
> ㅁ. 목표관리제도(MBO) : 예산결정 과정에 관리자의 참여가 어렵다는 점에서 집권적인 경향이 있다.

① ㄱ, ㄷ, ㄹ
② ㄱ, ㄷ, ㅁ
③ ㄴ, ㄷ, ㄹ
④ ㄱ, ㄴ, ㄹ, ㅁ
⑤ ㄴ, ㄷ, ㄹ, ㅁ

08 다음 중 신공공관리(NPM; New Public Management)와 뉴거버넌스의 특징에 대한 설명으로 옳지 않은 것은?

① 뉴거버넌스는 정부영역과 민간영역을 상호 배타적이고 경쟁적인 관계로 보지 않는다.
② 뉴거버넌스는 NPM에 비해 자원이나 프로그램 관리의 효율성보다 국가 차원에서의 민주적 대응성과 책임성을 강조한다.
③ NPM과 뉴거버넌스는 모두 방향잡기(Steering) 역할을 중시하며, NPM에서는 기업을 방향잡기의 중심에, 뉴거버넌스에서는 정부를 방향잡기의 중심에 놓는다.
④ NPM이 정부 내부 관리의 문제를 다루는 반면, 뉴거버넌스는 시장 및 시민사회와의 관계에서 정부의 역할과 기능을 다룬다.
⑤ NPM은 경쟁과 계약을 강조하는 반면, 뉴거버넌스는 네트워크나 파트너십을 강조하고 신뢰를 바탕으로 한 상호존중을 중시한다.

09 다음 글의 빈칸 ㉠, ㉡에 들어갈 말을 순서대로 바르게 나열한 것은?

> ___㉠___ 은/는 지출이 직접 수입을 수반하는 경비로서 기획재정부장관이 지정하는 것을 의미하며 전통적 예산원칙 중 ___㉡___ 의 예외에 해당한다.

	㉠	㉡
①	수입금마련경비	통일성의 원칙
②	수입대체경비	통일성의 원칙
③	수입금마련지출	한정성의 원칙
④	수입대체경비	한정성의 원칙
⑤	수입금마련지출	통일성의 원칙

10 다음 빈칸에 공통으로 들어갈 용어로 옳은 것은?

> • _____은 밀러(Gerald J. Miller)가 비합리적 의사결정모형을 예산에 적용하여 1991년에 개발한 예산이론(모형)이다.
> • _____은 독립적인 조직들이나 조직의 하위단위들이 서로 느슨하게 연결되어 독립성과 자율성을 누릴 수 있는 조직의 예산결정에 적합한 예산이론(모형)이다.

① 모호성 모형　　　　　　　　② 단절적 균형 이론
③ 다중합리성 모형　　　　　　④ 쓰레기통 모형
⑤ 무의사결정론

11 다음 중 행정통제에 대한 설명으로 옳은 것을 〈보기〉에서 모두 고르면?

> **보기**
> ㄱ. 행정통제는 통제시기의 적시성과 통제내용의 효율성이 고려되어야 한다.
> ㄴ. 옴부즈만 제도는 공무원에 대한 국민의 책임 추궁의 창구 역할을 하며, 사법통제의 한계를 보완하는 제도이다.
> ㄷ. 외부통제는 선거에 의한 통제와 이익집단에 의한 통제를 포함한다.
> ㄹ. 입법통제는 합법성을 강조하므로 위법행정보다 부당행정이 많은 현대행정에서는 효율적인 통제가 어렵다.

① ㄱ, ㄴ　　　　　　　　　　② ㄴ, ㄹ
③ ㄱ, ㄴ, ㄷ　　　　　　　　④ ㄱ, ㄷ, ㄹ
⑤ ㄴ, ㄷ, ㄹ

12 다음 중 조직 구성원의 인간관에 따른 조직관리와 동기부여에 대한 설명으로 옳은 것을 〈보기〉에서 모두 고르면?

> **보기**
>
> ㄱ. 허즈버그의 욕구충족요인 이원론에 의하면 불만요인을 제거해야 조직원의 만족감을 높이고 동기가 유발된다.
> ㄴ. 로크의 목표설정이론에 의하면 동기 유발을 위해서는 구체성이 높고 난이도가 높은 목표가 채택되어야 한다.
> ㄷ. 합리적 · 경제적 인간관은 테일러의 과학적 관리론, 맥그리거의 X이론, 아지리스의 미성숙인 이론의 기반을 이룬다.
> ㄹ. 자아실현적 인간관은 호손실험을 바탕으로 하기 때문에 비공식적 집단의 중요성을 강조하며, 자율적으로 문제를 해결하도록 한다.

① ㄴ, ㄷ ② ㄷ, ㄹ
③ ㄱ, ㄴ, ㄷ ④ ㄴ, ㄷ, ㄹ
⑤ ㄱ, ㄴ, ㄷ, ㄹ

13 다음 중 규제피라미드에 대한 설명으로 옳은 것은?

① 새로운 위험만 규제하다 보면 사회의 전체 위험 수준은 증가하는 상황
② 규제가 또 다른 규제를 낳은 결과 피규제자의 규제 부담이 점점 늘어나게 되는 상황
③ 소득재분배를 위한 규제가 오히려 사회적으로 가장 어려운 사람들에게 해를 끼치게 되는 상황
④ 과도한 규제를 무리하게 설정하다 보면 실제로는 규제가 거의 이루어지지 않게 되는 상황
⑤ 기업체에게 상품 정보에 대한 공개 의무를 강화할수록 소비자들의 실질적인 정보량은 줄어들게 되는 상황

14 다음 중 행태주의와 제도주의에 대한 설명으로 옳은 것은?

① 행태주의에서는 인간의 자유와 존엄과 같은 가치를 강조한다.
② 제도주의에서는 사회과학도 엄격한 자연과학의 방법을 따라야 한다고 본다.
③ 행태주의에서는 시대적 상황에 적합한 학문의 실천력을 중시한다.
④ 제도의 변화와 개혁을 지향한다는 점에서 행태주의와 제도주의는 같다.
⑤ 각국에서 채택된 정책의 상이성과 효과를 역사적으로 형성된 제도에서 찾으려는 것은 제도주의 접근의 한 방식이다.

15 다음 중 조직이론에 대한 설명으로 옳은 것을 〈보기〉에서 모두 고르면?

> **보기**
> ㄱ. 인간관계론에서 조직 참여자의 생산성은 육체적 능력보다 사회적 규범에 의해 좌우된다.
> ㄴ. 과학적 관리론은 과학적 분석을 통해 업무 수행에 적용할 유일 최선의 방법을 발견할 수 있다고 전제한다.
> ㄷ. 체제론은 비계서적 관점을 중시한다.
> ㄹ. 발전행정론은 정치·사회·경제의 균형성장에 크게 기여하였다.

① ㄱ, ㄴ   ② ㄱ, ㄹ
③ ㄴ, ㄷ   ④ ㄴ, ㄹ
⑤ ㄷ, ㄹ

16 다음 중 정책결정 모형에 대한 설명으로 옳지 않은 것은?

① 합리모형에서 말하는 합리성은 정치적 합리성을 의미한다.
② 혼합모형은 점증모형의 단점을 합리모형과의 통합으로 보완하려는 시도이다.
③ 점증모형은 이상적이고 규범적인 합리모형과는 대조적으로 실제의 결정상황에 기초한 현실적이고 기술적인 모형이다.
④ 쓰레기통모형에서 가정하는 결정상황은 불확실성과 혼란이 심한 상태로, 정상적인 권위구조와 결정규칙이 작동하지 않는 경우이다.
⑤ 사이먼(Simon)은 결정자의 인지능력의 한계, 결정상황의 불확실성 및 시간의 제약 때문에 결정은 제한적 합리성의 조건하에 이루어지게 된다고 주장한다.

17 다음 중 행정학의 접근방법에 대한 설명으로 옳지 않은 것은?

① 행태론적 접근방법은 현상에서 가치 문제가 많이 개입되어 있을수록 이론의 적합성이 떨어지기 때문에 의도적으로 이러한 문제를 연구 대상이나 범위에서 제외시킬 수 있다.
② 체제론적 접근방법은 자율적으로 목표를 설정하고 그 방향으로 체제를 적극적으로 변화시켜 나가려는 측면보다 환경 변화에 잘 적응하려는 측면을 강조한다.
③ 신제도주의는 행위 주체의 의도적이고 전략적인 행동이 제도에 영향을 미칠 수 있다는 점을 부정하고, 제도설계와 변화보다는 제도의 안정성 차원에 관심을 보이고 있다.
④ 논변적 접근방법의 진정한 가치는 각자 자신들의 주장에 대한 논리성을 점검하고 상호 타협과 합의를 도출하는 민주적 절차에 있다.
⑤ 법적·제도적 접근방법은 연구가 지나치게 기술적(Descriptive) 수준에 머물고 정태적이라는 비판에 부딪혔다.

18 다음 중 정책의제 설정에 대한 설명으로 옳지 않은 것은?

① 일반적으로 정책의제는 정치성, 주관성, 동태성 등의 성격을 가진다.

② 정책의제의 설정은 목표설정 기능 및 적절한 정책수단을 선택하는 기능을 하고 있다.

③ 킹던(Kingdon)의 정책의 창 모형은 정책문제의 흐름, 정책대안의 흐름, 정치의 흐름이 어떤 계기로 서로 결합함으로써 새로운 정책의제로 형성되는 것을 말한다.

④ 콥(R.W. Cobb)과 엘더(C.D. Elder)의 이론에 의하면 정책의제 설정과정은 '사회문제 – 사회적 이슈 – 체제의제 – 제도의제'의 순서로 정책의제로 선택됨을 설명하고 있다.

⑤ 정책대안이 아무리 훌륭하더라도 정책문제를 잘못 인지하고 채택하여 정책문제가 여전히 해결되지 않은 상태로 남아있는 현상을 2종 오류라 한다.

19 다음 중 공무원의 신분보장의 배제에 대한 설명으로 옳은 것은?

① 직위해제 : 해당 공무원에 대해 직위를 부여하지 않음으로써 공무원의 신분을 박탈하는 임용행위이다.

② 직권면직 : 직제·정원의 변경으로 직위의 폐지나 초과정원이 발생한 경우에 임용권자가 직권으로 직무 수행의 의무를 면해 주되 공무원의 신분은 보유하게 하는 임용행위이다.

③ 해임 : 공무원의 신분을 박탈하는 중징계 처분의 하나이며 퇴직급여액의 2분의 1이 삭감되는 임용행위이다.

④ 파면 : 공무원의 신분을 박탈하는 중징계 처분의 하나이며 원칙적으로 퇴직금 감액이 없는 임용행위이다.

⑤ 정직 : 공무원의 신분은 보유하지만, 직무 수행을 일시적으로 정지시키며 보수를 전액 감하는 임용행위이다.

20 다음 중 다면평가제의 장점에 대한 설명으로 옳지 않은 것은?

① 평가의 객관성과 공정성 제고에 기여할 수 있다.

② 계층제적 문화가 강한 사회에서 조직 간 화합을 제고해 준다.

③ 피평가자가 자기의 역량을 강화할 수 있는 기회를 제공해 준다.

④ 조직 내 상하 간, 동료 간, 부서 간 의사소통을 촉진할 수 있다.

⑤ 팀워크가 강조되는 현대 사회의 새로운 조직 유형에 부합한다.

04 | 법학 핵심이론

01 성문법과 불문법의 장·단점

구분	성문법	불문법
장점	• 법의 존재와 의미를 명확히 할 수 있다. • 법적 안정성을 기할 수 있다. • 법의 내용을 객관적으로 알려 국민이 법적 문제에 대해 예측가능성을 갖도록 한다. • 입법기간이 짧다. • 발전적으로 사회제도를 개혁할 수 있다. • 외국법의 계수와 법체계의 통일이 쉽다.	• 사회의 구체적 현실에 잘 대처할 수 있다. • 법의 적용에 융통성이 있다. • 입법자의 횡포가 불가능하다. • 법현실이 유동적이다.
단점	• 입법자의 횡포가 가능하다. • 문장의 불완전성으로 법해석의 문제가 발생한다. • 개정 절차가 필요하므로 사회변동에 능동적으로 대처하지 못하여 법현실이 비유동적이다. • 법이 고정화되기 쉽다.	• 법의 존재와 의미가 불명확하다. • 법의 내용을 객관화하기 곤란하며 법적 변동의 예측이 불가능하다. • 법적 안정성을 기하기 어렵다. • 법적 기능을 갖는 데 기간이 오래 걸린다. • 외국법의 계수와 법체계의 통일이 어렵다.

02 성문법 상호 간의 관계

• 상위법우선의 법칙
• 특별법우선의 원칙
• 신법우선의 원칙
• 법률불소급의 원칙

03 권리의 개념

구분	내용
권한(權限)	본인 또는 권리자를 위하여 법률행위를 할 수 있는 법률상의 자격을 말한다(예 국무총리의 권한 등).
권능(權能)	권리에서 파생되는 개별의 법률상의 자격을 말한다(예 소유권자의 소유권에서 파생되는 사용권·수익권·처분권).
권력(權力)	일정한 개인 또는 집단이 공익을 달성할 목적으로 다른 개인 또는 집단을 강제 또는 지배하는 힘을 말한다(예 국가 공권력).
권원(權原)	어떤 법률적 또는 사실적 행위를 하는 것을 정당화시키는 법률상의 원인을 말한다(예 지상권).
반사적 이익 (反射的 利益)	법이 일정한 사실을 금지하거나 명하고 있는 결과 어떤 사람이 저절로 받게 되는 이익(간접적 이익)으로서, 그 이익을 누리는 사람에게 법적인 힘이 부여된 것은 아니기 때문에 타인이 그 이익을 침해하는 경우에도 구제를 받기 위해 법원에 소를 제기하지 못한다.

04 근대·현대 헌법의 비교

근대 입헌주의 헌법	현대 복지국가 헌법
• 기본권의 보장(형식적 평등) • 권력분립 • 의회주의 • 형식적 법치주의 • 성문헌법·경성헌법 • 시민적 법치국가 • 국민주권주의	• 생존권의 보장(실질적 평등) • 행정국가화 경향, 권력분립의 완화 • 사회적 시장경제질서, 사회국가적 복지국가 • 실질적 법치주의 • 헌법재판제도의 강화 • 국제평화주의, 복지국가적 경향 • 국민주권주의의 실질화(국민투표제도)

05 선거구제의 장·단점

구분	장점	단점
대선거구제	사표의 방지, 부정투표의 방지, 인물선택의 범위 확대	군소정당 출현, 정국 불안정, 다액의 선거비용, 보궐선거나 재선거의 실시곤란, 후보자 파악의 곤란
소선거구제	양대정당 육성, 정국 안정, 선거의 공정성 확보, 의원과 선거민과의 밀접한 유대관계, 선거비용의 소액	사표의 가능성, 게리맨더링(Gerry Mandering)의 위험성, 지방적인 소인물의 배출

06 평등권 위반 심사 기준

• 자의금지의 원칙 : 차별적 취급 존부 심사
• 비례의 원칙 : 당해 차별의 정당성 및 균형성 심사

07 대통령제와 의원내각제의 비교

구분	대통령제	의원내각제
성립·존속 관계 (본질)	• 엄격한 삼권분립, 정부와 국회의 관계 대등 • 대통령 : 민선 • 정부 : 대통령이 독자적으로 구성 • 대통령이 의회에 대해 무책임	• 입법권과 행정권의 융합 • 대통령 : 의회에서 간선 • 정부 : 의회에서 간선 • 의회는 정부 불신임권 보유, 정부는 의회 해산권 보유
정부의 구조관계	• 국가대표와 행정수반이 대통령에 귀속(실질적 권한)	• 국가대표는 대통령(또는 군주)에게 귀속(형식적·의례적 권한) • 행정수반은 수상(또는 총리)에게 귀속(실질적 행정권)
기능상의 관계	• 의원의 정부각료 겸직 불허 • 정부의 법률안 제출권, 정부의 의회출석·발언권 없음	• 의원의 정부각료 겸직 허용 • 정부의 법률안 제출권, 정부의 의회출석·발언권 있음
기타 제도상의 관계	• 민선의 부통령제를 채택 • 대통령의 법률안 거부권 인정 • 국무회의는 법률상 기관, 임의적 기관, 자문기관	• 총리제 : 의회의 동의를 얻어 국가 원수가 총리를 임명 • 부서제도를 채택 • 국무회의는 헌법상 기관, 필수적 기관, 의결기관
장점	• 대통령 임기동안 정국 안정 • 국회 다수당의 횡포견제 가능	• 정치적 책임에 민감(책임정치) • 독재방지
단점	• 정치적 책임에 둔감 • 독재의 우려	• 정국불안정 • 다수당의 횡포 우려

08 법률행위의 요건

성립요건	일반적 성립요건	• 당사자, 목적, 의사표시
	특별 성립요건	• 개개의 법률행위에 대하여 법률이 특별히 추가하는 요건(예 대물변제·질권설정계약 에서의 인도, 혼인에서의 신고, 유언의 방식 등)
효력 발생요건	일반적 효력발생요건	• 당사자가 능력(권리능력, 의사능력, 행위능력)을 가지고 있을 것 • 법률행위의 목적이 가능·적법하며, 사회적으로 타당하고 확정될 수 있을 것 • 의사와 표시가 일치하며, 의사표시에 하자가 없을 것
	특별 효력발생요건	• 개개의 법률행위의 특별한 효력발생요건(예 조건·기한부 법률행위에서 조건의 성 취·기한의 도래, 대리행위에서 대리권의 존재, 유언에 있어 유언자의 사망 등)

09 무효와 취소의 차이

구분	무효	취소
기본적 효과	• 절대적 무효가 원칙	• 상대적 취소가 원칙
주장권자	• 누구라도 주장 가능	• 취소권자에 한하여 가능
기간의 제한	• 제한이 없음	• 제척기간(3년, 10년)
시간경과 시 효력	• 효력변동 없음	• 제척기간 도과 시 취소권 소멸, 유효한 것으로 확정됨
추인	• 효력변동 없음 • 당사자가 무효임을 알고 추인한 때에는 새로운 법률행위로 봄	• 추인으로 확정적 유효가 됨
발생사유	• 반사회질서 법률행위(민법 제103조) • 불공정한 법률행위(민법 제104조) • 진의표시 단서 규정(민법 제107조 제1항) • 통정허위표시(민법 제108조 제1항)	• 미성년자의 행위(민법 제5조 제2항) • 착오(민법 제109조 제1항) • 사기 · 강박(민법 제110조 제1항)

10 채권자대위권과 채권자취소권

구분	채권자대위권	채권자취소권
정의	• 채권자가 자기의 채권을 보전하기 위하여 채무자의 권리(일신에 전속한 권리는 제외)를 행사할 수 있는 권리	• 채권자를 해함을 알면서 채무자가 행한 법률행위를 취소하고 채무자의 재산을 원상회복할 수 있는 권리
권리자	• 채권자	• 채권자
목적	• 책임재산의 보전	• 책임재산의 보전
권리내용	• 채무자의 재산보전조치를 대행	• 재산감소행위의 취소 또는 원상회복
행사방법	• 재판상 및 재판 외 행사 가능 • 기한이 도래하기 전에는 법원의 허가 없이 행사 불가(단, 보전행위는 가능)	• 반드시 재판상 행사(채권자가 취소원인을 안 날로부터 1년, 법률행위가 있은 날로부터 5년 내에 제기하여야 한다)
행사의 상대방	• 제3채무자	• 수익자 또는 전득자(단, 행위 또는 전득 당시에 채권자를 해함을 알지 못한 경우에는 행사 불가)
행사의 효력	• 대위권 행사의 효과는 당연히 채무자에게 귀속하여 채무자의 일반재산에 편입됨 • 대위소송의 기판력은 소송사실을 인지한 채무자에게 미침	• 취소권행사의 효력은 소송상 피고에 한정됨 • 소송당사자가 아닌 채무자, 채무자와 수익자, 수익자와 전득자 사이의 법률관계는 영향이 없음

11   심리에 대한 원칙

- 변론주의
- 처분권주의
- 구술심리주의
- 직접심리주의
- 공개심리주의
- 쌍방심리주의(당사자 평등의 원칙)
- 적시제출주의

12   영업능력

- 자연인의 영업능력 : 행위능력에 따른 제한

구분	영업능력 (상법 제6조)	무한책임사원 (상법 제7조)	영업의 대리 (상법 제8조)
미성년자	법정대리인의 허락	법정대리인의 허락	법정대리인이 영업을 하는 경우
피한정후견인	×	×	
피성년후견인	×	×	
비고	등기를 요함	사원자격으로 인한 행위에는 능력자로 봄	등기를 요함, 제한능력자가 상인

- 법인의 영업능력 : 설립목적에 따른 제한

13   회사의 종류

구분	유형	내용
인적회사	합명회사	• 무한책임사원만으로 구성되는 회사
	합자회사	• 무한책임사원과 유한책임사원으로 구성되는 복합적 조직의 회사
물적회사	유한회사	• 사원이 회사에 대하여 출자금액을 한도로 책임을 질 뿐이며, 회사채권자에 대하여 아무 책임도 지지 않는 사원으로 구성된 회사
	유한책임회사	• 주주들이 자신의 출자금액 한도에서 회사채권자에 대하여 법적인 책임을 부담하는 회사 • 이사, 감사의 선임의무가 없으며, 사원 아닌 자를 업무집행자로 선임할 수 있음
	주식회사	• 사원인 주주의 출자로 이루어지며, 권리 · 의무의 단위로서의 주식으로 나누어진 일정한 자본을 가지고 모든 주주는 그 주식의 인수가액을 한도로 하는 출자의무를 부담할 뿐이며, 회사 채무에 대하여 아무런 책임도 지지 않는 회사

14 회사의 기관

주주총회	주주로 구성되며, 회사의 조직이나 경영에 관한 중요사항을 결정하는 회사의사결정의 최고 기관이다.
이사회	주주총회에서 선임되는 이사로 구성되는 주식회사의 업무집행기관으로, 이사는 3명 이상이어야 하고(자본의 총액이 10억 원 미만인 회사는 1인 또는 2인도 가능) 그 임기는 3년을 초과하지 못한다. 이사의 자격에는 제한이 없으며, 따라서 주주가 아닌 자도 이사로 선임될 수 있다. 회사대표권을 가진 자를 대표이사라 하며, 이사회에서 선정한다.
감사	회사의 감사를 임무로 하는 주식회사의 필요적 상설기관으로, 감사는 이사 또는 지배인, 기타 사용인의 직무를 겸하지 못하며, 이사의 직무의 집행을 감사한다.

15 부관의 종류

조건	행정행위의 효력의 발생 또는 소멸을 발생이 불확실한 장래의 사실에 의존하게 하는 행정청의 의사표시로서, 조건성취에 의하여 당연히 효력을 발생하게 하는 정지조건과 당연히 그 효력을 상실하게 하는 해제조건이 있다.
기한	행정행위의 효력의 발생 또는 소멸을 발생이 장래에 도래할 것이 확실한 사실에 의존하게 하는 행정청의 의사표시로서, 기한의 도래로 행정행위가 당연히 효력을 발생하는 시기와 당연히 효력을 상실하는 종기가 있다.
부담	행정행위의 주된 의사표시에 부가하여 그 상대방에게 작위·부작위·급부·수인의무를 명하는 행정청의 의사표시로서, 특허·허가 등의 수익적 행정행위에 붙여지는 것이 보통이다.
철회권의 유보	행정행위의 주된 의사표시에 부수하여 장래 일정한 사유가 있는 경우에 그 행정행위를 철회할 수 있는 권리를 유보하는 행정청의 의사표시이다(숙박업 허가를 하면서 성매매행위를 하면 허가를 취소한다는 경우).

16 행정심판의 종류(행정심판법 제5조)

구분	내용
취소심판(제1호)	행정청의 위법 또는 부당한 처분의 취소 또는 변경을 구하는 행정심판을 말한다.
무효 등 확인심판(제2호)	행정청의 처분의 효력 유무 또는 존재 여부에 대한 확인을 구하는 행정심판을 말한다.
의무이행심판(제3호)	당사자의 신청에 대한 행정청의 위법 또는 부당한 거부 처분이나 부작위에 대하여 일정한 처분을 할 것을 구하는 행정심판을 말한다.

17 행정소송의 판결

구분	내용
각하판결	소송의 제기요건의 결여로 인하여 본안의 심리를 거부하는 판결을 말한다. 각하판결은 소의 대상인 처분 등의 위법성에 대한 판단은 아니므로 원고는 결여된 요건을 보완하여 다시 소를 제기할 수 있고, 아울러 법원은 새로운 소에 대하여 판단하여야 한다.
기각판결	원고의 청구가 이유 없다고 하여 배척하는 판결로, 해당 처분이 위법하지 않거나 단순히 부당한 것인 때에 행해지는 판결이다.
사정판결 (행정소송법 제28조)	원고의 청구가 이유 있다고 인정하는 경우에도 행정처분을 취소하는 것이 현저히 공공복리에 적합하지 아니하다고 인정하는 때에는 법원이 원고의 청구를 기각하는 판결을 말한다.
인용판결 (행정소송법 제4조)	원고의 청구가 이유 있음을 인정하여 행정청의 위법한 처분 등의 취소·변경을 행하거나(취소소송의 경우) 행정청의 처분 등의 효력 유무 또는 존재여부의 확인을 내용으로 하는 판결을 하거나(무효 등 확인소송의 경우) 행정청의 부작위가 위법하다는 부작위의 위법을 확인하는 판결(부작위위법확인소송의 경우)을 의미한다.

01 다음 중 법과 도덕에 대한 설명으로 옳지 않은 것은?

① 법은 행위의 외면성을, 도덕은 행위의 내면성을 다룬다.
② 권리 및 의무의 측면에서 법은 일면적이나, 도덕은 양면적이다.
③ 법은 타율성을, 도덕은 자율성을 갖는다.
④ 법은 강제성을, 도덕은 비강제성을 갖는다.
⑤ 법은 정의(定義)의 실현을, 도덕은 선(善)의 실현을 추구한다.

02 다음 중 자연인의 권리능력에 대한 설명으로 옳지 않은 것은?

① 자연인의 권리능력은 사망에 의해서만 소멸된다.
② 피성년후견인의 권리능력은 제한능력자에게도 차등이 없다.
③ 실종선고를 받으면 권리능력을 잃는다.
④ 우리 민법은 태아에 대해 개별적 보호주의를 취하고 있다.
⑤ 자연인은 출생과 동시에 권리능력을 가진다.

03 다음 중 민법상 주소에 대한 설명으로 옳은 것을 〈보기〉에서 모두 고르면?

> **보기**
> ㉠ 주소는 정주의 의사를 요건으로 한다.
> ㉡ 주소는 부재와 실종의 표준이 된다.
> ㉢ 법인의 주소는 그 주된 사무소의 소재지에 있는 것으로 한다.
> ㉣ 거래안전을 위해 주소는 동시에 두 곳 이상 둘 수 없다.

① ㉠, ㉡   ② ㉠, ㉢
③ ㉡, ㉢   ④ ㉡, ㉣
⑤ ㉢, ㉣

04 다음 중 상법의 우선순위를 순서대로 바르게 나열한 것은?

① 상법 → 민법 → 상관습법 → 민사특별법 → 조리
② 민법 → 상법 → 민사특별법 → 상관습법 → 조리
③ 민사특별법 → 상법 → 민법 → 상관습법 → 조리
④ 상법 → 상관습법 → 민사특별법 → 민법 → 조리
⑤ 민사특별법 → 민법 → 상관습법 → 상법 → 조리

05 다음 중 사회법에 대한 설명으로 옳지 않은 것은?

① 공법의 사법화 경향을 띠는 제3의 법영역이다.
② 노동법, 경제법, 사회보장법은 사회법에 속한다.
③ 자본주의의 부분적 모순을 수정하기 위한 법이다.
④ 사회적・경제적 약자의 이익 보호를 목적으로 한다.
⑤ 사회주의, 단체주의, 적극국가, 실질적 평등을 원리로 한다.

06 다음 중 민법상 소멸시효기간이 3년인 것은?

① 의복의 사용료 채권
② 여관의 숙박료 채권
③ 연예인의 임금 채권
④ 도급받은 자의 공사에 관한 채권
⑤ 의식 및 유숙에 관한 교사의 채권

07 다음 중 법원(法源)에 대한 설명으로 옳지 않은 것은?

① 법관이 재판을 할 때 있어서 적용하여야 할 기준이다.

② 죄형법정주의에 따라 관습형법은 인정되지 않는다.

③ 대통령령은 헌법에 근거를 두고 있다.

④ 민사에 관하여 법률에 규정이 없으면 관습법에 의하고, 관습법이 없으면 조리에 의한다.

⑤ 영미법계 국가에서는 판례의 법원성이 부정된다.

08 다음 중 법의 체계에 대한 설명으로 옳은 것은?

① 강행법과 임의법은 실정성 여부에 따른 구분이다.

② 고유법과 계수법은 적용대상에 따른 구분이다.

③ 실체법과 절차법은 법의 제정주체에 따른 구분이다.

④ 공법과 사법으로 분류하는 것은 영미법계의 특징이다.

⑤ 일반법과 특별법은 적용되는 효력 범위에 따른 구분이다.

09 다음 중 헌법개정에 대한 설명으로 옳지 못한 것은?

① 헌법의 파괴는 개정이 아니다.

② 헌법에 규정된 개정절차에 따라야 한다.

③ 헌법의 기본적 동일성이 변경되는 것이다.

④ 헌법의 형식이나 내용에 변경을 가하는 것이다.

⑤ 국민투표를 요구하는 방법, 특별헌법회의를 필요로 하는 방법 등을 볼 수 있다.

10   다음 중 자유권적 기본권이 아닌 것은?

① 신체의 자유   ② 종교의 자유

③ 직업선택의 자유   ④ 청원권의 보장

⑤ 재산권의 보장

11   다음 중 비례대표제에 대한 설명으로 옳지 않은 것은?

① 사표를 방지하여 소수자의 대표를 보장한다.

② 군소정당의 난립이 방지되어 정국의 안정을 가져온다.

③ 득표수와 정당별 당선의원의 비례관계를 합리화시킨다.

④ 국가의 정당사정을 고려하여 채택하여야 한다.

⑤ 명부의 형태에 따라 고정명부식, 가변명부식, 자유명부식으로 구분할 수 있다.

12   다음 중 추정과 간주에 대한 설명으로 옳은 것은?

① 사실의 확정에 있어서 '추정'보다는 '간주'의 효력이 더 강하다.

② 우리 민법에서 "~한 것으로 본다."라고 규정하고 있으면 이는 추정규정이다.

③ 우리 민법 제28조에서는 "실종선고를 받은 자는 전조의 규정이 만료된 때에 사망한 것으로 추정한다."라고 규정하고 있다.

④ '간주'는 편의상 잠정적으로 사실의 존부를 인정하는 것이므로, 간주된 사실과 다른 사실을 주장하는 자가 반증을 들면 간주의 효과는 발생하지 않는다.

⑤ '추정'은 일종의 법의 의제로서 그 사실이 진실이냐 아니냐를 불문하고 권위적으로 그렇다고 단정해 버리고, 거기에 일정한 법적 효과를 부여하는 것을 의미한다.

13 다음 중 판례의 법원성에 관해 규정하고 있는 법은?

① 대법원 규칙   ② 국회법

③ 법원조직법   ④ 형법

⑤ 헌법

14 다음 중 합명회사에 대한 설명으로 옳은 것은?

① 무한책임사원과 유한책임사원으로 조직한다.

② 2인 이상의 무한책임사원으로 조직한다.

③ 사원이 출자금액을 한도로 유한의 책임을 진다.

④ 사원은 주식의 인수가액을 한도로 하는 출자의무를 부담할 뿐이다.

⑤ 퇴사한 사원은 그 지분의 환급을 금전으로 받을 수 있다.

15 다음 중 제한능력자제도에 대한 설명으로 옳지 않은 것은?

① 19세에 이르면 성년이 된다.

② 제한능력자가 법정대리인의 동의 없이 한 법률행위는 무효이다.

③ 미성년자라도 혼인을 하면 성년이 된 것으로 본다.

④ 가정법원은 취소할 수 없는 피성년후견인의 법률행위의 범위를 정할 수 있다.

⑤ 피성년후견인은 일상생활에 필요하고 그 대가가 과도하지 않은 법률행위를 독자적으로 할 수 있다.

16 다음 중 법의 성격에 대한 설명으로 옳지 않은 것은?

① 자연법론자들은 법과 도덕은 그 고유한 영역을 가지고 있지만 도덕을 법의 상위개념으로 본다.

② 법은 타율성에, 도덕은 자율성에 그 실효성의 연원을 둔다.

③ 법은 인간행위에 대한 당위의 법칙이 아니라 필연의 법칙이다.

④ 법은 국가권력에 의하여 보장되는 사회규범의 하나이다.

⑤ 법은 그 위반의 경우에 타율적·물리적 강제를 통하여 원하는 상태와 결과를 실현하는 강제규범이다.

17 다음 중 근대 입헌주의적 의미의 헌법에 대한 설명으로 옳은 것은?

① 권력분립과 기본권 보장이 없는 국가는 헌법이 없다.

② 영국을 제외하고 모든 나라는 헌법을 가지고 있다.

③ 국가라고 하는 법적 단체가 있는 곳에는 헌법이 있다.

④ 공산주의 국가에도 헌법은 있다.

⑤ 헌법을 불문화 할 필요가 있다.

18 다음 중 위법·부당한 행정행위로 인하여 권익을 침해당한 자가 행정기관에 그 시정을 구하는 절차는 무엇인가?

① 행정소송   ② 행정심판

③ 행정상 손해배상제도   ④ 행정상 손실보상제도

⑤ 행정상 즉시강제제도

19 다음 중 민법이 규정하는 재단법인과 사단법인에 대한 설명으로 옳지 않은 것은?

① 사단법인에는 사원총회가 있으나, 재단법인에는 없다.

② 양자는 모두 공익법인이다.

③ 양자는 모두 설립에 있어서 주무관청의 허가를 필요로 한다.

④ 재단법인의 기부행위는 반드시 서면으로 작성할 것을 요하지 않으나, 사단법인의 정관은 반드시 서면으로 작성하여야 한다.

⑤ 사단법인은 2인 이상의 사원으로 구성되며, 재단법인은 일정한 목적에 바쳐진 재산에 의해 구성된다.

PART 2

20 다음 중 권력분립론에 대한 설명으로 옳지 않은 것은?

① 권력분립론은 모든 제도를 정당화시키는 최고의 헌법원리이다.

② 몽테스키외(Montesquieu)의 권력분립론은 자의적인 권력 혹은 권력의 남용으로부터 개인의 자유와 권리를 보장하는 데 그 목적이 있다.

③ 로크(Locke)는 최고 권력은 국민에게 있고, 그 아래에 입법권, 입법권 아래에 집행권과 동맹권이 있어야 한다고 주장하였다.

④ 뢰벤슈타인(Lowenstein)은 권력분립에 대한 비판에서 국가작용을 정책결정, 정책집행, 정책통제로 구분하였다.

⑤ 적극적으로 능률을 증진시키기 위한 원리가 아니라 권력의 남용 또는 권력의 자의적인 행사를 방지하려는 소극적인 권리이다.

기술직 직무수행능력평가

합격 Cheat Key

직무수행능력평가는 실제 직무를 수행하는 데 있어서 지원자의 전문성과 자질을 평가하기 위해 치러지는 시험으로, 직렬과 직무에 따라 요구되는 지식과 기술 등을 평가한다. 선발직렬에 의해 그 과목이 달라지며, 문항 수나 출제범위 등 그 변화가 잦으므로 항상 해당 공기업의 공고문을 잘 확인해야 한다.

기술직 직무수행능력평가의 경우, 공사공단에서 주로 출제되는 과목은 토목·전기·기계·전자통신·건축·화학 등이 있다.

1 토목일반

주요 출제 범위는 토질 및 기초공학, 응용역학, 측량학, 수리학 및 수문학, 철근콘크리트 및 강구조 등이 있으며, 주요 출제 기관으로는 한국철도공사, 한국수자원공사, 국가철도공단, 한국토지주택공사, 한국수력원자력, 한국중부발전, 한국동서발전, 인천국제공항공사, 한국농어촌공사, 한국에너지공단, 한국환경공단, 한국가스공사, 한국가스안전공사, 한국공항공사 등이 있다.

2 기계일반

주요 출제 범위는 열역학, 유체역학, 기계재료, 기계공작법, 기계설계, 재료역학 등이 있으며, 주요 출제 기관으로는 서울교통공사, 한국철도공사, 한국수자원공사, 국가철도공단, 한국토지주택공사, 한국수력원자력, 한국중부발전, 한국남동발전, 한국동서발전, 한국가스기술공사, 한전KPS, 인천국제공항공사, 한국농어촌공사, 한국환경공단, 한국가스공사, 한국가스안전공사, 한국공항공사 등이 있다.

3 전기일반

주요 출제 범위는 전기자기학, 전기기기, 전력공학, 회로이론, 전기설비기술기준 등이 있으며, 주요 출제 기관으로는 서울교통공사, 한국철도공사, 한국전력공사, 한전KPS, 한전KDN, 한국전기안전공사, 한국수자원공사, 국가철도공단, 한국도로교통공단, 한국토지주택공사, 한국수력원자력, 한국중부발전, 한국남동발전, 한국동서발전, 한국가스기술공사, 인천국제공항공사, 한국농어촌공사, 한국환경공단, 국민연금공단, 한국가스공사, 한국공항공사, 한국에너지공단 등이 있다.

01 | 토목일반 핵심이론

01 세장비(λ)

기둥이 하중을 견디는 정도를 나타낸 값으로, 기둥의 유효길이를 최소 단면 2차 반지름으로 나누어 구하는데, 이 값이 작을수록 큰 하중을 견딘다.

$$\lambda = \frac{l_k(\text{기둥의 유효길이})}{r\min(\text{최소 단면 2차 반지름})}$$

02 우력모멘트

• 우력(偶力, Couple of Forces)
 – 물체에 작용하는 크기가 같고, 방향이 반대이며, 그 작용선이 평행한 두 힘(＝짝힘)
 – 크기가 같고, 일직선 위에 있지 않은 방향이 다른 두 힘의 벡터에 의해 생기는 모멘트 합
• 우력모멘트 : 우력에 의해 발생하는 모멘트로서, 우력모멘트의 크기는 하나의 힘과 두 힘 사이의 거리의 곱으로 구하며, 작용 위치와 관계없이 항상 일정함

03 바리뇽(Varignnon)의 정리

같은 평면 위에 있는 한 점에 작용하는 나란한 여러 힘에 대해 평면의 임의의 점에서의 모멘트 대수합은 동일점에 대한 이들 힘의 합력 모멘트와 같다[(분력의 모멘트의 합)＝(합력 모멘트)].

• [여러 힘들의 합력(R)]$= P_1 + P_2 + P_3$
• [O점에 대한 모멘트(M_O)]$= P_1 x_1 + P_2 x_2 + P_3 x_3$ … ⓐ
• [R의 O점에 대한 모멘트(M)]$= Rx$ … ⓑ
∴ ⓐ＝ⓑ이므로 $M_O = Rx = P_1 x_1 + P_2 x_2 + P_3 x_3$

∴ [합력의 작용 위치(x)]$= \dfrac{P_1 x_1 + P_2 x_2 + P_3 x_3}{R}$

04 철근콘크리트의 성립 이유

• 철근과 콘크리트 사이의 부착강도가 크다.
• 철근과 콘크리트의 열팽창 계수는 거의 같다.
• 콘크리트 속의 철근은 부식되지 않는다.
• 철근은 인장에 강하고, 콘크리트는 압축에 강하다.

05 강도설계법

- 안전성의 확보를 최우선으로 하며, 극한하중 단계에서의 계수하중으로 계산된 소요강도가 단면이 발휘할 수 있는 설계강도를 초과하지 않도록 단면을 설계하는 방법이다.
- $\phi M_n \geq M_u$
  (여기서 ϕ＝강도감소계수, ϕM_n＝설계휨강도, M_n＝공칭휨강도, M_u＝계수휨강도)

06 하중계수

- 하중의 크기를 예측할 때 확실성에 기초해 정해지는 것으로, 고정하중의 하중계수는 1.2, 활하중의 하중계수는 1.6으로 정한다.
- $U＝1.2D+1.6L \geq 1.4D$
  (여기서 D＝고정하중, L＝활하중)

07 균형보

인장철근이 항복강도(f_y)에 도달함과 동시에 콘크리트도 극한변형률(0.003)에 도달하는 보이며, 이러한 균형보의 파괴 형태를 균형파괴 또는 평형파괴라 부른다. 그러나 이러한 파괴는 이론으로만 가능하며 실제로 발생하지 않는다.

- [균형보의 중립축 위치(C_b)]$= \dfrac{0.003}{0.003+\varepsilon_y} \times d = \dfrac{600}{600+f_y} \times d$

- [균형철근비(ρ_b)]$= \dfrac{0.085 f_{ck}\beta_1}{f_y} \times \dfrac{600}{600+f_y}$

08 최대철근비와 최소철근비

- 최대철근비($\rho_{\max}$)
  - 사용철근비가 균형철근비보다 작으면 과소철근으로 연성파괴를 유도할 수 있다.
  - $\left(\dfrac{0.003+\varepsilon_y}{0.003+0.004} \right) \times \rho_b$ 이하
- 최소철근비($\rho_{\min}$)
  - 철근을 적게 사용하면 콘크리트에 균열이 생기는 순간 철근이 끊어져 갑작스런 파괴가 발생하는데, 이러한 취성파괴를 방지하기 위해 최소철근비를 적용한다.
  - $\dfrac{0.25\sqrt{f_{ck}}}{f_y}$ 또는 $\dfrac{1.4}{f_y}$ 중에 값이 큰 것을 적용

09 보의 해석

- 등가응력 사각형의 깊이(a)

$$C = T \rightarrow 0.85 f_{ck} \times a \times b = A_s \times f_y \rightarrow a = \frac{A_s \times f_y}{0.85 \times f_{ck} \times b}$$

- 설계휨강도($M_d = \phi M_n$)
  - $\phi(=0.85)$에 공칭휨강도(M_n)를 곱한 값
  - $M_d = A_s f_y \left(d - \frac{a}{2} \right) = \phi \{ f_{ck} q b d^2 (1 - 0.59q) \} \left(\leftarrow q = \frac{\rho f_y}{f_{ck}} \right)$

10 정착길이

콘크리트에 묻힌 철근이 뽑히거나 미끄러지지 않고 철근의 인장항복에 이르기까지의 응력을 발휘할 수 있는 최소의 묻힘길이를 뜻하며, 기본정착길이(l_{db})에 모든 보정계수를 곱해서 구한다.

- 압축이형철근의 기본정착길이 : $l_{db} = \dfrac{0.25 d_b f_y}{\lambda \sqrt{f_{ck}}} \geq 0.043 d_b f_y$

- 인장이형철근의 기본정착길이 : $l_{db} = \dfrac{0.6 d_b f_y}{\lambda \sqrt{f_{ck}}}$

- 표준갈고리가 있는 인장이형철근의 기본정착길이 : $l_{db} = \dfrac{0.24 \beta d_b f_y}{\lambda \sqrt{f_{ck}}}$

11 PCS의 기본 3개념

- 제1개념(응력 개념, 균등질 보의 개념) : 탄성 이론에 의한 해석(압축 +, 인장 −)
  - 프리스트레스가 도입되면 콘크리트 부재를 탄성체로 해석할 수 있다는 개념
  - 강재가 직선으로 도심에 배치된 경우

$$f = \frac{P}{A} \pm \frac{M}{I} y \quad \therefore f_{\substack{상연 \\ 하연}} = \frac{P}{A} \pm \frac{M}{Z} \text{(여기서 } P = \text{축방향력, } M = \text{하중에 의한 모멘트)}$$

  - 강재가 직선으로 편심에 배치된 경우

$$f = \frac{P}{A} \mp \frac{Pe}{I} y \pm \frac{M}{I} y \quad \therefore f_{\substack{상연 \\ 하연}} = \frac{P}{A} \mp \frac{Pe}{Z} \pm \frac{M}{Z} \text{(여기서 } Pe = \text{편심모멘트)}$$

- 제2개념(강도 개념, 내력모멘트 개념) : 철근콘크리트와 같이 압축력은 콘크리트가 받고, 인장력은 PS 강재가 받는 것으로 하여 두 힘에 의한 내력모멘트가 외력모멘트에 저항한다는 개념
- 제3개념(하중평형 개념, 등가하중 개념)
  - 프리스트레싱에 의한 작용과 부재에 작용하는 하중을 평형이 되도록 하자는 개념
  - PS 강재가 포물선으로 지간 중앙에 새그(Sag) s로 배치되어 있다면

    프리스트레스 P에 의한 등분포상향력은 $\dfrac{ul^2}{8} = Ps$ (단, $P\cos\theta \fallingdotseq P$) $\therefore u = \dfrac{8Ps}{l^2}$

12 PSC의 장단점

- 장점
  - 콘크리트의 전단면을 유효하게 이용할 수 있음
  - PSC 구조물은 취성파괴의 위험이 적어 안전성이 높음
  - 하중이 과다해 일시적인 균열이 생겨도 하중을 제거하면 복원됨(탄력성과 복원성이 우수함)
  - 인장응력을 상쇄해 균열이 생기지 않게 설계하므로 강재가 부식될 위험이 낮고, 내구성은 높음
  - 강재를 곡선배치하면 전단력이 감소되어 복부를 얇게 할 수 있으며, 고강도 재료를 사용함으로써 단면을 감소시킬 수 있어 일반적인 철근콘크리트 부재보다 경간을 길게 할 수 있음
- 단점
  - 내화성이 약하고, 강성이 낮아 변형이 크며, 진동하기 쉬움
  - 일반적인 철근콘크리트보다 단가가 비싸고, 보조 재료가 추가되므로 공사비가 상승함

13 프리스트레스의 손실 원인

- 프리스트레스 도입 시 일어나는 손실(즉시 손실)
  - 콘크리트의 탄성 변형(탄성수축)
  - PS 강재의 활동
  - PS 강재와 쉬스의 마찰
- 프리스트레스 도입 후의 손실(시간적 손실)
  - 콘크리트의 건조 수축
  - 콘크리트의 크리프
  - PS 강재의 릴랙세이션(Relaxation)

14 흙의 성분별 단위중량($\gamma_{sub} < \gamma_d < \gamma_t < \gamma_{sat}$)

- 습윤단위(전체단위)중량 공식 : $\gamma_t = \dfrac{(\text{흙 전체의 무게})}{(\text{흙 전체의 부피})} = \dfrac{W}{V} = \dfrac{G_s \times \left(1 + \dfrac{w}{100}\right)}{1+e}\gamma_w = \dfrac{G_s + \dfrac{S \times e}{100}}{1+e}\gamma_w$

  (여기서 $e =$ 간극비, $\gamma_w =$ 물의 단위중량, $G_s =$ 흙 입자의 비중)

- 건조단위중량($S = 0$) 공식 : $\gamma_d = \dfrac{(\text{흙 전체의 무게})}{(\text{흙 전체의 부피})} = \dfrac{W_s}{V} = \dfrac{G_s}{1+e}\gamma_w$

- 포화단위중량($S = 1$) 공식 : $\gamma_{sat} = \dfrac{G_s + e}{1+e}\gamma_w$

- 수중(유효)단위중량 공식 : $\gamma_{sub} = \gamma_{sat} - \gamma_w = \dfrac{G_s - 1}{1+e}\gamma_w$

15 상대밀도(D_r)

- 사질토의 조밀하거나 느슨한 정도를 백분율로 나타냄, 즉 $\dfrac{e_{\max} - e}{e_{\max} - e_{\min}} \times 100$

  (여기서 $e_{\max}$＝가장 느슨한 상태의 간극비, $e_{\min}$＝가장 조밀한 상태의 간극비)

- $D_r = \dfrac{\gamma_{d\max}}{\gamma_d} \times \dfrac{(\gamma_d - \gamma_{d\min})}{(\gamma_{d\max} - \gamma_{d\min})} \times 100$

16 압밀도

- 압밀도(U)의 의미 : 과잉간극수압이 감소한 비율 또는 그 결과로 압밀침하가 일어난 비율
- 압밀도 : $U = \dfrac{(\text{현재의 압밀량})}{(\text{최종 압밀침하량})} \times 100 = \dfrac{\triangle H_t}{H} \times 100$

  (여기서 $\triangle H_t$＝임의의 시간 t에서의 침하량)

17 시간계수

$$U = f(T_v) \propto \dfrac{C_v \times t}{d^2}$$

- 압밀도는 시간계수의 함수이다.
- 압밀도는 압밀계수(C_v), 압밀시간(t) 등에 비례한다.
- 압밀도는 배수거리의 제곱(d^2)에 반비례한다.

18 압밀침하량($\triangle H$)의 산정

$$\triangle H = m_v \times \triangle \sigma \times H = \dfrac{C_c}{1 + e_1} \times \log\left(\dfrac{\sigma_2}{\sigma_1}\right) \times H$$

(여기서 C_c＝압축지수)

19 얕은 기초의 지지력

- 극한지지력 : 소성파괴가 일어날 때의 기초하중을 말하므로 완전소성평형 상태를 이룬 경우로서, 지반이 최대로 지지할(버틸) 수 있는 저항력을 의미함
  - 얕은 기초 : 확대기초, 전면기초 등 지표면 가까운 깊이에 양질의 지지층이 있는 경우에 사용되는 기초
  - 극한지지력 : $q_u = \alpha \times c \times N_c + \beta \times \gamma_1 \times B \times N_r + \gamma_2 \times D_f \times N_q$

    α, β = 기초 모양에 따른 형상계수

    c = 기초바닥 아래 흙의 점착력[t/m²]

    N_c, N_r, N_q = 지지력계수

    γ_1 = 기초바닥 아래 흙의 단위중량[t/m³]

    γ_2 = 근입깊이 흙의 단위중량[t/m³]

    B = 기초의 최소폭[m]

    D_f = 근입깊이[m]

- 허용지지력
  - 항복하중강도와 극한지지력에 안전율을 고려해 결정된 지지력

  - 허용지지력 : $q_a = \dfrac{q_u}{F_s}$

    (여기서 q_u = 극한지지력, F_s = 안전율)

01 | 토목일반 적중예상문제

정답 및 해설 p.118

01 다음 중 강재에 비례한도보다 큰 응력을 가한 후 응력을 제거할 때 장시간 방치하여도 남게 되는 변형은?

① 탄성변형
② 피로변형
③ 취성변형
④ 소성변형
⑤ 자기변형

02 다음 중 프리스트레스의 손실 원인이 아닌 것은?

① 콘크리트의 탄성 변형
② 콘크리트의 건조 수축과 크리프
③ 콘크리트의 강도
④ PS 강재와 쉬스 사이의 마찰
⑤ 정착 장치에서의 긴장재의 활동

03 다음 중 도면에서 곡선에 둘러싸여 있는 부분의 면적을 구하는 데 적합한 방법을 〈보기〉에서 모두 고르면?

> **보기**
>
> ㄱ. 좌표법   ㄴ. 띠선법
> ㄷ. 배횡거법   ㄹ. 삼변법
> ㅁ. 분할법

① ㄱ, ㄴ
② ㄴ, ㄷ
③ ㄴ, ㅁ
④ ㄷ, ㄹ
⑤ ㄹ, ㅁ

04 다음 중 강도설계법에 대한 설명으로 옳지 않은 것은?

① 콘크리트와 철근은 동일한 변형률을 가지는 것으로 가정한다.

② 연속지점에서 T형 보의 하연에 작용하는 콘크리트 응력은 고려하지 않는다.

③ 교량 상부공, 교량 하부공 등 $R.C$구조물이 대상이다.

④ 콘크리트의 변형률이 0.003에 도달하면 추가적으로 강도가 발현되더라도 파괴되는 것으로 가정한다.

⑤ 콘크리트의 응력을 소성영역까지 고려하여 계산하므로 응력분포는 비선형성을 가지나 계산의 편의를 위해 등가의 직사각형이나 사다리꼴 응력분포로 본다.

05 다음 그림에서 휨모멘트가 최대가 되는 단면의 위치는 B점에서 얼마인가?

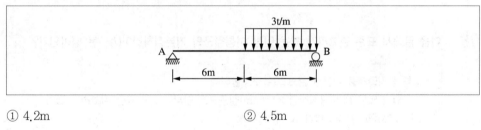

① 4.2m

② 4.5m

③ 4.8m

④ 5.2m

⑤ 5.5m

06 어떤 거리를 10회 관측하여 평균 2,403.557m의 값을 얻었고 잔차의 제곱의 합 8,208mm^{2}를 얻었다면 1회 관측의 평균 제곱근 오차는?

① ±23.7mm

② ±25.5mm

③ ±28.3mm

④ ±30.2mm

⑤ ±32.3mm

07 다음 그림과 같이 방향이 반대인 힘 P와 $3P$가 L간격으로 평행하게 작용하고 있다. 두 힘의 합력의 작용위치 X는?

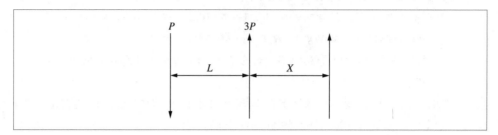

① $\dfrac{1}{3}L$　　　　　　　　　② $\dfrac{1}{2}L$

③ $\dfrac{2}{3}L$　　　　　　　　　④ $1L$

⑤ $2L$

08 다음 글에서 표준 갈고리가 있는 인장 이형철근의 기본정착길이(l_{hb})는 얼마인가?

- 보통 중량골재를 사용한 콘크리트 구조물이다.
- 도막되지 않은 D35(공칭직경 34.9mm)철근으로 단부에 90° 표준 갈고리가 있다.
- $f_{ck}=28\text{MPa}$, $f_y=400\text{MPa}$이다.

① 약 633mm　　　　　　　　② 약 660mm

③ 약 1,130mm　　　　　　　④ 약 1,585mm

⑤ 약 2,130mm

09 콘크리트 구조설계기준의 요건에 따르면 $f_{ck}=38\text{MPa}$일 때, 다음 중 직사각형 응력 분포의 깊이를 나타내는 β_1의 값은 얼마인가?

① 0.78　　　　　　　　　　② 0.83

③ 0.92　　　　　　　　　　④ 0.95

⑤ 0.98

10 다음 그림의 삼각형 구조가 평형 상태에 있을 때, 법선 방향에 대한 힘의 크기 P는 얼마인가?

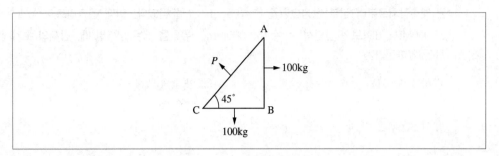

① 약 200.2kg

② 약 180.4kg

③ 약 165.7kg

④ 약 141.4kg

⑤ 약 133.0kg

11 어떤 점토의 토질실험 결과 일축압축강도 $0.48kg/cm^2$, 단위중량 $1.7t/m^3$이었다. 이 점토의 한계고는 얼마인가?

① 16.34m

② 12.87m

③ 9.24m

④ 5.65m

⑤ 3.11m

12 다음 그림 b는 그림 a와 같은 단순보에 대한 전단력선도(S.F.D; Shear Force Diagram)일 때, 보 AB에는 어떠한 하중이 실려 있는가?

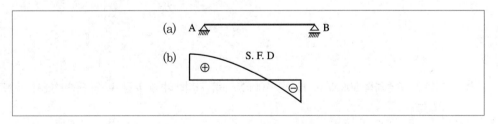

① 집중하중

② 1차 함수분포 하중

③ 등변분포 하중

④ 모멘트 하중

⑤ 사다리꼴 하중

13 T형 PSC보에 설계하중을 작용시킨 결과 보의 처짐은 0이었으며, 프리스트레스 도입단계부터 부착된 계측장치로부터 상부 탄성변형률 $\epsilon = 3.5 \times 10^{-4}$을 얻었다. 이때 콘크리트 탄성계수 $E_c = 26,000$MPa, T형보의 단면적 $A_g = 150,000\text{mm}^2$, 유효율 $R = 0.85$일 때, 강재의 초기 긴장력 P_i는 얼마인가?

① 약 1,606kN ② 약 1,365kN

③ 약 1,160kN ④ 약 969kN

⑤ 약 856kN

14 사용고정하중 1,300KN, 사용활하중 1,700KN을 받는 정사각 단면의 독립확대기초를 설계하고자 한다. 한 변의 길이를 4m로 할 때, 다른 한 변의 길이는 얼마로 해야 하는가?(단, 허용지지력 $q_a = 300\text{KN/m}^2$이다)

① 2m ② 2.5m

③ 5.6m ④ 7.5m

⑤ 10m

15 다음 중 고정하중 50kN/m, 활하중 100kN/m를 지지해야 할 지간 8m의 단순보에서 계수모멘트 M_u는?

① 1,630kN · m ② 1,760kN · m

③ 1,870kN · m ④ 1,960kN · m

⑤ 2,030kN · m

16 다음 그림과 같이 게르버보에 연행 하중이 이동할 때, 지점 B에서 최대 휨모멘트는?

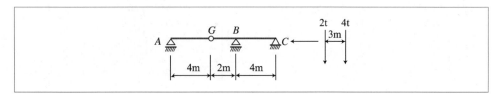

① $-8t \cdot m$

② $-9t \cdot m$

③ $-10t \cdot m$

④ $-11t \cdot m$

⑤ $-12t \cdot m$

17 $A_g = 180,000mm^2$, $f_{ck} = 24MPa$, $f_y = 350MPa$이고, 종방향 철근의 전체 단면적(A_{st})= $4,500mm^2$인 나선철근기둥(단주)의 공칭축강도(P_n)는?

① 약 2,987.7kN

② 약 3,067.4kN

③ 약 3,873.2kN

④ 약 4,381.9kN

⑤ 약 4,873.4kN

18 다음 중 콘크리트 크리프에 대한 설명으로 옳지 않은 것은?

① 고강도 콘크리트일수록 크리프는 감소한다.

② 물 – 시멘트 비가 클수록 크리프가 크게 일어난다.

③ 온도가 높을수록 크리프가 감소한다.

④ 상대습도가 높을수록 크리프가 작게 발생한다.

⑤ 재하속도의 증가에 따라 크리프는 증가한다.

19 다음 그림과 같이 우력(偶力)이 작용할 때, 각 점의 모멘트에 대한 설명으로 옳은 것은?

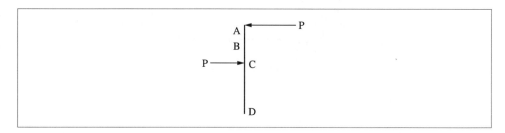

① B점의 모멘트가 제일 작다.

② D점의 모멘트가 제일 크다.

③ A점과 C점은 모멘트의 크기는 같으나 방향이 서로 반대이다.

④ A, B, C, D 모든 점의 모멘트는 같다.

⑤ C점의 모멘트가 제일 작다.

20 인장 이형철근을 겹침이음할 때 $\left(\dfrac{\text{배근 } A_s}{\text{소요 } A_s}\right) < 2.0$이고, 겹침이음된 철근량이 전체 철근량의 $\dfrac{1}{2}$ 을 넘는 경우, 겹침이음 길이는 얼마 이상인가?(이때, l_d는 규정에 의해 계산된 이형철근의 정착길이이다)

① $1.0l_d$ 이상　　　　　　　② $1.3l_d$ 이상

③ $1.5l_d$ 이상　　　　　　　④ $1.7l_d$ 이상

⑤ $2.0l_d$ 이상

02 | 기계일반 핵심이론

01   열역학의 제1법칙(에너지 보존의 법칙)

- 에너지가 다른 형태로 전환될 때 에너지의 총합은 항상 같다. 즉, 에너지의 생성이나 소멸은 없으며, 단지 다른 형태로 바뀔 뿐이다.
- 공급된 에너지는 내부에너지와 사용한 일의 합과 같다.
- $Q = \delta q + W$
  (여기서 δq = 열량, W = 일량)

02   보일 - 샤를의 법칙

기체의 부피는 압력에 반비례하고, 절대온도에 비례한다.

$$\frac{P_1 V_1}{T_1} = \frac{P_2 V_2}{T_2} = 일정(Const)$$

(여기서 T = 온도, P = 압력, V = 부피)

03   엔트로피

- 엔트로피(s) : 물리 열의 이동과 더불어 유효하게 이용할 수 있는 에너지의 감소 정도나 무효(無效) 에너지의 증가 정도를 나타내는 양, 즉 시스템을 구성하는 물질들의 무질서한 정도를 나타내는 척도이다.

  엔트로피 변화식은 $\triangle s = s_2 - s_1 = \int_1^2 \frac{\delta q}{T}$ 이다.

- 엔트로피의 특징 : 엔트로피는 항상 증가하며, 엔트로피 생성 항은 항상 양수이다.

04   카르노 사이클

- 카르노 사이클(Carnot Cycle) : 단열 변화와 등온 변화의 과정으로 이루어지는 이상적인 열기관의 사이클이다.
- 카르노 사이클의 일반적인 특성
  - 열의 전달은 등온과 단열 과정에서 모두 발생할 수 있다.
  - 2개의 가역 단열 과정과 2개의 가역 등온 과정으로 구성된다.
  - 총엔트로피의 변화는 없으며, 열의 전달은 등온 과정에서만 이루어진다.
- 카르노 사이클의 열효율 : $\eta = 1 - \dfrac{T_2(저온, \ 절대온도)}{T_1(고온, \ 절대온도)} = 1 - \dfrac{273 + T_2[°C]}{273 + T_1[°C]}$

05 냉동 사이클의 성적계수(ε_r, 성능계수, CoP)

- 냉동 효과를 나타내는 기준이 되는 수치

- $\varepsilon_r = \dfrac{(\text{저온체에서 흡수한 열량})}{(\text{공급 열량})} = \dfrac{Q_2}{Q_1 - Q_2} = \dfrac{T_2}{T_1 - T_2} = \dfrac{(\text{증발기})}{(\text{응축기}) - (\text{증발기})}$

  (여기서 $T_1 = $ 고온, $T_2 = $ 저온)

06 기계효율과 제동마력, 도시마력

- 기계효율 : $\eta - = \dfrac{(\text{제동마력})}{[\text{도시마력(지시마력)}]} \times 100$
- 제동마력(BHP) : 실제 기관 운전에 사용되는 마력(축마력, 정미마력)

  $\text{BHP} = \dfrac{2\pi NT}{75 \times 60}[\text{PS}]$

  (여기서 $N = $ 회전수[rpm])
- 도시마력(IHP) : 연소실 발생 마력으로, 실린더 내부의 폭발 압력을 측정한 것(지시마력)

  $\text{IHP} = \dfrac{P V_s ZN}{75 \times 60}[\text{PS}]$

  (여기서 $P = $ 평균유효압력, $V_s = $ 행정 부피, $Z = $ 실린더 수)

07 표면장력과 모세관 현상

- 표면장력(γ 또는 σ) : 유체 입자 간 응집력으로 인해 유체의 자유표면이 서로 잡아당기면서 얇은 탄성막이 형성되는 성질이다.

  - 표면장력 : $\gamma = \dfrac{F}{A} = \dfrac{ma}{A} = \dfrac{[\text{kg} \cdot \text{m/s}^2]}{[\text{m}]} = [\text{kg/s}^2]$

  - 표면장력의 차원 : MT^{-2}
- 모세관 현상 : 물 속에 모세관을 세로로 넣으면 관 내부의 액체 표면이 외부 액체의 표면보다 높거나 낮아지는 현상이다. 물 분자와 유리벽 사이의 접착력이 액체의 응집력보다 더 클 때 발생한다.

  액면으로부터의 모세관 높이 $h = \dfrac{4\sigma \cos\theta}{\gamma d}$

  (여기서 $\gamma = $ 물의 비중량, $\sigma = $ 표면장력, $\theta = $ 모세관에 의해 올라간 각도, $d = $ 모세관 지름)

08 베르누이의 정리

- 베르누이의 정리 : 유체 에너지 보존의 법칙을 적용한 법칙이며, 오일러 방정식을 적분하면 베르누이의 정리가 된다. 베르누이의 정리는 유체의 유동 관련식을 수두의 형태로 표현한 방정식으로 다음과 같다.

$$\frac{P_1}{\gamma} + \frac{v_1^2}{2g} + z_1 = \frac{P_2}{\gamma} + \frac{v_2^2}{2g} + z_2 \text{(여기서 } \frac{P_1}{\gamma} = \text{압력수두, } \frac{v_1^2}{2g} = \text{속도수두, } z_1 = \text{위치수두)}$$

- 베르누이 방정식을 충족시키기 위해 가정한 조건
  - 정상 유동이다.
  - 비점성 유동이다.
  - 비압축성 유동이다.
  - 유체 입자는 유선을 따라서 유동한다.

09 다르시 - 바이스바흐 방정식

관로를 흐르는 물에 발생되는 손실은 물의 점성으로 인한 마찰이 발생된다는 것(관마찰계수)을 가정하고, 마찰 손실의 크기를 정량화하기 위해 마찰손실수두를 구하는 공식이다.

$$H_L = f \times \frac{L}{D} \times \frac{V^2}{2g} \text{ (여기서 } f = \text{관마찰계수, } v = \text{유속, } D\text{관의 직경, } L = \text{길이, } g = \text{중력가속도)}$$

10 선반 작업 시의 3분력과 절삭 칩

- 선반 가공 3분력 : 주분력, 배분력, 이송분력
- 선반 작업 시 발생하는 3분력의 크기 순서 : 주분력 > 배분력 > 이송분력

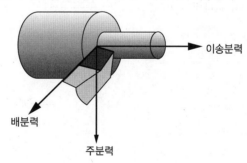

11 절삭 속도와 회전수

- 절삭 속도(v) : 공구가 공작물을 절삭하면서 절삭 칩이 나오는 속도

$$v = \frac{\pi d n}{1,000} \text{[m/min]}\text{(여기서 } v = \text{절삭 속도[m/min], } d = \text{공작물의 지름[mm], } n = \text{주축 회전수)}$$

- 회전수(n) : 주축의 회전수로서, $n = \frac{1,000v}{\pi d}$ [rpm]

12 밀링머신의 테이블 이송 속도(f)

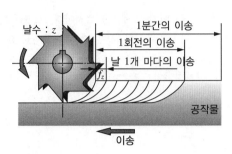

$f = f_z \times z \times n$ (여기서 f = 테이블의 이송 속도[mm/min], f_z = 밀링 커터날 1개의 이송[mm], z = 밀링 커터날의 수, n = 밀링 커터의 회전수 = $\dfrac{1,000v}{\pi d}$ [rpm])

13 드릴 구멍 가공 시간

$T = \dfrac{l \times i}{n \times s}$ [min]

(여기서 l = 구멍 가공 길이[mm], i = 구멍 수, n = 주축 회전속도[rpm], s = 1회전당 이송량[mm])

14 기어의 지름(피치원 지름, PCD = D)

$D = m$ (모듈) $\times Z$ (잇수)

여기서 모듈(m)은 이의 크기를 나타내는 기준으로, $m = \dfrac{PCD(=D)}{Z}$

15 속도비(i) 일반식

$i = \dfrac{n_2}{n_1} = \dfrac{w_2}{w_1} = \dfrac{D_1}{D_2} = \dfrac{z_1}{z_2}$

16 리벳이음의 효율(η)

• 리벳 강판의 효율 : $\eta_t = \dfrac{(1\text{피치 내 구멍이 있을 때의 인장력})}{(1\text{피치 내 구멍이 없을 때의 인장력})} = \dfrac{\sigma_t (p-d)t}{\sigma_t pt} = 1 - \dfrac{d}{p}$

(여기서 d＝리벳의 지름, p＝리벳의 피치)

• 리벳의 효율 : $\eta_s = \dfrac{(1\text{피치 내 리벳이 있는 경우 전단})}{(1\text{피치 내 리벳이 있는 경우 전단})} = \dfrac{\tau \dfrac{\pi d^2}{4} n}{\sigma_t pt} = \dfrac{\pi d^2 \tau n}{4 pt \sigma_t}$

17 벨트의 전체 길이, 유효장력

• 벨트의 전체 길이(L)

– 바로걸기(Open) : $L = 2C + \dfrac{\pi(D_1 + D_2)}{2} + \dfrac{(D_2 - D_1)^2}{4C}$

– 엇걸기(Cross) : $L = 2C + \dfrac{\pi(D_1 + D_2)}{2} + \dfrac{(D_2 + D_1)^2}{4C}$

• 벨트의 유효장력 : $P_e = T_t(\text{긴장측 장력}) - T_s(\text{이완측 장력})$

– 긴장측 장력 : $T_t = \dfrac{P_e e^{\mu\theta}}{e^{\mu\theta} - 1}$ (여기서 $P_e = T_e$)

– 이완측 장력 : $T_s = \dfrac{P_e}{e^{\mu\theta} - 1}$

18 모멘트

• 모멘트 : $M = F(\text{작용 힘}) \times L(\text{작용점과의 직선거리})$
• 비틀림모멘트(T) : 회전을 일으키려는 힘으로, 토크라고도 한다.
• 모멘트 관련식

– 최대 굽힘 모멘트 : $M_{\max} = \sigma_{\max} \times Z$ (여기서 $\sigma_{\max}$＝최대 굽힘응력, Z＝단면계수)

– 비틀림 모멘트 : $T = \tau \times Z_P$, $\tau = \dfrac{T}{Z_P} = \dfrac{T}{\dfrac{\pi d^3}{16}} = \dfrac{16T}{\pi d^3}$ (여기서 τ＝전단응력, Z_P＝극단면계수)

– 상당굽힘 모멘트 : $M_e = \dfrac{1}{2}\left(M + \sqrt{M^2 + T^2}\right)$

– 상당비틀림 모멘트 : $T_e = \sqrt{M^2 + T^2}$

19 세장비

- 세장비(λ) : 기둥의 길이 L과 최소 회전 반지름 R과의 비율로서, 좌굴을 알아보기 위해 사용되며, 세장비가 크면 좌굴이 잘 일어난다. 세장비의 크기에 따라 단주와 장주로 구분된다.

$$\lambda = \frac{l(기둥의\ 길이)}{k(최소\ 회전\ 반경)} = \frac{l}{\sqrt{\dfrac{I}{A}}} \quad (여기서\ A = 기둥의\ 단면적,\ I = 관성모멘트)$$

- 단주는 세장비가 30 이하인 것을, 장주는 세장비가 100 이상인 것을 뜻한다.

20 변형률

- 변형률(인장변형률, 연신율) : 재료가 축방향의 인장하중을 받으면 길이가 늘어나는데, 처음 길이에 비해 늘어난 길이의 비율이다.

$$\varepsilon = \frac{(변형된\ 길이)}{(처음의\ 길이)} = \frac{\Delta l}{l} \times 100$$

- 전단변형률(γ) : 미소의 직사각형 단면이 전단응력을 받아 변형된 각도를 라디안(rad)으로 나타낸 것이다.

$$\gamma = \frac{\Delta \lambda}{l} = \tan\theta \quad (여기서\ \theta = 전단변형각)$$

- 가로변형률(ε', 단면수축률) : $\varepsilon' = \dfrac{\Delta A}{A} = \dfrac{A_1 - A_2}{A_1} = \dfrac{\dfrac{\pi d_1^2}{4} - \dfrac{\pi d_2^2}{4}}{\dfrac{\pi d_1^2}{4}} = \dfrac{d_1^2 - d_2^2}{d_1^2}$

01 다음 중 유압프레스의 작동원리의 바탕이 되는 이론은?

① 파스칼의 원리   ② 보일의 법칙

③ 토리첼리의 원리   ④ 아르키메데스의 원리

⑤ 뉴턴의 법칙

02 다음 중 기계요소를 설계할 때 응력집중 및 응력집중계수에 대한 설명으로 옳지 않은 것은?

① 응력집중계수는 단면부의 평균응력에 대한 최대응력의 비율이다.

② 응력집중이란 단면이 급격히 변화하는 부위에서 힘의 흐름이 심하게 변화함으로 인해 발생하는 현상이다.

③ 응력집중계수는 탄성영역 내에서 부품의 형상효과와 재질이 모두 고려된 것으로, 형상이 같더라도 재질이 다르면 그 값이 다르다.

④ 응력집중을 완화하려면 단이 진 부분의 곡률반지름을 크게 하거나 단면이 완만하게 변화하도록 한다.

⑤ 응력집중은 일반적으로 구조요소의 파손·파괴의 원인이 되기 쉬우므로 설계할 때에는 탄소성 계산이나 광탄소성 해석, 스트레인미터에 의한 실험적 해석을 하여 충분히 검토해야 한다.

03 다음 중 2개 이상의 유압 회로에서 압력에 관계없이 일정 비율로 유량이 각각 흐르게 하는 밸브는?

① 브레이크 밸브   ② 카운터 밸런스 밸브

③ 감압 밸브   ④ 분류 밸브

⑤ 체크 밸브

04 다음 중 단열 변화와 등온 변화의 과정으로 성립되며, 이상적인 사이클은 무엇인가?

① 에릭슨 사이클(Ericsson Cycle)

② 사바테 사이클(Sabathé Cycle)

③ 앳킨슨 사이클(Atkinson Cycle)

④ 브레이턴 사이클(Brayton Cycle)

⑤ 카르노 사이클(Carnot Cycle)

05 스프링상수가 200N/mm인 접시스프링 8개를 다음 그림과 같이 겹쳐 놓았다. 여기에 200N의 압축력(F)을 가할 때, 스프링의 전체 압축량은?

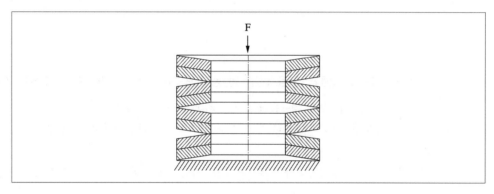

① 0.125mm
② 1mm
③ 2mm
④ 6mm
⑤ 8mm

06 다음 중 클러치를 설계할 때 유의할 사항으로 옳지 않은 것은?

① 균형상태가 양호하도록 하여야 한다.

② 관성력을 크게 하여 회전 시 토크변동을 작게 한다.

③ 단속을 원활히 할 수 있도록 한다.

④ 마찰열에 대하여 내열성이 좋아야 한다.

⑤ 회전부분의 평형이 좋아야 한다.

07 다음 중 연삭가공에 대한 설명으로 옳지 않은 것은?

① 연삭입자는 불규칙한 형상을 가진다.

② 연삭입자는 깨짐성이 있어 가공면의 치수정확도가 떨어진다.

③ 연삭입자는 평균적으로 큰 음의 경사각을 가진다.

④ 경도가 크고 취성이 있는 공작물 가공에 적합하다.

⑤ 연삭기의 종류로는 원통연삭기, 내면연삭기, 평면연삭기, 만능연삭기 등을 볼 수 있다.

08 다음 중 피복금속용접봉의 피복제 역할에 대한 설명으로 옳지 않은 것은?

① 수소의 침입을 방지하여 수소기인균열의 발생을 예방한다.

② 용융금속 중의 산화물을 탈산하고 불순물을 제거하는 작용을 한다.

③ 아크의 발생과 유지를 안정되게 한다.

④ 용착금속의 급랭을 방지한다.

⑤ 스패터의 발생을 줄인다.

09 다음 중 강의 열처리 및 표면경화에 대한 설명으로 옳지 않은 것은?

① 질화법 : 질화용 강의 표면층에 질소를 확산시켜 표면층을 경화하는 방법이다.

② 불림(Normalizing) : 가공의 영향을 제거하고 결정립을 조대화시켜 기계적 성질을 향상시키기 위해 수행된다.

③ 침탄법 : 표면은 내마멸성이 좋고 중심부는 인성이 있는 기계 부품을 만들기 위해 표면층만을 고탄소로 조성하는 방법이다.

④ 심랭(Subzero)처리 : 잔류 오스테나이트(Austenite)를 마텐자이트(Martensite)화 하기 위한 공정이다.

⑤ 구상화 풀림(Spheroidizing Annealing) : 과공석강에서 초석탄화물이 석출되어 기계가공성이 저하되는 문제를 해결하기 위해 행하는 열처리 공정으로, 탄화물을 구상화하여 기계가공성 및 인성을 향상시키기 위해 수행된다.

10 다음 중 미끄럼베어링의 유체윤활에 대한 설명으로 옳지 않은 것은?

① 미끄럼표면들이 윤활막으로 완전히 분리된 상태이다.

② 점도가 높아지면 마찰계수가 증가한다.

③ 베어링면의 평균압력이 증가하면 마찰계수가 감소한다.

④ 회전속도가 증가하면 마찰계수가 감소한다.

⑤ 접촉표면에 걸리는 하중은 모두 접촉면의 상대운동에 의해 발생되는 유압으로 지지된다.

11 다음 중 원심 펌프에 대한 설명으로 옳지 않은 것은?

① 용량이 작고 양정이 높은 곳에 적합하다.

② 펌프의 회전수를 높임으로써 캐비테이션을 방지할 수 있다.

③ 평형공(Balance Hole)을 이용하여 축추력을 방지할 수 있다.

④ 고장률이 적어서 취급이 용이하다.

⑤ 비속도를 성능이나 적합한 회전수를 결정하는 지표로 사용할 수 있다.

12 축 방향의 압축하중이 작용하는 원통 코일 스프링에서 코일 소재의 지름이 d일 때 최대 전단응력이 τ_1이고, 코일 소재의 지름이 $\dfrac{d}{2}$일 때 최대 전단응력이 τ_2라면, $\dfrac{\tau_2}{\tau_1}$는?(단, 응력 수정계수는 1로 하고, 다른 조건은 동일하다)

① 2
② 4
③ 8
④ 16
⑤ 22

13 선반을 이용하여 지름이 50mm인 공작물을 절삭속도 196m/min로 절삭할 때, 필요한 주축의 회전수는?(단, π는 3.14로 계산하고, 회전수는 일의 자리에서 반올림한다)

① 1,000rpm
② 1,250rpm
③ 3,120rpm
④ 3,920rpm
⑤ 4,320rpm

14 10냉동톤의 능력을 갖는 카르노 냉동기의 응축 온도가 25℃, 증발온도가 -20℃이다. 이 냉동기를 운전하기 위하여 필요한 이론동력은 몇 kW인가?(단, 1냉동톤은 3.85kW이다)

① 약 6.85kW
② 약 5.65kW
③ 약 4.63kW
④ 약 3.37kW
⑤ 약 2.45kW

15 다음 중 구성인선(Built Up Edge)에 대한 설명으로 옳지 않은 것은?

① 구성인선은 일반적으로 연성재료에서 많이 발생한다.

② 구성인선은 공구 윗면경사면에 윤활을 하면 줄일 수 있다.

③ 구성인선에 의해 절삭된 가공면은 거칠게 된다.

④ 구성인선은 절삭속도를 느리게 하면 방지할 수 있다.

⑤ 구성인선은 절삭깊이를 작게 하여 방지할 수 있다.

16 다음 중 잔류응력(Residual Stress)에 대한 설명으로 옳지 않은 것은?

① 변형 후 외력을 제거한 상태에서 소재에 남아 있는 응력을 말한다.

② 물체 내의 온도구배에 의해서도 발생할 수 있다.

③ 잔류응력은 추가적인 소성변형에 의해서도 감소될 수 있다.

④ 표면의 인장잔류응력은 소재의 피로수명을 향상시킨다.

⑤ 변태로 인해 생기는 응력은 표면에는 인장력이 나타나고, 내부에는 압축 잔류 응력이 발생한다.

17 다음 중 구조용 강의 인장시험에 의한 응력 – 변형률선도(Stress – Strain Diagram)에 대한 설명으로 옳지 않은 것은?

① 비례한도(Proportional Limit)까지는 응력과 변형률이 정비례의 관계를 유지한다.

② 네킹구간(Necking)은 극한 강도를 지나면서 재료의 단면이 줄어들어 길게 늘어나는 구간이다.

③ 항복점(Yield Point)에서는 하중이 증가하더라도 시험편의 변형이 일어나지 않는다.

④ 극한응력(Ultimated Stress)은 선도상에서의 최대응력이다.

⑤ 탄성한도(Elastic Limit)에 이를 때까지는 하중을 제거하면, 시험편이 최초의 변형이 없는 상태로 돌아간다.

18 수차의 유효낙차가 15m이고 유량이 $6m^3/min$일 때, 수차의 최대 출력은 몇 마력인가?(단, 물의 비중량은 $1,000kgf/m^3$이다)

① 20PS

② 50PS

③ 88PS

④ 100PS

⑤ 120PS

19 길이가 L이고 스프링상수가 k인 균일한 스프링이 있다. 이 스프링 길이의 $\dfrac{2}{3}$를 잘라내고, 남은 길이가 $\dfrac{1}{3}$일 때, 이 스프링의 스프링상수는 얼마인가?(단, 스프링에는 길이 방향 하중만 작용한다)

① $\dfrac{k}{3}$

② $\dfrac{2k}{3}$

③ $\dfrac{3k}{2}$

④ $2k$

⑤ $3k$

20 압력용기 내의 게이지 압력이 30kPa로 측정되었다. 대기압력이 100kPa일 때, 압력용기 내의 절대 압력은?

① 130kPa

② 70kPa

③ 30kPa

④ 15kPa

⑤ 10kPa

03 | 전기일반 핵심이론

01 쿨롱의 법칙

$$F = \frac{Q_1 Q_2}{4\pi\varepsilon_0 r^2} = 9\times10^9 \times \frac{Q_1 Q_2}{r^2}\,[\mathrm{N}]$$

※ Q : 전하량[C], r : 거리[m], ε_0(진공 유전율)$=8.855\times10^{-12}\,\mathrm{F/m}$

02 전계의 세기

- 단위 점전하($+1$C)와 전하 사이에 미치는 쿨롱의 힘

$$E = \frac{Q}{4\pi\varepsilon_0 r^2}\,[\mathrm{V/m}] = 9\times10^9 \cdot \frac{Q}{r^2}$$

- 전계의 세기 단위 표시

$$E = \frac{F}{Q}\,[\mathrm{V/m}]\ (\text{단위} : [\mathrm{N/C}] = \left[\frac{N\cdot m}{C\cdot m}\right] = \left[\frac{J}{C\cdot m}\right] = [\mathrm{V/m}])$$

03 전기력선의 성질

- 전기력선의 방향은 전계의 방향과 같다.
- 전기력선의 밀도는 전계의 세기와 같다(∵ 가우스의 법칙).
- 전기력선은 전위가 높은 곳에서 낮은 곳으로, (+)에서 (−)로 이동한다.
- 전하가 없는 곳에서 발생하지만 소멸이 없다(연속적).
- 단위전하에서는 $\dfrac{1}{\varepsilon_0}=36\pi\times10^9$개의 전기력선이 출입한다.
- 전기력선은 자신만으로 폐곡선을 이루지 않는다.
- 두 개의 전기력선은 서로 교차하지 않는다(전계가 0이 아닌 곳).
- 전기력선은 등전위면과 수직 교차한다.

04 전기쌍극자

$M = Q \cdot \delta [\text{C} \cdot \text{m}]$ (쌍극자의 모멘트)

※ 미소전하 $\pm Q[\text{C}]$, 미소거리 δ 떨어져서 배치

• 전기쌍극자의 전위

$$V = \frac{M}{4\pi\varepsilon_0 r^2} \cos\theta \, [\text{V}]$$

$[\theta = 0°(\text{최대}), \ 90°(\text{최소})]$

• 전기쌍극자의 전계

$$E = \frac{M}{4\pi\varepsilon_0 r^3} \sqrt{1 + 3\cos^2\theta} \, [\text{V/m}]$$

$[\theta = 0°(\text{최대}), \ 90°(\text{최소})]$

05 표피효과

• 표피효과 : 도선의 중심부로 갈수록 전류밀도가 적어지는 현상이다.

• 침투깊이 : $\delta = \sqrt{\dfrac{2}{\omega\mu k}} = \sqrt{\dfrac{1}{\pi f \mu k}}$

※ 침투깊이가 작을수록(f, μ, k가 클수록), 표피효과가 커진다($w = 2\pi f$).

06 상호 인덕턴스

$M = k\sqrt{L_1 L_2}$ (여기서 $M =$ 상호 인덕턴스, $k =$ 결합계수, L_1, $L_2 =$ 자기 인덕턴스)

07 애자(Insulator)

• 기능 : 전선을 절연하여 지지물과의 고정 간격을 유지한다.

• 애자가 갖추어야 할 조건
 − 절연내력이 커야 한다.
 − 절연 저항이 커야 한다(누설 전류가 적을 것).
 − 기계적 강도가 커야 한다.
 − 온도 급변에 견디고 습기를 흡수하지 않아야 한다.

• 전압부담
 − 최대 : 전선에 가장 가까운 애자
 − 최소 : 철탑(접지측)에서 1/3 또는 전선에서 2/3 위치에 있는 애자

• 애자의 연효율(연능률)

$$\eta = \frac{V_n}{nV_1} \times 100 \, (\text{여기서 } V_n = \text{애자련의 전체 섬락전압}, \ n = \text{애자의 개수}, \ V_1 = \text{애자 1개의 섬락전압})$$

08 연가(Transposition)

- 목적 : 선로정수 평형
- 효과 : 선로정수 평형, 정전 유도 장해 방지, 직렬 공진에 의한 이상 전압 상승 방지

09 동기 조상기

무부하로 운전하는 동기 전동기이다.
- 과여자 운전 : 콘덴서로 작용, 진상
- 부족 여자 운전 : 리액터로 작용, 지상
- 증설이 어려움, 손실 최대(회전기)

10 경제적인 송전 전압의 결정(Still의 식)

$$V_S = 5.5 \sqrt{0.6l + \frac{P}{100}} \, [\text{kV}]$$

(여기서 l = 송전 거리[km], P = 송전 전력[kW])

11 절연 협조

피뢰기의 제한전압 < 변압기의 기준충격 절연강도(BIL) < 부싱, 차단기 < 선로애자(피뢰기의 제1보호대상 : 변압기)

12 보호 계전기의 종류

선로 보호용	• 거리 계전기(임피던스 계전기, ohm 계전기, Mho 계전기) 　－ 전압과 전류의 비가 일정값 이하가 되면 동작 　－ 기억 작용(고장 후에도 고장 전 전압을 잠시 유지) • 지락 계전기 　－ 선택접지 계전기(병렬 2회선, 다회선) 　－ 지락 방향 계전기
발전기·변압기 보호용	• 과전류 계전기(oCR) • 부흐홀츠 계전기(변압기 보호) 　－ 변압기와 콘서베이터 연결관 도중에 설치 • 차동 계전기(양쪽 전류 차에 의해 동작) • 비율차동 계전기

13 부하율, 수용률, 부등률

- $F(부하율) = \dfrac{(평균\ 전력)}{(최대\ 전력)} \times 100$

- $(수용률) = \dfrac{(최대\ 전력)}{(설비\ 용량)} \times 100$

- $[부등률(전기\ 기구의\ 동시\ 사용\ 정도)] = \dfrac{(개별\ 최대수용\ 전력의\ 합)}{(합성\ 최대\ 전력)} 1 \geq 1$

  (단독 수용가일 때, 부등률 $= 1$)

14 변압기 절연유의 구비조건

- 절연내력이 커야 한다.
- 점도가 적고 비열이 커서 냉각효과가 커야 한다.
- 인화점은 높고, 응고점은 낮아야 한다.
- 고온에서 산화하지 않고, 침전물이 생기지 않아야 한다.

15 병렬 운전 조건

- 극성, 권수비, 1, 2차 정격전압이 같아야 한다(용량은 무관).
- 각 변압기의 저항과 리액턴스비가 같아야 한다.
- 부하분담 시 용량에 비례하고 임피던스강하에는 반비례해야 한다.
- 상회전 방향과 각 변위가 같아야 한다(3ϕ 변압기).

16 변압기효율

- 전부하효율

  $$\eta = \frac{P_n \cos\theta}{P_n \cos\theta + P_i + P_c} \times 100$$

- $\dfrac{1}{m}$ 부하 시 효율

  $$\eta_{\frac{1}{m}} = \frac{\dfrac{1}{m} P_n \cos\theta}{\dfrac{1}{m} P_n \cos\theta + P_i + \left(\dfrac{1}{m}\right)^2 P_c} \times 100$$

- 최대 효율조건
  - 전부하 시 : $P_i = P_c$ (철손 : 동손=1 : 1)
  - $\dfrac{1}{m}$ 부하 시 : $P_i = \left(\dfrac{1}{m}\right)^2 P_c$, $\dfrac{1}{m} = \sqrt{\dfrac{P_i}{P_c}}$ [(철손) : (동손)=1 : 2]
  - 최대 효율 : $\eta_{\max} = \dfrac{\dfrac{1}{m}P_n\cos\theta}{\dfrac{1}{m}P_n\cos\theta + 2P_i} \times 100$
  - 전일 효율 : $\eta_{day} = \dfrac{(24시간\ 출력\ 전력량)}{(24시간\ 입력\ 전력량)} \times 100$

17 농형과 권선형의 비교

농형	• 구조가 간단하고, 보수가 용이하다. • 효율이 좋다. • 속도 조정이 곤란하다. • 기동 토크가 작아 대형이 되면 기동이 곤란하다.
권선형	• 중형과 대형에 많이 사용한다. • 기동이 쉽고 속도 조정이 용이하다.

18 직 · 병렬회로 요약

직렬회로(전압분배)	병렬회로(전류분배)
$R_0 = R_1 + R_2$ $V_1 = R_1 I = \dfrac{R_1}{R_1 + R_2}V$ $V_2 = R_2 I = \dfrac{R_2}{R_1 + R_2}V$	$R_0 = \dfrac{R_1 R_2}{R_1 + R_2}$ $I_1 = \dfrac{V}{R_1} = \dfrac{R_2}{R_1 + R_2}I$ $I_2 = \dfrac{V}{R_2} = \dfrac{R_1}{R_1 + R_2}I$

19 공진회로

구분	직렬공진	병렬공진(반공진)
공진조건	$\omega_r L = \dfrac{1}{\omega_r C}$	$\omega_r C = \dfrac{1}{\omega_r L}$
공진주파수	$f_r = \dfrac{1}{2\pi\sqrt{LC}}$	$f_r = \dfrac{1}{2\pi\sqrt{LC}}$
임피던스	최소	최대
전류	최대	최소

20 선택도(첨예도)

- 직렬공진 : $Q = \dfrac{1}{R}\sqrt{\dfrac{L}{C}}$

- 병렬공진 : $Q = R\sqrt{\dfrac{C}{L}}$

01 다음 중 기전력에 대한 설명으로 옳은 것은?

① 전기 저항의 역수 ② 전류를 흐르게 하는 원동력
③ 도체에 흐르는 전류의 세기 ④ 전기의 흐름
⑤ 전위의 차

02 전기자 저항이 0.3Ω이고, 직권 계자의 권선저항이 0.7Ω인 직권 전동기에 110V를 가하였더니 부하전류가 10A이었다. 이때 전동기의 속도는?(단, 기계 정수는 2이다)

① 1,200rpm ② 1,500rpm
③ 1,800rpm ④ 3,600rpm
⑤ 4,200rpm

03 다음 그림과 같은 유도 전동기가 있다. 고정자가 매초 100회전하고 회전자가 매초 95회전하고 있을 때, 회전자의 도체에 유기되는 기전력의 주파수는?

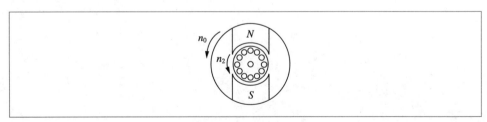

① 5Hz ② 10Hz
③ 15Hz ④ 20Hz
⑤ 25Hz

04 다음 중 동기전동기를 송전선의 전압 조정 및 역률 개선에 사용하는 것은 무엇인가?

① 댐퍼
② 동기이탈
③ 제동권선
④ 동기조상기
⑤ 유도전동기

05 다음 중 유도 전동기 권선법에 대한 설명으로 옳지 않은 것은?

① 홈 수는 24개 또는 36개이다.
② 고정자 권선은 3상 권선이 쓰인다.
③ 소형 전동기는 보통 4극이다.
④ 고정자 권선은 단층 파권이다.
⑤ 일반적으로 중권을 사용한다.

06 다음 그림과 같은 회로에서 전류는 몇 A인가?

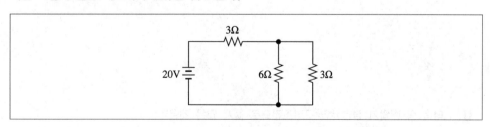

① 2A
② 3A
③ 4A
④ 5A
⑤ 6A

07 다음 중 직류기에서 전기자 반작용을 방지하기 위한 보상권선의 전류 방향은?

① 계자 전류의 방향과 같다.

② 정류자 전류 방향과 같다.

③ 전기자 전류 방향과 같다.

④ 계자 전류의 방향과 반대이다.

⑤ 전기자 전류 방향과 반대이다.

08 $v = V_m \sin(\omega t + 30°)$[V], $i = Im \sin(\omega t - 30°)$[A]일 때, 전압을 기준으로 하면 전류의 위상차는?

① 60° 뒤진다.

② 60° 앞선다.

③ 30° 뒤진다.

④ 30° 앞선다.

⑤ 15° 뒤진다.

09 다음 중 검출값 편차의 크기에 비례하여 조작부를 제어하는 동작으로, 정상 오차를 수반하고 사이클링은 없으나 잔류 편차(Offset)가 발생하는 제어는?

① 적분 제어 　　　　　　　　　② 미분 제어

③ 비례 제어 　　　　　　　　　④ 비례 적분 제어

⑤ 비례 적분 미분 제어

10 다음 중 변압기 절연유의 구비조건으로 옳지 않은 것은?

① 냉각효과가 클 것 　　　　　② 응고점이 높을 것

③ 절연내력이 클 것 　　　　　④ 고온에서 화학반응이 없을 것

⑤ 발화점이 높을 것

11 반지름이 0.6mm, 고유 저항이 $1.78 \times 10^{-8} \, \Omega \cdot$m인 코일의 저항이 20Ω이 되도록 전자석을 만들 때, 이 전선의 길이는 몇 m인가?

① 약 580m
② 약 865m
③ 약 1,271m
④ 약 1,642m
⑤ 약 1,841m

12 다음 그림과 같은 전기 회로 a, b 간의 합성 저항은 얼마인가?

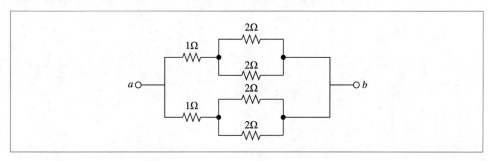

① 0.5Ω
② 2Ω
③ 1Ω
④ 3Ω
⑤ 4Ω

13 다음 중 3상 교류 발전기의 기전력에 대하여 $\dfrac{\pi}{2}$ rad 뒤진 전기자 전류가 흐를 때, 전기자 반작용으로 옳은 것은?

① 횡축 반작용으로 기전력을 증가시킨다.
② 감자 작용을 하여 기전력을 감소시킨다.
③ 증자 작용을 하여 기전력을 증가시킨다.
④ 교차 자화작용으로 기전력을 감소시킨다.
⑤ 전기자 반작용으로 기전력을 감소시킨다.

14 다음 그림과 같은 회로에서 전압비의 전달 함수는?

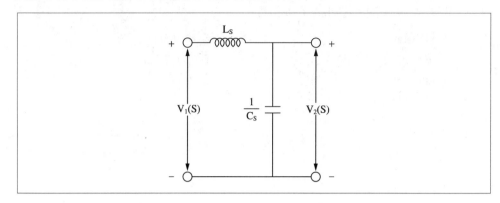

① $\dfrac{1}{\dfrac{1}{Ls}+Cs}$

② $\dfrac{1}{LC+Cs}$

③ $\dfrac{\dfrac{1}{LC}}{s^2+\dfrac{1}{LC}}$

④ $\dfrac{sC}{s^2(s+LC)}$

⑤ $\dfrac{\dfrac{1}{LC}}{s+\dfrac{1}{LC}}$

15 2μF의 평행판 공기콘덴서가 있다. 다음 그림과 같이 전극 사이에 그 간격의 절반 두께의 유리판을 넣을 때 콘덴서의 정전용량은?(단, 유리판의 유전율은 공기의 유전율의 9배라 가정한다)

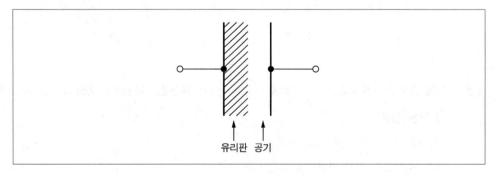

① 1.0μF

② 3.6μF

③ 4.0μF

④ 5.4μF

⑤ 5.6μF

16 다음 그림과 같은 회로에서 스위치 S를 닫을 때, 전류 $i(t)$는 몇 A인가?

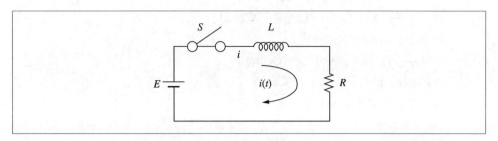

① $\dfrac{E}{R}e^{-\frac{R}{L}t}$　　　　　　　② $\dfrac{E}{R}e^{-\frac{L}{R}t}$

③ $\dfrac{E}{R}(1-e^{-\frac{R}{L}t})$　　　　　　④ $\dfrac{E}{R}(1-e^{-\frac{L}{R}t})$

⑤ $\dfrac{E}{R}(1-e^{-LRt})$

17 10kW, 200V, 전기자 저항 $0.15\,\Omega$ 의 타 여자 발전기를 전동기로 사용하여 발전기의 경우와 같은 전류를 흘렸을 때, 단자 전압은 몇 V로 하면 되는가?(단, 여기서 전기자 반작용은 무시하고 회전수는 같도록 한다)

① 200V　　　　　　　　② 207.5V

③ 215V　　　　　　　　④ 225.5V

⑤ 230V

18 다음 중 전력계통의 안정도(Stability)에 대한 설명으로 옳지 않은 것은?

① PSS 대신에 속응 여자 시스템을 채택한다.

② 디지털 AVR을 설치한다.

③ 여자장치를 정지형 여자기로 설치한다.

④ FACTS 기기를 설치한다.

⑤ 최적 조류 계산에 의해 발전 및 송전한다.

19 균일 자기장(z축 방향) 내에 길이가 0.5m인 도선을 y축 방향으로 놓고 2A의 전류를 흘렸더니 6N의 힘이 작용하였다. 이 도선을 다음과 같이 z축에 대해 수직이고 x축에 대해 30° 방향으로 $v = 10$m/s의 속도로 움직일 때, 발생하는 유도기전력의 크기는?

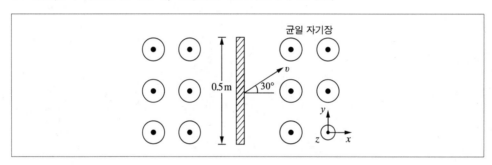

① 15V

② $15\sqrt{3}$ V

③ 30V

④ $30\sqrt{3}$ V

⑤ 45V

20 파워컨디셔너의 동작범위가 280 ~ 560V, 모듈의 온도에 따른 전압 범위가 28 ~ 45V일 때, 모듈의 최대 직렬연결 가능 장수는 몇 장인가?

① 10장

② 11장

③ 12장

④ 13장

⑤ 14장

PART 3

최종점검 모의고사

| 01 | 의사소통능력

01 다음 글을 근거로 추론할 때, 언급된 작품 중 가장 마지막에 완성된 작품은?

반 고흐가 여동생 윌에게

재작년 누에넨에서 완성한 「감자 먹는 사람들」이 내가 그린 그림 중 제일 낫다고 생각해. 그 후로는 알맞은 모델을 구할 수 없었어. 그 대신 색채 문제를 고민할 기회를 가질 수 있었지. 작년에는 「장미와 해바라기가 있는 정물」을 완성하면서 분홍색, 노란색, 주황색, 찬란한 빨간색에 익숙해질 수 있었단다. 그 덕에 올 여름 「아시니에르의 음식점」을 완성하면서 과거보다 더 많은 색을 볼 수 있었어.

1887년 여름

반 고흐가 베르나르에게

이제 막 다 그린 「씨 뿌리는 사람」을 보내네. 태양만큼이나 환한 그림일세. 「별이 빛나는 밤」은 언제쯤이면 완성할 수 있을까? 완벽한 자연의 아름다움 앞에서 아무리 큰 무력감을 느끼더라도 우선 노력은 해야겠다고 다짐하네.

1888년 6월

반 고흐가 동생 테오에게

근래 아프기는 했지만 「수확하는 사람」을 드디어 완성했어. 수확하느라 뙤약볕에서 온 힘을 다하고 있는 흐릿한 인물에서 나는 죽음의 이미지를 발견하곤 해. 그래서 「씨 뿌리는 사람」과는 반대의 그림이라 해야겠지.

1889년 9월 5일

테오가 형 반 고흐에게

앵데팡당 전이 열렸어. 올 초에 받은 형의 두 작품 「장미와 해바라기가 있는 정물」과 「별이 빛나는 밤」도 그곳에 전시되었어. 멀리서도 시선을 확 잡아끄는 아름다운 그림이야.

1889년 9월 12일

---

① 「감자 먹는 사람들」
② 「별이 빛나는 밤」
③ 「수확하는 사람」
④ 「씨 뿌리는 사람」
⑤ 「장미와 해바라기가 있는 정물」

02 다음 문단을 논리적 순서대로 바르게 나열한 것은?

> (가) 상품의 가격은 기본적으로 수요와 공급의 힘으로 결정된다. 시장에 참여하고 있는 경제 주체들은 자신이 가진 정보를 기초로 하여 수요와 공급을 결정한다.
>
> (나) 이런 경우에는 상품의 가격이 우리의 상식으로는 도저히 이해하기 힘든 수준까지 일시적으로 뛰어오르는 현상이 나타날 가능성이 있다. 이런 현상은 특히 투기의 대상이 되는 자산의 경우 자주 나타나는데, 이를 '거품 현상'이라고 부른다.
>
> (다) 그러나 현실에서는 사람들이 서로 다른 정보를 갖고 시장에 참여하는 경우가 많다. 어떤 사람은 특정한 정보를 갖고 있는데 거래 상대방은 그 정보를 갖고 있지 못한 경우도 있다.
>
> (라) 일반적으로 거품 현상이란 것은 어떤 상품, 자산의 가격이 지속해서 급격히 상승하는 현상을 가리킨다. 이와 같은 지속적인 가격 상승이 일어나는 이유는 애초에 발생한 가격 상승이 추가적인 가격 상승의 기대로 이어져 투기 바람이 형성되기 때문이다.
>
> (마) 이들이 똑같은 정보를 함께 갖고 있으며, 이 정보가 아주 틀린 것이 아닌 이상 상품의 가격은 어떤 기본적인 수준에서 크게 벗어나지 않을 것이라고 예상할 수 있다.

① (가) – (다) – (나) – (라) – (마)
② (가) – (마) – (다) – (나) – (라)
③ (라) – (가) – (다) – (나) – (마)
④ (라) – (다) – (가) – (나) – (마)
⑤ (마) – (가) – (다) – (라) – (나)

03 다음 글에 이어질 내용으로 가장 적절한 것은?

> 책은 벗입니다. 먼 곳에서 찾아온 반가운 벗입니다. 배움과 벗에 관한 이야기는 『논어』의 첫 구절에도 있습니다. '배우고 때때로 익히니 어찌 기쁘지 않으랴. 벗이 먼 곳에서 찾아오니 어찌 즐겁지 않으랴.'가 그런 뜻입니다. 그러나 오늘날 우리의 현실은 그렇지 못합니다. 인생의 가장 빛나는 시절을 수험 공부로 보내야 하는 학생들에게 독서는 결코 반가운 벗이 아닙니다. 가능하면 빨리 헤어지고 싶은 불행한 만남일 뿐입니다. 밑줄 그어 암기해야 하는 독서는 진정한 의미의 독서가 아닙니다.

① 진정한 독서의 방법
② 친밀한 교우 관계의 중요성
③ 벗과 함께하는 독서의 즐거움
④ 반가운 벗과 반갑지 않은 벗의 구분
⑤ 현대인의 독서량 감소 원인

04 다음은 K공사의 홍보관 견학에 대한 안내 자료이다. 이를 이해한 내용으로 가장 적절한 것은?

- 관람 전 안내사항
  - 자유관람은 별도의 예약신청 없이 자유롭게 이용 가능합니다.
  - 10명 이상 단체견학은 온라인으로 견학 신청을 해 주시기 바랍니다.
  - 안전한 관람을 위하여 바퀴 달린 신발, 인라인 스케이트, 킥보드 등의 착용 및 휴대를 삼가 주시기 바랍니다.
  - 홍보관 내에서는 시각장애 안내견 이외의 애완동물의 출입은 금지되어 있습니다.

- 관람정보
  - 관람운영일 : 매일 오전 9시 ~ 오후 6시(오후 5시 입장 마감)
    ※ 휴관일 : 1월 1일, 설·추석 연휴
  - 홍보관 해설 시간 : 매주 화요일 ~ 일요일 오전 11시 / 오후 2시 / 오후 4시(총 3회), 회당 40명 이내
  - 해설 코스 : 홍보관 1층 로비(회사소개 영상 관람) → 홍보관 → 특별전시
  - 해설 소요 시간 : 40분(회사소개 영상 10분, 해설 30분)
  - 해설 참여방법 : 홍보관 1층 데스크에서 선착순 접수, 방문기념품 제공
    ※ 해당 시간에 단체견학이 있을 경우 동반 해설 진행
    ※ 외국인 대상의 영어 해설을 원하실 경우 관람 4일 전까지 유선 신청해 주시기 바랍니다.
  - 자체제작 애니메이션 상영 : 네버랜드를 구하라(20분), 트러스트(8분) 총 2편(매일 오전 10시 30분 / 오후 1시 30분 / 오후 3시 30분, 홍보관 로비 멀티비전)

- 단체견학 신청
  - 10명 이상 단체견학 신청 가능(최대 300명)
  - 단체관람코스
    회사소개 브리핑(30분) → 홍보동영상 관람(15분) → 홍보관 투어(30분) → 특별전시관람(15분) → 원자로, 터빈 등 원자력설비 모형 소개(15분 / 별도 요청 시)

① 홍보관 관람을 위해서는 반드시 온라인으로 예약 신청을 해야 한다.
② 단체견학의 경우 1시간 30분 이상이 소요될 수도 있다.
③ 반려견과 동행하기 위해서는 애견용 가방을 사용해야 한다.
④ 외국인과 관람하는 경우 영어 해설을 들으려면 관람 4일 전까지 인터넷으로 신청해야 한다.
⑤ 해설을 듣기 위해서는 반드시 단체견학을 신청해야 한다.

05 다음 글의 내용으로 가장 적절한 것은?

> 초고속 네트워크와 스마트기기의 발달은 콘텐츠 소비문화에 많은 변화를 가져왔다. 이제 우리는 시간과 장소의 제약 없이 음악이나 사진, 동영상 등 다채로운 문화 콘텐츠들을 만날 수 있다. 특히 1인 방송의 보편화로 동영상 콘텐츠의 생산과 공유는 더욱 자유로워져 1인 크리에이터라는 새로운 직업이 탄생하고 사회적인 이슈로 떠오르고 있다.
>
> 틱톡은 현재 전 세계에서 가장 주목받고 있는 영상 플랫폼 중에 하나이다. 2017년 정식으로 출시된 이래 2년이 채 되지 않은 짧은 기간 동안 수억 명의 유저들을 끌어 모아 유튜브, 인스타그램, 스냅챗 등 글로벌 서비스들과 경쟁하는 인기 플랫폼으로 성장했다. 특히 작년에는 왓츠앱, 페이스북 메신저, 페이스북에 이어 전세계에서 4번째로 많이 다운로드된 비게임 어플로 기록되어 많은 콘텐츠 크리에이터들을 놀라게 했다. 틱톡이 이토록 빠른 성장세를 보인 비결은 무엇일까? 그 답은 15초로 영상의 러닝타임을 제한한 독특한 아이디어에 있다.
>
> 최근 현대인들의 여가시간이 줄어들면서 짧은 시간 동안 간편하게 문화 콘텐츠를 즐기는 스낵컬처가 각광받고 있다. 틱톡이 보여주는 '15초 영상'이라는 극단적인 형태는 이러한 트렌드를 반영한 것이다. 하지만 틱톡의 폭발적인 인기의 근본은 스낵컬처 콘텐츠의 수요를 공략했다는 데 국한되지 않는다. 틱톡은 1인 미디어 시대가 도래하면서 보다 많은 이들이 자신을 표현하고 싶어 한다는 점을 주목해 누구나 부담 없이 영상을 제작할 수 있는 형태의 솔루션을 개발해냈다. 정형화된 동영상 플랫폼의 틀을 깨고 새로운 장르를 개척했다고도 할 수 있다. 누구나 크리에이터가 될 수 있는 동영상 플랫폼, 틱톡이 탄생함으로서 앞으로의 콘텐츠 시장은 더욱 다채로워질 것이라는 것이 필자의 소견이다.

① 1인 미디어의 등장으로 새로운 플랫폼이 생겨나고 있다.

② 1인 미디어는 문제가 많기 때문에 적절한 규제가 필요하다.

③ 1인 미디어 콘텐츠 시장은 점차 쇠퇴의 길을 걸을 전망이다.

④ 1인 미디어가 인기를 끄는 이유는 양질의 정보를 전달하기 때문이다.

⑤ 많은 1인 크리에이터들이 동영상 플랫폼을 통해 돈을 벌어들이고 있다.

※ 다음은 경청태도에 대한 강연 내용의 일부이다. 이어지는 질문에 답하시오. [6~7]

우리는 회사생활을 하면서 많이 말하기보다 많이 들어야 합니다. 말 잘하는 법, 발표 잘하는 법에 대한 노하우는 어디서든 찾아볼 수 있지만 잘 듣는 법에 대한 이야기는 별로 없는 것 같아요. 그래서 오늘은 올바른 경청태도에 대해 이야기하고자 합니다. 제가 여러분께 어제 메일로 오늘 강의할 자료를 보내드렸습니다. 혹시 읽어 오신 분 있나요? 네, 잘 없죠. 이해합니다. 그런데 여러분, 이렇게 강연 전 수업계획서나 강의계획서를 미리 읽어두는 것도 효과적인 경청 방법에 해당한다는 사실을 알고 계셨나요? 상대의 말을 잘 알아듣기 위해서는 상대가 말하고자 하는 주제나 용어에 친숙해질 필요가 있으니까요. 이 밖에도 효과적인 경청 방법에는 주의 집중하기가 있습니다. 여러분은 지금 모두 제 말을 아주 집중해서 듣고 계시네요. 모두 좋은 경청태도를 보이고 계십니다.

경청에 도움을 주는 자세가 있다면 경청을 방해하는 요인들도 있겠죠? 상대방의 말을 듣고 받아들이기보다 자신의 생각에 들어맞는 단서를 찾아 자신의 생각을 확인하는 행동, 상대방에 대한 부정적인 판단 또는 상대방을 비판하기 위해 상대방의 말을 듣지 않는 행동 등이 있죠. 그럼 각각의 사례를 통해 경청을 방해하는 요인에 대해 더 자세히 알아보도록 하겠습니다.

06 다음 중 윗글에서 설명하고 있는 경청의 방해요인을 〈보기〉에서 모두 고르면?

> **보기**
>
> (가) 다른 생각하기   (나) 짐작하기
> (다) 판단하기   (라) 걸러내기

① (가), (나)　　　　　　　　　② (가), (라)
③ (나), (다)　　　　　　　　　④ (나), (라)
⑤ (다), (라)

07 강연을 듣고 윤수, 상민, 서희, 선미는 다음과 같은 대화를 나누었다. 이를 참고할 때, 강연 내용을 잘못 이해한 사람을 모두 고르면?

> 윤수 : 말하는 것만큼 듣는 것도 중요하구나. 경청은 그저 잘 듣기만 하면 되는 줄 알았는데, 경청에도 여러 가지 방법이 있는지 오늘 처음 알았어.
>
> 상민 : 맞아. 특히 오늘 강사님이 알려주신 경청을 방해하는 요인은 정말 도움이 되었어. 그동안 나도 모르게 했던 행동들 중에 해당되는 게 많더라고. 특히 내가 대답할 말을 생각하느라 상대의 말에 집중하지 않는 태도는 꼭 고쳐야겠다는 생각이 들었어.
>
> 서희 : 나도 상대에게 호의를 보인다고 상대의 말에 너무 쉽게 동의하거나 너무 빨리 동의하곤 했는데 앞으로 조심해야겠어. 그러고 보니 강사님께서 경청의 방해 요인은 예시까지 들어주시며 자세히 설명해 주셨는데, 경청의 올바른 자세는 몇 가지 알려주시지 않아 아쉬웠어. 또 무엇이 있을까?
>
> 선미 : 아, 그건 강사님이 보내주신 강의 자료에 더 자세히 나와 있어. 그런데 서희야, 네가 말한 행동은 경청의 올바른 자세니까 굳이 고칠 필요 없어.

① 윤수
② 상민
③ 서희
④ 선미
⑤ 상민, 선미

08 다음 글의 '사회적 경제'의 개념과 가장 거리가 먼 것은?

> 자연과 공존을 중시하며 환경오염, 기후변화, 자원부족 등을 극복하기 위한 노력이 증대되고 있다. 또한 자본주의 시장경제의 전개 과정에서 발생한 다양한 사회문제에 대응하여 대안적 삶을 모색하고 공생사회를 지향하는 가치관이 확산되고 있다. 이러한 흐름 속에서 부상한 사회적 경제는 이윤의 극대화를 최고 가치로 삼는 시장경제와 달리, 사람의 가치에 우위를 두는 사람 중심의 경제활동이자 여러 경제주체를 존중하는 다양성의 경제이다. 사회적 경제는 국가, 시장, 공동체의 중간 영역으로 정의되기도 한다. 이러한 정의는 사회적 경제가 공식 경제와 비공식 경제, 영리와 비영리, 공과 사의 경계에 존재함을 의미하고, 궁극적으로 국가 공동체가 새로운 거버넌스의 원리에 따라 재구성되어야 한다는 것을 의미한다.
> 최근 들어 우리 사회뿐만 아니라 세계적 흐름으로 발전하고 있는 사회적 경제는 시장경제에 위기가 도래하면 부상하고, 그 위기가 진정되면 가라앉는 특징을 보이며, 복지국가 담론에 대한 회의 혹은 자본주의 시장 실패에 대한 대안이나 보완책으로 자주 거론되고 있다. 또한, 양극화 해소나 일자리 창출 등의 공동이익과 사회적 가치의 실현을 위한 상호협력과 사회연대라는 요구와 관련된다.

① 기존의 복지국가 담론
② 자본주의 시장 실패의 대안 모델
③ 공식 경제와 비공식 경제의 경계
④ 사람의 가치를 존중하는 사람 중심의 경제
⑤ 상호협력과 사회연대를 바탕으로 한 경제적 활동

09 다음 글의 주제로 가장 적절한 것은?

> 표준화된 언어는 효과적으로 의사소통하기 위하여 의도적으로 선택해야 할 공용어로서의 가치가 있다. 반면에 방언은 지역이나 계층의 언어와 문화를 보존하고 드러냄으로써 국가 전체의 언어와 문화를 다양하게 발전시키는 토대로서의 가치가 있다. 이러한 의미에서 표준화된 언어와 방언은 상호 보완적인 관계라고 볼 수 있다. 표준화된 언어가 있기에 정확한 의사소통이 가능하며, 방언이 있기에 개인의 언어생활에서나 언어 예술 활동에서 자유롭고 창의적인 표현이 가능하다. 결국 우리는 표준화된 언어의 가치와 방언의 가치를 모두 인정해야 하며, 발화(發話) 상황(狀況)을 잘 고려하여 표준화된 언어와 방언을 가려서 사용할 줄 아는 능력을 길러야 한다.

① 표준화된 언어는 방언보다 효용가치가 있다.
② 창의적인 예술 활동에서는 방언의 기능이 중요하다.
③ 정확한 의사소통을 위해서는 표준화된 언어가 꼭 필요하다.
④ 표준화된 언어와 방언을 구분할 줄 아는 능력을 길러야 한다.
⑤ 표준화된 언어와 방언에는 각각 독자적인 가치와 역할이 있다.

※ 다음 글을 읽고 이어지는 질문에 답하시오. [10~11]

일본은 중앙정부, 지방정부할 것 없이 분양과 임대를 포괄하여 도심 주택공급을 위한 전방위적인 노력을 기울이고 있다. 뉴욕은 부담 가능한 주택공급에 초점을 맞추어 사업 단계별 지원으로 장기사업을 작동시키고 있다. 이러한 차이는 일본은 주택가격과 임대료가 동반 약세 시장으로, 규제 ㉠ 완화와 지원에 대한 사회적 합의가 가능한 구조이기 때문이다. 코로나19 이전까지 뉴욕은 서울과 유사하게 주택가격과 임대료가 상승하는 도시다. 하지만 도심 주택공급 ㉡ 억제가 아니라 공급 확대를 통해 공실률 상승, 임대료 안정을 도모하고 있다는 점에서 주목할 만하다.

우리도 도심 안에 주택을 공급하고 이를 통해 중장기적인 주택시장 안정과 도시 경쟁력을 높여야 한다. 신임 국토부 장관께서 도심 공급 확대로 방향성을 잡은 것은 환영할 만하다. 다만, 획일적인 대책 발표가 아니라 일본과 뉴욕의 사례와 같이 도심의 다양한 변수에 대응한 유연한 방식으로 제도가 설계되어야 한다. 또한, 우리시장의 특수성도 고려해야 한다. 선진국은 대부분 소규모 단지나 나홀로 아파트 형태다. 우리는 대규모 단지형 아파트에 대한 선호가 강하고 노후아파트 재고도 많다. 부동산114(주)에 따르면 지난 20년간 서울 아파트 준공 중 63.2%가 재개발·재건축으로 공급되었다. 재개발·재건축을 제외한 도심의 주택공급 물량은 극히 제한적이다. 재개발·재건축 사업이 안정적으로 추진될 수 있도록 규제는 완화하고 개발이익은 적절히 환수할 수 있는 균형점을 찾지 않고서는 도심의 안정적 주택공급은 요원할 것이다.

도심의 토지주는 대부분 민간이다. 도심 주택공급은 민간과 공공이 협력해야만 하는 사업이다. 재개발·재건축이 되었든 일본과 뉴욕 같은 새로운 주택공급 방식이 되었든 과도한 개발이익 환수는 정책 실효성을 낮출 것이며, 과도한 인센티브는 사회적 논란으로 정책 추진 동력을 잃을 것이다. 도심 주택공급을 위해서는 시장과 사회적 요구 사이의 절묘한 균형점을 찾아야 하며 이는 정부가 보다 스마트해져야 함을 의미한다. 단기간에 성과를 내기 어려울 것이며, 장기전이 될 것이다. 서울뿐 아니라 어느 도시에서든 지난한 일이다. 신임 국토부 장관은 단기 대책이 아니라 장기 정책으로 접근하여 실효성과 지속가능성을 확보할 수 있기를 기대해 본다.

10 다음 중 밑줄 친 ㉠과 ㉡의 의미 관계와 다른 것은?

① 착륙 – 이륙
② 수취 – 지급
③ 개선 – 악화
④ 분리 – 통합
⑤ 별세 – 서거

11 다음 중 윗글의 서술방식으로 적절하지 않은 것은?

① 통계 자료를 통해 내용의 신빙성을 높이고 있다.
② 다른 사례와의 비교를 통해 논의를 끌어내고 있다.
③ 정책을 통해 기대되는 바를 예상하고 있다.
④ 공신력 있는 전문가의 말을 빌려 주장의 타당성을 높이고 있다.
⑤ 한계를 지적하며, 논의가 필요한 근거를 제시하고 있다.

12 다음 글의 밑줄 친 ㉠～㉤을 바꾸어 쓸 때 적절하지 않은 것은?

산등성이가 검은 바위로 끊기고 산봉우리가 여기저기 솟아 있어서 이들 산은 때로 ㉠황량하고 접근할 수 없는 것처럼 험준해 보인다. 산봉우리들은 분홍빛의 투명한 자수정으로 빛나고, 그 그림자는 짙은 코발트빛을 띠며 내려앉고, 하늘은 푸른 금빛을 띤다. 서울 인근의 풍광은 이른 봄에도 아름답다. 이따금 녹색의 연무가 산자락을 ㉡휘감고, 산등성이는 연보랏빛 진달래로 물들고, 불그레한 자두와 화사한 벚꽃, 그리고 ㉢흐드러지게 핀 복숭아꽃이 예상치 못한 곳에서 나타난다.
서울처럼 인근에 아름다운 산책로와 마찻길이 있고 외곽지대로 조금만 나가더라도 한적한 숲이 펼쳐져 있는 도시는 동양에서는 거의 찾아볼 수 없다. 또 한 가지 덧붙여 말한다면, 서울만큼 안전한 도시는 없다는 것이다. 내가 직접 경험한 바이지만, 이곳에서는 여자들이 유럽에서처럼 누군가를 ㉣대동하지 않고도 성 밖의 어느 곳이든 아무런 ㉤성가신 일을 겪지 않고 나다닐 수 있다.

① ㉠ : 경사가 급하고   ② ㉡ : 둘러 감고
③ ㉢ : 탐스럽게   ④ ㉣ : 데리고 가지
⑤ ㉤ : 번거로운

13 다음 글을 참고하여 '샛강을 어떻게 살릴 수 있을까?'라는 주제로 토의하고자 한다. 이때, 밑줄 친 ㉠, ㉡에 대한 설명으로 적절하지 않은 것은?

토의는 어떤 공통된 문제에 대해 최선의 해결안을 얻기 위하여 여러 사람이 의논하는 말하기 양식이다. 패널 토의, 심포지엄 등이 그 대표적 예이다.
㉠패널 토의는 3～6인의 전문가들이 사회자의 진행에 따라 일반 청중 앞에서 토의 문제에 대한 정보나 지식, 의견이나 견해 등을 자유롭게 주고받는 유형이다. 토의가 끝난 뒤에는 청중의 질문을 받고 그에 대해 토의자들이 답변하는 시간을 갖는다. 질의·응답 시간을 통해 청중들은 관련 문제를 보다 잘 이해하게 되고 점진적으로 해결 방안을 모색하게 된다.
㉡심포지엄은 전문가가 참여한다는 점, 청중과 질의·응답 시간을 갖는다는 점에서는 패널 토의와 그 형식이 비슷하다. 다만 전문가가 토의 문제의 하위 주제에 대해 서로 다른 관점에서 연설이나 강연의 형식으로 10분 정도 발표한다는 점에서는 차이가 있다.

① ㉠과 ㉡은 모두 '샛강 살리기'와 관련하여 전문가의 의견을 들은 이후 질의·응답 시간을 갖는다.
② ㉡은 하위 주제에 대해 서로 다른 관점에서 연설이나 강연의 형식으로 발표를 한다.
③ ㉡은 토의자가 샛강의 생태적 특성, 샛강 살리기의 경제적 효과 등의 하위 주제를 발표한다.
④ ㉠은 '샛강 살리기'에 대해 찬반 입장을 나누어 이야기한 후 절차에 따라 청중이 참여한다.
⑤ ㉠과 ㉡은 모두 '샛강을 어떻게 살릴 수 있을까'라는 문제에 대해 최선의 해결책을 얻기 위함이 목적이다.

14 다음 중 밑줄 친 ㉠～㉣에 대한 판단으로 가장 적절한 것은?

> 동물실험이란 교육, 시험, 연구 및 생물학적 체제의 생산 등 과학적 목적을 위해 동물을 대상으로 실시하는 실험 및 그 절차를 말한다. 동물실험은 오랜 역사를 가진 만큼 이에 대한 찬반 입장이 복잡하게 얽혀있다.
>
> 인간과 동물의 몸이 자동 기계라고 보았던 근대 철학자 ㉠ <u>데카르트</u>는 동물은 인간과 달리 영혼이 없어 쾌락이나 고통을 경험할 수 없다고 믿었다. 데카르트는 살아있는 동물을 마취도 하지 않은 채 해부 실험을 했던 것으로 악명이 높다. 당시에는 마취술이 변변치 않았을 뿐더러 동물이 아파하는 행동도 진정한 고통의 반영이 아니라고 보았기 때문에, 그는 양심의 가책을 느끼지 않았을 것이다. 또한, ㉡ <u>칸트</u>는 이성 능력과 도덕적 실천 능력을 가진 인간은 목적으로서 대우해야 하지만, 이성도 도덕도 가지지 않는 동물은 그렇지 않다고 보았다. 그러나 그는 동물을 학대하는 일은 옳지 않다고 생각했는데, 동물을 잔혹하게 대하는 일이 습관화되면 다른 사람과의 관계에도 문제가 생기고 인간의 품위가 손상된다고 보았기 때문이다.
>
> 동물실험을 옹호하는 여러 입장들은 인간은 동물이 가지지 않은 언어 능력, 도구 사용 능력, 이성 능력 등을 가진다는 점을 근거로 삼는 경우가 많지만, 동물들도 지능과 문화를 가진다는 점을 들어 인간과 동물의 근본적 차이를 부정하는 이들도 있다. 현대의 ㉢ <u>공리주의 생명윤리학자</u>들은 이성이나 언어 능력에서 인간과 동물이 차이가 있더라도 동물실험이 정당화되는 것은 아니라고 본다. 이들에게 도덕적 차원에서 중요한 기준은 고통을 느낄 수 있는지의 여부이다. 인종이나 성별과 무관하게 고통은 최소화되어야 하듯, 동물이 겪고 있는 고통도 마찬가지이다. 이들이 문제 삼는 것은 동물실험 자체라기보다는 그것이 초래하는 전체 복지의 감소에 있다. 따라서 동물에 대한 충분한 배려 속에서 전체적인 복지를 증대시킬 수 있다면, 일부 동물실험은 허용될 수 있다.
>
> 이와 달리 현대 철학자 ㉣ <u>리건</u>은 몇몇 포유류의 경우 각 동물 개체가 삶의 주체로서 갖는 가치가 있다고 주장하면서 이 동물에게는 실험에 이용되지 않을 권리가 있다고 본다. 이러한 고유한 가치를 지닌 존재는 존중되어야 하며 결코 수단으로 취급되어서는 안 된다. 따라서 개체로서의 가치와 동물권을 지니는 대상은 그 어떤 실험에도 사용되지 않아야 한다.

① ㉠과 ㉡은 이성과 도덕을 갖춘 인간의 이익을 우선시하기 때문에 동물실험에 찬성한다.
② ㉠과 ㉢은 동물이 고통을 느낄 수 있는지 여부에 대해 견해가 서로 다르다.
③ ㉡과 ㉣은 인간과 동물의 근본적 차이로 인해 동물을 인간과 다르게 대우해도 좋다고 본다.
④ ㉢은 언어와 이성 능력에서 인간과 동물이 차이가 있음을 부정한다.
⑤ ㉣은 동물이 고통을 느낄 수 있는 존재이기 때문에 각 동물 개체가 삶의 주체로서 가치를 지닌다고 본다.

15 다음은 윤리적 소비에 대한 글이다. 이를 바탕으로 (가) ~ (다)와 관련된 사례를 〈보기〉에서 골라 바르게 연결한 것은?

윤리적 소비란 무의식적으로 하는 단순한 소비 활동이 아닌 자신의 소비 활동의 결과가 사람과 동물, 사회와 환경에 어떠한 영향을 끼칠지 고려하여 행동하는 것을 말한다. 이와 같은 소비 행위는 그 이념에 따라 다음과 같이 나눌 수 있다.

(가) 녹색소비 : 환경보호에 도움이 되거나 환경을 고려하여 제품을 생산 및 개발하거나 서비스를 제공하는 기업의 제품을 구매하는 친환경적인 소비 행위를 말한다.

(나) 로컬소비 : 자신이 거주하는 지역의 경제 활성화를 돕고 운반 시 소비되는 연료나 배출되는 환경오염 물질을 줄이기 위해, 자신이 거주하는 지역에서 만들어진 상품과 서비스를 소비하는 지속가능한 소비 행위를 말한다.

(다) 공정무역 : 불공정 무역구조로 인하여 선진국에 비해 경제적 개발이 늦은 저개발국가에서 발생하는 노동력 착취, 환경파괴, 부의 편중 등의 문제를 해소하기 위한 사회적 소비 운동이다. 이를 위해 소비자는 저개발국가의 생산자가 경제적 자립을 이루고 지속가능한 발전을 할 수 있도록 '가장 저렴한 가격'이 아닌 '공정한 가격'을 지불한다.

이와 같이 소비자는 자신의 소비 행위를 통해 사회적 정의와 평등을 촉진하고, 환경보호에 기여하는 등 사회적 영향력을 행사할 수 있다.

보기

㉠ A사는 비건 트렌드에 맞춰 기존에 사용해 왔던 동물성 원료 대신 친환경 성분의 원료를 구입하여 화장품을 출시했다.

㉡ B레스토랑은 고객들에게 신선한 샐러드를 제공하고 지역 내 농가와의 상생하기 위하여 인접 농가에서 갓 생산한 채소들을 구매한다.

㉢ C사는 해안가에 버려진 폐어망 및 폐페트병을 수집해 이를 원사로 한 가방 및 액세서리를 구매하고 유통한다.

㉣ D카페는 제3세계에서 생산하는 우수한 품질의 원두를 직수입하여 고객들에게 합리적인 가격에 제공한다.

㉤ E사는 아시아 국가의 빈곤한 여성 생산자들의 경제적 자립을 돕기 위해 이들이 생산한 의류, 생활용품, 향신료 등을 국내에 수입, 판매하고 있다.

	(가)	(나)	(다)
①	㉠, ㉢	㉡	㉣, ㉤
②	㉠, ㉣	㉡	㉢, ㉤
③	㉠, ㉡, ㉢	㉤	㉣
④	㉠, ㉢, ㉤	㉡	㉣
⑤	㉣, ㉤	㉡	㉠, ㉢

16 농도가 12%인 소금물 600g에 물을 넣어 4% 이하의 소금물을 만들고자 한다. 이때, 부어야 하는 물은 최소 몇 g인가?

① 1,150g

② 1,200g

③ 1,250g

④ 1,300g

⑤ 1,350g

17 서로 다른 소설책 7권과 시집 5권이 있다. 이 중에서 소설책 3권과 시집 2권을 선택하는 경우의 수는?

① 350가지

② 360가지

③ 370가지

④ 380가지

⑤ 390가지

18 도희네 가족은 내일 K놀이동산에 방문하려고 한다. 다음 〈조건〉에 따라 운전할 때, 시속 90km로 달린 거리는?

> **조건**
> • 집에서 K놀이동산까지의 거리는 200km이다.
> • 집에서 출발할 때에는 시속 60km로 달린다.
> • 어느 지점부터 시속 90km로 달린다.
> • 놀이동산에 도착하기까지 3시간이 걸려야 한다.

① 60km

② 70km

③ 80km

④ 90km

⑤ 100km

19 다음 묘비의 비문에 적혀 있는 철학자가 생을 마감한 나이는 몇 살인가?

> 여기 위대한 철학자가 누워 있다.
>
> 그는 생애의 $\dfrac{1}{5}$은 수학을 배우면서 자랐고, 생의 $\dfrac{3}{10}$이 지나고 학교에서 공부하였다.
>
> 그 후 8년이 흘렀을 때, 그는 결혼하였다.
>
> 4년 후 아들이 태어났지만, 아들은 아버지 생애의 $\dfrac{1}{6}$밖에 살지 못하였고, 아들이 죽은 5년 후에 그는 죽었다.

① 51살   ② 61살
③ 71살   ④ 81살
⑤ 91살

20 같은 공원에서 A는 강아지와 함께 2일마다 산책을 하고, B는 혼자 3일마다 산책을 한다. A는 월요일부터 산책을 했고, B는 그 다음 날부터 산책을 했다면, A와 B가 처음으로 만나는 날은 무슨 요일인가?

① 수요일   ② 목요일
③ 금요일   ④ 토요일
⑤ 일요일

21 다음은 K제철소에서 생산한 철강의 출하량을 분야별로 기록한 자료이다. 2023년에 세 번째로 많은 생산을 했던 분야에서 2021년 대비 2022년의 변화율에 대한 설명으로 옳은 것은?

〈K제철소 철강 출하량〉

(단위 : 천 톤)

구분	자동차	선박	토목 / 건설	일반기계	기타
2021년	5,230	3,210	6,720	4,370	3,280
2022년	6,140	2,390	5,370	4,020	4,590
2023년	7,570	2,450	6,350	5,730	4,650

① 약 10% 증가하였다.　　　　② 약 10% 감소하였다.
③ 약 8% 증가하였다.　　　　④ 약 8% 감소하였다.
⑤ 변화하지 않았다.

22 서울에 위치한 A회사는 거래처인 B, C회사에 소포를 보냈다. 서울에 위치한 B회사에는 800g의 소포를, 인천에 위치한 C회사에는 2.4kg의 소포를 보냈다. 두 회사로 보낸 소포의 총중량은 16kg 이하이고, 택배요금의 합계는 6만 원이다. K택배회사의 요금표가 다음과 같을 때, A회사는 800g 소포와 2.4kg 소포를 각각 몇 개씩 보냈는가?(단, 소포는 각 회사로 1개 이상 보낸다)

〈K택배회사 요금표〉

구분	~ 2kg	~ 4kg	~ 6kg	~ 8kg	~ 10kg
동일지역	4,000원	5,000원	6,500원	8,000원	9,500원
타지역	5,000원	6,000원	7,500원	9,000원	10,500원

	800g	2.4kg
①	12개	2개
②	12개	4개
③	9개	2개
④	9개	4개
⑤	6개	6개

23 다음은 1호선 지하역사 공기질 측정결과에 대한 자료이다. 이에 대한 내용으로 옳지 않은 것을 〈보기〉에서 모두 고르면?

〈1호선 지하역사 공기질 측정결과〉

역사명	측정항목 및 기준								
	PM-10	CO_2	HCHO	CO	NO_2	Rn	석면	O_3	TVOC
	$\mu g/m^3$	ppm	$\mu g/m^3$	ppm	ppm	Bq/m^3	이하/cc	ppm	$\mu g/m^3$
기준치	140	1,000	100	9	0.05	148	0.01	0.06	500
1호선 평균	91.4	562	8.4	0.5	0.026	30.6	0.01 미만	0.017	117.7
서울역	86.9	676	8.5	0.6	0.031	25.7	0.01 미만	0.009	56.9
시청	102.0	535	7.9	0.5	0.019	33.7	0.01 미만	0.022	44.4
종각	79.4	562	9.5	0.6	0.032	35.0	0.01 미만	0.016	154.4
종각3가	87.7	495	6.4	0.6	0.036	32.0	0.01 미만	0.008	65.8
종로5가	90.1	591	10.4	0.4	0.020	29.7	0.01 미만	0.031	158.6
동대문	89.4	566	9.2	0.7	0.033	28.5	0.01 미만	0.016	97.7
동묘앞	93.6	606	8.3	0.5	0.018	32.0	0.01 미만	0.023	180.4
신설동	97.1	564	4.8	0.4	0.015	44.5	0.01 미만	0.010	232.1
제기동	98.7	518	8.0	0.5	0.024	12.0	0.01 미만	0.016	98.7
청량리	89.5	503	11.4	0.6	0.032	32.5	0.01 미만	0.014	87.5

보기

㉠ CO가 1호선 평균보다 낮게 측정된 역사는 종로5가역과 신설동역이다.

㉡ HCHO가 가장 높게 측정된 역과 가장 낮게 측정된 역의 평균은 1호선 평균 HCHO 수치보다 높다.

㉢ 시청역은 PM-10이 가장 높게 측정됐지만, TVOC는 가장 낮게 측정되었다.

㉣ 청량리역은 3가지 항목에서 1호선 평균이 넘는 수치가 측정됐다.

① ㉠, ㉡

② ㉠, ㉢

③ ㉡, ㉢

④ ㉡, ㉣

⑤ ㉢, ㉣

24 다음은 산업분류별 상용 근로일수, 임시 일용근로일수 및 월 평균 근로시간 현황에 대한 자료이다. 이에 대한 설명으로 옳은 것을 〈보기〉에서 모두 고르면?

〈산업분류별 상용 근로일수, 임시 일용근로일수 및 월 평균 근로시간 현황〉

(단위 : 일, 시간)

구분	2023년 10월			2023년 11월			2023년 12월		
	상용 근로 일수	임시 일용 근로 일수	월 평균 근로 시간	상용 근로일 수	임시 일용 근로일 수	월 평균 근로 시간	상용 근로일 수	임시 일용 근로일 수	월 평균 근로 시간
전체	20.6	13.6	163.3	20.7	13.7	164.2	20.7	13.6	163.9
광업	21.8	10.8	175.5	21.9	10.8	176.6	21.9	10.7	176.6
제조업	20.6	14.8	176.3	20.8	14.9	177.4	20.7	14.8	177.1
전기, 가스, 증기 및 수도 사업	19.0	17.5	160.6	19.2	17.6	162.1	19.2	17.6	162.1
하수·폐기물처리, 원료재생 및 환경복원업	21.7	13.5	177.0	21.8	13.2	177.9	21.8	13.2	177.8
건설업	20.5	12.9	138.0	20.7	12.9	138.7	20.6	12.9	138.5
도매 및 소매업	20.9	13.4	164.4	21.1	13.5	165.4	21.0	13.5	165.2
운수업	21.0	18.2	166.1	21.1	18.2	166.8	21.1	18.3	166.5
숙박 및 요식업	23.0	13.9	159.3	23.1	13.9	159.7	23.1	13.8	159.7
출판, 영상, 방송통신 및 정보 서비스업	19.8	16.1	160.7	19.9	16.2	162.0	19.9	16.2	161.6
금융 및 보험업	19.6	19.3	160.2	19.7	19.3	161.3	19.6	19.2	160.9
부동산 및 임대업	19.4	17.0	178.4	19.5	17.0	179.1	19.5	16.9	178.9
전문, 과학 및 기술 서비스업	19.8	16.5	159.6	19.9	16.7	160.8	19.9	16.6	160.4
사업시설관리 및 사업지원 서비스업	20.2	13.5	162.6	20.3	13.5	163.4	20.3	13.5	163.2
교육 서비스업	19.8	11.5	142.0	20.0	11.4	142.8	20.0	11.2	142.3
보건업 및 사회복지 서비스업	20.7	17.3	161.8	20.8	17.5	162.7	20.8	17.4	162.5
예술, 스포츠 및 여가 관련 서비스업	20.5	15.3	157.2	20.6	15.3	157.9	20.5	15.3	157.7
협회 및 단체, 수리 및 기타 개인 서비스업	21.5	11.7	161.3	21.6	11.6	162.1	21.6	11.6	162.0

보기

ㄱ. 2023년 10월부터 12월까지 전체 월 평균 근로시간은 매월 증가하였다.

ㄴ. 2023년 11월 건설업의 상용 근로일수는 광업의 상용 근로일수의 80% 이상이다.

ㄷ. 2023년 10월에 임시 일용근로일수가 가장 높은 산업은 2023년 12월에 10월 대비 임시 일용근로일수가 증가하였다.

ㄹ. 월 평균 근로시간이 가장 높은 산업은 2023년 11월과 12월에 동일하다.

① ㄱ, ㄴ
② ㄱ, ㄷ
③ ㄴ, ㄷ
④ ㄴ, ㄹ
⑤ ㄷ, ㄹ

※ 다음은 우리나라의 각 지역이 정부로부터 배분받은 지역산업기술개발사업 예산 중 다른 지역으로 유출된 예산의 비중에 대한 자료이다. 이어지는 질문에 답하시오. [25~27]

〈유출된 예산의 비중〉

(단위 : %)

지역	2019년	2020년	2021년	2022년	2023년
강원	21.90	2.26	4.74	4.35	10.08
경남	2.25	1.55	1.73	1.90	3.77
경북	0	0	3.19	2.25	2.90
광주	0	0	0	4.52	2.85
대구	0	0	1.99	7.19	10.51
대전	3.73	5.99	4.87	1.87	0.71
부산	2.10	2.02	3.08	5.53	5.72
수도권	0	0	23.71	0	0
울산	6.39	6.57	12.65	7.13	9.62
전남	1.35	0	6.98	5.45	7.55
전북	0	0	2.19	2.67	5.84
제주	0	1.32	6.43	5.82	6.42
충남	2.29	1.54	3.23	4.45	4.32
충북	0	0	1.58	4.13	5.86

25 다음 중 자료에 대한 설명으로 옳지 않은 것은?

① 조사 기간 동안 다른 지역으로 유출된 예산의 비중의 합이 가장 적은 곳은 광주이다.

② 조사 기간 동안 단 한 번도 0%를 기록하지 못한 곳은 다섯 지역이다.

③ 2021년부터 부산의 유출된 예산 비중이 계속 상승하고 있다.

④ 조사 기간 동안 가장 높은 유출 예산 비중을 기록한 지역은 수도권이다.

⑤ 2023년에 전년 대비 가장 큰 폭으로 증가한 곳은 강원이다.

26 다음 중 2019년부터 2023년까지 유출된 예산 비중의 총합이 가장 큰 지역의 평균은?(단, 소수점 둘째 자리에서 반올림한다)

① 7.7%

② 8.2%

③ 8.7%

④ 9.2%

⑤ 9.7%

27 다음 중 자료에 대한 설명으로 옳은 것을 〈보기〉에서 모두 고르면?

보기
ㄱ. 2021~2023년 대전의 유출된 예산 비중은 전년 대비 계속 감소했다.
ㄴ. 지역별로 유출된 예산 비중의 총합이 가장 높은 해는 2022년이다.
ㄷ. 2021년 유출된 예산 비중이 전년 대비 1%p 이상 오르지 못한 곳은 총 네 지역이다.
ㄹ. 2019년 강원의 유출된 예산 비중은 2019년 다른 모든 지역의 비중의 합보다 높다.

① ㄱ, ㄴ
② ㄱ, ㄹ
③ ㄴ, ㄷ
④ ㄴ, ㄹ
⑤ ㄷ, ㄹ

28 다음은 세종특별시에 거주하는 20~30대 청년들의 주거 점유형태에 대한 통계자료이다. 이에 대한 설명으로 옳은 것은?(단, 소수점 둘째 자리에서 반올림한다)

〈20~30대 청년 주거 점유형태〉

(단위 : 명)

구분	자가	전세	월세	무상	합계
20~24세	537	1,862	5,722	5,753	13,874
25~29세	795	2,034	7,853	4,576	15,258
30~34세	1,836	4,667	13,593	1,287	21,383
35~39세	2,489	7,021	18,610	1,475	29,595
합계	5,657	15,584	45,778	13,091	80,110

① 20~24세 전체 인원 중 월세 비중은 38.2%이고, 자가 비중은 2.9%이다.
② 20~24세를 제외한 20~30대 청년 중에서 무상이 차지하는 비중이 월세 비중보다 더 높다.
③ 20~30대 청년 인원 대비 자가 비율보다 20대 청년 중에서 자가가 차지하는 비율이 더 낮다.
④ 연령대가 높아질수록 연령대별로 자가 비중이 높아지고, 월세 비중이 낮아진다.
⑤ 20~30대 연령대에서 월세에 사는 25~29세 연령대가 차지하는 비율은 10% 이상이다.

※ 다음은 흡연 여부 및 흡연량에 대한 자료이다. 이어지는 질문에 답하시오. [29~30]

〈흡연 여부 및 흡연량〉

(단위 : %)

구분		20세 이상 인구	비흡연자			흡연자				
			금연자	비흡연자		10개비 이하	11 ~ 20개비	21 ~ 30개비	31 ~ 40개비	41개비 이상
2022년	전국	100.0	64.9	15.2	84.8	35.1	34.9	55.2	7.2	0.3	2.4
	동부	100.0	65.1	15.1	84.9	34.9	35.9	54.7	6.8	0.3	2.3
	읍·면부	100.0	64.0	15.3	84.7	36.0	30.9	57.3	8.5	0.4	2.9
	성별 남성	100.0	32.2	55.2	44.8	67.8	32.4	57.2	7.6	0.3	2.5
	성별 여성	100.0	95.4	2.6	97.4	4.6	68.6	28.5	1.9	0.2	0.8
2023년	전국	100.0	70.8	20.7	79.3	29.2	40.5	50.7	6.0	2.6	0.2
	동부	100.0	70.7	20.6	79.4	29.3	40.8	50.6	5.9	2.5	0.2
	읍·면부	100.0	71.3	20.8	79.2	28.7	39.2	50.9	6.4	3.1	0.4
	성별 남성	100.0	43.7	60.9	39.1	56.3	38.1	52.5	6.4	2.7	0.3
	성별 여성	100.0	96.2	3.5	96.5	3.8	73.4	24.9	0.6	1.0	0.1

29 다음 중 2022년 대비 2023년 전국의 20세 이상 인구에서 비흡연자의 인구비율은 얼마나 증가했는가?

① 5.9%p
② 6.9%p
③ 7.9%p
④ 8.9%p
⑤ 9.9%p

30 만약 2023년 동부지역의 20세 이상 인구가 1,500,000명이라면, 비흡연자 중 금연자는 몇 명인가?

① 218,463명
② 219,523명
③ 220,584명
④ 439,500명
⑤ 842,037명

31 S공사 전략기획처 직원 A ~ G 7명은 신입사원 입사 기념으로 단체로 영화관에 갔다. 다음 〈조건〉 에 따라 자리에 앉는다고 할 때, 항상 옳은 것은?(단, 가장 왼쪽부터 첫 번째 자리로 한다)

> **조건**
> • 7명은 한 열에 나란히 않는다.
> • 한 열에는 7개의 좌석이 있다.
> • 양 끝자리 옆에는 비상구가 있다.
> • D와 F는 나란히 않는다.
> • A와 B 사이에는 한 명이 앉아 있다.
> • G는 왼쪽에 사람이 있는 것을 싫어한다.
> • C와 G 사이에는 한 명이 앉아 있다.
> • G는 비상구와 붙어 있는 자리를 좋아한다.

① E는 D와 F 사이에 앉는다.
② G와 가장 멀리 떨어진 자리에 앉는 사람은 D이다.
③ C의 양옆에는 A와 B가 앉는다.
④ D는 비상구와 붙어 있는 자리에 앉는다.
⑤ 두 번째 자리에는 B가 앉는다.

32 A대리는 사내 체육대회의 추첨에서 당첨된 직원들에게 나누어줄 경품을 선정하고 있다. 다음 〈조건〉의 명제가 모두 참일 때, 항상 참인 것은?

> **조건**
> • A대리는 펜, 노트, 가습기, 머그컵, 태블릿PC, 컵받침 중 3종류의 경품을 선정한다.
> • 머그컵을 선정하면, 노트는 경품에 포함하지 않는다.
> • 노트는 반드시 경품에 포함된다.
> • 태블릿PC를 선정하면, 머그컵을 선정한다.
> • 태블릿PC를 선정하지 않으면, 가습기는 선정되고 컵받침은 선정되지 않는다.

① 가습기는 경품으로 선정되지 않는다.
② 머그컵과 가습기 모두 경품으로 선정된다.
③ 컵받침은 경품으로 선정된다.
④ 태블릿PC는 경품으로 선정된다.
⑤ 펜은 경품으로 선정된다.

※ K공사는 임직원들의 체력을 증진하고 단합행사 장소를 개선하기 위해 노후된 운동장 및 체육관 개선 공사를 실시하고자 입찰 공고를 하였다. 다음 자료를 보고 이어지는 질문에 답하시오. [33~34]

〈입찰 참여 건설사 정보〉

업체	최근 3년 이내 시공규모	기술력 평가	친환경 설비 도입비중	경영 건전성	입찰가격
A	700억 원	A등급	80%	2등급	85억 원
B	250억 원	B등급	72%	1등급	78억 원
C	420억 원	C등급	55%	3등급	60억 원
D	1,020억 원	A등급	45%	1등급	70억 원
E	720억 원	B등급	82%	2등급	82억 원
F	810억 원	C등급	61%	1등급	65억 원

〈항목별 점수 산정 기준〉

- 기술력 평가, 친환경 설비 도입비중, 경영 건전성은 등급 혹은 구간에 따라 점수로 환산하여 반영한다.
- 기술력 평가 등급별 점수(기술 점수)

등급	A등급	B등급	C등급
점수	30점	20점	15점

- 친환경 설비 도입비중별 점수(친환경 점수)

친환경 설비 도입비중	90% 이상 100% 이하	75% 이상 90% 미만	60% 이상 75% 미만	60% 미만
점수	30점	25점	20점	15점

- 경영 건전성 등급별 점수(경영 점수)

등급	1등급	2등급	3등급	4등급
점수	30점	26점	22점	18점

33 K공사는 다음 선정 기준에 따라 시공업체를 선정하고자 한다. 이때, 선정될 업체는?

〈운동장 및 체육관 개선 공사 시공업체 선정 기준〉

- 최근 3년 이내 시공규모가 500억 원 이상인 업체를 대상으로 선정한다.
- 입찰가격이 80억 원 미만인 업체를 대상으로 선정한다.
- 입찰점수는 기술 점수, 친환경 점수, 경영 점수를 1:1:1의 가중치로 합산하여 산정한다.
- 입찰점수가 가장 높은 업체 1곳을 선정한다.

① A업체
② B업체
③ D업체
④ E업체
⑤ F업체

34 K공사는 더 많은 업체의 입찰 참여를 위해 시공업체 선정 기준을 다음과 같이 변경하였다. 변경된 기준을 바탕으로 선정될 업체는?

〈운동장 및 체육관 개선 공사 시공업체 선정 기준(개정)〉

• 최근 3년 이내 시공규모가 400억 원 이상인 업체를 대상으로 선정한다.
• 입찰가격을 다음과 같이 가격 점수로 환산하여 반영한다.

입찰가격	60억 원 이하	60억 원 초과 70억 원 이하	70억 원 초과 80억 원 이하	80억 원 초과
점수	15점	12점	10점	8점

• 입찰점수는 기술 점수, 친환경 점수, 경영 점수, 가격 점수를 1:1:1:2의 가중치로 합산하여 산정한다.
• 입찰점수가 가장 높은 업체 1곳을 선정한다.

① A업체 ② C업체
③ D업체 ④ E업체
⑤ F업체

35 다음은 K기업의 재화 생산량에 따른 총 생산비용의 변화를 나타낸 자료이다. 이에 대한 설명으로 옳은 것을 〈보기〉에서 모두 고르면?(단, 재화 1개당 가격은 7만 원이다)

생산량(개)	0	1	2	3	4	5
총 생산비용(만 원)	5	9	12	17	24	33

보기
ㄱ. 2개와 5개를 생산할 때의 이윤은 같다.
ㄴ. 이윤을 극대화할 수 있는 최대 생산량은 4개이다.
ㄷ. 4개에서 5개로 생산량을 증가시킬 때 이윤은 증가한다.
ㄹ. 1개를 생산하는 것보다 생산하지 않는 것이 손해가 적다.

① ㄱ, ㄴ ② ㄱ, ㄷ
③ ㄴ, ㄷ ④ ㄴ, ㄹ
⑤ ㄷ, ㄹ

36 본사 이전으로 인해 사무실 배치를 새롭게 바꾸기로 하였다. 다음 고려사항을 참고할 때, (가로) 3,000mm×(세로) 3,400mm인 직사각형의 사무실에 가능한 가구 배치는?

〈배치 시 고려사항〉

• 사무실 문을 여닫는 데 1,000mm의 간격이 필요함
• 서랍장의 서랍(●로 표시하며, 가로면 전체에 위치)을 열려면 400mm의 간격이 필요(회의 탁자, 책상, 캐비닛은 서랍 없음)하며, 반드시 여닫을 수 있어야 함
• 붙박이 수납장 문을 열려면 앞면 전체에 550mm의 간격이 필요하며, 반드시 여닫을 수 있어야 함
• 가구들은 쌓을 수 없음
• 각각의 가구는 사무실에 넣을 수 있는 것으로 가정함
  – 회의 탁자 : (가로) 1,500mm×(세로) 2,110mm
  – 책상 : (가로) 450mm×(세로) 450mm
  – 서랍장 : (가로) 1,100mm×(세로) 500mm
  – 캐비닛 : (가로) 1,000mm×(세로) 300mm
  – 붙박이 수납장은 벽 한 면 전체를 남김없이 차지함 (깊이 650mm)

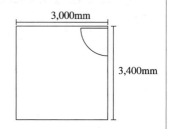

①

②

③

④

⑤

37 A사원이 다음 〈조건〉에 따라 도시를 방문할 때, 도시를 방문할 수 있는 경우의 수는?

> **조건**
> • 출발지에 상관없이 세 도시를 방문해야 한다.
> • 같은 도시를 방문하지 않는다.
> • 선 위에 있는 숫자는 거리(km)이다.
> • 도시를 방문하는 순서 및 거리가 다르더라도 동일 도시를 방문하면 한 가지 방법이다.
> • 도시를 방문하는 거리는 80km를 초과할 수 없다.
> • 도시를 방문하는 방법 중 최소 거리로만 계산한다.
>
>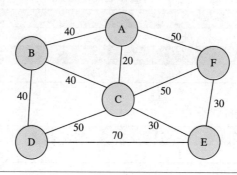

① 9가지
② 10가지
③ 11가지
④ 12가지
⑤ 13가지

38 K공사는 공휴일 세미나 진행을 위해 인근의 가게 A~F에서 필요한 물품을 구매하고자 한다. 다음 〈조건〉을 참고할 때, 공휴일에 영업하는 가게는 총 몇 곳인가?

> **조건**
> • C는 공휴일에 영업하지 않는다.
> • B가 공휴일에 영업하지 않으면, C와 E는 공휴일에 영업한다.
> • E 또는 F가 영업하지 않는 날이면, D는 영업한다.
> • B가 공휴일에 영업하면, A와 E는 공휴일에 영업하지 않는다.
> • B와 F 중 한 곳만 공휴일에 영업한다.

① 2곳
② 3곳
③ 4곳
④ 5곳
⑤ 6곳

※ K공사는 상반기에 기술개발 R&D에서 우수한 성과를 보인 협력사에게 포상을 수여하고자 한다. 다음은 포상 수여 기준과 각 협력사에 대한 정보이다. 이어지는 질문에 답하시오. [39~40]

〈상반기 포상 수여 기준〉

- 상반기 포상 점수가 가장 높은 협력사 두 곳에 포상을 수여한다.
- 포상 점수는 기술개선 점수(35점), 실용화 점수(30점), 경영 점수(15점), 성실 점수(20점)를 합산하여 산출한다.
- 기술개선 점수
  - 기술개선 점수는 출원 점수와 등록 점수를 합산하여 산출한다.

출원특허 개수	0개	1 ~ 10개	11 ~ 20개	21개 이상
출원 점수	0점	5점	10점	15점
등록특허 개수	0개	1 ~ 5개	6 ~ 10개	11개 이상
등록 점수	0점	10점	15점	20점

- 실용화 점수
  - 실용화 점수는 상품화 단계에 따라 부여한다.

상품화 단계	연구 단계	상품개발 단계	국내출시 단계	수출개시 단계
실용화 점수	5점	15점	25점	30점

- 경영 점수
  - 경영 점수는 건전성 등급에 따라 부여한다.

건전성 등급	A등급	B등급	C등급	D등급
경영 점수	20점	15점	10점	0점

- 성실 점수
  - 성실 점수는 성과제출 성실도에 따라 부여한다.

성과제출 성실도	기한 내 제출	기한 미준수	미제출
성실 점수	20점	10점	0점

〈상반기 협력사 정보〉

구분	출원특허 개수	등록특허 개수	상품화 단계	건전성 등급	성과제출 성실도
A사	13개	11개	상품개발 단계	B등급	기한 내 제출
B사	8개	5개	연구 단계	A등급	기한 미준수
C사	21개	9개	상품개발 단계	B등급	기한 미준수
D사	3개	3개	수출개시 단계	C등급	기한 내 제출
E사	16개	9개	국내출시 단계	A등급	미제출

39 상반기 포상 수여 기준에 따라 협력사 중 두 곳에 포상을 수여할 때, 다음 중 포상을 받을 협력사끼리 바르게 짝지어진 것은?

① A사, B사   ② A사, D사

③ B사, C사   ④ B사, E사

⑤ D사, E사

40 상반기 포상 수여 기준에서 기술개선 점수, 성실 점수 부분이 다음과 같이 수정되었고, 동점업체 처리기준이 추가되었다고 한다. 수정된 포상 수여 기준에 따라 포상을 수여할 협력사 두 곳을 선정할 때, 포상을 받을 협력사끼리 바르게 짝지어진 것은?

- 기술개선 점수
  - 기술개선 점수는 출원 점수와 등록 점수를 합산하여 산출한다.

출원특허 개수	0개	1 ~ 5개	6 ~ 15개	16개 이상
출원 점수	0점	10점	15점	20점
등록특허 개수	0개	1 ~ 10개	11 ~ 20개	20개 이상
등록 점수	0점	5점	10점	15점

- 성실 점수
  - 성실 점수는 상반기 성과제출 성실도에 따라 부여한다.

성과제출 성실도	기한 내 제출	기한 미준수	미제출
성실 점수	20점	15점	10점

- 포상 점수가 동점인 경우, 기술개선 점수가 더 높은 협력사를 선정한다.

① A사, D사   ② A사, E사

③ B사, C사   ④ B사, D사

⑤ D사, E사

41 다음은 K공단이 공개한 부패공직자 사건 및 징계 현황이다. 이에 대한 설명으로 옳지 않은 것을 〈보기〉에서 모두 고르면?

〈부패공직자 사건 및 징계 현황〉

구분	부패행위 유형	부패금액	징계종류	처분일	고발 여부
1	이권개입 및 직위의 사적 사용	23만 원	감봉 1월	2018. 06. 19.	미고발
2	직무관련자로부터 금품 및 향응수수	75만 원	해임	2019. 05. 20.	미고발
3	직무관련자로부터 향응수수	6만 원	견책	2020. 12. 22.	미고발
4	직무관련자로부터 금품 및 향응수수	11만 원	감봉 1월	2021. 02. 04.	미고발
5	직무관련자로부터 금품수수	40만 원가량	경고 (무혐의 처분, 징계시효 말소)	2022. 03. 06.	미고발
6	직권남용(직위의 사적이용)	–	해임	2022. 05. 24.	고발
7	직무관련자로부터 금품수수	526만 원	해임	2022. 09. 17.	고발
8	직무관련자로부터 금품수수 등	300만 원	해임	2023. 05. 18.	고발

보기

ㄱ. K공단에서는 해당 사건의 부패금액이 일정 수준 이상인 경우에만 고발한 것으로 해석할 수 있다.
ㄴ. 해임당한 공직자들은 모두 고발되었다.
ㄷ. 직무관련자로부터 금품을 수수한 사건은 총 5건 있었다.
ㄹ. 동일한 부패행위 유형에 해당하더라도 다른 징계처분을 받을 수 있다.

① ㄱ, ㄴ ② ㄱ, ㄷ
③ ㄴ, ㄷ ④ ㄴ, ㄹ
⑤ ㄷ, ㄹ

42 다음 중 문제해결절차에 따라 사용되는 문제해결 방법을 〈보기〉에서 순서대로 바르게 나열한 것은?

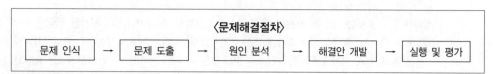

〈문제해결절차〉

문제 인식 → 문제 도출 → 원인 분석 → 해결안 개발 → 실행 및 평가

보기

㉠ 주요 과제를 나무 모양으로 분해·정리한다.
㉡ 자사, 경쟁사, 고객사에 대해 체계적으로 분석한다.
㉢ 부분을 대상으로 먼저 실행한 후 전체로 확대하여 실행한다.
㉣ 전체적 관점에서 방향과 방법이 같은 해결안을 그룹화한다.

① ㉠-㉡-㉢-㉣
② ㉠-㉡-㉣-㉢
③ ㉡-㉠-㉢-㉣
④ ㉡-㉠-㉣-㉢
⑤ ㉣-㉠-㉡-㉢

43 다음 A팀장의 설명을 참고할 때, 신입사원 B씨가 서류를 제출해야 할 장소로 가장 적절한 곳은?

A팀장 : B씨, 9층 입구로 들어가시면 기둥이 있습니다. 그 왼쪽으로 가시면 방이 두 개 있을 거예요. 그중 왼쪽 방에서 서류를 찾으셔서 제가 있는 방으로 가져다 주세요. 제가 있는 곳은 창문을 등지고 앞으로 쭉 오셔서 기둥을 지나 왼쪽으로 도시면 오른쪽에 보이는 방입니다.

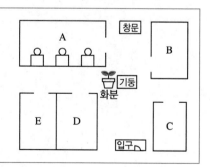

① A
② B
③ C
④ D
⑤ E

44 다음 글에 대한 판단으로 옳은 것을 〈보기〉에서 모두 고르면?

식탁을 만드는 데는 노동과 자본만 투입된다고 가정하자. 노동자 1명의 시간당 임금은 8,000원이고, 노동자는 1명이 투입되어 A기계 또는 B기계를 사용하여 식탁을 생산한다. A기계를 사용하면 10시간이 걸리고, B기계를 사용하면 7시간이 걸린다. 이때, 식탁 1개의 시장가격은 100,000원이고, 식탁 1개를 생산하는 데 드는 임대료는 A기계의 경우 10,000원, B기계의 경우 20,000원이다. 만약 A, B기계 중 어떤 것을 사용해도 생산된 식탁의 품질은 같다고 한다면, 기업은 어떤 기계를 사용할 것인가?(단, 작업 환경·물류비 등 다른 조건은 고려하지 않는다)

보기
ㄱ. 기업은 B기계보다는 A기계를 선택할 것이다.
ㄴ. '어떻게 생산할 것인가?'와 관련된 경제 문제이다.
ㄷ. 합리적인 선택을 했다면, 식탁 1개당 24,000원의 이윤을 기대할 수 있다.
ㄹ. A기계를 선택하는 경우 식탁 1개를 만드는 데 드는 비용은 70,000원이다.

① ㄱ, ㄴ
② ㄱ, ㄷ
③ ㄴ, ㄷ
④ ㄴ, ㄹ
⑤ ㄷ, ㄹ

45 안전본부 사고분석 개선처에 근무하는 B대리는 혁신우수 연구대회에 출전하여 첨단장비를 활용한 차종별 보행자사고 모형개발을 발표했다. SWOT 분석을 통해 추진방향을 도출하기 위해 다음과 같은 표를 작성했을 때, 분석 결과에 대한 전략으로 옳지 않은 것은?

강점(Strength)	약점(Weakness)
10년 이상 지속적인 교육과 연구로 신기술 개발을 위한 인프라 구축	보행자 사고 모형개발을 위한 예산 및 실차 실험을 위한 연구소 부재
기회(Opportunity)	위협(Threat)
첨단 과학장비(3D스캐너, MADYMO) 도입으로 정밀 시뮬레이션 분석 가능	교통사고에 대한 국민의 관심과 분석수준 향상으로 공단의 사고분석 질적 제고 필요

① WO전략 : 실차 실험 대신 과학장비를 통한 시뮬레이션 연구로 모형개발

② WT전략 : 신기술 개발을 위한 연구대회를 개최해 인프라를 더욱 탄탄히 구축

③ WT전략 : 보행자 사고 실험을 위한 연구소를 만들어 사고 분석 데이터를 축적

④ SO전략 : 과학장비를 통한 정밀 시뮬레이션 분석을 토대로 국내 차량의 전면부 형상을 취득하고 보행자 사고를 분석해 신기술 개발에 도움

⑤ ST전략 : 지속적 교육과 연구로 쌓아온 데이터를 바탕으로 사고분석 프로그램 신기술 개발을 통해 사고분석 질적 향상에 기여

46 예산을 직접비용과 간접비용으로 구분한다고 할 때, 다음 〈보기〉에서 직접비용과 간접비용을 바르게 구분한 것은?

> **보기**
>
> ㉠ 재료비　　　　　　　　　　　 ㉡ 원료와 장비 구입비
> ㉢ 광고비　　　　　　　　　　　 ㉣ 보험료
> ㉤ 인건비　　　　　　　　　　　 ㉥ 출장비

	직접비용	간접비용
①	㉠, ㉡, ㉤	㉢, ㉣, ㉥
②	㉠, ㉡, ㉥	㉢, ㉣, ㉤
③	㉠, ㉡, ㉢, ㉣	㉤, ㉥
④	㉠, ㉡, ㉤, ㉥	㉢, ㉣
⑤	㉠, ㉡, ㉣, ㉥	㉢, ㉤

47 해외로 출장을 가는 김대리는 다음 〈조건〉과 같이 이동하려고 계획하고 있다. 연착 없이 계획대로 출장지에 도착했다면, 도착했을 때의 현지 시각은?

> **조건**
>
> • 서울 시각으로 5일 오후 1시 35분에 출발하는 비행기를 타고, 경유지 한 곳을 거쳐 출장지에 도착한다.
> • 경유지는 서울보다 1시간 빠르고, 출장지는 경유지보다 2시간 느리다.
> • 첫 번째 비행은 3시간 45분이 소요된다.
> • 경유지에서 3시간 50분을 대기한 후 출발한다.
> • 두 번째 비행은 9시간 25분이 소요된다.

① 오전 5시 35분　　　　　　　　 ② 오전 6시
③ 오후 5시 35분　　　　　　　　 ④ 오후 6시
⑤ 오전 7시

48 K공사는 한국 현지 시각 기준으로 오후 4시부터 5시까지 외국 지사와 화상회의를 진행하려고 한다. 모든 지사는 각국 현지 시각으로 오전 8시부터 오후 6시까지 근무한다고 할 때, 다음 중 회의에 참석할 수 없는 지사는?(단, 서머타임을 시행하는 국가는 +1:00을 반영한다)

국가	시차	국가	시차
파키스탄	-4:00	불가리아	-6:00
호주	+1:00	영국	-9:00
싱가포르	-1:00	-	-

※ 오후 12시부터 1시까지는 점심시간이므로 회의를 진행하지 않는다.
※ 서머타임 시행 국가 : 영국

① 파키스탄 지사　　　　　　② 호주 지사
③ 싱가포르 지사　　　　　　④ 불가리아 지사
⑤ 영국 지사

49 K기업은 창고업체를 통해 세 가지 제품군을 보관하고 있다. 제품군에 대한 자료를 참고할 때, 다음 〈조건〉에 따라 K기업이 보관료로 지급해야 할 총금액은 얼마인가?

구분	매출액(억 원)	용량	
		용적(CUBIC)	무게(톤)
A제품군	300	3,000	200
B제품군	200	2,000	300
C제품군	100	5,000	500

조건
• A제품군은 매출액의 1%를 보관료로 지급한다.
• B제품군은 1CUBIC당 20,000원의 보관료를 지급한다.
• C제품군은 1톤당 80,000원의 보관료를 지급한다.

① 3억 2천만 원　　　　　　② 3억 4천만 원
③ 3억 6천만 원　　　　　　④ 3억 8천만 원
⑤ 4억 원

50 다음 자료를 참고할 때, 오전 9시에 회사에서 출발해 전주역까지 가장 먼저 도착하는 방법은 무엇인가?(단, 도보는 고려하지 않는다)

〈회사·서울역 간 교통 현황〉

구분	소요 시간	출발 시간
A버스	24분	매시 20분, 40분
B버스	40분	매시 정각, 20분, 40분
지하철	20분	매시 30분

〈서울역·전주역 간 교통 현황〉

구분	소요 시간	출발 시간
새마을호	3시간	매시 정각부터 5분 간격
KTX	1시간 32분	9시 정각부터 45분 간격

① A버스 – 새마을호
② B버스 – KTX
③ 지하철 – KTX
④ B버스 – 새마을호
⑤ 지하철 – 새마을호

51 서울에 사는 A씨는 결혼기념일을 맞이하여 가족과 함께 KTX를 타고 부산으로 여행을 다녀왔다. A씨의 가족이 이번 여행에서 지불한 총 교통비는 얼마인가?

- A씨 부부에게는 만 6세인 아들, 만 3세인 딸이 있다.
- 갈 때는 딸을 무릎에 앉혀 갔고, 돌아올 때는 좌석을 구입했다.
- A씨의 가족은 일반석을 이용하였다.

〈KTX 좌석별 요금〉

구분	일반석	특실
가격	59,800원	87,500원

※ 만 4세 이상 13세 미만 어린이는 운임의 50%를 할인합니다.
※ 만 4세 미만의 유아는 보호자 1명당 2명까지 운임의 75%를 할인합니다.
   (단, 유아의 좌석을 지정하지 않을 시 보호자 1명당 유아 1명의 운임을 받지 않습니다)

① 299,000원
② 301,050원
③ 307,000원
④ 313,850원
⑤ 313,950원

52 K공사에서는 10월 셋째 주에 연속 이틀에 걸쳐 본사에 있는 B강당에서 인문학 특강을 진행하려고 한다. 강당을 이용할 수 있는 날과 강사의 스케줄을 고려할 때, 섭외 가능한 강사는?

〈B강당 이용 가능 날짜〉

구분	월요일	화요일	수요일	목요일	금요일
오전(9 ~ 12시)	×	○	×	○	○
오후(13 ~ 14시)	×	×	○	○	×

※ 가능 : ○, 불가능 : ×

〈섭외 강사 후보 스케줄〉

A강사	매주 수 ~ 목요일 10 ~ 14시 문화센터 강의
B강사	첫째 주, 셋째 주 화요일, 목요일 10 ~ 14시 대학교 강의
C강사	매월 첫째 ~ 셋째 주 월요일, 수요일 12 ~ 14시 면접 강의
D강사	매주 수요일 13 ~ 16시, 금요일 9 ~ 12시 도서관 강좌
E강사	매월 첫째, 셋째 주 화 ~ 목요일 9 ~ 11시 강의

※ K공사 본사까지의 이동거리와 시간은 고려하지 않는다.
※ 강의는 연속 이틀로 진행되며 강사는 동일해야 한다.

① A, B강사   ② B, C강사
③ C, D강사   ④ C, E강사
⑤ D, E강사

53 다음은 R대리가 부산 출장 시 선택할 수 있는 교통편에 대한 자료이다. R대리가 교통편 하나를 선택하여 왕복티켓을 모바일로 예매하려고 할 때, 가장 저렴한 교통편은 무엇인가?

〈출장 시 이용 가능한 교통편 현황〉

교통편	종류	비용	기타
버스	일반버스	24,000원	−
	우등버스	32,000원	모바일 예매 1% 할인
기차	무궁화호	28,000원	왕복 예매 시 15% 할인
	새마을호	36,000원	왕복 예매 시 20% 할인
	KTX	58,000원	1+1 이벤트(편도 금액으로 왕복 예매 가능)

① 일반버스   ② 우등버스
③ 무궁화호   ④ 새마을호
⑤ KTX

54 제품 A/S 안내문과 서비스 이용내역이 다음과 같을 때, 고객 A씨가 지불한 A/S 서비스 비용은 얼마인가?

〈제품 A/S 안내문〉

1. 제품의 품질보증기간은 구입일로부터 1년입니다. 품질보증기간 중 A/S 서비스를 받는 경우 무료 A/S를 제공합니다. 품질보증기간 경과 후 A/S 서비스 비용은 소비자가 부담해야 합니다.
2. A/S 서비스 제공 시 수리비가 발생합니다(수리비 : 2만 원).
3. 부품 교체 시에는 수리비 외에도 부품비가 추가 발생합니다.
4. A/S 센터는 주중 오전 9시부터 오후 6시까지 운영하며, 토요일에는 오전 9시부터 오후 1시까지 운영합니다. 일요일 및 공휴일에는 A/S 서비스를 제공하지 않습니다.
5. 출장 A/S 서비스를 이용하는 경우 출장비가 별도로 발생합니다. A/S 센터 운영시간 내 출장 시 출장비 2만 원, 운영시간 외 출장 시 출장비 3만 원을 별도로 부과합니다.

〈A/S 서비스 이용내역〉

- 고객명 : A
- 제품명 : P기기
- 제품 구입일자 : 2023년 9월 5일 화요일
- A/S 서비스 제공 일시 : 2024년 9월 7일 토요일 오후 3시
- 서비스 내용 : P기기 전면부 파손으로 부품 일부 교체(부품비 : 5만 원), 출장 서비스 이용

---

① 5만 원   ② 10만 원
③ 15만 원   ④ 20만 원
⑤ 무료

55 다음은 K공단의 전 문서의 보관, 검색, 이관, 보존 및 폐기에 대한 파일링시스템 규칙이다. 보존연한이 3년이고, 2023년에 작성된 문서의 폐기연도는?

〈K공단 파일링시스템 규칙〉

- 보존연한이 경과한 문서는 세단 또는 소각 방법 등으로 폐기한다.
- 보존연한은 문서처리 완결일인 익년 1월 1일부터 가산한다.

---

① 2024년 초   ② 2025년 초
③ 2026년 초   ④ 2027년 초
⑤ 2028년 초

56 다음은 한 달 동안 K사원의 야근 및 휴일근무를 기록한 것이다. 회사의 초과근무수당 규정을 참고할 때, K사원이 이번 달에 받을 수 있는 야근 및 특근 수당은 얼마인가?(단, K사원의 세전 연봉은 3천만 원이고, 시급 산정 시 월평균 근무시간은 200시간으로 계산한다)

일	월	화	수	목	금	토
	1 (18 ~ 21시)	2	3	4 (18 ~ 22시)	5	6
7	8	9 (18 ~ 24시)	10	11	12	13
14 (09 ~ 12시)	15	16	17	18	19	20
21	22	23	24	25	26 (18 ~ 21시)	27 (13 ~ 18시)
28	29 (18 ~ 19시)	30				

〈초과근무수당 규정〉

• 시급 환산 시 세전 연봉으로 계산한다.
• 평일 야근 수당은 시급에 5,000원을 가산하여 지급한다.
• 주말 특근 수당은 시급에 10,000원을 가산하여 지급한다.
• 식대는 10,000원을 지급하며, 식대는 야근·특근 수당에 포함되지 않는다.
• 야근시간은 오후 7시부터 적용되며 10시를 초과할 수 없다(초과시간 수당 미지급).

① 285,000원
② 320,000원
③ 355,000원
④ 405,000원
⑤ 442,500원

57 다음 자료를 참고할 때, 평가대상기관 A ~ D 중 최종순위 최상위기관과 최하위기관을 순서대로 바르게 나열한 것은?

⟨평가대상기관의 실적⟩

구분	A기관	B기관	C기관	D기관
내진성능평가 실적 건수	82	72	72	83
내진보강공사 실적 건수	91	76	81	96
내진보강대상 건수	100	80	90	100

⟨공공시설물 내진보강대책 추진실적 평가기준⟩

• 평가요소 및 점수부여

– (내진성능평가 지수)$= \dfrac{(\text{내진성능평가 실적 건수})}{(\text{내진보강대상 건수})} \times 100$

– (내진보강공사 지수)$= \dfrac{(\text{내진보강공사 실적 건수})}{(\text{내진보강대상 건수})} \times 100$

– 산출된 지수 값에 따른 점수는 아래 표와 같이 부여한다.

구분	지수값 최상위 1개 기관	지수값 중위 2개 기관	지수값 최하위 1개 기관
내진성능평가 점수	5점	3점	1점
내진보강공사 점수	5점	3점	1점

• 최종순위 결정
– 내진성능평가 점수와 내진보강공사 점수의 합이 큰 기관에 높은 순위를 부여한다.
– 합산 점수가 동점인 경우에는 내진보강대상 건수가 많은 기관을 높은 순위로 정한다.

	최상위기관	최하위기관
①	A기관	B기관
②	B기관	C기관
③	B기관	D기관
④	C기관	D기관
⑤	D기관	C기관

58 K사에서는 A ~ N직원 중 면접위원을 선발하고자 한다. 다음 면접위원의 구성 조건을 토대로 할 때, 적절하지 않은 것은?

〈면접위원 구성 조건〉

- 면접관은 총 6명으로 구성한다.
- 이사 이상의 직급으로 50% 이상 구성해야 한다.
- 인사팀을 제외한 모든 부서는 두 명 이상 선출할 수 없고, 인사팀은 반드시 두 명 이상을 포함한다.
- 모든 면접위원의 입사 후 경력은 3년 이상으로 한다.

직원	직급	부서	입사 후 경력
A	대리	인사팀	2년
B	과장	경영지원팀	5년
C	이사	인사팀	8년
D	과장	인사팀	3년
E	사원	홍보팀	6개월
F	과장	홍보팀	2년
G	이사	고객지원팀	13년
H	사원	경영지원	5개월
I	이사	고객지원팀	2년
J	과장	영업팀	4년
K	대리	홍보팀	4년
L	사원	홍보팀	2년
M	과장	개발팀	3년
N	이사	개발팀	8년

---

① L사원은 면접위원으로 선출될 수 없다.

② N이사는 반드시 면접위원으로 선출된다.

③ B과장이 면접위원으로 선출됐다면 K대리도 선출된다.

④ 과장은 두 명 이상 선출되었다.

⑤ 모든 부서에서 면접위원이 선출될 수는 없다.

59 K공사 인사부의 P사원은 직원들의 근무평정 업무를 수행하고 있다. 다음 가점평정 기준표를 참고했을 때, P사원이 Q과장에게 부여해야 할 가점은?

〈가점평정 기준표〉

구분		내용	가점	인정 범위	비고
근무경력		본부 근무 1개월(본부, 연구원, 인재개발원 또는 정부부처 파견근무기간 포함)	0.03점 (최대 1.8점)	1.8점	동일 근무기간 중 다른 근무경력 가점과 원거리, 장거리 및 특수지
		지역본부 근무 1개월(지역본부 파견근무기간 포함)	0.015점 (최대 0.9점)	1.8점	가점이 중복될 경우, 원거리, 장거리 및 특수지 근무 가점은 1/2만 인정
		원거리 근무 1개월	0.035점 (최대 0.84점)		
		장거리 근무 1개월	0.025점 (최대 0.6점)		
		특수지 근무 1개월	0.02점 (최대 0.48점)		
내부평가		내부평가결과 최상위 10%	월 0.012점	0.5점	현 직위에 누적됨 (승진 후 소멸)
		내부평가결과 차상위 10%	월 0.01점		
제안	제안상 결정 시	금상	0.25점	0.5점	수상 당시 직위에 한정함
		은상	0.15점		
		동상	0.1점		
	시행결과 평가	탁월	0.25점	0.5점	제안상 수상 당시 직위에 한정함
		우수	0.15점		

〈Q과장 가점평정 사항〉

- 입사 후 36개월 동안 본부에서 연구원으로 근무
- 지역본부에서 24개월 동안 근무
  - 지역본부에서 24개월 동안 근무 중 특수지에서 12개월 동안 파견근무
- 본부로 복귀 후 현재까지 총 23개월 근무
- 팀장(직위 : 과장)으로 승진 후 현재까지 업무 수행 중
  - 내부평가결과 최상위 10% 총 12회
  - 내부평가결과 차상위 10% 총 6회
  - 금상 2회, 은상 1회, 동상 1회 수상
  - 시행결과평가 탁월 2회, 우수 1회

① 3.284점
② 3.454점
③ 3.604점
④ 3.854점
⑤ 3.974점

60 K기업에서 직원들에게 자기계발 교육비용을 일부 지원하기로 하였다. A ~ E 5명의 직원이 다음과 같이 교육프로그램을 신청하였을 때, K기업에서 직원들에게 지원하는 총 교육비는 얼마인가?

〈자기계발 수강료 및 지원 금액〉

구분	영어회화	컴퓨터 활용	세무회계
수강료	7만 원	5만 원	6만 원
지원 금액 비율	50%	40%	80%

〈신청한 교육프로그램〉

구분	영어회화	컴퓨터 활용	세무회계
A	○		○
B	○	○	○
C		○	○
D	○		
E		○	

① 307,000원
② 308,000원
③ 309,000원
④ 310,000원
⑤ 311,000원

01 다음 글을 통해 알 수 있는 내용으로 적절하지 않은 것은?

> 한국 고유의 전통 무술인 택견은 유연하고 율동적인 춤과 같은 동작으로 다리를 걸어 넘어뜨리거나 상대를 공격한다. 택견 전수자는 우아한 몸놀림으로 움직이며 부드러운 곡선을 만들어 내지만, 이를 통해 유연성뿐만 아니라 힘도 보여준다. 택견에서는 발동작이 손만큼이나 중요한 역할을 한다. 택견은 부드러워 보이지만, 가능한 모든 전투 방법을 이용하여 다양한 공격과 방어 기술을 강조하는 효과적인 무술이다.
>
> 택견은 또한 배려의 무술이다. 숙련된 택견 전수자는 짧은 시간 내에 상대를 제압할 수 있지만, 진정한 고수는 상대를 다치게 하지 않으면서도 물러나게 하는 법을 안다. 우리 민족의 역사 속에서 택견은 계절에 따른 농업과 관련된 전통의 한 부분으로서 공동체의 통합을 이루어 왔고, 대중적인 스포츠로서 공중 보건을 증진하는 역할까지 맡아왔다. 택견의 동작은 유연하고 율동적인 춤과 같으며, 이러한 동작으로 상대를 공격하거나 다리를 걸어 넘어뜨린다. 천천히 꿈틀거리고 비트는 유연하고 곡선적인 동작은 때로 웃음을 자아내기도 하지만, 전수자에게 내재된 에너지는 엄청난 유연성과 힘으로 나타난다. 수천 년의 역사를 지닌 이 한국의 토착 무술은 보기에는 정적이고 품위 있으나 근본적으로는 활력이 있으며 심지어 치명적이다.
>
> 택견은 주도권을 장악하는 바로 그 순간까지도 상대를 배려해야 한다고 가르친다. 또한 공격보다는 수비 기술을 더 많이 가르치는데 바로 이러한 점에서 여타의 무술과는 다르다. 이는 전투 스포츠에서는 상상도 할 수 없는 개념이나 택견에서는 이 모든 것이 가능하다.
>
> 택견은 자신보다 상대를, 개인보다 집단을 배려하도록 가르친다. 택견의 동작은 유연하고 부드럽지만 전수자를 강력하게 유도하는 힘이 있다. 한 마리의 학과 같이 우아하기만 한 숙련된 택견 전수자의 몸놀림도 공격할 때만은 매와 같이 빠르고 강력하다.
>
> 택견에는 몇 가지 독특한 특징이 있다. 첫째, 곡선을 그리는 듯한 움직임 때문에 외적으로는 부드러우나 내적으로는 강한 무술이다. 둘째, 우아함과 품위를 강조하는 자연스럽고 자발적인 무술이다. 셋째, 걸고 차는 다양한 기술을 통해 공격과 방어가 조화를 이루는 실질적이고 통합된 무술이다. 부드러운 인상을 풍기지만, 택견은 모든 가능한 전투 방법을 이용하며 다양한 공격과 방어 기술을 강조하는 효과적인 무술이다. 한국의 전통 무술의 뿌리라 할 수 있는 택견은 한국 문화의 특징인 합일과 온전함을 대표한다.

① 택견은 상대방을 다치지 않게 하기 위해 수비의 기술을 더 많이 가르친다.
② 택견은 공격과 수비가 조화를 이루는 무술이다.
③ 택견은 부드러운 동작 때문에 유연성만 강조된 무술 같으나 실은 강력한 힘이 내재되어 있다.
④ 택견은 자연스러움의 무술이다.
⑤ 택견은 내면의 아름다움을 중시하는 스포츠이다.

02 다음은 지역별 교통위반 단속 건수에 대한 자료이다. 이에 대한 설명으로 옳은 것은?

〈지역별 교통위반 단속 건수〉

(단위 : 건)

구분	무단횡단	신호위반	과속	불법주정차	음주운전	전체
서울	80	960	1,320	240	410	3,010
경기	70	820	1,020	210	530	2,650
대구	5	880	1,210	45	30	2,170
인천	50	870	1,380	240	280	2,820
부산	20	950	1,350	550	210	3,080
강원	5	180	550	15	70	820
대전	5	220	470	80	55	830
광주	15	310	550	180	35	1,090
울산	10	280	880	55	25	1,250
제주	10	980	550	140	120	1,800
세종	20	100	240	90	30	480
전체	290	6,550	9,520	1,845	1,795	20,000

※ 수도권은 서울, 경기, 인천이다.

① 울산 지역의 단속건수가 전체 단속건수에서 차지하는 비중은 6.4%이다.

② 광주 지역의 단속건수가 전체 단속건수에서 차지하는 비중은 대전 지역보다 1.3%p 더 높다.

③ 수도권 지역의 단속건수는 전체 단속건수의 절반 이상이다.

④ 신호위반이 가장 많이 단속된 지역이 과속도 가장 많이 단속되었다.

⑤ 경기의 모든 항목에서 교통위반 단속 건수는 서울보다 적다.

※ K은행은 코로나 확산 방지를 위해 교대출근을 하기로 하였다. 이어지는 질문에 답하시오. [3~4]

<교대출근 편성표 조건>
• 각 팀당 최소 1명은 출근을 하여야 한다. 단, 수신팀은 최소 2명 출근하여야 한다.
• 주 2회 출근을 원칙으로 하되 부득이한 경우 주 3회 이상 출근은 가능하나 최소한의 일수만 출근하도록 한다. 단, 해외여행이나 대구, 인천을 다녀온 사람은 별다른 증상이 없을 시 다녀온 날(한국 도착일)부터 한 달 이후에 출근하도록 하며, 출근 가능일이 속한 주의 출근 가능일이 2회 이하일 경우 모두 출근하고 3회 이상일 경우에는 위 규정과 동일하게 적용한다.
  예 2월 8일 다녀온 사람은 3월 9일부터 출근 가능
• 코로나 확산 방지를 위해 수요일은 휴점한다.

<K은행 직원 명단 및 기타사항>
• 수신팀
  – 김하나 : 7월 21일~7월 25일 여름 휴가로 일본여행을 다녀옴
  – 이솔비 : 7월 24일 인천 출장을 다녀옴
  – 정지수 : 계약직 대체인력으로, 매주 목요일은 출근하지 않음
  – 최수지 : 7월 22일 이솔비와 출장을 동행함. 매주 금요일 본사교육으로 근무 불가
  – 김예나 : 8월 24일 강원 출장 예정
  – 강여울 : 팀장으로, 매주 월요일과 금요일은 회의 및 출장으로 근무 불가
• 여신팀
  – 최바울 : 김하나의 남편으로, 같이 여름 휴가를 다녀옴
  – 이하율 : 계약직 대체인력으로, 매주 화요일은 출근하지 않음
  – 김선율 : 팀장으로, 매주 월요일과 금요일은 회의 및 출장으로 근무 불가
  – 정하람 : 지인 결혼식으로 7월 22일 대구를 다녀옴
• 인사팀
  – 강지은 : 특이사항 없음
  – 김하영 : 팀장으로, 매주 월요일과 금요일은 회의 및 출장으로 근무 불가

03 다음 중 8월 22일 화요일에 출근할 수 있는 직원끼리 바르게 짝지은 것은?

① 김하나, 정지수
② 이솔비, 김예나
③ 강여울, 이하율
④ 최바울, 강지은
⑤ 김선율, 김하영

04 교대출근 편성표 조건 중 일부를 다음과 같이 변경하기로 하였다. 이를 참고할 때, 매주 금요일에 출근하지 않아도 되는 직원은?

〈교대출근 편성표 조건 중 일부 변경 내용〉

코로나 확산 방지를 위해 수요일 업무는 중단하나, 금요일에 있는 본사교육 및 회의 · 출장을 수요일로 일괄 변경한다. 이와 관련된 당사자는 수요일에 출근하여 본사교육 및 회의 · 출장 업무를 하도록 하고, 금요일에 출근하여 본사교육 및 회의 · 출장 관련 내용을 해당 팀 직원에게 전달하도록 한다.

① 최수지   ② 강여울
③ 김선율   ④ 정하람
⑤ 김하영

05 다음 문단을 논리적 순서대로 바르게 나열한 것은?

(가) 하지만 막상 앱을 개발하려 할 때 부딪히는 여러 난관이 있다. 여행지나 주차장에 한 정보를 모으는 것도 문제이고, 정보를 지속적으로 갱신하는 것도 문제이다. 이런 문제 때문에 결국 아이디어를 포기하는 경우가 많다.

(나) 그러나 이제는 아이디어를 포기하지 않아도 된다. 바로 공공 데이터가 있기 때문이다. 공공 데이터는 공공 기관에서 생성, 취득하여 관리하고 있는 정보 중 전자적 방식으로 처리되어 누구나 이용할 수 있도록 국민들에게 제공된 것을 말한다.

(다) 현재 정부에서는 공공 데이터 포털 사이트를 개설하여 국민들이 쉽게 이용할 수 있도록 하고 있다. 공공 데이터 포털 사이트에서는 800여 개 공공 기관에서 생성한 15,000여 건의 공공 데이터를 제공하고 있으며, 제공하는 공공 데이터의 양을 꾸준히 늘리고 있다.

(라) 앱을 개발하려는 사람들은 아이디어가 넘친다. 사람들이 여행 준비를 위해 많은 시간을 허비하는 것을 보면 한 번에 여행 코스를 짜 주는 앱을 만들어 보고 싶어 하고, 도심에 주차장을 못 찾아 헤매는 사람들을 보면 주차장을 쉽게 찾아 주는 앱을 만들어 보고 싶어 한다.

① (다) – (가) – (나) – (라)   ② (다) – (나) – (가) – (라)
③ (다) – (라) – (나) – (가)   ④ (라) – (가) – (나) – (다)
⑤ (라) – (나) – (다) – (가)

김본부장 : 이팀장, 오늘 대표이사님께 보고드릴 매출자료 좀 같이 봅시다.

이팀장 : 네, 본부장님. 바로 출력해서 회의실로 가겠습니다.

김본부장 : (매출보고서를 살펴보며) A고객사는 이번 분기 매출이 안 늘었네요? 지난번 단가를 내려달라는
요청이 와서 결재한 기억이 있는데 이러면 역마진이 날 텐데요.

이팀장 : 다음 분기에는 나아지겠죠. 기억하시는 것처럼 A사에서 갑자기 거래처를 바꾸겠다고 해서 저희
가 급히 요구하는 수준으로 단가를 낮췄는데 생각만큼 주문물량이 늘어나지 않아서요.

김본부장 : 음. 그럼 이번 대표이사님 보고서에서 이 부분은 빼고 갑시다.

이팀장 : 사실대로 보고드리는 게 낫지 않을까요? 다음 분기도 저희 예상만큼 물량이 늘어난다는 보장도
없고 그때도 본부장님이 전결하신 건이라 대표이사님께는 보고가 되지 않았습니다.

김본부장 : 요즘 같은 때 뭐 좋은 일도 아닌데 굳이 이런 걸 보고하겠어요. 이번에는 그냥 넘어갑시다.

이팀장 : 그래도 나중에 문제가 커지는 것보다는 낫지 않을까요?

김본부장 : 나나 이팀장 둘 다 책임질 수 있는 것도 아닌데 다음 분기에 나아지면 그때 보고합시다.

이팀장 : 매도 먼저 맞는 게 낫다고 그래도 이번에 말씀드리는 게 낫지 않을까요?

06 다음 중 이팀장이 조직생활 과정에서 겪고 있는 상황으로 가장 적절한 것은?

① 집단 이기주의   ② 공동행동의 룰

③ 윤리적 가치   ④ 윤리적 갈등

⑤ 공동체의식 결여

07 다음 중 이팀장이 조직생활에서 고민하게 되는 요인으로 가장 적절한 것은?

① 진실 대 충성 : 진실을 말할 것인가? 상사에게 충성할 것인가?

② 단기 대 장기 : 자신의 결정이 단기적인 결과를 가져오는가? 장기적인 결과에 영향을 미치는가?

③ 개인 대 집단 : 자신의 결정이 개인에게 영향을 미치는가? 집단에 영향을 미치는가?

④ 위 세 가지 요인 모두를 고민하고 있다.

⑤ 위 세 가지 요인 중 '단기 대 장기', '개인 대 집단'의 두 가지를 고민하고 있다.

08 다음은 직업의 의미에 대한 설명이다. 이를 참고할 때, 직업의 사례로 가장 적절한 것은?

> 직업은 경제적 보상이 있어야 하고, 본인의 자발적 의사에 의한 것이어야 하며, 장기적으로 계속해서 일하는 지속성을 가지고 있어야 한다.

① 보드게임을 좋아하는 승호는 퇴근 후 보드게임 동아리에 참여하고 있다.
② 커피를 좋아하는 현희는 카페에서 커피를 연구하며 바리스타로 일하고 있다.
③ 영희는 동네 요양원을 찾아가 청소, 빨래 등을 하며 봉사활동을 하였다.
④ 꽃을 좋아하는 민정이는 주말마다 꽃꽂이를 취미활동으로 하고 있다.
⑤ 지연이의 할아버지는 일본 제철소에서 강제노동에 시달린 경험을 갖고 계시다.

09 다음 〈조건〉과 대화를 근거로 판단할 때, 대학생, 성별, 학과, 가면을 모두 바르게 연결한 것은?

> **조건**
> • 대학생 5명이 모여 주말에 가면파티를 하기로 했다.
> • 남학생이 3명이고, 여학생이 2명이다.
> • 5명은 각각 행정학과, 경제학과, 식품영양학과, 정치외교학과, 전자공학과 재학생이다.
> • 5명은 각각 늑대인간, 유령, 처녀귀신, 좀비, 드라큘라 가면을 쓸 것이다.
> • 본인의 성별, 학과, 가면에 대해 한 명은 모두 거짓만을 말하고 있고, 나머지는 모두 진실만을 말하고 있다.

> A : 식품영양학과와 경제학과에 다니지 않는 남학생인데 드라큘라 가면을 안 쓸 거야.
> B : 행정학과에 다니는 남학생인데 늑대인간 가면을 쓸 거야.
> C : 식품영양학과에 다니는 남학생인데 처녀귀신 가면을 쓸 거야.
> D : 정치외교학과에 다니는 여학생인데 좀비 가면을 쓸 거야.
> E : 전자공학과에 다니는 남학생인데 드라큘라 가면을 쓸 거야.

	대학생	성별	학과	가면
①	A	여	행정학과	늑대인간
②	B	여	경제학과	유령
③	C	남	식품영양학과	좀비
④	D	여	정치외교학과	드라큘라
⑤	E	남	전자공학과	처녀귀신

10 다음은 2023년 테니스 팀 A~E의 선수 인원수 및 총연봉과 각각의 전년 대비 증가율에 대한 자료이다. 이에 대한 설명으로 옳지 않은 것은?

〈2023년 테니스 팀 A~E의 선수 인원수 및 총연봉〉

(단위 : 명, 억 원)

테니스 팀	선수 인원수	총연봉
A	5	15
B	10	25
C	8	24
D	6	30
E	6	24

※ (팀 선수 평균 연봉)$=\dfrac{(총연봉)}{(선수\ 인원수)}$

〈2023년 테니스 팀 A~E의 선수 인원수 및 총연봉의 전년 대비 증가율〉

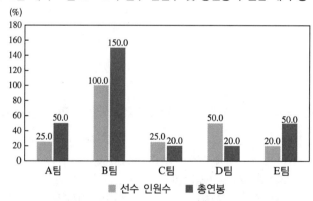

① 2023년 테니스 팀 선수당 평균 연봉은 D팀이 가장 많다.
② 2023년 전년 대비 증가한 선수 인원수는 C팀과 D팀이 동일하다.
③ 2023년 A팀의 팀 선수 평균 연봉은 전년 대비 증가하였다.
④ 2023년 선수 인원수가 전년 대비 가장 많이 증가한 팀은 총연봉도 가장 많이 증가하였다.
⑤ 2022년 총연봉은 A팀이 E팀보다 많다.

11 다음 빈칸에 들어갈 단어로 가장 적절한 것은?

> 정부는 선거와 관련하여 신고자에 대한 _____을/를 대폭 강화하기로 하였다.

① 보훈(報勳)　　　　　　　　　② 공훈(功勳)

③ 공로(功勞)　　　　　　　　　④ 포상(褒賞)

⑤ 공적(功績)

12 다음 중 보고서 작성 시 유의사항에 대한 설명으로 옳지 않은 것을 모두 고르면?

> A사원 : 이번 연구는 지금 시점에서 보고하는 것이 좋을 것 같습니다. 간략하게 연구별로 한 장씩 요약하여 작성할까요?
>
> B대리 : ㉠ 성의가 없어 보이니 한 장에 한 개의 사안을 담는 것은 좋지 않아.
>
> C사원 : 맞습니다. ㉡ 꼭 필요한 내용이 아니어도 관련된 참고자료는 이해가 쉽도록 모두 첨부하도록 하시죠.
>
> D과장 : ㉢ 양이 많으면 단락별 핵심을 하위목차로 요약하는 것이 좋겠어. 그리고 ㉣ 연구비 금액의 경우는 개략적으로만 제시하고 정확히 하지 않아도 괜찮아.

① ㉠, ㉡　　　　　　　　　　② ㉠, ㉢

③ ㉠, ㉡, ㉢　　　　　　　　④ ㉠, ㉡, ㉣

⑤ ㉡, ㉢, ㉣

13 다음은 A ~ E리조트의 1박 기준 일반요금 및 회원할인율에 대한 자료이다. 이에 대한 설명으로 옳은 것을 〈보기〉에서 모두 고르면?

〈비수기 및 성수기 일반요금(1박 기준)〉

(단위 : 천 원)

구분 \ 리조트	A	B	C	D	E
비수기	300	250	200	150	100
성수기	500	350	300	250	200

〈비수기 및 성수기 회원할인율(1박 기준)〉

(단위 : %)

구분 \ 리조트	회원유형	A	B	C	D	E
비수기 회원할인율	기명	50	45	40	30	20
	무기명	35	40	25	20	15
성수기 회원할인율	기명	35	30	30	25	15
	무기명	30	25	20	15	10

※ [회원할인율(%)]$=\dfrac{(일반요금)-(회원요금)}{(일반요금)}\times100$

보기

ㄱ. 리조트 1박 기준 성수기 일반요금이 낮은 리조트일수록 성수기 무기명 회원요금이 낮다.

ㄴ. 리조트 1박 기준 B리조트의 회원요금 중 가장 비싼 값과 가장 싼 값의 차이는 125,000원이다.

ㄷ. 리조트 1박 기준 각 리조트의 기명 회원요금은 성수기가 비수기의 2배를 넘지 않는다.

ㄹ. 리조트 1박 기준 비수기 기명 회원요금과 비수기 무기명 회원요금 차이가 가장 작은 리조트는 성수기 기명 회원요금과 성수기 무기명 회원요금 차이도 가장 작다.

① ㄱ, ㄴ
② ㄱ, ㄷ
③ ㄷ, ㄹ
④ ㄱ, ㄴ, ㄹ
⑤ ㄴ, ㄷ, ㄹ

14 다음 글을 읽고 추론할 수 있는 내용으로 가장 적절한 것은?

조선왕조실록은 조선 시대 국왕의 재위 기간에 있었던 중요 사건들을 정리한 기록물로, 역사적인 가치가 크다. 이에 유네스코는 태조부터 철종까지의 시기에 있었던 사건들이 담긴 조선왕조실록 총 1,893권, 888책을 세계 기록 유산으로 등재하였다.

실록의 간행 과정은 상당히 길고 복잡했다. 먼저, 사관이 국왕의 공식적 언행과 주요 사건을 매일 기록하여 사초를 만들었다. 그 국왕의 뒤를 이어 즉위한 새 왕은 전왕(前王)의 실록을 만들기 위해 실록청을 세웠다. 이 실록청은 사초에 담긴 내용을 취사선택해 실록을 만든 후 해산하였다. 이렇게 만들어진 실록은 전왕의 묘호(廟號)를 붙여 '○○실록'이라고 불렀다. 이런 식으로 일이 진행되다 보니 『철종실록』이 고종 때에 간행되었던 것이다.

한편 정변으로 왕이 바뀌었을 때에는 그 뒤를 이은 국왕이 실록청 대신 일기청을 설치하여 물러난 왕의 재위 기간에 있었던 일을 '○○○일기(日記)'라는 명칭으로 정리해 간행했다. 인조 때 『광해군실록』이 아니라 『광해군일기』가 간행된 것은 바로 이 때문이다. '일기'는 명칭만 '실록'이라고 부르지 않을 뿐 간행 과정은 그와 동일하다. 그렇기 때문에 '일기'도 세계 기록 유산으로 등재된 조선왕조실록에 포함된 것이다. 『단종실록』은 특이한 사례에 해당된다. 단종은 계유정난으로 왕위에서 쫓겨난 후에 노산군으로 불렸고, 그런 이유로 세조 때 『노산군일기』가 간행되었다. 그런데 숙종 24년(1698)에 노산군이 단종으로 복위된 후로 『노산군일기』를 『단종실록』으로 고쳐 부르게 되었다.

조선 후기 붕당 간의 대립은 실록 내용에도 영향을 미쳤다. 선조 때 동인과 서인이라는 붕당이 등장한 이래 선조의 뒤를 이은 광해군과 인조 때까지만 해도 붕당 간 대립이 심하지 않았다. 그러나 인조의 뒤를 이어 효종, 현종, 숙종이 연이어 왕위에 오르는 과정에서 붕당 간 대립이 심해졌다. 효종 때부터는 집권 붕당이 다른 붕당을 폄훼하기 위해 이미 만들어져 있는 실록을 수정해 간행하는 일이 벌어졌다. 이때 수정된 실록에는 원래의 실록과 구분해 '○○수정실록'이라는 명칭을 따로 붙였다.

① 『효종실록』은 현종 때 설치된 실록청이 간행했을 것이다.
② 『노산군일기』는 숙종 때 설치된 일기청이 간행했을 것이다.
③ 『선조수정실록』은 광해군 때 설치된 실록청이 간행했을 것이다.
④ 『고종실록』은 세계 기록 유산으로 등재된 조선왕조실록에 포함되어 있을 것이다.
⑤ 『광해군일기』는 세계 기록 유산으로 등재된 조선왕조실록에 포함되어 있지 않을 것이다.

15 K회사는 창립 10주년을 맞이하여 전 직원 단합대회를 준비하고 있다. 이를 위해 사장인 B씨는 여행상품 중 한 가지를 선정하려 하는데, 직원 투표 결과를 통해 결정하려고 한다. 직원 투표 결과와 여행상품별 1인당 경비는 다음과 같고, 추가로 행사를 위한 부서별 고려사항을 참고하여 선택할 때, 이에 대한 내용으로 옳은 것을 〈보기〉에서 모두 고르면?

〈직원 투표 결과〉

상품내용		투표 결과(표)					
여행상품	1인당 비용(원)	총무팀	영업팀	개발팀	홍보팀	공장1	공장2
A	500,000	2	1	2	0	15	6
B	750,000	1	2	1	1	20	5
C	600,000	3	1	0	1	10	4
D	1,000,000	3	4	2	1	30	10
E	850,000	1	2	0	2	5	5

〈여행상품별 혜택 정리〉

상품명	날짜	장소	식사제공	차량지원	편의시설	체험시설
A	5/10 ~ 5/11	해변	○	○	×	×
B	5/10 ~ 5/11	해변	○	○	○	×
C	6/7 ~ 6/8	호수	○	○	○	×
D	6/15 ~ 6/17	도심	○	×	○	○
E	7/10 ~ 7/13	해변	○	○	○	×

〈부서별 고려사항〉

- 총무팀 : 행사 시 차량 지원이 가능함
- 영업팀 : 6월 초순에 해외 바이어와 가격 협상 회의 일정이 있음
- 공장1 : 3일 연속 공장 비가동 시 제품의 품질 저하가 예상됨
- 공장2 : 7월 중순 공장 이전 계획이 있음

보기

ㄱ 여행상품 비용으로 총 1억 500만 원이 필요하다.
ㄴ 투표 결과, 가장 인기가 많은 여행상품은 B이다.
ㄷ 공장1의 A, B 투표 결과가 바뀐다면 여행상품 선택은 변경된다.

① ㄱ
② ㄱ, ㄴ
③ ㄱ, ㄷ
④ ㄴ, ㄷ
⑤ ㄱ, ㄴ, ㄷ

16 다음 통역경비 산정 기준과 상황을 참고할 때, A사가 B시에서 개최한 설명회에 쓴 총 통역경비는?

〈통역경비 산정 기준〉

통역경비는 통역료와 출장비(교통비, 이동보상비)의 합으로 산정한다.

• 통역사 1인당 통역료

구분	기본요금(3시간까지)	추가요금(3시간 초과 시)
영어, 아랍어, 독일어	500,000원	100,000원/시간
베트남어, 인도네시아어	600,000원	150,000원/시간

• 통역사 1인당 출장비
 - 교통비는 왕복으로 실비 지급
 - 이동보상비는 이동 시간당 10,000원 지급

〈상황〉

A사는 2024년 9월 9일 B시에서 설명회를 개최하였다. 통역은 영어와 인도네시아어로 진행되었고, 영어 통역사 2명과 인도네시아어 통역사 2명이 통역하였다. 설명회에서 통역사 1인당 영어 통역은 4시간, 인도네시아어 통역은 2시간 진행되었다. B시까지는 편도로 2시간이 소요되며, 개인당 교통비는 왕복으로 100,000원이 들었다.

① 2,440,000원
② 2,760,000원
③ 2,880,000원
④ 2,960,000원
⑤ 3,260,000원

<직원별 업무 성과내용>

성명	직급	월 급여(만 원)	성과내용
임미리	과장	450	예·적금 상품 3개, 보험상품 1개, 대출상품 3개
이윤미	대리	380	예·적금 상품 5개, 보험상품 4개
조유라	주임	330	예·적금 상품 2개, 보험상품 1개, 대출상품 5개
구자랑	사원	240	보험상품 3개, 대출상품 3개
조다운	대리	350	보험상품 2개, 대출상품 4개
김은지	사원	220	예·적금 상품 6개, 대출상품 2개
권지희	주임	320	예·적금 상품 5개, 보험상품 1개, 대출상품 1개
윤순영	사원	280	예·적금 상품 2개, 보험상품 3개, 대출상품 1개

<성과급 지급규정>

- 성과내용에 따라 다음과 같이 점수를 부여하며, 이에 따른 등급을 매겨 성과급을 지급한다.
- 성과내용에 따른 점수와 등급비율은 다음과 같고, A, B, C등급 순서로 인원 비율을 상위부터 배치한다.

등급	A	B	C
인원 비율	25%	50%	25%
성과급	월 급여의 50%	월 급여의 30%	월 급여의 20%

- 예·적금 상품은 건당 3점, 보험상품은 건당 5점, 대출상품은 건당 8점을 부여한다.

17 다음 중 A등급, B등급, C등급에 해당하는 사람을 한 명씩 순서대로 바르게 나열한 것은?

① 조유라, 조다운, 구자랑
② 조다운, 임미리, 김은지
③ 조유라, 임미리, 이윤미
④ 조다운, 구자랑, 윤순영
⑤ 조유라, 윤순영, 권지희

18 성과급의 등급 및 등급별 비율과 성과급이 다음과 같이 변경되었다. 이를 참고할 때, 등급이 바뀐 직원의 성과급은 모두 얼마인가?

<성과급 지급 규정(변경 후)>

등급	A	B	C	D
인원 비율	12.5%	50%	25%	12.5%
성과급	월 급여의 50%	월 급여의 30%	월 급여의 20%	월 급여의 10%

① 125만 원
② 155만 원
③ 181만 원
④ 201만 원
⑤ 228만 원

19 다음은 국내 대학(원) 재학생의 학자금 대출 조건에 대한 자료이다. 이에 대한 내용으로 옳은 것을 〈보기〉에서 모두 고르면?[단, 갑~병은 국내 대학(원)의 재학생이다]

<국내 대학(원) 재학생 학자금 대출 조건>

구분		X학자금 대출	Y학자금 대출
신청 대상	신청 연령	35세 이하	55세 이하
	성적 기준	직전 학기 12학점 이상 이수 및 평균 C학점 이상 (단, 장애인, 졸업학년인 경우 이수학점 기준 면제)	직전 학기 12학점 이상 이수 및 평균 C학점 이상 (단, 대학원생, 장애인, 졸업학년인 경우 이수학점 기준 면제)
	가구소득 기준	소득 1~8분위	소득 9, 10분위
	신용 요건	제한 없음	금융채무불이행자, 저신용자 대출 불가
대출 한도	등록금	학기당 소요액 전액	학기당 소요액 전액
	생활비	학기당 150만 원	학기당 100만 원
상환 사항	상환 방식 (졸업 후)	• 기준소득을 초과하는 소득 발생 이전 : 유예 • 기준소득을 초과하는 소득 발생 이후 : 기준소득 초과분의 20%를 원천 징수	• 졸업 직후 매월 상환 • 원금균등분할상환과 원리금균등분할상환 중 선택

보기

ㄱ. 34세로 소득 7분위인 대학생 갑이 직전 학기에 14학점을 이수하여 평균 B학점을 받았을 경우 X학자금 대출을 받을 수 있다.

ㄴ. X학자금 대출 대상이 된 을의 한 학기 등록금이 300만 원일 때, 한 학기당 총 450만 원을 대출받을 수 있다.

ㄷ. 50세로 소득 9분위인 대학원생 병(장애인)은 신용 요건에 관계없이 Y학자금 대출을 받을 수 있다.

ㄹ. 대출금액이 동일하고 졸업 후 소득이 발생하지 않았다면, X학자금 대출과 Y학자금 대출의 매월 상환금액은 같다.

① ㄱ, ㄴ　　　　　　　　　　② ㄱ, ㄷ
③ ㄷ, ㄹ　　　　　　　　　　④ ㄱ, ㄴ, ㄹ
⑤ ㄴ, ㄷ, ㄹ

K공사는 대학생들을 대상으로 K공사를 소개하는 설명회를 개최하려고 한다. 행사 담당자인 S사원은 설명회가 열릴 장소를 대관하고 대학생들에게 나눠 줄 홍보책자를 주문하려고 한다.

- 대관 장소는 설명회에 참여하는 대학생들과 K공사 담당자(7인), 강연자(3인)를 포함하여 총 5%의 여유인원을 수용할 수 있는 곳으로 선정한다.
- 홍보책자는 설명회에 참여하는 모든 대학생들에게 나눠 줄 공동 책자, 대학생의 계열에 따른 책자 3종(인문계열, 사회계열, 공학계열)이다. 공동 책자는 설명회에 참여하는 대학생 인원수의 10% 여유분을 포함하여 제작하고, 계열에 따른 책자는 필요한 권수보다 10권씩을 더 제작한다.
- 대학별 설명회 참가 인원은 다음과 같다.

〈한국대학교〉

인문계열	55명
사회계열	70명
공학계열	40명

〈조은대학교〉

인문계열	150명
사회계열	30명
공학계열	45명

〈최강대학교〉

인문계열	10명
사회계열	80명
공학계열	110명

20 S사원은 몇 개의 대관홀을 조사하였다. 각 업체의 수용 가능 인원이 다음과 같을 때, 대관이 가능한 곳은?

① A홀 – 500명까지 수용 가능
② B홀 – 550명까지 수용 가능
③ C홀 – 600명까지 수용 가능
④ D홀 – 620명까지 수용 가능
⑤ E홀 – 650명까지 수용 가능

21 다음 중 S사원이 제작해야 하는 홍보책자의 수를 종류별로 바르게 연결한 것은?

	공동 책자	인문계열 책자	사회계열 책자	공학계열 책자
①	590권	215권	190권	195권
②	590권	225권	200권	205권
③	649권	225권	200권	205권
④	649권	215권	190권	195권
⑤	649권	225권	190권	205권

22 S사원은 홍보책자 제작을 P인쇄업체에 의뢰하였다. 공동 책자는 기존의 것을 활용하고 계열별 홍보책자 3종만 주문하려고 한다. 업체의 가격이 다음과 같을 때, S사원이 업체에 지불해야 하는 총금액은 얼마인가?(단, 모든 홍보책자는 1권당 40페이지이다)

> • 1권당 10페이지 이내 : 페이지당 50원
> • 1권당 50페이지 이내 : 페이지당 20원
> • 1권당 50페이지 이상 : 페이지당 10원

① 502,000원 ② 500,000원

③ 498,000원 ④ 496,000원

⑤ 492,000원

23 다음은 도서코드(ISBN)에 대한 자료이다. 이를 참고할 때, 주문도서에 대한 설명으로 옳은 것은?

〈도서코드(ISBN)〉

국제표준도서번호					부가기호		
접두부	국가번호	발행자번호	서명식별번호	체크기호	독자대상	발행형태	내용분류
123	12	1234567		1	1	1	123

※ 국제표준도서번호는 5개의 군으로 나누어지고 군마다 '-'로 구분한다.

〈도서코드(ISBN) 세부사항〉

접두부	국가번호	발행자번호	서명식별번호	체크기호
978 또는 979	한국 89 미국 05 중국 72 일본 40 프랑스 22	발행자번호 - 서명식별번호 7자리 숫자 예 8491 - 208 : 발행자번호가 8491번인 출판사에서 208번째 발행한 책		0 ~ 9

독자대상	발행형태	내용분류
0 교양	0 문고본	030 백과사전
1 실용	1 사전	100 철학
2 여성	2 신서판	170 심리학
3 (예비)	3 단행본	200 종교
4 청소년	4 전집	360 법학
5 중고등 학습참고서	5 (예비)	470 생명과학
6 초등 학습참고서	6 도감	680 연극
7 아동	7 그림책, 만화	710 한국어
8 (예비)	8 혼합자료, 점자자료, 전자책, 마이크로자료	770 스페인어
9 전문	9 (예비)	740 영미문학
		720 유럽사

〈주문도서〉

978 - 05 - 441 - 1011 - 3   14710

① 한국에서 출판한 도서이다.

② 441번째 발행된 도서이다.

③ 발행자번호는 총 7자리이다.

④ 한 권으로만 출판되지는 않았다.

⑤ 한국어로 되어 있다.

24 다음 기사의 제목으로 가장 적절한 것은?

> 예전에 비해 많은 사람이 안전띠를 착용하지만, 우리나라의 안전띠 착용률은 여전히 매우 낮다. 2013년 일본과 독일에서 조사한 승용차 앞좌석 안전띠 착용률은 각각 98%와 97%를 기록했다. 하지만 같은 해 우리나라는 84.4%에 머물렀다. 특히 뒷좌석 안전띠 착용률은 19.4%로 OECD 국가 중 최하위에 머물렀다.
>
> K공단은 경기도 화성에 있는 자동차안전연구원에서 '부적절한 안전띠 착용 위험성 실차 충돌시험'을 실시했다. 국내에서 처음 시행한 이번 시험은 안전띠 착용 상태에서 안전띠를 느슨하게 풀어주는 장치 사용(성인, 운전석), 안전띠 미착용 상태에서 안전띠 버클에 경고음 차단 클립 사용(성인, 보조석), 뒷좌석에 놀이방 매트 설치 및 안전띠와 카시트 모두 미착용(어린이, 뒷좌석) 총 세 가지 상황으로 실시했다.
>
> 성인 인체모형 2조와 3세 어린이 인체모형 1조를 활용해 승용 자동차가 시속 56km로 고정 벽에 정면충돌하도록 하였고, 충돌시험 결과 놀랍게도 안전띠의 부적절한 사용 시 중상 가능성이 최대 99.9%로, 안전띠를 제대로 착용했을 때보다 최대 9배 높게 나타났다.
>
> 충돌시험의 결과를 세 가지 상황별로 살펴보자. 먼저 안전띠를 느슨하게 풀어주는 장치를 사용할 경우다. 중상 가능성은 49.7%로, 올바른 안전띠 착용시 보다 약 5배 높게 나타났다. 느슨해진 안전띠로 인해 차량 충돌 시 탑승객을 효과적으로 구속하지 못하기 때문이다. 두 번째로 안전띠 경고음 차단 클립을 사용한 경우에는 중상 가능성이 80.3%로, 더욱 높아졌다. 에어백이 충격 일부를 흡수하기는 하지만 머리는 앞면 창유리에, 가슴은 크래시 패드에 심하게 부딪친 결과다. 마지막으로 뒷좌석 놀이방 매트 위에 있던 3세 어린이 인체 모형은 중상 가능성이 99.9%로, 생명에 치명적 위험을 초래하는 것으로 나타났다. 어린이 인체모형은 자동차 충격 때문에 튕겨 나가 앞좌석 등받이와 심하게 부딪쳤고, 안전띠와 카시트를 착용한 경우보다 머리 중상 가능성이 99.9%, 가슴 중상 가능성이 93.9% 이상 높았다.
>
> 덧붙여 안전띠를 제대로 착용하지 않으면 에어백의 효과도 줄어든다는 사실을 알 수 있었다. 안전띠를 정상적으로 착용하지 않으면, 자동차 충돌 시 탑승자가 앞으로 튕겨 나가려는 힘을 안전띠가 효과적으로 막아주지 못한다. 이러한 상황에서 탑승자가 에어백과 부딪치면 에어백의 흡수 가능 충격량을 초과한 힘이 탑승자에게 가해져 상해율이 높아지는 것이다.

① 안전띠! 제대로 맵시다.

② 우리나라 안전띠 착용률 OECD 국가 중 최하위!

③ 안전띠 경고음 차단 클립의 위험성을 경고한다.

④ 어린이는 차량 뒷좌석에 앉히세요!

⑤ 우리 가족 안전수호대, 에어백과 안전띠의 특급 컬래버레이션!

25 다음 〈보기〉의 밑줄 친 주장에 대해 반박하려고 할 때, 그 논거로 적절하지 않은 것은?

> 기자 : 교수님, 영국에서 탄생한 복제 양과 우리의 복제 송아지의 차이점은 무엇이라고 생각하시는 지요.
>
> 교수 : 두 가지 차원에서 이야기할 수 있습니다. 지금까지는 생명을 복제하기 위해서 반드시 생식 세포를 이용해야 한다는 것이 정설이었습니다. 그런데 복제 양은 생식 세포가 아닌 일반 체 세포, 그중에서도 젖샘 세포를 이용했습니다. 이는 노화 등의 이유로 생식 세포가 죽은 개체 들도 체세포를 통해 복제가 가능하다는 얘기가 됩니다. 체세포를 통한 복제는 기존 생물학 적 개념을 완전히 바꾼 것입니다. 반면 산업적 측면에서는 문제가 있습니다. 동물 복제는 순수 발생학적 관심 못지않게 경제적으로도 중요합니다. 생산력이 뛰어난 가축을 적은 비용 으로 복제 생산해야 한다는 것입니다. 이 점에서 체세포를 통한 복제는 아직 한계가 있습니 다. 경제적인 측면에서는 생식 세포를 이용한 복제가 훨씬 효과적입니다.
>
> 기자 : 이런 복제 기술들이 인간에게도 적용이 가능한가요?
>
> 교수 : 기술적으로는 그렇습니다. 그러나 인간에게 적용했을 때는 기존 인간관계의 근간을 파괴하 는 사회 문제를 발생시킬 것입니다. 또한 생명체 복제 기술의 적용 영역을 확대하다 보면, 자의로 또는 적용 과정에서 우연히 인체에 치명적이거나 통제 불능한 생물체가 만들어질 가 능성도 있습니다. 이것을 생물 재해라고 합니다. 생명공학에 종사하는 학자들은 이 두 가지 문제들을 늘 염두에 두어야 합니다. 물론 아직까지는 이런 문제들이 발생하지 않았지만, 어 느 국가 또는 특정 집단이 복제 기술을 악용할 위험성을 배제할 수는 없습니다.

> **보기**
>
> 미국 위스콘신 생명 윤리 연구 센터의 아서더스 박사는 '왜 인간에게 동물 복제 기술을 적용하면 안 되는지에 대한 논리적 이유가 없다.'고 하면서, 인간 복제를 규제한다 하더라도 대단한 재력가나 권력가는 이를 충분히 피해갈 것이라고 말했다.

① 사람들 사이의 신뢰가 무너질 수 있다.
② 범죄 집단에 악용될 위험이 있다.
③ 인구가 폭발적으로 증가할 염려가 있다.
④ 통제 불능한 인간을 만들어 낼 수 있다.
⑤ 치료법이 없는 바이러스가 만들어질 수도 있다.

26 다음 자료를 근거로 판단할 때, 2025년 3월 인사 파견에서 선발될 직원끼리 바르게 짝지은 것은?

- K회사에서는 소속 직원들의 역량 강화를 위해 정례적으로 인사 파견을 실시하고 있다.
- 인사 파견은 지원자 중 3명을 선발하여 1년간 이루어지고 파견 기간은 변경되지 않는다.
- 선발 조건은 다음과 같다.
  - 과장을 선발하는 경우 동일 부서에 근무하는 직원을 1명 이상 함께 선발한다.
  - 동일 부서에 근무하는 2명 이상의 팀장을 선발할 수 없다.
  - 과학기술과 직원을 1명 이상 선발한다.
  - 근무 평정이 70점 이상인 직원만을 선발한다.
  - 어학 능력이 '하'인 직원을 선발한다면 어학 능력이 '상'인 직원도 선발한다.
  - 직전 인사 파견 기간이 종료된 이후 2년 이상 경과하지 않은 직원을 선발할 수 없다.
- 2025년 3월 인사 파견의 지원자 현황은 다음과 같다.

직원	직위	근무 부서	근무 평정	어학 능력	직전 인사 파견 시작 시점
A	과장	과학기술과	65	중	2022년 1월
B	과장	자치행정과	75	하	2023년 1월
C	팀장	과학기술과	90	중	2023년 7월
D	팀장	문화정책과	70	상	2022년 7월
E	팀장	문화정책과	75	중	2023년 1월
F	직원	과학기술과	75	중	2023년 1월
G	직원	자치행정과	80	하	2022년 7월

① A, D, F   ② B, D, G

③ B, E, F   ④ C, D, G

⑤ D, F, G

27 다음 중 '뉴로리더십'에 대한 설명으로 적절하지 않은 것은?

미래학자인 다니엘 핑크(Daniel Pink)는 앞으로의 세상은 하이콘셉트(High - Concept), 하이터치(High - Touch)의 시대가 될 것이라고 했다. 하이콘셉트는 예술적, 감성적 아름다움을 창조하는 능력을 말하며, 하이터치는 공감을 이끌어내는 능력을 말한다. 즉, 미래에는 뇌를 쓰는 방식이 달라져야 함을 의미한다.

지금까지의 세계는 체계화된 정보를 바탕으로 품질 좋은 제품을 대량생산하여 규모의 경제를 이루고, 시장을 개척해 부지런히 노력하면 어느 정도는 성공할 수 있는 경쟁체제였다. 경쟁사보다 논리적이고 체계적으로 정보를 분석해 소비자의 니즈를 만족시킬 수 있도록 하는 좌뇌형 사회였다고 할 수 있다.

하지만 세상은 빠르게 변하고 있다. 정보를 많이 가지고 있는 것보다는 그 정보를 이용해 어떤 새로운 아이디어를 도출해 내느냐가 더욱 중요한 시대가 된 것이다. 동일한 정보를 가지고 남들이 미처 생각하지 못했던 아이디어를 떠올리고 숨겨진 고객의 니즈를 이끌어냄으로써 시장을 주도할 수 있는 통찰력과 창의력이 중요한 성공 포인트가 되고 있다.

하지만 4차 산업혁명이 강조되고 있는 오늘날, 우리나라에서는 안타깝게도 창의적인 아이디어를 바탕으로 혁신적인 비즈니스 모델을 만들어낸 기업은 거의 보이지 않는 것 같다. 최근 기술분석 잡지인 〈MIT Technology Review〉의 발표에 따르면 세계 50대 혁신기업 중에 우리나라 기업은 단 하나도 들지 못했다.

창의적인 아이디어가 중요한 4차 산업혁명 시대에는 경영의 패러다임도 그에 맞춰 변화해야 한다. 무엇보다 큰 틀에서 세상의 변화를 바라보고 그것을 선도할 수 있는 통찰력이 필요하다. 그러나 아쉽게도 우리나라 기업은 여전히 '일' 중심의 관리문화가 굳건하게 자리잡고 있어 '나무는 보되 숲은 보지 못하는' 근시안적 자세에서 벗어나지 못하고 있다. 아무리 시스템이 잘 갖춰져 있고 관리체계가 뛰어나도 사람이라는 자원이 투입되지 않고서는 좋은 아이디어가 도출될 수 없다. 창의적인 아이디어란 결국 사람의 머리를 거치지 않고서는 나올 수 없기 때문이다.

결국 관리의 중심축이 '일'에서 '사람'으로 바뀌지 않으면 안 된다. '일' 중심의 관리문화에서는 초점이 '효율'과 '생산성'에 맞춰져 있으며 사람은 그것을 보조하는 일개 수단에 지나지 않는다. 반면, '사람' 중심의 관리문화에서는 '창조성'과 '가치'에 초점이 맞춰져 있다. 효율과 생산성을 높이기 위한 수단에 불과했던 사람 그 자체가 관리의 중심이 된다. 사람이 관리의 중심이 되기 위해서는 인간이 가진 두뇌의 특성을 이해해야 한다. 두뇌의 작동 메커니즘과 생물학적인 특성이 이해되어야만 그것이 가진 잠재력과 가치를 최대한으로 활용할 수 있다. 이러한 관점에서 인간의 두뇌 특성을 이해하고 모든 조직 구성원이 최대한 창의적으로 뇌를 활용할 수 있게 함으로써 미래의 경영 환경에서 살아남을 수 있도록 만들어주는 혁신적인 툴이 뉴로리더십이라 하겠다.

① 구성원들이 최대한 창의적으로 뇌를 활용할 수 있게 하는 것이다.
② 창조성과 가치가 관리의 중심축이라고 말할 수 있다.
③ 일보다 사람을 우선시하는 관리문화를 말한다.
④ 인간이 가진 두뇌의 특성을 이해하는 것을 바탕으로 한다.
⑤ 근시안적인 자세를 가지고 행동하는 리더십을 말한다.

28 다음은 A대리의 출장내역에 대한 자료이다. 〈조건〉을 참고할 때, A대리가 3월 출장여비로 받을 수 있는 총액은?

〈A대리의 출장내역〉

구분	출장지	출장 시작 및 종료 시각	비고
출장 1	세종시	14 ~ 16시	관용차량 사용
출장 2	인천시	14 ~ 18시	–
출장 3	서울시	9 ~ 16시	업무추진비 사용

조건

- 출장여비 기준
  - 출장여비는 출장수당과 교통비의 합이다.
    1) 세종시 출장
      - 출장수당 : 1만 원
      - 교통비 : 2만 원
    2) 세종시 이외 출장
      - 출장수당 : 2만 원(13시 이후 출장 시작 또는 15시 이전 출장 종료 시 1만 원 차감)
      - 교통비 : 3만 원
- 출장수당의 경우 업무추진비 사용 시 1만 원이 차감되며, 교통비의 경우 관용차량 사용 시 1만 원이 차감된다.

① 6만 원
② 7만 원
③ 8만 원
④ 9만 원
⑤ 10만 원

29 다음은 산업 및 가계별 대기배출량과 기체별 지구온난화 유발 확률에 대한 자료이다. 대기배출량을 줄였을 때, 지구온난화 예방에 가장 효과적인 산업부문은?

〈산업 및 가계별 대기배출량〉

(단위 : 천 톤 CO_2eq)

구분		이산화탄소	아산화질소	메탄	수소불화탄소
산업부문	전체	45,950	3,723	17,164	0.03
	농업, 임업 및 어업	10,400	810	12,000	–
	석유, 화학 및 관련제품	6,350	600	4,800	0.03
	전기, 가스, 증기 및 수도사업	25,700	2,300	340	–
	건설업	3,500	13	24	–
가계부문		5,400	100	390	–

〈기체별 지구온난화 유발 확률〉

(단위 : %)

구분	이산화탄소	아산화질소	메탄	수소불화탄소
유발 확률	30	20	40	10

① 농업, 임업 및 어업
② 석유, 화학 및 관련제품
③ 전기, 가스, 증기 및 수도사업
④ 건설업
⑤ 가계부문

30 형수가 친척집으로 심부름을 가는데 자전거를 타고 시속 12km로 가면 시속 4km로 걸어갈 때보다 1시간 빠르게 도착한다고 한다. 이때, 시속 8km/h로 달린다면 얼마나 걸리겠는가?

① 40분   ② 42분
③ 45분   ④ 50분
⑤ 60분

31 K기업의 연구소에서는 신소재 물질을 개발하고 있다. 최근 새롭게 연구하고 있는 4가지 물질의 농도 측정을 위해 A ~ D연구기관에 검사를 의뢰하였다. 측정결과가 다음과 같을 때, 이를 이해한 내용으로 적절하지 않은 것은?

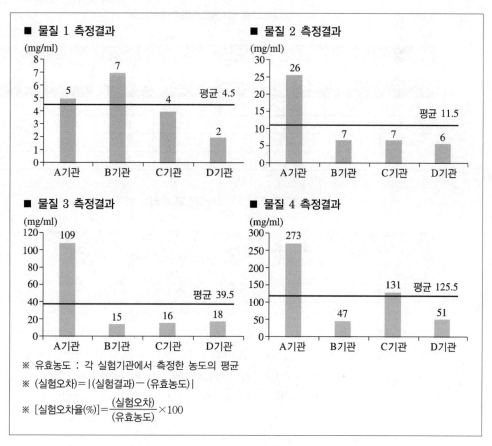

① 물질 1에 대한 B기관과 D기관의 실험오차율은 동일하다.

② 물질 3에 대한 실험오차율은 A기관이 가장 크다.

③ 물질 1에 대한 B기관의 실험오차율은 물질 2에 대한 A기관의 실험오차율보다 작다.

④ 물질 2에 대한 A기관의 실험오차율은 물질 2에 대한 나머지 기관의 실험오차율 합보다 작다.

⑤ A기관의 실험 결과를 제외하면, 4개 물질의 유효농도 값은 A기관의 결괏값을 제외하기 전보다 작아진다.

다음은 대형마트 이용자를 대상으로 소비자 만족도를 조사한 결과이다. 이에 대한 설명으로 옳은 것은?(단, 소수점 셋째 자리에서 반올림한다)

〈대형마트 업체별 소비자 만족도〉

(단위 : 점/5점 만점)

업체명	종합 만족도	서비스 품질					서비스 쇼핑 체험
		쇼핑 체험 편리성	상품 경쟁력	매장환경/ 시설	고객접점 직원	고객관리	
A마트	3.72	3.97	3.83	3.94	3.70	3.64	3.48
B마트	3.53	3.84	3.54	3.72	3.57	3.58	3.37
C마트	3.64	3.96	3.73	3.87	3.63	3.66	3.45
D마트	3.56	3.77	3.75	3.44	3.61	3.42	3.33

〈대형마트 인터넷·모바일쇼핑 소비자 만족도〉

(단위 : 점/5점 만점)

분야별 이용 만족도	이용률	A마트	B마트	C마트	D마트
인터넷쇼핑	65.4%	3.88	3.80	3.88	3.64
모바일쇼핑	34.6%	3.95	3.83	3.91	3.69

① 인터넷쇼핑과 모바일쇼핑의 소비자 만족도가 가장 큰 차이를 보이는 곳은 D마트이다.

② 종합만족도는 5점 만점에 평균 3.61점이며, A마트가 가장 높고, D마트가 가장 낮다.

③ 서비스 품질 부문에 있어 대형마트는 평균적으로 쇼핑 체험 편리성에 대한 만족도가 상대적으로 가장 높게 평가되었으며, 반대로 고객접점직원 서비스가 가장 낮게 평가되었다.

④ 대형마트를 이용하면서 느낀 감정이나 기분을 반영한 서비스 쇼핑 체험 부문의 만족도는 평균 3.41점으로 서비스 품질 부문들보다 낮았다.

⑤ 대형마트 인터넷쇼핑몰 이용률이 65.4%로 모바일쇼핑에 비해 높으나, 만족도에서는 모바일쇼핑이 평균 0.1점 정도 더 높게 평가되었다.

33 다음은 대부분 조직에서 활용하고 있는 부서명과 담당 업무의 예를 나타낸 자료이다. 이를 근거로 할 때, 부서명과 그 담당 업무의 내용이 적절하지 않은 것은?

부서명	담당 업무 내용
총무부	주주총회 및 이사회개최 관련 업무, 의전 및 비서업무, 집기비품 및 소모품의 구매와 관리, 사무실 임차 및 관리, 차량 및 통신시설의 운영, 국내외 출장 업무 협조, 복리후생 업무, 법률자문과 소송관리, 사내외 홍보 광고업무
인사부	조직기구의 개편 및 조정, 업무분담 및 조정, 인력수급계획 및 관리, 직무 및 정원의 조정 종합, 노사관리, 평가관리, 상벌관리, 인사발령, 교육체계 수립 및 관리, 임금제도, 복리후생제도 및 지원업무, 복무관리, 퇴직관리
기획부	경영계획 및 전략 수립, 전사기획업무 종합 및 조정, 중장기 사업계획의 종합 및 조정, 경영정보 조사 및 기획보고, 경영진단업무, 종합예산수립 및 실적관리, 단기사업계획 종합 및 조정, 사업계획, 손익추정, 실적관리 및 분석
회계부	회계제도의 유지 및 관리, 재무상태 및 경영실적 보고, 결산 관련 업무, 재무제표 분석 및 보고, 법인세, 부가가치세, 국세 지방세 업무자문 및 지원, 보험가입 및 보상업무, 고정자산 관련 업무
영업부	판매 계획, 판매예산의 편성, 시장조사, 광고 선전, 견적 및 계약, 제조지시서의 발행, 외상매출금의 청구 및 회수, 제품의 재고 조절, 거래처로부터의 불만처리, 제품의 사후관리, 판매원가 및 판매가격의 조사 검토

① 사옥 이전에 따르는 이전 비용 산출과 신사옥 입주를 대내외에 홍보해야 할 업무는 기획부 소관 업무이다.

② 작년 판매분 중 일부 제품에 하자가 발생하여 고객의 클레임을 접수하고 하자보수 등의 처리를 담당하는 것은 영업부의 주도적인 역할이다.

③ 회사의 지속가능경영보고서에 수록되어 주주들에게 배포될 경영실적 관련 자료를 준비하느라 회계부 직원들은 연일 야근 중이다.

④ 사무실 이전 계획에 따라 새로운 사무실의 층간 배치와 해당 위치별 공용 사무용기 분배 관련 작업은 총무부에서 실시한다.

⑤ 지난달 퇴직자의 퇴직급여 수령액에 문제가 있어 인사부 직원은 회사 퇴직급여 규정을 찾아보고 정정 사항을 바로잡았다.

※ 다음 글을 읽고 이어지는 질문에 답하시오. [34~35]

K기업은 신입사원들의 퇴사율이 높아지고 있는 상황을 해결하기 위해 사원들을 중심으로 설문 조사를 실시하였다.

그중 제일 높은 비중을 차지한 것은 바로 커뮤니케이션의 문제였다. 이에 따라 K기업의 대표는 업무에 대한 이해도가 낮은 신입사원들에게 적절한 설명과 피드백 없이 업무를 진행시킨 것이 가장 큰 문제라고 생각했다. 이러한 문제를 해결하기 위해서 K기업의 대표는 전 직원을 대상으로 효과적인 커뮤니케이션을 위한 교육을 실시하기로 결정하였다.

다음은 회사 내에서 직원들의 의견을 수립하여 만든 효과적인 커뮤니케이션을 위한 5가지 교육 방안이다. 특히 K기업의 대표는 적절한 커뮤니케이션 수단에 대한 내용을 강조하고 있다.

1) 명확한 목표설정
   • 메시지를 전달하고 받는 내용에 대해 명확한 목표설정이 필요하다.
   • 필요하면 정확한 이해를 돕는 시각적 보조자료를 활용한다.
2) 적절한 커뮤니케이션 수단
   • 상대방이 이해하기 쉬운 전달 방법을 선택한다.
   • 언어적, 비언어적인 방법을 적절히 활용한다.
   • 간접화법보단 직접적으로 의사를 표현하도록 한다.
3) 적절한 피드백
   • 메시지 전달이 원활하게 이루어지고 있는지 확인한다.
   • 비언어적인 수단을 통해 전해지는 메시지를 확인한다.
4) 공감과 신뢰감 형성
   • 외형적 의미뿐만 아니라 내면적 의미를 이해하고 공감한다.
   • 상대방의 말과 행동을 파악하고 같이 조절한다.
5) 부드럽고 명확한 전달
   • 안정적인 목소리를 유지한다.
   • 자신감을 가지고 말끝이 흐려지지 않게 끝까지 분명하게 말한다.
   • 정보 전달 시 숫자 활용, 자료 제공 등 구체적이고 명확하게 전달한다.
   • 발음을 분명하게 한다.

34 다음 중 윗글을 참고하였을 때, 효과적인 커뮤니케이션으로 적절하지 않은 것은?

① 김대리 : 저는 다른 의견보다 첫 번째 의견에 적극적으로 동의합니다.
② 이팀장 : 가능하면 시각적 보조자료를 활용해서 근거를 제시해 주면 좋겠네.
③ 김대리 : 물론이죠. 근데 아까 하신 말씀 중에 어려운 부분이 있는데 여쭤볼 수 있을까요?
④ 최팀장 : 그것도 못 알아들으면 어떻게 일을 하겠는가? 알아서 공부해 오게!
⑤ 이팀장 : 물어보고 싶은 부분이 어떤 건지 얘기해 보게.

35 다음 중 K기업의 대표가 강조하고 있는 적절한 커뮤니케이션 수단에 대한 설명으로 옳지 않은 것은?

① 안정적인 목소리를 유지하고 발음을 분명히 해야 전달이 명확하게 된다.

② 비언어적인 수단을 사용하지 않아도 내용이 전해지기 때문에 언어적인 수단만을 사용한다.

③ 통계나 그림 같은 시각적 보조자료를 이용하여 전략적으로 소통한다.

④ 상대방이 취하는 행동을 유심히 관찰하여 공감을 한다.

⑤ 간접화법보다는 직접적으로 의사를 표현하도록 한다.

36 다음 사례의 L씨가 경력개발 계획을 수립하고 실행하는 과정에서 나타나지 않은 단계는?

> 자산관리회사에서 근무 중인 L씨는 투자 전문가가 되고자 한다. L씨는 주변의 투자 전문가를 보면서 그들이 높은 보수를 받고 있으며, 직업에 대한 만족도도 높다는 것을 알았다. 또한 얼마 전 실시했던 적성 검사 결과를 보니, 투자 전문가의 업무가 자신의 적성과 적합한 것 같았다. L씨는 투자 전문가가 되기 위해 본격적으로 알아본 결과 많은 경영학 지식과 관련 자격증이 필요하다는 것을 알게 되었다. 이를 위해 퇴근 후 저녁시간을 활용하여 공부를 해야겠다고 다짐하면서 투자 전문가 관련 자격증을 3년 내에 취득하는 것을 목표로 설정하였다.

① 직무정보 탐색　　　　　　② 자기 탐색

③ 경력목표 설정　　　　　　④ 경력개발 전략수립

⑤ 환경 탐색

다음은 2023년 K시 5개 구 주민의 돼지고기 소비량에 대한 자료이다. 〈조건〉을 참고할 때 변동계수가 3번째로 큰 곳은?

〈5개 구 주민의 돼지고기 소비량 통계〉

(단위 : kg)

구분	평균(1인당 소비량)	표준편차
A	( )	5.0
B	( )	4.0
C	30	6.0
D	12	4.0
E	( )	8.0

※ (변동계수)$=\dfrac{(표준편차)}{(평균)}\times100$

조건

- A구의 1인당 소비량과 B구의 1인당 소비량을 합하면 C구의 1인당 소비량과 같다.
- A구의 1인당 소비량과 D구의 1인당 소비량을 합하면 E구 1인당 소비량의 2배와 같다.
- E구의 1인당 소비량은 B구의 1인당 소비량보다 6.0kg 더 많다.

① A구   ② B구

③ C구   ④ D구

⑤ E구

38 자동차 회사에서 기계설비를 담당하는 P사원은 12월 주말근무표 초안을 작성하였고, 이를 토대로 대체근무자를 미리 배정하려고 한다. 다음 중 배정한 인원에 대한 설명으로 옳지 않은 것은?

- 주말근무 규정
  1. 1~3팀은 순차적으로 주말근무를 실시한다.
  2. 주말근무 후에는 차주 월요일(토요일 근무자) 및 화요일(일요일 근무자)을 휴무일로 한다.
  3. 주말 이틀 연속 근무는 금한다.
  4. 주말근무 예정자가 개인사정으로 인하여 근무가 어렵다면, 해당 주 휴무이거나 혹은 근무가 없는 팀의 일원 1명과 대체한다.

- 12월 주말 근무표

구분	1주 차		2주 차		3주 차		4주 차	
	5일(토)	6일(일)	12일(토)	13일(일)	19일(토)	20일(일)	26일(토)	27일(일)
근무자	1팀	2팀	3팀	1팀	2팀	3팀	1팀	2팀

- 기계설비팀 명단
  - 1팀 : 강단해(팀장), 마징가, 차도선, 이방원, 황이성, 강의찬
  - 2팀 : 사차원(팀장), 박정훈, 이도균, 김선우, 정선동, 박아천
  - 3팀 : 마강수(팀장), 이정래, 하선오, 이광수, 김동수, 김대호

	휴무예정일자	휴무예정자	사유	대체근무자	대체근무일
①	12/5(토)	차도선	가족여행	하선오	12/12(토)
②	12/12(토)	이정래	지인 결혼식	박정훈	12/27(일)
③	12/19(토)	이도균	건강검진	이방원	12/13(일)
④	12/20(일)	이광수	가족여행	강의찬	12/26(토)
⑤	12/27(일)	박아천	개인사정	김대호	12/12(토)

39 다음 글에 제시된 문제에 해당하는 사례로 옳지 않은 것은?

> 아직 일어나지 않은 즉, 눈에 보이지 않는 문제로, 잠재문제, 예측문제, 발견문제로 나눌 수 있다. 잠재문제는 문제를 인식하지 못하다가 결국은 문제가 확대되어 해결이 어려운 문제를 의미한다. 반면 예측문제는 지금 현재는 문제가 없으나 앞으로 문제가 생길 것을 알 수 있는 문제를 의미하며, 발견문제는 앞으로 개선 또는 향상시킬 수 있는 문제를 말한다.

① 어제 구입한 알람시계가 고장 났다.
② 바이러스가 전 세계적으로 확산됨에 따라 제품의 원가가 향상될 것으로 보인다.
③ 자사 제품의 생산성을 향상시킬 수 있는 프로그램이 개발되었다.
④ 자사 내부 점검 중 작년에 판매된 제품에서 문제가 발생할 수 있다는 것을 발견하였다.
⑤ 이번 달에는 물건의 품질을 10% 향상시킴으로써 매출의 5% 증대를 계획해야 한다.

40 다음 중 산업재해의 예방 대책을 순서대로 바르게 나열한 것은?

① 사실의 발견 → 안전 관리 조직 → 원인 분석 → 시정책 선정 → 시정책 적용 및 뒤처리
② 사실의 발견 → 원인 분석 → 시정책 선정 → 안전 관리 조직 → 시정책 적용 및 뒤처리
③ 안전 관리 조직 → 원인 분석 → 사실의 발견 → 시정책 선정 → 시정책 적용 및 뒤처리
④ 안전 관리 조직 → 사실의 발견 → 원인 분석 → 시정책 선정 → 시정책 적용 및 뒤처리
⑤ 안전 관리 조직 → 원인 분석 → 시정책 선정 → 사실의 발견 → 시정책 적용 및 뒤처리

41 다음 글을 근거로 판단할 때, A시에서 B시까지의 거리는?

> 갑은 을이 운전하는 자동차를 타고 A시에서 B시를 거쳐 C시로 가는 중이었다. A, B, C는 일직선 상에 순서대로 있으며, 을은 자동차를 일정한 속력으로 운전하여 도시 간 최단 경로로 이동했다.
> A시를 출발한지 20분 후 갑은 을에게 지금까지 얼마나 왔는지 물어보았다.
> "여기서부터 B시까지 거리의 딱 절반만큼 왔어."라고 을이 대답하였다.
> 그로부터 75km를 더 간 후에 갑이 다시 물어보았다.
> "C시까지는 얼마나 남았지?"
> 을은 다음과 같이 대답하였다.
> "여기서부터 B시까지 거리의 딱 절반만큼 남았어."
> 그로부터 30분 뒤에 갑과 을은 C시에 도착하였다.

① 35km ② 40km

③ 45km ④ 50km

⑤ 55km

42 A씨는 고객들의 주민등록번호 앞자리를 정리해 생년, 월, 일로 구분하고자 한다. 각 셀에 사용해야 할 함수식으로 옳은 것은?

	A	B	C	D	E
1	이름	주민등록번호 앞자리	생년	월	일
2	김천국	950215			
3	김지옥	920222			
4	박세상	940218			
5	박우주	630521			
6	강주변	880522			
7	홍시요	891021			
8	조자주	910310			

① [C2] : =LEFT(B2,2) ② [D3] : =LEFT(B3,4)

③ [E7] : =RIGHT(B7,3) ④ [D8] : =MID(B7,3,2)

⑤ [E4] : =MID(B4,4,2)

43 다음은 아동수당에 대한 매뉴얼이다. 고객의 문의에 대한 처리로 적절한 것을 〈보기〉에서 모두 고르면?

〈아동수당〉

- 아동수당은 만 6세 미만 아동의 보호자에게 월 10만 원의 수당을 지급하는 제도이다.
- 아동수당은 보육료나 양육수당과는 별개의 제도로서, 다른 복지급여를 받고 있어도 수급이 가능하지만, 반드시 신청을 해야 혜택을 받을 수 있다.
- 6월 20일부터 사전 신청 접수가 시작되고, 9월 21일부터 수당이 지급된다.
- 아동수당 수급대상 아동을 보호하고 있는 보호자나 대리인은 20일부터 아동 주소지 읍·면·동 주민센터에서 방문 신청 또는 복지로 홈페이지 및 모바일 앱에서 신청할 수 있다.
- 아동수당 제도 첫 도입에 따라 초기에 아동수당 신청이 한꺼번에 몰릴 것으로 예상되어 연령별 신청기간을 운영한다(연령별 신청기간은 만 0~1세는 20~25일, 만 2~3세는 26~30일, 만 4~5세는 7월 1~5일, 전 연령은 7월 6일부터).
- 아동수당은 신청한 달의 급여분(사전신청은 제외)부터 지급한다. 따라서 9월분 아동수당을 받기 위해서는 9월 말까지 아동수당을 신청해야 한다(단, 소급 적용은 되지 않는다).
- 아동수당 관련 신청서 작성요령이나 수급 가능성 등 자세한 내용은 아동수당 홈페이지에서 확인 가능하다.

보기

고객 : 저희 아이가 만 5세인데요. 아동수당을 지급받을 수 있나요?

(가) : 네, 만 6세 미만의 아동이면 9월 21일부터 10만 원의 수당을 지급받을 수 있습니다.

고객 : 제가 보육료를 지원받고 있는데, 아동수당도 받을 수 있는 건가요?

(나) : 아동수당은 보육료와는 별개의 제도로, 신청만 하면 수당을 받을 수 있습니다.

고객 : 그럼 아동수당을 신청하려면 어떻게 해야 하나요?

(다) : 아동 주소지의 주민센터를 방문하거나 복지로 홈페이지 또는 모바일 앱에서 신청하시면 됩니다.

고객 : 따로 정해진 신청기간은 없나요?

(라) : 6월 20일부터 사전 신청 접수가 시작되고, 9월 말까지 아동수당을 신청하면 되지만 소급 적용이 되지 않습니다. 10월에 신청하시면 9월 아동수당은 지급받을 수 없으므로 9월 말까지 신청해 주시면 될 것 같습니다.

고객 : 네, 감사합니다.

(마) : 아동수당 관련 신청서 작성요령이나 수급 가능성 등의 자세한 내용은 메일로 문의해 주세요.

① (가), (나)
② (가), (다)
③ (가), (나), (다)
④ (나), (다), (라)
⑤ (나), (다), (마)

44 다음은 K사원이 자신의 업무성과를 높이기 위해 작성한 워크시트이다. 이를 참고할 때, K사원의 업무수행 성과를 높이기 위한 전략으로 적절하지 않은 것은?

〈K사원의 워크시트〉

내가 활용할 수 있는 자원	• 업무시간 8시간 • 업무시간 외에 하루 2시간의 자유시간 • 노트북과 스마트폰 보유
업무 지침	• 회의에서 나온 내용은 모두가 공유할 것 • 회사 신제품에 대한 고객 만족도 조사를 실시할 것 • 경쟁사 제품에 대한 조사를 실시할 것 • 신제품의 개선방안에 대해 발표 자료를 준비할 것
나의 현재 능력	• 컴퓨터 타자 속도가 매우 빠르다. • 엑셀과 파워포인트 활용능력이 뛰어나다. • 인터넷 정보검색 능력이 뛰어나다.
상사 / 동료의 지원 정도	• 상사와 동료 모두 자기 업무에 바빠 업무 지침에 해당되는 업무를 지원하는 데 한계가 있다.

⇩

업무수행 성과를 높이기 위한 전략

① 자신의 자유시간에 경쟁사 제품에 대한 고객의 반응을 스마트폰으로 살핀다.
② 팀원들이 조사한 만족도 조사를 받아서 엑셀로 통계화하여 보고서를 작성한다.
③ 아침 회의 내용을 타이핑하고, 문서화하여 팀원과 공유하도록 한다.
④ 신제품 사용 시 불편했던 점을 정리해서 파워포인트를 통해 발표자료를 만든다.
⑤ 고객의 리뷰를 인터넷으로 검색하여 신제품에 대한 고객의 반응을 살핀다.

45 다음 중 Windows에서 [표준 사용자 계정]의 사용자가 할 수 있는 작업으로 적절하지 않은 것은?

① 사용자 자신의 암호를 변경할 수 있다.
② 마우스 포인터의 모양을 변경할 수 있다.
③ 관리자가 설정해 놓은 프린터를 프린터 목록에서 제거할 수 있다.
④ 사용자의 사진으로 자신만의 바탕 화면을 설정할 수 있다.
⑤ 사용자만의 고유한 파일 및 설정을 가질 수 있다.

46 다음 〈조건〉에 따라 A ~ G도시를 인구 순위대로 나열하려고 한다. 이때, 추가로 필요한 정보는 무엇인가?

> **조건**
> • 인구가 같은 도시는 없다.
> • C시의 인구는 D시의 인구보다 적다.
> • F시의 인구는 G시의 인구보다 적다.
> • C시와 F시는 인구 순위에서 바로 인접해 있다.
> • B시의 인구가 가장 많고, E시의 인구가 가장 적다.
> • C시의 인구는 A시의 인구와 F시의 인구를 합친 것보다 많다.

① A시의 인구가 F시의 인구보다 많다.
② C시와 D시는 인구 순위에서 바로 인접해 있다.
③ C시의 인구는 G시의 인구보다 적다.
④ D시의 인구는 F시의 인구보다 많고, B시의 인구보다 적다.
⑤ G시의 인구가 A시의 인구보다 많다.

47 다음 사례에서 B사원이 자기개발에 어려움을 겪고 있는 이유로 가장 적절한 것은?

> B사원은 국내 제조업체에서 근무하고 있지만 업무에 흥미를 느끼지 못하고 있다. 그래서 외국계 IT 회사로 이직하기 위해 계획을 세우고 관련 자격증을 따기 위해서 인터넷 강의도 등록하였다. 그러나 강의를 들어보니 그동안 해왔던 업무와 전혀 다른 새로운 분야인데다가, 현재 근무 중인 회사를 벗어나 자신이 새로운 곳에 잘 적응할 수 있을지 두려움이 생겼다.

① 자기실현에 대한 욕구보다 다른 욕구가 더 강했기 때문에
② 자신을 객관적으로 파악하지 못했기 때문에
③ 자기개발 방법을 정확히 알지 못했기 때문에
④ 현재 익숙한 일과 환경을 지속하려는 습성 때문에
⑤ 시간에 비해 과도한 계획을 세웠기 때문에

커피머신은 1,200,000원이고, 이를 되팔 때는 50%의 가격을 받을 수 있다. K회사는 원두를 한 달에 4kg 사용하고, 원두의 시중 가격은 13,000원이다.

구분	A렌탈	B렌탈
대여료	월 70,000원	월 110,000원
원두	10,000원/kg	5,000원/kg

※ 렌탈업체를 사용할 경우 원두에 대한 기초 구매량이 있다(A렌탈 : 원두 5kg, B렌탈 : 원두 4kg).
※ B렌탈의 경우 5개월 이상 사용 시 원두 가격이 20% 할인된다.

48 다음 자료에 대한 설명으로 옳은 것은?

① 1개월 사용 시 B렌탈이 A렌탈보다 더 저렴하다.
② 3개월 사용 시 A렌탈이 B렌탈보다 40,000원 더 저렴하다.
③ 5개월 사용 시 A렌탈이 B렌탈보다 더 저렴하다.
④ 6개월 사용 시 B렌탈이 A렌탈보다 70,000원 더 비싸다.
⑤ 12개월 사용 시 B렌탈이 A렌탈보다 72,000원 더 저렴하다.

49 K회사는 A렌탈과 B렌탈 중 3개월을 기준으로 더 저렴한 렌탈업체를 선택해 사용했다. 하지만 K회사는 더 이상 렌탈업체를 사용하지 않고 커피머신을 구입할 예정이다. 커피머신은 사용 후 처분할 예정이라고 할 때, 최소 몇 개월을 사용해야 렌탈비보다 이익인가?(단, 소수점 둘째 자리에서 반올림한다)

① 6개월   ② 7개월
③ 8개월   ④ 9개월
⑤ 10개월

50 다음 글의 연구결과에 대한 분석으로 적절한 것을 〈보기〉에서 모두 고르면?

콩 속에는 식물성 단백질과 불포화 지방산 등 건강에 이로운 물질들이 풍부하다. 약콩, 서리태 등으로 불리는 검은 콩 껍질에는 황색 콩 껍질에서 발견되지 않는 특수한 항암물질이 들어 있다. 검은 콩은 항암 효과는 물론 항산화 작용 및 신장 기능과 시력 강화에도 좋은 것으로 알려져 있다. A ∼ C팀은 콩의 효능을 다음과 같이 연구했다.

〈연구결과〉

- A팀 : 콩 속 제니스틴의 성인병 예방 효능을 실험을 통해 세계 최초로 입증했다. 또한 제니스틴은 발암 물질에 노출된 비정상 세포가 악성 종양 세포로 진행되지 않도록 억제하는 효능을 갖고 있다는 사실을 흰쥐 실험을 통해 밝혔다. 암이 발생하는 과정은 세포 내의 유전자가 손상되는 개시 단계와 손상된 세포의 분열이 빨라지는 촉진 단계로 나뉘는데 제니스틴은 촉진 단계에서 억제효과가 있다는 것이다.
- B팀 : 200명의 여성을 조사해 본 결과, 매일 흰 콩 식품을 섭취한 사람은 한 달에 세 번 이하로 섭취한 사람에 비해 폐암에 걸릴 위험이 절반으로 줄었다.
- C팀 : 식이요법으로 원형탈모증을 완치할 수 있을 것으로 보고 원형탈모증을 가지고 있는 쥐에게 콩기름에서 추출된 화합물을 투여해 효과를 관찰하는 실험을 했다. 실험 결과 콩기름에서 추출된 화합물을 각각 0.1mL, 0.5mL, 2.0mL씩 투여한 쥐에서 원형탈모증 완치율은 각각 18%, 39%, 86%를 기록했다.

> 보기
>
> ㄱ. A팀의 연구결과는 콩이 암의 발생을 억제하는 효과가 있다는 것을 뒷받침한다.
> ㄴ. C팀의 연구결과는 콩기름 함유가 높은 음식을 섭취할수록 원형탈모증 발생률이 높게 나타난다는 것을 뒷받침한다.
> ㄷ. 세 팀의 연구결과는 검은 콩이 성인병, 폐암의 예방과 원형탈모증 치료에 효과가 있다는 것을 뒷받침한다.

① ㄱ
② ㄴ
③ ㄱ, ㄷ
④ ㄴ, ㄷ
⑤ ㄱ, ㄴ, ㄷ

51 다음은 어느 해 개최된 올림픽에 참가한 6개국의 성적이다. 이에 대한 설명으로 옳지 않은 것은?

〈국가별 올림픽 성적〉

(단위 : 명, 개)

국가	참가선수	금메달	은메달	동메달	메달 합계
A	240	4	28	57	89
B	261	2	35	68	105
C	323	0	41	108	149
D	274	1	37	74	112
E	248	3	32	64	99
F	229	5	19	60	84

① 획득한 금메달 수가 많은 국가일수록 은메달 수는 적었다.
② 금메달을 획득하지 못한 국가가 가장 많은 메달을 획득했다.
③ 참가선수의 수가 많은 국가일수록 획득한 동메달 수도 많았다.
④ 획득한 메달의 합계가 큰 국가일수록 참가선수의 수도 많았다.
⑤ 참가선수가 가장 적은 국가의 메달 합계는 전체 6위이다.

52 다음 상황에서 나타난 고객 유형에 대한 대처 방법으로 가장 적절한 것은?

> 직원 : 반갑습니다. 고객님, 찾으시는 제품 있으실까요?
> 고객 : 아이가 에어드레서가 필요하다고 해서요. 제품 좀 보러왔어요.
> 직원 : 그렇군요. 그럼 고객님, K제품 한번 보시겠어요? 이번에 나온 신제품인데요. 기존 제품들이 살균과 미세먼지 제거 기능 및 냄새 분해 기능만 있었다면, 이 제품은 그 기능에 더하여 바이러스 제거 기능이 추가되었습니다.
> 고객 : 가격이 얼마인가요?
> 직원 : 가격은 기존 제품의 약 1.8배 정도로 ×××만 원이지만, 이번에 저희 매장에서 신제품은 5%의 할인이 적용되기 때문에 지금 타사 대비 최저가로 구매가 가능합니다.
> 고객 : 아, 비싸네요. 근데 바이러스가 눈에 안 보이는데 정말 제거되는지 믿을 수 있나요? 그냥 신제품이라고 좀 비싸게 파는 건 아닐까 생각이 드네요.

① 잠자코 고객의 의견을 경청하고 사과를 하도록 한다.
② 고객의 이야기를 경청하고, 맞장구치고, 추켜세우고, 설득한다.
③ 분명한 증거나 근거를 제시하여 고객이 확신을 갖도록 유도한다.
④ 과시욕이 충족될 수 있도록 고객의 언행을 제지하지 않고 인정해 준다.
⑤ 의외로 단순하게 생각하는 면이 있으므로 고객의 호감을 얻기 위해 노력한다.

53 다음 중 (가) ~ (라)의 관계를 바르게 설명한 사람을 〈보기〉에서 모두 고르면?

> (가) 도덕성의 기초는 이성이지 동정심이 아니다. 동정심은 타인의 고통을 공유하려는 선한 마음이지만, 그것은 일관적이지 않으며 때로는 변덕스럽고 편협하다.
>
> (나) 인간의 동정심은 신뢰할 만하지 않다. 예컨대 같은 종류의 불행을 당했다고 해도 내 가족에 대해서는 동정심이 일어나지만 모르는 사람에 대해서는 동정심이 생기지 않기도 한다.
>
> (다) 도덕성의 기초는 이성이 아니라 오히려 동정심이다. 즉, 동정심은 타인의 곤경을 자신의 곤경처럼 느끼며 타인의 고난을 위로해 주고 싶은 욕구이다. 타인의 고통을 나의 고통처럼 느끼고, 그로부터 타인의 고통을 막으려는 행동이 나오게 된다. 이렇게 동정심은 도덕성의 원천이 된다.
>
> (라) 동정심과 도덕성의 관계에서 중요한 문제는 어떻게 동정심을 함양할 것인가의 문제이지, 그 자체로 도덕성의 기초가 될 수 있는지 없는지의 문제가 아니다. 동정심은 전적으로 신뢰할 만한 것은 아니며, 때로는 왜곡될 수도 있다. 그렇다고 그 때문에 도덕성의 기반에서 동정심을 완전히 제거하는 것은 도덕의 풍부한 원천을 모두 내다버리는 것과 같다. 오히려 동정심이나 공감의 능력은 성숙하게 함양해야 하는 도덕적 소질에 가까운 것이다.

보기

갑 : (가)와 (다)는 양립할 수 없는 주장이다.
을 : (나)는 (가)를 지지하는 관계이다.
병 : (가)와 (라)는 동정심의 도덕적 역할을 전적으로 부정하고 있다.
정 : (나)와 (라)는 모순관계이다.

① 갑, 을 ② 을, 정
③ 갑, 을, 병 ④ 갑, 병, 정
⑤ 을, 병, 정

54 문제해결절차의 문제 도출 단계는 (가)와 (나)의 절차를 거쳐 수행된다. 다음 중 (가)에 대한 설명으로 적절하지 않은 것은?

(가)		(나)
전체 문제를 개별화된 이슈들로 세분화	→	문제에 영향력이 큰 핵심이슈를 선정

① 문제의 내용 및 영향 등을 파악하여 문제의 구조를 도출한다.
② 본래 문제가 발생한 배경이나 문제를 일으키는 메커니즘을 분명히 해야 한다.
③ 현상에 얽매이지 말고 문제의 본질과 실제를 봐야 한다.
④ 눈앞의 결과를 중심으로 문제를 바라봐야 한다.
⑤ 문제 구조 파악을 위해서 Logic Tree 방법이 주로 사용된다.

55 중소기업청은 다음 지침에 따라 우수 중소기업 지원자금을 5,000억 원 한도 내에서 A ~ D기업에 배분하고자 한다. 이때, 기업별 지원금액이 바르게 연결된 것은?

〈지침〉

• 평가지표별 점수 부여 : 평가지표별로 1위 기업에게는 4점, 2위는 3점, 3위는 2점, 4위는 1점을 부여한다. 다만, 부채비율이 낮을수록 순위가 높으며, 나머지 지표는 클수록 순위가 높다.
• 기업 평가 순위 부여 : 획득한 점수의 합이 큰 기업 순으로 평가순위(1 ~ 4위)를 부여한다.
• 지원한도
  (1) 평가순위 1위 기업에는 2,000억 원, 2위는 1,500억 원, 3위는 1,000억 원, 4위는 500억 원까지 지원할 수 있다.
  (2) 각 기업에 대한 지원한도는 순자산의 2/3로 제한된다. 다만, 평가순위가 3위와 4위인 기업 중 부채비율이 400% 이상인 기업에게는 순자산의 1/2 만큼만 지원할 수 있다.
• 지원요구금액이 지원한도보다 적은 경우에는 지원요구금액 만큼만 배정한다.

〈평가지표와 각 기업의 순자산 및 지원 요구 금액〉

구분		A	B	C	D
평가지표	경상이익률(%)	5	2	1.5	3
	영업이익률(%)	5	1	2	1.5
	부채비율(%)	500	350	450	300
	매출액증가율(%)	8	10	9	11
순자산(억 원)		2,100	600	900	3,000
지원요구금액(억 원)		2,000	500	1,000	1,800

	A기업	B기업	C기업	D기업
①	1,400	400	450	1,800
②	1,050	500	1,000	1,800
③	1,400	400	500	2,000
④	1,050	500	450	2,000
⑤	1,400	500	450	1,800

※ 다음은 GE 맥킨지 매트릭스 모델에 대한 자료이다. 이어지는 질문에 답하시오. [56~57]

〈GE 맥킨지 매트릭스 모델〉

56 다음 중 GE 맥킨지 매트릭스 모델에 대한 설명으로 옳지 않은 것은?

① BCG 매트릭스보다 발전된 기법으로 평가받고 있다.
② 좌상의 청신호 지역은 지속적으로 성장시키는 전략이 필요하다.
③ 대각선상의 주의신호 지역은 선별적인 투자 전략이 필요하다.
④ 우하의 적신호 지역은 사업을 철수하거나 투자를 최소화해야 한다.
⑤ 사업단위 간의 상호작용을 고려하므로 실제 산업에 적용하기 쉽다.

57 다음 중 A ~ E사업에 대한 설명으로 옳지 않은 것은?

① A사업은 집중적으로 투자하여 시장 지위를 유지하면서 새로운 진출을 모색해야 한다.
② B사업은 강점은 있지만 시장 매력이 적은 사업으로, 시장 지위를 보호해야 한다.
③ C사업은 선택적으로 투자하고 사업의 회수 및 철수시기를 파악해야 한다.
④ D사업은 시장 매력이 낮고 강점이 없는 사업으로, 사업을 축소하거나 매각해야 한다.
⑤ E사업은 현상을 유지하면서 앞으로의 계획을 수립해야 한다.

58 다음 중 (가)의 입장에서 (나)의 문제점을 해결하기 위해 제시할 수 있는 자세를 〈보기〉에서 모두 고르면?

(가) 모든 사회구성원이 공정하게 대우받는 정의로운 공동체를 만들기 위해서는 부패 행위를 방지해야 한다. 우리 조상들은 전통적으로 청렴 의식을 중요하게 여겨, 청렴 의식을 강조하는 전통 윤리를 지켜왔다.

(나) 부패 인식 지수는 공무원과 정치인이 얼마나 부패해 있는지에 대한 정도를 비교하여 국가별로 순위를 매긴 것이다. 100점 만점을 기준으로 점수가 높을수록 청렴하다. 2023년 조사한 결과 우리나라의 부패 인식 지수는 63점으로, 조사대상국 180개국 중 32위를 기록했다.

보기

㉠ 공동체와 국가의 공사(公事)를 넘어서 개인의 일을 우선하는 정신을 기른다.
㉡ 공직자들은 개인적 이익과 출세만을 추구하지 않고 바른 마음과 정성을 가진다.
㉢ 부당한 방법으로 공익을 추구하려 하지 않고 개인의 이익을 가장 중요하게 여긴다.
㉣ 공직자들은 청빈한 생활 태도를 유지하면서 국가의 일에 충심을 다하려는 정신을 지닌다.

① ㉠, ㉡ 　　　　　　　② ㉠, ㉢
③ ㉡, ㉢ 　　　　　　　④ ㉡, ㉣
⑤ ㉢, ㉣

59 다음 중 A사와 B사가 활용한 벤치마킹의 종류가 바르게 나열된 것은?

A사는 기존 신용카드사가 시도하지 않았던 새로운 분야를 개척하며 성장했다. A사만의 독특한 문화와 경영방식 중 상당 부분은 회사 바깥에서 얻었다. 이런 작업의 기폭제가 바로 'Insight Tour'이다. A사 직원들은 업종을 불문하고 새로운 마케팅으로 주목받는 곳을 방문한다. 심지어 혁신적인 미술관이나 자동차 회사까지 찾아간다. 금융회사는 가급적 가지 않는다. 카드사는 고객이 결제하는 카드만 취급하는 것이 아니라 회사의 고객 라이프 스타일까지 디자인하는 곳이라는 게 A사의 시각이다. A사의 브랜드 실장은 "카드사는 생활과 밀접한 분야에서 통찰을 얻어야 한다. 'Insight Tour'는 고객의 삶을 업그레이드하는 데 역점을 둔다."고 강조했다.

B사의 첫 벤치마킹 대상은 선반이 높은 창고형 매장을 운영한 월마트였다. 하지만 한국 문화에 맞지 않았다. 3년 후 일본 할인점인 이토요카토로 벤치마킹 대상을 바꿨다. 신선식품에 주력하고 시식행사도 마련하였고, 결과는 성공이었다. 또한 자체브랜드(PL; Private Label) 전략도 벤치마킹을 통해 가다듬었다. 기존 B사의 PL은 저가 이미지가 강했지만, 이를 극복하기 위해 B사는 'PL 종주국' 유럽을 벤치마킹했다. 유럽의 기업인 테스코는 PL 브랜드를 세분화해서 '테스코 파이니스트 – 테스코 노멀 – 테스코 벨류'란 브랜드를 달았다. 이와 유사하게 B사도 '베스트 – 벨류 – 세이브' 등의 브랜드로 개편했다.

	A사	B사
①	경쟁적 벤치마킹	비경쟁적 벤치마킹
②	간접적 벤치마킹	글로벌 벤치마킹
③	비경쟁적 벤치마킹	글로벌 벤치마킹
④	직접적 벤치마킹	경쟁적 벤치마킹
⑤	비경쟁적 벤치마킹	경쟁적 벤치마킹

60 다음은 협상과정을 5단계로 구분한 자료이다. 빈칸 (가) ~ (마)에 들어갈 내용으로 적절하지 않은 것은?

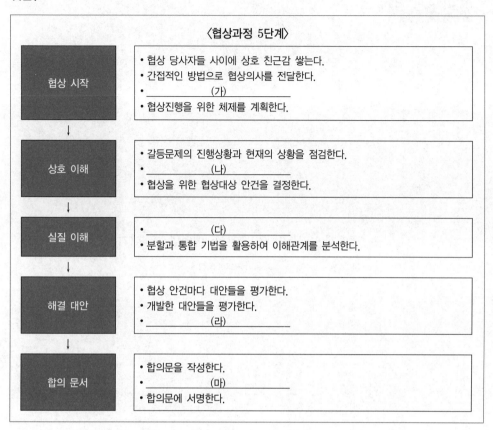

〈협상과정 5단계〉

협상 시작
- 협상 당사자들 사이에 상호 친근감 쌓는다.
- 간접적인 방법으로 협상의사를 전달한다.
- _____(가)_____
- 협상진행을 위한 체제를 계획한다.

상호 이해
- 갈등문제의 진행상황과 현재의 상황을 점검한다.
- _____(나)_____
- 협상을 위한 협상대상 안건을 결정한다.

실질 이해
- _____(다)_____
- 분할과 통합 기법을 활용하여 이해관계를 분석한다.

해결 대안
- 협상 안건마다 대안들을 평가한다.
- 개발한 대안들을 평가한다.
- _____(라)_____

합의 문서
- 합의문을 작성한다.
- _____(마)_____
- 합의문에 서명한다.

① (가) : 상대방의 협상의지를 확인한다.
② (나) : 최선의 대안에 대해서 합의하고 선택한다.
③ (다) : 겉으로 주장하는 것과 실제로 원하는 것을 구분하여 실제로 원하는 것을 찾아낸다.
④ (라) : 대안 이행을 위한 실행계획을 수립한다.
⑤ (마) : 합의내용, 용어 등을 재점검한다.

남에게 이기는 방법의 하나는 예의범절로 이기는 것이다.

- 조쉬 빌링스 -

PART 4

채용 가이드

01 | 블라인드 채용 소개

1. 블라인드 채용이란?

채용 과정에서 편견이 개입되어 불합리한 차별을 야기할 수 있는 출신지, 가족관계, 학력, 외모 등의 편견
요인은 제외하고, 직무능력만을 평가하여 인재를 채용하는 방식입니다.

2. 블라인드 채용의 필요성

- 채용의 공정성에 대한 사회적 요구
  - 누구에게나 직무능력만으로 경쟁할 수 있는 균등한 고용기회를 제공해야 하나, 아직도 채용의 공정
    성에 대한 불신이 존재
  - 채용상 차별금지에 대한 법적 요건이 권고적 성격에서 처벌을 동반한 의무적 성격으로 강화되는
    추세
  - 시민의식과 지원자의 권리의식 성숙으로 차별에 대한 법적 대응 가능성 증가
- 우수인재 채용을 통한 기업의 경쟁력 강화 필요
  - 직무능력과 무관한 학벌, 외모 위주의 선발로 우수인재 선발기회 상실 및 기업경쟁력 약화
  - 채용 과정에서 차별 없이 직무능력중심으로 선발한 우수인재 확보 필요
- 공정한 채용을 통한 사회적 비용 감소 필요
  - 편견에 의한 차별적 채용은 우수인재 선발을 저해하고 외모·학벌 지상주의 등의 심화로 불필요한
    사회적 비용 증가
  - 채용에서의 공정성을 높여 사회의 신뢰수준 제고

3. 블라인드 채용의 특징

편견요인을 요구하지 않는 대신 직무능력을 평가합니다.

※ 직무능력중심 채용이란?
기업의 역량기반 채용, NCS기반 능력중심 채용과 같이 직무수행에 필요한 능력과 역량을 평가하여 선발하는 채용방식을
통칭합니다.

4. 블라인드 채용의 평가요소

직무수행에 필요한 지식, 기술, 태도 등을 과학적인 선발기법을 통해 평가합니다.

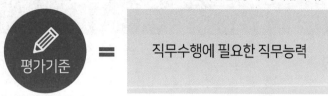

※ 과학적 선발기법이란?
　직무분석을 통해 도출된 평가요소를 서류, 필기, 면접 등을 통해 체계적으로 평가하는 방법으로 입사지원서, 자기소개서, 직무수행능력평가, 구조화 면접 등이 해당됩니다.

5. 블라인드 채용 주요 도입 내용

- 입사지원서에 인적사항 요구 금지
  - 인적사항에는 출신지역, 가족관계, 결혼여부, 재산, 취미 및 특기, 종교, 생년월일(연령), 성별, 신장 및 체중, 사진, 전공, 학교명, 학점, 외국어 점수, 추천인 등이 해당
  - 채용 직무를 수행하는 데 있어 반드시 필요하다고 인정될 경우는 제외
    - 예 특수경비직 채용 시 : 시력, 건강한 신체 요구
    　연구직 채용 시 : 논문, 학위 요구 등
- 블라인드 면접 실시
  - 면접관에게 응시자의 출신지역, 가족관계, 학교명 등 인적사항 정보 제공 금지
  - 면접관은 응시자의 인적사항에 대한 질문 금지

6. 블라인드 채용 도입의 효과성

- 구성원의 다양성과 창의성이 높아져 기업 경쟁력 강화
  - 편견을 없애고 직무능력 중심으로 선발하므로 다양한 직원 구성 가능
  - 다양한 생각과 의견을 통하여 기업의 창의성이 높아져 기업경쟁력 강화
- 직무에 적합한 인재선발을 통한 이직률 감소 및 만족도 제고
  - 사전에 지원자들에게 구체적이고 상세한 직무요건을 제시함으로써 허수 지원이 낮아지고, 직무에 적합한 지원자 모집 가능
  - 직무에 적합한 인재가 선발되어 직무이해도가 높아져 업무효율 증대 및 만족도 제고
- 채용의 공정성과 기업이미지 제고
  - 블라인드 채용은 사회적 편견을 줄인 선발 방법으로 기업에 대한 사회적 인식 제고
  - 채용과정에서 불합리한 차별을 받지 않고 실력에 의해 공정하게 평가를 받을 것이라는 믿음을 제공하고, 지원자들은 평등한 기회와 공정한 선발과정 경험

02 | 서류전형 가이드

채용공고문

1. 채용공고문의 변화

기존 채용공고문	변화된 채용공고문
• 취업준비생에게 불충분하고 불친절한 측면 존재 • 모집분야에 대한 명확한 직무관련 정보 및 평가기준 부재 • 해당분야에 지원하기 위한 취업준비생의 무분별한 스펙 쌓기 현상 발생	• NCS 직무분석에 기반한 채용공고를 토대로 채용전형 진행 • 지원자가 입사 후 수행하게 될 업무에 대한 자세한 정보 공지 • 직무수행내용, 직무수행 시 필요한 능력, 관련된 자격, 직업기초능력 제시 • 지원자가 해당 직무에 필요한 스펙만을 준비할 수 있도록 안내
• 모집부문 및 응시자격 • 지원서 접수 • 전형절차 • 채용조건 및 처우 • 기타사항	• 채용절차 • 채용유형별 선발분야 및 예정인원 • 전형방법 • 선발분야별 직무기술서 • 우대사항

2. 지원 유의사항 및 지원요건 확인

채용 직무에 따른 세부사항을 공고문에 명시하여 지원자에게 적격한 지원 기회를 부여함과 동시에 채용과정에서의 공정성과 신뢰성을 확보합니다.

구성	내용	확인사항
모집분야 및 규모	고용형태(인턴 계약직 등), 모집분야, 인원, 근무지역 등	채용직무가 여러 개일 경우 본인이 해당되는 직무의 채용규모 확인
응시자격	기본 자격사항, 지원조건	지원을 위한 최소자격요건을 확인하여 불필요한 지원을 예방
우대조건	법정·특별·자격증 가점	본인의 가점 여부를 검토하여 가점 획득을 위한 사항을 사실대로 기재
근무조건 및 보수	고용형태 및 고용기간, 보수, 근무지	본인이 생각하는 기대수준에 부합하는지 확인하여 불필요한 지원을 예방
시험방법	서류·필기·면접전형 등의 활용방안	전형방법 및 세부 평가기법 등을 확인하여 지원전략 준비
전형일정	접수기간, 각 전형 단계별 심사 및 합격자 발표일 등	본인의 지원 스케줄을 검토하여 차질이 없도록 준비
제출서류	입사지원서(경력·경험기술서 등), 각종 증명서 및 자격증 사본 등	지원요건 부합 여부 및 자격 증빙서류 사전에 준비
유의사항	임용취소 등의 규정	임용취소 관련 법적 또는 기관 내부 규정을 검토하여 해당여부 확인

02 직무기술서

직무기술서란 직무수행의 내용과 필요한 능력, 관련 자격, 직업기초능력 등을 상세히 기재한 것으로 입사 후 수행하게 될 업무에 대한 정보가 수록되어 있는 자료입니다.

1. 채용분야

설명

NCS 직무분류 체계에 따라 직무에 대한 「대분류 − 중분류 − 소분류 − 세분류」 체계를 확인할 수 있습니다. 채용 직무에 대한 모든 직무기술서를 첨부하게 되며 실제 수행 업무를 기준으로 세부적인 분류정보를 제공합니다.

채용분야	분류체계			
사무행정	대분류	중분류	소분류	세분류
분류코드	02. 경영 · 회계 · 사무	03. 재무 · 회계	01. 재무	01. 예산
				02. 자금
			02. 회계	01. 회계감사
				02. 세무

2. 능력단위

설명

직무분류 체계의 세분류 하위능력단위 중 실질적으로 수행할 업무의 능력만 구체적으로 파악할 수 있습니다.

능력단위	(예산)	03. 연간종합예산수립 04. 추정재무제표 작성 05. 확정예산 운영 06. 예산실적 관리
	(자금)	04. 자금운용
	(회계감사)	02. 자금관리 04. 결산관리 05. 회계정보시스템 운용 06. 재무분석 07. 회계감사
	(세무)	02. 결산관리 05. 부가가치세 신고 07. 법인세 신고

3. 직무수행내용

설명

세분류 영역의 기본정의를 통해 직무수행내용을 확인할 수 있습니다. 입사 후 수행할 직무내용을 구체적으로 확인할 수 있으며, 이를 통해 입사서류 작성부터 면접까지 직무에 대한 명확한 이해를 바탕으로 자신의 희망직무 인지 아닌지, 해당 직무가 자신이 알고 있던 직무가 맞는지 확인할 수 있습니다.

직무수행내용	(예산) 일정기간 예상되는 수익과 비용을 편성, 집행하며 통제하는 일
	(자금) 자금의 계획 수립, 조달, 운용을 하고 발생 가능한 위험 관리 및 성과평가
	(회계감사) 기업 및 조직 내 · 외부에 있는 의사결정자들이 효율적인 의사결정을 할 수 있도록 유용한 정보를 제공, 제공된 회계정보의 적정성을 파악하는 일
	(세무) 세무는 기업의 활동을 위하여 주어진 세법범위 내에서 조세부담을 최소화시키는 조세전략을 포함하고 정확한 과세소득과 과세표준 및 세액을 산출하여 과세당국에 신고 · 납부하는 일

4. 직무기술서 예시

태도	(예산) 정확성, 분석적 태도, 논리적 태도, 타 부서와의 협조적 태도, 설득력
	(자금) 분석적 사고력
	(회계 감사) 합리적 태도, 전략적 사고, 정확성, 적극적 협업 태도, 법률준수 태도, 분석적 태도, 신속성, 책임감, 정확한 판단력
	(세무) 규정 준수 의지, 수리적 정확성, 주의 깊은 태도
우대 자격증	공인회계사, 세무사, 컴퓨터활용능력, 변호사, 워드프로세서, 전산회계운용사, 사회조사분석사, 재경관리사, 회계관리 등
직업기초능력	의사소통능력, 문제해결능력, 자원관리능력, 대인관계능력, 정보능력, 조직이해능력

5. 직무기술서 내용별 확인사항

항목	확인사항
모집부문	해당 채용에서 선발하는 부문(분야)명 확인 예 사무행정, 전산, 전기
분류체계	지원하려는 분야의 세부직무군 확인
주요기능 및 역할	지원하려는 기업의 전사적인 기능과 역할, 산업군 확인
능력단위	지원분야의 직무수행에 관련되는 세부업무사항 확인
직무수행내용	지원분야의 직무군에 대한 상세사항 확인
전형방법	지원하려는 기업의 신입사원 선발전형 절차 확인
일반요건	교육사항을 제외한 지원 요건 확인(자격요건, 특수한 경우 연령)
교육요건	교육사항에 대한 지원요건 확인(대졸 / 초대졸 / 고졸 / 전공 요건)
필요지식	지원분야의 업무수행을 위해 요구되는 지식 관련 세부항목 확인
필요기술	지원분야의 업무수행을 위해 요구되는 기술 관련 세부항목 확인
직무수행태도	지원분야의 업무수행을 위해 요구되는 태도 관련 세부항목 확인
직업기초능력	지원분야 또는 지원기업의 조직원으로서 근무하기 위해 필요한 일반적인 능력사항 확인

1. 입사지원서의 변화

기존지원서		능력중심 채용 입사지원서
직무와 관련 없는 학점, 개인신상, 어학점수, 자격, 수상경력 등을 나열하도록 구성	VS	해당 직무수행에 꼭 필요한 정보들을 제시할 수 있도록 구성

기존지원서		능력중심 채용 입사지원서	
직무기술서		인적사항	성명, 연락처, 지원분야 등 작성 (평가 미반영)
직무수행내용		교육사항	직무지식과 관련된 학교교육 및 직업교육 작성
요구지식 / 기술	→	자격사항	직무관련 국가공인 또는 민간자격 작성
관련 자격증		경력 및 경험사항	조직에 소속되어 일정한 임금을 받거나(경력) 임금 없이(경험) 직무와 관련된 활동 내용 작성
사전직무경험			

2. 교육사항

- 지원분야 직무와 관련된 학교 교육이나 직업교육 혹은 기타교육 등 직무에 대한 지원자의 학습 여부를 평가하기 위한 항목입니다.
- 지원하고자 하는 직무의 학교 전공교육 이외에 직업교육, 기타교육 등을 기입할 수 있기 때문에 전공 제한 없이 직업교육과 기타교육을 이수하여 지원이 가능하도록 기회를 제공합니다.
  (기타교육 : 학교 이외의 기관에서 개인이 이수한 교육과정 중 지원직무와 관련이 있다고 생각되는 교육내용)

구분	교육과정(과목)명	교육내용	과업(능력단위)

3. 자격사항

- 채용공고 및 직무기술서에 제시되어 있는 자격 현황을 토대로 지원자가 해당 직무를 수행하는 데 필요한 능력을 가지고 있는지를 평가하기 위한 항목입니다.
- 채용공고 및 직무기술서에 기재된 직무관련 필수 또는 우대자격 항목을 확인하여 본인이 보유하고 있는 자격사항을 기재합니다.

자격유형	자격증명	발급기관	취득일자	자격증번호

4. 경력 및 경험사항

- 직무와 관련된 경력이나 경험 여부를 표현하도록 하여 직무와 관련한 능력을 갖추었는지를 평가하기 위한 항목입니다.
- 해당 기업에서 직무를 수행함에 있어 필요한 사항만을 기록하게 되어 있기 때문에 직무와 무관한 스펙을 갖추지 않아도 됩니다.
- 경력 : 금전적 보수를 받고 일정기간 동안 일했던 경우
- 경험 : 금전적 보수를 받지 않고 수행한 활동

※ 기업에 따라 경력 / 경험 관련 증빙자료 요구 가능

구분	조직명	직위 / 역할	활동기간(년 / 월)	주요과업 / 활동내용

Tip

입사지원서 작성 방법

○ 경력 및 경험사항 작성
  - 직무기술서에 제시된 지식, 기술, 태도와 지원자의 교육사항, 경력(경험)사항, 자격사항과 연계하여 개인의 직무역량에 대해 스스로 판단 가능

○ 인적사항 최소화
  - 개인의 인적사항, 학교명, 가족관계 등을 노출하지 않도록 유의

부적절한 입사지원서 작성 사례
- 학교 이메일을 기입하여 학교명 노출
- 거주지 주소에 학교 기숙사 주소를 기입하여 학교명 노출
- 자기소개서에 부모님이 재직 중인 기업명, 직위, 직업을 기입하여 가족관계 노출
- 자기소개서에 석・박사 과정에 대한 이야기를 언급하여 학력 노출
- 동아리 활동에 대한 내용을 학교명과 더불어 언급하여 학교명 노출

1. 자기소개서의 변화

- 기존의 자기소개서는 지원자의 일대기나 관심 분야, 성격의 장·단점 등 개괄적인 사항을 묻는 질문으로 구성되어 지원자가 자신의 직무능력을 제대로 표출하지 못합니다.
- 능력중심 채용의 자기소개서는 직무기술서에 제시된 직업기초능력(또는 직무수행능력)에 대한 지원자의 과거 경험을 기술하게 함으로써 평가 타당도의 확보가 가능합니다.

1. 우리 회사와 해당 지원 직무분야에 지원한 동기에 대해 기술해 주세요.

2. 자신이 경험한 다양한 사회활동에 대해 기술해 주세요.

3. 지원 직무에 대한 전문성을 키우기 위해 받은 교육과 경험 및 경력사항에 대해 기술해 주세요.

4. 인사업무 또는 팀 과제 수행 중 발생한 갈등을 원만하게 해결해 본 경험이 있습니까? 당시 상황에 대한 설명과 갈등의 대상이 되었던 상대방을 설득한 과정 및 방법을 기술해 주세요.

5. 과거에 있었던 일 중 가장 어려웠었던(힘들었었던) 상황을 고르고, 어떤 방법으로 그 상황을 해결했는지를 기술해 주세요.

자기소개서 작성 방법

① 자기소개서 문항이 묻고 있는 평가 역량 추측하기

> [예시]
> • 팀 활동을 하면서 갈등 상황 시 상대방의 니즈나 의도를 명확히 파악하고 해결하여 목표 달성에 기여했던 경험에 대해서 작성해 주시기 바랍니다.
> • 다른 사람이 생각해내지 못했던 문제점을 찾고 이를 해결한 경험에 대해 작성해 주시기 바랍니다.

② 해당 역량을 보여줄 수 있는 소재 찾기(시간×역량 매트릭스)

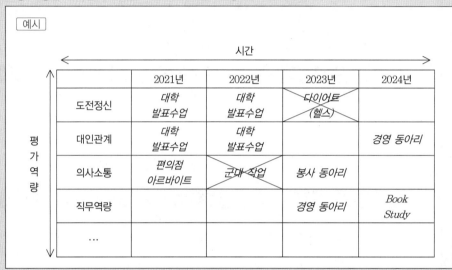

[예시]

시간 →

평가역량	2021년	2022년	2023년	2024년
도전정신	대학 발표수업	대학 발표수업	~~다이어트 (헬스)~~	
대인관계	대학 발표수업	대학 발표수업		경영 동아리
의사소통	편의점 아르바이트	~~군대 작업~~	봉사 동아리	
직무역량			경영 동아리	*Book Study*
…				

③ 자기소개서 작성 Skill 익히기
- 두괄식으로 작성하기
- 구체적 사례를 사용하기
- '나'를 중심으로 작성하기
- 직무역량 강조하기
- 경험 사례의 차별성 강조하기

03 인성검사 소개 및 모의테스트

01 인성검사 유형

인성검사는 지원자의 성격특성을 객관적으로 파악하고 그것이 각 기업에서 필요로 하는 인재상과 가치에 부합하는가를 평가하기 위한 검사입니다. 인성검사는 KPDI(한국인재개발진흥원), K-SAD(한국사회적성개발원), KIRBS(한국행동과학연구소), SHR(에스에이치알) 등의 전문기관을 통해 각 기업의 특성에 맞는 검사를 선택하여 실시합니다. 대표적인 인성검사의 유형에는 크게 다음과 같은 세 가지가 있으며, 채용 대행 업체에 따라 달라집니다.

1. KPDI 검사

조직적응성과 직무적합성을 알아보기 위한 검사로 인성검사, 인성역량검사, 인적성검사, 직종별 인적성 검사 등의 다양한 검사 도구를 구현합니다. KPDI는 성격을 파악하고 정신건강 상태 등을 측정하고, 직무 검사는 해당 직무를 수행하기 위해 기본적으로 갖추어야 할 인지적 능력을 측정합니다. 역량검사는 특정 직무 역할을 효과적으로 수행하는 데 직접적으로 관련 있는 개인의 행동, 지식, 스킬, 가치관 등을 측정합니다.

2. KAD(Korea Aptitude Development) 검사

K-SAD(한국사회적성개발원)에서 실시하는 적성검사 프로그램입니다. 개인의 성향, 지적 능력, 기호, 관심, 흥미도를 종합적으로 분석하여 적성에 맞는 업무가 무엇인가 파악하고, 직무수행에 있어서 요구되는 기초능력과 실무능력을 분석합니다.

3. SHR 직무적성검사

직무수행에 필요한 종합적인 사고 능력을 다양한 적성검사(Paper and Pencil Test)로 평가합니다. SHR 의 모든 직무능력검사는 표준화 검사입니다. 표준화 검사는 표본집단의 점수를 기초로 규준이 만들어진 검사이므로 개인의 점수를 규준에 맞추어 해석·비교하는 것이 가능합니다. S(Standardized Tests), H(Hundreds of Version), R(Reliable Norm Data)을 특징으로 하며, 직군·직급별 특성과 선발 수준에 맞추어 검사를 적용할 수 있습니다.

인성검사는 특히 면접질문과 관련성이 높습니다. 면접관은 지원자의 인성검사 결과를 토대로 질문을 하기 때문입니다. 일관적이고 이상적인 답변을 하는 것이 가장 좋지만, 실제 시험은 매우 복잡하여 전문가라 해도 일정 성격을 유지하면서 답변을 하는 것이 힘듭니다. 또한, 인성검사에는 라이 스케일(Lie Scale) 설문이 전체 설문 속에 교묘하게 섞여 들어가 있으므로 겉치레적인 답을 하게 되면 회답태도의 허위성이 그대로 드러나게 됩니다. 예를 들어 '거짓말을 한 적이 한 번도 없다.'에 '예'로 답하고, '때로는 거짓말을 하기도 한다.'에 '예'라고 답하여 라이 스케일의 득점이 올라가게 되면 모든 회답의 신빙성이 사라지고 '자신을 돋보이게 하려는 사람'이라는 평가를 받을 수 있으므로 주의해야 합니다. 따라서 모의테스트를 통해 인성검사의 유형과 실제 시험 시 어떻게 문제를 풀어야 하는지 연습해 보고 체크한 부분 중 자신의 단점과 연결되는 부분은 면접에서 질문이 들어왔을 때 어떻게 대처해야 하는지 생각해 보는 것이 좋습니다.

1. 기업의 인재상을 파악하라!

인성검사를 통해 개인의 성격 특성을 파악하고 그것이 기업의 인재상과 가치에 부합하는지를 평가하는 시험이기 때문에 해당 기업의 인재상을 먼저 파악하고 시험에 임하는 것이 좋습니다. 모의테스트에서 인재상에 맞는 가상의 인물을 설정하고 문제에 답해 보는 것도 많은 도움이 됩니다.

2. 일관성 있는 대답을 하라!

짧은 시간 안에 다양한 질문에 답을 해야 하는데, 그 안에는 중복되는 질문이 여러 번 나옵니다. 이때 앞서 자신이 체크했던 대답을 잘 기억해뒀다가 일관성 있는 답을 하는 것이 중요합니다.

3. 모든 문항에 대답하라!

많은 문제를 짧은 시간 안에 풀려다 보니 다 못 푸는 경우도 종종 생깁니다. 하지만 대답을 누락하거나 끝까지 다 못했을 경우 좋지 않은 결과를 가져올 수도 있으니 최대한 주어진 시간 안에 모든 문항에 답할 수 있도록 해야 합니다.

※ 모의테스트는 질문 및 답변 유형 연습을 위한 것으로 실제 시험과 다를 수 있습니다.
※ 인성검사는 정답이 따로 없는 유형의 검사이므로 결과지를 제공하지 않습니다.

번호	내용	예	아니요
001	나는 솔직한 편이다.	☐	☐
002	나는 리드하는 것을 좋아한다.	☐	☐
003	법을 어겨서 말썽이 된 적이 한 번도 없다.	☐	☐
004	거짓말을 한 번도 한 적이 없다.	☐	☐
005	나는 눈치가 빠르다.	☐	☐
006	나는 일을 주도하기보다는 뒤에서 지원하는 것을 선호한다.	☐	☐
007	앞일은 알 수 없기 때문에 계획은 필요하지 않다.	☐	☐
008	거짓말도 때로는 방편이라고 생각한다.	☐	☐
009	사람이 많은 술자리를 좋아한다.	☐	☐
010	걱정이 지나치게 많다.	☐	☐
011	일을 시작하기 전 재고하는 경향이 있다.	☐	☐
012	불의를 참지 못한다.	☐	☐
013	처음 만나는 사람과도 이야기를 잘 한다.	☐	☐
014	때로는 변화가 두렵다.	☐	☐
015	나는 모든 사람에게 친절하다.	☐	☐
016	힘든 일이 있을 때 술은 위로가 되지 않는다.	☐	☐
017	결정을 빨리 내리지 못해 손해를 본 경험이 있다.	☐	☐
018	기회를 잡을 준비가 되어 있다.	☐	☐
019	때로는 내가 정말 쓸모없는 사람이라고 느낀다.	☐	☐
020	누군가 나를 챙겨주는 것이 좋다.	☐	☐
021	자주 가슴이 답답하다.	☐	☐
022	나는 내가 자랑스럽다.	☐	☐
023	경험이 중요하다고 생각한다.	☐	☐
024	전자기기를 분해하고 다시 조립하는 것을 좋아한다.	☐	☐

PART 4

025	감시받고 있다는 느낌이 든다.	☐	☐
026	난처한 상황에 놓이면 그 순간을 피하고 싶다.	☐	☐
027	세상엔 믿을 사람이 없다.	☐	☐
028	잘못을 빨리 인정하는 편이다.	☐	☐
029	지도를 보고 길을 잘 찾아간다.	☐	☐
030	귓속말을 하는 사람을 보면 날 비난하고 있는 것 같다.	☐	☐
031	막무가내라는 말을 들을 때가 있다.	☐	☐
032	장래의 일을 생각하면 불안하다.	☐	☐
033	결과보다 과정이 중요하다고 생각한다.	☐	☐
034	운동은 그다지 할 필요가 없다고 생각한다.	☐	☐
035	새로운 일을 시작할 때 좀처럼 한 발을 떼지 못한다.	☐	☐
036	기분 상하는 일이 있더라도 참는 편이다.	☐	☐
037	업무능력은 성과로 평가받아야 한다고 생각한다.	☐	☐
038	머리가 맑지 못하고 무거운 느낌이 든다.	☐	☐
039	가끔 이상한 소리가 들린다.	☐	☐
040	타인이 내게 자주 고민상담을 하는 편이다.	☐	☐

※ 모의테스트는 질문 및 답변 유형 연습을 위한 것으로 실제 시험과 다를 수 있습니다.
※ 인성검사는 정답이 따로 없는 유형의 검사이므로 결과지를 제공하지 않습니다.

※ 이 성격검사의 각 문항에는 서로 다른 행동을 나타내는 네 개의 문장이 제시되어 있습니다. 이 문장들을 비교하여, 자신의 평소 행동과 가장 가까운 문장을 'ㄱ'열에 표기하고, 가장 먼 문장을 'ㅁ'열에 표기하십시오.

01 나는 _____

	ㄱ	ㅁ
A. 실용적인 해결책을 찾는다.	☐	☐
B. 다른 사람을 돕는 것을 좋아한다.	☐	☐
C. 세부 사항을 잘 챙긴다.	☐	☐
D. 상대의 주장에서 허점을 잘 찾는다.	☐	☐

02 나는 _____

	ㄱ	ㅁ
A. 매사에 적극적으로 임한다.	☐	☐
B. 즉흥적인 편이다.	☐	☐
C. 관찰력이 있다.	☐	☐
D. 임기응변에 강하다.	☐	☐

03 나는 _____

	ㄱ	ㅁ
A. 무서운 영화를 잘 본다.	☐	☐
B. 조용한 곳이 좋다.	☐	☐
C. 가끔 울고 싶다.	☐	☐
D. 집중력이 좋다.	☐	☐

04 나는 _____

	ㄱ	ㅁ
A. 기계를 조립하는 것을 좋아한다.	☐	☐
B. 집단에서 리드하는 역할을 맡는다.	☐	☐
C. 호기심이 많다.	☐	☐
D. 음악을 듣는 것을 좋아한다.	☐	☐

05 나는 _____

	ㄱ	ㅁ
A. 타인을 늘 배려한다.	☐	☐
B. 감수성이 예민하다.	☐	☐
C. 즐겨하는 운동이 있다.	☐	☐
D. 일을 시작하기 전에 계획을 세운다.	☐	☐

06 나는 _____

	ㄱ	ㅁ
A. 타인에게 설명하는 것을 좋아한다.	☐	☐
B. 여행을 좋아한다.	☐	☐
C. 정적인 것이 좋다.	☐	☐
D. 남을 돕는 것에 보람을 느낀다.	☐	☐

07 나는 _____

	ㄱ	ㅁ
A. 기계를 능숙하게 다룬다.	☐	☐
B. 밤에 잠이 잘 오지 않는다.	☐	☐
C. 한 번 간 길을 잘 기억한다.	☐	☐
D. 불의를 보면 참을 수 없다.	☐	☐

08 나는 _____

	ㄱ	ㅁ
A. 종일 말을 하지 않을 때가 있다.	☐	☐
B. 사람이 많은 곳을 좋아한다.	☐	☐
C. 술을 좋아한다.	☐	☐
D. 휴양지에서 편하게 쉬고 싶다.	☐	☐

09 나는 _____

	ㄱ	ㅁ
A. 뉴스보다는 드라마를 좋아한다.	☐	☐
B. 길을 잘 찾는다.	☐	☐
C. 주말엔 집에서 쉬는 것이 좋다.	☐	☐
D. 아침에 일어나는 것이 힘들다.	☐	☐

10 나는 _____

	ㄱ	ㅁ
A. 이성적이다.	☐	☐
B. 할 일을 종종 미룬다.	☐	☐
C. 어른을 대하는 게 힘들다.	☐	☐
D. 불을 보면 매혹을 느낀다.	☐	☐

11 나는 _____

	ㄱ	ㅁ
A. 상상력이 풍부하다.	☐	☐
B. 예의 바르다는 소리를 자주 듣는다.	☐	☐
C. 사람들 앞에 서면 긴장한다.	☐	☐
D. 친구를 자주 만난다.	☐	☐

12 나는 _____

	ㄱ	ㅁ
A. 나만의 스트레스 해소 방법이 있다.	☐	☐
B. 친구가 많다.	☐	☐
C. 책을 자주 읽는다.	☐	☐
D. 활동적이다.	☐	☐

PART 4

04 | 면접전형 가이드

01 면접유형 파악

1. 면접전형의 변화

기존 면접전형에서는 일상적이고 단편적인 대화나 지원자의 첫인상 및 면접관의 주관적인 판단 등에 의해서 입사 결정 여부를 판단하는 경우가 많았습니다. 이러한 면접전형은 면접 내용의 일관성이 결여되거나 직무 관련 타당성이 부족하였고, 면접에 대한 신뢰도에 영향을 주었습니다.

기존 면접(전통적 면접)		능력중심 채용 면접(구조화 면접)

• 일상적이고 단편적인 대화
• 인상, 외모 등 외부 요소의 영향
• 주관적인 판단에 의존한 총점 부여
 	
⇩
 	
• 면접 내용의 일관성 결여
• 직무관련 타당성 부족
• 주관적인 채점으로 신뢰도 저하
	VS	• 일관성
		  − 직무관련 역량에 초점을 둔 구체적 질문 목록
		  − 지원자별 동일 질문 적용
		• 구조화
		  − 면접 진행 및 평가 절차를 일정한 체계에 의해 구성
		• 표준화
		  − 평가 타당도 제고를 위한 평가 Matrix 구성
		  − 척도에 따라 항목별 채점, 개인 간 비교
		• 신뢰성
		  − 면접진행 매뉴얼에 따라 면접위원 교육 및 실습

2. 능력중심 채용의 면접 유형

① 경험 면접
- 목적 : 선발하고자 하는 직무 능력이 필요한 과거 경험을 질문합니다.
- 평가요소 : 직업기초능력과 인성 및 태도적 요소를 평가합니다.

② 상황 면접
- 목적 : 특정 상황을 제시하고 지원자의 행동을 관찰함으로써 실제 상황의 행동을 예상합니다.
- 평가요소 : 직업기초능력과 인성 및 태도적 요소를 평가합니다.

③ 발표 면접
- 목적 : 특정 주제와 관련된 지원자의 발표와 질의응답을 통해 지원자 역량을 평가합니다.
- 평가요소 : 직무수행능력과 인지적 역량(문제해결능력)을 평가합니다.

④ 토론 면접
- 목적 : 토의과제에 대한 의견수렴 과정에서 지원자의 역량과 상호작용능력을 평가합니다.
- 평가요소 : 직무수행능력과 팀워크를 평가합니다.

1. 경험 면접

① 경험 면접의 특징

- 주로 직업기초능력에 관련된 지원자의 과거 경험을 심층 질문하여 검증하는 면접입니다.
- 직무능력과 관련된 과거 경험을 평가하기 위해 심층 질문을 하며, 이 질문은 지원자의 답변에 대하여 '꼬리에 꼬리를 무는 형식'으로 진행됩니다.

- 능력요소, 정의, 심사 기준
  - 평가하고자 하는 능력요소, 정의, 심사기준을 확인하여 면접위원이 해당 능력요소 관련 질문을 제시합니다.
- Opening Question
  - 능력요소에 관련된 과거 경험을 유도하기 위한 시작 질문을 합니다.
- Follow-up Question
  - 지원자의 경험 수준을 구체적으로 검증하기 위한 질문입니다.
  - 경험 수준 검증을 위한 상황(Situation), 임무(Task), 역할 및 노력(Action), 결과(Result) 등으로 질문을 구분합니다.

경험 면접의 형태

[면접관 1]　[면접관 2]　[면접관 3]　　　[면접관 1]　[면접관 2]　[면접관 3]

[지원자]　　　　　　　[지원자 1]　[지원자 2]　[지원자 3]

〈일대다 면접〉　　　　　　　〈다대다 면접〉

② 경험 면접의 구조

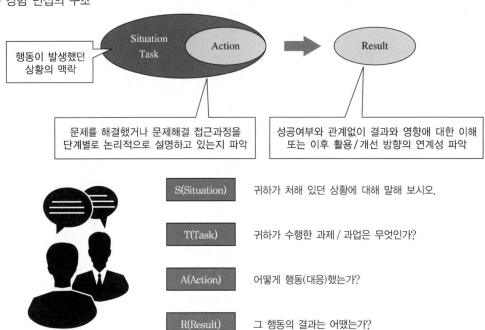

행동이 발생했던
상황의 맥락

문제를 해결했거나 문제해결 접근과정을
단계별로 논리적으로 설명하고 있는지 파악

성공여부와 관계없이 결과와 영향애 대한 이해
또는 이후 활용 / 개선 방향의 연계성 파악

S(Situation) 귀하가 처해 있던 상황에 대해 말해 보시오.

T(Task) 귀하가 수행한 과제 / 과업은 무엇인가?

A(Action) 어떻게 행동(대응)했는가?

R(Result) 그 행동의 결과는 어땠는가?

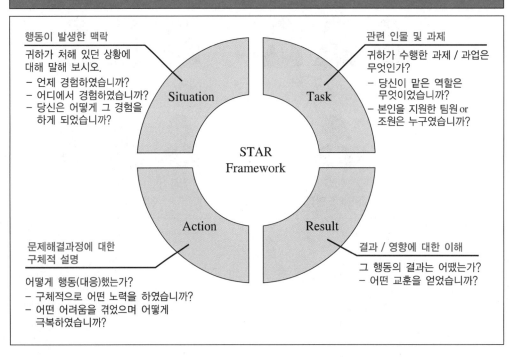

(   )에 관한 과거 경험에 대하여 말해 보시오.

행동이 발생한 맥락
귀하가 처해 있던 상황에
대해 말해 보시오.
– 언제 경험하였습니까?
– 어디에서 경험하였습니까?
– 당신은 어떻게 그 경험을
  하게 되었습니까?

Situation

관련 인물 및 과제
귀하가 수행한 과제 / 과업은
무엇인가?
– 당신이 맡은 역할은
  무엇이었습니까?
– 본인을 지원한 팀원 or
  조원은 누구였습니까?

Task

STAR
Framework

문제해결과정에 대한
구체적 설명
어떻게 행동(대응)했는가?
– 구체적으로 어떤 노력을 하였습니까?
– 어떤 어려움을 겪었으며 어떻게
  극복하였습니까?

Action

결과 / 영향에 대한 이해
그 행동의 결과는 어땠는가?
– 어떤 교훈을 얻었습니까?

Result

③ 경험 면접 질문 예시(직업윤리)

시작 질문	
1	남들이 신경 쓰지 않는 부분까지 고려하여 절차대로 업무(연구)를 수행하여 성과를 낸 경험을 구체적으로 말해 보시오.
2	조직의 원칙과 절차를 철저히 준수하며 업무(연구)를 수행한 것 중 성과를 향상시킨 경험에 대해 구체적으로 말해 보시오.
3	세부적인 절차와 규칙에 주의를 기울여 실수 없이 업무(연구)를 마무리한 경험을 구체적으로 말해 보시오.
4	조직의 규칙이나 원칙을 고려하여 성실하게 일했던 경험을 구체적으로 말해 보시오.
5	타인의 실수를 바로잡고 원칙과 절차대로 수행하여 성공적으로 업무를 마무리하였던 경험에 대해 말해 보시오.

후속 질문		
상황 (Situation)	상황	구체적으로 언제, 어디에서 경험한 일인가?
		어떤 상황이었는가?
	조직	어떤 조직에 속해 있었는가?
		그 조직의 특성은 무엇이었는가?
		몇 명으로 구성된 조직이었는가?
	기간	해당 조직에서 얼마나 일했는가?
		해당 업무는 몇 개월 동안 지속되었는가?
	조직규칙	조직의 원칙이나 규칙은 무엇이었는가?
임무 (Task)	과제	과제의 목표는 무엇이었는가?
		과제에 적용되는 조직의 원칙은 무엇이었는가?
		그 규칙을 지켜야 하는 이유는 무엇이었는가?
	역할	당신이 조직에서 맡은 역할은 무엇이었는가?
		과제에서 맡은 역할은 무엇이었는가?
	문제의식	규칙을 지키지 않을 경우 생기는 문제점 / 불편함은 무엇인가?
		해당 규칙이 왜 중요하다고 생각하였는가?
역할 및 노력 (Action)	행동	업무 과정의 어떤 장면에서 규칙을 철저히 준수하였는가?
		어떻게 규정을 적용시켜 업무를 수행하였는가?
		규정은 준수하는 데 어려움은 없었는가?
	노력	그 규칙을 지키기 위해 스스로 어떤 노력을 기울였는가?
		본인의 생각이나 태도에 어떤 변화가 있었는가?
		다른 사람들은 어떤 노력을 기울였는가?
	동료관계	동료들은 규칙을 철저히 준수하고 있었는가?
		팀원들은 해당 규칙에 대해 어떻게 반응하였는가?
		규칙에 대한 태도를 개선하기 위해 어떤 노력을 하였는가?
		팀원들의 태도는 당신에게 어떤 자극을 주었는가?
	업무추진	주어진 업무를 추진하는 데 규칙이 방해되진 않았는가?
		업무수행 과정에서 규정을 어떻게 적용하였는가?
		업무 시 규정을 준수해야 한다고 생각한 이유는 무엇인가?

결과 (Result)	평가	규칙을 어느 정도나 준수하였는가?
		그렇게 준수할 수 있었던 이유는 무엇이었는가?
		업무의 성과는 어느 정도였는가?
		성과에 만족하였는가?
		비슷한 상황이 온다면 어떻게 할 것인가?
	피드백	주변 사람들로부터 어떤 평가를 받았는가?
		그러한 평가에 만족하는가?
		다른 사람에게 본인의 행동이 영향을 주었다고 생각하는가?
	교훈	업무수행 과정에서 중요한 점은 무엇이라고 생각하는가?
		이 경험을 통해 느낀 바는 무엇인가?

2. 상황 면접

① 상황 면접의 특징

직무 관련 상황을 가정하여 제시하고 이에 대한 대응능력을 직무관련성 측면에서 평가하는 면접입니다.

- 상황 면접 과제의 구성은 크게 2가지로 구분
  - 상황 제시(Description) / 문제 제시(Question or Problem)
- 현장의 실제 업무 상황을 반영하여 과제를 제시하므로 직무분석이나 직무전문가 워크숍 등을 거쳐 현장성을 높임
- 문제는 상황에 대한 기본적인 이해능력(이론적 지식)과 함께 실질적 대응이나 변수 고려능력(실천적 능력) 등을 고르게 질문해야 함

상황 면접의 형태

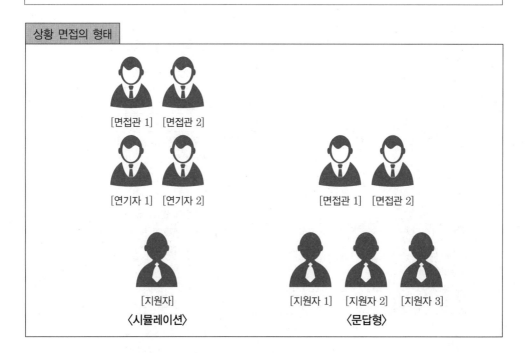

② 상황 면접 예시

	인천공항 여객터미널 내에는 다양한 용도의 시설(사무실, 통신실, 식당, 전산실, 창고 면세점 등)이 설치되어 있습니다.	실제 업무 상황에 기반함
상황 제시	금년에 소방배관의 누수가 잦아 메인 배관을 교체하는 공사를 추진하고 있으며, 당신은 이번 공사의 담당자입니다.	배경 정보
	주간에는 공항 운영이 이루어져 주로 야간에만 배관 교체 공사를 수행하던 중, 시공하는 기능공의 실수로 배관 연결 부위를 잘못 건드려 고압배관의 소화수가 누출되는 사고가 발생하였으며, 이로 인해 인근 시설물에 누수에 의한 피해가 발생하였습니다.	구체적인 문제 상황
문제 제시	일반적인 소방배관의 배관연결(이음)방식과 배관의 이탈(누수)이 발생하는 원인에 대해 설명해 보시오.	문제 상황 해결을 위한 기본 지식 문항
	담당자로서 본 사고를 현장에서 긴급히 처리하는 프로세스를 제시하고, 보수완료 후 사후적 조치가 필요한 부분 및 재발방지 방안에 대해 설명해 보시오.	문제 상황 해결을 위한 추가 대응 문항

3. 발표 면접

① 발표 면접의 특징

- 직무관련 주제에 대한 지원자의 생각을 정리하여 의견을 제시하고, 발표 및 질의응답을 통해 지원자의 직무능력을 평가하는 면접입니다.
- 발표 주제는 직무와 관련된 자료로 제공되며, 일정 시간 후 지원자가 보유한 지식 및 방안에 대한 발표 및 후속 질문을 통해 직무적합성을 평가합니다.

- 주요 평가요소
  - 설득적 말하기 / 발표능력 / 문제해결능력 / 직무관련 전문성
- 이미 언론을 통해 공론화된 시사 이슈보다는 해당 직무분야에 관련된 주제가 발표면접의 과제로 선정되는 경우가 최근 들어 늘어나고 있음
- 짧은 시간 동안 주어진 과제를 빠른 속도로 분석하여 발표문을 작성하고 제한된 시간 안에 면접관에게 효과적인 발표를 진행하는 것이 핵심

발표 면접의 형태

[면접관 1]　[면접관 2]　　　　　　[면접관 1]　[면접관 2]

[지원자]　　　　　　[지원자 1]　[지원자 2]　[지원자 3]

〈개별 과제 발표〉　　　　　　〈팀 과제 발표〉

※ 면접관에게 시각적 효과를 사용하여 메시지를 전달하는 쌍방향 커뮤니케이션 방식
※ 심층면접을 보완하기 위한 방안으로 최근 많은 기업에서 적극 도입하는 추세

② 발표 면접 예시

1. 지시문

당신은 현재 A사에서 직원들의 성과평가를 담당하고 있는 팀원이다. 인사팀은 지난주부터 사내 조직문화관련 인터뷰를 하던 도중 성과평가제도에 관련된 개선 니즈가 제일 많다는 것을 알게 되었다. 이에 팀장님은 인터뷰 결과를 종합하려 성과평가제도 개선 아이디어를 A4용지에 정리하여 신속 보고할 것을 지시하셨다. 당신에게 남은 시간은 1시간이다. 자료를 준비하는 대로 당신은 팀원들이 모인 회의실에서 5분 간 발표할 것이며, 이후 질의응답을 진행할 것이다.

2. 배경자료

〈성과평가제도 개선에 대한 인터뷰〉

최근 A사는 회사 사세의 급성장으로 인해 작년보다 매출이 두 배 성장하였고, 직원 수 또한 두 배로 증가하였다. 회사의 성장은 임금, 복지에 대한 상승 등 긍정적인 영향을 주었으나 업무의 불균형 및 성과보상의 불평등 문제가 발생하였다. 또한 수시로 입사하는 신입직원과 경력직원, 퇴사하는 직원들까지 인원들의 잦은 변동으로 인해 평가해야 할 대상이 변경되어 현재의 성과평가제도로는 공정한 평가가 어려운 상황이다.

[생산부서 김상호]
우리 팀은 지난 1년 동안 생산량이 급증했기 때문에 수십 명의 신규인력이 급하게 채용되었습니다. 이 때문에 저희 팀장님은 신규 입사자들의 이름조차 기억 못할 때가 많이 있습니다. 성과평가를 제대로 하고 있는지 의문이 듭니다.

[마케팅 부서 김흥민]
개인의 성과평가의 취지는 충분히 이해합니다. 그러나 현재 평가는 실적기반이나 정성적인 평가가 많이 포함되어 있어 객관성과 공정성에는 의문이 드는 것이 사실입니다. 이러한 상황에서 평가제도를 재수립하지 않고, 인센티브에 계속 반영한다면, 평가제도에 대한 반감이 커질 것이 분명합니다.

[교육부서 홍경민]
현재 교육부서는 인사팀과 밀접하게 일하고 있습니다. 그럼에도 인사팀에서 실시하는 성과평가제도에 대한 이해가 부족한 것 같습니다.

[기획부서 김경호 차장]
저는 저의 평가자 중 하나가 연구부서의 팀장님인데, 일 년에 몇 번 같이 일하지 않는데 어떻게 저를 평가할 수 있을까요? 특히 연구팀은 저희가 예산을 배정하는데, 저에게는 좋지만….

4. 토론 면접

① 토론 면접의 특징
- 다수의 지원자가 조를 편성해 과제에 대한 토론(토의)을 통해 결론을 도출해가는 면접입니다.
- 의사소통능력, 팀워크, 종합인성 등의 평가에 용이합니다.

> - 주요 평가요소
>   - 설득적 말하기, 경청능력, 팀워크, 종합인성
> - 의견 대립이 명확한 주제 또는 채용분야의 직무 관련 주요 현안을 주제로 과제 구성
> - 제한된 시간 내 토론을 진행해야 하므로 적극적으로 자신 있게 토론에 임하고 본인의 의견을 개진할 수 있어야 함

토론 면접의 형태

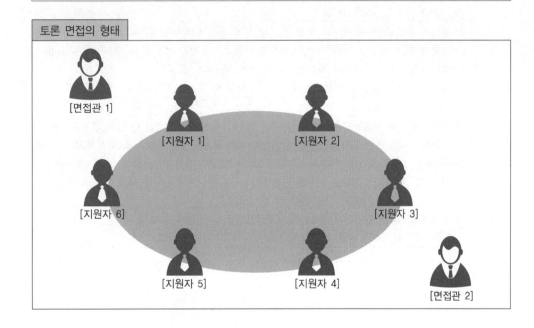

② 토론 면접 예시

고객 불만 고충처리

1. 들어가며

최근 우리 상품에 대한 고객 불만의 증가로 고객고충처리 TF가 만들어졌고 당신은 여기에 지원해 배치받았다. 당신의 업무는 불만을 가진 고객을 만나서 애로사항을 듣고 처리해 주는 일이다. 주된 업무로는 고객의 니즈를 파악해 방향성을 제시해 주고 그 해결책을 마련하는 일이다. 하지만 경우에 따라서 고객의 주관적인 의견으로 인해 제대로 된 방향으로 의사결정을 하지 못할 때가 있다. 이럴 경우 설득이나 논쟁을 해서라도 의견을 관철시키는 것이 좋을지 아니면 고객의 의견대로 진행하는 것이 좋을지 결정해야 할 때가 있다. 만약 당신이라면 이러한 상황에서 어떤 결정을 내릴 것인지 여부를 자유롭게 토론해 보시오.

2. 1분 자유 발언 시 준비사항

- 당신은 의견을 자유롭게 개진할 수 있으며 이에 따른 불이익은 없습니다.
- 토론의 방향성을 이해하고, 내용의 장점과 단점이 무엇인지 문제를 명확히 말해야 합니다.
- 합리적인 근거에 기초하여 개선방안을 명확히 제시해야 합니다.
- 제시한 방안을 실행 시 예상되는 긍정적·부정적 영향요인도 동시에 고려할 필요가 있습니다.

3. 토론 시 유의사항

- 토론 주제문과 제공해드린 메모지, 볼펜만 가지고 토론장에 입장할 수 있습니다.
- 사회자의 지정 또는 발표자가 손을 들어 발언권을 획득할 수 있으며, 사회자의 통제에 따릅니다.
- 토론회가 시작되면, 팀의 의견과 논거를 정리하여 1분간의 자유발언을 할 수 있습니다. 순서는 사회자가 지정합니다. 이후에는 자유롭게 상대방에게 질문하거나 답변을 하실 수 있습니다.
- 핸드폰, 서적 등 외부 매체는 사용하실 수 없습니다.
- 논제에 벗어나는 발언이나 지나치게 공격적인 발언을 할 경우, 위에서 제시한 유의사항을 지키지 않을 경우 불이익을 받을 수 있습니다.

1. 면접 Role Play 편성

- 교육생끼리 조를 편성하여 면접관과 지원자 역할을 교대로 진행합니다.
- 지원자 입장과 면접관 입장을 모두 경험해 보면서 면접에 대한 적응력을 높일 수 있습니다.

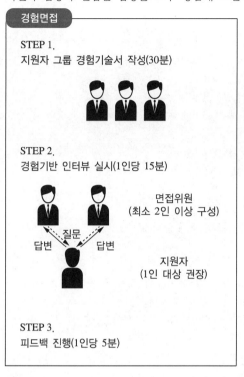

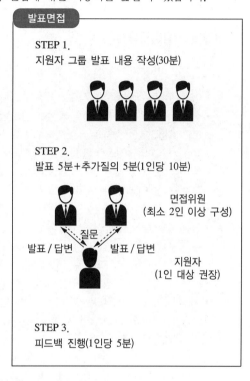

Tip

면접 준비하기

1. 면접 유형 확인 필수
   - 기업마다 면접 유형이 상이하기 때문에 해당 기업의 면접 유형을 확인하는 것이 좋음
   - 일반적으로 실무진 면접, 임원면접 2차례에 거쳐 면접을 실시하는 기업이 많고 실무진 면접과 임원 면접에서 평가요소가 다르기 때문에 유형에 맞는 준비방법이 필요
2. 후속 질문에 대한 사전 점검
   - 블라인드 채용 면접에서는 주요 질문과 함께 후속 질문을 통해 지원자의 직무능력을 판단
     → STAR 기법을 통한 후속 질문에 미리 대비하는 것이 필요

05 | 주요 공기업 최신 면접 기출질문

1. 코레일 한국철도공사

[경험면접]
- 이미 완수된 작업을 창의적으로 개선한 경험이 있다면 말해 보시오.
- 작업을 창의적으로 개선했을 때 주변인의 반응에 대해 말해 보시오.
- 타인과 협업했던 경험에 대해 말해 보시오.
- 다른 사람과의 갈등을 해결한 경험이 있다면 말해 보시오.
- 추가로 어필하고 싶은 본인의 역량에 대해 말해 보시오.
- 자기개발을 어떻게 하는지 말해 보시오.
- 인생을 살면서 실패해 본 경험이 있다면 말해 보시오.
- 팀워크를 발휘한 경험이 있다면 본인의 역할과 성과에 대해 말해 보시오.
- 본인의 장점과 단점은 무엇인지 말해 보시오.
- 본인의 장단점을 업무와 연관지어 말해 보시오.
- 성공이나 실패의 경험으로 얻은 교훈이 있다면 이를 직무에 어떻게 적용할 것인지 말해 보시오.
- 본인이 중요하게 생각하는 가치관에 대해 말해 보시오.
- 공공기관의 직원으로서 중요시해야 하는 덕목이나 역량에 대해 말해 보시오.
- 인간관계에서 스트레스를 받은 경험이 있다면 말해 보시오.
- 코레일의 직무를 수행하기 위해 특별히 더 노력한 부분이 있다면 말해 보시오.
- 주변 사람이 부적절한 일을 했을 때 어떻게 해결했는지 말해 보시오.

[직무상황면접]
- 동료가 일하기 싫다며 일을 제대로 하지 않을 경우 어떻게 대처할 것인지 말해 보시오.
- 노력한 프로젝트의 결과가 안 좋을 경우 어떻게 해결할 것인지 말해 보시오.
- 상사와 가치관이 대립한다면 어떻게 해결할 것인지 말해 보시오.
- 상사가 불법적인 일을 시킨다면 어떻게 행동할 것인지 말해 보시오.

2. 국민건강보험공단

[토론면접]
- 출생신고제와 보호출산제의 병행 방향을 제시해 보시오.
- 섭식장애에 대한 지원 방향을 제시해 보시오.
- 저소득층의 당뇨 관리 방안은 무엇인가?
- 공단에 제시하고 싶은 개인정보보호 강화 방안은 무엇인가?
- 국민건강보험공단의 보장성을 강화할 수 있는 방안은 무언인가?
- 상병수당을 효과적으로 홍보할 수 있는 방안은 무엇인가?
- 고령화시대에서 국민건강보험공단의 이상적인 사업 추진 방향은 무엇인가?

[상황면접]
- 선임이 나에게는 잡일을 시키고 동기에게는 중요한 일을 시킨다면 본인은 어떻게 할 것인가?
- 열심히 자료 조사를 했는데 선임이 상사에게 본인이 찾았다고 하는 상황에서 어떻게 대처할 것인가?
- 선임 A와 선임 B의 업무방식이 다른데 각자의 방식대로 업무를 처리하라고 하는 경우 본인은 어떻게 할 것인가?
- 갑작스럽게 전산 시스템이 먹통이 되어 고객 응대가 불가능한 상황일 때 어떻게 대처할 것인가?
- 공단 사업에 불만을 가진 고객들이 지사 앞에서 시위를 하여 내방 민원인들이 지사를 들어오지 못하고 있다면 어떻게 행동할 것인가?
- 지사에 방문한 고객이 비효율적인 제도를 논리적으로 지적하면서 화를 내고 있다면 신입사원으로서 어떻게 대응할 것인가?
- 사후관리 대상자들이 전화를 받지 않고 상담을 진행하려 해도 대상자들이 본인의 검진결과를 모른다. 본인이 담당자라면 어떻게 하겠는가?
- 해당 방안에서 가장 어려울 것이라고 생각하는 것은 무엇인가?
- 노인들을 응대할 때 가장 중요한 것은 무엇인가?
- 민원인이 자신의 생각만 고집하며 계속 우긴다면 신입사원으로서 어떻게 대처할 것인가?

[경험행동면접]
- 사회복지와 관련된 경험이 적은 편인데, 관련된 지식은 어떤 것들이 있는지 말해 보시오.
- 성장의 동력이 되었던 실패 경험이 있는가?
- 성실하다는 평을 들어본 경험이 있다면 이야기해 보시오.
- 상사와 가치관이 대립된다면 어떻게 대처할 것인지 말해 보시오.
- 본인이 가지고 있는 역량 중 어떤 업무에 전문성이 있다고 생각하는가?
- 가장 자신 있는 업무와 이와 관련된 이슈를 아는 대로 말해 보시오.
- 업무 중 모르는 것이 있다면 어떻게 대처하겠는가?
- 업무를 숙지하는 노하우가 있다면 말해 보시오.
- 악성 민원을 대처해 본 경험이 있다면 말해 보시오.
- 상사의 긍정적 또는 부정적 피드백을 받은 경험이 있는가?
- 동료와의 갈등상황이 생긴다면 어떻게 대처하겠는가?
- 끈기를 가지고 노력했던 경험이 있는가?
- 공공기관 직원이 갖춰야 할 중요한 가치나 덕목은 무엇이라고 생각하는가?
- 실패하거나 힘들었던 경험에서 후회하는 부분은 무엇이며 지금 다시 돌아간다면 어떻게 할 것인가?

3. 한국전력공사

- 타인과의 갈등 상황이 발생했을 때, 지원자만의 해결 방안이 있는가?
- 우리 공사에 관련한 최신 기사에 대하여 간략하게 말해 보시오.
- 정확성과 신속성 중 무엇을 더 중요하게 생각하는가?
- 지원자의 좌우명은 무엇인가?
- 지원자의 단점을 말해 보시오.
- 최근의 시사이슈를 한 가지 말해 보고, 그에 대한 본인의 생각을 말해 보시오.
- 최근에 겪은 변화에 대하여 말해 보시오.
- 지원자의 특별한 장점에 대하여 말해 보시오.
- 우리 공사에 입사한다면, 포부에 대하여 말해 보시오.
- 지원자는 팀 프로젝트에 적극적으로 참여한 것 같은데, 적극성과 신중함 중 어느 쪽에 가깝게 프로젝트를 진행했는가?
- 우리 공사가 추구하는 가치가 무엇인지 알고 있는가?

4. 건강보험심사평가원

- 본인의 역량을 발휘할 수 있는 부서는 어디인지 말해 보시오.
- 원칙과 상황 중 어느 것을 중요하게 생각하는지 말해 보시오.
- 업무를 익히는 노하우에 대해 말해 보시오.
- 본인의 강점을 직무와 연관지어 말해 보시오.
- 본인의 단점으로 인해 발생할 수 있는 문제와 이를 개선하기 위한 방안을 말해 보시오.
- 인생을 살면서 가장 몰입했던 일이 무엇인지 말해 보시오.
- 그 일에 몰입하게 된 이유에 대해 말해 보시오.
- 꾸준히 해온 자기계발이 있다면 말해 보시오.
- 신뢰를 받은 경험이 있다면 말해 보시오.
- 건강보험심사평가원에서 가장 관심 있게 본 것에 대해 말해 보시오.
- 건강보험심사평가원의 업무에서 발휘할 수 있는 자신의 역량은 무엇인지 말해 보시오.
- 고객 서비스 정신이란 무엇이라고 생각하는지 말해 보시오.
- 팀원들과 함께 해오던 프로젝트를 갈아 엎어야 하는 상황이 발생한다면 어떻게 대처할지 말해 보시오.
- 힘들지만 끝까지 해낸 경험이 있다면 말해 보시오.
- 건강보험심사평가원의 가치 중 가장 중요하다 생각하는 것은 무엇인지 말해 보시오.
- 건강보험심사평가원에서 해 보고 싶은 업무가 있다면 무엇인지 말해 보시오.

5. 서울교통공사

- 자신의 소통 역량을 어필할 수 있는 경험이 있다면 말해 보시오.
- 본인의 강점과 업무상 필요한 자질을 연관 지어 이야기해 보시오.
- 경쟁하던 상대방을 배려한 경험이 있다면 말해 보시오.
- 책에서 배우지 않았던 지식을 활용했던 경험이 있다면 말해 보시오.
- 타인과의 소통에 실패했던 경험이 있는지, 이를 통해 느낀 점은 무엇인지 말해 보시오.
- 본인의 직업관을 솔직하게 말해 보시오.
- 정보를 수집하는 본인만의 기준이 있다면 말해 보시오.
- 긍정적인 에너지를 발휘했던 경험이 있다면 말해 보시오.
- 서울교통공사와 관련하여 최근 접한 이슈가 있는지, 그에 대한 본인의 생각은 어떠한지 말해 보시오.
- 팀 프로젝트 과정 중에 문제를 겪었던 경험이 있는지, 그런 경험이 있다면 문제를 어떻게 효과적으로 해결했는지 말해 보시오.
- 본인은 주위 사람들로부터 어떤 평가를 받는 사람인지 말해 보시오.
- 본인이 맡은 바보다 더 많은 일을 해 본 경험이 있는지 말해 보시오.
- 평소 생활에서 안전을 지키기 위해 노력했던 습관이 있다면 말해 보시오.
- 기대했던 목표보다 더 높은 성과를 거둔 경험이 있다면 말해 보시오.
- 공공데이터의 활용 방안에 대해 말해 보시오.
- 상대방을 설득하는 본인만의 방법에 대해 말해 보시오.
- 지하철 객차 내에서 느낀 불편한 점이 있는지 말해 보시오.
- 본인의 스트레스 해소 방안에 대해 말해 보시오.
- 서울교통공사에 입사하기 위해 참고했던 자료 중 세 가지를 골라 말해 보시오.
- 본인의 악성민원 응대 방법에 대해 말해 보시오.
- 기획안을 작성하고자 할 때 어떤 자료를 어떻게 참고할 것인지 말해 보시오.

6. LH 한국토지주택공사

[업무직]
- 가장 최근에 실패한 경험과 그것을 어떻게 극복하였는지 말해 보시오.
- 입사 후 어떻게 적응해 나갈 것인가?
- 지금까지 살면서 겪은 일 중 가장 자랑할 만한 일을 말해 보시오.
- 본인의 평소 별명이 무엇인가?
- 공기업을 택한 이유가 무엇인가?
- 소통을 잘할 수 있는 방법이 무엇이라고 생각하는가?
- 새로운 것에 도전한 사례를 말해 보시오.

- 이력서에 기재된 사항을 잘 확인해봤는가?
- 현장근무가 가능한가?
- 현장에서 근무하다 민원 등의 난처한 상황이 발생한다면 어떻게 대처하겠는가?
- LH에서 진행하고 있는 사업 중 관심 있는 사업과 그 이유는 무엇인가?
- LH 계약직에 지원한 이유가 무엇인가?
- 주거급여 수급자가 본인에게 욕을 하거나 민원응대 거부를 하면 어떻게 대응할 것인가?
- 국가에 대해 어떻게 생각하는가?

7. LX 한국국토정보공사

[상황면접]

- 지적 재조사로 인해 민원인의 경계를 조정해야 하는 상황이라면 어떻게 행동하겠는가?
- 상사가 업무와 무관한 지시를 내린다면 어떻게 하겠는가?
- 공금 횡령 등 회사에 재무적 손실을 야기하는 부당한 지시를 내린다면 어떻게 대처하겠는가?
- 지적측량 업무 민원이 많이 밀려 있으며, 업무처리는 선임이 거의 맡아서 하고 있다. 신입직원인 지원자는 업무처리 능력도 부족하고 민원을 처리하는 것도 어려운 상황이다. 이 상황에서 지원자는 어떻게 대처할 것인가?
- 업무수행 중 민원이 발생하였다면 어떻게 대처하겠는가?

[경험면접]

- 팀 활동을 할 때, 자신의 노력으로 성과를 보인 경험을 말해 보시오.
- 살면서 힘들었던 경험에 대해 말해 보시오.
- 지원한 직무에 대해서 경험이 없을 때, 어떻게 극복할 것인가?
- 인턴생활을 하면서 어려운 점이 있었는가?
- 자신은 리더형과 팔로워형 중 무엇에 더 가까운가?
- 준비한 자격증은 무엇이며 전공이 무엇인가?
- 협력을 통해 성과를 낸 경험에 대해 말해 보시오.
- 정보의 편향을 막기 위한 본인만의 방법이 있는가?
- 직무와 간접적으로 관련된 자료를 분석한 경험이 있다면, 그 경험에 대해 구체적으로 말해 보시오.
- 지원자가 직접 수집한 정보를 바탕으로 문제를 해결한 경험이 있다면, 그 경험에 대해 구체적으로 말해 보시오.

8. 한국산업인력공단

- 한국산업인력공단이 디지털 시대에 맞춰 변화해야 한다고 생각하는 2가지를 말해 보시오.
- 내키지 않는 업무를 했던 경험을 말해 보시오.
- 주변 사람들에게 받았던 피드백에 대해 말해 보시오.
- 주변 사람들이 본인을 어떻게 생각하는지 말해 보시오.
- 한국산업인력공단의 사업을 보다 널리 알릴 수 있는 방안에 대해 말해 보시오.
- 한국산업인력공단의 여러 사업 중 본인이 가장 관심 있는 사업에 대해 설명해 보시오.
- 본인이 지원한 직무에 기여할 수 있는 역량을 말해 보시오.
- 공직자로서 가장 중요하다고 생각하는 것이 무엇인지 말해 보시오.
- 선배에게 피드백을 받기 위해 노력했던 경험을 말해 보시오.
- 리더의 자질이 무엇이라고 생각하는지 말해 보시오.
- 입사 후 가장 맡고 싶은 사업은 무엇이며, 이에 어떤 태도로 임할 것인지 말해 보시오.

9. 한국농어촌공사

- 안전 관련 경험에 대해 말해 보시오.
- 회의 문화에 대해 말해 보시오.
- 한국농어촌공사 채용 과정에서 준비한 것을 말해 보시오.
- 한국농어촌공사 채용을 준비하면서 인상 깊었던 공사의 사업을 말해 보시오.
- 동료 또는 상사로부터 받은 긍정적인 피드백에 대해 말해 보시오.
- 동료 또는 상사로부터 받은 부정적인 피드백에 대해 말해 보시오.
- 갈등해결을 위해 중요하다고 생각하는 부분에 대해 말해 보시오.
- 한국농어촌공사에 입사하기 위해 가장 필요한 역량을 말해 보시오.
- 한국농어촌공사에 기여하기 위한 방안을 말해 보시오.

10. 국민연금공단

- 자신이 함께 일하기 힘든 사람의 유형을 설명하고, 어떻게 동기부여를 할 것인지 말해 보시오.
- 본인의 장점을 소개하고, 그 점이 우리 회사에 어떻게 기여할 수 있는지 말해 보시오.
- 워라벨을 중요시하는 요즘 신입사원들의 분위기에 대해 어떻게 생각하는지 말해 보시오.
- 리더십이란 무엇이라고 생각하는지 말해 보시오.
- 주 52시간 근무제도 활성화를 위한 강점 강화 방법과 문제의 극복 방안을 말해 보시오.
- 저출생 시대에 국민연금공단이 사회를 위하여 할 수 있는 일에 대해 말해 보시오.
- 우리 공단이 운영하고 있는 연금제도가 다른 연금과 다른 점이 무엇인지 말해 보시오.
- 공단 창단일을 기념하여 오케스트라를 초청하려고 하는데, MZ세대 신입사원들은 아이돌 가수의 공연을 원할 경우 어떻게 대처할 것인지 말해 보시오.
- 향후 우리 공단이 해결해야 할 가장 큰 과제와 대책을 말해 보시오.
- 키오스크 사용을 어려워하는 노령층을 위해 어떻게 할 것인지 말해 보시오.
- 공공기관의 직원으로서 함양해야 한다고 생각하는 자세가 무엇인지 말해 보시오.
- 본인은 어떤 사람을 보았을 때 '일을 잘한다.'라고 느끼는지 말해 보시오.
- 자신을 한 문장으로 설명해 보시오.
- 퇴근 후 중요한 약속이 있는데 갑자기 급한 업무가 주어졌을 때 어떻게 할 것인지 말해 보시오.
- 국민연금공단의 직원으로서 가져야 할 자세에 대해 말해 보시오.
- 우리 공단에 입사하기 위하여 노력했던 점에 대해 자격증 취득을 제외하고 말해 보시오.
- 조직 생활을 하면서 책임감이나 성실성을 인정 받았던 경험이 있다면 말해 보시오.
- 고객만족을 위해 노력한 경험이 있다면 말해 보시오.
- 화가 난 민원인이 폭력을 행사하려고 할 경우 어떻게 대응할 것인지 말해 보시오.
- 노령의 민원인이 본인의 말을 알아듣지 못할 경우 어떻게 응대할 것인지 말해 보시오.

11. 한국가스공사

- 살면서 불합리한 일을 개선한 적이 있는가?
- 자기주도적으로 한 일을 말해 보시오.
- 프로젝트를 진행한 경험이 있는가? 있다면 그 경험을 통해 얻은 것과 보완하고 싶은 것을 말해 보시오.
- 지원한 분야와 관련하여 가장 열정적으로 임했던 업무에 대해 말해 보시오.
- 전공에 대한 지식을 업무에 어떻게 녹여낼 것인지 말해 보시오.
- 분쟁 시 어떻게 해결할지 그 과정을 말해 보시오.
- 포기하지 않고 일을 완수한 경험을 말해 보시오.
- 창의적인 경험으로 문제를 해결했던 적이 있는가?
- 트라우마 극복 방법을 말해 보시오.
- 한국가스공사에 지원하게 된 동기는 무엇인가?

현재 나의 실력을 객관적으로 파악해 보자!

모바일 OMR
답안채점 / 성적분석 서비스

도서에 수록된 모의고사에 대한 객관적인 결과(정답률, 순위)를 종합적으로 분석하여 제공합니다.

OMR 입력	성적분석	채점결과

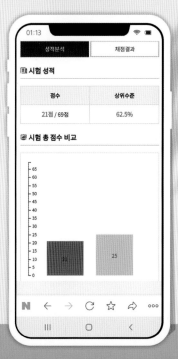

※OMR 답안채점 / 성적분석 서비스는 등록 후 30일간 사용 가능합니다.

도서 내 모의고사 우측 상단에 위치한 QR코드 찍기 → 로그인 하기 → '시작하기' 클릭 → '응시하기' 클릭 → 나의 답안을 모바일 OMR 카드에 입력 → '성적분석 & 채점결과' 클릭 → 현재 내 실력 확인하기

공기업

NCS

편저 | SDC(Sidae Data Center)

대졸채용

통합기본서
직업기초능력 + 직무수행능력 + 면접

정답 및 해설

시대에듀

Add+

합격의 공식 시대에듀 www.sdedu.co.kr

특별부록

끝까지 책임진다! 시대에듀!

QR코드를 통해 도서 출간 이후 발견된 오류나 개정법령, 변경된 시험 정보, 최신기출문제, 도서 업데이트 자료 등이 있는지 확인해 보세요! 시대에듀 합격 스마트 앱을 통해서도 알려 드리고 있으니 구글 플레이나 앱 스토어에서 다운받아 사용하세요. 또한, 파본 도서인 경우에는 구입하신 곳에서 교환해 드립니다.

01 | 2024년 주요 공기업
NCS 기출복원문제

01	02	03	04	05	06	07	08	09	10	11	12	13	14	15	16	17	18	19	20
③	④	⑤	③	②	③	①	③	④	⑤	②	③	③	①	④	②	①	⑤	①	②
21	22	23	24	25	26	27	28	29	30	31	32	33	34	35	36	37	38	39	40
①	④	③	③	②	④	③	②	②	④	②	②	②	④	④	②	③	②	④	①
41	42	43	44	45	46	47	48	49	50	51	52	53	54	55	56	57	58	59	60
②	④	③	①	③	④	③	③	②	③	③	③	③	⑤	②	③	②	②	①	⑤

01

 정답 ③

제시된 시는 신라시대 6두품 출신의 문인인 최치원이 지은 「촉규화」이다. 최치원은 자신을 향기 날리는 탐스런 꽃송이에 비유하여 뛰어난 학식과 재능을 뽐내고 있지만, 수레와 말 탄 사람에 비유한 높은 지위의 사람들이 자신을 외면하는 현실을 한탄하고 있다.

> **최치원**
>
> 신라시대 6두품 출신의 문인으로, 12세에 당나라로 유학을 간 후 6년 만에 당의 빈공과에 장원으로 급제할 정도로 학문적 성취가 높았다. 그러나 당나라에서 제대로 인정을 받지 못했으며, 신라에 돌아와서도 6두품이라는 출신의 한계로 원하는 만큼의 관직에 오르지는 못하였다. 「촉규화」는 최치원이 당나라 유학시절에 지은 시로 알려져 있으며, 자신을 알아주지 않는 시대에 대한 개탄을 담고 있다. 최치원은 인간 중심의 보편성과 그에 따른 다양성을 강조하였으며, 신라의 쇠퇴로 인해 이러한 그의 정치 이념과 사상은 신라 사회에서는 실현되지 못하였으나 이후 고려 국가의 체제 정비에 영향을 미쳤다.

02

 정답 ④

네 번째 문단에서 백성들이 적지 않고, 토산품이 구비되어 있지만 이로운 물건이 세상에 나오지 않고, 그렇게 하는 방법을 모르기 때문에 경제를 윤택하게 하는 것 자체를 모른다고 하였다. 따라서 조선의 경제가 윤택하지 못한 이유를 부족한 생산량이 아니라 유통의 부재로 보고 있다.

[오답분석]
① 세 번째 문단에서 쓸모없는 물건을 사용하여 유용한 물건을 유통하고 거래하지 않는다면 유용한 물건들이 대부분 한 곳에 묶여서 고갈될 것이라고 하며 유통이 원활하지 않은 현실을 비판하고 있다.
② 세 번째 문단에서 옛날의 성인과 제왕은 유통의 중요성을 알고 있었기 때문에 주옥과 화폐 등의 물건을 조성하여 재물이 원활하게 유통될 수 있도록 노력했다고 하며 재물 유통을 위한 성현들의 노력을 제시하고 있다.
③ 여섯 번째 문단에서 재물을 우물에 비유하여 설명하고 있다. 재물의 소비를 하지 않으면 물을 길어내지 않는 우물처럼 말라 버릴 것이며, 소비를 한다면 물을 퍼내는 우물처럼 물이 가득할 것이라며 재물에 대한 소비가 경제의 규모를 늘릴 것이라고 강조하고 있다.
⑤ 여섯 번째 문단에서 비단옷을 입지 않으면 비단을 짜는 사람과 베를 짜는 여인 등 관련 산업 자체가 황폐해질 것이라고 하고 있다. 따라서 산업의 발전을 위한 적당한 사치(소비)가 있어야 함을 제시하고 있다.

03

'말로는 친한 듯 하나 속으로는 해칠 생각이 있음'을 뜻하는 한자성어는 '口蜜腹劍(구밀복검)'이다.
• 刻舟求劍(각주구검) : 융통성 없이 현실에 맞지 않는 낡은 생각을 고집하는 어리석음

오답분석

① 水魚之交(수어지교) : 아주 친밀하여 떨어질 수 없는 사이
② 結草報恩(결초보은) : 죽은 뒤에라도 은혜를 잊지 않고 갚음
③ 靑出於藍(청출어람) : 제자나 후배가 스승이나 선배보다 나음
④ 指鹿爲馬(지록위마) : 윗사람을 농락하여 권세를 마음대로 함

04

③에서 '뿐이다'는 체언(명사, 대명사, 수사)인 '셋'을 수식하므로 조사로 사용되었다. 따라서 앞말과 붙여 써야 한다.

오답분석

① 종결어미 '-는지'는 앞말과 붙여 써야 한다.
② '만큼'은 용언(동사, 형용사)인 '애쓴'을 수식하므로 의존명사로 사용되었다. 따라서 앞말과 띄어 써야 한다.
④ '큰지'와 '작은지'는 모두 연결어미 '-ㄴ지'로 쓰였으므로 앞말과 붙여 써야 한다.
⑤ '-판'은 앞의 '씨름'과 합성어를 이루므로 붙여 써야 한다.

05

'채이다'는 '차이다'의 잘못된 표기이다. 따라서 '차였다'로 표기해야 한다.
• 차이다 : 주로 남녀 관계에서 일방적으로 관계가 끊기다.

오답분석

① 금세 : 지금 바로. '금시에'의 준말
③ 핼쑥하다 : 얼굴에 핏기가 없고 파리하다.
④ 낯설다 : 전에 본 기억이 없어 익숙하지 아니하다.
⑤ 곰곰이 : 여러모로 깊이 생각하는 모양

06

한자어에서 'ㄹ' 받침 뒤에 연결되는 'ㄷ, ㅅ, ㅈ'은 된소리로 발음되므로 [몰쌍식]으로 발음해야 한다.

오답분석

①·④ 받침 'ㄴ'은 'ㄹ'의 앞이나 뒤에서 [ㄹ]로 발음하지만, 결단력, 공권력, 상견례 등에서는 [ㄴ]으로 발음한다.
② 받침 'ㄱ(ㄲ, ㅋ, ㄳ, ㄺ), ㄷ(ㅅ, ㅆ, ㅈ, ㅊ, ㅌ, ㅎ), ㅂ(ㅍ, ㄼ, ㄿ, ㅄ)'은 'ㄴ, ㅁ' 앞에서 [ㅇ, ㄴ, ㅁ]으로 발음한다.
⑤ 받침 'ㄷ, ㅌ(ㄾ)'이 조사나 접미사의 모음 'ㅣ'와 결합되는 경우에는 [ㅈ, ㅊ]으로 바꾸어서 뒤 음절 첫소리로 옮겨 발음한다.

07

$865 \times 865 + 865 \times 270 + 135 \times 138 - 405$
$= 865 \times 865 + 865 \times 270 + 135 \times 138 - 135 \times 3$
$= 865 \times (865 + 270) + 135 \times (138 - 3)$
$= 865 \times 1,135 + 135 \times 135$
$= 865 \times (1,000 + 135) + 135 \times 135$
$= 865 \times 1,000 + (865 + 135) \times 135$
$= 865,000 + 135,000$
$= 1,000,000$
따라서 식을 계산하여 나온 수의 백의 자리는 0, 십의 자리는 0, 일의 자리는 0이다.

08

정답 ③

터널의 길이를 xm라 하면 다음과 같은 식이 성립한다.

$$\frac{x+200}{60} : \frac{x+300}{90} = 10 : 7$$

$$\frac{x+300}{90} \times 10 = \frac{x+200}{60} \times 7$$

→ $600(x+300) = 630(x+200)$

→ $30x = 54,000$

∴ $x = 1,800$

따라서 터널의 길이는 1,800m이다.

09

정답 ④

나열된 수의 규칙은 (첫 번째 수)×[(두 번째 수)−(세 번째 수)]=(네 번째 수)이다.
따라서 빈칸에 들어갈 수는 9×(16−9)=63이다.

10

정답 ⑤

제시된 수열은 +3, +5, +7, +9, … 씩 증가하는 수열이다.
따라서 빈칸에 들어갈 수는 97+21=118이다.

11

정답 ②

A반과 B반 모두 2번의 경기를 거쳐 결승에 만나는 경우는 다음과 같다.

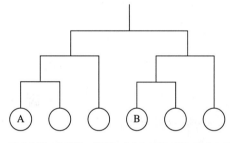

이때 남은 네 반을 배치할 때마다 모두 다른 경기가 진행되므로 구하고자 하는 경우의 수는 4!=24가지이다.

12

정답 ③

첫 번째 조건에 따라 ①, ②는 70대 이상에서 도시의 여가생활 만족도(1.7점)가 같은 연령대의 농촌(ㄹ) 만족도(3.5점)보다 낮으므로 제외되고, 두 번째 조건에 따라 도시에서 10대의 여가생활 만족도는 농촌에서 10대(1.8점)의 2배보다 높으므로 1.8×2=3.6점을 초과해야 하나 ④는 도시에서 10대(ㄱ)의 여가생활 만족도가 3.5점이므로 제외된다. 또한, 세 번째 조건에 따라 ⑤는 도시에서 여가생활 만족도가 가장 높은 연령대인 40대(3.9점)보다 30대(ㄴ)가 4.0점으로 높으므로 제외된다.
따라서 마지막 조건까지 만족하는 것은 ③이다.

13

정답 ③

가격을 10,000원 인상할 때 판매량은 $(10,000-160)$개이고, 20,000원 인상할 때 판매량은 $(10,000-320)$개이다. 또한, 가격을 10,000원 인하할 때 판매량은 $(10,000+160)$개이고, 20,000원 인하할 때 판매량은 $(10,000+320)$개이다. 따라서 가격이 $(500,000+10,000x)$원일 때 판매량은 $(10,000-160x)$개이므로, 총 판매금액을 y원이라 하면 $(500,000+10,000x)\times(10,000-160x)$원이 된다.

y는 x에 대한 이차식이므로 이를 표준형으로 표현하면 다음과 같다.

$$y=(500,000+10,000x)\times(10,000-160x)$$
$$=-1,600,000\times(x+50)\times(x-62.5)$$
$$=-1,600,000\times(x^2-12.5x-3,125)$$
$$=-1,600,000\times\left(x-\frac{25}{4}\right)^2+1,600,000\times\left(\frac{25}{4}\right)^2+1,600,000\times3,125$$

따라서 $x=\frac{25}{4}$일 때 총 판매금액이 최대이지만 가격은 10,000원 단위로만 변경할 수 있으므로 $\frac{25}{4}$와 가장 가까운 자연수인 $x=6$일 때 총 판매금액이 최대가 되고, 제품의 가격은 $500,000+10,000\times6=560,000$원이다.

14

정답 ①

방사형 그래프는 여러 평가 항목에 대하여 중심이 같고 크기가 다양한 원 또는 다각형을 도입하여 구역을 나누고, 각 항목에 대한 도수 등을 부여하여 점을 찍은 후 그 점끼리 이어 생성된 다각형으로 자료를 분석할 수 있다. 따라서 방사형 그래프인 ①을 사용하면 항목별 균형을 쉽게 파악할 수 있다.

15

정답 ④

3월의 경우 K톨게이트를 통과한 영업용 승합차 수는 229천 대이고, 영업용 대형차 수는 139천 대이다.
$139\times2=278>229$이므로 3월의 영업용 승합차 수는 영업용 대형차 수의 2배 미만이다.
따라서 모든 달에서 영업용 승합차 수는 영업용 대형차 수의 2배 이상이 아니므로 옳지 않은 설명이다.

[오답분석]

① 각 달의 전체 승용차 수와 전체 승합차 수의 합은 다음과 같다.
- 1월 : $3,807+3,125=6,932$천 대
- 2월 : $3,555+2,708=6,263$천 대
- 3월 : $4,063+2,973=7,036$천 대
- 4월 : $4,017+3,308=7,325$천 대
- 5월 : $4,228+2,670=6,898$천 대
- 6월 : $4,053+2,893=6,946$천 대
- 7월 : $3,908+2,958=6,866$천 대
- 8월 : $4,193+3,123=7,316$천 대
- 9월 : $4,245+3,170=7,415$천 대
- 10월 : $3,977+3,073=7,050$천 대
- 11월 : $3,953+2,993=6,946$천 대
- 12월 : $3,877+3,040=6,917$천 대

따라서 전체 승용차 수와 승합차 수의 합이 가장 많은 달은 9월이고, 가장 적은 달은 2월이다.

② 4월을 제외하고 K톨게이트를 통과한 비영업용 승합차 수는 월별 3,000천 대(=300만 대)를 넘지 않는다.

③ 모든 달에서 (영업용 대형차 수)$\times10 \geq$ (전체 대형차 수)이므로 영업용 대형차 수의 비율은 모든 달에서 전체 대형차 수의 10% 이상이다.

⑤ 승용차가 가장 많이 통과한 달은 9월이고, 이때 영업용 승용차 수의 비율은 9월 전체 승용차 수의 $\frac{140}{4,245}\times100 \fallingdotseq 3.3\%$로 3% 이상이다.

16

정답 ②

제시된 열차의 부산역 도착시간을 계산하면 다음과 같다.
- KTX
  8:00(서울역 출발) → 10:30(부산역 도착)
- ITX-청춘
  7:20(서울역 출발) → 8:00(대전역 도착) → 8:15(대전역 출발) → 11:05(부산역 도착)
- ITX-마음
  6:40(서울역 출발) → 7:20(대전역 도착) → 7:35(대전역 출발) → 8:15(울산역 도착) → 8:30(울산역 출발) → 11:00(부산역 도착)
- 새마을호
  6:30(서울역 출발) → 7:30(대전역 도착) → 7:40(ITX-마음 출발 대기) → 7:55(대전역 출발) → 8:55(울산역 도착) → 9:10(울산역 출발) → 10:10(동대구역 도착) → 10:25(동대구역 출발) → 11:55(부산역 도착)
- 무궁화호
  5:30(서울역 출발) → 6:50(대전역 도착) → 7:05(대전역 출발) → 8:25(울산역 도착) → 8:35(ITX-마음 출발 대기) → 8:50(울산역 출발) → 10:10(동대구역 도착) → 10:30(새마을호 출발 대기) → 10:45(동대구역 출발) → 12:25(부산역 도착)
따라서 가장 늦게 도착하는 열차는 무궁화호로, 12시 25분에 부산역에 도착한다.

오답분석
① ITX-청춘은 11시 5분에 부산역에 도착하고, ITX-마음은 11시에 부산역에 도착한다.
③ ITX-마음은 정차역인 대전역과 울산역에서 다른 열차와 시간이 겹치지 않는다.
④ 부산역에 가장 빨리 도착하는 열차는 KTX로, 10시 30분에 도착한다.
⑤ 무궁화호는 울산역에서 8시 15분에 도착한 ITX-마음으로 인해 8시 35분까지 대기하며, 동대구역에서 10시 10분에 도착한 새마을호로 인해 10시 30분까지 대기한다.

17

정답 ①

A과장과 팀원 1명은 7시 30분까지 사전 회의를 가져야 하므로 8시에 출발하는 KTX만 이용할 수 있다. 남은 팀원 3명은 11시 30분까지 부산역에 도착해야 하므로 10시 30분에 도착하는 KTX, 11시 5분에 도착하는 ITX-청춘, 11시에 도착하는 ITX-마음을 이용할 수 있는데 이 중 가장 저렴한 열차를 이용해야 하므로 ITX-마음을 이용한다. 따라서 KTX 2인, ITX-마음 3인의 요금을 계산하면 $(59,800 \times 2) + (42,600 \times 3) = 119,600 + 127,800 = 247,400$원이다.

18

정답 ⑤

A는 B의 부정적인 의견들을 구조화하여 B가 그러한 논리를 가지게 된 궁극적 원인인 경쟁력 부족을 찾아내었고, 이러한 원인을 해소할 수 있는 방법을 찾아 자신의 계획을 재구축하여 B에게 설명하였다. 따라서 제시문에서 나타난 논리적 사고의 구성요소는 '상대 논리의 구조화'이다.

오답분석
① 설득 : 논증을 통해 나의 생각을 다른 사람에게 이해·공감시키고, 타인이 내가 원하는 행동을 하도록 하는 것이다.
② 구체적인 생각 : 상대가 말하는 것을 잘 알 수 없을 때, 이미지를 떠올리거나 숫자를 활용하는 등 구체적인 방법을 활용하여 생각하는 것이다.
③ 생각하는 습관 : 논리적 사고를 개발하기 위해 일상적인 모든 것에서 의문점을 가지고 그 원인을 생각해 보는 습관이다.
④ 타인에 대한 이해 : 나와 상대의 주장이 서로 반대될 때, 상대의 주장 전부를 부정하지 않고 상대의 인격을 존중하는 것이다.

19

정답 ①

마지막 조건에 따라 C는 항상 두 번째에 도착하게 되고, 첫 번째 조건에 따라 A - B가 순서대로 도착했으므로 A, B는 첫 번째로 도착할 수 없다. 또한 두 번째 조건에 따라 D는 E보다 늦으므로 가능한 경우를 정리하면 다음과 같다.

구분	첫 번째	두 번째	세 번째	네 번째	다섯 번째
경우 1	E	C	A	B	D
경우 2	E	C	D	A	B

따라서 E는 항상 가장 먼저 도착한다.

20

정답 ②

전제 1의 전건(P)인 'TV를 오래 보면'은 후건(Q)인 '눈이 나빠진다.'가 성립하는 충분조건이며, 후건은 전건의 필요조건이 된다(P → Q). 그러나 삼단논법에서 단순히 전건을 부정한다고 해서 후건 또한 부정되지는 않는다(~ P → ~ Q, 역의 오류). 철수가 TV를 오래 보지 않아도 눈이 나빠질 수 있는 가능성은 얼마든지 있기 때문이다. 이러한 형식적 오류를 '전건 부정의 오류'라고 한다.

오답분석

① 사개명사의 오류 : 삼단논법에서 개념이 4개일 때 성립하는 오류이다(A는 B이고, A와 C는 모두 D이다. 따라서 B는 C이다).
③ 후건 긍정의 오류 : 후건을 긍정한다고 전건 또한 긍정이라고 하는 오류이다(P → Q이므로 Q → P이다. 이의 오류).
④ 선언지 긍정의 오류 : 어느 한 명제를 긍정하는 것이 필연적으로 다른 명제의 부정을 도출한다고 여기는 오류이다(A는 B와 C이므로 A가 B라면 반드시 C는 아니다. ∵ B와 C 둘 다 해당할 가능성이 있음).
⑤ 매개념 부주연의 오류 : 매개념(A)이 외연 전부(B)에 대하여 성립되지 않을 때 발생하는 오류이다(A는 B이고 C는 B이므로 A는 C이다).

21

정답 ①

K공단에서 위촉한 자문 약사는 다제약물 관리사업 대상자가 먹고 있는 약물의 복용상태, 부작용, 중복 등을 종합적으로 검토하고 그 결과를 바탕으로 상담, 교육 및 처방조정 안내를 실시한다. 또한 우리나라는 2000년에 시행된 의약 분업의 결과, 일부 예외사항을 제외하면 약사는 환자에게 약물의 처방을 할 수 없다. 따라서 약사는 환자의 약물점검 결과를 의사에게 전달하여 처방에 반영될 수 있도록 할 뿐 직접적인 처방을 할 수는 없다.

오답분석

② 다제약물 관리사업으로 인해 중복되는 약물을 파악하고 조치할 수 있다. 실제로 세 번째 문단의 다제약물 관리사업 평가에서 효능이 유사한 약물을 중복해서 복용하는 환자가 40.2% 감소되는 등의 효과가 확인되었다.
③ 다제약물 관리사업은 10종 이상의 약을 복용하는 만성질환자를 대상으로 약물관리 서비스를 제공하는 사업이다.
④ 병원의 경우 입원 및 외래환자를 대상으로 의사, 약사 등으로 구성된 다학제팀이 약물관리 서비스를 제공하는 반면, 지역사회에 서는 다학제 협업 시스템이 미흡하다는 의견이 나오고 있다. 이에 K공단은 도봉구 의사회와 약사회, 전문가로 구성된 지역협의 체를 구성하여 의·약사 협업 모형을 개발하였다.

22

정답 ④

제시문의 첫 번째 문단은 아토피 피부염의 정의를 나타내므로 이어서 연결될 수 있는 문단은 아토피 피부염의 원인을 설명하는 (라) 문단이다. 또한, (가) 문단의 앞부분 내용이 (라) 문단의 뒷부분과 연계되므로 (가) 문단이 다음에 오는 것이 적절하다. 그리고 (나) 문단의 첫 번째 문장에서 앞의 약물치료와 더불어 일상생활에서의 예방법을 말하고 있으므로 (나) 문단의 앞에는 아토피 피부염의 약물치료 방법인 (다) 문단이 오는 것이 가장 자연스럽다. 따라서 (라) - (가) - (다) - (나)의 순서로 나열해야 한다.

23

정답 ③

제시문은 뇌경색이 발생하는 원인과 발생했을 때 치료 방법을 소개하고 있다. 따라서 글의 주제로 가장 적절한 것은 '뇌경색의 발병 원인과 치료 방법'이다.

오답분석

① 뇌경색의 주요 증상에 대해서는 제시문에서 언급하고 있지 않다.
② 뇌경색 환자는 기전에 따라 항혈소판제나 항응고제 약물 치료를 한다고 하였지만, 글의 전체 내용을 담는 주제는 아니다.
④ 뇌경색이 발생했을 때의 조치사항은 제시문에서 언급하고 있지 않다.

24

정답 ③

2021년의 건강보험료 부과 금액은 전년 대비 $69,480 - 63,120 = 6,360$십억 원 증가하였다. 이는 2020년 건강보험료 부과 금액의 10%인 $63,120 \times 0.1 = 6,312$십억 원보다 크므로 2021년의 건강보험료 부과 금액은 전년 대비 10% 이상 증가하였음을 알 수 있다. 2022년 또한 $76,775 - 69,480 = 7,295$십억 $> 69,480 \times 0.1 = 6,948$십억 원이므로 건강보험료 부과 금액은 전년 대비 10% 이상 증가하였다.

오답분석

① 제시된 자료를 통해 확인할 수 있다.
② 연도별 전년 대비 1인당 건강보험 급여비 증가액을 구하면 다음과 같다.
  • 2020년 : $1,400,000 - 1,300,000 = 100,000$원
  • 2021년 : $1,550,000 - 1,400,000 = 150,000$원
  • 2022년 : $1,700,000 - 1,550,000 = 150,000$원
  • 2023년 : $1,900,000 - 1,700,000 = 200,000$원
  따라서 1인당 건강보험 급여비가 전년 대비 가장 크게 증가한 해는 2023년이다.
④ 2019년 대비 2023년의 1인당 건강보험 급여비 증가율은 $\frac{1,900,000 - 1,300,000}{1,300,000} \times 100 = 46\%$이므로 40% 이상 증가하였다.

25

정답 ②

'잎이 넓다.'를 P, '키가 크다.'를 Q, '더운 지방에서 자란다.'를 R, '열매가 많이 맺힌다.'를 S라 하면, 첫 번째 명제는 P → Q, 두 번째 명제는 ∼P → ∼R, 네 번째 명제는 R → S이다. 두 번째 명제의 대우인 R → P와 첫 번째 명제인 P → Q에 따라 R → P → Q이므로 네 번째 명제가 참이 되려면 Q → S인 명제 또는 이와 대우 관계인 ∼S → ∼Q인 명제가 필요하다.

오답분석

① ∼P → S이므로 네 번째 명제가 참임을 판단할 수 없다.
③ '벌레가 많은 지역'은 네 번째 명제와 관련이 없다.
④ R → Q와 대우 관계인 명제로, 네 번째 명제가 참임을 판단할 수 없다.

26

정답 ④

'풀을 먹는 동물'을 P, '몸집이 크다.'를 Q, '사막에서 산다.'를 R, '물속에서 산다.'를 S라 하면, 첫 번째 명제는 P → Q, 두 번째 명제는 R → ∼S, 네 번째 명제는 S → Q이다. 네 번째 명제가 참이 되려면 두 번째 명제와 대우 관계인 S → ∼R에 의해 ∼R → P인 명제 또는 이와 대우 관계인 ∼P → R인 명제가 필요하다.

오답분석

① Q → S로 네 번째 명제의 역이지만, 어떤 명제가 참이라고 해서 그 역이 반드시 참이 될 수는 없다.
② 제시된 모든 명제와 관련이 없는 명제이다.
③ R → Q이므로 네 번째 명제가 참임을 판단할 수 없다.

27

모든 1과 사원은 가장 실적이 많은 2과 사원보다 실적이 많고, 3과 사원 중 일부는 가장 실적이 많은 2과 사원보다 실적이 적다. 따라서 3과 사원 중 일부는 모든 1과 사원보다 실적이 적다.

28

• A : 초청 목적이 6개월가량의 외국인 환자의 간병이므로 G-1-10 비자를 발급받아야 한다.
• B : 초청 목적이 국내 취업조건을 모두 갖춘 자의 제조업체 취업이므로 E-9-1 비자를 발급받아야 한다.
• C : 초청 목적이 K대학교 교환학생이므로 D-2-6 비자를 발급받아야 한다.
• D : 초청 목적이 국제기구 정상회의 참석이므로 A-2 비자를 발급받아야 한다.

29

2023년 국내 합계출산율은 0.72명으로, 이는 한 부부 사이에서 태어나는 아이의 수가 평균 1명이 되지 않는다는 것을 뜻한다. 또한 앞 순위인 스페인은 1.19명으로, 한 부부 사이에서 태어난 아이의 수가 2명이 되지 않아 스페인 역시 인구감소 현상이 나타남을 예측할 수 있다.

오답분석

① 두 번째 문단에서 2020년부터 사망자 수가 출생아 수보다 많다고 했으므로 전체 인구수는 감소하고 있음을 알 수 있다.
③ 세 번째 문단에서 정부가 현 상황, 즉 저출산 문제를 해결하고자 일 가정 양립, 양육, 주거를 중심으로 지원하겠다고 한 내용을 통해 알 수 있다.
④ 마지막 문단에서 제도는 변경되었지만, 이에 대한 법적 강제화는 없고 일부 직종에 대해서는 이전과 같이 배제된다고 하였으므로 수혜 대상은 이전과 유사할 것임을 알 수 있다.

30

육아기 단축근로제도는 일과 가정의 양립을 지원하기 위한 제도로, 해당 제도의 적용을 받을 수 있는 기간이 늘어나면 일과 가정 모두를 유지하기 수월해질 것이다. 따라서 자녀의 대상연령은 확대하고, 제도의 이용기간을 늘렸다는 내용이 빈칸에 들어가기에 가장 적절하다.

31

ㄱ. 헤겔의 정반합 이론상 '정'에 대립되는 주장을 '반'이라고 했으므로 '정'과 '반'은 항상 대립하는 관계이다.
ㄷ. '정'과 '반'의 우위를 가리는 것이 아닌 두 명제 사이의 모순을 해결하면서 더 발전적인 결과인 '합'을 도출해내야 한다.

오답분석

ㄴ. 마지막 문단에서 정반합의 단계를 되풀이하면서 계속하여 발전해 간다고 하였으므로 '합'이 더 발전된 개념임을 알 수 있다.
ㄹ. 헤겔의 정반합 이론이란 정, 반, 합 3단계 과정 전체를 말하는 것이므로 적절한 내용이다.

32

제시문에서 헤겔은 정, 반, 합의 3단계 과정을 거치면서 발전한다고 하였으며, '합'에서 끝나는 것이 아니라 '합'은 다시 '정'이 되어 다시금 정, 반, 합 3단계 과정을 되풀이하며 발전해 간다고 하였다. 따라서 개인과 사회는 정반합의 과정을 계속하면서 이전보다 더 발전하게 된다는 내용이 빈칸에 들어가기에 가장 적절하다.

33

정답 ②

나열된 수의 규칙은 [(첫 번째 수)+(두 번째 수)]×(세 번째 수)−(네 번째 수)=(다섯 번째 수)이다.
따라서 빈칸에 들어갈 수는 $(9+7)×5−1=79$이다.

34

정답 ④

A씨와 B씨가 만날 때 A씨의 이동거리와 B씨의 이동거리의 합은 산책로의 둘레 길이와 같으며, 두 번째 만났을 때 A씨의 이동거리와 B씨의 이동거리의 합은 산책로의 둘레 길이의 2배이다.
이때 A씨가 출발 후 x시간이 지났다면 다음 식이 성립한다.

$$3x+7\left(x-\frac{1}{2}\right)=4$$

$$\rightarrow 3x+7x-\frac{7}{2}=4$$

$$\therefore x=\frac{15}{20}$$

그러므로 $\frac{15}{20}$ 시간, 즉 45분이 지났음을 알 수 있다.

따라서 A씨와 B씨가 두 번째로 만나게 되는 시각은 오후 5시 45분이다.

35

정답 ④

두 주사위 A, B를 던져 나온 수를 각각 a, b라 할 때, 가능한 순서쌍 $(a,\ b)$의 경우의 수는 $6×6=36$가지다.
이때 $a=b$의 경우의 수는 (1, 1), (2, 2), (3, 3), (4, 4), (5, 5), (6, 6)으로 6가지이므로 $a \neq b$의 경우의 수는 $36−6=30$가지다.

따라서 $a \neq b$일 확률은 $\frac{30}{36}=\frac{5}{6}$ 이다.

36

정답 ②

$$\frac{(빨간색\ 공\ 2개\ 중\ 1개를\ 뽑는\ 경우의\ 수)×(노란색\ 공\ 3개\ 중\ 2개를\ 뽑는\ 경우의\ 수)}{(전체\ 공\ 5개\ 중\ 3개를\ 뽑는\ 경우의\ 수)}=\frac{_2C_1×_3C_2}{_5C_3}=\frac{6}{10}=\frac{3}{5}$$

37

정답 ③

아파트에 사는 사람을 A, 강아지를 키우는 어떤 사람을 B라고 하면 전제 1에 의해 다음과 같은 관계가 있다.

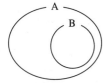

식물을 키우는 사람을 C, 빨간색 옷을 입는 사람을 D라고 할 때, 전제 3에 의해 B→D, C→D이고, 결론에 의해 A→D이므로 ~B→C이어야 한다. 따라서 빈칸에 들어갈 명제는 '아파트에 사는 강아지를 키우지 않는 모든 사람은 식물을 키운다.'이다.

38

정답 ②

마지막 조건에 따라 3층에 사는 신입사원은 없다.

- A, B가 2층에 살 경우 : 세 번째 조건에 따라 C는 1층에 살고, 다섯 번째 조건에 따라 E는 4층, F는 5층에 살지만, G가 홀로 살 수 있는 층이 없으므로 여섯 번째 조건에 위배된다.
- A B가 4층에 살 경우 : 다섯 번째 조건에 따라 E는 1층, F는 2층에 살고, 여섯 번째 조건에 따라 G는 5층에 산다. C는 세 번째 조건에 따라 1층 또는 2층 살지만 네 번째 조건에 따라 D, E는 서로 다른 층에 살아야 하므로 C는 1층, D는 2층에 산다.
- A, B가 5층에 살 경우 : 다섯 번째 조건에 따라 E는 1층, F는 2층에 살고, 여섯 번째 조건에 따라 G는 4층에 살 수 있다. C는 세 번째 조건에 따라 1층 또는 2층에 살지만 네 번째 조건에 따라 D, E는 서로 다른 층에 살아야 하므로 C는 1층, D는 2층에 산다.

이를 정리하면 다음과 같다.

5층	G		5층	A, B
4층	A, B		4층	G
3층	(복지 공간)		3층	(복지 공간)
2층	D, F		2층	D, F
1층	C, E		1층	C, E

따라서 바르게 연결한 것은 ②이다.

[오답분석]
① 1층에 사는 신입사원은 C, E이다.
③ 4층에 사는 신입사원은 A, B 또는 G이다.
④ 5층에 사는 신입사원은 G 또는 A, B이다.

39

정답 ④

'〈Window 로고 키〉+〈D〉'를 입력하면 활성화된 모든 창을 최소화하고 바탕화면으로 돌아갈 수 있으며, 이 상태에서 다시 '〈Window 로고 키〉+〈D〉'를 입력하면 단축키를 입력하기 전 상태로 되돌아간다. 비슷한 기능을 가진 단축키로 '〈Window 로고 키〉+〈M〉'이 있지만, 입력하기 전 상태의 화면으로 되돌아갈 수는 없다.

[오답분석]
① 〈Window 로고 키〉+〈R〉 : 실행 대화 상자를 여는 단축키이다.
② 〈Window 로고 키〉+〈I〉 : 설정 창을 여는 단축키이다.
③ 〈Window 로고 키〉+〈L〉 : PC를 잠그거나 계정을 전환하기 위해 잠금화면으로 돌아가는 단축키이다.

40

정답 ①

특정 텍스트를 다른 텍스트로 수정하는 함수는 「=SUBSTITUTE(참조 텍스트,수정해야 할 텍스트,수정한 텍스트,[위치])」이며, [위치]가 빈칸이면 모든 수정해야 할 텍스트가 수정한 텍스트로 수정된다.
따라서 입력해야 할 함수식은 「=SUBSTITUTE("서울특별시 영등포구 홍제동","영등포","서대문")」이다.

[오답분석]
② IF(조건,참일 때 값,거짓일 때 값) 함수는 조건부가 참일 때 TRUE 값을 출력하고, 거짓일 때 FALSE 값을 출력하는 함수이다. "서울특별시 영등포구 홍제동"="영등포"는 항상 거짓이므로 빈칸으로 출력된다.
③ MOD(수,나눌 수) 함수는 입력한 수를 나눌 수로 나누었을 때 나머지를 출력하는 함수이므로 텍스트를 입력하면 오류가 발생한다.
④ NOT(인수) 함수는 입력된 인수를 부정하는 함수이며, 인수는 1개만 입력할 수 있다.

41

정답 ②

제시된 조건이 포함되는 셀의 수를 구하는 조건부 함수를 사용한다. 따라서 「=COUNTIF(B2:B16,">50000")」를 입력해야 한다.

42

정답 ④

지정된 자릿수 이하의 수를 버림하는 함수는 「=ROUNDDOWN(버림할 수,버림할 자릿수)」이다. 따라서 입력해야 할 함수는 「=ROUNDDOWN((AVERAGE(B2:B16)),−2)」이다.

오답분석
① LEFT 함수는 왼쪽에서 지정된 차례까지의 텍스트 또는 인수를 출력하는 함수이다. 따라서 「=LEFT((AVERAGE(B2:B16)),2)」를 입력하면 '65'가 출력된다.
② RIGHT 함수는 오른쪽에서 지정된 차례까지의 텍스트 또는 인수를 출력하는 함수이다. 따라서 「=RIGHT((AVERAGE(B2:B16)),2)」를 입력하면 '33'이 출력된다.
③ ROUNDUP 함수는 지정된 자릿수 이하의 수를 올림하는 함수이다. 따라서 「=ROUNDUP((AVERAGE(B2:B16)),−2)」를 입력하면 '65,400'이 출력된다.

43

정답 ③

중학교 교육용 도서와 고등학생 교육용 도서 모두 부가기호의 앞자리 숫자는 '5'로 같다.

오답분석
① 다섯 번째 자리 숫자는 0 이외의 숫자가 올 수 없다.
② 독자대상이 아동이므로 독자대상기호는 '7'이고, 발행형태가 만화, 단행본이므로 발행형태기호가 가장 큰 '7'을 부여한다.
④ 국제표준도서번호의 접두부는 2013년 3월 6일 이후로 '979'를 부여하므로 이전에 부여한 도서의 국제표준도서번호는 '978'을 부여하였다.
⑤ 2013년 3월 6일 이후 국내도서의 국제표준도서번호의 접두부 세 자리 숫자는 '979'이고, 국별번호는 '11'을 부여한다.

44

정답 ①

ISBN	9	7	9	1	1	2	5	4	8	3	3	6
가중치	1	3	1	3	1	3	1	3	1	3	1	3

$9 \times 1 + 7 \times 3 + 9 \times 1 + 1 \times 3 + 1 \times 1 + 2 \times 3 + 5 \times 1 + 4 \times 3 + 8 \times 1 + 3 \times 3 + 3 \times 1 + 6 \times 3 = 104$이므로 104를 10으로 나눈 나머지는 4이다.
따라서 ○$=10-4=6$이므로 '9791125548336○' 도서의 체크기호는 '6'이다.

45

정답 ②

행정학은 사회과학 분야에 가장 가까운 분야이므로 내용분류기호의 범위는 $300 \sim 399$이다.

46

정답 ④

2023년 8 ~ 12월의 전월 대비 상품수지 증가폭은 다음과 같다.

- 2023년 8월 : 5,201.4−4,427.5=773.9백만 달러
- 2023년 9월 : 7,486.3−5,201.4=2,284.9백만 달러
- 2023년 10월 : 5,433.3−7,486.3=−2,053백만 달러
- 2023년 11월 : 6,878.2−5,433.3=1,444.9백만 달러
- 2023년 12월 : 8,037.4−6,878.2=1,159.2백만 달러

따라서 서비스수지가 가장 큰 적자를 기록한 2023년 9월의 상품수지 증가폭이 가장 크다.

오답분석

① 2023년 11월의 본원소득수지는 음수이므로 적자를 기록하였다.
② 2023년 11월의 경상수지는 가장 낮았지만, 양수이므로 흑자를 기록하였다.
③ 상품수지가 가장 높은 달은 2023년 12월이지만, 경상수지가 가장 높은 달은 2023년 10월이다.
⑤ 2023년 8 ~ 12월의 전월 대비 경상수지 증가폭은 다음과 같다.

- 2023년 8월 : 5,412.7−4,113.9=1,298.8백만 달러
- 2023년 9월 : 6,072.7−5,412.7=660백만 달러
- 2023년 10월 : 7,437.8−6,072.7=1,365.1백만 달러
- 2023년 11월 : 3,890.7−7,437.8=−3,547.1백만 달러
- 2023년 12월 : 7,414.6−3,890.7=3,523.9백만 달러

따라서 전월 대비 경상수지 증가폭이 가장 작은 달은 2023년 9월이지만, 상품수지 증가폭이 가장 작은 달은 2023년 8월이다.

47

정답 ③

(상품수지)=(수출)−(수입)이므로 2023년 8월의 수입은 53,668.9−5,201.4=48,467.5백만 달러이고, 2023년 12월 수출은 8,037.4+50,966.5=59,003.9백만 달러이다.

48

정답 ③

오전 10시부터 오후 12시까지 근무를 할 수 있는 사람은 B뿐이고, 오후 6시부터 오후 8시까지 근무를 할 수 있는 사람은 D뿐이다. A와 C가 남은 오후 12시부터 오후 6시까지 나누어 근무해야 하지만, A는 오후 5시까지 근무할 수 있고 모든 직원의 최소 근무시간은 2시간이므로 A가 오후 12시부터 4시까지 근무하고, C가 오후 4시부터 오후 6시까지 근무할 때 인건비가 최소이다.
각 직원의 근무시간과 인건비를 정리하면 다음과 같다.

직원	근무시간	인건비
B	오전 10:00 ~ 오후 12:00	10,500×1.5×2=31,500원
A	오후 12:00 ~ 오후 4:00	10,000×1.5×4=60,000원
C	오후 4:00 ~ 오후 6:00	10,500×1.5×2=31,500원
D	오후 6:00 ~ 오후 8:00	11,000×1.5×2=33,000원

따라서 가장 적은 인건비는 31,500+60,000+31,500+33,000=156,000원이다.

49

정답 ②

「COUNTIF(셀의 범위, "조건")」함수는 어떤 범위에서 제시되는 조건이 포함되는 셀의 수를 구하는 함수이다. 판매량이 30개 이상인 과일의 수를 구해야 하므로 [C9] 셀에 들어갈 함수식은 「=COUNTIF(C2:C8, ">=30")」이다.

오답분석

① MID 함수 : 지정한 셀의 텍스트의 일부를 추출하는 함수이다.
③ MEDIAN 함수 : 지정한 셀의 범위의 중간값을 구하는 함수이다.
④ AVERAGEIF 함수 : 어떤 범위에 포함되는 셀의 평균을 구하는 함수이다.
⑤ MIN 함수 : 지정한 셀의 범위의 최솟값을 구하는 함수이다.

50

팔로워십의 유형

구분	자아상	동료 / 리더의 시각	조직에 대한 자신의 느낌
소외형	• 자립적인 사람 • 일부러 반대의견 제시 • 조직의 양심	• 냉소적 • 부정적 • 고집이 셈	• 자신을 인정해 주지 않음 • 적절한 보상이 없음 • 불공정하고 문제가 있음
순응형	• 기쁜 마음으로 과업 수행 • 팀플레이를 함 • 리더나 조직을 믿고 헌신함	• 아이디어가 없음 • 인기 없는 일은 하지 않음 • 조직을 위해 자신의 요구를 양보	• 기존 질서를 따르는 것이 중요 • 리더의 의견을 거스르지 못함 • 획일적인 태도와 행동에 익숙함
실무형	• 조직의 운영 방침에 민감 • 사건을 균형 잡힌 시각으로 봄 • 규정과 규칙에 따라 행동함	• 개인의 이익을 극대화하기 위한 흥정에 능함 • 적당한 열의와 수완으로 업무 진행	• 규정 준수를 강조 • 명령과 계획의 빈번한 변경 • 리더와 부하 간의 비인간적 풍토
수동형	• 판단과 사고를 리더에 의존 • 지시가 있어야 행동	• 하는 일이 없음 • 제 몫을 하지 못함 • 업무 수행에는 감독이 필요	• 조직이 나의 아이디어를 원치 않음 • 노력과 공헌을 해도 소용이 없음 • 리더는 항상 자기 마음대로 함

51

갈등의 과정 단계

1. 의견 불일치 : 서로 생각이나 신념, 가치관, 성격이 다르므로 다른 사람들과의 의견 불일치가 발생한다. 의견 불일치는 상대방의 생각과 동기를 설명하는 기회를 주고 대화를 나누다 보면 오해가 사라지고 더 좋은 관계로 발전할 수 있지만, 그냥 내버려 두면 심각한 갈등으로 발전하게 된다.
2. 대결 국면 : 의견 불일치가 해소되지 않아 발생하며, 단순한 해결방안은 없고 다른 새로운 해결점을 찾아야 한다. 대결 국면에 이르게 되면 감정이 개입되어 상대방의 주장에 대한 문제점을 찾기 시작하고, 자신의 입장에 대해서는 그럴듯한 변명으로 옹호하면서 양보를 완강히 거부하는 상태에 이르는 등 상대방의 입장은 부정하면서 자기주장만 하려고 한다. 서로의 입장을 고수하려는 강도가 높아지면 긴장은 높아지고 감정적인 대응이 더욱 격화된다.
3. 격화 국면 : 상대방에 대하여 더욱 적대적으로 변하며, 설득을 통해 문제를 해결하기보다 강압적ㆍ위협적인 방법을 쓰려고 하며, 극단적인 경우 언어폭력이나 신체적 폭행으로 번지기도 한다. 상대방에 대한 불신과 좌절, 부정적인 인식이 확산되면서 갈등 요인이 다른 요인으로 번지기도 한다. 격화 국면에서는 상대방의 생각이나 의견, 제안을 부정하고, 상대방은 그에 대한 반격을 함으로써 자신들의 반격을 정당하게 생각한다.
4. 진정 국면 : 계속되는 논쟁과 긴장이 시간과 에너지를 낭비하고 있음을 깨달으며, 갈등상태가 무한정 유지될 수 없다는 것을 느끼고 흥분과 불안이 가라앉으면서 이성과 이해의 원상태로 돌아가려 한다. 이후 협상이 시작된다. 협상과정을 통해 쟁점이 되는 주제를 논의하고 새로운 제안을 하고 대안을 모색하게 된다. 진정 국면에서는 중개자, 조정자 등의 제3자가 개입함으로써 갈등 당사자 간에 신뢰를 쌓고 문제를 해결하는 데 도움이 되기도 한다.
5. 갈등의 해소 : 진정 국면에 들어서면 갈등 당사자들은 문제를 해결하지 않고는 자신들의 목표를 달성하기 어렵다는 것을 알게 된다. 모두가 만족할 수 없는 경우도 있지만, 불일치한 서로 간의 의견을 일치하려고 한다. 갈등의 해소는 회피형, 지배 또는 강압형, 타협형, 순응형, 통합 또는 협력형 등의 방법으로 이루어진다.

52

원만한 직업생활을 위해 직업인이 갖추어야 할 직업윤리는 근로윤리와 공동체윤리로 나누어지며, 각 윤리의 덕목은 다음과 같다.
• 근로윤리 : 일에 대한 존중을 바탕으로 근면하고, 성실하고, 정직하게 업무에 임하는 자세
  – 근면한 태도(㉠)
  – 정직한 행동(㉢)
  – 성실한 자세(㉣)
• 공동체윤리 : 인간존중을 바탕으로 봉사하며, 책임감 있게 규칙을 준수하고, 예의바른 태도로 업무에 임하는 자세
  – 봉사와 책임의식(㉡)
  – 준법성(㉢)
  – 예절과 존중(㉣)

53

정답 ③

직장 내 괴롭힘이 성립하려면 다음의 행위 요건이 성립해야 한다.

- 직장에서의 지위 또는 관계 등의 우위를 이용할 것
- 업무상 적정 범위를 넘는 행위일 것
- 신체적·정신적 고통을 주거나 근무환경을 악화시키는 행위일 것

A팀장이 지위를 이용하여 B사원에게 수차례 업무를 지시했지만 이는 업무상 필요성이 있는 정당한 지시이며, 완수해야 하는 적정 업무에 해당하므로 직장 내 괴롭힘으로 보기 어렵다.

[오답분석]

① 업무 이외에 개인적인 용무를 자주 지시하는 것은 업무상 적정 범위를 넘은 행위이다.
② 업무배제는 업무상 적정 범위를 넘은 행위로, 직장 내 괴롭힘의 주요 사례이다.
④ A대리는 동기인 B대리보다 지위상의 우위는 없으나, 다른 직원과 함께 수적 우위를 이용하여 괴롭혔으므로 직장 내 괴롭힘에 해당한다.
⑤ 지시나 주의, 명령행위의 모습이 폭행이나 과도한 폭언을 수반하는 등 사회 통념상 상당성을 결여하였다면 업무상 적정 범위를 넘었다고 볼 수 있으므로 직장 내 괴롭힘에 해당한다.

54

정답 ⑤

S는 자신의 일이 능력과 적성에 맞다 여기고 발전을 위해 열성을 가지고 성실히 노력하고 있는 천직의식을 나타내고 있다.

> **직업윤리 의식**
> - 소명의식 : 자신이 맡은 일은 하늘에 의해 맡겨진 일이라고 생각하는 태도이다.
> - 천직의식 : 자신의 일이 자신의 능력과 적성에 꼭 맞는다 여기고 그 일에 열성을 가지고 성실히 임하는 태도이다.
> - 직분의식 : 자신이 하고 있는 일이 사회나 기업을 위해 중요한 역할을 하고 있다고 믿고 자신의 활동을 수행하는 태도이다.
> - 책임의식 : 직업에 대한 사회적 역할과 책무를 충실히 수행하고 책임을 다하는 태도이다.
> - 전문가의식 : 자신의 일이 누구나 할 수 있는 것이 아니라 해당 분야의 지식과 교육을 밑바탕으로 성실히 수행해야만 가능한 것이라 믿고 수행하는 태도이다.
> - 봉사의식 : 직업 활동을 통해 다른 사람과 공동체에 대하여 봉사하는 정신을 갖추고 실천하는 태도이다.

55

정답 ②

경력개발의 단계별 내용

1. 직업선택
   - 최대한 여러 직업의 정보를 수집하여 탐색한 후 나에게 적합한 최초의 직업을 선택함
   - 관련 학과 외부 교육 등 필요한 교육을 이수함
2. 조직입사
   - 원하는 조직에서 일자리를 얻음
   - 정확한 정보를 토대로 적성에 맞는 적합한 직무를 선택함
3. 경력 초기
   - 조직의 규칙과 규범에 대해 배움
   - 직업과 조직에 적응해 감
   - 역량(지식, 기술, 태도)을 증대시키고 꿈을 추구해 나감
4. 경력 중기
   - 경력초기를 재평가하고 더 업그레이드된 꿈으로 수정함
   - 성인 중기에 적합한 선택을 하고 지속적으로 열심히 일함
5. 경력 말기
   - 지속적으로 열심히 일함
   - 자존심을 유지함
   - 퇴직 준비의 자세한 계획을 세움(경력 중기부터 준비하는 것이 바람직)

56

정답 ③

나열된 수는 짝수 개이므로 수를 작은 수부터 순서대로 나열했을 때, 가운데에 있는 두 수의 평균이 중앙값이다.

- 빈칸의 수가 7 이하인 경우 : 가운데에 있는 두 수는 7, 8이므로 중앙값은 $\dfrac{7+8}{2}=7.5$이다.

- 빈칸의 수가 8인 경우 : 가운데에 있는 두 수는 8, 8이므로 중앙값은 8이다.

- 빈칸의 수가 9 이상인 경우 : 가운데에 있는 두 수는 8, 9이므로 중앙값은 $\dfrac{8+9}{2}=8.5$이다.

따라서 중앙값이 8일 때 빈칸에 들어갈 수는 8이다.

57

정답 ②

$1 \sim 200$의 자연수 중에서 2, 3, 5 중 어느 것으로도 나누어떨어지지 않는 수의 개수는 각각 2의 배수, 3의 배수, 5의 배수가 아닌 수의 개수이다.

- $1 \sim 200$의 자연수 중 2의 배수의 개수 : $\dfrac{200}{2}=100$이므로 100개이다.

- $1 \sim 200$의 자연수 중 3의 배수의 개수 : $\dfrac{200}{3}=66 \cdots 2$이므로 66개이다.

- $1 \sim 200$의 자연수 중 5의 배수의 개수 : $\dfrac{200}{5}=40$이므로 40개이다.

- $1 \sim 200$의 자연수 중 6의 배수의 개수 : $\dfrac{200}{6}=33 \cdots 2$이므로 33개이다.

- $1 \sim 200$의 자연수 중 10의 배수의 개수 : $\dfrac{200}{10}=20$이므로 20개이다.

- $1 \sim 200$의 자연수 중 15의 배수의 개수 : $\dfrac{200}{15}=13 \cdots 5$이므로 13개이다.

- $1 \sim 200$의 자연수 중 30의 배수의 개수 : $\dfrac{200}{30}=6 \cdots 20$이므로 6개이다.

따라서 $1 \sim 200$의 자연수 중에서 2, 3, 5 중 어느 것으로도 나누어떨어지지 않는 수의 개수는 $200-[(100+66+40)-(33+20+13)+6]=200-(206-66+6)=54$개이다.

58

정답 ②

A지점에서 출발하여 최단거리로 이동하여 B지점에 도착하기까지 가능한 경로의 수를 구하면 다음과 같다.

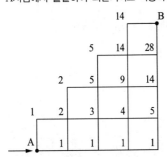

따라서 구하고자 하는 경우의 수는 42가지이다.

59

분침은 60분에 1바퀴 회전하므로 1분 지날 때 분침은 $\dfrac{360}{60}=6°$ 움직이고, 시침은 12시간에 1바퀴 회전하므로 1분 지날 때 시침은 $\dfrac{360}{12\times60}=0.5°$ 움직인다.

따라서 4시 30분일 때 시침과 분침이 만드는 작은 부채꼴의 각도는 $6\times30-0.5\times(60\times4+30)=180-135=45°$이므로, 부채꼴의 넓이와 전체 원의 넓이의 비는 $\dfrac{45}{360}=\dfrac{1}{8}$이다.

60

2020 ~ 2023년 동안 전년 대비 전체 설비 발전량 증감량과 신재생 설비 발전 증가량은 다음과 같다.
- 2020년
  전체 설비 발전량 : $563,040-570,647=-7,607$GWh, 신재생 설비 발전량 : $33,500-28,070=5,430$GWh
- 2021년
  전체 설비 발전량 : $552,162-563,040=-10,878$GWh, 신재생 설비 발전량 : $38,224-33,500=4,724$GWh
- 2022년
  전체 설비 발전량 : $576,810-552,162=24,648$GWh, 신재생 설비 발전량 : $41,886-38,224=3,662$GWh
- 2023년
  전체 설비 발전량 : $594,400-576,810=17,590$GWh, 신재생 설비 발전량 : $49,285-41,886=7,399$GWh

따라서 전체 설비 발전량 증가량이 가장 많은 해는 2022년이고, 신재생 설비 발전량 증가량이 가장 적은 해 또한 2022년이다.

오답분석

① 2020 ~ 2023년 기력 설비 발전량의 전년 대비 증감 추이는 '감소 – 감소 – 증가 – 감소'이지만, 전체 설비 발전량의 전년 대비 증감 추이는 '감소 – 감소 – 증가 – 증가'이다.
② 2019 ~ 2023년 전체 설비 발전량의 1%와 수력 설비 발전량을 비교하면 다음과 같다.
  - 2019년 : $7,270 > 570,647\times0.01 ≒ 5,706$GWh
  - 2020년 : $6,247 > 563,040\times0.01 ≒ 5,630$GWh
  - 2021년 : $7,148 > 552,162\times0.01 ≒ 5,522$GWh
  - 2022년 : $6,737 > 576,810\times0.01 ≒ 5,768$GWh
  - 2023년 : $7,256 > 594,400\times0.01 = 5,944$GWh

  따라서 2019 ~ 2023년 동안 수력 설비 발전량은 항상 전체 설비 발전량의 1% 이상이다.
③ 2019 ~ 2023년 전체 설비 발전량의 5%와 신재생 설비 발전량을 비교하면 다음과 같다.
  - 2019년 : $28,070 < 570,647\times0.05 ≒ 28,532$GWh
  - 2020년 : $33,500 > 563,040\times0.05 ≒ 28,152$GWh
  - 2021년 : $38,224 > 552,162\times0.05 ≒ 27,608$GWh
  - 2022년 : $41,886 > 576,810\times0.05 ≒ 28,841$GWh
  - 2023년 : $49,285 > 594,400\times0.05 ≒ 29,720$GWh

  따라서 2019년 신재생 설비 발전량은 전체 설비 발전량의 5% 미만이고, 그 외에는 5% 이상이다.
④ 신재생 설비 발전량은 꾸준히 증가하였지만 원자력 설비 발전량은 2022년에 전년 대비 감소하였다.

02 | 2024 ~ 2023년 주요 공기업
전공 기출복원문제

| 01 | 경영학

01	02	03	04	05	06	07	08	09	10	11	12	13	14	15	16	17	18	19	20
③	④	③	②	③	①	①	③	⑤	⑤	③	④	④	①	②	①	③	④	④	②

01
정답 ③

공정성 이론에 따르면 공정성 유형은 크게 절차적 공정성, 상호작용적 공정성, 분배적 공정성으로 나누어진다.
• 절차적 공정성 : 과정통제, 접근성, 반응속도, 유연성, 적정성
• 상호작용적 공정성 : 정직성, 노력, 감정이입
• 분배적 공정성 : 형평성, 공평성

02
정답 ④

e-비즈니스 기업은 비용절감 등을 통해 더 낮은 가격으로 우수한 품질의 상품 및 서비스를 제공할 수 있다는 장점이 있다.

03
정답 ③

조직시민행동은 조직 구성원의 내재적 만족으로 인해 촉발되므로 구성원에 대한 처우가 합리적일수록 자발적으로 일어난다.

04
정답 ②

협상을 통해 공동의 이익을 확대(Win – Win)하는 것은 통합적 협상에 대한 설명이다.

분배적 협상과 통합적 협상의 비교
• 분배적 협상
 – 고정된 자원을 대상으로 합리적인 분배를 위해 진행하는 협상이다.
 – 한정된 자원량으로 인해 제로섬 원칙이 적용되어 갈등이 발생할 가능성이 많다.
 – 당사자 간 이익 확보를 목적으로 하며, 협상 참여자 간 관계는 단기적인 성격을 나타낸다.
• 통합적 협상
 – 당사자 간 이해관계를 조율하여 더 큰 이익을 추구하기 위해 진행하는 협상이다.
 – 협상을 통해 확보할 수 있는 자원량이 변동될 수 있어 갈등보다는 문제해결을 위해 노력한다.
 – 협상 참여자의 이해관계, 우선순위 등이 달라 장기적인 관계를 가지고 통합적인 문제해결을 추구한다.

05

정답 ③

워크 샘플링법은 전체 작업과정에서 무작위로 많은 관찰을 실시하여 직무활동에 대한 정보를 얻는 방법이다. 여러 직무활동을 동시에 기록하므로 전체 직무의 모습을 파악할 수 있다.

오답분석

① 관찰법 : 조사자가 직접 조사대상과 생활하면서 관찰을 통해 자료를 수집하는 방법이다.
② 면접법 : 조사자가 조사대상과 직접 대화를 통해 자료를 수집하는 방법이다.
④ 질문지법 : 설문지로 조사내용을 작성하고 자료를 수집하는 방법이다.
⑤ 연구법 : 기록물, 통계자료 등을 토대로 자료를 수집하는 방법이다.

06

정답 ①

가구, 가전제품 등은 선매품에 해당한다. 전문품에는 명품제품, 자동차, 아파트 등이 해당한다.

07

정답 ①

연속생산은 동일제품을 대량생산하기 때문에 규모의 경제가 적용되어 여러 가지 제품을 소량생산하는 단속생산에 비해 단위당 생산원가가 낮다.

오답분석

② 연속생산의 경우, 표준화된 상품을 대량으로 생산함에 따라 운반에 따른 자동화 비율이 매우 높고, 속도가 빨라 운반비용이 적게 소요된다.
③·④ 제품의 수요가 다양하거나 제품의 수명이 짧은 경우 단속생산 방식이 적합하다.
⑤ 연속생산은 작업자의 숙련도와 관계없이 작업에 참여가 가능하다.

08

정답 ③

테일러의 과학적 관리법은 하루 작업량을 과학적으로 설정하고 과업 수행에 따른 임금을 차별적으로 설정하는 차별적 성과급제를 시행한다.

오답분석

①·② 시간연구와 동작연구를 통해 표준 노동량을 정하고 해당 노동량에 따라 임금을 지급하여 생산성을 향상시킨다.
④ 각 과업을 전문화하여 관리한다.
⑤ 근로자가 노동을 하는 데 필요한 최적의 작업조건을 유지한다.

09

정답 ⑤

기능목록제도는 종업원별로 기능보유색인을 작성하여 데이터베이스에 저장하여 인적자원관리 및 경력개발에 활용하는 제도이며, 근로자의 직무능력 평가에 있어 필요한 정보를 파악하기 위해 개인능력평가표를 활용한다.

오답분석

① 자기신고제도 : 근로자에게 본인의 직무내용, 능력수준, 취득자격 등에 대한 정보를 직접 자기신고서에 작성하여 신고하게 하는 제도이다.
② 직능자격제도 : 직무능력을 자격에 따라 등급화하고 해당 자격을 취득하는 경우 직위를 부여하는 제도이다.
③ 평가센터제도 : 근로자의 직무능력을 객관적으로 발굴 및 육성하기 위한 제도이다.
④ 직무순환제도 : 담당직무를 주기적으로 교체함으로써 직무 전반에 대한 이해도를 높이는 제도이다.

10

데이터베이스 마케팅(DB 마케팅)은 고객별로 맞춤화된 서비스를 제공하기 위해 정보 기술을 이용하여 고객의 정보를 데이터베이스로 구축하여 관리하는 마케팅 전략이다. 이를 위해 고객의 성향, 이력 등 관련 정보가 필요하므로 기업과 고객 간 양방향 의사소통을 통해 1 : 1 관계를 구축하게 된다.

11

퇴직급여충당부채는 비유동부채에 해당한다. 유동부채에는 단기차입금, 매입채무, 미지급법인세 등이 해당된다.

오답분석
① 당좌자산(유동자산) : 현금 및 현금성자산, 매출채권, 단기매매금융자산 등
② 투자자산(비유동자산) : 만기보유금융자산, 투자부동산, 매도가능금융자산 등
④ 자본잉여금(자본) : 주식발행초과금, 자기주식처분이익, 감자차익 등

12

급격하게 성장하는 사업 초기 기업일수록 FCFF는 음수로 나타난다. 일반적으로 급격하게 성장하는 초기 기업의 경우 외부 자금조달 등을 통해 성장을 지속하는 경우가 많아 잉여현금흐름이 안정기에 도달할 때까지는 음수로 나타난다.

13

합작투자는 2개 이상의 기업이 공동의 목표를 달성하기 위해 공동사업체를 설립하여 진출하는 직접투자 방식이다.

14

ELS는 주가연계증권으로, 사전에 정해진 조건에 따라 수익률이 결정되며 만기가 있다.

오답분석
② 주가연계파생결합사채(ELB)에 대한 설명이다.
③ 주가지수연동예금(ELD)에 대한 설명이다.
④ 주가연계신탁(ELT)에 대한 설명이다.
⑤ 주가연계펀드(ELF)에 대한 설명이다.

15

브룸은 동기 부여에 대해 기대이론을 적용하여 기대감, 수단성, 유의성을 통해 구성원의 직무에 대한 동기 부여를 결정한다고 주장하였다.

오답분석
① 로크의 목표설정이론에 대한 설명이다.
③ 매슬로의 욕구 5단계이론에 대한 설명이다.
④ 맥그리거의 XY이론에 대한 설명이다.
⑤ 허즈버그의 2요인이론에 대한 설명이다.

16

정답 ①

시장세분화 단계에서는 시장을 기준에 따라 세분화하고, 각 세분시장의 고객 프로필을 개발하여 차별화된 마케팅을 실행한다.

오답분석

②・③ 표적시장 선정 단계에서는 각 세분시장의 매력도를 평가하여 표적시장을 선정한다.
④ 포지셔닝 단계에서는 각각의 시장에 대응하는 포지셔닝을 개발하고 전달한다.
⑤ 재포지셔닝 단계에서는 자사와 경쟁사의 경쟁위치를 분석하여 포지셔닝을 조정한다.

17

정답 ③

종단분석은 시간과 비용의 제약으로 인해 표본 규모가 작을수록 좋으며, 횡단분석은 집단의 특성 또는 차이를 분석해야 하므로 표본이 일정 규모 이상일수록 정확하다.

18

정답 ④

채권이자율이 시장이자율보다 높아지면 채권가격은 액면가보다 높은 가격에 거래된다. 단, 만기에 가까워질수록 채권가격이 하락하여 가격위험에 노출된다.

오답분석

①・②・③ 채권이자율이 시장이자율보다 낮은 할인채에 대한 설명이다.

19

정답 ④

물음표(Question Mark) 사업은 신규 사업 또는 현재 시장점유율은 낮으나, 향후 성장 가능성이 높은 사업이다. 기업 경영 결과에 따라 개(Dog) 사업 또는 스타(Star) 사업으로 바뀔 수 있다.

오답분석

① 스타(Star) 사업 : 성장 가능성과 시장점유율이 모두 높아서 계속 투자가 필요한 유망 사업이다.
② 현금젖소(Cash Cow) 사업 : 높은 시장점유율로 현금창출은 양호하나, 성장 가능성은 낮은 사업이다.
③ 개(Dog) 사업 : 성장 가능성과 시장점유율이 모두 낮아 철수가 필요한 사업이다.

20

정답 ②

테일러의 과학적 관리법에서는 작업에 사용하는 도구 등을 표준화하여 관리 비용을 낮추고 효율성을 높이는 것을 추구한다.

오답분석

① 과학적 관리법의 특징 중 표준화에 대한 설명이다.
③ 과학적 관리법의 특징 중 동기부여에 대한 설명이다.
④ 과학적 관리법의 특징 중 통제에 대한 설명이다.

| 02 | 경제학

01	02	03	04	05	06	07	08	09	10	11	12	13	14	15					
④	④	②	④	②	①	④	⑤	①	③	③	④	④	③	①					

01
정답 ④

공급은 수요에 비해 가격변화에 대응하는 데 더 많은 시간이 소요되며 장기일수록 시설구축, 신규기업 진입 등 변수가 많아지기 때문에 가격탄력성이 단기보다 더 크게 나타난다.

[오답분석]

① 가격탄력성은 1을 기준으로 1보다 크면 탄력적, 1보다 작으면 비탄력적이라고 한다.

② 수요곡선이 비탄력적이라는 것은 가격(Y축)이 크게 변동해도 수요(X축)의 변동폭이 작다는 의미이므로 기울기는 더 가파르게 나타난다.

③ 대체재가 존재하는 경우 가격변화에 대해 수요는 더 민감하게 반응하게 되므로 수요의 가격탄력성이 더 커지게 된다.

02
정답 ④

국내 총수요는 가계, 기업, 정부의 지출인 소비, 투자, 정부지출, 수출을 모두 더한 값에서 해외로부터의 수입분을 차감하여 계산한다.

03
정답 ②

최적생산량은 한계비용과 한계수입이 일치하는 지점에서 구할 수 있다. 한계비용과 한계수입은 각각 총비용과 총수입을 미분하여 구할 수 있으며, $50+Q^2$를 Q에 대하여 미분하면 $2Q$이고, $60Q-Q^2$를 Q에 대하여 미분하면 $60-2Q$이다. 따라서 $2Q=60-2Q$이므로 $Q=15$이다.

04
정답 ④

경제의 외부충격에 대비하기 위해 내수시장을 키우는 것은 바람직하나, 내수시장에 치우칠 경우 글로벌 경쟁력을 잃어 오히려 성장률이 둔화될 수 있다.

05
정답 ②

GDP 디플레이터는 명목 GDP를 실질 GDP로 나누어 물가상승 수준을 예측할 수 있는 물가지수로, 국내에서 생산된 모든 재화와 서비스 가격을 반영한다. 따라서 GDP 디플레이터를 구하는 계산식은 (명목 GDP)÷(실질 GDP)×100이다.

06
정답 ①

한계소비성향은 소비의 증가분을 소득의 증가분으로 나눈 값으로, 소득이 1,000만 원 늘었을 때, 현재 소비자들의 한계소비성향이 0.7이므로 소비는 700만 원이 늘었다고 할 수 있다. 따라서 소비의 변화폭은 700이다.

07
정답 ④

㉠ 환율이 상승하면 제품을 수입하기 위해 더 많은 원화를 필요로 하고, 이에 따라 수입이 감소하게 되므로 순수출이 증가한다.
㉡ 국내이자율이 높아지면 국내자산 투자수익률이 좋아져 해외로부터 자본유입이 확대되고, 이에 따라 환율은 하락한다.
㉢ 국내물가가 상승하면 상대적으로 가격이 저렴한 수입품에 대한 수요가 늘어나 환율은 상승한다.

08
정답 ⑤

독점적 경쟁시장에서는 광고, 서비스 등의 비가격경쟁이 가격경쟁보다 더 활발히 진행된다.

09
정답 ①

케인스학파는 경기침체 시 정부가 적극적으로 개입하여 총수요의 증대를 이끌어야 한다고 주장하였다.

오답분석
② 고전학파의 거시경제론에 대한 설명이다.
③ 케인스학파의 거시경제론에 대한 설명이다.
④ 고전학파의 이분법에 대한 설명이다.
⑤ 케인스학파의 화폐중립성에 대한 설명이다.

10
정답 ③

- (실업률)=(실업자)÷(경제활동인구)×100
- (경제활동인구)=(취업자)+(실업자)
∴ 5,000÷(20,000+5,000)×100=20%

11
정답 ③

(한계비용)=(총비용 변화분)÷(생산량 변화분)
- 생산량이 50일 때 총비용 : 16(평균비용)×50(생산량)=800
- 생산량이 100일 때 총비용 : 15(평균비용)×100(생산량)=1,500
따라서 한계비용은 700÷50=14이다.

12
정답 ④

A국은 노트북을 생산할 때 기회비용이 더 크기 때문에 TV 생산에 비교우위가 있고, B국은 TV를 생산할 때 기회비용이 더 크기 때문에 노트북 생산에 비교우위가 있다.

구분	노트북 1대	TV 1대
A국	TV 0.75	노트북 1.33
B국	TV 1.25	노트북 0.8

13
정답 ④

다이내믹 프라이싱의 단점은 소비자 후생이 감소해 소비자의 만족도가 낮아진다는 것이다. 이로 인해 기업이 소비자의 불만에 직면할 수 있다는 리스크가 발생한다.

14

정답 ③

동질적으로 판매되는 상품의 가치는 동일하다는 가정하에 나라별 화폐로 해당 제품의 가격을 평가하여 구매력을 비교하는 것이 빅맥 지수이다.

오답분석

㉠ 빅맥 지수는 영국 경제지인 이코노미스트에서 최초로 고안하였다.

㉣ 빅맥 지수에 사용하는 빅맥 가격은 제품 가격만 반영하고 서비스 가격은 포함하지 않기 때문에 나라별 환율에 대한 상대적 구매력 평가 외에 다른 목적으로 사용하기에는 측정값이 정확하지 않다.

15

정답 ①

확장적 통화정책은 국민소득을 증가시켜 이에 따른 보험료 인상 등 세수확대 요인으로 작용한다.

오답분석

② 이자율이 하락하고, 소비 및 투자가 증가한다.

③·④ 긴축적 통화정책이 미치는 영향이다.

01	02	03	04	05	06	07	08	09	10	11	12	13	14	15					
③	④	③	②	④	②	②	④	④	②	②	②	②	①	②					

01

정답 ③

현대에는 민주주의의 심화 및 분야별 전문 민간기관의 성장에 따라 정부 등 공식적 참여자보다 비공식적 참여자의 중요도가 높아지고 있다.

오답분석

① 의회와 지방자치단체는 정부, 사법부 등과 함께 대표적인 공식적 참여자에 해당된다.
② 정당과 NGO, 언론 등은 비공식적 참여자에 해당된다.
④ 사회적 의사결정에서 정부의 역할이 줄어들면 비공식적 참여자가 해당 역할을 대체하므로 중요도가 높아진다.

02

정답 ④

효율 증대에 따른 이윤 추구라는 경제적 결정이 중심인 기업경영의 의사결정에 비해, 정책문제는 사회효율 등 수단적 가치뿐만 아니라 형평성, 공정성 등 목적적 가치들도 고려가 필요하므로 고려사항이 더 많고 복잡하다는 특성을 갖는다.

03

정답 ③

회사모형은 사이어트와 마치가 주장한 의사결정 모형으로, 준독립적이고 느슨하게 연결되어 있는 조직들의 상호 타협을 통해 의사결정이 이루어진다고 설명한다.

오답분석

① 드로어는 최적모형에 따른 의사결정 모형을 제시했다.
② 합리적 결정과 점증적 결정이 누적 및 혼합되어 의사결정이 이루어진다고 본 것은 혼합탐사모형이다.
④ 정책결정 단계를 초정책결정 단계, 정책결정 단계, 후정책결정 단계로 구분하여 설명한 것은 최적모형이다.

04

정답 ②

ㄱ. 호혜조직의 1차적 수혜자는 조직 구성원이 맞으나, 은행, 유통업체는 사업조직에 해당되며, 노동조합, 전문가단체, 정당, 사교클럽, 종교단체 등이 호혜조직에 해당된다.
ㄷ. 봉사조직의 1차적 수혜자는 이들과 접촉하는 일반적인 대중이다.

05

정답 ④

특수한 경우를 제외하고 일반적으로 해당 구성원 간 동일한 인사 및 보수 체계를 적용받는 구분은 직급이다.

06

정답 ②

실적주의에서는 개인의 역량, 자격에 따라 인사행정이 이루어지기 때문에 정치적 중립성 확보가 강조되지만, 엽관주의에서는 정치적 충성심 및 기여도에 따라 인사행정이 이루어지기 때문에 조직 수반에 대한 정치적 정합성이 더 강조된다.

오답분석

① 공공조직에서 엽관주의적 인사가 이루어지는 경우 정치적 충성심에 따라 구성원이 변경되므로 정치적 사건마다 조직 구성원들의 신분유지 여부에 변동성이 생겨 불안정해진다.

07

발생주의 회계는 거래가 발생한 기간에 기록하는 원칙으로, 영업활동 관련 기록과 현금 유출입이 일치하지 않지만, 수익 및 비용을 합리적으로 일치시킬 수 있다는 장점이 있다.

[오답분석]
①·③·④·⑤ 현금흐름 회계에 대한 설명이다.

08

ㄴ. X이론에서는 부정적인 인간관을 토대로 보상과 처벌, 권위적이고 강압적인 지도성을 경영전략으로 강조한다.
ㄹ. Y이론의 적용을 위한 대안으로 권한의 위임 및 분권화, 직무 확대, 업무 수행능력의 자율적 평가, 목표 관리전략 활용, 참여적 관리 등을 제시하였다.

[오답분석]
ㄷ. Y이론에 따르면 인간은 긍정적이고 적극적인 존재이므로, 직접적 통제보다는 자율적 통제가 더 바람직한 경영전략이라고 보았다.

09

독립합의형 중앙인사기관의 위원들은 임기를 보장받으며, 각 정당의 추천인사나 초당적 인사로 구성되는 등 중립성을 유지하기 유리하다는 장점을 지닌다. 이로 인해 행정부 수반에 의해 임명된 기관장 중심의 비독립단독형 인사기관에 비해 엽관주의 영향을 최소화하고, 실적 중심의 인사행정을 실현하기에 유리하다.

[오답분석]
① 독립합의형 인사기관의 개념에 대한 옳은 설명이다.
② 비독립단독형 인사기관은 합의에 따른 의사결정 과정을 거치지 않으므로, 의견 불일치 시 조율을 하는 시간이 불필요하여 상대적으로 의사결정이 신속히 이루어진다.
③ 비독립단독형 인사기관은 기관장의 의사가 강하게 반영되는 만큼 책임소재가 분명한 데 비해, 독립합의형 인사기관은 다수의 합의에 따라 의사결정이 이루어지므로 책임소재가 불분명하다.

10

㉠ 정부가 시장에 대해 충분한 정보를 확보하는 데 실패함으로써 정보 비대칭에 따른 정부실패가 발생한다.
㉢ 정부행정은 단기적 이익을 중시하는 정치적 이해관계의 영향을 받아 사회에서 필요로 하는 바보다 단기적인 경향을 보인다. 이처럼 정치적 할인율이 사회적 할인율보다 높기 때문에 정부실패가 발생한다.

[오답분석]
㉡ 정부는 독점적인 역할을 수행하기 때문에 경쟁에 따른 개선효과가 미비하여 정부실패가 발생한다.
㉣ 정부의 공공재 공급은 사회적 무임승차를 유발하여 지속가능성을 저해하기 때문에 정부실패가 발생한다.

11

공익, 자유, 복지는 행정의 본질적 가치에 해당한다.

> **행정의 가치**
> • 본질적 가치(행정을 통해 실현하려는 궁극적인 가치) : 정의, 공익, 형평, 복지, 자유, 평등
> • 수단적 가치(본질적 가치 달성을 위한 수단적인 가치) : 합법성, 능률성, 민주성, 합리성, 효과성, 가외성, 생산성, 신뢰성, 투명성

12

정답 ②

영국의 대처주의와 미국의 레이거노믹스는 경쟁과 개방, 위임의 원칙을 강조하는 신공공관리론에 입각한 정치기조이다.

오답분석

① 신공공관리론은 정부실패의 대안으로 등장하였으며, 작고 효율적인 시장지향적 정부를 추구한다.

③ 뉴거버넌스는 정부가 사회의 문제해결을 주도하는 것이 아니라, 민간 주체들이 논의를 주도할 수 있도록 조력자의 역할을 하는 것을 추구한다.

④ 뉴거버넌스는 시민 및 기업의 참여를 통한 공동생산을 지향하며, 민영화와 민간위탁을 통한 서비스의 공급은 뉴거버넌스가 제시되기 이전 거버넌스의 내용이다.

13

정답 ②

네트워크를 통한 기기 간의 연결을 활용하지 않으므로 사물인터넷을 사용한 것이 아니다.

오답분석

① 스마트 팜을 통해 각종 센서들을 기반으로 온도와 습도, 토양 등에 대한 정보를 정확하게 확인하고 필요한 영양분(물, 비료, 농약 등)을 시스템이 알아서 제공해 주는 것은 사물인터넷을 활용한 경우에 해당된다.

③ 커넥티드 카는 사물인터넷 기술을 통해 통신망에 연결된 차량으로, 가속기, 브레이크, 속도계, 주행 거리계, 바퀴 등에서 운행 데이터를 수집하여 운전자 행동과 차량 상태를 모두 모니터링할 수 있다.

14

정답 ①

ㄱ. 강임은 현재보다 낮은 직급으로 임명하는 것으로, 수직적 인사이동에 해당한다.

ㄴ. 승진은 직위가 높아지는 것으로, 수직적 인사이동에 해당한다.

오답분석

ㄷ. 전보는 동일 직급 내에서 다른 관직으로 이동하는 것으로, 수평적 인사이동에 해당한다.

ㄹ. 전직은 직렬을 변경하는 것으로, 수평적 인사이동에 해당한다.

15

정답 ②

국립공원 입장료는 2007년에 폐지되었다.

오답분석

ㄱ. 2023년 5월에 문화재보호법이 개정되면서 국가지정문화재 보유자 및 기관에 대해 정부 및 지방자치단체가 해당 비용을 지원할 수 있게 되어, 많은 문화재에 대한 관람료가 면제되었다. 하지만 이는 요금제가 폐지된 것이 아니라 법규상 유인책에 따라 감면된 것에 해당된다.

01	02	03	04	05	06	07	08													
②	③	④	④	①	③	⑤	②													

01

정답 ②

민법 제140조에 따르면 법률행위의 취소권자는 제한능력자, 착오로 인하거나 사기·강박에 의하여 의사표시를 한 자, 그의 대리인 또는 승계인이다. 피특정후견인이란 특정한 사무에 대한 후원이 필요한 사람을 뜻하며, 특정한 사무 이외에는 능력을 제한할 필요가 없으므로 제한능력자가 아니다.

제한능력자의 종류
- 미성년자
- 피성년후견인
- 피한정후견인

02

정답 ③

국가기관과 지방자치단체 간 및 지방자치단체 상호간의 권한쟁의 심판은 헌법재판소법 제2조에 따라 헌법재판소가 관장하는 심판사항이다. 따라서 행정소송에 해당하지 않는다.

행정소송의 종류(행정소송법 제3조)
행정소송은 다음의 네 가지로 구분한다.
1. 항고소송 : 행정청의 처분 등이나 부작위에 대하여 제기하는 소송
2. 당사자소송 : 행정청의 처분 등을 원인으로 하는 법률관계에 관한 소송 그 밖에 공법상의 법률관계에 관한 소송으로서 그 법률관계의 한쪽 당사자를 피고로 하는 소송
3. 민중소송 : 국가 또는 공공단체의 기관이 법률에 위반되는 행위를 한 때에 직접 자기의 법률상 이익과 관계없이 그 시정을 구하기 위하여 제기하는 소송
4. 기관소송 : 국가 또는 공공단체의 기관 상호간에 있어서의 권한의 존부 또는 그 행사에 관한 다툼이 있을 때에 이에 대하여 제기하는 소송. 다만, 헌법재판소법 제2조의 규정에 의하여 헌법재판소의 관장사항으로 되는 소송은 제외한다.

03

정답 ④

선거의 관리 및 집행이 규정을 위반하였다고 주장하면서 해당 선거의 불법성을 다투는 소송은 선거무효소송으로서 민중소송에 속하는 소송이다. 민중소송이란 국가 또는 공공단체의 기관이 법률에 위반되는 행위를 한 때에 직접 자기의 법률상 이익과 관계없이 그 시정을 구하기 위하여 제기하는 소송이며, 대표적으로 국민투표무효소송, 선거무효소송, 당선무효소송이 있다.

[오답분석]
ㄱ. 행정청의 처분 등을 원인으로 하는 법률관계에 대한 소송이므로 당사자소송에 해당한다.
ㄴ. 공법상 신분·지위의 확인을 구하는 소송이므로 당사자소송에 해당한다.
ㄷ. 공법상 금전지급청구 소송이므로 당사자소송에 해당한다.

04

정답 ④

근로자참여 및 협력증진에 관한 법은 집단적 노사관계법으로, 노동조합과 사용자단체 간의 노사관계를 규율한 법이다. 노동조합 및 노동관계조정법, 근로자참여 및 협력증진에 관한 법, 노동위원회법, 교원의 노동조합설립 및 운영 등에 관한 법률, 공무원직장협의회법 등이 이에 해당한다.

나머지는 근로자와 사용자의 근로계약을 체결하는 관계에 대해 규율한 법으로, 개별적 근로관계법이라고 한다. 근로기준법, 최저임금법, 산업안전보건법, 직업안정법, 남녀고용평등법, 선원법, 산업재해보상보험법, 고용보험법 등이 이에 해당한다.

05

정답 ①

용익물권은 타인의 토지나 건물 등 부동산의 사용가치를 지배하는 제한물권으로, 민법상 지상권, 지역권, 전세권이 이에 속한다.

용익물권의 종류
- 지상권 : 타인의 토지에 건물이나 수목 등을 설치하여 사용하는 물권
- 지역권 : 타인의 토지를 자기 토지의 편익을 위하여 이용하는 물권
- 전세권 : 전세금을 지급하고 타인의 토지 또는 건물을 사용·수익하는 물권

06

정답 ③

- 선고유예 : 형의 선고유예를 받은 날로부터 2년이 경과한 때에는 면소된 것으로 간주한다(형법 제60조).
- 집행유예 : 양형의 조건을 참작하여 그 정상에 참작할 만한 사유가 있는 때에는 1년 이상 5년 이하의 기간 형의 집행을 유예할 수 있다(형법 제62조 제1항).

07

정답 ⑤

몰수의 대상(형법 제48조 제1항)
1. 범죄행위에 제공하였거나 제공하려고 한 물건
2. 범죄행위로 인하여 생겼거나 취득한 물건
3. 제1호 또는 제2호의 대가로 취득한 물건

08

정답 ②

상법상 법원에는 상사제정법(상법전, 상사특별법령, 상사조약), 상관습법, 판례, 상사자치법(회사의 정관, 이사회 규칙), 보통거래약관, 조리 등이 있다. 조례는 해당되지 않는다.

01	02	03	04	05	06	07	08	09	10	11	12	13	14	15	16	17	18	19	20
④	②	③	⑤	①	②	①	③	④	④	③	①	⑤	④	②	①	③	③	④	④

21	22	23	24	25	26	27	28	29	30										
②	④	④	④	④	③	②	③	①	④										

01 정답 ④

$\sigma = \dfrac{P}{\dfrac{\pi d^2}{4}} = \dfrac{4P}{\pi d^2}$ 이고, $\sigma = E\varepsilon = E\dfrac{\triangle d}{L}$ 이므로 $\dfrac{4P}{\pi d^2} = E\dfrac{\triangle d}{L}$ 에서 $L = \dfrac{\pi d^2 E \triangle d}{4P}$ 이다.

따라서 강봉의 처음 길이는 $L = \dfrac{\pi \times (5 \times 10^{-2})^2 \times (170 \times 10^6) \times 75 \times 10^{-3}}{4 \times (10 \times 10^3)} \fallingdotseq 2.5\text{m}$이다.

02 정답 ②

집중하중 P에 의한 B지점에서의 작용 모멘트는 $M_{\text{B},1} = \dfrac{P \times a^2 \times b}{L^2}$ 이다.

등분포하중 w에 의한 B지점에서의 작용 모멘트는 $M_{\text{B},2} = \dfrac{wL^2}{12}$ 이다.

따라서 중첩의 원리에 의해 B지점에서 작용하는 전체 모멘트는 $M_{\text{B},1} + M_{\text{B},2} = \dfrac{P \times a^2 \times b}{L^2} + \dfrac{wL^2}{12} = \dfrac{12Pa^2 b + wL^4}{12L^2}$ 이다.

03 정답 ③

카스틸리아노의 정리는 변형에너지와 하중(모멘트), 처짐량(처짐각)의 관계에 대한 법칙이다. 변형에너지가 변위만의 함수일 때, 하중은 변형에너지를 변위에 대해 편미분한 값이다. 또한 변형에너지가 하중(휨모멘트)만의 함수일 때, 처짐량(처짐각)은 변형에너지를 하중(휨모멘트)에 대해 편미분한 값이다.

04 정답 ⑤

오답분석
① 삼각측량 : 삼각형의 한 변의 길이와 두 각을 측정하여 다른 두 변의 길이를 산정하는 측량이다.
② 수준측량 : 레벨과 표척 등을 이용하여 지표 위에 있는 점의 표고를 측정하는 측량이다.
③ 측지측량 : 지구의 형상, 크기, 곡률을 고려하여 반경 11km를 초과하는 구간을 측정하는 측량으로, 1등 삼각측량이 이에 속한다.
④ 평면측량 : 지구의 형상, 크기, 곡률을 고려하지 않고 반경 11km 이내인 구간을 평면으로 가정하여 실시하는 측량이다.

05 정답 ①

표고가 1,000m, 해발이 3,000m이므로 촬영고도는 3,000-1,000=2,000m이다.

이때, 초점거리가 200mm인 사진기를 이용하므로 사진축척은 $m = \dfrac{H}{f} = \dfrac{2,000}{0.2} = 10,000$이고, 유효면적은 $A = [(10,000 \times 0.2) \times (1 - 0.5)] \times [(10,000 \times 0.2) \times (1 - 0.4)] = 1,200,000\text{m}^2$ 이다.

따라서 안전율이 0.2이고 사진 매수가 180매이므로 $180 = \dfrac{F}{1,200,000} \times (1 + 0.2)$에서 실제 면적은 $F = 180 \times \dfrac{1,200,000}{1.2} = 180,000,000\text{m}^2 = 180\text{km}^2$ 이다.

06

A, B지점의 반력을 R_A, R_B라고 할 때 다음 식이 성립한다.

$R_A + R_B - (5 \times 6) - 20 = 0 \cdots ㉠$

$M_A = (5 \times 6 \times 3) + (20 \times 7) - R_B \times (7+3) = 0 \cdots ㉡$

㉡에서 $R_B = \dfrac{90+140}{10} = 23$kN이이므로, $R_A = 50 - 23 = 27$kN이다.

이에 대한 전단력선도는 다음과 같다.

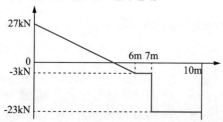

A지점이 원점이고 오른쪽으로 x만큼 떨어져 있다고 할 때, $0 \leq x \leq 6$ 구간에서 전단력은 $V(x) = 27 - 5x$ 이다.

따라서 $V(x) = 27 - 5x = 0$에서 $x = \dfrac{27}{5}$ 이므로 전단력이 0인 지점은 A지점으로부터 $\dfrac{27}{5} = 5.4$m 떨어져 있다.

07

FCM 공법은 교량 하부에 동바리를 설치하지 않고 특수한 장비를 이용하여 좌우 평형을 맞춰가며 경간을 구성하는 방식으로, 홍수의 위험이 크거나 공사 현장이 거리, 철도 등을 통과하는 등 동바리 사용이 불가능한 곳에 적용할 수 있다. 단면변화 적응성이 양호하고 공정관리 또한 양호하지만, 가설 시 추가단면이 필요하고 모멘트의 불균형에 대한 대책을 세워야 한다.

오답분석

② FSM 공법 : 콘크리트를 타설하는 경간 전체에 콘크리트의 강도가 적당히 확보될 때까지 동바리를 가설하여 지지하는 방식으로, 교량 높이가 높지 않고 지반이 양호한 곳에 적합하지만, 동바리의 조립 및 해체로 인해 시공속도가 늦고 콘크리트 타설 중 편심하중의 우려가 있다.

③ ILM 공법 : 교량의 상부구조를 포스트텐션을 적용하여 생산 후 교축 방향으로 밀어내어 점진적으로 교량을 가설하는 방식으로, 계곡, 해상 등에서도 시공이 가능하고 외부 기후조건에 의한 영향을 덜 받으나, 균일한 구조물의 높이가 보장되어야 한다.

④ MSS 공법 : 거푸집이 부착된 특수 비계를 이용하여 경간 하나씩 시공하는 방식으로, 하천 등 연약지반에 제약을 크게 받지 않으나, 비계의 중량이 커 제작비가 비싸고 부재의 이음부 설계에 주의를 기울여야 한다.

⑤ PSM 공법 : 장대고량의 공사기간을 단축하기 위해 별도의 공장에서 몰드를 이용하여 경간을 제작한 후 공사 현장으로 운반하여 시공하는 방식으로, 경간의 균일한 품질이 보장되고, 하중구조 특성에 대한 대응이 확실하다.

08

모래다짐말뚝 공법(Sand Compaction Pile)의 장단점

장점	단점
• 지반이 균질화된다. • 압밀시간 및 압밀침하량이 적다. • 지반의 전단강도가 증가한다. • 지반의 액상화를 방지할 수 있다.	• 공사 비용이 비교적 고가이다. • 진동이 매우 크게 발생한다.

09

정답 ④

지중연속벽 또는 지하연속벽은 굴착작업 시 굴착면의 붕괴를 방지하고 지하수의 유입을 차단하기 위해 벤토나이트를 공급하여 지하에 구조체를 형성하는 공법이다. 지하실, 지하주차장 등의 구조물부터 지하철, 지하변전소, 댐의 차수벽까지 구조물의 일부 또는 그 자체를 이용한다. 작업 시 발생하는 소음은 적은 편이지만, 설치를 위한 대규모 부지가 필요하여 공사비가 고가이며, 선단부 는 최소 암반층 1m를 굴착하여 시공하여야 안전한 효과를 기대할 수 있다.

10

정답 ④

세장비는 압축재의 좌굴길이를 회전반경으로 나눈 값으로, 값이 클수록 기둥은 잘 구부러진다. 이때, 세장비가 30 이하인 기둥을 단주, 100 이상인 기둥을 장주라고 한다.

11

정답 ③

일반 콘크리트 표준 시방서에 따르면 고강도 콘크리트의 설계기준압축강도는 보통 콘크리트에서 40MPa 이상, 경량콘크리트에서 27MPa 이상인 콘크리트를 말한다.

12

정답 ①

설계기준압축강도(f_{ck})가 40MPa 이하인 콘크리트의 극한변형률은 0.0033으로 하며, 설계기준압축강도가 40MPa 이상일 때에는 10MPa 증가할 때마다 0.0001씩 감소시킨다(KDS 14 20 20).
따라서 $0.0033 - [0.0001 \times (60 - 40) \div 10] = 0.0031$이다.

13

정답 ⑤

포장 아스팔트의 파손 원인
• 과적 차량의 통행으로 인한 피로 파괴
• 혼합물의 다짐온도 불량
• 혼합물의 입도 불량
• 아스팔트 배합설계 불량
• 눈, 비 등의 강수 시 배수 불량
• 노상, 보조기층 다짐 불량
• 포장 두께 부족
• 포장 재료의 불량
• 포장 자체의 노후화

14

정답 ④

DAD(Depth – Area – Duration Analsis) 해석에는 강우깊이, 유역면적, 지속기간이 관련되어 있다.

15

정답 ②

(정사각형의 면적)$=h^2$, (원의 면적)$=\dfrac{\pi D^2}{4}$

정사각형과 원의 단면적이 같으므로 $h^2=\dfrac{\pi D^2}{4}\;\rightarrow\;h=\dfrac{\sqrt{\pi}\,D}{2}$

$Z_1=\dfrac{bh^2}{6}=\dfrac{h^3}{6}=\dfrac{\left(\dfrac{\sqrt{\pi}\,D}{2}\right)^3}{6}=\dfrac{\pi\sqrt{\pi}\,D^3}{48}$, $Z_2=\dfrac{\pi D^3}{32}$

$\therefore\;Z_1:Z_2=\dfrac{\pi\sqrt{\pi}\,D^3}{48}:\dfrac{\pi D^3}{32}=\dfrac{\sqrt{\pi}}{48}:\dfrac{1}{32}\fallingdotseq 1:0.85$

16

정답 ①

펌프의 비교회전도

터빈펌프	$100\sim250$
원심력펌프	$100\sim750$
사류펌프	$700\sim1,200$
축류펌프	$1,100\sim2,000$

17

정답 ③

비교회전도란 임펠러가 유량 $1\text{m}^3/\text{min}$을 1m 양수하는 데 필요한 회전수를 말한다.

$N_s=N\cdot\dfrac{Q^{\frac{1}{2}}}{H^{\frac{3}{4}}}=1,100\times\dfrac{10^{\frac{1}{2}}}{50^{\frac{3}{4}}}\fallingdotseq185$

18

정답 ③

엘리데이드를 이용한 간접 수준측량은 엘리데이드의 구조에 따라 $100:n=D:h$의 비례식에 의해 높이차를 구한 후 기계고와 타깃의 높이를 고려하는 것이다.

$H=i+\dfrac{n\cdot D}{100}-z=1.2+\dfrac{8.4\times32}{100}-2=2.056\text{m}$

19

정답 ④

사진측량의 특징

- 장점
  - 넓은 지역을 대상으로 하므로 대상지를 동일한 정확도로 해석이 가능하다.
  - 동체 측정이 가능하다.
  - 접근이 곤란한 대상물의 측량이 가능하다.
  - 축적 변경이 용이하다.
  - 작업이 분업화되어 있어 작업효율이 높다.
  - 종래의 측량 방법에 비해 경제적이다.
- 단점
  - 비용이 많이 든다.
  - 식별이 곤란한 경우에는 현지 측량이 요구된다.
  - 기상 조건, 태양 고도 등의 영향을 받는다.

20

정답 ④

$Q = A_1 V_1 = A_2 V_2$

$\dfrac{\pi D_1^2}{4} \times V_1 = \dfrac{\pi \times D_2^2}{4} \times V_2$

$V_2 = \left(\dfrac{D_1}{D_2}\right)^2 V_1 = \left(\dfrac{0.2}{0.1}\right)^2 \times 0.5 = 2\text{m/s}$

$\therefore h_c = f_c \cdot \dfrac{V^2}{2g} = 0.36 \times \dfrac{2^2}{2 \times 9.8} ≒ 0.073\text{m} = 7.3\text{cm}$

21

정답 ②

[직사각형의 비틀림전단응력(τ)] $= \dfrac{T}{2t_1 A_m}$

$T = 550\text{kN} \cdot \text{m} = 550\text{N} \cdot \text{mm}$

$t_1 = 1.5\text{cm} = 15\text{mm}$

$A_m = \left(800 - 15 \times \dfrac{2}{2}\right) \times \left(600 - 20 \times \dfrac{2}{2}\right) = 455,300\text{mm}^2$ (두께가 얇은 관에 대한 비틀림전단 고려 시 A는 폐단면 두께의 중앙선 내부면적)

$\therefore \tau = \dfrac{550 \times 10^6}{2 \times 15 \times 455,300} ≒ 40.27\text{N/mm}^2 = 40.27\text{MPa}$

22

정답 ④

강우로 인한 표면유출은 수문곡선을 상승시키게 된다.

23

정답 ④

$\tau = \gamma \cdot \dfrac{D}{4} \dfrac{h_L}{l} = 10 \times \dfrac{0.3}{4} \times \dfrac{0.3}{1} = 0.225\text{kN/m}^2 = 225\text{N/m}^2$

24

정답 ④

에너지 보정계수(α)와 운동량 보정계수(β)는 각각 운동 에너지(속도수두)와 운동량을 보정하기 위한 무차원 상수이다.

관수로 내에서 실제유체의 흐름이 층류일 때 $\alpha = 2$, $\beta = \dfrac{4}{3}$ 이고, 난류일 때 $\alpha = 1.01 \sim 1.05$, $\beta = 1 \sim 1.05$의 값을 가지며, 이상유체일 때 $\alpha = \beta = 1$이다.

25

정답 ④

콘크리트용 골재의 조립율은 잔골재에서 $2.3 \sim 3.1$, 굵은골재에서 $6.0 \sim 8.0$ 정도가 적당하다.

26

$[\text{현장의 건조단위중량}(\gamma_d)] = \dfrac{(\text{다짐도})}{100} \times \gamma_{dmax} = \dfrac{95}{100} \times 1.76 \doteqdot 1.67 \text{t/m}^3$

$[\text{상대밀도}(D_r)] = \dfrac{\gamma_{dmax}}{\gamma_d} \cdot \dfrac{\gamma_d - \gamma_{dmin}}{\gamma_{dmax} - \gamma_{dmin}} \times 100 = \dfrac{1.76}{1.67} \cdot \dfrac{1.67 - 1.5}{1.76 - 1.5} \times 100 \doteqdot 69\%$

상대밀도(D_r) 구하는 식

- 간극비 이용

$$D_r = \frac{e_{\max} - e}{e_{\max} - e_{\min}} \times 100$$

- 건조단위중량 이용

$$D_r = \frac{\gamma_{dmax}}{\gamma_d} \cdot \frac{\gamma_d - \gamma_{dmin}}{\gamma_{dmax} - \gamma_{dmin}} \times 100$$

27

보강토 공법은 지진피해가 적으며, 지반이 연약해도 시공이 가능하다.

28

BOD(Biochemical Oxygen Demand)란 물속에 있는 오염물질을 분해하기 위해 필요한 산소의 양이다. BOD 수치가 높다는 것은 필요한 산소량이 많다는 뜻이고, 이는 물속에 미생물이 많은 오염된 물이라는 의미이다.

29

$Q = \dfrac{\pi K(H^2 - h_0^2)}{\ln(R/r_o)} \doteqdot \dfrac{3.14 \times 0.038 \times (7^2 - 5^2)}{\ln \dfrac{1,000}{1}} = \dfrac{3.14 \times 0.038 \times (7^2 - 5^2)}{3\ln 10} = \dfrac{3.14 \times 0.038 \times (7^2 - 5^2)}{3 \times 2.3} \doteqdot 0.0415 \text{m}^3/\text{s}$

30

관정접합은 평탄한 지형에서는 낙차가 많이 발생하여 관거의 매설 깊이가 증가한다. 하수의 흐름은 원활하지만, 굴착 깊이가 깊어 시공비가 비싸고 펌프 배수 시 펌프양정이 증가하는 단점이 있다.

| 06 | 기계일반

01	02	03	04	05	06	07	08	09	10	11	12	13	14	15	16	17	18	19	20
①	③	③	⑤	②	③	④	①	②	③	①	②	②	②	④	④	②	④	④	④

21	22	23	24	25
④	②	②	③	④

01

질량 1kg의 물을 1℃ 가열하는 데 필요한 열량은 1kcal이다. 따라서 질량 10kg의 물을 10℃에서 60℃로 가열하는 데 필요한 열량을 구하면 다음과 같다.

$$Q = cm \triangle t = 1 \times 10 \times (60 - 10) = 500 \text{kcal} = 500 \times \frac{4.2 \text{kJ}}{1 \text{kcal}} = 2,100 \text{kJ}$$

02

정답 ③

ㄴ. n몰의 단원자 분자인 이상기체의 내부에너지는 $U = \frac{3}{2} nRT$이다.

ㄷ. n몰의 단원자 분자인 이상기체의 엔탈피는 $H = U + W = \frac{5}{2} nRT$이다.

오답분석

ㄱ. n몰의 단원자 분자인 이상기체의 내부에너지는 $U = \frac{3}{2} nRT$이고, 이원자 분자인 이상기체의 내부에너지는 $U = \frac{5}{2} nRT$, 삼원자 이상의 분자인 이상기체의 내부에너지는 $U = \frac{6}{2} nRT$이다.

ㄹ. 이상기체의 무질서도를 표현한 함수는 엔트로피이다.

03

정답 ③

자동차가 안정적으로 선회하기 위해서는 양 바퀴의 회전수가 달라야 한다. 이를 조절하기 위해 사용하는 기어는 유성기어와 태양기어이다. 먼저, 외부로부터 전달받은 동력을 베벨기어를 통해 링기어에 전달하여 회전시킨다. 회전하는 링기어는 유성기어와 태양기어를 회전시킨다. 정상적인 직선 주행 중에는 양 바퀴의 회전수가 같으므로 유성기어와 태양기어가 같은 속력으로 회전하지만, 선회 시에는 양 바퀴에 작용하는 마찰저항이 서로 다르게 작용한다. 이를 유성기어, 태양기어에 전달하면 안쪽 바퀴의 회전저항은 증가하고 바깥쪽 바퀴의 회전수는 안쪽 바퀴의 감소한 회전수만큼 증가한다.

04

정답 ⑤

파텐팅은 오스템퍼링 온도의 상한에서 미세한 소르바이트 조직을 얻기 위하여 오스테나이트 가열온도부터 항온 유지 후 공랭시키는 열처리법이다.

오답분석

① 청화법 : 사이안화산칼륨 또는 사이안화나트륨을 이용하여 강 표면에 질소를 침투시켜 경화시키는 표면 처리법이다.
② 침탄법 : 재료의 표면을 단단하게 강화하기 위해 저탄소강을 침탄제 속에 묻고 가열하여 강 표면에 탄소를 침입시키는 표면 열처리법이다.
③ 마퀜칭 : 오스테나이트 구역에서 강 내부의 온도와 외부의 온도가 동일하도록 항온 유지 후 공랭하는 항온 열처리법이다.
④ 질화법 : 강 표면에 질소를 침투시켜 매우 단단한 질소화합물 층을 형성하는 표면 열처리법이다.

36 · 공기업 대졸채용 통합기본서

05

세레이션은 축과 보스를 결합하기 위해 축에 삼각형 모양의 톱니를 새긴 가늘고 긴 키 홈이다.

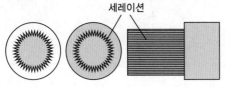

세레이션

오답분석

① 묻힘키 : 보스와 축 모두 키 홈을 파낸 후 그 구멍에 키를 끼워 넣어 보스와 축을 고정한 것이다.

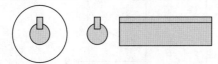

③ 둥근키 : 키 홈을 원모양으로 만든 묻힘키의 하나이다.

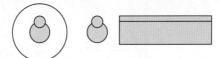

④ 테이퍼 : 경사도가 1/50 이하인 핀이다.

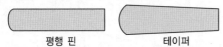

평행 핀   테이퍼

⑤ 스플라인 : 축과 보스를 결합하기 위해 다각형 또는 곡선 형태의 톱니를 새긴 가늘고 긴 홈이다.

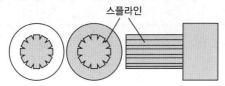

스플라인

06

정답 ③

카르노 사이클은 외부로부터 열을 받아 등온 팽창한다. 팽창한 기체는 외부와의 열 교환 없이 단열 팽창하고, 팽창한 기체는 열을 버리면서 등온 수축하게 된다. 이후 수축한 기체는 외부와의 열 교환 없이 단열 수축하여 처음 상태로 돌아온다. 이때 카르노 사이클은 흡열한 열량과 버린 열량의 차이만큼 일을 한다.

07

정답 ④

사바테 사이클은 복합 사이클, 또는 정적 – 정압 사이클이라고도 하며, 정적 가열과 정압 가열로 열을 받아 일을 한 후 정적 방열을 하는 열 사이클이다. 고속 디젤 기관에서는 짧은 시간 내에 연료를 연소시켜야 하므로 압축행정이 끝나기 전에 연료를 분사하여 행정 말기에 착화되도록 하면 공급된 연료는 정적 아래에서 연소하고 후에 분사된 연료는 대부분 정압 아래에서 연소하게 된다.

오답분석

① 오토 사이클 : 2개의 단열과정과 2개의 정적과정으로 이루어진 사이클로, 가솔린 기관 및 가스터빈의 기본 사이클이다.
② 랭킨 사이클 : 2개의 단열과정과 2개의 가열 및 팽창과정으로 이루어진 증기터빈의 기본 사이클이다.
③ 브레이턴 사이클 : 2개의 단열과정과 2개의 정압과정으로 이루어진 사이클로, 가스터빈의 기본 사이클이다.
⑤ 카르노 사이클 : 2개의 단열과정과 2개의 등온과정으로 이루어진 사이클로, 모든 과정이 가역적인 가장 이상적인 사이클이다.

열기관 사이클의 P – V 선도, T – S 선도

구분	P – V 선도	T – S 선도
오토 사이클		
브레이턴 사이클		
랭킨 사이클		
디젤 사이클		
사바테 사이클		
카르노 사이클		

08

정답 ①

페라이트는 탄소 함량이 매우 적어 무르므로 담금질 효과가 거의 없다.

09

정답 ②

오답분석

① 정하중 : 하중의 크기, 방향, 작용점이 일정하게 작용하는 하중이다.
③ 반복하중 : 하중이 일정한 크기와 일정한 작용점에서 주기적으로 반복하여 작용하는 하중이다.
④ 충격하중 : 한 작용점에서 매우 짧은 시간 동안 강하게 작용하는 하중이다.
⑤ 임의진동하중 : 하중의 크기, 방향, 작용점이 불규칙적으로 변하는 하중이다.

10

정답 ③

디퓨저는 유체의 운동에너지를 압력에너지로 변환시키기 위해 관로의 단면적을 서서히 넓게 한 유로이다.

오답분석

① 노즐 : 유체의 압력에너지를 운동에너지로 변환시키기 위해 관로의 단면적을 서서히 좁게 한 유로이다.
② 액추에이터 : 유압장치 등으로부터 에너지를 받아 시스템을 제어하는 기계장치이다.
④ 어큐뮬레이터 : 유압유의 압력에너지를 저장하는 유압기기이다.
⑤ 피스톤 로드 : 피스톤에 의해 변환된 힘을 외부로 전달하는 기기이다.

11

정답 ①

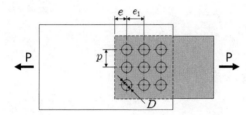

p : 피치
e : 마진
e_1 : 뒷피치
D : 리벳 지름

오답분석

② 피치 : 같은 줄에 있는 리벳의 중심 사이의 거리이다.
③ 뒷피치 : 여러 줄 리벳 이음에서 리벳의 열과 이웃한 열 사이의 거리이다.
④ 리드 : 나사가 1바퀴 회전할 때 축 방향으로 이동한 거리이다.
⑤ 유효지름 : 나사의 골지름과 바깥지름의 평균인 지름이다.

12

정답 ②

단면 1차 모멘트는 구하고자 하는 위치에 따라 음수가 나올 수도 있고, 0이 나올 수도 있고, 양수가 나올 수도 있다.

13

정답 ②

물체의 밀도를 ρ, 물체의 부피를 V, 유체의 밀도를 ρ', 유체에 물체를 둘 때 잠기는 영역의 부피를 V'라고 하자. $\rho g V = \rho' g V'$일 때 물체가 물에 뜨게 된다. 이때 $\rho' g V'$가 부력이며, 부력은 유체의 밀도와 유체에 잠기는 영역의 부피와 관련이 있다. 제시된 실험은 재질과 유체가 동일하고 형상이 다르므로 잠기는 영역의 부피가 변화한 것이다.

14

오답분석

① 회주철 : 가장 일반적인 주철이다.

③ 칠드주철 : 표면을 급랭시켜 경도를 증가시킨 주철이다.

④ 구상흑연주철 : Ni, Cr, Mo, Cu 등을 첨가하여 흑연을 구상화시켜 가공성, 내마모성, 연성 등을 향상시킨 주철이다.

15

정답 ④

탄소의 양과 탄소 연소 시 필요한 산소의 양의 비는 1 : 1이고 탄소의 원자량은 12, 산소의 원자량은 16이다.

따라서 $12 : 32 = 5 : x \rightarrow x = \dfrac{32 \times 6}{12} = 16$이므로 공기 내 산소의 비는 20%이고, 전체 공기의 양은 $\dfrac{16}{0.2} = 80$kg이다.

16

정답 ④

교번하중은 크기와 방향이 지속적으로 변하는 하중이며, 일정한 크기와 방향을 가진 하중이 반복적으로 작용하는 하중은 반복하중이다.

17

정답 ②

$\delta = \dfrac{PL}{AE} = \dfrac{4PL}{\pi d^2 E}$ 이므로

$1.5 \times 10^{-3} = \dfrac{4 \times 100 \times 10^3 \times 3}{\pi \times d^2 \times 250 \times 10^9} \rightarrow d = \sqrt{\dfrac{4 \times 100 \times 10^3 \times 3}{\pi \times 250 \times 10^9 \times 1.5 \times 10^{-3}}} \fallingdotseq 0.032\text{m} = 3.2\text{cm}$

18

정답 ④

단순보에서 등분포하중이 작용할 때,

최대 처짐량은 $\delta_{\max} = \delta_C = \dfrac{5wL^4}{384EI}$ 이므로

$\delta_{\max} = \dfrac{5 \times 8 \times 10^3 \times 5^4}{384 \times 240 \times 10^9 \times \dfrac{0.5 \times 0.2^3}{12}} \fallingdotseq 8.1 \times 10^{-4}\text{m} \fallingdotseq 0.81\text{mm}$

19

정답 ④

외팔보에서 작용하는 등분포하중은 $\theta = \dfrac{wl^3}{6EI}$ 이므로

$\theta = \dfrac{10 \times 6^3}{6 \times 10,000} = 3.6 \times 10^{-2}\text{rad}$이다.

20

정답 ④

오답분석

① 레이놀즈(Re) 수로서 유체의 흐름 상태를 층류와 난류로 파악할 수 있다.
② 마하(Ma) 수로서 유체의 압축성을 파악할 수 있다.
③ 스토크(Stk) 수로서 유체 입자가 흐름을 따르는 정도를 파악할 수 있다.

21

정답 ④

체심입방격자에 해당하는 원소는 Cr, Mo, Ni, Ta, V, W 등이 있고, 면심입방격자에 해당하는 원소는 Ag, Al, Au, Cu, Ni, Pt 등이 있다.

22

정답 ②

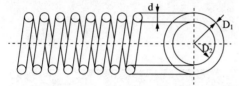

$\delta=\dfrac{8N_a D^3 P}{Gd^4}$ 이고 $c=\dfrac{D}{d}$ 이므로 $\delta=\dfrac{8N_a c^3 P}{Gd}$ 이다.

$300=\dfrac{8\times100\times10^3\times300}{80\times10^3\times d} \rightarrow d=\dfrac{8\times100\times10^3\times300}{80\times10^3\times300}=10\text{mm}$

$10=\dfrac{D}{10} \rightarrow D=100\text{mm}$이므로 외경은 100mm이고 내경은 $100-(10\times2)=80$mm이다.

따라서 스프링의 평균 반지름의 길이는 $\dfrac{100+80}{2}=90$mm이다.

23

정답 ②

$[\text{성능계수(COP)}]=\dfrac{Q_L}{W}=\dfrac{Q_L}{Q_H-Q_L}=\dfrac{T_L}{T_H-T_L}$

성능계수(COP; Coefficient Of Performance)
냉각기, 열펌프 등의 냉각 효율을 나타내는 척도이다.

24

정답 ③

주철은 강재에 비해 단단하지만 부서지기 쉽다.

25

정답 ④

오답분석

① 소성가공은 재료에 탄성한도보다 큰 외력을 가함으로써 발생하는 영구적으로 변형되는 성질인 소성을 이용한 가공이다.
② 잔류응력이 남아 있으면 제품이 변형될 수 있으므로 별도의 후처리를 통해 잔류응력을 제거하여야 한다.
③ 소성가공으로 제품 생산 시 주물에 비해 치수가 정확하다.

| 07 | 전기일반

01	02	03	04	05	06	07	08	09	10	11	12	13	14	15	16	17	18	19	20
②	④	④	②	①	③	③	①	⑤	⑤	②	⑤	③	②	②	⑤	②	②	⑤	④

21	22	23	24	25	26	27	28	29	30										
③	②	①	④	②	③	③	②	③	④										

01

정답 ②

VVVF(Variable Voltage Variable Frequency) 제어는 가변 전압 가변 주파수 제어로, 전력 변환 장치에 출력한 교류 전력을 두어 출력된 교류 전력의 실효전압과 주파수를 제어하는 기술이다. VVVF 제어는 전압, 전류, 주파수의 변동이 유동적이므로 전력 손실이 적다. 이에 따라 압연기기 등의 생산용 기기와 팬, 펌프설비 뿐만 아니라 철도, 전기자동차 등의 모터, 가전제품 등 다양한 분야에 적용되고 있다.

02

정답 ④

궤도와 선로 구조물의 구성요소

구분	궤도	선로 구조물
구성 요소	• 레일 • 침목 • 도상	• 측구 • 철주 • 전차선 • 조가선 • 급전선 • 고압선 • 특별고압선 • 부급전선 • 통신선 • 신호기 • ATS지상자 • 임피던스본드 • 구배표 • km정표 • 방음벽

03

정답 ④

오답분석

① 고도 : 레일의 곡선부에서 운전의 안정성을 확보하기 위해 바깥쪽 레일을 안쪽 레일보다 더 높이는데, 그 높이의 차이를 말한다.
② 구배 : 선로의 기울기이며, 대한민국은 수평거리 1,000에 대한 고저차로 표시한 천분율로 표기한다.
③ 침목 : 차량의 하중을 분산하며 충격을 흡수하는 궤도재료이다.
⑤ 확도 : 곡선 궤도를 운행할 때 안쪽 궤도의 궤간을 넓히는 정도를 말한다.

04

정답 ②

궤간은 두 철로 사이의 간격으로, 궤간의 길이는 1,435mm를 국제 표준 규격으로 하며 이보다 넓으면 광궤, 좁으면 협궤로 본다.

05

정답 ①

오답분석

② 평균속도 : 열차의 운전거리를 정차시간을 제외한 실제 운전시간으로 나눈 속도이다.
③ 설계속도 : 이상적인 조건에서 차량이 주행할 수 있는 최고속도이다.
④ 균형속도 : 열차의 견인력과 열차가 받는 저항력이 같아 속력이 일정할 때의 속도이다.
⑤ 최고속도 : 허용조건에서 열차가 5초 이상 낼 수 있는 속력의 최댓값이다.

06

정답 ③

PP급전방식은 역간이 길고 고속 운행구간에 적합한 급전방식이다.

> **PP급전방식의 특징**
> - 선로 임피던스가 작다.
> - 전압강하가 작다.
> - 상대적으로 고조파의 공진주파수가 낮고 확대율이 작다.
> - 회생전력 이용률이 높다.
> - 급전구분소의 단권변압기 수를 줄일 수 있다.
> - 역간이 길고 고속 운행구간에 적합하다.
> - 급전구분소의 GIS설비가 다량 요구된다.
> - Tie 차단 설비가 필요하다.

07

정답 ③

강체가선방식은 T-bar, R-bar로 구분하며, 대한민국에서는 전류용량이 큰 DC 1,500V 구간에서는 T-bar 방식, 전류용량이 작은 AC 25k 구간에서는 R-bar 방식을 사용한다. T-bar의 경우 표준길이는 10m이며, 2,100mm²의 알루미늄 합금으로 bar의 아랫면에 볼트로 지지하는 방식이다. 반면, R-bar의 경우 표준길이는 12m이며, 2,214mm²의 가선 도르래를 이용하여 가선한다.

08

정답 ①

변류기 사용 및 절연변압기 채용은 통신선의 유도장해를 줄이기 위한 통신선의 대응책이다.

통신선 유도장해 경감을 위한 전력선과 통신선에 대한 대책

구분	전력선	통신선
대책	• 통신선과 직각으로 교차하도록 한다. • 전력선과 통신선의 상호 간격을 크게 한다. • 전선의 위치를 바꾼다. • 소호리액터를 사용한다. • 차폐선을 설치한다. • 고장회선을 신속하게 차단한다. • 고주파 발생을 방지한다. • 고저항 중성점 접지 방식을 택한다. • 지중매설방식을 택한다.	• 전력선과 직각으로 교차하도록 한다. • 변류기를 사용하고 절연변압기를 채용한다. • 연피케이블을 사용한다. • 성능이 우수한 피뢰기를 설치한다. • 통신선, 통신기기의 절연능력을 향상시킨다. • 통신 전류의 레벨을 높이고 반송식을 이용한다. • 배류코일, 중화코일을 통해 접지한다.

09

정답 ⑤

직접조가식은 가공전차선의 조가방식 중 하나이다.

전차선로 가선방식과 가공전차선 조가방식의 분류

전차선로 가선방식	가공전차선 조가방식

• 가공식
  – 가공단선식
  – 가공복선식
  – 강체식
• 제3궤조식
	• 직접조가식
	• 커티너리 조가방식
	  – 심플식
	  – 컴파운드식
	  – 사조식
	• 강체가선방식
	  – T-bar방식
	  – R-bar방식

10

⑤는 직류송전방식의 특징에 대한 설명이다.

> **교류송전방식의 특징**
> • 변압기를 통한 승압 및 강압이 용이하다.
> • 3상 회전자계를 쉽게 얻을 수 있다.
> • 표피효과 및 코로나 손실이 발생한다.
> • 페란티 현상이 발생한다.
> • 주파수가 다른 계통끼리의 연결이 불가능하다.
> • 직류송전에 비해 안정도가 저하된다.

11

직류식 전기철도와 교류식 전기철도의 비교

직류식 전기철도	교류식 전기철도
• 고속 운전 시 효율이 나쁘다.	• 고속 운전 시 효율이 좋다.
• 변전소 중간 급전구분소가 필요하다.	• 변전소 설치 간격을 길게 할 수 있다.
• 사고전류의 선택적 차단이 어렵다.	• 사고전류의 선택적 차단이 용이하다.
• 전차선 설비에서의 전선이 굵다.	• 전차선 설비에서의 전선이 얇다.
• 차량가격이 저렴하다.	• 차량가격이 고가이다.
• 통신유도장해가 작다.	• 통신유도장해가 크다.

12

⑤는 직접조가식에 대한 설명이다.

> **커티너리 조가방식**
> 전기차의 속도 향상을 위해 전차선의 처짐에 의한 이선율을 적게 하고, 지지물 간 거리를 크게 하기 위해 조가선을 전차선 위에 기계적으로 가선한 후 일정한 간격으로 행거나 드로퍼로 매달아 전차선이 두 지지점 사이에서 궤도면에 대하여 일정한 높이를 유지하도록 하는 방식이다. 대한민국에서는 심플 커티너리를 표준으로 한다.

13

가공전차선의 조가방식
• 직접조가식 : 가장 간단한 구조로, 전차선 1조로만 구성되어 있다. 설치비가 가장 저렴하지만, 전차선의 장력, 높이를 일정하게 유지하기가 곤란하여 철도에서는 저속의 구내측선 등에서만 드물게 사용한다.
• 심플 커티너리 조가방식 : 조가선과 전차선의 1조로 구성되어 있고, 조가선에서 행거 또는 드로퍼에 의해 전차선이 궤도면과 평행하게 조가된 가선방식이다.
• 헤비 심플 커티너리 조가방식 : 심플 커티너리 조가방식과 구조가 동일하며, 가선의 중량을 늘리고 장력을 늘린 방식이다.
• 변Y형 심플 커티너리 조가방식 : 심플 커티너리식의 지지점 부근에 조가선과 나란히 가는 전선을 가선하여 안정화시킨 방식이다.
• 컴파운드 커티너리 조가방식 : 심플 커티너리 조가선과 전차선 사이에 보조가선을 가설하여 조가선에서 드로퍼로 보조 조가선을 매달고 보조 조가선에서 행거로 전차선을 구조한 방식이다.
• 헤비 컴파운드 커티너리 조가방식 : 컴파운드 커티너리 조가방식과 구조가 동일하며, 가선의 중량을 늘리고 장력을 늘린 방식이다.
• 합성 컴파운드 커티너리 조가방식 : 컴퍼운드 커티너리 조가방식의 드로퍼에 스프링과 공기 댐퍼를 조합한 합성소자를 사용한 방식이다.

14

정답 ②

오답분석

① 역상제동 : 전동기를 전원에 접속한 채로 전기자의 접속을 반대로 바꾸어 토크를 역으로 발생시켜 전동기를 정지 또는 역회전시키는 제동방식이다.

③ 회생제동 : 운동에너지를 전기에너지로 다시 회수하여 배터리 등의 저장장치에 에너지를 저장하는 제동방식이다.

④ 와류제동 : 전자석과 궤도의 상대적인 운동에 의하여 궤도면에 유기되는 와전류에 의해 발생하는 제동력으로 전동기를 정지하는 제동방식이다.

⑤ 와전류 레일 제동 : 와류제동과 같은 원리이며, 레일에 근접하고 내부에 전자석이 내장된 브레이크 편을 장비하여 전자석에 의해 제동하는 방식이다.

15

정답 ②

곡선저항은 곡선 경로를 통과할 때 주행저항과 구배저항을 제외한 저항으로, 곡선 레일을 주행할 때 열차의 원심력에 의해 차륜과 레일 사이에 발생하는 마찰저항이다.

16

정답 ⑤

가속도저항과 구배저항은 손실로 적용하지 않는다.

> **열차 저항의 종류**
> • 출발저항 : 구배 없는 직선구간에서 출발할 때 받는 저항이다.
> • 주행저항 : 열차 주행 시 진행방향과 반대로 적용하는 모든 저항이다.
> • 곡선저항 : 열차가 곡선 레일을 통과할 때, 원심력에 의해 레일에 발생하는 마찰저항이다.
> • 터널저항 : 열차가 터널을 통과할 때 발생하는 저항이다.
> • 가속도저항 : 열차를 가속시키기 위해 필요한 힘을 저항으로 환산한 것이다.
> • 구배저항 : 경사를 오를 때 발생하는 저항이다.

17

정답 ②

제시된 커터너리 조가방식에서 A는 드로퍼에 해당한다.

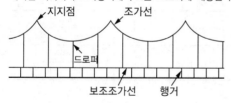

18

정답 ②

두 지점 A, B의 전위차는 $V_{ab} = \dfrac{Q}{4\pi\varepsilon}\left(\dfrac{1}{a} - \dfrac{1}{b}\right)$ 이다. 따라서 $C = \dfrac{Q}{V} = \dfrac{Q}{\dfrac{Q}{4\pi\varepsilon}\left(\dfrac{1}{a} - \dfrac{1}{b}\right)} = \dfrac{4\pi\varepsilon ab}{b-a}$ 이다.

19

정답 ⑤

계자 권선 저항이 5Ω이므로 $V=I_f R_f$에서 $I_f \dfrac{V}{R_f}=\dfrac{V}{5}$이다.

$$V=\cfrac{950\times\dfrac{V}{5}}{35+\dfrac{V}{5}}$$

$$35+\frac{V}{5}=190$$

$$V=155\times5=775\text{V}$$

따라서 유기되는 전압은 775V이다.

20

정답 ④

오버슈트는 어떤 신호의 값이 과도기간 중에 목표값보다 커지는 현상이고, 반대로 언더슈트는 어떤 신호의 값이 과도기간 중에 목표값보다 작아지는 현상이다. 오버슈트와 언더슈트를 반복하며 그 편차가 줄어들어 목표값에 수렴하게 된다.

21

정답 ③

$\mathcal{L}(e^{at}\sin\omega t)=\dfrac{\omega}{(s-a)^2+\omega^2}$ 이므로 $\mathcal{L}(e^{2t}\sin\omega t)=\dfrac{\omega}{(s-2)^2+\omega^2}$ 이다.

라플라스 변환표

$f(t)$	$\mathcal{L}[f(t)]$	$f(t)$	$\mathcal{L}[f(t)]$
t^n	$\dfrac{n!}{s^{n+1}}$	$\delta(t-a)$	e^{-as}
e^{at}	$\dfrac{1}{s-a}$	$e^{at}t^n$	$\dfrac{n!}{(s-a)^{n+1}}$
$\sin at$	$\dfrac{a}{s^2+a^2}$	$e^{at}\sin bt$	$\dfrac{b}{(s-a)^2+a^2}$
$\cos at$	$\dfrac{s}{s^2+a^2}$	$e^{at}\cos bt$	$\dfrac{s-a}{(s-a)^2+b^2}$
$\sinh at$	$\dfrac{a}{s^2-a^2}$	$e^{at}\sinh bt$	$\dfrac{b}{(s-a)^2-a^2}$
$\cosh at$	$\dfrac{s}{s^2-a^2}$	$e^{at}\cosh bt$	$\dfrac{s-a}{(s-a)^2-b^2}$

22

정답 ②

• 전류원이 개방되어 전압원만 있는 경우

회로 전체에 흐르는 전류의 세기는 $I'=\cfrac{50}{10+\dfrac{30\times(10+20)}{30+(10+20)}}=2\text{A}$이고 시계 방향으로 흐른다.

따라서 전류원이 개방되어 전류원만 있을 때 R_1에 흐르는 전류는 $2\times\dfrac{10+20}{30+(10+20)}=1\text{A}$이다.

• 전압원이 단락된 상태에서 전류원만 있는 경우

R_1에 흐르는 전류는 $2\times\dfrac{\dfrac{10\times30}{10+30}+10}{\left(\dfrac{10\times30}{10+30}+10\right)+20}\fallingdotseq0.93$A이고 시계 방향으로 흐른다.

따라서 중첩의 원리에 의해 R_1에 흐르는 전체 전류는 $1+0.93=1.93$A이다.

23
정답 ①

저압 인입선의 시설(KEC 221.1.1)

구분	저압			
	일반	도로	철도	횡단보도
높이 (케이블)	4m (교통 지장 없을 시 2.5m)	5m (교통 지장 없을 시 3m)	6.5m	3m

24
정답 ④

나전선의 사용 제한(KEC 231.4)
옥내에 시설하는 저압전선에는 나전선을 사용하여서는 아니 된다. 다만, 다음 중 어느 하나에 해당하는 경우에는 그러하지 아니하다.
• 애자공사에 의하여 전개된 곳에 다음의 전선을 시설하는 경우
　－ 전기로용 전선
　－ 전선의 피복 절연물이 부식하는 장소에 시설하는 전선
　－ 취급자 이외의 자가 출입할 수 없도록 설비한 장소에 시설하는 전선
• 버스덕트공사
• 라이팅덕트공사

25
정답 ②

3상 무효 전력은 $P_r=3I^2X$이다. 따라서 $P_r=3\times200^2\times20=2,400,000Var=2,400$kVar이다.

> **3상 교류 전력**
> [유효전력(P)]$=3\times I^2R$
> [무효전력(P_r)]$=3\times I^2X$
> [피상전력(P_a)]$=3\times I^2Z=\sqrt{P^2+P_r^2}$

26
정답 ③

RLC 직렬회로의 진동상태의 조건은 다음과 같다.

• 부족제동 : $R<\sqrt{\dfrac{L}{C}}$

• 임계진동 : $R=\sqrt{\dfrac{L}{C}}$

• 과제동 : $R>\sqrt{\dfrac{L}{C}}$

27

$$\mathrm{div}E = \left(\frac{\partial}{\partial x}i + \frac{\partial}{\partial y}j + \frac{\partial}{\partial z}k\right) \cdot (3x^2yi - 7yzj + 5xz^2k)$$

$$= \left(\frac{\partial}{\partial x}i\right) \cdot 3x^2yi - \left(\frac{\partial}{\partial y}j\right) \cdot 7yzj + \left(\frac{\partial}{\partial z}k\right) \cdot 5xz^2k$$

$$= 6xy - 7z + 10xz$$

$$= 6xy + 10xz - 7z$$

28

정답 ②

비례추이가 불가능한 것은 동손, 효율, 2차 출력이다.

29

정답 ③

유전물질을 넣기 전 평행판 축전기의 충전용량은 $C = \varepsilon_0 \dfrac{5S}{d}$ 이다. 이 평행판 축전기에 비유전율이 4인 유전물질로 면적의 $\dfrac{4}{5}$ 를

채운 후의 충전용량은 $C' = \left[(4 \times \varepsilon) \times \dfrac{4S}{d}\right] + \left(\varepsilon \times \dfrac{S}{d}\right) = \left(4 \times \dfrac{4}{5}C\right) + \left(\dfrac{1}{5}C\right) = \dfrac{17}{5}C$이다.

30

정답 ④

변압기의 병렬 운전 조건은 다음과 같다.

- 극성, 권수비, 1, 2차 정격 전압이 같아야 한다(용량은 무관).
- 각 변압기의 저항과 리액턴스비가 같아야 한다.
- 부하분담 시 용량에 비례하고 임피던스 강하에는 반비례해야 한다.
- 상회전 방향과 각 변위가 같아야 한다(3ϕ 변압기).
- 변압기의 결선 조합은 다음과 같아야 한다.

가능	불가능
$Y-Y$와 $Y-Y$	$Y-Y$와 $Y-\triangle$
$Y-\triangle$와 $Y-\triangle$	$Y-\triangle$와 $\triangle-\triangle$
$Y-\triangle$와 $\triangle-Y$	$\triangle-Y$와 $Y-Y$
$\triangle-\triangle$와 $\triangle-\triangle$	$\triangle-\triangle$와 $\triangle-Y$
$\triangle-Y$와 $\triangle-Y$	$-$
$\triangle-\triangle$와 $Y-Y$	$-$

48 · 공기업 대졸채용 통합기본서

PART 1

직업기초능력평가

01 | 의사소통능력

01 대표유형 적중문제

| 01 | 모듈형

01	02	03	04	05	06	07	08	09												
④	②	④	④	①	①	③	④	④												

01
정답 ④

A씨의 아내는 A씨가 자신의 이야기에 공감해주길 바랐지만, A씨는 아내의 이야기를 들어주기보다는 해결책을 찾아 아내의 문제에 대해 조언하려고만 하였다. 즉, 아내는 마음을 털어놓고 남편에게 위로받고 싶었지만, A씨의 조언하려는 태도 때문에 더 이상 대화가 이어질 수 없었다.

오답분석

① 짐작하기 : 상대방의 말을 듣고 받아들이기보다 자신의 생각에 들어맞는 단서들을 찾아 자신의 생각을 확인하는 것이다.
② 걸러내기 : 상대의 말을 듣기는 하지만 상대방의 메시지를 온전하게 듣는 것이 아닌 경우이다.
③ 판단하기 : 상대방에 대한 부정적인 판단 때문에, 또는 상대방을 비판하기 위하여 상대방의 말을 듣지 않는 것이다.
⑤ 옳아야만 하기 : 자존심이 강한 사람은 자존심에 관한 것을 전부 막아버리려 하기 때문에 자신의 부족한 점에 대한 상대방의 말을 들을 수 없게 된다.

02
정답 ②

원활한 의사표현을 위해서는 긍정과 공감에 초점을 둔 의사표현 기법을 습득해야 한다. 상대방의 말을 그대로 받아서 맞장구를 치는 것은 상대방에게 공감을 보여주는 가장 쉬운 방법이다.

오답분석

① 상대방의 말이 채 끝나기 전에 어떤 답을 할까 궁리하는 것은 주의를 분산시켜 경청에 몰입하는 것을 방해한다.
③ 핵심은 구체적으로 짚되, 표현은 가능한 간결하게 하도록 하는 것이 바람직한 의사표현법이다.
④ 이견이 있거나 논쟁이 붙었을 때는 무조건 앞뒤 말의 '논리적 개연성'만 따지지 않고 이성과 감성의 조화를 통해 문제를 해결해야 한다.
⑤ 장점은 자신이 부각한다고 해서 공식화되지 않고, 오히려 자신의 단점과 실패경험을 앞세우면 더 많은 지지자를 얻을 수 있다.

03
정답 ④

㉠ 상대방의 말을 끊지 않고 끝까지 듣는 태도는 윤대표에게 필요한 경청 방법이다.
㉡ 부정적인 의견만 내세우지 않고 상대의 말에 맞장구를 치며 공감하는 태도는 박팀장에게 필요한 경청 방법이다.
㉢ 다른 사람의 말에 세심히 귀 기울이는 청중이 되는 것은 대화에 집중하지 않아서 대화의 내용을 잘 이해하지 못한 신팀장에게 필요한 태도이다.

오답분석

㉣ 임의로 화제를 바꾼 사람은 없다.

04

정답 ④

경청은 상대방이 보내는 메시지 내용에 주의를 기울이고 이해를 위해 노력하는 행동을 의미한다. 경청을 통해 상대방은 우리가 그들에게 얼마나 집중하고 있는지 알 수 있다. 따라서 경청은 대화의 과정에서 신뢰를 쌓을 수 있는 최고의 방법 중 하나이다. '왜?'라는 질문은 보통 진술을 가장한 부정적이고 추궁적인 표현이므로 사용하지 않는 것이 좋다.

오답분석

①·②·③·⑤ 대화를 통한 경청 훈련에서 중점을 두는 방법이다.

05

정답 ①

㉠ 메일 본문의 금액 다음에 '원' 단위가 빠져있다.
㉡ 메일 본문의 '협의되신', '미포함하신'의 높임말 사용이 잘못되었다.

오답분석

㉢ 메일 본문에 계약서 초안 확인을 부탁한다고 언급하였으므로, 계약서 초안은 내용상 꼭 필요한 첨부파일이다.
㉣ 공문서의 내용 작성 시 한 장에 담아내는 것이 원칙인데, 제시된 문서는 공문서가 아닌 이메일(비즈니스 레터)이다.

06

정답 ①

제시문은 이메일(비즈니스 레터)에 해당한다. 이메일은 사업상의 이유로 고객이나 단체에 편지를 쓰는 것으로, 직장업무나 개인 간의 연락, 직접 방문하기 어려운 고객관리 등을 위해 사용되는 비공식적 문서이다. 제안서나 보고서 등 공식적 문서를 전달할 때에도 사용된다.

오답분석

② 비즈니스 메모에 대한 설명이다.
③ 보도자료에 대한 설명이다.
④ 기안서에 대한 설명이다.
⑤ 보고서에 대한 설명이다.

07

정답 ③

대화 중 손이나 다리를 꼬지 않는 개방적 자세는 상대에게 마음을 열어 놓고 있다는 표시의 경청 자세이다. 최성우 기자는 대화 중간에 다리를 꼬고 앉는 태도를 보였으므로 개방적인 자세라고 보기 어렵다.

오답분석

① 최성우 기자가 영업비용이라고 말한 것으로 볼 때, 메일을 제대로 읽지 않았다.
② 황윤지 사원은 최성우 기자의 맞은편에 앉아 정면으로 마주하였기 때문에 올바른 경청자세이다.
④ 최성우 기자는 '부가세를 포함한 최종적인 계약금액이 16,500,000원이군요. 알겠습니다.'라고 하며 요약하기 경청방법을 활용하고 있다.
⑤ 최성우 기자는 '부가세면 어쩔 수 없죠.'라며 질문을 하지 않고 수용하였다.

08

정답 ④

쉼의 활용

• 이야기의 전이(轉移)시
• 양해, 동조, 반문의 경우
• 생략, 암시, 반성의 경우
• 여운을 남길 때

09 정답 ④

- C사원 : 문서의 첨부 자료는 반드시 필요한 자료 외에는 첨부하지 않도록 해야 하므로 옳지 않다.
- D사원 : 문서를 작성한 후에는 다시 한 번 내용을 검토해야 하지만, 문장 표현은 작성자의 성의가 담기도록 경어나 단어사용에 신경을 써야 하므로 낮춤말인 '해라체'로 고쳐 쓰는 것은 옳지 않다.

| 02 | 피듈형

01	02	03	04	05	06														
⑤	①	③	⑤	②	③														

01 정답 ⑤

현존하는 가장 오래된 실록은 전주에 전주 사고에 보관되어 있던 것으로, 강화도 마니산에 봉안되었다가 1936년 병자호란에 의해 훼손된 것을 현종 때 보수하여 숙종 때 강화도 정족산에 다시 봉안했다가 현재 서울대학교에서 보관하고 있다.

오답분석

① 원본을 포함해 모두 5벌의 실록을 갖게 되었으므로 재인쇄하였던 실록은 모두 4벌이다.
② 강원도 태백산에 보관하였던 실록은 서울대학교에 있다.
③ 현재 한반도에 남아 있는 실록은 강원도 태백산, 강화도 정족산, 장서각의 것으로 모두 3벌이다.
④ 적상산에 보관하였던 실록은 구황국 장서각으로 옮겨졌으며, 이는 6·25 전쟁 때 북한으로 옮겨져 현재 김일성종합대학에서 소장하고 있다.

02 정답 ①

기업의 입장에서 사회적 마모 기간이 짧은 게 유리하기 때문에 이를 위해 노력한다. 하지만 품질이 나빠지거나 전에 비해 발전하지 않은 것은 아니다.

03 정답 ③

㉠은 기업들이 더 많은 이익을 내기 위해 디자인의 향상에 몰두하는 것이 바람직하다는 판단이다. 즉, 상품의 사회적 마모를 짧게 해서 소비를 계속 증가시키려는 방안인데, 이것에 대한 반론이 되기 위해서는 ㉠의 주장이 지니고 있는 문제점을 비판하여야 한다. ㉠이 지니고 있는 가장 큰 문제점은 '과연 성능의 향상이 없는 디자인 변화가 소비를 촉진시킬 수 있는 것인가?'이다. 디자인 변화는 분명히 상품의 소비를 촉진시킬 수 있는 효과적 방법 중의 하나이지만 성능이나 기능, 내구성의 향상이 전제되지 않았을 때는 효과를 내기 힘들기 때문이다.

04 정답 ⑤

제시문의 세 번째 문단에서 저작권의 의의는 인류의 지적 자원에서 영감을 얻은 결과물을 다시 인류에게 되돌려 주는 데 있다고 하였으므로 ⑤는 적절하지 않다.

05

제4조 제2항에 따르면 지방자치단체 또는 국민건강보험공단이 수행하는 노인성질환예방사업에 소요되는 비용은 지방자치단체가 아닌 국가가 지원한다.

오답분석

① 제6조 제1항
③ 제4조 제4항
④ 제6조 제2항
⑤ 제4조 제6항

06

정답 ③

8번의 '우 도로명주소' 항목에 따르면 우편번호를 먼저 기재한 다음 행정기관이 위치한 도로명 및 건물번호 등을 기재해야 한다.

오답분석

① 6번 항목에 따르면 직위가 있는 경우에는 직위를 쓰고, 직위가 없는 경우에는 직급을 온전하게 써야 한다.
② 7번 항목에 따르면 시행일과 접수일란에 기재하는 연월일은 각각 마침표(.)를 찍어 숫자로 기재하여야 한다.

| 03 | PSAT형

01	02	03	04	05
④	③	③	⑤	①

01

정답 ④

마지막 문단에 따르면 밀그램의 예상과 달리 65%의 사람들이 사람에게 분명히 해가 되는 450V까지 전압을 올렸고, 일부 실험자만이 '불복종'하였다.

02

정답 ③

제시문은 유럽연합에 대한 설명으로 유럽연합의 설립 과정과 전망에 대해 이야기하고 있다. 따라서 (마) 유럽연합의 기원 → (다) 유럽 석탄철강공동체(ECSC)의 정의 → (아) 유럽 경제공동체(EEC)의 설립 → (나) 유럽공동체(EC)로의 발전 → (가) 유럽연합(EU) 조약의 체결 → (바) 유럽의 정치적 공동체 지향 → (라) 단일 정치체제 수립 시도의 실패 → (사) 유럽연합의 전망의 순서로 나열해야 한다.

03

ㄱ. 조하는 달의 변화에 따라 시행되기도 하였는데, 달의 변화를 기준으로 작성된 달력에 따라 매월 1일에 해당되는 삭일과 보름달이 뜨는 망일에 삭망조하가 시행된다고 하였으므로 적절한 내용이다.
ㄴ. 정실조하의 참여대상은 왕세자, 모든 관원, 제방객사인데 반해, 상참의 참여대상은 상참관이므로 적절한 내용이다.
ㄷ. 사정전에서 열리는 조회는 상참인데, 상참은 매일 열린다고 하였으므로 적절한 내용이다.

오답분석

ㄹ. 조회에 대한 사항은 '예전'의 '조의 조항'에 집약되어 있다고 하였으므로 적절하지 않은 내용이다.

04

(가)의 앞 문장과 뒤 문장에서는 예술 제도에 대한 이야기 하고 있다. 따라서 (가)에는 예술 제도에 대한 내용인 ㄷ이 들어가야 함을 알 수 있다. 또한, (나)에는 어린 아이들의 그림이나 놀이에 대한 설명인 ㄴ이 들어가야 하며, (다)에는 예술 작품의 창조에 대한 내용인 ㄱ이 들어가야 한다.

05

제시문에 따르면 물체까지의 거리가 먼 경우에는 주변의 물체들에 대한 과거의 경험에 기초하여 거리를 추론한다고 하였다. 그런데 해당 물체에 대한 경험도 없고 다른 사물들을 보이지 않도록 한 상태라면 이 추론과정이 작동하지 않아 거리를 판단할 수 없다. 따라서 ㄱ은 이 같은 입장을 반영하고 있으므로 제시문의 주장을 강화한다.

[오답분석]

ㄴ. 제시문의 주장에 따른다면 경험적 판단기준이 없는 상황에서는 거리를 짐작할 수 없어야 한다. 그러나 ㄴ은 이와 상반된 내용을 담고 있으므로 제시문의 주장을 약화한다고 볼 수 있다.

ㄷ. 한쪽 눈이 실명이라면 두 직선이 이루는 각의 크기를 감지할 수 없으므로 거리를 파악할 수 없어야 한다. 그러나 ㄷ은 이와 반대로 나타나고 있다. 따라서 제시문의 주장을 약화시킨다.

02 심화문제

01	02	03	04	05															
①	④	①	④	③															

01

제시문의 논지는 자신의 인지 능력이 다른 도구로 인해 보완되는 경우, 그 보강된 인지 능력도 자신의 것이라는 입장이다. 그런데 ①은 메모라는 다른 도구로 기억력을 보완했다고 하더라도 그것은 자신의 인지 능력이 향상된 것으로 볼 수 없다는 의미이므로, 제시문의 논지를 반박한다고 볼 수 있다.

[오답분석]

② 종이와 연필은 인지 능력을 보완하는 것이 아니라 두뇌에서 일어나는 판단을 시각적으로 드러내 보이는 것에 불과하여 인지 능력 자체에 어떤 영향을 미친다고 보기 어렵다. 따라서 제시문의 논지와는 무관하다.

③ 원격으로 접속하여 스마트폰의 정보를 알아낼 수 있다는 것은 단순히 원격 접속의 도움을 받았다는 것일 뿐 이것과 인지 능력의 변화 여부는 무관하다.

④ 제시문의 내용은 스마트폰의 기능으로 인한 인지 능력의 향상을 사용자의 능력향상으로 볼 수 있느냐에 대한 것이다. 따라서 스마트폰의 기능이 두뇌의 밖에 있는지 안에 있는지의 여부와는 무관하다.

⑤ 스마트폰이라는 도구의 사용이 인지 능력을 향상시킨다고 보는 견해로서 이는 제시문의 논지를 지지하는 것이다.

02

정답 ④

제시문의 세 번째 문단에 따르면 신경교 세포가 전체 뉴런을 조정하면서 기억력과 사고력을 향상시킨다는 가설하에 인간의 신경교 세포를 갓 태어난 생쥐의 두뇌에 주입하는 실험을 하였다. 그리고 그 실험은 이와 같은 가설을 뒷받침해주는 결과를 가져왔으므로 옳은 내용이다.

오답분석

① 인간의 신경교 세포를 생쥐의 두뇌에 주입하였더니 쥐가 자라면서 주입된 인간의 신경교 세포도 성장했고, 이 세포들이 주위의 뉴런들과 완벽하게 결합되어 쥐의 두뇌 전체에 걸쳐 퍼지게 되었다고 하였다. 그러나 이 과정에서 쥐의 뉴런에 어떠한 영향을 주는지에 대해서는 언급하고 있지 않다.

② · ③ 제시문의 실험은 인간의 신경교 세포를 쥐의 두뇌에 주입했을 때의 변화를 살펴본 것이며, 인간의 뉴런 세포를 주입한 것이 아니므로 추론할 수 없는 내용이다.

⑤ 쥐에 주입된 인간의 신경교 세포는 그 기능을 그대로 간직한다고 하였으므로 옳지 않은 내용이다.

03

정답 ①

• ㉠ : 제시문에서 ㉠과 같이 해석하면 'C시에 도시철도를 건설하지 않는 것은 거짓이 된다.'고 하였는데, 이를 만족하는 것은 도시철도가 건설되는 것과 무인운전 방식으로 운행되는 것을 동시에 만족해야만 참이 되는 (가)뿐이다.

• ㉡ : 도시철도를 건설하지만 않으면 운전방식이 무엇이든 상관없이 참이 되어야 하는데, 이를 만족하는 것은 (다)뿐이다.

04

정답 ④

통계자료에서 가장 많이 사용된 알파벳이 E이므로, 철수가 사용한 규칙 α에서는 E를 A로 변경하게 된다. 따라서 암호문에 가장 많이 사용된 알파벳은 A일 가능성이 높으므로 수정 내용으로 가장 적절하다.

05

정답 ③

'갑'의 논리를 정리하면 '자극' → '특정한 심리상태' → '특정한 행동'의 과정을 통해 '특정한 행동'을 하는 것이 관찰되면 '특정한 심리상태'에 있는 것을 추론할 수 있다는 것이다. 그런데 '을'은 '특정한 심리상태'가 없더라도 '자극' → '특정한 행동'이 가능한 경우를 로봇의 예를 들어 설명하고 있다. 따라서 이와 같은 문제를 해결하기 위해서는 '자극' → '특정한 행동' → '특정한 심리상태'의 관계가 성립해야 하므로 ③이 가장 적절하다.

02 수리능력

01 대표유형 적중문제

| 01 | 모듈형

01	02	03	04	05	06	07	08	09	10	11	12	13						
④	①	④	③	②	④	④	①	③	④	②	⑤	③						

01

정답 ④

사냥개의 한 걸음의 길이를 am, 토끼의 한 걸음의 길이를 bm, 사냥개와 토끼의 속력을 각각 c, dm/s라고 하자.

사냥개의 두 걸음의 길이와 토끼의 세 걸음의 길이가 같으므로

$$2a=3b \rightarrow a=\frac{3}{2}b$$

사냥개가 세 걸음 달리는 시간과 토끼가 네 걸음 달리는 시간이 같으므로

$$\frac{3a}{c}=\frac{4b}{d} \rightarrow \frac{9}{2}bd=4bc \rightarrow 8c=9d$$

사냥개가 9m를 뛸 동안 토끼는 8m를 뛰므로 사냥개가 9m를 뛰어야 토끼와의 간격이 1m 줄어든다.

따라서 사냥개가 10m 앞선 토끼를 잡으려면 사냥개는 앞으로 90m를 더 달려야 한다.

02

정답 ①

작년 기획팀 팀원 전체 나이의 합은 $20\times35=700$세였다. 여기서 65세 팀원 A와 55세 팀원 B가 퇴직하였으므로 두 직원을 제외한 팀원 전체 나이의 합은 $700-(65+55)=580$세이다. 이때, 새로 입사한 팀원 C의 나이를 c세라고 하면, 다음의 등식이 성립한다.

$$\frac{580+c}{19}=32$$

$$\therefore \ c=28$$

따라서 팀원 C의 나이는 28세이다.

03

정답 ④

10명의 학생 중에서 임의로 2명을 뽑는 경우의 수는 $_{10}C_2=45$가지이다. 이때 뽑은 2명의 학생이 같은 혈액형일 경우의 수를 구하면 다음과 같다.

• 뽑은 2명의 학생의 혈액형이 모두 A형인 경우의 수는 $_2C_2=1$가지
• 뽑은 2명의 학생의 혈액형이 모두 B형인 경우의 수는 $_3C_2=3$가지
• 뽑은 2명의 학생의 혈액형이 모두 O형인 경우의 수는 $_5C_2=10$가지

따라서 뽑은 2명의 학생의 혈액형이 다를 경우의 수는 $45-(1+3+10)=31$가지이다.

04

정답 ③

10% 소금물의 양을 xg, 4% 소금물의 양을 yg이라 하면 다음과 같은 식이 성립한다.

$$\left(\frac{10}{100}\times x\right)+\left(\frac{4}{100}\times y\right)=\frac{8}{100}\times(x+y) \cdots \text{㉠}$$

$$\left\{\frac{8}{100}(x+y-100)\right\}+20=\frac{12}{100}(x+y-100+20) \cdots \text{㉡}$$

두 식을 간단히 정리하면

$x=2y \cdots \text{㉠'}$

$x+y=540 \cdots \text{㉡'}$

㉡'에 ㉠'을 대입하면 $2y+y=540$이므로 $y=180$이고 $x=360$이다.

따라서 10% 소금물의 양은 360g이다.

05

정답 ②

진희의 집부터 어린이집까지의 거리를 $x$km라고 하면 어린이집부터 회사까지의 거리는 $(12-x)$km, 어린이집부터 회사까지 진희의 속력은 10km/h의 1.4배이므로 14km/h이다. 집부터 회사까지 1시간이 걸렸으므로 이를 식으로 정리하면 다음과 같다.

$$\frac{x}{10}+\frac{(12-x)}{14}=1 \rightarrow 7x+5(12-x)=70 \rightarrow 2x=10$$

$\therefore x=5$

따라서 어린이집을 가는 데 걸린 시간은 $\frac{5}{10}=\frac{1}{2}$ 시간=30분이고, 9시에 회사에 도착했으므로 어린이집에서 출발한 시각은 8시 30분이다.

06

정답 ④

644와 476을 소인수분해하면

• $644=2^2\times7\times23$

• $476=2^2\times7\times17$

즉, 644와 476의 최대공약수는 $2^2\times7=28$이다. 이때, 직사각형의 가로에 설치할 수 있는 조명의 개수를 구하면 $(644\div28)+1=23+1=24$개이고, 직사각형의 세로에 설치할 수 있는 조명의 개수를 구하면 $(476\div28)+1=17+1=18$개이다.

따라서 필요한 조명의 최소 개수를 구하면 $(24+18)\times2-4=84-4=80$개이다.

07

정답 ④

원통형 기둥 윗면의 넓이는 $\pi r^2=3\times\left(\frac{0.8}{2}\right)^2=0.48\text{m}^2$($r$은 원의 반지름), 옆면은 $2\pi rl=2\times3\times0.4\times1=2.4\text{m}^2$($l$은 원기둥의 높이)이다. 따라서 페인트칠에 들어가는 총비용은 $(0.48\times10만)+(2.4\times7만)=4.8만+16.8만=21.6만$ 원(=216,000)이다.

08

정답 ①

김진주의 점수를 ㉠, 박한열의 점수를 ㉡, 최성우의 점수를 ㉢, 정민우의 점수를 ㉣이라고 하면

ⅰ) ㉠=22

ⅱ) ㉢+㉣=22

ⅲ) ㉡=22-5=17

ⅳ) ㉢-㉣=㉠-㉡+1=6

ⅱ)와 ⅳ)를 연립하면, ㉣=8이 된다.

따라서 김진주와 정민우의 점수의 합은 22+8=30이다.

09

검산이란 연산의 결과를 확인하는 과정을 의미하며, 제시된 검산법은 구거법이다. 구거법이란 원래의 수와 각 자리 수의 합이 9로 나눈 나머지와 같다는 원리를 이용하는 것으로, 각 수를 9로 나눈 나머지를 계산해서 좌변과 우변의 9로 나눈 나머지가 같은지 확인하는 방법이다.

오답분석

① 역연산 : 본래의 풀이와 반대로 연산을 해가면서 본래의 답이 맞는지를 확인해 나가는 검산법으로, 덧셈은 뺄셈으로, 뺄셈은 덧셈으로, 곱셈은 나눗셈으로, 나눗셈은 곱셈으로 확인한다.
② 단위환산 : 서로 다른 단위를 포함하는 계산을 동등한 양을 가진 단위로 바꾸는 것이다.
④ 사칙연산 : 수에 관한 덧셈, 뺄셈, 곱셈, 나눗셈의 네 종류의 계산법으로, 사칙계산이라고도 한다.
⑤ 산술평균 : 전체 관찰값을 모두 더한 후 관찰값의 개수로 나눈 값이다.

10

각 만족도 문항의 긍정 답변에 대하여 각각의 백분율을 계산하면, 각각의 긍정 답변을 50명을 기준으로 나누어서 계산해야 한다. ㉠$=(30 \div 50) \times 100 = 60\%$, ㉡$=(25 \div 50) \times 100 = 50\%$, ㉢$=(48 \div 50) \times 100 = 96\%$, ㉣$=(41 \div 50) \times 100 = 82\%$, ㉤$=(30 \div 50) \times 100 = 60\%$

따라서 백분율이 바르게 연결된 것은 ④이다.

11

B기업은 내년에도 S교육 컨설팅에게 교육을 맡겨야 하는지에 대한 의사를 통계 결과를 활용하여 결정하려고 한다.

12

평균 근속연수는 2018년 이후 지속적으로 감소하고 있으며, 남성 직원이 여성 직원보다 재직기간이 길다.

오답분석

① 기본급은 2021년에 전년 대비 감소하였다.
② 2023년에는 남성 직원과 여성 직원의 1인당 평균 보수액이 같다.
③ 1인당 평균 보수액의 증감 추이는 '증가 – 감소 – 감소 – 증가 – 감소'이므로 옳지 않은 설명이다.
④ 전체 종업원 수는 2019년 이후 지속적으로 늘고 있으며, 2023년 여성 직원의 비율은 전체 상시 종업원 580명 중 213명으로 약 37%로 32%가 넘는다.

13

원 그래프는 일반적으로 내역이나 내용의 구성비를 원을 분할하여 나타낸다.

오답분석

① 점 그래프 : 종축과 횡축에 2요소를 두고, 보고자 하는 것이 어떤 위치에 있는가를 알고자 할 때 사용한다.
② 방사형 그래프 : 원 그래프의 일종으로 레이더 차트, 거미줄 그래프라고도 한다. 비교하는 수량을 직경, 또는 반경으로 나누어 원의 중심에서의 거리에 따라 각 수량의 관계를 나타내는 그래프로, 대표적으로 비교하거나 경과를 나타내는 용도로 사용한다.
④ 막대 그래프 : 비교하고자 하는 수량을 막대 길이로 표시하고 그 길이를 비교하여 각 수량 간의 대소 관계를 나타내는 것이다. 가장 간단한 형태로, 선 그래프와 같이 각종 그래프의 기본을 이루며 내역·비교·경과·도수 등을 표시하는 용도로 사용한다.
⑤ 선 그래프 : 시간의 경과에 따른 수량의 변화를 절선의 기울기로 나타내는 그래프로, 주로 경과·비교·분포(도수·곡선 그래프)를 비롯하여 상관관계(상관선 그래프·회귀선) 등을 나타낼 때 사용한다.

| 02 | 피둘형

01	02	03																
①	②	③																

01

정답 ①

ㄱ. 자체 재원조달금액 중 국내투자에 사용되는 금액이 차지하는 비중은 $\frac{2,682}{4,025} \times 100 ≒ 66.6\%$이므로 옳다.

ㄴ. 주어진 자료를 보면 해외재원은 국내투자와 해외투자로 양분되나 국내투자분에 해당하는 내용이 없으므로 옳다.

오답분석

ㄷ. 국내재원 중 정부조달금액이 차지하는 비중은 $\frac{2,288}{6,669} \times 100 ≒ 34.3\%$이므로 40% 미만이다.

ㄹ. 국내재원 중 해외투자금액 대비 국내투자금액의 비율은 $\frac{5,096}{1,573} \times 100 ≒ 323.9\%$이므로 3배 이상이다.

02

정답 ②

오존전량의 증감 추이는 '감소 – 감소 – 감소 – 증가 – 증가 – 감소'이므로 옳지 않은 설명이다.

오답분석

① 이산화탄소의 농도는 계속해서 증가하고 있는 것을 확인할 수 있다.

③ 2023년 오존전량은 2017년 대비 335-331=4DU 증가했다.

④ 2023년 이산화탄소의 농도는 2018년 대비 395.7-388.7=7ppm 증가했다.

⑤ 2023년의 전년 대비 오존전량 감소율은 $\frac{343-335}{343} \times 100 ≒ 2.33\%$p이므로 2.5%p 미만이다.

03

정답 ③

ㄱ. 한국, 독일, 영국, 미국이 전년 대비 감소했다.

ㄷ. 2020년 한국, 중국, 독일의 전년 대비 연구개발비 증가율을 각각 구하면 다음과 같다.

• 한국 : $\frac{33,684-28,641}{28,641} \times 100 ≒ 17.6\%$

• 중국 : $\frac{48,771-37,664}{37,664} \times 100 ≒ 29.5\%$

• 독일 : $\frac{84,148-73,737}{73,737} \times 100 ≒ 14.1\%$

따라서 중국, 한국, 독일 순서로 증가율이 높다.

오답분석

ㄴ. 2018년 대비 2022년 연구개발비의 증가율은 중국이 약 3배가량 증가하여 가장 높고, 일본은 $\frac{169,047-151,270}{151,270} \times 100 ≒$ 11.8%이며, 영국은 $\frac{40,291-39,421}{39,421} \times 100 ≒ 2.2\%$로, 영국의 연구개발비 증가율이 가장 낮다.

| 03 | PSAT형

01	02	03	04	05														
②	①	④	①	④														

01

수도권은 서울과 인천·경기를 합한 지역을 의미한다. 따라서 전체 마약류 단속 건수 중 수도권의 마약류 단속 건수의 비중은 22.1+35.8=57.9%이다.

오답분석

① • 대마 단속 전체 건수 : 167건
　• 마약 단속 전체 건수 : 65건
　65×3=195>167이므로 옳지 않은 설명이다.
③ 마약 단속 건수가 없는 지역은 강원, 충북, 제주로 3곳이다.
④ • 대구·경북 지역의 향정신성의약품 단속 건수 : 138건
　• 광주·전남 지역의 향정신성의약품 단속 건수 : 38건
　38×4=152>138이므로 옳지 않은 설명이다.
⑤ • 강원 지역의 향정신성의약품 단속 건수 : 35건
　• 강원 지역의 대마 단속 건수 : 13건
　13×3=39>35이므로 옳지 않은 설명이다.

02

정답 ①

ㄱ. 표에서 2023년 매분기 '느타리' 1kg의 도매가는 '팽이' 3kg의 도매가보다 높다는 것을 알 수 있으므로 옳은 내용이다.
ㄴ. 2022년 분기별 '팽이'의 소매가를 계산하면 1분기는 (3,136+373)원/kg, 2분기는 (3,080-42)원/kg, 3분기는 (3,080-60) 원/kg, 4분기는 (3,516-389)원/kg으로, 매 분기 3,000원/kg을 넘는다는 것을 알 수 있다.

오답분석

ㄷ. 2023년 1분기 '새송이'의 소매가는 5,233원/kg이고, 2022년 4분기는 5,363-45=5,318원/kg으로 옳지 않은 내용이다.
ㄹ. 2023년 1분기 '느타리' 도매가의 1.5배는 약 8,600원/kg이므로 소매가에 미치지 못한다. 따라서 1분기의 경우 소매가가 도매가의 1.5배를 넘으므로 옳지 않은 내용이다.

03

정답 ④

10대의 인터넷 공유활동을 참여율이 높은 순서대로 나열하면 '커뮤니티 이용 – 퍼나르기 – 블로그 운영 – UCC 게시 – 댓글달기'이다. 반면 30대는 '커뮤니티 이용 – 퍼나르기 – 블로그 운영 – 댓글달기 – UCC 게시'이다. 따라서 활동 순위가 서로 같지 않다.

오답분석

① 20대가 다른 연령대에 비해 참여율이 비교적 높은 편임을 자료에서 쉽게 확인할 수 있다.
② 대부분의 활동에서 남성이 여성보다 참여율이 높지만, 블로그 운영에서는 여성의 참여율이 더 높다.
③ 남녀 간의 참여율 격차가 가장 큰 영역은 13.8%p로 댓글달기이며, 가장 적은 영역은 2.7%p로 커뮤니티 이용이다.
⑤ 40대는 다른 영역과 달리 댓글달기 활동에서는 다른 연령대보다 높은 참여율을 보이고 있다.

04

2023년 한국, 중국, 일본 모두 원자재 수출액이 수입액보다 적으므로 원자재 무역수지는 적자이다.

오답분석

ㄴ. 2023년 한국의 소비재 수출액은 138억 달러로, 2003년 수출액의 1.5배인 117억×1.5=175.5억 달러보다 적다.

ㄷ. 2023년 자본재 수출경쟁력은 일본이 한국보다 낮다.

- 일본 : $\dfrac{4,541-2,209}{4,541+2,209}≒0.33$

- 한국 : $\dfrac{3,444-1,549}{3,444+1,549}≒0.38$

05

제시된 자료를 토대로 각국의 청년층 정부신뢰율을 구하면 A는 7.6%, B는 49.1%, C는 57.1%, D는 80%이다. 우선 첫 번째 조건에 따라 두 국가 간의 수치가 10배 이상이 될 수 있는 것은 그리스와 스위스이므로, A는 그리스, D는 스위스임을 알 수 있다. 또한, 마지막 조건을 확인해 보면 D보다 30%p 이상 낮은 것은 B밖에 없으므로 B가 미국이 되며, 남은 C는 자동적으로 영국임을 알 수 있다.

01	02	03	04	05													
②	③	⑤	⑤	⑤													

01

정답 ②

기원이의 체중이 11kg 증가하면 $71+11=82$kg이다. 이 경우 비만도는 $\frac{82}{73.8} \times 100 \fallingdotseq 111\%$이므로 과체중에 도달한다.

따라서 기원이가 과체중이 되기 위해서는 11kg 이상 체중이 증가해야 한다.

오답분석

① • 혜지의 표준체중 : $(158-100) \times 0.9 = 52.2$kg
   • 기원이의 표준체중 : $(182-100) \times 0.9 = 73.8$kg

③ • 혜지의 비만도 : $\frac{58}{52.2} \times 100 \fallingdotseq 111\%$

   • 기원이의 비만도 : $\frac{71}{73.8} \times 100 \fallingdotseq 96\%$

   • 용준이의 표준체중 : $(175-100) \times 0.9 = 67.5$kg

   • 용준이의 비만도 : $\frac{96}{67.5} \times 100 \fallingdotseq 142\%$

   90% 이상 110% 이하면 정상체중이므로 3명의 학생 중 정상체중인 학생은 기원이뿐이다.

④ 용준이가 정상체중 범주에 속하려면 비만도 110% 이하여야 한다.

$\frac{x}{67.5} \times 100 \le 110\% \rightarrow x \le 74.25$

즉, 현재 96kg에서 정상체중이 되기 위해서는 약 22kg 이상 감량을 해야 한다.

⑤ 혜지의 현재 체중과 표준 체중의 비만도 차이는 $111\%-100\%$로 11%p이다. 용준이의 현재 체중과 표준 체중의 비만도 차이는 $142\%-100\% = 42\%$p이다. 혜지의 비만도 차이에 4배를 한 값은 44%p이므로 용준이의 비만도 차이 값인 42%p보다 더 크다.

02

정답 ③

2022년 E강사의 수강생 만족도는 3.2점이므로 2023년 E강사의 시급은 2022년과 같은 48,000원이다. 2023년 시급과 수강생 만족도를 참고하여 2024년 강사별 시급과 2023년과 2024년의 시급 차이를 구하면 다음과 같다.

강사	2024년 시급	(2024년 시급)−(2023년 시급)
A	$55,000(1+0.05)=57,750$원	$57,750-55,000=2,750$원
B	$45,000(1+0.05)=47,250$원	$47,250-45,000=2,250$원
C	$54,600(1+0.1)=60,060$원 → 60,000원(∵ 시급의 최대)	$60,000-54,600=5,400$원
D	$59,400(1+0.05)=62,370$원 → 60,000원(∵ 시급의 최대)	$60,000-59,400=600$원
E	48,000원	$48,000-48,000=0$원

따라서 2023년과 2024년 시급 차이가 가장 큰 강사는 C이다.

오답분석

① E강사의 2023년 시급은 48,000원이다.
② 2024년 D강사의 시급과 C강사의 시급은 60,000원으로 같다(∵ 강사가 받을 수 있는 최대 시급 60,000원).

④ 2023년 C강사의 시급 인상률을 a%라고 하면

$$52,000\left(1+\frac{a}{100}\right)=54,600 \rightarrow 520a=2,600$$

$$\therefore a=5$$

즉, 2023년 C강사의 시급 인상률은 5%이므로, 수강생 만족도 점수는 4.0점 이상 4.5점 미만이다.

⑤ 2024년 A강사와 B강사의 시급 차이는 57,750−47,250=10,500원이다.

03

정답 ⑤

스마트폰별 종합품질점수를 계산하면 다음과 같다.

구분	A	B	C	D	E	F	G	H	I
점수	13	10	11	12	11	9	13	11	12

ㄷ. 항목의 수가 같은 상황에서 평가점수 평균의 대소를 구하는 것이므로 평균을 구할 필요 없이 총점만 비교하면 된다. 이때 통신사 통화성능 총점은 갑이 4점, 을은 3점, 병은 5점이므로 병이 가장 높다.

ㄹ. 멀티미디어 항목은 스마트폰 I에서 2점을 얻은 것을 제외하고는 모두 3점으로 가장 높다.

오답분석

ㄱ. 소매가격이 200달러인 스마트폰은 B, C, G이며, 이 중 종합품질점수가 가장 높은 스마트폰은 G(13점)이므로 옳지 않다.

ㄴ. 소매가격이 가장 낮은 스마트폰은 H(50달러)이며, 종합품질점수가 가장 낮은 스마트폰은 F(9점)이므로 옳지 않다.

04

정답 ⑤

ⓒ B국의 대미무역수지와 GDP 대비 경상수지 비중은 각각 742억 달러, 8.5%로 X요건과 Y요건을 충족한다.

ⓒ 세 가지 요건 중 두 가지 요건만 충족하면 관찰대상국으로 지정된다.
- X요건과 Y요건을 충족하는 국가 : A, B, C, E
- X요건과 Z요건을 충족하는 국가 : C
- Y요건과 Z요건을 충족하는 국가 : C, J

C국가는 X, Y, Z요건을 모두 충족한다.

따라서 관찰대상국으로 지정되는 국가는 A, B, E, J로 4곳이다.

ⓔ X요건의 판단기준을 '대미무역수지 150억 달러 초과'로 변경할 때, 새로 X요건을 충족하는 국가는 H국이다. 그러나 H국은 Y요건과 Z요건을 모두 충족하지 않으므로 환율조작국이나 관찰대상국으로 지정될 수 없다. 따라서 옳은 설명이다.

오답분석

⊙ X, Y, Z요건을 모두 충족하면 환율조작국으로 지정된다. 각 요건을 충족하는 국가를 나열하면 다음과 같다.
- X요건을 충족하는 국가 : A, B, C, D, E, F, G
- Y요건을 충족하는 국가 : A, B, C, E, J
- Z요건을 충족하는 국가 : C, J

따라서 환율조작국으로 지정되는 국가는 C국가이다.

2023년 10월 전체 자동차 월매출 총액을 x억 원이라 하고, J자동차의 10월 매출액과 시장점유율을 이용해 10월 전체 자동차 월매출 총액을 구하면 다음과 같다.

$$\frac{27}{x} \times 100 = 0.8 \rightarrow x = 2,700 \div 0.8 = 3,375$$

따라서 2023년 10월 K국의 전체 자동차 월매출 총액은 4,000억 원 미만이다.

오답분석

① 2023년 C자동차의 9월 매출액을 a억 원(단, $a \neq 0$)이라고 하면, 2023 C자동차의 10월 매출액은 285억 원이고, 전월 대비 증가율은 50%이므로 다음 식이 성립한다.

$a(1+0.5) = 285$

$\therefore a = 190$

따라서 2023년 9월 C자동차의 매출액은 200억 원 미만이다.

② 2023년 10월 매출액 상위 6개 자동차의 9월 매출액을 구하면 다음과 같다.
- A자동차 : $1,139 \div (1+0.6) ≒ 711.88$억 원
- B자동차 : $1,097 \div (1+0.4) ≒ 783.57$억 원
- C자동차 : $285 \div (1+0.5) = 190$억 원
- D자동차 : $196 \div (1+0.5) ≒ 130.67$억 원
- E자동차 : $154 \div (1+0.4) = 110$억 원
- F자동차 : $149 \div (1+0.2) ≒ 124.17$억 원

즉, 2023년 9월 매출액 상위 6개 자동차의 순위는 'B자동차 – A자동차 – C자동차 – D자동차 – F자동차 – E자동차'이다. 따라서 옳지 않은 설명이다.

③ 2023년 I자동차 누적매출액 자료를 살펴보면 I자동차의 1월부터 5월까지 누적매출액을 알 수 없으므로 6월 매출액은 정확히 구할 수 없다. 다만, 6월 누적매출액을 살펴보았을 때, 6월 매출액의 범위는 0원 ≤ (6월 매출액) ≤ 5억 원임을 알 수 있다. 2023년 I자동차의 7 ~ 9월 월매출액을 구하면 다음과 같다.
- 7월 월매출액 : $9 - 5 = 4$억 원
- 8월 월매출액 : $24 - 9 = 15$억 원
- 9월 월매출액 : $36 - 24 = 12$억 원

따라서 2023년 6 ~ 9월 중 I자동차의 월매출액이 가장 큰 달은 8월이다.

④ 2023년 10월 매출액 상위 5개 자동차의 10월 매출액 기준 시장점유율을 합하면 $34.3 + 33.0 + 8.6 + 5.9 + 4.6 = 86.4\%$이다.

03 문제해결능력

01 대표유형 적중문제

| 01 | 모듈형

01	02	03	04	05	06	07	08	09												
③	⑤	②	②	③	④	③	③	①												

01
정답 ③

K사는 모바일 게임 시장은 사라질 것이라는 과거의 고정관념에서 벗어나 인식의 틀을 전환하여 오히려 신기술인 AR을 게임에 도입하여 큰 성공을 거두었다. 즉, K사는 기존에 가지고 있는 인식의 틀을 전환하여 새로운 관점에서 사물과 세상을 바라보는 발상의 전환을 통해 문제를 해결한 것이다.

02
정답 ⑤

실행계획 수립은 무엇을, 어떤 목적으로, 언제, 어디서, 누가, 어떤 방법으로의 물음에 대한 답을 가지고 계획하는 단계이다. 자원을 고려하여 수립해야 하며, 세부 실행내용의 난도를 고려하여 가급적 구체적으로 세우는 것이 좋으며, 해결안별 구체적인 실행계획서를 작성함으로써 실행의 목적과 과정별 진행내용을 일목요연하게 파악하도록 하는 것이 필요하다.

03
정답 ②

- A : 비판적 사고의 목적은 단순히 주장의 단점을 찾아내는 것이 아니라, 종합적인 분석과 검토를 통해 그 주장이 타당한지 아닌지를 밝혀내는 것이다.
- D : 비판적 사고는 논증, 추론에 대한 문제의 핵심을 파악하는 방법을 통해 배울 수 있으며, 타고난 것이라고 할 수 없다.

04
정답 ②

도색이 벗겨진 차선과 지워지기 직전의 흐릿한 차선은 현재 직면하고 있으면서 바로 해결 방법을 찾아야 하는 문제이므로, 눈에 보이는 발생형 문제에 해당한다. 발생형 문제는 기준을 일탈함으로써 발생하는 일탈 문제와 기준에 미달하여 생기는 미달 문제로 나누어 볼 수 있는데, 기사에서는 정해진 규격 기준에 미달하는 불량 도료를 사용하여 문제가 발생하였다고 하였으므로, 미달 문제로 분류할 수 있다. 따라서 기사에 나타난 문제는 발생형 문제로, 미달 문제에 해당한다.

05

정답 ③

문제란 원활한 업무 수행을 위해 해결해야 하는 질문이나 의논 대상을 의미한다. 즉, 해결하기를 원하지만 실제로 해결해야 하는 방법을 모르고 있는 상태나 얻고자 하는 해답이 있지만 그 해답을 얻는 데 필요한 일련의 행동을 알지 못한 상태이다.

또한 문제점이란 문제의 근본 원인이 되는 사항으로, 문제해결에 필요한 열쇠의 핵심 사항을 말하며, 개선해야 할 사항이나 손을 써야 할 사항, 문제가 해결될 수 있고 문제의 발생을 미리 방지할 수 있는 사항을 말한다.

따라서 제시문에서 문제는 사업계획서 제출에 실패한 것이고, 문제점은 A기업의 전산망 마비로 전산시스템 접속이 불가능해진 것이라고 볼 수 있다.

06

정답 ④

연역법의 오류는 'A=B, B=C, so A=C'와 같은 삼단 논법에서 발생하는 오류를 의미한다.

'이현수 대리(A)는 기획팀(B)을 대표하는 인재인데(A=B), 이현수 대리가 이런 실수(C)를 하다니(A=C) 기획팀이 하는 업무는 모두 실수투성일 것이 분명할 것(B=C)'이라는 말은 'A=B, A=C, so B=C'와 같은 삼단 논법에서 발생하는 오류인 연역법의 오류에 해당한다.

[오답분석]

① 권위나 인신공격에 의존한 논증 : 위대한 성인이나 유명한 사람의 말을 활용해 자신의 주장을 합리화하거나 상대방의 주장이 아니라 상대방의 인격을 공격하는 것이다.

② 무지의 오류 : 증명되지 않았기 때문에 그 반대의 주장이 참이라는 것이다.

③ 애매성의 오류 : 언어적 애매함으로 인해 이후 주장이 논리적 오류에 빠지는 경우이다.

⑤ 허수아비 공격의 오류 : 상대방의 주장과는 전혀 상관없는 별개의 논리를 만들어 공격하는 경우이다.

07

정답 ③

자유연상법은 창의적 사고를 기를 수 있는 방법으로, 어떤 생각에서 다른 생각을 계속해서 떠올리는 작용을 통해 어떤 주제에서 생각나는 것을 계속해서 열거해 나가는 발산적 사고 방법이다.

[오답분석]

① 강제연상법 : 각종 힌트에 강제적으로 연결지어서 발상하는 방법이다.

② 비교발상법 : 주제의 본질과 닮은 것을 힌트로 발상하는 방법이다.

08

정답 ③

브레인스토밍을 위한 인원은 5~8명 정도가 적당하며, 주제에 대한 전문가를 절반 이하로 구성하고, 다양한 분야의 사람들을 참석시키는 것이 다양한 의견을 도출하는 지름길이다.

[오답분석]

① ㉠ : 주제를 구체적이고 명확하게 선정한다.

② ㉡ : 구성원의 다양한 의견을 도출할 수 있는 사람을 리더로 선출한다.

④ ㉣ : 발언은 누구나 자유롭게 하고, 모든 발언 내용을 기록한 후 구조화한다.

⑤ ㉤ : 제시된 아이디어는 비판해서는 안 되며, 실현 가능한 아이디어 평가한다.

09

정답 ①

SWOT 분석은 내부환경요인과 외부환경요인으로 구성되어 있다. 내부환경요인은 자사 내부의 환경을 분석하는 것으로, 자사의 강점과 약점으로 분석되며, 외부환경요인은 자사 외부의 환경을 분석하는 것으로, 기회와 위협으로 구분된다.

| 02 | 피듈형

01	02	03	04	05											
③	③	④	④	①											

01

정답 ③

주어진 조건을 정리하면 다음과 같다.

구분	월	화	수	목	금	토	일
첫째	○	×		×	○		
둘째						○	
셋째							○
넷째			○				

• 첫째는 화요일과 목요일에 병간호를 할 수 없고, 수, 토, 일요일은 다른 형제들이 병간호를 하므로 월요일과 금요일에 병간호를 한다.
• 둘째와 셋째에게 남은 요일은 화요일과 목요일이지만, 둘 중 누가 화요일에 병간호를 하고 목요일에 병간호를 할지는 알 수 없다.

02

정답 ③

세 번째 조건과 네 번째 조건을 기호로 나타내면 다음과 같다.
• D → ~E
• ~E → ~A
각각의 대우 E → ~D와 A → E에 따라 A → E → ~D가 성립하므로 A를 지방으로 발령한다면 E도 지방으로 발령하고, D는 지방으로 발령하지 않는다. 이때, 공사는 B와 D에 대하여 같은 결정을 하고, C와 E에 대하여는 다른 결정을 하므로 B와 C를 지방으로 발령하지 않는다. 따라서 A가 지방으로 발령된다면 지방으로 발령되지 않는 직원은 B, C, D 총 3명이다.

03

정답 ④

ㄴ. 민간의 자율주행기술 R&D를 지원하여 기술적 안정성을 높이는 전략은 위협을 최소화하는 내용은 포함하지 않고 약점만 보완하는 전략이므로 ST전략이라 볼 수 없다.
ㄹ. 국내기업의 자율주행기술 투자가 부족한 약점을 국가기관의 주도로 극복하려는 내용은 약점을 최소화하고 위협을 회피하려는 WT전략의 내용으로 적합하지 않다.

[오답분석]
ㄱ. 높은 수준의 자율주행기술을 가진 외국 기업과의 기술이전협약 기회를 통해 국내외에서 우수한 평가를 받는 국내 자동차기업이 국내 자율주행자동차 산업의 강점을 강화하는 전략은 SO전략에 해당한다.
ㄷ. 국가가 지속적으로 자율주행차 R&D를 지원하는 법안이 본회의를 통과한 기회를 토대로 기술개발을 지원하여 국내 자율주행자동차 산업의 약점인 기술적 안전성을 확보하려는 전략은 WO전략에 해당한다.

04

정답 ④

간선노선과 보조간선노선을 구분하여 노선번호를 부여하면 다음과 같다.

• 간선노선
  - 동서를 연결하는 경우 : (가) · (나)에 해당하며, 남에서 북으로 가면서 숫자가 증가하고 끝자리에는 0을 부여하므로 (가)는 20, (나)는 10이다.
  - 남북을 연결하는 경우 : (다) · (라)에 해당하며, 서에서 동으로 가면서 숫자가 증가하고 끝자리에는 5를 부여하므로 (다)는 15, (라)는 25이다.

• 보조간선노선
  - (마) : 남북을 연결하는 모양에 가까우므로, (마)의 첫자리는 남쪽 시작점의 간선노선인 (다)의 첫자리와 같은 1이 되어야 하고, 끝자리는 5를 제외한 홀수를 부여해야 하므로, 가능한 노선번호는 11, 13, 17, 19이다.
  - (바) : 동서를 연결하는 모양에 가까우므로, (바)의 첫자리는 바로 아래쪽에 있는 간선노선인 (나)의 첫자리와 같은 1이 되어야 하고, 끝자리는 0을 제외한 짝수를 부여해야 하므로, 가능한 노선번호는 12, 14, 16, 18이다.

따라서 가능한 조합은 ④이다.

05

정답 ①

ㄱ. B의 마지막 발언에 따르면 중생대에 우리나라 바다에서 퇴적된 해성층이 있었을 가능성이 있으므로 옳지 않다.
ㄴ. B의 첫 번째 발언에 따르면 공룡 화석은 중생대에만 한정되어 생존하였다고 말하고 있다. 따라서 공룡 화석이 암모나이트 화석과 같은 중생대 표준화석이 아니라고 말할 수 없으므로 옳지 않다.
ㅂ. 공룡 화석이 나왔으므로 경상도 지역에는 중생대 지층이 없다는 판단은 옳지 않다.

[오답분석]
ㄷ. B의 마지막 발언에 따르면 우리나라에서도 바다에서 퇴적된 해성층이 있었을 가능성이 있으므로 암모나이트 화석이 발견될 가능성이 있다.
ㄹ. 육지의 표준화석인 공룡 화석과 바다의 표준화석인 암모나이트 화석이 같이 발견되었으므로 타당한 판단이다.
ㅁ. 일본 북해도에서 암모나이트가 발견되었으므로 바다에서 퇴적된 해성층이 분포되어 있다고 말할 수 있다.

| 03 | PSAT형

01	02	03	04	05	06	07												
⑤	④	②	②	①	②	④												

01

- 1 Set : 프랑스의 B와인이 반드시 포함된다(B와인 60,000원). 인지도와 풍미가 가장 높은 것은 영국 와인이지만 영국 와인은 65,000원이므로 포장비를 포함하면 135,000원이 되기 때문에 세트를 구성할 수 없다. 가격이 되는 한도에서 인지도와 풍미가 가장 높은 것은 이탈리아 와인이다.
- 2 Set : 이탈리아의 A와인이 반드시 포함된다(A와인 50,000원). 모든 와인이 가격 조건에 해당하고, 와인 중 당도가 가장 높은 것은 포르투갈 와인이다.

02

㉠ A=100, B=101, C=102이다. 따라서 Z=125이다.
㉡ C=3, D=4, E=5, F=6이다. 따라서 Z=26이다.
㉢ P가 17임을 볼 때, J=11, Y=26, Z=27이다.
㉣ Q=25, R=26, S=27, T=28이다. 따라서 Z=34이다.
따라서 알파벳 Z에 해당하는 값을 모두 더하면 125+26+27+34=212이다.

03

정답 ②

가능한 점수는 20개 모두 개선 / 확장한 경우 400점, 20개 모두 중단한 경우 160점이다. 20개의 사업을 모두 개선 / 확장한 경우인 400점에서 출발하자. 1개의 사업이 개선 / 확장이 아니라 현행 유지한 것으로 상황이 바뀌면, 총점은 20-12=-8만큼 감소한다. 또한 한 개의 사업이 개선 / 확장이 아니라 중단으로 바뀌면 총점은 20-8=-12만큼 감소한다. 따라서 현행 유지한 사업의 개수를 x개, 중단한 사업의 개수를 y개라고 하면 총점은 $(400-8x-12y)$점이 된다($x \leq 20$, $y \leq 20$, $x+y \leq 20$, x, y는 0 또는 자연수). 선택지에 나오는 점수가 나오는 수를 대입하면 ②의 성과 점수는 나올 수 없다.

[오답분석]
① $x=7$, $y=12$인 경우 $400-(8 \times 7)-(12 \times 12)=200$점
③ $x=4$, $y=10$인 경우 $400-(8 \times 4)-(12 \times 10)=248$점
④ $x=5$, $y=8$인 경우 $400-(8 \times 5)-(12 \times 8)=264$점
⑤ $x=9$, $y=2$인 경우 $400-(8 \times 9)-(12 \times 2)=304$점

04

국제해양기구의 마지막 의견에서 회의 시설에서 C를 받은 도시는 후보도시에서 제외한다고 하였으므로 대전과 제주를 제외한 서울과 인천, 부산의 점수를 정리하면 다음과 같다.

(단위 : 점)

구분	서울	인천	부산
회의 시설	10	10	7
숙박 시설	10	7	10
교통	7	10	7
개최 역량	10	3	10
가산점	-	10	5
합산점수	37	40	39

따라서 합산점수가 가장 높은 인천이 개최도시로 선정된다.

05

정답 ①

각각의 컴퓨터에 대해 기준에 따라 점수를 부여하면 다음과 같다.

(단위 : 점)

컴퓨터＼항목	램 메모리 용량	하드 디스크 용량	가격	총점
A	0	50	200	250
B	100	0	100	200
C	0	100	0	100
D	100	50	0	150
E	50	0	100	150

항목별 점수의 합이 가장 큰 컴퓨터를 구입한다고 하였으므로 K씨는 A컴퓨터를 구입하게 된다.

06

정답 ②

먼저 문제에서 E가 참석할 수 없다고 하였고, 두 번째 조건에서 D 또는 E는 반드시 참석해야 한다고 하였으므로 D는 반드시 참석한다는 것을 알 수 있다.

다음으로 첫 번째 조건에서 A와 B가 함께 참석할 수는 없지만 둘 중 한 명은 반드시 참석해야 한다고 하였으므로 (A, D)와 (B, D)의 조합이 가능함을 알 수 있다. 그리고 세 번째 조건을 대우명제로 바꾸면 'D가 참석한다면 C도 참석한다.'가 되므로 (A, D, C)와 (B, D, C)의 조합이 가능함을 알 수 있다.

이때 마지막 조건에서 B가 참석하지 않으면 F도 참석하지 못한다고 하였으므로 (A, D, C)의 조합은 가능하지 않다는 것을 알 수 있다(∵ 4명의 직원으로 팀을 구성해야 함). 따라서 가능한 팀의 조합은 (B, D, C, F)의 1개이다.

07

정답 ④

대화 내용을 순서대로 살펴보면 다음과 같다.

ⅰ) 민경과 지나 : 생일이 5명 중에서 가장 빠를 가능성이 있다고 하였으므로 지나의 생일은 3월이 되어야 한다. 다만 다른 3월생의 날짜를 알지 못하므로 가장 빠른지의 여부를 확신하지 못한다.

ⅱ) 정선과 혜명 : 앞의 대화에서 지나가 3월생이라고 하였는데 정선의 생일이 그보다 빠를 가능성이 있다고 하였다. 따라서 나머지 3월생은 혜명이 된다.

ⅲ) 지나와 민경 : 남은 자리는 6월(1명)과 9월(2명)이다. 만약 민경이 6월생이라면 나머지 정선과 효인은 9월생이 되어야 하므로 몇 월생인지 알 수 있다. 하지만 그렇지 않다고 하였으므로 민경은 9월생이 되어야 한다.

ⅳ) 혜명과 효인 : 민경이 9월생인데 효인은 자신이 민경보다 생일이 빠른지를 확신할 수 없다고 하였다. 만약 효인이 6월생이었다면 당연히 자신의 생일이 빠르다는 것을 알 수 있지만 그렇지 않다고 하였으므로 효인은 9월생이어야 한다.

따라서 남은 6월생의 자리에는 정선이 들어가게 된다.

01	02	03	04	05															
③	⑤	④	④	④															

PART 1

01

정답 ③

세 번째 조건에 따라 A는 청소기를 제외한 프리미엄형 가전을 총 2개 골랐는데, B가 청소기를 가져가지 않으므로 A는 청소기 일반형, C는 청소기 프리미엄형을 가져가야 한다. 또한, 다섯 번째 조건을 만족시키기 위해 A가 가져가는 프리미엄형 가전 종류의 일반형을 B가 가져가야 하며, 여섯 번째 조건을 만족시키기 위해 전자레인지는 C가 가져가야 한다. 이를 표로 정리하면 다음과 같다.

구분	A	B	C
경우 1	냉장고(프), 세탁기(프), 청소기(일)	냉장고(일), 세탁기(일), 에어컨(프 or 일)	에어컨(프 or 일), 청소기(프), 전자레인지
경우 2	세탁기(프), 에어컨(프), 청소기(일)	세탁기(일), 에어컨(일), 냉장고(프 or 일)	냉장고(프 or 일), 청소기(프), 전자레인지
경우 3	냉장고(프), 에어컨(프), 청소기(일)	냉장고(일), 에어컨(일), 세탁기(프 or 일)	세탁기(프 or 일), 청소기(프), 전자레인지

㉠ C는 반드시 전자레인지를 가져간다.
㉢ B는 반드시 일반형 가전 2개를 가져가며, 나머지 한 개는 프리미엄형일 수도, 일반형일 수도 있다.

오답분석
㉡ A는 반드시 청소기를 가져간다.
㉣ C는 청소기 프리미엄형을 가져간다.

02

정답 ⑤

경제성 점수를 부여하기 위해 이동수단별 최소비용을 계산하면 다음과 같다.
• 렌터카 : (50달러+10달러)×3일=180달러(중)
• 택시 : 1달러×200마일=200달러(하)
• 대중교통 : 40달러×4명=160달러(상)
이를 반영하여 이동수단별 평가점수표를 작성하면 다음과 같다.

(단위 : 점)

구분	경제성	용이성	안전성	총점
렌터카	2	3	2	7
택시	1	2	4	7
대중교통	3	1	4	8

따라서 총점이 가장 높은 대중교통을 이용하게 되며, 이때의 비용은 160달러이다.

03

ㄱ. A국은 대기환경지수의 평균값을 통합지수로 사용하지만 B국은 대기환경지수 중 가장 높은 값을 통합지수로 사용하며, 세부적으로 들어가면 산정 방식자체가 다르다. 따라서 두 나라의 통합지수가 동일하더라도 각 대기오염물질의 농도는 다를 수 있다.

ㄷ. A국은 5가지 대기오염 물질 농도를 각각 측정하여 대기환경지수를 산정하고, 그 평균값을 통합지수로 하므로 단순히 등급이 '해로움'으로 나타났다고 하더라도 그 정보만으로는 특정 물질의 농도에 대한 정확한 수치를 알 수 없다.

ㄹ. A국은 경보색깔이 노랑인 경우 외부활동이 가능하나, B국은 외부활동을 자제해야 한다. 따라서 A국에 방문하여 B국의 기준을 따른다면 외부활동을 자제할 것이다.

[오답분석]

ㄴ. B국의 경우 오염물질별 대기환경지수 중 101 이상인 것이 2개 이상일 경우에는 가장 높은 대기환경지수에 20을 더하여 통합지수를 산정한다고 하였다. 만약 B국 대기환경지수 중 101 이상인 것이 2개 이상이고 가장 높은 것이 160이라면 B국의 통합지수는 180이 되므로 옳지 않은 내용이다.

04

제시된 조건에 따라 최고점과 최저점을 제외한 3명의 면접관의 평균과 보훈 가점을 더한 총점은 다음과 같다.

구분	총점	순위
A	$\frac{80+85+75}{3}=80$점	7위
B	$\frac{75+90+85}{3}+5≒88.33$점	3위
C	$\frac{85+85+85}{3}=85$점	4위
D	$\frac{80+85+80}{3}≒81.67$점	6위
E	$\frac{90+95+85}{3}+5=95$점	2위
F	$\frac{85+90+80}{3}=85$점	4위
G	$\frac{80+90+95}{3}+10≒98.33$점	1위
H	$\frac{90+80+85}{3}=85$점	4위
I	$\frac{80+80+75}{3}+5≒83.33$점	5위
J	$\frac{85+80+85}{3}≒83.33$점	5위
K	$\frac{85+75+75}{3}+5≒83.33$점	5위
L	$\frac{75+90+70}{3}≒78.33$점	8위

따라서 총점이 가장 높은 6명의 합격자를 면접을 진행한 순서대로 나열하면 G – E – B – C – F – H이다.

05

제시된 조건을 종합해 보면 E, F, G는 3층에, C, D, I는 2층에, A, B, H는 1층에 투숙해 있는 것을 알 수 있으며, 다음과 같이 2가지 경우로 정리가 가능하다.

경우 1)

G			F	E
I			C	D
H	B		A	

경우 2)

G			E	F
	C	D		I
B	A			H

따라서 어느 경우에도 G는 301호에 투숙하게 되므로 항상 참이다.

[오답분석]

① · ③ 경우 2에만 해당되므로 항상 참인 것은 아니다.
② · ⑤ 경우 1에만 해당되므로 항상 참인 것은 아니다.

04 │ 자원관리능력

01   대표유형 적중문제

│ 01 │ 모듈형

01	02	03	04	05	06	07	08	09	10										
⑤	③	③	①	⑤	③	④	③	③	①										

01

정답 ⑤

시간관리를 통해 스트레스 감소, 균형적인 삶, 생산성 향상, 목표 성취 등의 효과를 얻을 수 있다.

시간관리를 통해 얻을 수 있는 효과
- **스트레스 감소** : 사람들은 시간이 부족하면 스트레스를 받기 때문에 모든 시간 낭비요인은 잠재적인 스트레스 유발 요인이라 할 수 있다. 따라서 시간관리를 통해 시간을 제대로 활용한다면 스트레스 감소 효과를 얻을 수 있다.
- **균형적인 삶** : 시간관리를 통해 일을 수행하는 시간을 줄인다면, 일 외에 다양한 여가를 즐길 수 있다. 또한, 시간관리는 삶에 있어서 수행해야 할 다양한 역할들의 균형을 잡는 것을 도와준다.
- **생산성 향상** : 한정된 자원인 시간을 적절히 관리하여 효율적으로 일을 하게 된다면 생산성 향상에 큰 도움이 될 수 있다.
- **목표 성취** : 목표를 성취하기 위해서는 시간이 필요하고, 시간은 시간관리를 통해 얻을 수 있다.

02

정답 ③

오답분석
① 가계부는 개인 차원에서의 관리에 활용되며, 프로젝트나 과제의 경우에는 워크시트를 작성함으로써 효과적으로 예산 집행 과정을 관리할 수 있다.
② 예산을 잘 수립했다고 해서 예산을 잘 관리하는 것은 아니다. 예산을 적절하게 수립하였다고 하더라도 집행 과정에서 관리에 소홀하면 계획은 무용지물이 된다.
④ 예산 사용 내역에서 계획보다 비계획의 항목이 더 많은 경우는 예산 집행 과정을 적절하게 관리하지 못한 경우라고 할 수 있다.
⑤ 예산 집행 과정에서의 관리 및 통제는 사업과 같은 큰 단위만이 해당되는 것이 아니라 직장인의 경우 월급, 용돈 등 개인적인 단위에도 해당된다.

03

정답 ③

인적자원 배치의 세 가지 유형
- **양적 배치** : 작업량과 조업도, 여유 또는 부족 인원을 감안하여 소요인원을 결정하고 배치하는 것이다.
- **질적 배치** : 적재적소주의에 따른 배치를 의미한다.
- **적성 배치** : 팀원의 적성 및 흥미에 따라 배치하는 것이다.

04

정답 ①

인맥을 활용하면 각종 정보와 정보의 소스를 주변 사람으로부터 획득할 수 있다. 또한 '나' 자신의 인간관계나 생활에 대해서 알수 있으며, 이로 인해 자신의 인생에 탄력을 불어넣을 수 있다. 또한, 주변 사람들의 참신한 아이디어를 통해 자신만의 사업을 시작할 수도 있다. 따라서 A사원의 메모는 모두 옳은 내용이다.

05

정답 ⑤

A씨의 일회용기 사용은 자원보다는 자신을 최우선적으로 추구하기 때문에 나타나는 물적자원 낭비에 해당하므로 이는 편리성 추구로 인한 결과이다.

오답분석

① 자원을 어떻게 활용할 것인가에 대한 계획 없이 충동적이고 즉흥적으로 행동하여 자신이 활용할 수 있는 자원들을 낭비하는 경우를 의미한다. 이러한 사람은 대게 목표치가 없기 때문에 얼마나 낭비하는지조차 파악하지 못한다.

②·④ 자원관리의 중요성을 인식하면서도 자원관리에 대한 경험이나 노하우가 부족하기 때문에 효과적인 방법을 활용할 줄 모르는 경우를 의미한다.

③ 자신이 가지고 있는 중요한 자원을 인식하지 못하는 것을 의미하는데, 이는 자원을 물적 자원에 국한하여 생각하기 때문에 무의식적으로 중요한 자원을 낭비하게 되는 것이다.

06

정답 ③

대표적인 직접비용으로는 재료비, 원료와 장비비, 시설비, 여행(출장)비와 잡비, 인건비가 있고, 간접비용으로는 보험료, 건물관리비, 통신비, 광고비, 사무비품비, 각종 공과금이 있다. ③은 직접비용에 해당되나, ①, ②, ④, ⑤의 경우 간접비용에 해당된다.

07

정답 ④

자원낭비의 요인

편리성 추구	자원을 활용할 때 자신의 편리함을 최우선적으로 추구하기 때문에 나타나는 현상이다.
비계획적 행동	자원을 어떻게 활용할 것인가에 대한 계획이 없는 사람들은 대개 목표치가 없고 충동적·즉흥적으로 행동하기 때문에 자신이 활용할 수 있는 자원들을 낭비하거나, 얼마나 낭비하는지조차 파악하지 못한다.
노하우 부족	자원관리의 중요성을 인식하면서도 효과적인 방법을 활용할 줄 모르는 경우로, 자원관리에 대한 경험이나 노하우가 부족한 경우에 발생한다. 이러한 사람들은 자원관리에 실패한 경험을 통해 노하우를 축적해 나갈 수 있으며, 별도의 학습을 통해서도 극복이 가능하다.
자원에 대한 인식 부재	자신이 가지고 있는 중요한 자원을 인식하지 못하는 것을 의미한다.

08

정답 ③

A대리는 시간자원을 활용하는 데 있어서 편리성을 추구하여 다른 사람의 시간까지 낭비하게 했다. 따라서 자원을 활용하는 데 있어서 본인 생각만 하여 오로지 편한 방향으로만 활용하지 말아야 한다고 조언할 수 있다.

09

정답 ③

천인지 과장이 프로젝트 수행에서 필요한 타당성 검토를 생각하지 못했기 때문에 문제가 발생하였다.

10

정답 ①

천인지 과장이 1단계인 필요한 과업 및 활동 구명 단계에서 타당성 검토를 위한 '전문가의 타당성 검사'를 고려하지 않고 누락했기 때문에 문제가 발생하였다.

01	02	03	04	05															
⑤	③	③	⑤	②															

01

정답 ⑤

최나래, 황보연, 이상윤, 한지혜는 업무성과 평가에서 상위 40%(인원이 10명이므로 4명)에 해당하지 않으므로 대상자가 아니다. 업무성과 평가 결과에서 40% 이내에 드는 사람은 4명까지이지만 B를 받은 사람 4명을 동 순위자로 보아 6명이 대상자 후보가 된다. 6명 중 박희영은 통근거리가 50km 미만이므로 대상자에서 제외된다. 나머지 5명 중에서 자녀가 없는 김성배, 이지규는 우선순위에서 밀려나고, 나머지 3명 중에서는 통근거리가 가장 먼 순서대로 이준서, 김태란이 동절기 업무시간 단축 대상자로 선정된다.

02

정답 ③

안내문의 두 번째 항목에 의하여 식사횟수는 6회이다(첫째 날 중식·석식, 둘째 날 조식·중식·석식, 셋째 날 조식).
첫째 날 출발하는 선발대 인원은 50−15=35명이고, 둘째 날 도착하는 후발대 인원 15명은 둘째 날 조식부터 식사가 가능하므로 첫째 날은 35명에 대한 예산을, 둘째 날부터 마지막 날까지는 50명에 대한 예산을 작성해야 한다.
• 첫째 날 중식(정식) 비용 : 9,000×35=315,000원
• 셋째 날 조식(일품) 비용 : 8,000×50=400,000원
이때 나머지 4번의 식사는 자유롭게 선택할 수 있으나 예산을 최대로 편성해야 하므로 정식과 일품을 제외한 나머지 중 가장 비싼 스파게티의 가격을 기준해 계산한다.
• 나머지 식사 비용 : 7,000×(35+50+50+50)=1,295,000원
따라서 예산금액은 315,000+400,000+1,295,000=2,010,000원이다.

03

정답 ③

오답분석
① A지원자 : 9월에 복학 예정이기 때문에 인턴 기간이 연장될 경우 근무할 수 없으므로 부적합하다.
② B지원자 : 경력 사항이 없으므로 부적합하다.
④ D지원자 : 근무 시간(9 ~ 18시) 이후에 업무가 불가능하므로 부적합하다.
⑤ E지원자 : 포토샵을 활용할 수 없으므로 부적합하다.

04

정답 ⑤

C사원은 혁신성, 친화력, 책임감이 '상 – 상 – 중'으로 영업팀의 중요도에 적합하며, 창의성과 윤리성은 '하'이지만 영업팀에서 중요하게 생각하지 않는 역량이므로 영업팀으로의 부서배치가 적절하다.
E사원은 혁신성, 책임감, 윤리성이 '중 – 상 – 하'로 지원팀의 중요도에 적합하므로 지원팀으로의 부서배치가 적절하다.

05

정답 ②

1) K기사가 거쳐야 할 경로는 'A도시 → E도시 → C도시 → A도시'이다. A도시에서 E도시로 바로 갈 수 없으므로 다른 도시를 거쳐야 하고, 이때 가장 짧은 시간 내에 A도시에서 E도시로 갈 수 있는 경로는 B도시를 경유하는 것이다. 따라서 K기사의 운송경로는 'A도시 → B도시 → E도시 → C도시 → A도시'이며, 이동시간은 1.0+0.5+2.5+0.5=4.5시간이다.

2) P기사는 A도시에서 출발하여 모든 도시를 한 번씩 거친 뒤 다시 A도시로 돌아와야 한다. 해당 조건이 성립하는 운송경로의 경우는 다음과 같다.
   - A도시 → B도시 → D도시 → E도시 → C도시 → A도시
     - 이동시간 : 1.0+1.0+0.5+2.5+0.5=5.5시간
   - A도시 → C도시 → B도시 → E도시 → D도시 → A도시
     - 이동시간 : 0.5+2.0+0.5+0.5+1.5=5시간

   따라서 P기사가 운행할 최소 이동시간은 5시간이다.

| 03 | PSAT형

01	02	03	04	05	06														
③	④	③	①	④	④														

01

정답 ③

밴쿠버 지사에 메일이 도착한 밴쿠버 현지 시각은 4월 22일 오전 12시 15분이지만, 업무 시간이 아니므로 메일을 읽을 수 없다. 따라서 밴쿠버 지사에서 가장 빠르게 읽을 수 있는 시각은 전력 점검이 끝난 4월 22일 오전 10시 15분이다. 모스크바는 밴쿠버와 10시간의 시차가 있으므로 이때의 모스크바 현지 시각은 4월 22일 오후 8시 15분이다.

02

정답 ④

제작하려는 홍보자료는 20×10=200부이며, 200×30=6,000페이지이다. 이를 활용하여 업체당 인쇄 비용을 구하면 다음과 같다.

구분	페이지 인쇄 비용	유광 표지 비용	제본 비용	할인을 적용한 총비용
A	6,000×50=30만 원	200×500=10만 원	200×1,500=30만 원	30+10+30=70만 원
B	6,000×70=42만 원	200×300=6만 원	200×1,300=26만 원	42+6+26=74만 원
C	6,000×70=42만 원	200×500=10만 원	200×1,000=20만 원	42+10+20=72만 원 → 200부 중 100부 5% 할인 → (할인 안 한 100부 비용) +(할인한 100부 비용) =36+(36×0.95) =70만 2천 원
D	6,000×60=36만 원	200×300=6만 원	200×1,000=20만 원	36+6+20=62만 원
E	6,000×100=60만 원	200×200=4만 원	200×1,000=20만 원	60+4+20=84만 원 → 총비용 20% 할인 84×0.8=67만 2천 원

따라서 가장 저렴한 비용으로 인쇄할 수 있는 업체는 D인쇄소이다.

03

정규시간 외에 초과근무가 있는 날의 시간외근무시간을 구하면 다음과 같다.

근무 요일	초과근무시간			1시간 공제
	출근	야근	합계	
1~15일	–	–	–	770분
18(월)	–	70분	70분	10분
20(수)	60분	20분	80분	20분
21(목)	30분	70분	100분	40분
25(월)	60분	90분	150분	90분
26(화)	30분	160분	190분	130분
27(수)	30분	100분	130분	70분
합계	–	–	–	1,130분

따라서 1,130분은 18시간 50분이고, 1시간 미만은 절사하므로 7,000원×18시간=126,000원이다.

04

250만 원+(6,000만 원-5,000만 원)×0.03=280만 원

[오답분석]

② 1,350만 원+(120,000만 원-100,000만 원)×0.004=1,430만 원

③ 1,000만 원+(50,000만 원-30,000만 원)×0.005=1,100만 원

④ 1,750만 원+(230,000만 원-200,000만 원)×0.002=1,810만 원

⑤ 1,350만 원+(640,000만 원-100,000만 원)×0.004=3,510만 원이지만 총한도는 1,750만 원이다. 따라서 보상금은 1,750만 원이다.

05

행낭 배송 운행속도는 시속 60km로 일정하므로, A지점에서 G지점까지의 최단거리를 구한 뒤 소요 시간을 구하면 된다. 우선 배송 요청에 따라 지점 간의 순서 변경과 생략을 할 수 있으므로 거치는 지점을 최소화하여야 한다. 이를 고려하여 최단거리를 구하면 다음과 같다.

A → B → D → G ⇒ 6+2+8=16 ⇒ 16분(∵ 60km/h=1km/min)

따라서 대출신청 서류가 A지점에 다시 도착할 최소시간은 16분(A → G)+30분(서류작성)+16분(G → A)=62분=1시간 2분이다.

06

먼저 국가 및 지방자치단체 소유 건물은 지원 대상에서 제외한다고 하였으므로 병은 지원대상에서 제외되며, 전월 전력사용량이 450kWh 이상인 건물은 태양열 설비 지원 대상에서 제외되므로 을 역시 제외된다. 마지막으로 용량(성능)이 지원 기준의 범위를 벗어나는 신청은 지원 대상에서 제외된다고 하였으므로 무도 제외된다.

그러므로 지원금을 받을 수 있는 신청자는 갑과 정이며, 이들의 지원금을 계산하면 다음과 같다.

• 갑 : 8kW×80만 원=640만 원

• 정 : 15kW×50만 원=750만 원

따라서 가장 많은 지원금을 받는 사람은 정이다.

02 심화문제

01	02	03	04	05															
④	③	①	②	②															

01

정답 ④

먼저 조건과 급여명세서가 알맞게 표시되어 있는지 확인해보면, 국민연금과 고용보험은 조건의 금액과 일치한다. 4대 보험 중 건강보험과 장기요양을 계산하면 건강보험은 기본급의 6.24%로 회사와 50%씩 부담한다고 하여 $2,000,000 \times 0.0624 \times 0.5 = 62,400$원이지만 급여명세서에는 $67,400 - 62,400 = 5,000$원이 더 공제되었으므로 다음 달에 5,000원을 돌려받게 된다. 또한 장기요양은 건강보험료의 7.0% 중 50%로 $2,000,000 \times 0.0624 \times 0.07 \times 0.5 = 4,368$원이며, 약 4,360원이므로 맞게 지급되었다.

네 번째 조건에서 야근수당은 기본급의 2%로 $2,000,000 \times 0.02 = 40,000$원이며, 이틀 동안 야근하여 8만 원을 받고, 상여금은 5%로 $2,000,000 \times 0.05 = 100,000$원을 받아야 하지만 급여명세서에는 5만 원으로 명시되어 있다.

A대리가 다음 달에 받게 될 소급액은 덜 받은 상여금과 더 공제된 건강보험료로 $50,000 + 5,000 = 55,000$원이다.

소급액을 반영한 다음 달 급여명세서는 다음과 같다.

〈급여명세서〉

(단위 : 원)

성명 : A		직책 : 대리	지급일 : 2024-4-25	
지급항목	지급액	공제항목		공제액
기본급	2,000,000	소득세		17,000
상여금	–	주민세		1,950
기타	–	고용보험		13,000
식대	100,000	국민연금		90,000
교통비	–	장기요양		4,360
복지후생	–	건강보험		62,400
소급액	55,000	연말정산		–
		공제합계		188,710
지급총액	2,155,000	차감수령액		1,966,290

따라서 A대리가 받게 될 다음 달 수령액은 1,966,290원이다.

02

정답 ③

• A씨 : 저압 285kWh 사용
 - 기본요금 : 1,600원
 - 전력량 요금 : $(200 \times 93.3) + (85 \times 187.9) = 18,660 + 15,971.5 ≒ 34,630$원
 - 부가가치세 : $(1,600 + 34,630) \times 0.1 = 36,230 \times 0.1 ≒ 3,620$원
 - 전력산업기반기금 : $(1,600 + 34,630) \times 0.037 = 36,230 \times 0.037 ≒ 1,340$원
 - 전기요금 : $1,600 + 34,630 + 3,620 + 1,340 = 41,190$원
• B씨 : 고압 410kWh 사용
 - 기본요금 : 6,060원
 - 전력량 요금 : $(200 \times 78.3) + (200 \times 147.3) + (10 \times 215.6) = 15,660 + 29,460 + 2,156 ≒ 47,270$원
 - 부가가치세 : $(6,060 + 47,270) \times 0.1 = 53,330 \times 0.1 ≒ 5,330$원
 - 전력산업기반기금 : $(6,060 + 47,270) \times 0.037 = 53,330 \times 0.037 ≒ 1,970$원
 - 전기요금 : $6,060 + 47,270 + 5,330 + 1,970 = 60,630$원
따라서 A씨와 B씨의 전기요금이 바르게 연결된 것은 ③이다.

03

40점(미성년 자녀 4명 이상)+15점(5년 이상 ~ 10년 미만 거주)+20점(만 45세, 무주택 기간 14년)=75점이다. 이때 75점을 얻은 경우가 ①・③・⑤이므로 동점자 처리 기준을 적용해야 한다. 먼저 이 중 미성년 자녀수가 많은 자는 ①과 ③이며, 둘 중 연령이 많은 가구주는 ①이므로 최우선 순위로 당첨된다.

오답분석

② 수도권 지역에 거주하는 무주택 가구주가 아니므로 신청자격이 없다.

③ 40점(미성년 자녀 4명 이상)+10점(1년 이상 5년 미만 거주)+15점(만 37세, 무주택 기간 15년)+10점(6세 미만 영유아 2명)= 75점

④ 35점(미성년 자녀 3명)+15점(1년 이상 5년 미만 거주)+20점(만 47세, 무주택 기간 20년)=70점

⑤ 35점(미성년 자녀 3명)+20점(10년 이상 거주)+20점(만 45세, 무주택 기간 10년)=75점

04

정답 ②

갑, 을, 병, 정 학생의 맞힌 개수와 틀린 개수를 다음과 같이 문자로 가정하자.

(단위 : 개)

구분	맞힌 개수	틀린 개수
갑 학생	a	a'
을 학생	b	b'
병 학생	c	c'
정 학생	d	d'

갑, 을, 병, 정 학생이 맞힌 개수를 모두 합하면 36문제이므로 학생들이 맞힌 개수는 총 $a+b+c+d=36$개이며, 각각의 점수를 나타내면 다음과 같다.

$10a-5a'=65 \cdots$ ㉠
$10b-5b'=70 \cdots$ ㉡
$10c-5c'=30 \cdots$ ㉢
$10d-5d'=35 \cdots$ ㉣

세 번째 조건에서 정 학생은 맞힌 개수와 틀린 개수가 같으므로

㉣에서 구하면 $10d-5d'=35 \to 10d-5d=5d=35 \to d=7$이 되며 정 학생은 14번 버저를 누른 것을 알 수 있다.

두 번째 조건에서 갑 학생과 정 학생의 버저 누른 횟수가 같다고 했으므로

㉠은 $10a-5a'=65 \to 10a-5(14-a)=15a-70=65 \to 15a=135 \to a=9$가 되고, 틀린 횟수는 $a'=14-a=14-9=5$이다.

갑 학생과 정 학생의 맞힌 개수(16개)를 알았으므로 을 학생과 병 학생이 맞힌 개수는 $b+c=20$이다.

네 번째 조건에서 을 학생과 병 학생의 틀린 개수가 같다고 했으므로 ㉢을 b와 b'에 대한 식으로 바꾸면

$10c-5c'=30 \to 10(20-b)-5b'=30 \to 10b+5b'=170$이 된다.

방정식 $10b+5b'=170$과 ㉡을 연립해서 풀면

$(10b-5b')+(10b+5b')=70+170 \to 20b=240 \to b=12$가, $10 \times 12-5b'=70 \to b'=10$이 나온다.

마지막으로 병 학생이 맞힌 개수는 $b+c=20 \to c=8$, 틀린 개수는 $c'=b'=10$이다.

갑, 을, 병, 정 학생들의 버저 누른 횟수를 정리하면 다음과 같다.

구분	갑 학생	을 학생	병 학생	정 학생
맞힌 횟수	9번	12번	8번	7번
틀린 횟수	5번	10번	10번	7번
총횟수	14번	22번	18번	14번

따라서 4명의 학생이 부저를 누른 횟수는 총 $14+22+18+14=68$번임을 알 수 있다.

80 ・ 공기업 대졸채용 통합기본서

05

ㄱ. 직원들의 총점을 판단해 보면 다음과 같다.
- 하선행 : 268점(=94+90+84)
- 성혜지, 김성일 : 3과목 모두에서 하선행보다 순위가 낮으므로 총점 역시 하선행보다 낮다.
- 양선아 : 윤리에서 하선행보다 13점이 높으나 논리(6점), 추리(14점)에서 하선행보다 20점이 낮으므로 총점은 하선행보다 낮다.
- 황성필 : 윤리에서 하선행보다 6점이 높으나 논리(9점), 추리(8점)에서 하선행보다 17점이 낮으므로 총점은 하선행보다 낮다.
- 신경은 : 추리(1점), 윤리(4점)에서 하선행보다 5점이 높으나 논리 점수는 85점을 넘을 수 없어 최소 9점차 이상으로 하선행의 점수가 높다.
- 박기호 : 윤리에서 하선행보다 11점이 높으나 나머지 영역에서 5위 안에 들지 못해 총점은 하선행보다 낮을 수밖에 없다.
  따라서 하선행의 점수가 가장 높으므로 옳은 내용이다.
ㄹ. 김성일은 논리점수가 90점이고, 추리점수는 76점을 넘을 수 없으며, 윤리점수도 84점을 넘을 수 없으므로 추리와 윤리에서 공동 5위를 차지하였다고 하더라도 총점은 250점에 머무른다. 따라서 옳은 내용이다.

[오답분석]
ㄴ. 양선아의 총점은 261점이나, 성혜지가 윤리에서 81점 이상을 얻으면 양선아의 점수를 넘어선다. 따라서 하선행의 점수가 268점으로 가장 높고, 성혜지가 양선아보다 총점이 높아지는 경우도 가능하므로 옳지 않은 내용이다.
ㄷ. 신경은이 논리에서 82점 이상을 얻으면 총점이 260점을 초과하므로 옳지 않은 내용이다.

05 | 정보능력

| 01 | 모듈형

01	02	03	04	05	06	07	08											
①	③	⑤	④	④	③	②	⑤											

01
정답 ①

정보관리의 3원칙
- 목적성 : 사용목표가 명확해야 한다.
- 용이성 : 쉽게 작업할 수 있어야 한다.
- 유용성 : 즉시 사용할 수 있어야 한다.

02
정답 ③

고객의 신상정보의 경우 유출하거나 삭제하는 것 등의 행동을 해서는 안 되며, 거래처에서 빌린 컴퓨터에서 나왔기 때문에 거래처 담당자에게 되돌려주는 것이 가장 적절하다.

03
정답 ⑤

제시문에서는 '응용프로그램과 데이터베이스를 독립시킴으로써 데이터를 변경시키더라도 응용프로그램은 변경되지 않는다.'고 하였다. 따라서 데이터 논리적 의존성이 아니라 데이터 논리적 독립성이 적절하다.

[오답분석]
① '다량의 데이터는 사용자의 질의에 대한 신속한 응답 처리를 가능하게 한다.'라는 내용이 실시간 접근성에 해당한다.
② '삽입, 삭제, 수정, 갱신 등을 통하여 항상 최신의 데이터를 유동적으로 유지할 수 있으며'라는 내용을 통해 데이터베이스는 그 내용을 변화시키면서 계속적인 진화를 하고 있음을 알 수 있다.
③ '여러 명의 사용자가 동시에 공유할 수 있고'라는 부분에서 동시 공유가 가능함을 알 수 있다.
④ '각 데이터를 참조할 때는 사용자가 요구하는 내용에 따라 참조가 가능함'이라는 부분에서 내용에 의한 참조인 것을 알 수 있다.

04
정답 ④

- (가) 자료(Data) : 정보 작성을 위하여 필요한 데이터를 말하는 것으로, 이는 '아직 특정의 목적에 대하여 평가되지 않은 상태의 숫자나 문자들의 단순한 나열'을 뜻한다.
- (나) 정보(Information) : 자료를 일정한 프로그램에 따라 처리·가공함으로써 '특정한 목적을 달성하는 데 필요하거나 특정한 의미를 가진 것으로 다시 생산된 것'을 뜻한다.
- (다) 지식(Knowledge) : '특정한 목적을 달성하기 위해 과학적 또는 이론적으로 추상화되거나 정립되어 있는 일반화된 정보'를 뜻하는 것으로, 어떤 대상에 대하여 원리적·통일적으로 조직되어 객관적 타당성을 요구할 수 있는 판단의 체계를 제시한다.

05

 정답 ④

World Wide Web(WWW)에 대한 설명으로, 웹은 3차 산업혁명에 큰 영향을 미쳤다.

오답분석

① 스마트 팜에 대한 설명이다.
② 3D프린팅에 대한 설명이다.
③ 클라우드 컴퓨팅에 대한 설명이다.
⑤ 사물인터넷에 대한 설명이다.

06

 정답 ③

세탁기 신상품의 컨셉이 중년층을 대상으로 하기 때문에 성별이 아닌 연령에 따라 자료를 분류하여 중년층의 세탁기 선호 디자인에 대한 정보가 필요함을 알 수 있다.

07

 정답 ②

ㄱ. 반복적인 작업을 간단히 실행키에 기억시켜 두고 필요할 때 빠르게 바꾸어 사용하는 기능은 매크로이다.
ㄷ. 같은 내용의 편지나 안내문 등을 여러 사람에게 보낼 때 쓰이는 기능은 메일 머지이다.

08

 정답 ⑤

RFID 태그의 종류에 따라 반복적으로 데이터를 기록하는 것이 가능하며, 물리적인 손상이 없는 한 반영구적으로 이용할 수 있다.

RFID
무선 주파수(RF; Radio Frequency)를 이용하여 대상을 식별(IDentification)하는 기술로, 정보가 저장된 RFID 태그를 대상에 부착한 뒤 RFID 리더를 통하여 정보를 인식한다. 기존의 바코드를 읽는 것과 비슷한 방식으로 이용되나, 바코드와 달리 물체에 직접 접촉하지 않고도 데이터를 인식할 수 있으며, 여러 개의 정보를 동시에 인식하거나 수정할 수 있다. 또한, 바코드에 비해 많은 양의 데이터를 허용함에도 데이터를 읽는 속도가 매우 빠르며 데이터의 신뢰도 또한 높다.

| 02 | 엑셀형

01	02	03	04	05	06	07	08	09										
④	⑤	③	②	②	④	①	②	②										

01
정답 ④

인쇄 영역에 포함된 도형, 차트 등의 개체는 기본적으로 인쇄가 된다.

02
정답 ⑤

고정하기를 원하는 행의 아래, 열의 오른쪽에 셀 포인터를 위치시킨 후 [보기] – [틀 고정]을 선택해야 한다.

03
정답 ③

PROPER 함수는 단어 앞의 첫 글자만 대문자로 나타내고 나머지는 소문자로 나타내주는 함수이다. 따라서 'Republic Of Korea'로 나와야 한다.

04
정답 ②

ISNONTEXT 함수는 값이 텍스트가 아닐 경우 논리값 'TRUE'를 반환한다. [A2] 셀의 값은 텍스트이므로 함수의 결괏값으로 'FALSE'가 산출된다.

[오답분석]
① ISNUMBER 함수 : 값이 숫자일 경우 논리값 'TRUE'를 반환한다.
③ ISTEXT 함수 : 값이 텍스트일 경우 논리값 'TRUE'를 반환한다.
④ ISEVEN 함수 : 값이 짝수이면 논리값 'TRUE'를 반환한다.
⑤ ISODD 함수 : 값이 홀수이면 논리값 'TRUE'를 반환한다.

05
정답 ②

VLOOKUP은 목록 범위의 첫 번째 열에서 세로 방향으로 검색하면서 원하는 값을 추출하는 함수이고, HLOOKUP은 목록 범위의 첫 번째 행에서 가로방향으로 검색하면서 원하는 값을 추출하는 함수이다. 즉, 첫 번째 열에 있는 '박지성'의 결석값을 찾아야 하므로 VLOOKUP 함수를 이용해야 한다. VLOOKUP 함수의 형식은 「=VLOOKUP(찾을 값,범위,열 번호,찾기 옵션)」이다. 범위는 절대참조로 지정해줘야 하며, 근사값을 찾고자 할 경우 찾기 옵션에 1 또는 TRUE를 입력하고 정확히 일치하는 값을 찾고자 할 경우 0 또는 FALSE를 입력해야 한다. 따라서 '박지성'의 결석 값을 찾기 위한 함수식은 「=VLOOKUP("박지성",$A$3:$D$5,4,0)」이다.

06
정답 ④

LARGE 함수는 데이터 집합에서 N번째로 큰 값을 구하는 함수이다. 따라서 ④를 입력하면 [D2:D9] 범위에서 두 번째로 큰 값인 20,000이 산출된다.

[오답분석]
① MAX 함수는 최댓값을 구하는 함수이다.
② MIN 함수는 최솟값을 구하는 함수이다.
③ MID 함수는 문자열의 지정 위치에서 문자를 지정한 개수만큼 돌려주는 함수이다.
⑤ INDEX 함수는 범위 내에서 값이나 참조 영역을 구하는 함수이다.

07

정답 ①

SUMIF 함수는 주어진 조건에 의해 지정된 셀들의 합을 구하는 함수이며, 「=SUMIF(조건 범위, 조건, 계산할 범위)」로 구성된다. 따라서 ①을 입력하면 계산할 범위 [C2:C9] 안에서 [A2:A9] 범위 안의 조건인 [A2](의류)로 지정된 셀들의 합인 42가 산출된다.

오답분석

② COUNTIF 함수는 지정한 범위 내에서 조건에 맞는 셀의 개수를 구하는 함수이다.

③ · ④ VLOOKUP 함수와 HLOOKUP 함수는 배열의 첫 열 / 행에서 값을 검색하여, 지정한 열 / 행의 같은 행 / 열에서 데이터를 돌려주는 찾기 / 참조함수이다.

⑤ AVERAGEIF 함수는 주어진 조건에 따라 지정되는 셀의 평균을 구하는 함수이다.

08

정답 ②

• [D11] 셀에 입력된 COUNTA 함수는 범위에서 비어있지 않은 셀의 개수를 구하는 함수이다. [B3:D9] 범위에서 비어있지 않은 셀의 개수는 숫자 '1' 10개와 '재제출 요망'으로 입력된 텍스트 2개로, 「=COUNTA(B3:D9)」의 결괏값은 12이다.

• [D12] 셀에 입력된 COUNT 함수는 범위에서 숫자가 포함된 셀의 개수를 구하는 함수이다. [B3:D9] 범위에서 숫자가 포함된 셀의 개수는 숫자 '1' 10개로, 「=COUNT(B3:D9)」의 결괏값은 10이다.

• [D13] 셀에 입력된 COUNTBLANK 함수는 범위에서 비어있는 셀의 개수를 구하는 함수이다. [B3:D9] 범위에서 비어있는 셀의 개수는 9개로, 「=COUNTBLANK(B3:D9)」의 결괏값은 9이다.

09

정답 ②

주어진 자료에서 원하는 항목만을 골라 해당하는 금액의 합계를 구하기 위해서는 SUMIF 함수를 사용하는 것이 적절하다. SUMIF 함수는 「=SUMIF(범위, 조건, 합계를 구할 범위)」 형식으로 작성한다. 따라서 「=SUMIF(C3:C22, "외식비", D3:D22)」 함수식을 입력하면 원하는 값을 도출할 수 있다.

06 | 기술능력

| 01 | 모듈형

01	02	03	04	05	06	07									
②	①	④	②	①	④	②									

01

정답 ②

기술선택을 위한 절차
• 외부환경 분석 : 수요 변화 및 경쟁자 변화, 기술 변화 등 분석
• 중장기 사업목표 설정 : 기업의 장기비전, 중장기 매출목표 및 이익목표 설정
• 내부역량 분석 : 기술능력, 생산능력, 마케팅 / 영업능력, 재무능력 등 분석
• 사업전략 수립 : 사업 영역 결정, 경쟁 우위 확보 방안 수립
• 요구기술 분석 : 제품 설계 / 디자인 기술, 제품 생산 공정, 원재료 / 부품 제조기술 분석
• 기술전략 수립 : 기술획득 방법 결정

02

정답 ①

제시문에서 나타난 A, B, C사들이 수행한 기술선택 방법은 벤치마킹이다. 벤치마킹이란 단순한 모방과는 달리 특정 분야에서 우수한 기업이나 성공한 상품, 기술, 경영 방식 등의 장점을 충분히 익힌 후 자사의 환경에 맞추어 재창조하는 것을 의미한다.

[오답분석]
④ 비교대상에 따른 벤치마킹의 종류

비교대상에 따른 분류	내용
내부 벤치마킹	같은 기업 내의 다른 지역, 타 부서, 국가 간의 유사한 활용을 비교 대상으로 함.
경쟁적 벤치마킹	동일 업종에서 고객을 직접적으로 공유하는 경쟁기업을 대상으로 함.
비경쟁적 벤치마킹	제품, 서비스 및 프로세스의 단위 분야에 있어 가장 우수한 실무를 보이는 비경쟁적 기업 내의 유사 분야를 대상으로 함.
글로벌 벤치마킹	프로세스에 있어 최고로 우수한 성과를 보유한 동일업종의 비경쟁적 기업을 대상으로 함.

⑤ 수행방식에 따른 벤치마킹의 종류

수행방식에 따른 분류	내용
직접적 벤치마킹	벤치마킹 대상을 직접 방문하여 수행하는 방법
간접적 벤치마킹	인터넷 검색 및 문서 형태의 자료를 통해서 수행하는 방법

03

©·@ C금융사는 비경쟁적 관계에 있는 신문사를 대상으로 한 비경쟁적 벤치마킹과 직접 방문을 통한 직접적 벤치마킹을 수행하였다.

오답분석

⊙ 내부 벤치마킹에 대한 설명이다.

© 경쟁적 벤치마킹에 대한 설명이다.

@ 간접적 벤치마킹에 대한 설명이다.

04

벤치마킹은 경쟁력을 제고하기 위한 방법의 일환으로 타사에서 배워오는 혁신 기법이다. 그러나 복제나 모방과는 다른 개념이다. 벤치마킹은 단순히 경쟁 기업이나 선도 기업의 제품을 복제하는 수준이 아니라 장·단점을 분석해 자사의 제품을 한층 더 업그레이드해 시장 경쟁력을 높이고자 하는 개념이다.

오답분석

① 벤치마크 : 기준이 되는 점, 측정기준으로 비교평가 대상으로 볼 수 있다.

③ 표절 : 다른 사람의 저작물의 일부 또는 전부를 몰래 따다 쓰는 행위를 의미한다.

④ 모방 : 다른 것을 본떠서 흉내 내는 행위를 말한다.

⑤ 차용 : 돈이나 물건 따위를 빌려서 쓰는 행위를 말한다.

05

기술 시스템은 '발명·개발·혁신의 단계 → ⊙기술 이전의 단계 → ©기술 경쟁의 단계 → 기술 공고화 단계'를 거쳐 발전한다. 또한, 기술 시스템의 발전 단계에는 단계별로 핵심적인 역할을 하는 사람들이 있다. 기술 경쟁의 단계에서는 ©기업가들의 역할이 더 중요해지고, 기술 공고화 단계에서는 이를 활성·유지·보수 등을 하기 위한 @자문 엔지니어와 금융전문가 등의 역할이 중요해진다.

06

'피재해자는 전기 관련 자격이 없었으며, 복장은 일반 안전화, 면장갑, 패딩점퍼를 착용한 상태였다.'는 문장에서 불안전한 행동·상태, 작업 관리상 원인, 작업 준비 불충분이란 것을 확인할 수 있다. 그러나 기술적 원인은 제시문에서 찾을 수 없다.

오답분석

① 불안전한 행동 : 위험 장소 접근, 안전장치 기능 제거, 보호 장비의 미착용 및 잘못 사용, 운전 중인 기계의 속도 조작, 기계·기구의 잘못된 사용, 위험물 취급 부주의, 불안전한 상태 방치, 불안전한 자세와 동작, 감독 및 연락 잘못 등이 해당된다.

② 불안전한 상태 : 시설물 자체 결함, 전기 시설물의 누전, 구조물의 불안정, 소방기구의 미확보, 안전 보호 장치 결함, 복장·보호구의 결함, 시설물의 배치 및 장소 불량, 작업 환경 결함, 생산 공정의 결함, 경계 표시 설비의 결함 등이 해당된다.

③ 작업 관리상 원인 : 안전 관리 조직의 결함, 안전 수칙 미제정, 작업 준비 불충분, 인원 배치 및 작업 지시 부적당 등이 해당된다.

⑤ 작업 준비 불충분 : 작업 관리상 원인의 하나이며, 피재해자는 경첩의 높이가 높음에도 불구하고 작업 준비에 필요한 자재를 준비하지 않은 채 불안전한 자세로 일을 시작하였다.

07

지속가능한 기술은 이용 가능한 자원과 에너지를 고려하고, 자원의 사용과 그것이 재생산되는 비율의 조화를 추구하며, 자원의 질을 생각하고, 자원이 생산적인 방식으로 사용되는가에 주의를 기울이는 기술이라고 할 수 있다. 즉, 지속가능한 기술은 되도록 태양 에너지와 같이 고갈되지 않는 자연 에너지를 활용하며, 낭비적인 소비 형태를 지양하고, 기술적 효용만이 아닌 환경효용(Eco - Efficiency)을 추구하는 것이다. ⊙, ©, @의 사례는 낭비적인 소비 형태를 지양하고, 환경효용도 추구하므로 지속가능한 기술의 사례로 볼 수 있다.

오답분석

©·@ 환경효용이 아닌 생산수단의 체계를 인간에게 유용하도록 발전시키는 사례로, 기술발전에 해당한다.

| 02 | 피듈형

01	02	03	04	05	06	07	08												
③	⑤	⑤	④	③	⑤	④	②												

01

정답 ③

두께 100 ~ 160micron 사이의 코팅지를 사용할 수 있으므로 120micron 코팅지는 사용할 수 있다.

[오답분석]

① 스위치를 'ON'으로 놓고 3 ~ 5분 정도 예열을 해야 하며, 예열표시등이 파란불에서 빨간불로 바뀌고 코팅을 할 수 있다.
② 코팅지는 봉합된 부분부터 코팅 투입구에 넣어야 한다.
④ 코팅지는 코팅기를 통과하며 기기 뒷면 코팅 배출구에서 나오고, 임의로 코팅지를 잡아당기면 안 된다.
⑤ 사용 완료 후 1 ~ 2시간 정도 열을 충분히 식힌 후에 이동 및 보관해야 한다.

02

정답 ⑤

코팅지가 기기에 걸렸을 경우 앞면의 스위치를 'OFF'로 돌려 전원을 차단시킨 다음 기기 뒷면에 있는 'REMOVE' 스위치를 화살표 방향으로 밀면서 코팅 서류를 조심스럽게 당겨 뽑아야 한다.

03

정답 ⑤

접착액이 다량으로 붙어 있는 경우는 기기에 코팅 필름이 들어가지 않을 때의 원인에 해당한다.

04

정답 ④

제시된 제품에는 배터리 보호를 위하여 과충전 보호회로가 내장되어 있어 적정 충전시간을 초과하여도 배터리에 큰 손상이 없으므로 고장의 원인으로 적절하지 않다.

05

정답 ③

청소기 전원을 끄고 이물질 제거 후 전원을 켜면 파워브러시가 재작동하며, 평상시에도 파워브러시가 멈추었을 때는 전원 스위치를 껐다 켜면 재작동한다.

06

정답 ⑤

사용 중 갑자기 흡입력이 떨어지는 이유는 흡입구를 커다란 이물질이 막고 있거나, 먼지 필터가 막혀 있거나, 먼지통 내에 오물이 가득 차 있을 경우이다.

07

정답 ④

다른 전화기에서 울리는 전화를 내 전화기에서 받으려면 '당겨받기' 기능을 사용하면 된다.

08

정답 ②

전화걸기 중 세 번째 문항에 대한 것으로, 통화 중인 상태에서 다른 곳으로 전화를 걸기 원할 때의 사내 전화기 사용방법을 설명한 것이다.

보기 오답분석

① 전화받기에 해당하는 그림으로, 통화 중에 다른 전화를 받길 원할 때의 방법을 설명하고 있다.
③ 수신전환에 해당하는 그림으로, 다른 전화기로 수신을 전환하는 방법을 설명하고 있다.
④ 돌려주기에 해당하는 그림으로, 통화 중일 때 다른 전화기로 돌려주는 방법을 설명하고 있다.
⑤ 3자통화에 해당하는 그림으로, 통화 중일 때 제3자를 추가하여 통화하는 방법을 설명하고 있다.

PART 1

07 | 조직이해능력

| 01 | 모듈형

01	02	03	04	05	06	07	08											
④	⑤	③	②	④	②	②	①											

01

정답 ④

조직목표의 기능
• 조직이 존재하는 정당성과 합법성 제공
• 조직이 나아갈 방향 제시
• 조직 구성원 의사결정의 기준
• 조직 구성원 행동수행의 동기 유발
• 수행평가의 기준
• 조직설계의 기준

02

정답 ⑤

안정적이고 확실한 환경에서는 기계적 조직이 적합하고, 급변하는 환경에서는 유기적 조직이 적합하다.

기계적 조직과 유기적 조직의 특징

기계적 조직	유기적 조직
• 구성원들의 업무가 분명하게 정의된다. • 많은 규칙과 규제들이 있다. • 상하 간 의사소통이 공식적인 경로를 통해 이루어진다. • 엄격한 위계질서가 존재한다. • 대표적인 기계조직으로 군대를 볼 수 있다.	• 의사결정 권한이 조직의 하부구성원들에게 많이 위임되어 있다. • 업무가 고정되지 않고, 공유 가능하다. • 비공식적인 상호의사소통이 원활하게 이루어진다. • 규제나 통제의 정도가 낮아 변화에 따라 의사결정이 쉽게 변할 수 있다.

03

정답 ③

경영활동은 조직의 효과성을 높이기 위해 총수입 극대화, 총비용 극소화를 통해 이윤을 창출하는 외부경영활동과 조직내부에서 인적, 물적 자원 및 생산기술을 관리하는 내부경영활동으로 구분할 수 있다. 인도네시아 현지 시장의 규율을 조사하는 것은 시장진출을 준비하는 과정으로, 외부경영활동에 해당된다.

오답분석
① 추후 진출 예정인 인도네시아 시장 고객들의 성향을 미리 파악하는 것은 외부경영활동이다.
② 가동률이 급락한 중국 업체를 대신해 국내 업체들과의 협력안을 검토하는 것은 내부 생산공정 관리와 같은 내부경영활동에 해당된다.
④ 내부 엔진 조립 공정을 개선하면 생산성을 증가시킬 수 있다는 피드백에 따라 이를 위한 기술개발에 투자하는 것은 생산관리로, 내부경영활동에 해당된다.
⑤ 다수의 직원들이 유연근무제를 원한다는 설문조사 결과에 따라 유연근무제의 일환인 탄력근무제를 도입하여 능률적으로 인력을 관리하는 것은 내부경영활동에 해당한다.

04

정답 ②

C주임은 최대 작업량을 잡아 업무를 진행하면 능률이 오를 것이라는 오해를 하고 있다. 하지만 이 경우 시간에 쫓기게 되어 오히려 능률이 떨어질 가능성이 있다. 따라서 실현 가능한 목표를 잡고 우선순위를 세워 진행하는 것이 적절하다.

05

정답 ④

자신이 속한 문화를 기준으로 다른 문화를 평가하려 하지 말고, 자신의 정체성은 유지하되 새롭고 다른 것을 경험하는 것에 대해 포용적이고 적극적인 태도를 취한다.

> **문화 충격(Culture Shock)**
> 다른 문화를 접하게 되었을 때 의식적으로나 무의식적으로 불일치, 위화감, 심리적 부적응 충격 상태를 경험하게 되는 것으로, 이를 극복하기 위해서 가장 중요한 것은 다른 문화에 대한 적극적이고 개방적인 자세를 견지하는 것이다.

06

정답 ②

유창한 중국어 학습만으로는 양국의 문화 차이를 극복하여 사업과 생활을 순조롭게 영위하기 쉽지 않다. 이는 이문화(異文化) 커뮤니케이션이 원활이 이루어져야 함을 뜻하는데 이문화 커뮤니케이션이란 서로 상이한 문화 간 커뮤니케이션을 말하며, 언어뿐만 아니라 비언어적인 커뮤니케이션까지 포함하고 있다.
비언어적인 커뮤니케이션에는 상대국의 문화적 배경에 입각한 생활양식이나 가치관 등이 있으며 이를 적극적으로 파악하며 이해하기 위한 개방적이고 포용적인 자세를 지속적으로 기울여야 한다.
따라서 언어적 커뮤니케이션과 비언어적 커뮤니케이션 두 가지의 이해를 통해 문화 차이의 간격을 좁혀나가야 한다.

07

정답 ②

기업 내 직급·호칭파괴 제도가 실패한 원인
• 호칭만으로 상명하복 조직문화 개선이 어렵기 때문이다.
• 불명확한 책임소재로 업무상 비효율적이기 때문이다.
• 승진 등 직원들의 성취동기가 사라지기 때문이다.
• 조직력을 발휘하는데 걸림돌이 될 것 같기 때문이다.
• 신속한 의사결정이 오히려 힘들기 때문이다.

08

정답 ①

조직의 목적을 달성하기 위하여 업무는 통합되어야 하므로, 개인이 선호하는 업무를 임의로 선택할 수 있는 재량권은 적다.

| 02 | 피듈형

01	02	03	04	05	06	07	08											
②	③	①	②	④	④	③	⑤											

01

P기업은 기존에 수행하지 않던 해외 판매 업무가 추가될 것이므로 그것에 따른 해외영업팀 등의 조직 신설이 필요하다. 해외에 공장 등의 조직을 보유하게 되므로 이를 관리하는 해외 관리 조직이 필요하며, 물품의 수출에 따른 통관 업무를 담당하는 통관물류팀, 외화 대금 수취 및 해외 조직으로부터의 자금 이동 관련 업무를 담당할 외환업무팀, 국제 거래상 발생하게 될 해외 거래 계약 실무를 담당할 국제법무 조직 등이 필요하다. 그러나 기업회계팀은 P기업의 해외 사업과 상관없이 기존 회계를 담당하는 조직이라고 볼 수 있다.

02

국제경쟁입찰의 과열 경쟁 심화와 컨소시엄 구성 시 민간기업과 업무 배분, 이윤 추구 성향 조율의 어려움 등은 문제점에 대한 언급이기 때문에 추진 방향으로 적절하지 않다.

03

A사원이 해야 할 업무를 시간 순서대로 나열해 보면 '회의실 예약 – PPT 작성 – 메일 전송 – 수정사항 반영 – B주임에게 조언 구하기 – 브로슈어에 최종본 입력 – D대리에게 파일 전달 – 인쇄소 방문' 순서이다.

04

조직은 목적을 가지고 있어야 하고, 구조가 있어야 한다. 또한 목적을 달성하기 위해 구성원들은 서로 협동적인 노력을 하며, 외부 환경과 긴밀한 관계를 가지고 있어야 한다. 하지만 야구장에 모인 관중들은 동일한 목적만 가지고 있을 뿐 구조를 갖추지 않았기 때문에 조직으로 볼 수 없다.

05

문제 발생의 원인은 회의내용에서 알 수 있는 내용이다.

오답분석
① 회의에 참가한 인원이 6명일 뿐 조직의 인원은 회의록을 통해 알 수 없다.
② 회의 참석자는 생산팀 2명, 연구팀 2명, 마케팅팀 2명으로 총 6명이다.
③ 마케팅팀에서 제품을 전격 회수하고, 연구팀에서 유해성분을 조사하기로 했다.
⑤ 연구팀에서 유해성분을 조사하기로 결정했지만 그 결과는 알 수 없다.

06

회의 후 가장 먼저 해야 할 일은 '주문 물량이 급격히 증가한 일주일 동안 생산된 제품 파악'이다. 문제의 제품이 전부 회수되어야 포장재질 및 인쇄된 잉크 유해성분을 조사한 뒤 적절한 조치가 가능하기 때문이다.

07

정답 ③

회의 목적은 신제품 홍보 방안 수립 및 제품명 개발이며, 회의 이후 이러한 목적을 달성할 수 있도록 업무를 진행해야 한다. 기획팀의 D대리는 신제품의 특성에 적합하고 소비자의 흥미를 유발하는 제품명을 개발해야 하는 업무를 맡고 있으므로, 타사 제품의 이벤트 현황을 조사하는 것은 적절하지 않다.

08

정답 ⑤

오프라인에서의 제품 접근성에 대한 소비자의 반응은 온라인 홍보팀이 필요로 하는 온라인에서의 타사 여드름 화장품에 대한 소비자 반응으로 적절하지 않다.

08 | 대인관계능력

01	02	03	04	05	06	07	08	09										
④	③	⑤	⑤	②	④	①	④	③										

01

정답 ④

협상과정의 단계에 따르면 간접적인 방법으로 협상의사를 전달(협상시작 단계) → 적극적으로 자기주장 제시(상호이해 단계) → 분할과 통합 기법을 활용하여 이해관계 분석(실질이해 단계) → 협상 안건마다 대안 평가(해결대안 단계) → 합의문 작성(합의문서 단계)의 순서이다.

02

정답 ③

고객불만 처리 프로세스 중 '해결약속' 단계에서는 고객이 불만을 느낀 상황에 대해 관심과 공감을 보이며, 문제의 빠른 해결을 약속해야 한다.

고객불만 처리 프로세스 8단계
1. 경청
2. 감사와 공감표시
3. 사과
4. 해결약속
5. 정보파악
6. 신속처리
7. 처리확인과 사과
8. 피드백

03

정답 ⑤

(A)의 경우 상대방이 제시하는 것을 일방적으로 수용한다는 점을 볼 때, 유화전략임을 알 수 있으며, (B)의 경우 자신의 이익을 극대화하기 위한 공격적 전략이라는 점에서 강압전략임을 알 수 있다. (C)의 경우 협상을 피한다는 점으로 회피전략임을, (D)의 경우 협동과 통합으로 문제를 해결한다는 점에서 협력전략임을 알 수 있다.

04

정답 ⑤

ㄷ. 객관적 평가를 위해 계획단계에서 설정한 평가 지표에 따라 평가하는 것은 조직목표 달성의 효과성 개선을 위한 노력으로 적절하다.
ㄹ. 개방적 의사소통은 조직목표 달성의 효과성 개선에 도움이 되므로 팀을 수평적 구조로 재구성하는 것은 적절하다.

오답분석
ㄱ. 책임소재를 명확히 하는 것은 좋으나, 조직목표 달성의 효과성 개선을 위해서는 절차보다 결과에 초점을 맞추어야 한다. 따라서 절차상의 하자 제거를 최우선시하는 것은 적절하지 않다.
ㄴ. 내부 의견이 일치하지 않는 경우 단순히 주관적 판단인 부서장의 의견을 따르기보다는 의견수렴을 통해 합리적이고 건설적으로 해결해야 한다.

05

정답 ②

거래적 리더십은 기계적 관료제에 적합하고, 변혁적 리더십은 단순구조나 임시조직, 경제적응적 구조에 적합하다.
• 거래적 리더십 : 리더와 조직원들이 이해타산적 관계에 의해 규정에 따르며, 합리적인 사고를 중시하고 보강으로 동기를 유발한다.
• 변혁적 리더십 : 리더와 조직원들이 장기적 목표 달성을 추구하고, 리더는 조직원의 변화를 통해 동기를 부여하고자 한다.

06

정답 ④

사회적 입증 전략이란 사람은 과학적 이론보다 자신의 동료나 이웃의 말이나 행동에 의해서 쉽게 설득된다는 전략이다.

[오답분석]

① See – Feel – Change 전략 : 시각화하고 직접 보게 하여 이해시키고(See), 스스로가 느끼게 하여 감동시키며(Feel), 이를 통해 상대방을 변화시켜(Change) 설득에 성공한다는 전략이다.
② 호혜 관계 형성 전략 : 협상 당사자 간에 어떤 혜택들을 주고받은 관계가 형성되어 있으면 그 협상과정상의 갈등해결이 용이하다는 것이다.
③ 헌신과 일관성 전략 : 협상 당사자 간에 기대하는 바에 일관성 있게 헌신적으로 부응하여 행동하게 되면 협상과정상의 갈등해결이 용이하다는 것이다.
⑤ 희소성 해결 전략 : 인적, 물적 자원 등의 희소성을 해결하는 것이 협상과정상의 갈등해결에 용이하다는 것이다.

07

정답 ①

소외형은 동료들이나 리더의 시각에서는 냉소적이며 부정적이고, 적절한 보상이 없으면 자신을 인정해주지 않고 불공정하고 문제가 있다고 느끼는 사람으로써, A씨는 소외형 멤버십 유형에 속한다.

[오답분석]

② 순응형 : 질서를 따르는 것이 중요하고 획일적인 태도와 행동에 익숙한 유형으로, 팀플레이를 하며 리더나 조직을 믿고 헌신해야 한다고 생각한다. 동료의 시각에서는 아이디어가 없고 인기 없는 일은 하지 않으며 조직을 위해 자신과 가족의 요구를 양보하는 사람으로 비춰질 수 있다.
③ 실무형 : 규정의 준수를 강조하며 조직이 명령과 계획을 빈번하게 변경하고 리더와 부하 간의 비인간적인 풍토가 있다고 생각하는 유형으로, 조직의 운영방침에 민감하고 사건을 균형 잡힌 시각으로 본다. 동료의 시각에서는 개인의 이익을 극대화하기 위한 흥정에 능하고 적당한 열의와 평범한 수완으로 업무를 수행하는 사람이다.
④ 수동형 : 조직이 나의 아이디어를 원치 않으며 노력과 공헌을 해도 아무 소용이 없다고 느낀다. 판단과 사고를 리더에 의존하고 지시가 있어야 행동한다. 동료의 시각에서는 수행하는 일이 없고 업무 수행에는 감독이 반드시 필요한 사람으로 보이는 유형이다.
⑤ 주도형 : 가장 이상적인 유형으로, 독립적이면서 혁신적인 사고 측면에서 스스로 생각하고 건설적 비판을 하며, 자기 나름의 개성이 있고 혁신적이며 창조적인 특성을 가지는 사람이다. 적극적 참여와 실천 측면에서 솔선수범하고 주인의식을 가지고 있으며 기대 이상의 성과를 내려고 노력하는 특성을 가진다.

08

정답 ④

④는 리더십 유형 중 파트너십 유형의 특징으로, 파트너십 리더십은 리더가 조직에서 구성이 되기도 하며, 집단의 비전 및 책임 공유를 하는 특징을 가진다. 이는 팀워크를 촉진시키는 방법과는 거리가 멀다.

09

정답 ③

책임감에 대한 부담을 덜어주는 것이 아니라, 책임을 부여하고 자신의 역할과 행동에 책임감을 가지도록 하는 환경을 제공해야 한다.

09 | 자기개발능력

01	02	03	04	05	06	07	08	09	10									
④	①	③	①	③	④	③	②	⑤	③									

01
정답 ④

㉠ 수행성취, ㉡ 모델링, ㉢ 사회적, ㉣ 정서적 각성

02
정답 ①

P씨는 경력중기에 해당하는 위치에 있다. 경력중기는 자신이 그동안 성취한 것을 재평가하고, 생산성을 그대로 유지하는 단계이다. 그러나 경력중기에 이르면 직업 및 조직에서 어느 정도 입지를 굳히게 되어 더 이상 수직적인 승진 가능성이 적은 경력 정체 시기에 이르게 되며, 새로운 환경의 변화(과학기술, 관리방법의 변화 등)에 직면하게 되어 생산성을 유지하는 데 어려움을 겪기도 한다. 또한 개인적으로 현 직업이나 라이프스타일에 대한 불만을 느끼며, 매일의 반복적인 일상에 따분함을 느끼기도 한다.

오답분석
② 조직입사의 단계에 해당한다.
③ 직업선택의 단계에 해당한다.
④ 경력말기의 단계에 해당한다.
⑤ 경력초기의 단계에 해당한다.

03
정답 ③

자기개발이 자신의 직위와 직급을 향상시키기 위해서 필요하다는 내용은 제시문을 통해 확인할 수 없다. 자기개발은 효과적으로 업무를 처리하기 위하여, 즉 업무의 성과를 향상시키기 위해서 필요한 것이며, 직위와 직급 향상은 이를 통해 부차적으로 얻게 된다.

04
정답 ①

자기관리는 자신의 목표성취를 위해 자신의 행동과 자신의 업무수행을 관리하고 조정하는 것이라는 점에서 (가) 자기관리 계획, (마) 업무의 생산성 향상 방안, (아) 대인관계 향상 방안이 자기관리에 해당하는 질문으로 적절하다.

오답분석
• (나), (라), (자) : 자아인식에 해당하는 질문이다.
• (다), (바), (사) : 경력개발에 해당하는 질문이다.

05
정답 ③

김대리는 의지와 욕구는 있지만 업무 전환에 대한 인식과 자기이해 노력이 부족했다. 직업인으로서 자신이 원하는 직업을 갖고 일을 효과적으로 수행하기 위해서는 장기간에 걸친 치밀한 준비와 노력이 필요하며, 자신을 분명하게 아는 것이 선행되어야 한다.

06

정답 ④

오답분석

① 단기적인 대응책보다는 장기적인 관점에서 성장할 방법을 찾아야 할 필요가 있다.
② 과거에 했던 일과 지금 하는 일을 모두 고려하여 자신의 흥미에 대해 고민해야 한다.
③ 자기개발로 지향하는 바는 개별적인 과정으로, 사람마다 다르다.
⑤ 업무에 대한 의지와 욕구는 이미 가지고 있다.

07

정답 ③

김대리는 외모와 같은 외면적 자아를 활용하기보다는 내면적 자아인 적성, 흥미, 성격, 가치관, 능력 등을 활용하여 자기를 인식하고 개발하여 성과를 인정받았다.

08

정답 ②

김대리는 외부적인 요소보다는 자신의 내면에 대한 질문을 던져 자신을 파악하고 개발했다고 볼 수 있다. 따라서 외부에서 다른 사람이 자신을 어떻게 평가하는지에 대한 질문은 적절하지 않다.

09

정답 ⑤

이과장은 자신의 인적자원을 활용해 업무 목표 달성을 하고 회사 내에서 상사 및 동료들이 좋은 평을 할 정도로 지지를 받고 있으며, 회사의 규정을 준수하고 개인으로서도 좋은 성과를 내고 있다. 따라서 자원, 상사 및 동료의 지지, 업무지침, 개인의 능력 모두가 이과장의 업무 수행성과에 영향을 미치고 있다고 할 수 있다.

10

정답 ③

제시문에서 이과장이 역할 모델을 정한다는 내용은 찾아볼 수 없다. 이과장의 업무 수행 전략은 회사의 업무지침을 준수하여 규정대로 꼼꼼하게 일을 처리하고, 제출기한을 준수하며, 업무를 단위별로 정리하여 수행하는 것이다.

10 │ 직업윤리

01	02	03	04	05	06	07	08	09	10	11	12							
②	①	③	①	⑤	②	④	①	③	③	⑤	②							

01
정답 ②

부패의 원인은 사회적 윤리 의식의 부재, 공사구분을 모호하게 하는 문화적 특성, 건전한 가치관의 미정립, 과도한 법규의 규제, 효율적 사회 시스템의 미비, 과거를 답습하는 문화 등 여러 가지가 있을 수 있다. 하지만 제시문에서는 사회 시스템에 대한 내용은 언급되지 않았다.

02
정답 ①

제시문은 정부 사업을 수주하는 업체가 정부기관의 권력을 이용해 이익을 취하고 기업의 건전한 이윤추구의 가치를 훼손시킨 사례이다. 부패는 사회 시스템 전체가 유기적으로 움직이는 데 피해를 주고, 다른 사회구성원들로 하여금 엄청난 사회적 비용을 물도록 하여 국가와 사회의 정상적인 발전을 저해한다. 따라서 거래 당사자 간의 문제에 그치는 것이 아니라 사회적 비용으로 보아야 한다.

03
정답 ③

담당자가 자리를 비운 경우 메모를 남겨 전달해야 하며, 개인신상정보는 노출하지 말아야 한다.

오답분석
① 부재 시 전화를 당겨 받는다.
② 처음에 회사명과 부서명, 이름을 밝힌 뒤 용건을 확인한다.
④ 상대방의 용건, 성명을 메모로 남긴다.
⑤ 용건을 물어본 후 간단한 용건일 경우 대신 처리할 수 있으면 처리한다.

04
정답 ①

전화를 받으면 회사명과 부서명, 이름을 밝힌 뒤 용건을 확인한다.

오답분석
② ㄴ : 통화 담당자가 없으면 자리를 비운 이유를 간단히 설명해야 한다.
③ ㄷ : 담당자가 통화 가능한 시간을 알려주어야 한다.
④ ㄹ : 용건을 물어본 후 대신 처리할 수 있으면 처리하거나 담당자에게 정확한 메모를 전달한다.
⑤ ㅁ : 개인신상정보는 노출하지 말아야 한다.

05

정답 ⑤

김차장에게 필요한 것은 자신의 역할과 책무를 충실히 수행하고 책임을 다하는 책임의식이다.

오답분석

① 소명의식 : 자신이 맡은 일은 하늘에 의해 맡겨진 일이라고 생각하는 태도이다.
② 준법의식 : 법과 규칙을 준수하여 업무에 임하는 태도이다.
③ 근면의식 : 정해진 시간을 준수하며 생활하고 보다 부지런하고 적극적인 자세로 임하는 태도이다.

06

정답 ②

김차장에게는 잘못을 저질렀을 때, 맡은 역할을 타인에게 전가하지 않고 스스로 책임을 다하는 자세가 필요하다.

07

정답 ④

사람의 속성은 변화하지 않으므로 김차장을 변화시키기보다는 상황이 변화할 수 있도록 유도하는 것이 적절하다.

08

정답 ①

사람의 행동이나 사회현상에는 기존패턴을 반복하려는 경향, 즉 타성이 존재한다. 도덕적 타성이란 나태함이나 게으름의 뜻을 내포하고 있는데, 바람직한 행동이 무엇인지 알면서 하지 않는 무기력한 모습을 말한다. 매출실적을 확대하기 위하여 거래 업체에 리베이트(부정한 금품)를 제공한다면, 윤리적인 올바름보다 당장의 매출실적이 선호대상이 되었기 때문에 이는 도덕적 타성에서 벗어나야만 해결이 가능하다.

09

정답 ③

비윤리적인 행위는 윤리적인 문제에 대하여 제대로 인식하지 못하는 데서 기인한다. 또한, 사람들이 가지고 있는 낙관적인 성향, 즉 비윤리적인 행동이 미치는 영향에 대하여 별거 아니라고 생각하거나 저절로 좋아질 것이라고 생각하는 데도 원인이 있다. 또한 일상생활에서 윤리적인 배려가 선택의 우선순위에서 밀려나거나 비윤리적 행위라는 것은 분명히 알고 있으나 그것과 서로 충돌하는 다른 가치가 있을 경우, 그것을 선호하는 경우이다.

10

정답 ③

(가), (다), (라)의 경우 외부로부터의 강요가 아니라 자진해서 행동하고 있다. 자진해서 하는 근면은 능동적이고 적극적인 태도가 우선시된다.

오답분석

• (나) : 팀장으로부터 강요당하였다.
• (마) : 어머니로부터 강요당하였다.

11

정답 ⑤

- 기율 : 무관심이란 자신의 행위가 비윤리적이라는 것은 알고 있지만, 윤리적인 기준에 따라 행동해야 한다는 것을 중요하게 여기지 않는 것을 의미하므로 옳은 설명이다.
- 지현 : 무절제란 자신의 행위가 잘못이라는 것을 알고 그러한 행위를 하지 않으려고 함에도 불구하고 자신의 통제를 벗어나는 어떤 요인으로 인하여 비윤리적 행위를 저지르는 것이므로 옳은 설명이다.

오답분석

- 지원 : 비윤리적 행위의 주요 원인은 무지, 무관심, 무절제이며, 자유는 비윤리적 행위의 직접적 원인으로 볼 수 없다.
- 창인 : 어떤 사람이 악이라는 사실을 모른 채 선이라고 생각하여 노력하였다면, 이는 무관심이 아닌 무지에서 비롯된 것이다.

12

정답 ②

직장 내에서의 서열과 직위를 고려한 소개의 순서를 볼 때, 내가 속해 있는 회사의 관계자를 타 회사의 관계자에게 먼저 소개하는 것이 적절하다.

PART 2

직무수행능력평가

01 | 사무직 직무수행능력평가

| 01 | 경영학

01	02	03	04	05	06	07	08	09	10	11	12	13	14	15	16	17	18	19	20
①	④	②	③	②	③	⑤	④	④	③	①	⑤	①	③	⑤	④	②	②	⑤	③

01
정답 ①

시스템 통합으로 인해 운영비용은 절감되지만 피인수기업의 재정불량상태가 그대로 들어오므로 인수기업의 재무상태가 불량해질 수 있으며 빚을 내서 인수할 경우 재무상의 빚이 증가할 수 있다.

02
정답 ④

기업의 현재 가치가 실제 가치보다 상대적으로 저평가되어 주당 순이익에 비해 주가가 낮은 주식을 가치주라고 한다. 가치주는 현재의 가치보다 낮은 가격에서 거래된다는 점에서, 미래의 성장에 대한 기대로 인하여 현재의 가치보다 높은 가격에 거래되는 성장주와는 다르다. 또한 성장주에 비하여 주가의 변동이 완만하여 안정적 성향의 투자자들이 선호한다.

오답분석

② 황금주는 보유한 주식의 수량이나 비율에 관계없이, 극단적으로는 단 1주만 가지고 있더라도 적대적 M&A 등 기업의 주요한 경영 사안에 대하여 거부권을 행사할 수 있는 권리를 가진 주식을 말한다.

03
정답 ②

오답분석

① 클로즈드 숍(Closed Shop) : 근로자가 노동조합에 가입하는 것을 고용 조건으로 하여 모든 노동자를 조합에 가입시키는 노사 간의 협정이다.
③ 오픈 숍(Open Shop) : 고용자가 노동조합의 가입 여부와 상관없이 채용할 수 있고, 근로자 또한 노동조합의 가입이나 탈퇴가 자유로운 제도이다.
④ 에이전시 숍(Agency Shop) : 종업원의 노동조합 가입을 강제하지는 않으나 상당액의 조합비 납부를 의무화한 제도이다.
⑤ 메인터넌스 숍(Maintenance of Membership Shop) : 조합원이 되면 일정 기간 조합원으로서 머물러 있어야 한다는 제도이다.

04
정답 ③

STP 전략은 S(Segmentation : 시장세분화), T(Targeting : 목표시장 설정), P(Positioning : 포지셔닝)의 세 단계로 이루어진다. 시장세분화 단계에서는 지리적, 사회적, 인구통계학적으로 기준을 정하여 시장을 나누고, 목표시장 설정 단계에서는 세분화된 시장 중 원하는 고객을 정한다. 마지막으로 포지셔닝 단계에서는 선정한 고객에게 특정 인식을 각인시킨다.

05
정답 ②

침투가격정책은 수요가 가격에 대하여 민감한 제품(수요의 가격탄력성이 높은 제품)에 많이 사용하는 방법이다.

06

정답 ③

균형성과표(BSC)는 재무관점, 고객관점, 내부 프로세스관점, 학습 및 성장관점 등의 4가지로 성과를 측정한다.

07

정답 ⑤

오답분석

① 자본시장선은 시장포트폴리오와 무위험자산에 대한 자산배분을 통하여 구성된 자본배분선으로, 부채를 사용할 때 지급하는 대가인 타인자본 비용과는 관계가 없다.
② 자본배분선은 무위험자산이 있는 경우 효율적 투자자가 어떻게 투자를 하는지를 표시한 수익률 – 위험 간 관계선이다.
③ 자본시장선은 무위험자산을 고려한다.
④ 증권시장선은 비효율적인 포트폴리오 혹은 개별증권들에 대한 위험과 수익률 간의 관계를 결정해 준다.

08

정답 ④

A씨는 차량을 200만 원에 구입하여 40만 원을 지급한 상태이므로 총자산은 증가하였다고 볼 수 있다. 그리고 아직 치르지 않은 잔액 160만 원이 외상으로 존재하므로 총부채 역시 증가하였다고 볼 수 있다.

09

정답 ④

금리는 만기가 길수록, 유동성이 작을수록, 기대 인플레이션이 높을수록, 위험도가 클수록 높아진다. 일반적으로 채권의 만기가 길면 길수록 투자금의 유동성에 제약을 받기 때문에 이자율은 높아진다. 국채는 회사채보다 채무불이행 위험이 적기 때문에 금리가 회사채보다 낮게 형성되며, 경기가 좋아질수록 채무불이행 위험이 줄어들기 때문에 국채와 회사채 간 금리 차이가 줄어든다.

10

정답 ③

오답분석

① 호감득실이론 : 자신을 처음부터 계속 좋아해 주던 사람보다 자신을 싫어하다가 좋아하는 사람을 더 좋아하게 되고, 반대로 자신을 처음부터 계속 싫어하던 사람보다 자신을 좋아하다가 싫어하는 사람을 더 싫어하게 된다고 주장하는 이론이다.
② 사회교환이론 : 두 사람의 인간관계에서 비용과 보상을 주고받는 과정을 사회교환과정이라 하고, 보상에서 비용을 제한 결과에 따라 그 관계의 존속여부가 결정된다는 이론이다.
④ 기대 – 불일치이론 : 1981년 올리버(Oliver)에 의해 제시된 이론으로, 성과가 기대보다 높아 긍정적 불일치가 발생하면 만족하고, 성과가 기대보다 낮아 부정적 불일치가 발생하면 불만족을 가져온다는 이론이다.
⑤ 인지불협화이론 : 페스팅거(Festinger)가 주장한 이론으로, 사람들이 자신의 태도와 행동이 일치하지 않을 때 인간은 불편한 긴장을 경험한다고 제안한 이론이다.

11

정답 ①

기능 조직(Functional Structure)은 기능별 전문화의 원칙에 따라 공통의 전문지식과 기능을 지닌 부서단위로 묶는 조직 구조를 의미한다.

12

정답 ⑤

마이클 포터는 원가우위 전략과 차별화 전략을 동시에 추구하는 것은 이도저도 아닌 어정쩡한 상황이라고 언급하였으며, 둘 중 한 가지를 선택하여 추구하는 것이 효과적이라고 주장했다.

13

정답 ①

델파이(Delphi) 기법은 예측하려는 현상에 대하여 관련 있는 전문가나 담당자들로 구성된 위원회를 구성하고, 개별적 질의를 통해 의견을 수집하여 종합·분석·정리하며, 의견이 일치될 때까지 개별적 질의 과정을 되풀이하는 예측기법이다.

14

정답 ③

워크샘플링법은 직무분석방법이다.

> **직무평가방법**
> • 서열법 : 직무의 상대적 가치에 따라 서열을 매기는 방법이다.
> • 분류법 : 직무를 조사하여 직무 요소에 따라 미리 설정해둔 등급에 분류 및 배치하는 방법이다.
> • 점수법 : 직무의 가치를 점수로 나타내어 평가하는 방법이다.
> • 요소비교법 : 기준직무 선정 후, 각 직무와 기준직무의 평가요소를 비교함으로써 직무의 상대적 가치를 결정하는 방법이다.

15

정답 ⑤

오답분석

① 데이터베이스 관리 시스템은 데이터의 중복성을 최소화하면서 조직에서의 다양한 정보 요구를 충족시킬 수 있도록 상호 관련된 데이터를 모아놓은 데이터의 통합된 집합체이다.
② 전문가 시스템은 특정 전문분야에서 전문가의 축적된 경험과 전문지식을 시스템화하여 의사결정을 지원하거나 자동화하는 정보 시스템이다.
③ 전사적 자원관리 시스템은 구매, 생산, 판매, 회계, 인사 등 기업의 모든 인적·물적 자원을 효율적으로 관리하여 기업의 경쟁력을 강화시켜주는 통합정보시스템이다.
④ 의사결정 지원 시스템은 경영관리자의 의사결정을 도와주는 시스템이다.

16

정답 ④

직무기술서는 직무수행과 관련된 과업 및 직무행동을 직무 요건을 중심으로 기술한 양식이다.

구분	직무기술서	직무명세서
개념	• 직무수행과 관련된 과업 및 직무 행동을 직무 요건을 중심으로 기술한 양식	• 특정 직무를 수행하기 위해 요구되는 지식, 기능, 육체적 정신적 능력 등 인적 요건을 중심으로 기술한 양식
포함 내용	• 직무 명칭, 직무코드, 소속 직군, 직렬 • 직급(직무등급), 직무의 책임과 권한 • 직무를 이루고 있는 구체적 과업의 종류 및 내용	• 요구되는 교육 수준 • 요구되는 지식, 기능, 기술, 경험 • 요구되는 정신적, 육체적 능력 • 인정 및 적성, 가치, 태도
작성 요건	명확성, 단순성, 완전성, 일관성	

17

정답 ②

므두셀라 증후군은 추억을 아름답게 포장하거나 나쁜 기억은 지우고 좋은 기억만 남겨두려는 심리로, 기억 왜곡을 동반한 일종의 도피심리를 의미한다.

오답분석

① 스톡홀름 증후군(Stockholm Syndrome) : 인질이 인질범들에게 동화되어 그들에게 동조하는 비이성적 현상이다.
③ 순교자 증후군(Martyr Syndrome) : 과거의 일에 대해 부정적으로 기억하고 나쁜 감정만 떠올리는 심리이다.
④ 스마일 마스크 증후군(Smile Mask Syndrome) : 밝은 모습을 유지해야 한다는 강박에 슬픔과 분노 같은 감정을 제대로 발산하지 못해 심리적으로 불안정한 상태이다.
⑤ 리마 증후군(Lima Syndrome) : 인질범이 포로나 인질에게 강자로서 약자에게 갖는 동정심을 말한다.

18

정답 ②

오답분석

ⓒ 당좌자산이란 유동자산 중 판매하지 않더라도 1년 이내 현금화가 가능한 자산을 의미한다. 기업이 판매하기 위하여 또는 판매를 목적으로 제조 과정 중에 있는 자산은 재고자산이다.
ⓔ 자본잉여금이란 영업이익 중 배당금을 제외한 사내 유보금을 의미한다. 기업의 법정자본금을 초과하는 순자산액 중 이익을 원천으로 하는 잉여금은 이익잉여금이다.

19

정답 ⑤

기업의 생산이나 판매과정 전후에 있는 기업 간의 합병으로, 주로 원자재 공급의 안정성 등을 목적으로 하는 것은 수직적 합병이다. 반면, 수평적 합병은 동종 산업에서 유사한 생산단계에 있는 기업 간의 합병으로, 주로 규모의 경제적 효과나 시장지배력을 높이기 위해서 이루어진다.

20

정답 ③

오답분석

ㄴ. 개별주식의 기대수익률이 증권시장선 위쪽에 위치하면 주가가 과소평가된 상태이다.
ㄷ. 자본시장의 기대수익과 위험 간의 선형적인 관계를 나타낸다.

01	02	03	04	05	06	07	08	09	10	11	12	13	14	15	16	17	18	19	20
②	②	②	③	④	⑤	④	④	⑤	①	④	③	④	①	④	②	①	⑤	④	①

01

정답 ②

어떤 상품이 정상재인 경우 이 재화의 수요가 증가하면 수요곡선 자체를 오른쪽으로 이동시켜 재화의 가격이 상승하면서 동시에 거래량이 증가한다. 소비자의 소득 증가, 대체재의 가격 상승, 보완재의 가격 하락, 미래 재화가격 상승 예상, 소비자의 선호 증가 등이 수요를 증가시키는 요인이 될 수 있다. 한편, 생산기술의 진보, 생산요소의 가격 하락, 생산자의 수 증가, 조세 감소 등은 공급의 증가요인으로 공급곡선을 오른쪽으로 이동시킨다.

02

정답 ②

유동성 함정은 금리가 한계금리 수준까지 낮아져 통화량을 늘려도 소비·투자 심리가 살아나지 않는 현상을 말한다.

오답분석

① 화폐 환상 : 화폐의 실질적 가치에 변화가 없는데도 명목단위가 오르면 임금이나 소득도 올랐다고 받아들이는 현상이다.
③ 구축 효과 : 정부의 재정적자 또는 확대 재정정책으로 이자율이 상승하여 민간의 소비와 투자활동이 위축되는 효과이다.
④ J커브 효과 : 환율의 변동과 무역수지와의 관계를 나타낸 것으로, 무역수지 개선을 위해 환율상승을 유도하면 초기에는 무역수지가 오히려 악화되다가 상당 기간이 지난 후에야 개선되는 현상이다.
⑤ 피셔 방정식 : 명목이자율은 실질이자율과 인플레이션율의 합이라는 관계를 나타낸 공식이다.

03

정답 ②

기업 B의 광고 여부에 관계없이 기업 A는 광고를 하는 것이 우월전략이다. 또한, 기업 A의 광고 여부에 관계없이 기업 B도 광고를 하는 것이 우월전략이다. 따라서 두 기업 모두 광고를 하는 것이 우월전략이므로 우월전략균형에서 두 기업의 이윤은 (55, 75)이다. 이때 우월전략균형은 내쉬균형에 포함되므로 내쉬균형에서의 기업 A의 이윤은 55이고, 기업 B의 이윤은 75이다.

04

정답 ③

독점적 경쟁시장의 장기균형에서는 $P > SMC$가 성립한다.

오답분석

① · ② 독점적 경쟁시장의 장기균형은 수요곡선과 단기평균비용곡선, 장기평균비용곡선이 접하는 점에서 달성된다.
④ 균형생산량은 단기평균비용의 최소점보다 왼쪽에서 달성된다.
⑤ 가격과 평균비용이 같은 지점에서 균형이 결정되므로, 장기 초과이윤은 0이다.

05

정답 ④

일물일가의 법칙을 가정하는 구매력평가이론에 따르면 두 나라에서 생산된 재화의 가격이 동일하므로 명목환율은 두 나라의 물가수준의 비율로 나타낼 수 있다. 한편, 구매력평가이론이 성립하면 실질환율은 불변한다.

06

정답 ⑤

오답분석

ㅁ. 환불이 불가능한 숙박비는 회수 불가능한 매몰비용이므로, 선택 시 고려하지 않은 ⓒ의 행위는 합리적 선택 행위의 일면이라고 할 수 있다.

07

정답 ④

오답분석

① 수요의 가격탄력성이 1보다 작은 경우, 가격이 하락하면 총수입은 감소한다.
② 대체재가 많을수록 수요의 가격탄력성은 커진다.
③ 소비자 전체 지출에서 차지하는 비중이 큰 상품일수록 수요의 가격탄력성은 커진다.
⑤ 수요의 가격탄력성이 커질수록 물품세 부과로 인한 경제적 순손실은 커진다.

08

정답 ④

- $(2022년 \ GDP \ 디플레이터) = \dfrac{(명목 \ GDP_{2022})}{(실질 \ GDP_{2022})} \times 100 = \dfrac{100}{(실질 \ GDP_{2022})} \times 100 = 100 \rightarrow (2022년 \ 실질 \ GDP) = 100$

- $(2023년 \ GDP \ 디플레이터) = \dfrac{(명목 \ GDP_{2023})}{(실질 \ GDP_{2023})} \times 100 = \dfrac{150}{(실질 \ GDP_{2023})} \times 100 = 120 \rightarrow (2023년 \ 실질 \ GDP) = 125$

따라서 2023년의 전년 대비 실질 GDP 증가율은 $\dfrac{125-100}{100} \times 100 = 25\%$이다.

09

정답 ⑤

다. 디플레이션이 발생하면 기업의 실질적인 부채부담이 증가한다.
라. 기업의 채무불이행이 증가하면 금융기관 부실화가 초래된다.

오답분석

가. 피셔효과에 따르면 '(명목이자율)=(실질이자율)+(예상인플레이션율)'의 관계식이 성립하므로 예상인플레이션율이 명목이자율을 상회할 경우 실질이자율은 마이너스(−) 값이 될 수 있다. 하지만 명목이자율은 마이너스(−) 값을 가질 수 없다.
나. 명목임금이 하방경직적일 때 디플레이션으로 인해 물가가 하락하면 실질임금은 상승하게 된다.

10

정답 ①

$(실업률) = \dfrac{(실업자 \ 수)}{(경제활동인구)} \times 100 = \dfrac{(실업자 \ 수)}{(취업자 \ 수)+(실업자 \ 수)} \times 100$

실업자는 경제활동인구 중 일할 뜻이 있는 데도 일자리를 갖지 못한 사람이다. 따라서 일할 능력이 있어도 의사가 없다면 실업률 계산에서 제외되며, 학생이나 주부는 원칙적으로 실업률 통계에서 빠지지만 수입을 목적으로 취업하면 경제활동인구에 포함된다. 또한, 군인, 수감자 등은 대상에서 제외한다. 따라서 취업자가 퇴직하여 전업주부가 되는 경우는 취업자가 빠져나가 경제활동인구가 감소, 즉 분모 값이 작아지게 되는 것을 의미하므로 실업률이 높아지게 된다.

11

정답 ④

풋옵션을 매수한 사람은 시장에서 해당 상품이 사전에 정한 가격보다 낮은 가격에서 거래될 경우, 그 권리를 행사함으로써 비싼 값에 상품을 팔 수 있다. 그러나 해당 상품의 시장 가격이 사전에 정한 가격보다 높은 경우는 권리를 행사하지 않을 수도 있다.

12

정답 ③

$$(\text{노동수요의 임금탄력성})=\frac{(\text{노동수요량의 변화율})}{(\text{임금의 변화율})}$$

$$(\text{노동수요량의 변화율})=\frac{10,000-9,000}{10,000}\times100=10\%$$

$$(\text{임금의 변화율})=\frac{5,000-6,000}{5,000}\times100=|-20|=20\%$$

따라서 노동수요의 임금탄력성은 $\frac{10\%}{20\%}=0.5\%$이다.

13

정답 ④

실업률이 20%이고 취업자 수가 120만 명일 때, 실업자 수와 경제활동인구는 다음과 같다.

$$(\text{실업률})=\frac{(\text{실업자 수})}{(\text{경제활동인구})}\times100=\frac{(\text{실업자 수})}{(\text{취업자 수}+\text{실업자 수})}\times100$$

$$20\%=\frac{(\text{실업자 수})}{120\text{만 명}+(\text{실업자 수})}\times100$$

(실업자 수)＝30만 명

(경제활동인구)＝(취업자 수)＋(실업자 수)＝120만＋30만＝150만 명

$$(\text{경제활동참가율})=\frac{(\text{경제활동인구})}{(\text{노동가능인구})}\times100=\frac{150\text{만 명}}{200\text{만 명}}\times100=75\%$$

따라서 실업자 수가 30만 명, 경제활동인구가 150만 명이므로 경제활동참가율은 75%가 된다.

14

정답 ①

물가지수를 구할 때는 상품에 대해 각각의 가중치를 부여한 후 합계를 내어 계산한다.

15

정답 ④

지니계수는 0과 1 사이이며, 이 값이 작을수록 소득분배가 평등하다는 것을 의미한다. 지니계수는 로렌츠 곡선에서 도출된 것이므로 로렌츠 곡선이 교차하는 경우에는 단순히 지니계수 수치만으로 소득분배상태를 비교하는 것이 불가능하다. 또한, 동일한 지니계수일지라도 로렌츠 곡선의 형태가 달라질 수 있으며, 경우에 따라서는 소득분배상태가 변함에 따라 로렌츠 곡선이 교차하는 경우가 나타날 수 있다.

16

정답 ②

IS곡선 혹은 LM곡선이 우측으로 이동하면 총수요곡선도 우측으로 이동한다.

IS곡선	우측 이동요인	소비증가, 투자증가, 정부지출증가, 수출증가
	좌측 이동요인	조세증가, 수입증가, 저축증가
LM곡선	우측 이동요인	통화량증가
	좌측 이동요인	화폐수요증가, 물가상승, 실질통화량감소

ㄱ. 주택담보대출의 이자율 인하 → 투자증가 → IS곡선 우측 이동

ㄷ. 기업에 대한 투자세액공제 확대 → 투자증가 → IS곡선 우측 이동

ㅁ. 해외경기 호조로 순수출 증대 → 수출증가 → IS곡선 우측 이동

ㄴ. 종합소득세율 인상 → 조세증가 → IS곡선 좌측 이동

ㄹ. 물가의 변화는 LM곡선의 이동요인이나 총수요곡선의 이동요인은 아니다(총수요곡선상에서의 이동요인임).

17

정답 ①

외국인의 국내 부동산 구입 증가와 국내 기준금리 인상은 자본유입이 발생하므로 외환의 공급이 증가하여 환율이 하락한다(= 원화가치 상승).

ⓒ · ② 미국의 이자율이 상승하면서 자본유출이 발생하므로 외환의 수요가 증가하여 환율이 상승한다(= 원화가치 하락).

18

정답 ⑤

총수입 TR은 다음과 같이 나타낼 수 있다.

$TR = P \times Q = (100 - 2Q) \times Q = 100Q - 2Q^2$

이윤극대화의 조건은 한계수입과 한계비용이 같아야 하기 때문에 $MR = MC$가 된다.

이때 한계비용은 1단위당 60원이므로 $MC = 60$이 된다.

$MR = \dfrac{\Delta TR}{\Delta Q} = 100 - 4Q$이므로

$100 - 4Q = 60$

$\rightarrow 4Q = 40$

$\therefore Q = 10$

이 값을 시장수요곡선식인 $P = 100 - 2Q$에 대입하면 $P = 80$이다.

따라서 이 독점기업의 이윤극대화 가격은 80원이고, 생산량은 10개이다.

19

정답 ④

시장균형점은 수요곡선과 공급곡선이 만나는 지점이므로

$7 - 0.5Q = 2 + 2Q$

$\rightarrow 2.5Q = 5$

$\therefore Q = 2, \ P = 6$

공급의 탄력성은 가격이 1% 변할 때, 공급량이 몇 %가 변하는지를 나타낸다.

$$[\text{공급탄력성}(\eta)] = \dfrac{\dfrac{\Delta Q}{Q}}{\dfrac{\Delta P}{P}} = \dfrac{\Delta Q}{\Delta P} \times \dfrac{P}{Q} = \dfrac{1}{2} \times \dfrac{6}{2} = \dfrac{3}{2} = 1.5$$

$$\left(\because \text{공급곡선 } P = 2 + 2Q \text{에서 } Q = \dfrac{1}{2}P - 1 \quad \therefore \dfrac{\Delta Q}{\Delta P} = \dfrac{1}{2} \right)$$

20

정답 ①

ㄷ. 정부의 지속적인 교육투자정책으로 인적자본축적이 이루어지면 규모에 대한 수확체증이 발생하여 지속적인 성장이 가능하다고 한다.

ㄹ. 내생적 성장이론에서는 금융시장이 발달하면 저축이 증가하고 투자의 효율성이 개선되어 지속적인 경제성장이 가능하므로 국가 간 소득수준의 수렴현상이 나타나지 않는다고 본다.

| 03 | 행정학

01	02	03	04	05	06	07	08	09	10	11	12	13	14	15	16	17	18	19	20
②	②	③	①	②	⑤	①	③	②	①	③	①	②	⑤	①	①	③	⑤	⑤	②

01
정답 ②

건축물의 설계도처럼 조직의 정보화 환경을 정확히 묘사한 밑그림으로서 조직의 비전, 전략, 업무, 정보기술 간 관계에 대한 현재와 목표를 문서화 한 것은 정보기술아키텍처이다.

오답분석

① 블록체인 네트워크 : 가상화폐를 거래할 때 해킹을 막기 위한 기술망으로 출발한 개념이며, 블록에 데이터를 담아 체인 형태로 연결, 수많은 컴퓨터에 동시에 이를 복제해 저장하는 분산형 데이터 저장 기술을 말한다.
③ 제3의 플랫폼 : 전통적인 ICT 산업인 제2플랫폼(서버, 스토리지)과 대비되는 모바일, 빅데이터, 클라우드, 소셜네트워크 등으로 구성된 새로운 플랫폼을 말한다.
④ 클라우드 – 클라이언트 아키텍처 : 인터넷에 자료를 저장해 두고, 사용자가 필요한 자료 등을 자신의 컴퓨터에 설치하지 않고도 인터넷 접속을 통해 언제나 이용할 수 있는 서비스를 말한다.
⑤ 스마트워크센터 : 공무용 원격 근무 시설로 여러 정보통신기기를 갖추고 있어 사무실로 출근하지 않아도 되는 유연근무시스템 중 하나를 말한다.

02
정답 ②

중앙정부가 지방자치단체별로 지방교부세를 교부할 때 사용하는 기준지표는 지방재정자립도가 아닌 재정력지수[＝(기준재정수입액)÷(기준재정수요액)]이다. 중앙정부는 지방자치단체의 재정력지수가 1보다 클 경우 보통교부세를 교부하지 않는다.

03
정답 ③

품목별 분류는 지출대상별 분류이기 때문에 사업의 성과와 결과에 대한 측정이 곤란하다.

오답분석

① 기능별 분류는 시민을 위한 분류라고도 하며, 행정수반의 재정정책을 수립하는 데 도움을 준다.
② 조직별 분류는 부처 예산의 전모를 파악할 수 있지만 사업의 우선순위 파악이나 예산의 성과 파악이 어렵다.
④ 경제 성질별 분류는 국민소득, 자본형성 등에 관한 정부활동의 효과를 파악하는 데 유리하다.
⑤ 품목별 분류는 예산집행기관의 신축성을 저해한다.

04
정답 ①

정책의 수혜집단이 강하게 조직되어 있는 집단이라면 정책집행은 용이해진다.

오답분석

② 집행의 명확성과 일관성이 보장되어야 한다.
③ 규제정책의 집행과정에서 실제로 불이익을 받는 자가 생겨나게 되는데, 이때 정책을 시행하는 과정에서 격렬한 갈등이 발생할 수 있다.
④ '정책집행 유형은 집행자와 결정자와의 관계에 따라 달라진다.'는 나카무라(Nakamura)와 스몰우드(Smallwood)의 주장이다.
⑤ 정책의 집행에는 대중의 지지, 매스컴의 반응, 정책결정기관의 입장, 정치・경제・사회・문화적 흐름 등 많은 환경적 요인들이 영향을 끼친다.

05

정답 ②

(가) 1910년대 과학적 관리론 → (다) 1930년대 인간관계론 → (나) 1940년대 행정행태론 → (라) 1990년대 후반 신공공서비스론의 순서이다.

06

정답 ⑤

등급은 직무의 종류는 상이하지만 직무 수행의 책임도와 자격 요건이 유사하여 동일한 보수를 지급할 수 있는 횡적 군을 말한다.

직위분류제와 계급제

구분	직위분류제	계급제
분류기준	직무의 종류·곤란도·책임도	개인의 자격·신분·능력
초점	직무중심	인간·조직중심
추구하는 인재상	전문행정가	일반행정가
보수정책	직무급	생활급·자격급
인사배치	비신축적	신축적
신분보장	약함	강함
인사운용	탄력성이 낮음	탄력성이 높음
능력발전	불리	유리

07

정답 ①

[오답분석]

ㄴ. 성과주의 예산제도(PBS)는 예산배정 과정에서 필요사업량이 제시되므로 사업계획과 예산을 연계할 수 있으며 (세부사업별 예산액)＝(사업량)×(단위원가)이다.

ㅁ. 목표관리제도(MBO)는 기획예산제도(PPBS)와 달리 예산결정 과정에 관리자의 참여가 이루어져 분권적·상향적인 예산편성이 이루어진다.

08

정답 ③

NPM(신공공관리)과 뉴거버넌스 모두 방향잡기(Steering) 역할을 중시하며, NPM에서도 정부를 방향잡기의 중심에 둔다.

신공공관리와 뉴거버넌스

구분	신공공관리(NPM)	뉴거버넌스
기초	신공공관리·신자유주의	공동체주의·참여주의
공급주체	시장	공동체에 의한 공동생산
가치	결과(효율성·생산성)	과정(민주성·정치성)
관료의 역할	공공기업가	조정자
작동원리	시장 메커니즘	참여 메커니즘
관리방식	고객 지향	임무 중심

09

정답 ②

수입대체경비란 국가가 용역 또는 시설을 제공하여 발생하는 수입과 관련되는 경비를 의미한다. 여권발급 수수료나 공무원시험 응시료와 같이 공공 서비스 제공에 따라 직접적인 수입이 발생하는 경우 해당 용역과 시설의 생산·관리에 소요되는 비용을 수입대체경비로 지정하고, 그 수입의 범위 내에서 초과지출을 예산 외로 운용할 수 있다(통일성·완전성 원칙의 예외).

오답분석

수입금마련지출은 정부기업예산법상의 제도로서 특정 사업을 합리적으로 운영하기 위해 예산초과수입이 발생하거나 예산초과수입이 예상되는 경우 이 수입에 직접적으로 관련하여 발생하는 비용에 지출하도록 하는 제도로서 수입대체경비와는 구별된다.

10

정답 ①

밀러의 모호성 모형은 대학조직(느슨하게 연결된 조직), 은유와 해석의 강조, 제도와 절차의 영향(강조) 등을 특징으로 한다. 밀러는 목표의 모호성, 이해의 모호성, 역사의 모호성, 조직의 모호성 등을 전제로 하며, 예산결정이란 해결해야 할 문제, 그 문제에 대한 해결책, 결정에 참여해야 할 참여자, 결정의 기회 등 결정의 요소가 우연히 서로 잘 조화되어 합치될 때 이루어지며 그렇지 않은 경우 예산결정이 이루어지지 않는다고 주장한다.

11

정답 ③

ㄱ. 행정통제는 통제시기의 적시성과 통제내용의 효율성이 고려되어야 한다(통제의 비용과 통제의 편익 중 편익이 더 커야 한다).
ㄴ. 옴부즈만 제도는 사법통제의 한계를 보완하기 위해 도입되었다.
ㄷ. 선거에 의한 통제와 이익집단에 의한 통제 등은 외부통제에 해당한다.

오답분석

ㄹ. 합법성을 강조하는 통제는 사법통제이다. 사법통제에서 부당한 행위에 대한 통제는 제한된다.

12

정답 ①

오답분석

ㄱ. 허즈버그의 욕구충족요인 이원론에 의하면 만족요인을 충족시켜야 조직원의 만족감을 높이고 동기를 유발할 수 있다.
ㄹ. 호손실험을 바탕으로 하는 인간관은 사회적 인간관이다.

13

정답 ②

규제피라미드는 규제가 규제를 낳은 결과 피규제자의 규제 부담이 점점 증가하는 현상이다.

오답분석

①·③·④·⑤ 규제의 역설에 대한 설명이다.

14

정답 ⑤

역사학적 신제도주의는 각국에서 채택된 정책의 상이성과 효과를 역사적으로 형성된 제도에서 찾으려는 접근방법을 말한다.

오답분석

① 행태론은 인간을 사물과 같은 존재로 인식하기 때문에 인간의 자유와 존엄을 강조하기 보다는 인간을 수단적 존재로 인식한다.
② 자연현상과 사회현상을 동일시하여 자연과학적인 논리실증주의를 강조한 것은 행태론적 연구의 특성이다.
③ 후기 행태주의의 입장이다.
④ 행태주의는 보수성이 강한 이론이며, 제도변화와 개혁을 지향하지 않는다.

15

ㄱ. 인간관계론은 인간을 사회적·심리적 존재로 가정하기 때문에 사회적 규범이 생산성을 좌우한다고 본다.

ㄴ. 과학적 관리론은 과학적 분석을 통해 업무 수행에 적용할 유일 최선의 방법을 발견할 수 있다고 전제한다.

오답분석

ㄷ. 체제론은 하위의 단순 체제는 복잡한 상위의 체제에 속한다고 이해함으로 계서적 관점을 지지한다.

ㄹ. 발전행정론은 정치·사회·경제를 균형적으로 발전시키기보다는 행정체제가 다른 분야의 발전을 이끌어 나가는 불균형적인 접근법을 중시한다.

16

합리모형에서 말하는 합리성은 경제적 합리성을 말한다. 정치적 합리성은 점증모형에서 중시하는 합리성이다.

합리모형과 점증모형

구분	합리모형	점증모형
합리성 최적화 정도	• 경제적 합리성(자원배분의 효율성) • 전체적·포괄적 분석	• 정치적 합리성(타협·조정과 합의) • 부분적 최적화
목표와 수단	• 목표 – 수단 분석을 함 • 목표는 고정됨(목표와 수단은 별개) • 수단은 목표에 합치	• 목표 – 수단 분석을 하지 않음 • 목표는 고정되지 않음 • 목표는 수단에 합치
정책결정	• 근본적·기본적 결정 • 비분할적·포괄적 결정 • 하향적 결정 • 단발적 결정(문제의 재정의가 없음)	• 지엽적·세부적 결정 • 분할적·한정적 결정 • 상향적 결정 • 연속적 결정(문제의 재정의 빈번)
정책특성	• 비가분적 정책에 적합	• 가분적 정책에 적합
접근방식과 정책 변화	• 연역적 접근 • 쇄신적·근본적 변화 • 매몰비용은 미고려	• 귀납적 접근 • 점진적·한계적 변화 • 매몰비용 고려
적용국가	• 상대적으로 개도국에 적용 용이	• 다원화된 선진국에 주로 적용
배경이론 및 참여	• 엘리트론 • 참여 불인정(소수에 의한 결정)	• 다원주의 • 참여 인정(다양한 이해관계자 참여)

17

신제도주의는 행위 주체의 의도적이고 전략적인 행동이 제도에 영향을 미칠 수 있다는 점을 인정하고, 제도의 안정성보다는 제도설계와 변화 차원에 관심을 보이고 있다.

18

정책문제 자체를 잘못 인지한 상태에서 계속 해결책을 모색하여 정책문제가 해결되지 못하고 남아있는 상태를 3종 오류라고 한다. 1종 오류는 옳은 가설을 틀리다고 판단하고 기각하는 오류이고, 2종 오류는 틀린 가설을 옳다고 판단하여 채택하는 오류를 말한다.

19

정답 ⑤

정직은 1개월 이상 3개월 이하의 기간으로 하고, 정직 처분을 받은 자는 그 기간 중 공무원의 신분은 보유하나 직무에 종사하지 못하며 보수는 전액을 감한다.

[오답분석]

① 직위해제는 신분을 박탈하는 처분은 아니고, 신분은 유지하되 직위만을 해제한다.

② 직권면직은 정원의 변경으로 직위의 폐지나 과원 등의 사유가 발생한 경우에 직권으로 신분을 박탈하는 면직처분을 말한다.

③ 해임은 공무원을 강제로 퇴직시키는 처분으로 3년간 재임용이 불가하다. 연금법에는 크게 영향을 주지 않으나, 금품 및 향응수수, 공금의 횡령·유용으로 징계 해임된 경우에는 퇴직급여의 1/8 내지는 1/4을 감한다.

④ 파면은 공무원을 강제로 퇴직시키는 처분으로 5년간 재임용 불가하고, 퇴직급여의 1/4 내지는 1/2을 지급 제한한다.

> **징계의 종류**
> • 견책(譴責) : 전과(前過)에 대하여 훈계하고 회개하게 한다.
> • 감봉 : 1개월 이상 3개월 이하의 기간 동안 보수의 3분의 1을 감한다.
> • 정직 : 1개월 이상 3개월 이하의 기간으로 하고, 정직 처분을 받은 자는 그 기간 중 공무원의 신분은 보유하나 직무에 종사하지 못하며 보수는 전액을 감한다.
> • 강등 : 1계급 아래로 직급을 내리고(고위공무원단에 속하는 공무원은 3급으로 임용하고, 연구관 및 지도관은 연구사 및 지도사로 한다) 공무원신분은 보유하나 3개월간 직무에 종사하지 못하며 그 기간 중 보수는 전액을 감한다.
> • 해임 : 공무원을 강제로 퇴직시키는 처분으로 3년간 재임용이 불가하다. 연금법에는 크게 영향을 주지 않으나, 금품 및 향응수수, 공금의 횡령·유용으로 징계 해임된 경우에는 퇴직급여의 1/8 내지는 1/4을 감한다.
> • 파면 : 공무원을 강제로 퇴직시키는 처분으로 5년간 재임용 불가하고, 퇴직급여의 1/4 내지는 1/2을 지급 제한한다.

20

정답 ②

다면평가제는 경직된 분위기의 계층제적 사회에서는 부하의 평정, 동료의 평정을 받는 것이 조직원들의 강한 불쾌감을 불러올 수 있고, 이로 인해 조직 내 갈등상황이 불거질 수 있다.

| 04 | 법학

01	02	03	04	05	06	07	08	09	10	11	12	13	14	15	16	17	18	19	20
②	③	③	④	①	④	⑤	⑤	③	④	②	①	③	②	②	③	①	②	④	①

01

정답 ②

법은 권리에 대응하는 의무가 있는 반면(양면적), 도덕은 의무에 대응하는 권리가 없다(일면적).

02

정답 ③

실종선고를 받아도 당사자가 존속한다면 그의 권리능력은 소멸되지 않는다. 실종선고기간이 만료한 때 사망한 것으로 간주된다(민법 제28조).

03

정답 ③

오답분석

㉠ 우리 민법은 정주의 사실을 요건으로 하여 주소를 결정하는 객관주의 태도를 취하고 있다.
㉣ 우리 민법은 주소가 두 곳 이상일 수 있는 복수주의 태도를 취하고 있다.

04

정답 ④

상사에 관하여는 상법에 규정이 없으면 상관습법에 의하고 상관습법이 없으면 민법의 규정에 의한다(상법 제1조)는 점을 주의하여야 한다. 따라서 상법의 적용순서는 '상법 → 상관습법 → 민사특별법 → 민법 → 민사관습법 → 조리'이다.

05

정답 ①

사회법은 자본주의의 문제점(사회적 약자 보호)을 합리적으로 해결하기 위해 근래에 등장한 법으로, 점차 사법과 공법의 성격을 모두 가진 제3의 법영역으로 형성되었으며 법의 사회화·사법의 공법화 경향을 띤다.

06

정답 ④

④는 단기소멸시효 3년에 해당하고, 나머지는 1년의 소멸시효에 해당한다.

단기소멸시효 1년과 3년의 비교

1년의 소멸시효 (민법 제164조)	1. 여관, 음식점, 대석, 오락장의 숙박료, 음식료, 대석료, 입장료, 소비물의 대가 및 체당금의 채권 2. 의복, 침구, 장구 기타 동산의 사용료의 채권 3. 노역인, 연예인의 임금 및 그에 공급한 물건의 대금채권 4. 학생 및 수업자의 교육, 의식 및 유숙에 관한 교주, 숙주, 교사의 채권
3년의 소멸시효 (민법 제163조)	1. 이자, 부양료, 급료, 사용료 기타 1년 이내의 기간으로 정한 금전 또는 물건의 지급을 목적으로 한 채권 2. 의사, 조산사, 간호사 및 약사의 치료, 근로 및 조제에 관한 채권 3. 도급받은 자, 기사 기타 공사의 설계 또는 감독에 종사하는 자의 공사에 관한 채권 4. 변호사, 변리사, 공증인, 공인회계사 및 법무사에 대한 직무상 보관한 서류의 반환을 청구하는 채권 5. 변호사, 변리사, 공증인, 공인회계사 및 법무사의 직무에 관한 채권 6. 생산자 및 상인이 판매한 생산물 및 상품의 대가 7. 수공업자 및 제조자의 업무에 관한 채권

07

정답 ⑤

영미법계 국가에서는 선례구속의 원칙에 따라 판례의 법원성이 인정된다.

08

정답 ⑤

오답분석

① 강행법과 임의법은 당사자 의사의 상관성 여부에 따른 구분이다.
② 고유법과 계수법은 연혁에 따른 구분이다.
③ 실체법과 절차법은 법의 규정 내용에 따른 구분이다.
④ 공법과 사법은 법이 규율하는 생활관계에 따라 분류하는 것으로, 대륙법계의 특징에 해당한다.

09

정답 ③

헌법의 개정은 헌법의 동일성을 유지하면서 의식적으로 헌법전의 내용을 수정·삭제·추가하는 것을 말한다.

10

정답 ④

청원권은 청구권적 기본권에 해당한다. 자유권적 기본권에는 인신의 자유권(생명권, 신체의 자유), 사생활의 자유권(거주·이전의 자유, 주거의 자유, 사생활의 비밀과 자유, 통신의 자유), 정신적 자유권(양심의 자유, 종교의 자유, 언론·출판의 자유, 집회·결사의 자유, 학문의 자유, 예술의 자유), 사회·경제적 자유권(직업선택의 자유, 재산권의 보장)이 있다.

11

정답 ②

비례대표제는 각 정당에게 득표수에 비례하여 의석을 배분하는 대표제로, 군소정당의 난립을 가져와 정국의 불안을 가져온다는 것이 일반적 견해이다.

12

정답 ①

간주(의제)는 추정과 달리 반증만으로 번복이 불가능하고 '취소절차'를 거쳐야만 그 효과를 전복시킬 수 있다. 따라서 사실의 확정에 있어서 간주는 효력이 추정보다 더 강하다고 할 수 있다.

[오답분석]

② "~한 것으로 본다."라고 규정하고 있으면 이는 간주규정이다.
③ 실종선고를 받은 자는 전조의 기간이 만료한 때에 사망한 것으로 본다(민법 제28조).
④ 추정에 대한 설명이다.
⑤ 간주에 대한 설명이다.

13

정답 ③

우리나라는 법원조직법에서 판례의 법원성에 관해 규정하고 있다.

우리나라 불문법의 법원성

판례법	법원의 판결은 본래 어떤 구체적인 사건의 해결방법으로서의 의미만을 가질 뿐이나 실제로는 사실상 뒤의 재판을 강력하게 기속하는 구속력이 있으므로, 같은 내용의 사건에 대해서는 같은 내용의 판결이 내려지게 된다. 판례법이란 이와 같이 거듭되는 법원의 판결을 법으로 보는 경우에 있게 된다. 영미법계의 국가에서는 이러한 판례의 구속력이 인정되나, 대륙법계의 국가에서는 대체로 성문법주의이기 때문에 판례법은 제2차적 법원에 지나지 않는다. 우리나라의 경우에도 성문법 중심의 대륙법계의 법체계를 따르고 있어 판례법의 구속력은 보장되지 않는다. 그러나 법원조직법에서 상급법원의 판단은 해당 사건에서만 하급법원에 기속력을 지닌다고 규정(제8조)하는 한편, 대법원에서 종전의 판례를 변경하려면 대법관 전원의 3분의 2 이상의 합의가 있어야 한다고 엄격한 절차를 규정(제7조 제1항 제3호)하고 있어 하급법원은 상급법원의 판결에 기속된다. 따라서 우리나라의 경우 판례는 사실상의 구속력을 지닌다고 볼 수 있다.
관습법	사회생활상 일정한 사실이 장기간 반복되어 그 생활권의 사람들을 구속할 수 있는 규범으로 발전된 경우 사회나 국가로부터 법적 확신을 획득하여 법적 가치를 가진 불문법으로서 관행의 존재와 그에 대한 법적 확신, 또한 관행이 선량한 풍속이나 사회질서에 반하지 않을 것이며 그러한 관행을 반대하는 법령이 없을 때 혹은 법령의 규정에 의하여 명문으로 인정한 관습일 때에 관습법으로 성립되며 성문법을 보충한다.
조리	법원은 구체적 사건에 적용할 법규가 없는 경우에도 재판을 거부할 수 없으며, 조리는 이러한 법의 흠결 시에 재판의 준거가 된다. 또한 법률행위의 해석의 기준이 되기도 한다. 우리나라 민법 제1조에는 '민사에 관하여 법률에 규정이 없으면 관습법에 의하고 관습법이 없으면 조리에 의한다.'라고 규정하고 있다.

14

정답 ②

합명회사는 2인 이상의 무한책임사원으로 조직된 회사이다(상법 제178조). 무한책임사원은 회사에 대하여 출자의무와 회사채무에 대한 직접·연대·무한의 책임을 부담하는 사원을 말한다.

[오답분석]
①·⑤ 합자회사에 대한 설명이다.
③ 유한회사에 대한 설명이다.
④ 주식회사에 대한 설명이다.

15

정답 ②

제한능력자가 법정대리인의 동의 없이 한 법률행위는 무효가 아니라 취소할 수 있는 행위이다.

16

정답 ③

법 규범은 자유의지가 작용하는 자유법칙으로, 당위의 법칙이다.

17

정답 ①

근대 입헌주의 헌법은 국법과 왕법을 구별하는 근본법(국법) 사상에 근거를 두고, 국가권력의 조직과 작용에 대한 사항을 정하고 동시에 국가권력의 행사를 제한하여 국민의 자유와 권리 보장을 이념으로 하고 있다.

18

정답 ②

행정쟁송제도에서 행정기관에 대하여 위법·부당한 행정행위의 취소·변경을 구하는 절차는 행정심판이고, 행정심판에 의해 구제받지 못한 때 최종적으로 법원에 구제를 청구하는 제도는 행정소송이다.

19

정답 ④

재단법인의 기부행위나 사단법인의 정관은 반드시 서면으로 작성하여야 한다.

사단법인과 재단법인의 비교

구분	사단법인	재단법인
구성	2인 이상의 사원	일정한 목적에 바쳐진 재산
의사결정	사원총회	정관으로 정한 목적(설립자의 의도)
정관변경	총사원 3분의 2 이상의 동의 요(要)	원칙적으로 금지

20

정답 ①

모든 제도를 정당화시키는 최고의 헌법원리는 국민주권의 원리이다.

02 | 기술직 직무수행능력평가

| 01 | 토목일반

01	02	03	04	05	06	07	08	09	10	11	12	13	14	15	16	17	18	19	20
④	③	③	②	②	④	②	①	①	④	④	②	①	②	②	②	④	③	④	②

01   정답 ④

소성변형은 강재에 비례한도보다 큰 응력을 가한 후 응력을 제거하였을 때 원래 상태로 돌아가지 않는 변형이다. 반면, 강재에 응력을 가해 변형시킨 후 응력을 제거하였을 때 원래대로 돌아오는 변형을 탄성변형이라 한다.

02   정답 ③

프리스트레스의 손실 원인
- 콘크리트의 탄성 변형
- PS 강재와 쉬스 사이의 마찰
- 정착 장치에서의 긴장재의 활동
- 콘크리트의 크리프
- 콘크리트의 건조 수축
- PS 강재의 릴랙세이션

03   정답 ③

면적 계산법

경계선이 직선일 경우	경계선이 곡선일 경우
• 삼사법 • 이변법 • 삼변법 • 좌표법 • 배횡거법	• 방안지법 • 띠선법 • 지거법 • 구적기(플래니미터) • 분할법

04   정답 ②

연속지점에서는 부모멘트가 작용하므로 하연은 압축응력이 발생한다.

05

정답 ②

전단력이 0인 곳에 최대 휨모멘트가 일어난다.

제시된 그림에 따르면 $R_A = 4.5\text{t}$, $R_B = 13.5\text{t}$이다.

B점에서 xm인 곳이 전단력 0이라면 $\sum V = 0$이다.

$4.5 - 3(6 - x) = 0$

$\therefore x = 4.5$

06

정답 ④

최확치에 대한 평균 제곱근 오차는 $\pm \sqrt{\dfrac{VV}{n(n-1)}}$ 이므로

1회 관측에 대한 평균 제곱근 오차를 계산하면, $\pm \sqrt{\dfrac{VV}{(n-1)}} = \pm \sqrt{\dfrac{8{,}208}{(10-1)}} = \pm 30.2\text{mm}$이다.

07

정답 ②

합력 $3P - P = 2P$

$2Px - PL = 0$

$\therefore x = \dfrac{1}{2}L$

08

정답 ①

표준 갈고리를 갖는 인장 이형철근의 정착길이

$l_{hb} = \dfrac{0.24\beta d_b f_y}{\lambda \sqrt{f_{ck}}}$

• 도막되지 않은 철근 $\beta = 1.0$

• 보통 중량 콘크리트 $\lambda = 1.0$

$\therefore l_{hb} = \dfrac{0.24 \times 1 \times 34.9 \times 400}{1 \times \sqrt{28}} = 633.17\text{mm}$

09

정답 ①

$f_{ck} > 28\text{MPa}$인 경우 1MPa씩 증가할 때마다 β_1은 0.007 감소한다.

$\beta_1 = 0.85 - (f_{ck} - 28) \times 0.007 \geq 0.65 = 0.85 - (38 - 28) \times 0.007 = 0.78 > 0.65$

10

정답 ④

$P = 100\cos45° + 100\cos45° ≒ 141.4\text{kg}$

11

정답 ④

한계고 $H_c = \dfrac{2q_u}{\gamma_t} = \dfrac{2 \times 4.8\text{t/m}^2}{1.7\text{t/m}^3} = 5.65\text{m}$

12

정답 ②

S.F.D가 2차 이상의 함수이므로 하중은 1차 이상의 함수이다.

13

정답 ①

(1) 유효프리스트레스 힘(P_e)

설계하중이 재하된 후 처짐이 없으므로 프리스트레스 힘만의 응력을 받고 있다.

$f_c = \dfrac{P_e}{A_g} = E_c \epsilon$ 에서

$P_e = E_c A_g \epsilon = 26,000 \times 150,000 \times (3.5 \times 10^{-4}) = 1,365,000\text{N} = 1,365\text{kN}$

(2) 초기 프리스트레스 힘(P_i)

$R = \dfrac{P_e}{P_i}$ 에서

$P_i = \dfrac{P_e}{R} = \dfrac{1,365}{0.85} \fallingdotseq 1,606\text{kN}$

14

정답 ②

지지력 검토는 사용하중으로 한다.

$A = \dfrac{p_u}{q_a} = \dfrac{1,300 + 1,700}{300} = 10\text{m}^2$

$\therefore \ B = \dfrac{10}{4} = 2.5\text{m}$

15

정답 ②

계수모멘트 $M_u = \dfrac{w_u l^2}{8}$ 이다. 이때, $w_u = 1.2 w_D + 1.6 w_L = (1.2 \times 50) + (1.6 \times 100) = 220\text{kN/m}$이다.

따라서 $M_u = \dfrac{220 \times 8^2}{8} = 1,760\text{kN} \cdot \text{m}$이다.

16

정답 ②

$M_B = -[(4 \times 2) + (2 \times 0.5)] = -9\text{t} \cdot \text{m}$

17

정답 ④

$P_n = 0.85(P_c + P_s)$

$\quad = 0.85[0.85 \times f_{ck}(A_g - A_{st}) + f_y A_{st}]$

$\quad = 0.85 \times [0.85 \times 24 \times (180,000 - 4,500) + 350 \times 4,500]$

$\quad = 4,381,920\text{N} \fallingdotseq 4,381.9\text{kN}$

18

정답 ③

온도가 높을수록 크리프가 증가한다.

19

- A : $1 \times 1 = 1$
- B : $(0.5 \times 1) + (0.5 \times 1) = 1$
- C : $1 \times 1 = 1$
- D : $(1 \times 2) - (1 \times 1) = 1$

따라서 A, B, C, D 모든 점의 모멘트는 같다.

20

인장 이음철근에서 겹침이음의 분류

- A급 이음 : 배근된 철근량이 이음부 전체 구간에서 해석결과 요구되는 소요 철근량의 2배 이상이고, 소요 겹침이음 길이 내 겹침이음된 철근량이 전체 철근량의 $\frac{1}{2}$ 이하인 경우 : $1.0l_d$ 이상
- B급 이음 : A급 이음에 해당되지 않은 경우 : $1.3l_d$ 이상

따라서 $\left(\dfrac{\text{배근 } A_s}{\text{소요 } A_s} \right) < 2.0$ 이하이면 B급 이음이므로, 겹침이음 길이는 $1.3l_d$ 이상이다.

| 02 | 기계일반

01	02	03	04	05	06	07	08	09	10	11	12	13	14	15	16	17	18	19	20
①	③	④	⑤	③	②	②	①	②	④	②	③	②	①	④	④	③	①	⑤	①

01

밀폐된 공간 속에서는 어느 지점에서 압력은 일정하다는 파스칼의 원리를 바탕으로 유압프레스를 작동시킨다.

02

응력집중이란 단면이 급격히 변화하는 부분에서 힘의 흐름이 심하게 변화할 때 발생하는 현상으로, 이를 완화하려면 단이 진 부분의 곡률반지름을 크게 하거나 단면을 완만하게 변화시킨다.

이때 응력집중계수(k)는 단면부의 평균응력에 대한 최대응력 비율로 구할 수 있으며, 계수값은 재질을 고려하지 않고 노치부의 존재여부나 급격한 단면변화와 같이 재료의 형상변화에 큰 영향을 받는다.

03

분류 밸브는 유압원에서 2개 이상의 유압 회로에 분류시킬 때, 압력에 관계없이 일정하게 유량을 분할하여 흐르게 하는 밸브이다.

[오답분석]

① 브레이크 밸브 : 일종의 강압 밸브로, 브레이크를 가했을 때 브레이크관의 압력이 재빨리 내려가게 하는 밸브이다.
② 카운터 밸런스 밸브 : 한쪽 흐름에 배압을 만들고, 다른 방향은 자유 흐름이 되도록 만들어 주는 밸브이다.
③ 감압 밸브 : 유체의 압력을 감소시켜 동력을 절감시키는 밸브이다.
⑤ 체크 밸브 : 한쪽 방향의 흐름은 자유로우나, 역방향의 흐름을 허용하지 않는 밸브이다.

04

정답 ⑤

카르노 사이클은 단열 변화와 등온 변화의 과정으로 이루어지는 사이클로, 열기관 사이클 중 가장 이상적인 사이클이다.

[오답분석]

① 에릭슨 사이클(Ericsson Cycle) : 등온 압축, 등온 연소 및 등온 팽창을 시키는 가스 터빈 사이클로, 2개의 정압과정과 2개의 등온과정으로 이루어진다.

② 사바테 사이클(Sabathé Cycle) : 정압 사이클과 정적 사이클로 이루어진 고속 디젤기관의 기본 사이클로, 복합 사이클 또는 정적·정압 사이클이라고도 한다.

③ 앳킨슨 사이클(Atkinson Cycle) : 2개의 단열과정과 1개의 정적과정, 1개의 정압과정으로 이루어진 가스터빈(외연기관) 이상 사이클이다.

④ 브레이턴 사이클(Brayton Cycle) : 2개의 정압과정과 2개의 단열과정으로 구성된 가스터빈 기관의 이상적 사이클이다.

05

정답 ③

먼저 그림을 보면 병렬로 겹쳐진 2개의 스프링이 다시 직렬로 4개 연결되어 있다.

이때 2개씩 겹친 부분은 병렬 겹침이므로 병렬 겹침 2개의 스프링상수(k병렬)=k병렬1+k병렬2=200+200=400이다.

이 병렬 겹침스프링 4개를 직렬로 연결한 직렬 스프링상수(k직렬)를 구하면

$$k_{직렬} = \cfrac{1}{\cfrac{1}{k_{직렬1}} + \cfrac{1}{k_{직렬2}} + \cfrac{1}{k_{직렬3}} + \cfrac{1}{k_{직렬4}}} = \cfrac{1}{\cfrac{1}{400} + \cfrac{1}{400} + \cfrac{1}{400} + \cfrac{1}{400}} = \frac{400}{4} = 100$$이다.

다음으로 스프링상수(k) 구하는 식을 응용해서 압축량 δ를 구하면

$$k = \frac{P}{\delta} \text{[N/mm]}$$

$$\therefore \ \delta = \frac{200}{100} = 2\text{mm}$$

스프링상수(k) 구하기

직렬연결 시	병렬연결 시
$k = \cfrac{1}{\cfrac{1}{k_1} + \cfrac{1}{k_2}}$	$k = k_1 + k_2$

※ 접시스프링 : 안쪽에 구멍이 뚫려 있는 접시모양의 원판스프링

06

정답 ②

클러치 설계 시 유의사항은 균형상태가 양호해야 하고, 관성력이 작고 과열되지 않아야 하며, 마찰열에 대한 내열성도 좋아야 한다. 그리고 단속을 원활히 할 수 있도록 한다.

07

정답 ②

연삭가공은 정밀한 입자가공이며, 치수정밀도는 정확한 편이다.

08

용접봉의 심선을 둘러싸고 있는 피복제의 역할이 다양하기는 하나 원래 수소의 침입을 방지하거나 그로 인해 발생되는 불량을 예방할 수는 없다.

09

불림(Normalizing)은 주조나 소성가공에 의해 거칠고 불균일한 조직을 표준화 조직으로 만드는 열처리법으로, A_3변태점보다 $30 \sim 50℃$ 높게 가열한 후 공랭시킴으로써 만들 수 있다. 이는 결정립을 조대화시키지 않는다.

10

미끄럼베어링의 유체윤활의 경우 회전속도나 점도가 증가하면 마찰계수도 증가하고, 베어링면의 평균압력이 증가하면 마찰계수는 감소한다.

11

원심 펌프의 특징
• 가격이 저렴하다.
• 맥동이 없으며 효율이 좋다.
• 평형공으로 축추력을 방지한다.
• 작고 가벼우며 구조가 간단하다.
• 고장률이 적어서 취급이 용이하다.
• 용량이 작고 양정이 높은 곳에 적합하다.
• 고속 회전이 가능해서 최근 많이 사용한다.
• 비속도를 통해 성능이나 적정 회전수를 결정한다.
• 펌프의 회전수를 낮추어 캐비테이션 현상을 방지한다.

12

스프링의 최대 전단응력(τ)

$T = P \times \dfrac{D}{2}$, $T = \tau \times Z_p$를 대입하면 $\tau \times Z_p = \dfrac{PD}{2}$ 이다.

여기서 다시 $Z_p = \dfrac{\pi d^3}{16}$ 을 대입하면 $\tau \times \dfrac{\pi d^3}{16} = \dfrac{PD}{2}$ 이다.

$\tau = \dfrac{PD}{2} \times \dfrac{16}{\pi d^3}$ (여기서 D : 평균직경, d : 소선의 직경)

$\rightarrow \tau = \dfrac{8PD}{\pi d^3}$

$\therefore \dfrac{\tau_2}{\tau_1} = \dfrac{\dfrac{8PD}{\pi\left(\dfrac{d}{2}\right)^3}}{\dfrac{8PD}{\pi d^3}} = \dfrac{8PD\pi d^3}{8PD\pi\left(\dfrac{d}{2}\right)^3} = \dfrac{d^3}{\left(\dfrac{d}{2}\right)^3} = \dfrac{d^3}{\dfrac{d^3}{8}} = \dfrac{8d^3}{d^3} = 8$

13

정답 ②

절삭속도(v)를 구하는 식은 $v=\dfrac{\pi dn}{1,000}$ 이다(v[m/min] : 절삭속도, d[mm] : 공작물의 지름, n[rpm] : 주축 회전수).

$v=\dfrac{\pi dn}{1,000} \rightarrow n=\dfrac{1,000v}{\pi d}=\dfrac{1,000\times196}{3.14\times50} \rightarrow n \fallingdotseq 1,250$rpm

따라서 회전수는 1,250rpm이다.

14

정답 ①

냉동사이클의 성적계수 $\epsilon_r=\dfrac{(증발온도)}{(응축온도)-(증발온도)}=\dfrac{(저온체에서 흡수한 열량)}{(공급열량)}$이다.

이때, 10냉동톤의 흡수열량은 $3.85\times10=38.5$kW이며 필요한 이론동력은 공급열량이므로,

$(공급열량)=(흡수열량)\times\dfrac{(응축온도)-(증발온도)}{(증발온도)}$이다.

따라서 필요한 이론동력은 $38.5\times\dfrac{(273+25)-(273-20)}{273-20} \fallingdotseq 6.85$kW이다.

> **냉동톤**
> 0℃의 물 1톤을 24시간 동안 모두 0℃의 얼음으로 바꾸는 데 필요한 능력으로, 1시간당 소요되는 열량으로 나타내며, 단위는 RT이다(1RT=3,320kcal/hr).

15

정답 ④

구성인선(Built Up Edge)은 재질이 연하고 공구재료와 친화력이 큰 재료를 절삭가공할 때, 칩과 공구의 윗면 사이의 경사면에 발생되는 높은 압력과 마찰열로 인해 칩의 일부가 공구의 날 끝에 달라붙어 마치 절삭날과 같이 공작물을 절삭하는 현상이다. 이러한 구성인선을 방지하기 위해서 절삭깊이를 작게 하고 절삭속도는 빠르게 하며, 윤활성이 높은 절삭유를 사용하고, 마찰계수가 작고 피가공물과 친화력이 작은 절삭공구를 사용한다.

16

정답 ④

재료의 내부나 표면에 어떤 잔류응력이 남았다면 그 재료의 피로수명은 감소한다.

> **잔류응력(Residual Stress)**
> 잔류응력은 변형 후 외력을 제거한 상태에서 소재에 남아있는 응력을 뜻한다. 물체 내의 온도구배에 의해 발생 가능하고, 추가적인 소성변형에 의해 감소될 수도 있다.

17

정답 ③

응력 - 변형률선도에서는 재료에 작용한 응력이 항복점에 이르게 되면 하중을 제거해도 재료는 변형된다. 강(Steel)재료를 인장시험하면 다음과 같은 응력 - 변형률선도를 얻을 수 있다. 응력 - 변형률 곡선은 작용 힘에 대한 단면적의 적용방식에 따라 공칭응력과 진응력으로 나뉘는데 일반적으로는 시험편의 최초 단면적을 적용하는 것을 공칭응력 혹은 응력이라고 하며 다음 선도로 표현한다.

• 공칭응력(Nominal Stress) : 시험편의 최초단면적에 대한 하중의 비
• 진응력(True Stress) : 시험 중 변화된 단면적에 대한 하중의 비

응력 – 변형률 곡선($\sigma-\varepsilon$ 경선도)

- 탄성한도(Elastic Limit) : 하중을 제거하면 시험편의 원래 치수로 돌아가는 구간으로, 후크의 법칙이 적용된다.
- 비례한도(Proportional Limit) : 응력과 변형률 사이에 정비례관계가 성립하는 구간 중 응력이 최대인 점이다.
- 항복점(Yield Point : σ_y) : 인장시험에서 하중이 증가하여 어느 한도에 도달하면 하중을 제거해도 원위치로 돌아가지 않고 변형이 남게 되는 그 순간의 하중이다.
- 극한강도(Ultimate Strength : σ_u) : 재료가 파단되기 전에 외력에 버틸 수 있는 최대의 응력이다.
- 네킹구간(Necking) : 극한 강도를 지나면서 재료의 단면이 줄어들면서 길게 늘어나는 구간이다.
- 파단점 : 재료가 파괴되는 점이다.

18

정답 ①

수차의 이론출력 $L_{th}=\dfrac{\gamma Qv}{75}$ [PS]

$$\therefore L_{th}=\dfrac{1,000\times(6/60)\times15}{75}=20\text{PS}$$

19

정답 ⑤

- δ(변형량)=1일 때 스프링상수 $k=\dfrac{P}{\delta}(P$: 응력)

- $\delta=\dfrac{1}{3}$ 일 때 스프링상수 $k=\dfrac{P}{\dfrac{1}{3}\delta}=\dfrac{3P}{\delta}=3k$

20

정답 ①

절대압력(P_{abs})이란 완전 진공상태를 기점인 0으로 하여 측정한 압력이다.

$P_{abs}=P_a(_{=atm},$ 대기압력$)+Pg$(게이지 압력)

$\therefore P_{abs}=P_{a(=atm)}+P_g=100+30=130\text{kPa}$

01	02	03	04	05	06	07	08	09	10	11	12	13	14	15	16	17	18	19	20
②	①	①	④	④	③	⑤	①	③	②	③	③	②	③	②	③	③	①	②	③

01
정답 ②

전류를 흐르게 하는 원동력을 기전력이라 하며, 단위는 V이다.

$E = \dfrac{W}{Q} [\text{V}]$ (Q : 전기량, W : 일의 양)

02
정답 ①

직류 직권 전동기 속도 $n = K' \dfrac{V - I_a (R_a + R_s)}{I_a}$

단자전압 $V = 110\text{V}$, 전기자 전류 $I_a = 10\text{A}$, 전기자 저항 $R_a = 0.3\,\Omega$, 직권 계자 권선 저항 $R_s = 0.7\,\Omega$, 기계정수 $K' = 2$를 공식에 대입하면,

$n = 2 \times \dfrac{110 - 10(0.3 + 0.7)}{10} = 20\text{rps} = 1,200\text{rpm}$

03
정답 ①

$f_s = s f_1$ 이고, $s = \dfrac{n_0 - n_2}{n_0} = \dfrac{100 - 95}{100} = 0.05$

$\therefore f_2 = 0.05 \times 100 = 5\text{Hz}$

04
정답 ④

동기전동기를 무부하 운전하고 그 계자전류를 조정하면 역률이 0에 가까운 전기자전류의 크기를 바꿀 수 있는데, 이것을 이용해서 회로로부터 얻는 진상 또는 지상 무효전력을 조정하여 역률 조정에 사용하는 것은 동기조상기이다.

오답분석

① 댐퍼 : 진동 에너지를 흡수하는 장치로, 제진기, 흡진기라고도 한다.
③ 제동권선 : 동기기 자극편의 전기자에 상대하는 면의 슬롯 안에 설치한 권선이다.
⑤ 유도전동기 : 고정자에 교류 전압을 가하여 전자 유도로써 회전자에 전류를 흘려 회전력을 생기게 하는 교류 전동기이다.

05
정답 ④

유도 전동기의 고정자 권선은 2중으로 권선하여 중권을 주로 사용한다.

06
정답 ③

합성 저항 $R_T = 3 + \dfrac{3 \times 6}{3 + 6} = 5\,\Omega$

$\therefore I = \dfrac{V}{R_T} = \dfrac{20}{5} = 4\text{A}$

07

정답 ⑤

보상권선은 자극편에 슬롯을 만들어 여기에 전기자 권선과 같은 권선을 하고, 전기자 전류와 반대 방향으로 전류를 통하여 전기자의 기자력을 없애도록 한 것이다.

08

정답 ①

전류가 전압보다 위상이 $-60°$ 차이가 나므로 전류는 전압보다 $60°$ 뒤진다.

09

정답 ③

비례 제어는 검출값 편차의 크기에 비례하여 조작부를 제어하는 동작으로, 정상 오차를 수반하고 사이클링은 없으나 잔류 편차(Offset)가 발생한다.

10

정답 ②

변압기유의 구비조건은 절연내력과 냉각효과가 크고, 절연유는 고온에서 화학 반응을 일으키면 안 된다. 또한 침식, 침전물이 생기지 않고, 응고점은 낮고, 발화점이 높아야 하며, 산화되지 않아야 한다.

11

정답 ③

$$l = \frac{A}{\rho}R = \frac{\pi(0.6 \times 10^{-3})^2}{1.78 \times 10^{-8}} \times 20 \fallingdotseq 1,271\text{m}$$

12

정답 ③

- $R_1 = 1 + \dfrac{2 \times 2}{2+2} = 2\,\Omega$
- $R_2 = 1 + \dfrac{2 \times 2}{2+2} = 2\,\Omega$
- $R_3 = \dfrac{2 \times 2}{2+2} = 1\,\Omega$

13

정답 ②

발전기의 기전력보다 $90°$ 뒤진 전기자 전류가 흐르면 감자 작용 또는 직축 반작용을 한다.

14

정답 ③

$$V_1(s) = \left(Ls + \frac{1}{Cs}\right)I(s), \quad V_2(s) = \frac{1}{Cs}I(s)$$

$$\therefore \ G(s) = \frac{V_2(s)}{V_1(s)} = \frac{\dfrac{1}{Cs}}{Ls + \dfrac{1}{Cs}} = \frac{1}{LCs^2 + 1} = \frac{\dfrac{1}{LC}}{s^2 + \dfrac{1}{LC}}$$

15

정답 ②

평행판 콘덴서 전극 사이에 유리판 삽입 : 콘덴서 직렬 구조

- 공기 $C = \dfrac{\varepsilon S}{d}$ 에서 $d = \dfrac{1}{2} = \dfrac{\varepsilon S}{\frac{1}{2}d} = \dfrac{\varepsilon S}{d} \times 2$

  C는 2배의 용량이 된다.

  $\therefore\ C_0 = 2 \times C = 2 \times 2\mu\mathrm{F} = 4\mu\mathrm{F}$

- 유리판 $C = \dfrac{\varepsilon S}{d}$ 에서 $d = \dfrac{1}{2}$, $\varepsilon = 9\varepsilon = \dfrac{9\varepsilon S}{\frac{1}{2}d} = \dfrac{\varepsilon S}{d} \times 18$

  C는 18배의 용량이 된다.

  $\therefore\ C_0 = 18 \times C = 18 \times 2 = 36\mu\mathrm{F}$

등가회로에서

$\therefore\ C_0 = \dfrac{4 \times 36}{4 + 36} = \dfrac{144}{40} = 3.6\mu\mathrm{F}$

16

정답 ③

$L\dfrac{d}{dt}i(t) + Ri(t) = E$, 초기값을 0으로 하고 라플라스 변환하면 다음과 같다.

$Ls\,I(s) + RI(s) = \dfrac{E}{s}$

$I(s) = \dfrac{E}{s(R + Ls)} = \dfrac{\frac{E}{L}}{s\left(s + \frac{R}{L}\right)} = \dfrac{\frac{E}{R}}{s} - \dfrac{\frac{E}{R}}{s + \frac{R}{L}} = \dfrac{E}{R}\left(\dfrac{1}{s} - \dfrac{1}{s + \frac{R}{L}}\right)$

$\therefore\ i(t) = \mathcal{L}^{-1}[I(s)] = \dfrac{E}{R}\left(1 - e^{-\frac{R}{L}t}\right)$

17

정답 ③

$P = VI$에서 $I = \dfrac{P}{V} = 50\mathrm{A}$이므로

발전기에서는 $E = V + R_a I_a = 207.5\mathrm{V}$, 전동기에서는 $V = E + R_a I_a = 215\mathrm{V}$(회전수가 같으므로 E도 같음)이다.

18

정답 ①

전력안정화장치(PSS; Power System Stabilizer)는 속응 여자 시스템으로 인한 미소 변동을 안정화시켜 전력계통의 안정도를 향상시킨다.

19

정답 ②

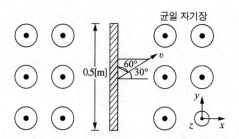

• 힘

$F = BlI\sin\theta[\text{N}]$

$6 = B \times 0.5 \times 2 \times \sin90° = B \times 0.5 \times 2 \times 1$

$\therefore B = \dfrac{6}{0.5 \times 2 \times 1} = \dfrac{6}{1} = 6\text{Wb/m}^2$

• 유도기전력

$e = Blv\sin\theta$

$= 6 \times 0.5 \times 10 \times \sin60°$

$= 6 \times 0.5 \times 10 \times \dfrac{\sqrt{3}}{2}$

$= 15\sqrt{3}\,\text{V}$

20

정답 ③

• 13개 직렬연결 시

 – 최저 전압 : 25×13=325V

 – 최고 전압 : 45×13=585V

 → 파워컨디셔너의 동작범위 초과

• 12개 직렬연결 시

 – 최저 전압 : 25×12=300V

 – 최고 전압 : 45×12=540V

따라서 파워컨디셔너의 동작범위 이내이므로 12장까지 직렬연결이 가능하다.

우리가 해야 할 일은 끊임없이 호기심을 갖고
새로운 생각을 시험해 보고 새로운 인상을 받는 것이다.

- 월터 페이터 -

PART 3

최종점검 모의고사

01	02	03	04	05	06	07	08	09	10	11	12	13	14	15	16	17	18	19	20
③	②	①	②	①	③	④	①	⑤	⑤	④	①	④	②	①	②	①	①	①	③
21	22	23	24	25	26	27	28	29	30	31	32	33	34	35	36	37	38	39	40
④	①	④	④	②	③	②	③	①	①	③	⑤	③	③	①	①	②	①	②	②
41	42	43	44	45	46	47	48	49	50	51	52	53	54	55	56	57	58	59	60
①	④	③	③	②	④	①	①	④	②	⑤	④	③	②	④	③	⑤	③	②	③

| 01 | 의사소통능력

01
정답 ③

편지 아래 적힌 연도와 편지 내용을 근거로 작품을 나열하면, 「감자 먹는 사람들」(1885년) → 「장미와 해바라기가 있는 정물」(1886년) → 「아시니에르의 음식점」(1887년) → 「씨 뿌리는 사람」(1888년) → 「별이 빛나는 밤」(1888년 7월 ~ 1889년 초) → 「수확하는 사람」(1889년) 순이다. 따라서 가장 마지막에 완성된 작품은 ③이다.

02
정답 ②

제시문은 가격을 결정하는 요인과 이를 통해 일반적으로 할 수 있는 예상을 언급하고, 현실적인 여러 요인으로 인해 나타날 수 있는 '거품 현상'이 무엇인지를 설명하는 글이다. 따라서 (가) 수요와 공급에 의해 결정되는 가격 → (마) 상품의 가격에 대한 일반적인 예상 → (다) 현실적인 가격 결정 요인 → (나) 이로 인해 예상치 못하게 나타나는 '거품 현상' → (라) '거품 현상'에 대한 구체적인 설명의 순서로 나열해야 한다.

03
정답 ①

오늘날의 현실에서는 독서가 반갑지 않은 벗으로 여겨지며, 진정한 의미의 독서가 이루어지지 않고 있다는 이야기를 하고 있으므로 이에 대한 해결 방안으로 진정한 독서의 방법을 설명하는 내용이 이어지는 것이 가장 적절하다.

04
정답 ②

단체견학의 경우 별도 요청 시 원자로, 터빈 등 원자력설비 모형 소개를 15분간 더 진행하므로, 1시간 45분이 소요될 수도 있다.

오답분석
① 자유관람의 경우 별도의 예약 신청 없이도 가능하다.
③ 시각장애 안내견 이외의 애완동물의 출입은 금지되어 있다.
④ 영어 해설을 위해서는 관람 4일 전까지 인터넷이 아닌 유선으로 신청해야 한다.
⑤ 단체견학을 하지 않더라도 홍보관 1층 데스크에서 선착순으로 접수하여 해설에 참여할 수 있다.

05

정답 ①

제시문은 '틱톡'을 예시로 들며, 1인 미디어의 유행으로 새로운 플랫폼이 등장하는 현상을 설명하고 있다.

오답분석

② 1인 미디어의 문제와 규제에 대해서는 제시문에서 확인할 수 없다.
③ 1인 미디어 콘텐츠 시장이 점차 다채로워지는 것은 쇠퇴로 볼 수 없다.
④ 틱톡이 인기를 끄는 이유는 알 수 있지만, 1인 미디어 인기를 끄는 이유가 양질의 정보를 전달하기 위해서라는 것은 알 수 없다.
⑤ 1인 크리에이터가 새로운 사회적 이슈가 된다고 나와 있지만, 돈을 벌고 있다는 내용은 제시문에서 확인할 수 없다.

06

정답 ③

제시문에서 설명하고 있는 '상대방의 말을 듣고 받아들이기보다 자신의 생각에 들어맞는 단서를 찾아 자신의 생각을 확인하는 행동'은 '(나) 짐작하기'에 해당하며, '상대방에 대한 부정적인 판단 또는 상대방을 비판하기 위해 상대방의 말을 듣지 않는 행동'은 '(다) 판단하기'에 해당한다.

오답분석

• (가) 다른 생각하기 : 상대방에게 관심을 기울이는 것이 점차 더 힘들어지고 상대방이 말을 할 때 자꾸 다른 생각을 하게 된다면, 이는 현실이 불만족스럽지만 이러한 상황을 회피하고 있다는 위험한 신호이다.
• (라) 걸러내기 : 상대의 말을 듣기는 하지만 상대방의 메시지를 온전하게 듣는 것이 아닌 경우이다.

07

정답 ④

서희가 말하고 있는 비위 맞추기는 올바른 경청의 자세가 아닌 방해요인이므로, 이를 고치지 않아도 된다고 말하는 선미의 의견은 옳지 않다.

08

정답 ①

제시문에 따르면 기존의 복지국가 담론은 사회적 경제가 등장하게 된 배경으로 볼 수 있으며, 이는 사회적 경제의 개념과는 거리가 멀다.

09

정답 ⑤

마지막 문장의 '표준화된 언어와 방언 둘 다의 가치를 인정'하고, '가려서 사용할 줄 아는 능력을 길러야 한다.'라는 내용을 바탕으로 ⑤와 같은 주제를 이끌어낼 수 있다.

10

정답 ⑤

완화와 억제는 반의 관계이므로, 반의 관계가 아닌 것을 찾아야 한다. '별세'와 '서거'는 유의 관계에 해당한다.
• 완화(緩和) : 긴장된 상태나 급박한 것을 느슨하게 함
• 억제(抑制) : 정도나 한도를 넘어서 나아가려는 것을 억눌러 그치게 함
• 별세(別世) : 윗사람이 세상을 떠남
• 서거(逝去) : 사거의 높임말. 죽어서 세상을 떠남

오답분석

①・②・③・④ 모두 반의 관계이다.
① • 착륙(着陸) : 비행기 따위가 공중에서 활주로나 판판한 곳에 내림
  • 이륙(離陸) : 비행기 따위가 날기 위하여 땅에서 떠오름
② • 수취(收聚) : 거두어 모음
  • 지급(支給) : 돈이나 물품 따위를 정하여진 몫만큼 내줌

③ • 개선(改善) : 잘못된 것이나 부족한 것, 나쁜 것 따위를 고쳐서 더 좋게 만듦
    • 악화(惡化) : 일의 형세가 나쁜 쪽으로 바뀜
④ • 분리(分離) : 서로 나뉘어 떨어짐. 또는 그렇게 되게 함
    • 통합(統合) : 둘 이상의 조직이나 기구 따위를 하나로 합침

11

정답 ④

부동산114(주)라는 기관의 조사 결과는 인용하고 있으나, 전문가의 말을 인용하고 있지는 않다.

오답분석

① 부동산114(주)에서 조사한 서울 아파트 준공 현황에 대한 자료를 제시하고 있다.
② 일본이나 뉴욕 등 다른 나라와 우리나라 간 사례 비교를 통해 내용을 전개하고 있다.
③ 재개발·재건축과 관련한 규제를 완화하고, 개발이익을 적절히 환수할 수 있는 균형점을 찾아야 안정적인 주택공급이 가능할 것으로 전망하고 있다.
⑤ 도심 주택공급 확대라는 정책의 방향성은 긍정적으로 바라보고 있으나, 그 뒤에 바로 한계를 지적하고 있다.

12

정답 ①

'황량한'은 '황폐하여 거칠고 쓸쓸한'을 의미한다.

13

정답 ④

패널 토의는 3 ~ 6인의 전문가가 토의 문제에 대한 정보나 지식, 의견이나 견해를 자유롭게 주고받고 토의가 끝난 후 청중의 질문을 받는 순서로 진행된다. 이는 찬반으로 명백하게 나눠 토의를 진행하기보다는 서로 다른 의견을 수렴 및 조정하는 방법이기 때문에 ④는 적절하지 않다.

14

정답 ②

㉠은 동물이 인간과 달리 영혼이 없어 쾌락이나 고통을 경험할 수 없다고 하였지만, ㉢은 동물도 고통을 겪는다는 입장이므로 옳은 내용이다.

오답분석

① ㉡은 인간이 이성 능력과 도덕적 실천 능력을 가졌다고 하였으나 이것으로 인해 그가 인간의 이익을 우선시하여 동물실험에 찬성했는지는 알 수 없다. 반대로 ㉠은 동물은 인간과 달리 영혼이 없어 쾌락이나 고통을 경험할 수 없기 때문에 동물실험에 찬성하는 입장이다.
③ ㉡은 인간이 동물과 달리 이성 능력과 도덕적 실천 능력을 가지고 있기 때문에 인간과 동물을 다르게 대우해야 한다고 보았다. 하지만 ㉣은 포유류의 예를 들면서 각 동물 개체가 삶의 주체로서 갖는 가치가 있다고 주장하며 인간과 동물을 다르게 대우하는 것을 반대하고 있다.
④ ㉢은 이성이나 언어 능력에서 인간과 동물이 차이가 있다고 하였으므로 옳지 않은 내용이다.
⑤ ㉣은 각 동물 개체가 삶의 주체로서 갖는 가치가 있다고는 하였지만, 그것이 동물이 고통을 느끼기 때문인지는 제시문을 통해서 알 수 없다.

15

정답 ①

㉠ 화장품 시장에서 동물 및 환경 보호를 위해 친환경 성분의 원료를 구매해 이용하는 것은 녹색소비에 해당한다.
㉡ 로컬푸드란 반경 50km 이내에서 생산하는 농산물을 말하는 것으로, B레스토랑의 소비 행위는 자신이 거주하는 지역에서 생산한 농산물을 소비하는 로컬소비에 해당한다.
㉢ 환경오염을 유발하는 폐어망 및 폐페트병을 재활용하여 또 다른 자원으로 사용한 제품을 구매하는 것은 녹색소비에 해당한다.

ⓔ 제3세계란 개발도상국들을 총칭하는 것으로, D카페의 제3세계 원두 직수입은 이들의 경제성장을 위한 공정무역 소비 행위에 해당한다.
ⓜ E사는 아시아 국가의 빈곤한 여성 생산자들의 경제적 자립을 위해 상품을 수입하여 판매하므로 이는 공정무역 소비 행위에 해당한다.

| 02 | 수리능력

16

정답 ②

부어야 하는 물의 양을 xg이라 하면 다음과 같은 식이 성립한다.

$$\frac{\frac{12}{100} \times 600}{600 + x} \times 100 \leq 4$$

→ $7,200 \leq 2,400 + 4x$

∴ $x \geq 1,200$

따라서 최소 1,200g의 물을 부어야 한다.

17

정답 ①

• 7권의 소설책 중 3권을 선택하는 경우의 수 : $_7\text{C}_3 = \frac{7 \times 6 \times 5}{3 \times 2 \times 1} = 35$가지

• 5권의 시집 중 2권을 선택하는 경우의 수 : $_5\text{C}_2 = \frac{5 \times 4}{2 \times 1} = 10$가지

따라서 소설책 3권과 시집 2권을 선택하는 경우의 수는 $35 \times 10 = 350$가지이다.

18

정답 ①

시속 90km로 달린 구간을 $x$km라 하면 시속 60km로 달린 구간은 $(200-x)$km이다.

$$\frac{200-x}{60} + \frac{x}{90} = 3$$

→ $600 - 3x + 2x = 540$

∴ $x = 60$

따라서 시속 90km로 달린 구간은 60km이다.

19

정답 ①

철학자가 생을 마감한 나이를 x살이라 하면 다음과 같은 식이 성립한다.

$$\frac{1}{5}x + \frac{3}{10}x + 8 + 4 + \frac{1}{6}x + 5 = x$$

→ $\frac{6+9+5}{30}x + 17 = x$

→ $\frac{2}{3}x + 17 = x$

→ $2x + 17 \times 3 = 3x$

∴ $x = 17 \times 3 = 51$

따라서 철학자가 생을 마감한 나이는 51살이다.

20
정답 ③

A는 월요일부터 시작하여 2일 간격으로 산책하고, B는 그 다음 날인 화요일부터 3일마다 산책을 하므로 이를 표로 정리하면 다음과 같다.

월	화	수	목	금	토	일
A		A		A		A
	B			B		

따라서 A와 B가 처음 만나는 날은 같은 주 금요일이다.

21
정답 ④

2023년에 세 번째로 많은 생산을 했던 분야는 일반기계 분야이다.

따라서 일반기계 분야의 2021년 대비 2022년의 변화율은 $\frac{4,020-4,370}{4,370}\times100 ≒ -8\%$이므로 약 8% 감소하였다.

22
정답 ①

800g 소포의 개수를 x개, 2.4kg 소포의 개수를 y개라 하면 다음 식이 성립한다.
$800\times x+2,400\times y \leq 16,000 \rightarrow x+3y \leq 20\cdots\text{㉠}$
B회사는 동일지역, C회사는 타지역이므로
$4,000\times x+6,000\times y=60,000 \rightarrow 2x+3y=30 \rightarrow 3y=30-2x\cdots\text{㉡}$
㉡을 ㉠에 대입하면
$x+30-2x\leq20 \rightarrow x\geq10\cdots\text{㉢}$
이때 ㉡, ㉢을 동시에 만족하는 값은 $x=12$, $y=2$이다.
따라서 A회사는 800g 소포는 12개, 2.4kg 소포는 2개 보냈음을 알 수 있다.

23
정답 ④

ⓒ HCHO가 가장 높게 측정된 역은 청량리역이고 가장 낮게 측정된 역은 신설동역이다. 따라서 두 역의 평균은 $\frac{11.4+4.8}{2}=8.1$

$\mu\text{g/m}^3$로 1호선 평균인 $8.4\mu\text{g/m}^3$보다 낮다.
ⓔ 청량리역은 HCHO, CO, NO_2, Rn 총 4가지 항목에서 1호선 평균보다 높게 측정되었다.

[오답분석]
ⓐ CO의 1호선 평균은 0.5ppm이며, 종로5가역과 신설동역은 0.4ppm이다. 따라서 옳은 내용이다.
ⓒ 시청역은 PM-10이 $102.0\mu\text{g/m}^3$으로 가장 높게 측정됐지만, TVOC는 $44.4\mu\text{g/m}^3$로 가장 낮게 측정되었다. 따라서 옳은 내용이다.

24
정답 ④

ㄴ. 2023년 11월 건설업의 상용 근로일수는 20.7일로, 광업의 상용 근로일수의 80%인 $21.9\times0.8≒17.5$일 이상이다.
ㄹ. 월 평균 근로시간이 가장 높은 산업은 2023년 11월(179.1시간)과 12월(178.9시간) 모두 부동산 및 임대업으로 동일하다.

[오답분석]
ㄱ. 2023년 10월부터 12월까지 전체 월 평균 근로시간은 163.3시간, 164.2시간, 163.9시간으로, 11월에는 전월 대비 증가하였지만, 12월에는 전월 대비 감소하였으므로 옳지 않은 설명이다.
ㄷ. 2023년 10월에 임시 일용근로일수가 가장 높은 산업은 금융 및 보험업으로 19.3일이며, 12월 임시 일용근로일수는 19.2일로, 10월 대비 0.1일 감소하였으므로 옳지 않은 설명이다.

25

정답 ②

조사 기간에 단 한 번도 0%를 기록하지 못한 곳은 '강원, 경남, 대전, 부산, 울산, 충남'으로, 총 여섯 지역이다.

오답분석

① 광주가 7.37%로 가장 적다.
③ 자료를 통해 쉽게 확인할 수 있다.
④ 조사 기간 동안 가장 높은 유출 예산 비중을 기록한 지역은 2021년 수도권이며, 그 비중은 23.71%이다.
⑤ 강원은 2023년에 전년 대비 5.73%p로, 가장 큰 폭으로 증가하였다.

26

정답 ③

2019년부터 2023년까지 유출된 예산 비중의 총합이 가장 큰 지역은 '강원'으로, 총합은 43.33%, 평균은 $\frac{43.33}{5} ≒ 8.7\%$이다.

27

정답 ②

ㄱ. 자료를 통해 쉽게 확인할 수 있다.
ㄹ. 2019년 강원의 유출된 예산 비중은 21.90%로, 다른 모든 지역의 비중의 합인 18.11% 보다 높다.

오답분석

ㄴ. 지역별로 유출된 예산 비중의 총합이 가장 높은 연도는 2021년이다.
ㄷ. 2021년 유출된 예산 비중이 전년 대비 1%p 이상 오르지 못한 곳은 '경남, 광주, 대전' 총 세 지역이다.

28

정답 ③

20 ~ 30대 청년들 중에서 자가에 사는 청년은 $\frac{5,657}{80,110} \times 100 ≒ 7.1\%$이며, 20대 청년 중에서 자가의 비중은 $\frac{537+795}{13,874+15,258} \times 100 = \frac{1,332}{29,132} \times 100 ≒ 4.6\%$이므로 전체 청년 인원대비 자가 비율보다 20대 청년 중에서 자가가 차지하는 비율이 더 낮다.

오답분석

① 20 ~ 24세 전체 가구 수 중 월세 비중은 $\frac{5,722}{13,874} \times 100 ≒ 41.2\%$이고, 자가는 $\frac{537}{13,874} \times 100 ≒ 3.9\%$이다.

② 20 ~ 24세를 제외한 연령대 청년 중에서 무상이 차지하는 비중은 $\frac{13,091-5,753}{80,110-13,874} \times 100 = \frac{7,338}{66,236} \times 100 ≒ 11.1\%$로 월세

비중 $\frac{45,778-5,722}{80,110-13,874} \times 100 = \frac{40,056}{66,236} \times 100 ≒ 60.5\%$보다 낮다.

④ 연령대가 높아질수록 자가를 가진 청년들은 늘어나지만 30 ~ 34세에서 자가 비율은 $\frac{1,836}{21,383} \times 100 ≒ 8.6\%$로 35 ~ 39세의

자가 비율 $\frac{2,489}{29,595} \times 100 ≒ 8.4\%$보다 높다.

또한 월세 비중은 다음과 같으므로 연령대가 높아질수록 계속 낮아진다고 볼 수 없다.

- 20 ~ 24세 : $\frac{5,722}{13,874} \times 100 ≒ 41.2\%$
- 25 ~ 29세 : $\frac{7,853}{15,258} \times 100 ≒ 51.5\%$
- 30 ~ 34세 : $\frac{13,593}{21,383} \times 100 ≒ 63.6\%$
- 35 ~ 39세 : $\frac{18,610}{29,595} \times 100 ≒ 62.9\%$

⑤ 20 ~ 30대 연령대에서 월세에 사는 25 ~ 29세 연령대가 차지하는 비율은 $\frac{7,853}{80,110} \times 100 ≒ 9.8\%$로 10% 미만이다.

29

정답 ①

2023년 20세 이상 인구 중 비흡연자는 70.8%이고, 2022년 20세 이상 인구 중 비흡연자는 64.9%이므로 70.8−64.9=5.9%p 증가했다.

30

정답 ①

2023년 동부지역 20세 이상 인구 1,500,000명 중 비흡연자는 70.7%이므로, 1,500,000명×0.707=1,060,500명이다. 그중 20.6%가 금연자이므로 2023년 동부지역 20세 이상 인구 중 금연자는 1,060,500명×0.206=218,463명이다.

| 03 | 문제해결능력

31

정답 ③

다음 논리 순서에 따라 주어진 조건을 정리하면 쉽게 접근할 수 있다.
- 여섯 번째, 여덟 번째 조건 : G는 첫 번째 자리에 앉는다.
- 일곱 번째 조건 : C는 세 번째 자리에 앉는다.
- 네 번째, 다섯 번째 조건 : 만약 A와 B가 네 번째, 여섯 번째 또는 다섯 번째, 일곱 번째 자리에 앉으면, D와 F는 나란히 앉을 수 없다. 따라서 A와 B는 두 번째, 네 번째 자리에 앉는다. 이때, 남은 자리는 다섯, 여섯, 일곱 번째 자리이므로, D와 F는 다섯, 여섯 번째 또는 여섯, 일곱 번째 자리에 앉게 되고, 나머지 한 자리에 E가 앉는다.

이 사실을 종합하여 주어진 조건을 표로 정리하면 다음과 같다.

구분	첫 번째	두 번째	세 번째	네 번째	다섯 번째	여섯 번째	일곱 번째
경우 1	G	A	C	B	D	F	E
경우 2	G	A	C	B	F	D	E
경우 3	G	A	C	B	E	D	F
경우 4	G	A	C	B	E	F	D
경우 5	G	B	C	A	D	F	E
경우 6	G	B	C	A	F	D	E
경우 7	G	B	C	A	E	D	F
경우 8	G	B	C	A	E	F	D

따라서 C의 양옆에는 항상 A와 B가 앉는다.

[오답분석]
① 조건에서 D와 F는 나란히 앉지 않는다고 하였다.
②·④ 경우 4, 8인 때에만 성립한다.
⑤ B는 네 번째 자리에도 앉을 수 있다.

32

정답 ⑤

조건의 주요 명제들을 순서대로 논리 기호화하여 표현하면 다음과 같다.
- 두 번째 명제 : 머그컵 → ~노트
- 세 번째 명제 : 노트
- 네 번째 명제 : 태블릿PC → 머그컵
- 다섯 번째 명제 : ~태블릿PC → (가습기 ∧ ~컵받침)

세 번째 명제에 따라 노트는 반드시 선정되며, 두 번째 명제의 대우(노트 → ~머그컵)에 따라 머그컵은 선정되지 않는다. 그리고
네 번째 명제의 대우(~머그컵 → ~태블릿PC)에 따라 태블릿PC도 선정되지 않으며, 다섯 번째 명제에 따라 가습기는 선정되고
컵받침은 선정되지 않는다. 따라서 총 3개의 경품을 선정한다고 하였으므로, 노트, 가습기와 함께 펜이 경품으로 선정된다.

33

정답 ③

시공업체 선정 기준에 따라 시공규모가 500억 원 이하인 B, C업체와 입찰가격이 80억 원 이상인 A, E업체는 선정되지 않는다.
점수 산정 기준에 따라 D업체와 F업체의 항목별 점수를 정리하면 다음과 같다.

(단위 : 점)

업체	기술 점수	친환경 점수	경영 점수	합계
D	30	15	30	75
F	15	20	30	65

따라서 선정될 업체는 입찰점수가 더 높은 D업체이다.

34

정답 ③

변경된 시공업체 선정 기준에 따라 시공규모가 400억 원 이하인 B업체를 제외하고, 나머지 업체들의 항목별 점수를 정리하면
다음과 같다.

(단위 : 점)

업체	기술 점수	친환경 점수	경영 점수	가격 점수	합계
A	30	25	26	8×2=16	97
C	15	15	22	15×2=30	82
D	30	15	30	12×2=24	99
E	20	25	26	8×2=16	87
F	15	20	30	12×2=24	89

따라서 선정될 업체는 입찰점수가 99점으로 가장 높은 D업체이다.

35

정답 ①

생산량과 판매수입에 따른 이윤을 정리하면 다음과 같다.

생산량(개)	0	1	2	3	4	5
총 판매수입(만 원)	0	7	14	21	28	35
총 생산비용(만 원)	5	9	12	17	24	33
이윤(만 원)	−5	−2	+2	+4	+4	+2

따라서 ㄱ, ㄴ은 옳은 설명이다.

[오답분석]

ㄷ. 생산량을 4개에서 5개로 늘리면 이윤은 2만 원으로 감소한다.
ㄹ. 1개를 생산하면 −2만 원이지만, 생산하지 않을 때는 −5만 원이다.

36

오답분석

② 서랍장의 가로 길이와 붙박이 수납장 문을 여는 데 필요한 간격과 폭을 더한 길이는 각각 1,100mm, 1,200mm(=550+650)이고, 사무실 문을 여닫는 데 필요한 1,000mm의 공간을 포함하면 총길이는 3,300mm이다. 따라서 사무실의 가로 길이인 3,000mm를 초과하므로 불가능한 배치이다.

③ 서랍장과 캐비닛의 가로 길이는 각각 1,100mm, 1,000mm이고, 사무실 문을 여닫는 데 필요한 1,000mm의 공간을 포함하면 총길이는 3,100mm이다. 따라서 사무실의 가로 길이인 3,000mm를 초과하므로 불가능한 배치이다.

④ 회의 탁자의 세로 길이와 서랍장의 가로 길이는 각각 2,110mm, 1,100mm이고, 붙박이 수납장 문을 여는 데 필요한 간격과 폭을 더한 길이인 1,200mm(=550+650)를 포함하면 총길이는 4,410mm이다. 따라서 사무실의 세로 길이인 3,400mm를 초과하므로 불가능한 배치이다.

⑤ 회의 탁자의 가로 길이와 서랍장의 가로 길이는 각각 1,500mm, 1,100mm이고, 사무실 문을 여닫는 데 필요한 1,000mm의 공간을 포함하면 총길이는 3,600mm이다. 따라서 사무실의 세로 길이인 3,400mm를 초과하므로 불가능한 배치이다.

37

정답 ②

세 도시를 방문하는 방법은 ABC=60, ABD=80, ACD=70, ACE=50, ACF=70, AFE=80, BAF=90, BCD=80, BCE=70, BCF=90, BDE=110, CDE=80, CEF=60, DCF=100, DEF=100, 총 15가지 방법이다. 이 중 80km를 초과하지 않는 방법은 BAF, BCF, BDE, DCF, DEF를 제외한 10가지 방법이다.

38

정답 ①

조건의 주요 명제들을 순서대로 논리 기호화하여 표현하면 다음과 같다.
• 첫 번째 명제 : ~C
• 두 번째 명제 : ~B → (C ∧ E)
• 세 번째 명제 : (~E ∨ ~F) → D
• 네 번째 명제 : B → (~A ∧ ~E)

첫 번째 명제가 참이므로 두 번째 명제의 대우[(~C ∨ ~E) → B]에 따라 B는 공휴일에 영업한다. 그러므로 네 번째 명제에 따라 A와 E는 영업하지 않고, 다섯 번째 명제에 따라 F도 영업하지 않는다. 마지막으로 세 번째 명제에 따라 D는 영업한다. 따라서 공휴일에 영업하는 가게는 B와 D 총 2곳이다.

39

정답 ②

상반기 포상 수여 기준에 따라 협력사별 포상 점수를 산출하면 다음과 같다.

(단위 : 점)

구분	기술개선 점수		실용화 점수	경영 점수	성실 점수	합계
	출원 점수	등록 점수				
A사	10	20	15	15	20	80
B사	5	10	5	20	10	50
C사	15	15	15	15	10	70
D사	5	10	30	10	20	75
E사	10	15	25	20	0	70

따라서 포상을 수여받을 업체는 포상 점수가 가장 높은 A사와 D사이다.

40

변경된 포상 수여 기준에 따른 협력사별 포상 점수를 산출하면 다음과 같다.

(단위 : 점)

구분	기술개선 점수		실용화 점수	경영 점수	성실 점수	합계
	출원 점수	등록 점수				
A사	15	10	15	15	20	75
B사	15	5	5	20	15	60
C사	20	5	15	15	15	70
D사	10	5	30	10	20	75
E사	20	5	25	20	10	80

포상 점수가 가장 높은 업체는 E사이며, A사와 D사가 75점으로 동점이다. A사와 D사 중 기술개선 점수가 높은 업체는 A사이므로 최종적으로 A사와 E사가 선정된다.

41

ㄱ. 부패금액이 산정되지 않은 6번의 경우에도 고발되었으므로 옳지 않은 설명이다.

ㄴ. 2번의 경우 해임당하였음에도 고발되지 않았으므로 옳지 않은 설명이다.

[오답분석]

ㄷ. 직무관련자로부터 금품을 수수한 사건은 2번, 4번, 5번, 7번, 8번으로 총 5건 있었다.

ㄹ. 2번과 4번은 모두 '직무관련자로부터 금품 및 향응수수'로 동일한 부패행위 유형에 해당함에도 2번은 해임, 4번은 감봉 1월의 처분을 받았으므로 옳은 설명이다.

42

㉠은 Logic Tree에 대한 설명으로 문제 도출 단계에서 사용되며, ㉡은 3C 분석 방법에 대한 설명으로 문제 인식 단계의 환경 분석 과정에서 사용된다. ㉢은 Pilot Test에 대한 설명으로 실행 및 평가 단계에서 사용된다. 마지막으로 ㉣은 해결안을 그룹화하는 방법으로 해결안을 도출하는 해결안 개발 단계에서 사용된다. 따라서 문제해결절차에 따라 문제해결 방법을 나열하면 ㉡ → ㉠ → ㉣ → ㉢의 순서가 된다.

43

B씨가 서류를 제출해야 할 장소는 창문을 등지고 기둥을 지나 왼쪽으로 돈 뒤 오른쪽에 위치한 C이다.

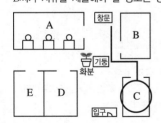

44

ㄴ. 어떤 기계를 선택해야 비용을 최소화할 수 있는지에 대해 고려하는 문제이므로 옳은 설명이다.
ㄷ. • A기계를 선택하는 경우
   - (비용)=(임금)+(임대료)=(8,000×10)+10,000=90,000원
   - 이윤 : 100,000-90,000=10,000원
   • B기계를 선택하는 경우
   - (비용)=(임금)+(임대료)=(7,000×8)+20,000=76,000원
   - 이윤 : 100,000-76,000=24,000원
   따라서 합리적인 선택을 하는 경우는 B기계를 선택하는 경우로, 24,000원의 이윤이 발생한다.

오답분석
ㄱ. B기계를 선택하는 경우가 A기계를 선택하는 경우보다 14,000원(=24,000-10,000)의 이윤이 더 발생한다.
ㄹ. A기계를 선택하는 경우 식탁 1개의 생산비용은 90,000원이다.

45

정답 ②

WT전략은 외부 환경의 위협 요인을 회피하고 약점을 보완하는 전략을 적용해야 한다. ②는 강점인 'S'를 강화하는 방법에 대해 이야기하고 있다.

오답분석
① WO전략은 외부의 기회를 사용해 약점을 보완하는 전략이므로 옳다.
③ WT전략은 외부 환경의 위협을 회피하고 약점을 보완하는 전략이므로 옳다.
④ SO전략은 기회를 활용하면서 강점을 더욱 강화시키는 전략이므로 옳다.
⑤ ST전략은 외부 환경의 위협을 회피하며 강점을 적극 활용하는 전략이므로 옳다.

| 04 | 자원관리능력

46

정답 ④

직접비용은 제품 또는 서비스를 창출하기 위해 직접 소비된 것으로 여겨지는 비용을 말하며, 재료비, 원료와 장비 구입비, 인건비, 출장비 등이 직접비용에 해당한다. 반면, 간접비용은 생산에 직접 관련되지 않은 비용을 말하며, 광고비, 보험료, 통신비 등이 간접비용에 해당한다.

47

정답 ①

두 번째 조건에서 경유지는 서울보다 +1시간, 출장지는 경유지보다 -2시간이므로 출장지는 서울과 -1시간 차이다.
김대리가 서울에서 경유지를 거쳐 출장지까지 가는 과정을 서울 시각 기준으로 정리하면 다음과 같다.
서울 5일 오후 1시 35분 출발 → 오후 1시 35분+3시간 45분=오후 5시 20분 경유지 도착 → 오후 5시 20분+3시간 50분(대기시간)=오후 9시 10분 경유지에서 출발 → 오후 9시 10분+9시간 25분=6일 오전 6시 35분 출장지 도착
따라서 출장지에 도착했을 때 현지 시각은 서울보다 1시간 느리므로 오전 5시 35분이다.

48

정답 ①

화상회의 진행 시각(한국 기준 오후 4시 ~ 오후 5시)을 각국 현지 시각으로 변환하면 다음과 같다.
• 파키스탄 지사(−4시간) : 오후 12시 ~ 오후 1시, 점심시간이므로, 회의에 참석 불가능하다.
• 불가리아 지사 (−6시간) : 오전 10시 ~ 오전 11시이므로, 회의에 참석 가능하다.
• 호주 지사(+1시간) : 오후 5시 ~ 오후 6시이므로, 회의에 참석 가능하다.
• 영국 지사(−8시간) : 오전 8시 ~ 오전 9시이므로, 회의에 참석 가능하다(시차는 −9시간이지만, 서머타임을 적용한다).
• 싱가포르 지사(−1시간) : 오후 3시 ~ 오후 4시이므로, 회의에 참석 가능하다.
따라서 파키스탄 지사는 화상회의에 참석할 수 없다.

49

정답 ④

제품군별 지급해야 할 보관료는 다음과 같다.
• A제품군 : 300억×0.01=3억 원
• B제품군 : 2,000×20,000=4천만 원
• C제품군 : 500×80,000=4천만 원
따라서 K기업이 보관료로 지급해야 할 총금액은 3억 8천만 원이다.

50

정답 ②

B버스(9시 출발, 소요시간 40분) → KTX(9시 45분 출발, 소요시간 1시간 32분)가 도착시간 오전 11시 17분으로 가장 먼저 도착한다.

오답분석

① A버스(9시 20분 출발, 소요시간 24분) → 새마을호(9시 45분 출발, 소요시간 3시간) : 도착시간 오후 12시 45분
③ 지하철(9시 30분 출발, 소요시간 20분) → KTX(10시 30분 출발, 소요시간 1시간 32분) : 도착시간 오후 12시 2분
④ B버스(9시 출발, 소요시간 40분) → 새마을호(9시 40분 출발, 소요시간 3시간) : 도착시간 오후 12시 40분
⑤ 지하철(9시 30분 출발, 소요시간 20분) → 새마을호(9시 50분 출발, 소요시간 3시간) : 도착시간 오후 12시 50분

51

정답 ⑤

• A씨 부부의 왕복 비용 : (59,800×2)×2=239,200원
• 만 6세 아들의 왕복 비용 : (59,800×0.5)×2=59,800원
• 만 3세 딸의 왕복 비용 : 59,800×0.25=14,950원
따라서 A씨 가족이 지불한 총 교통비는 239,200+59,800+14,950=313,950원이다.

52

정답 ④

• C강사 : 셋째 주 화요일 오전, 목요일, 금요일 오전에 스케줄이 비어 있으므로 목요일과 금요일에 이틀간 강의가 가능하다.
• E강사 : 첫째, 셋째 주 화 ~ 목요일 오전에 스케줄이 있으므로 수요일과 목요일 오후에는 강의가 가능하다.

오답분석

• A강사 : 매주 수 ~ 목요일에 스케줄이 있으므로 화요일과 금요일 오전에 강의가 가능하지만, 강의가 연속 이틀에 걸쳐 진행되어야 한다는 조건에 부합하지 않는다.
• B강사 : 화요일과 목요일에 스케줄이 있으므로 수요일 오후와 금요일 오전에 강의가 가능하지만, 강의가 연속 이틀에 걸쳐 진행되어야 한다는 조건에 부합하지 않는다.
• D강사 : 수요일 오후와 금요일 오전에 스케줄이 있으므로 화요일 오전과 목요일에 강의가 가능하지만, 강의가 연속 이틀에 걸쳐 진행되어야 한다는 조건에 부합하지 않는다.

53

R대리의 교통편별 왕복 교통비용을 정리하면 다음과 같다.
- 일반버스 : 24,000원×2=48,000원
- 우등버스 : 32,000원×2×0.99=63,360원
- 무궁화호 : 28,000원×2×0.85=47,600원
- 새마을호 : 36,000원×2×0.8=57,600원
- KTX : 58,000원

따라서 무궁화호가 47,600원으로 가장 저렴하다.

54

고객 A씨는 제품을 구입한 지 1년이 지났으므로 수리비 2만 원을 부담해야 하며, A/S 서비스가 출장 서비스로 진행되어 출장비를 지불해야 하는데, 토요일 오후 3시는 A/S 센터 운영시간이 아니므로 3만 원의 출장비를 지불해야 한다. 또한 부품을 교체하였으므로 부품비 5만 원까지 합하여 총 10만 원의 A/S 서비스 비용을 지불해야 한다.

55

파일링시스템 규칙에 따르면 2023년에 작성한 문서의 경우 2024년 1월 1일부터 보존연한이 시작되어 2026년 12월 31일자로 완결되므로 문서의 적절한 폐기연도는 2027년 초이다.

56

ⅰ) 연봉이 3천만 원인 K사원의 월 수령액은 3천만÷12=250만 원이고, 월평균 근무시간은 200시간이므로 시급은 250만÷200=12,500원이다.

ⅱ) K사원이 평일에 야근한 시간은 2+3+3+2=10시간이므로 야근 수당은 (12,500+5,000)×10=175,000원이다.

ⅲ) K사원이 주말에 특근한 시간은 3+5=8시간이므로 특근 수당은 (12,500+10,000)×8=180,000원이다.

따라서 식대는 야근 및 특근 수당에 포함되지 않으므로 K사원의 이번 달 야근 및 특근 수당의 총액은 175,000+180,000=355,000원이다.

57

A ~ D기관의 내진성능평가 지수와 내진보강공사 지수를 구한 뒤 내진성능평가 점수와 내진보강공사 점수를 부여하면 다음과 같다.

구분	A기관	B기관	C기관	D기관
내진성능평가 지수	$\frac{82}{100}\times100=82$	$\frac{72}{80}\times100=90$	$\frac{72}{90}\times100=80$	$\frac{83}{100}\times100=83$
내진성능평가 점수	3점	5점	1점	3점
내진보강공사 지수	$\frac{91}{100}\times100=91$	$\frac{76}{80}\times100=95$	$\frac{81}{90}\times100=90$	$\frac{96}{100}\times100=96$
내진보강공사 점수	3점	3점	1점	5점
합산 점수	3+3=6점	5+3=8점	1+1=2점	3+5=8점

B, D기관의 합산 점수는 8점으로 동점이다. 최종순위 결정조건에 따르면 합산 점수가 동점인 경우에는 내진보강대상 건수가 가장 많은 기관이 높은 순위가 된다. 따라서 최상위기관은 D기관이고, 최하위기관은 C기관이다.

58

먼저 모든 면접위원의 입사 후 경력은 3년 이상이어야 한다는 조건에 따라 A, E, F, H, I, L직원은 면접위원으로 선정될 수 없다. 이사 이상의 직급으로 6명 중 50% 이상 구성되어야 하므로 자격이 있는 C, G, N은 반드시 면접위원으로 포함한다. 다음으로 인사팀을 제외한 부서는 두 명 이상 구성할 수 없으므로 이미 N이사가 선출된 개발팀은 더 선출할 수 없고, 인사팀은 반드시 2명을 포함해야 하므로 D과장은 반드시 선출된다. 이를 정리하면 다음과 같다.

구분	1	2	3	4	5	6
경우 1	C이사	D과장	G이사	N이사	B과장	J과장
경우 2	C이사	D과장	G이사	N이사	B과장	K대리
경우 3	C이사	D과장	G이사	N이사	J과장	K대리

따라서 B과장이 면접위원으로 선출됐더라도 K대리가 선출되지 않는 경우도 있다.

59

- 본부에서 36개월 동안 연구원으로 근무 → $0.03 \times 36 = 1.08$점
- 지역본부에서 24개월 근무 → $0.015 \times 24 = 0.36$점
- 특수지에서 12개월 동안 파견근무(지역본부 근무경력과 중복되어 절반만 인정) → $0.02 \times 12 \div 2 = 0.12$점
- 본부로 복귀 후 현재까지 총 23개월 근무 → $0.03 \times 23 = 0.69$점
- 현재 팀장(과장) 업무 수행 중
  - 내부평가결과 최상위 10% 총 12회 → $0.012 \times 12 = 0.144$점
  - 내부평가결과 차상위 10% 총 6회 → $0.01 \times 6 = 0.06$점
  - 금상 2회, 은상 1회, 동상 1회 수상 → $(0.25 \times 2) + (0.15 \times 1) + (0.1 \times 1) = 0.75$점 → 0.5점($\because$ 인정 범위 조건)
  - 시행결과평가 탁월 2회, 우수 1회 → $(0.25 \times 2) + (0.15 \times 1) = 0.65$점 → 0.5점($\because$ 인정 범위 조건)

따라서 Q과장에게 부여해야 할 가점은 3.454점이다.

60

자기계발 과목에 따라 해당되는 지원 금액과 신청 인원을 정리하면 다음과 같다.

구분	영어회화	컴퓨터 활용능력	세무회계
지원 금액	70,000원×0.5=35,000원	50,000원×0.4=20,000원	60,000원×0.8=48,000원
신청 인원	3명	3명	3명

따라서 교육프로그램마다 3명씩 지원했으므로, 총 지원비는 (35,000+20,000+48,000)×3=309,000원이다.

01	02	03	04	05	06	07	08	09	10	11	12	13	14	15	16	17	18	19	20
⑤	②	⑤	④	④	④	④	②	②	⑤	④	④	④	①	③	④	④	③	①	⑤
21	22	23	24	25	26	27	28	29	30	31	32	33	34	35	36	37	38	39	40
⑤	④	④	①	③	⑤	⑤	⑤	③	③	④	④	①	④	②	④	④	①	①	④
41	42	43	44	45	46	47	48	49	50	51	52	53	54	55	56	57	58	59	60
③	①	④	②	③	②	④	④	④	①	③	①	④	④	①	⑤	①	④	③	②

01

정답 ⑤

택견이 내면의 아름다움을 중시한다는 내용은 제시문에 나와 있지 않다.

오답분석

① 두 번째 문단에서 '진정한 고수는 상대를 다치게 하지 않으면서도 물러나게 하는 법을 안다.'와 세 번째 문단에서 택견은 상대에 대한 배려와 수비 기술을 더 많이 가르친다고 언급한 부분을 통해 알 수 있다.
② 마지막 문단에서 '걸고 차는 다양한 기술을 통해 공격과 방어의 조화를 이루는 실질적이고 통합된 무술'이라고 설명하고 있다.
③ 첫 번째 문단에 '택견 전수자는 우아한 몸놀림으로 움직이며 부드러운 곡선을 만들어 내지만, 이를 통해 유연성뿐만 아니라 힘도 보여준다.'라고 언급된 부분을 통해 알 수 있다.
④ 마지막 문단에 택견의 특징 중 하나가 '자연스럽고 자발적인 무술'이라고 나와 있다.

02

정답 ②

전체 단속건수에서 광주 지역과 대전 지역이 차지하는 비율은 다음과 같다.

- 광주 : $\dfrac{1,090}{20,000} \times 100 = 5.45\%$

- 대전 : $\dfrac{830}{20,000} \times 100 = 4.15\%$

따라서 광주 지역이 대전 지역보다 1.3%p 더 높다.

오답분석

① 울산 지역의 단속건수는 1,250건으로, 전체 단속건수에서 차지하는 비중은 $\dfrac{1,250}{20,000} \times 100 = 6.25\%$이다.

③ 수도권 지역의 단속건수는 3,010+2,650+2,820=8,480건으로, 전체 단속건수에서 차지하는 비중은 $\dfrac{8,480}{20,000} \times 100 = 42.4\%$

이다. 따라서 수도권 지역의 단속건수는 전체 단속건수의 절반 미만이다.
④ 신호위반이 가장 많이 단속된 지역은 980건으로 제주이지만, 과속이 가장 많이 단속된 지역은 1,380건으로 인천이다.
⑤ 경기의 무단횡단·신호위반·과속·불법주정차 위반 건수는 서울보다 적지만, 음주운전 위반 건수는 서울보다 많다.

03

정답 ⑤

여신팀 김선율과 인사팀 김하영은 매주 월, 금요일에 회의 및 출장으로 8월 22일 화요일에는 출근이 가능하다.

오답분석
① 수신팀 김하나는 7월 25일에 일본 여행에서 돌아왔으므로 8월 22일은 출근이 불가능하고, 같은 팀인 정지수만 화요일 출근이 가능하다.
② 수신팀 이솔비는 7월 24일 인천 출장으로 인해 8월 22일은 출근을 할 수 없고, 같은 팀인 김예나만 화요일 출근이 가능하다.
③ 수신팀 강여울은 여신팀 및 인사팀의 팀장과 같은 스케줄로 화요일 출근이 가능하지만, 여신팀 이하율은 화요일 출근을 하지 않는다.
④ 여신팀 최바울은 수신팀 김하나의 남편으로, 같이 일본 여행을 갔다와 8월 22일 출근이 불가능하고, 인사팀 강지은만 화요일 출근이 가능하다.

04

정답 ④

금요일에 있는 본사교육 및 회의·출장 참여자는 반드시 금요일에 출근해야하므로 이와 관련된 사람은 최수지, 강여울, 김선율, 김하영이다. 정하람은 매주 금요일에 출근하지 않아도 된다.

05

정답 ④

제시문은 정부가 제공하는 공공 데이터를 활용한 앱 개발에 대한 설명으로, 먼저 다양한 앱을 개발하려는 사람들을 통해 화제를 제시한 (라) 문단이 오는 것이 적절하며, 이러한 앱 개발에 있어 부딪히는 문제들을 제시한 (가) 문단이 그 뒤에 오는 것이 적절하다. 다음으로 이러한 문제들을 해결하기 위한 방법으로 공공 데이터를 제시하는 (나) 문단이 오고, 공공 데이터에 대한 추가 설명으로 공공 데이터를 위한 정부의 노력인 (다) 문단이 마지막으로 오는 것이 적절하다. 따라서 (라) – (가) – (나) – (다) 순서로 나열해야 한다.

06

정답 ④

김본부장과 이팀장의 대화를 살펴보면 이팀장은 정직하게 업무에 임하는 자세를 중요하게 생각하기 때문에 개인과 조직의 일과 관계에 대해 윤리적 갈등을 겪고 있다. 근로윤리 중 정직은 신뢰를 형성하고 유지하는 데 필요한 가장 기본적이고 필수적인 규범이다.

07

정답 ④

이팀장은 김본부장과의 대화에서 조직 내 관계의 측면에서는 사실대로 보고할지 김본부장의 말을 따를지 고민하는 진실 대 충성의 갈등, 조직의 업무 측면에 있어서는 단기 대 장기, 개인 대 집단의 갈등으로 세 가지 요인 모두 고민하는 것을 알 수 있다.

08

정답 ②

바리스타로 일하는 것은 경제적 보상이 있으며, 자발적인 의사에 의한 것으로 볼 수 있고, 장기적으로 계속해서 일하는 점을 볼 때 직업의 사례로 적절하다.

09

정답 ②

먼저 A의 말이 거짓이라면 A, E 두 명이 드라큘라 가면을 쓰게 되고, E의 말이 거짓이라면 드라큘라 가면을 아무도 쓰지 않게 되므로 둘 다 세 번째 조건에 어긋난다. 또한 C의 말이 거짓이라면 식품영양학과에 다니는 학생이 없으므로 두 번째 조건에 어긋나며, D의 말이 거짓이라면 A, B, C, D, E 다섯 명 모두 남학생이 되므로 첫 번째 조건에 어긋난다. 따라서 거짓만을 말하고 있는 사람은 B이며, 이때 B는 경제학과에 다니는 여학생으로, 가면파티에서 유령 가면을 쓸 것이다.

10

2022년과 2023년의 선수 인원수와 총연봉, 2023년 선수 한 명당 평균 연봉을 계산하면 다음과 같다.

(단위 : 명, 억 원)

테니스 팀	선수 인원수		총연봉		2023년 선수 한 명당 평균 연봉
	2022년	2023년	2022년	2023년	
A	$\dfrac{5}{1+0.25}=4$	5	$\dfrac{15}{1+0.5}=10$	15	$\dfrac{15}{5}=3$
B	$\dfrac{10}{1+1}=5$	10	$\dfrac{25}{1+1.5}=10$	25	$\dfrac{25}{10}=2.5$
C	$\dfrac{10}{1+0.25}=8$	10	$\dfrac{24}{1+0.2}=20$	24	$\dfrac{24}{10}=2.4$
D	$\dfrac{6}{1+0.5}=4$	6	$\dfrac{30}{1+0.2}=25$	30	$\dfrac{30}{6}=5$
E	$\dfrac{6}{1+0.2}=5$	6	$\dfrac{24}{1+0.5}=16$	24	$\dfrac{24}{6}=4$

2022년 총연봉은 2023년 총연봉의 전년 대비 증가율 그래프의 수치로 구할 수 있다.

• A팀 : $\dfrac{15}{1+0.5}=10$억 원

• E팀 : $\dfrac{24}{1+0.5}=16$억 원

따라서 2022년 총연봉은 E팀이 A팀보다 많다.

오답분석

① 2023년 테니스 팀 선수당 평균 연봉은 D팀이 5억 원으로 가장 많다.
② 2023년 전년 대비 증가한 선수 인원수는 2명으로, C팀과 D팀이 동일하다.
③ 2023년 A팀의 팀 선수 평균 연봉은 2022년 2.5억 원에서 3억 원으로 증가하였다.
④ 2023년 선수 인원수가 전년 대비 가장 많이 증가한 B팀은 총연봉도 가장 많이 증가하였다.

11

포상(褒賞) : 1. 칭찬하고 장려하여 상을 줌
2. 각 분야에서 나라 발전에 뚜렷한 공로가 있는 사람에게 정부가 칭찬하고 장려하여 상을 줌. 또는 그 상

오답분석

① 보훈(報勳) : 공훈에 보답함
② 공훈(功勳) : 나라나 회사를 위하여 두드러지게 세운 공로
③ 공로(功勞) : 일을 마치거나 목적을 이루는 데 들인 노력과 수고. 또는 일을 마치거나 그 목적을 이룬 결과로서의 공적
⑤ 공적(功績) : 노력과 수고를 들여 이루어 낸 일의 결과

12

㉠ 한 개의 사안은 한 장의 용지에 작성하는 것이 원칙이다.
㉡ 첨부자료는 반드시 필요한 내용만 첨부하여 산만하지 않게 하여야 한다.
㉢ 금액, 수량, 일자의 경우 정확하게 기재하여야 한다.

13

ㄱ. 리조트 1박 기준 성수기 일반요금이 낮은 리조트일수록 성수기 무기명 회원할인율도 낮아 회원요금이 낮다.
ㄴ. 리조트 1박 기준 B리조트의 회원요금 중 가장 비싼 값은 성수기 무기명 회원요금이고, 가장 싼 값은 비수기 기명 회원요금이다. 따라서 두 금액의 차이는 $350 \times (1-0.25) - 250 \times (1-0.45) = 262.5 - 137.5 = 125$천 원, 즉 125,000원이다.
ㄹ. 리조트 1박 기준 비수기 기명 회원요금과 비수기 무기명 회원요금 차이가 가장 작은 리조트는 E리조트이며, 성수기 기명 회원요금과 성수기 무기명 회원요금 차이도 가장 작다.

오답분석
ㄷ. 리조트 1박 기준 A리조트와 E리조트의 기명 회원요금은 성수기가 비수기의 2배보다 비싸다.

14
정답 ①

제시문의 두 번째 문단에 따르면 새롭게 즉위한 왕이 실록청을 세워 전왕의 묘호를 붙인 '○○실록'을 만들었고, 마지막 문단에 따르면 인조의 뒤를 이어 효종, 현종, 숙종이 연이어 왕위에 올랐기 때문에『효종실록』은 효종의 뒤를 이어 즉위한 현종 때 간행된 것임을 추론할 수 있다.

15
정답 ③

제시된 직원 투표 결과를 정리하면 다음과 같다.

(단위 : 표)

여행상품	1인당 비용(원)	총무팀	영업팀	개발팀	홍보팀	공장1	공장2	합계
A	500,000	2	1	2	0	15	6	26
B	750,000	1	2	1	1	20	5	30
C	600,000	3	1	0	1	10	4	19
D	1,000,000	3	4	2	1	30	10	50
E	850,000	1	2	0	2	5	5	15
합계		10	10	5	5	80	30	140

㉠ 가장 인기 높은 여행상품은 D이다. 그러나 공장1의 고려사항은 회사에 손해를 줄 수 있으므로, 2박 3일 여행상품이 아닌 1박 2일 여행상품 중 가장 인기 있는 B가 선택된다. 따라서 $750,000 \times 140 = 105,000,000$원이 필요하므로 옳다.
㉢ 공장1의 A, B 투표 결과가 바뀐다면 여행상품 A, B의 투표 수가 각각 31, 25표가 되어 선택되는 여행상품이 A로 변경된다.

오답분석
㉡ 가장 인기 높은 여행상품은 D이므로 옳지 않다.

16
정답 ④

통역경비 산정 기준에 따라 통역경비를 구하면 다음과 같다.
• 통역사 1인당 통역료
 – 영어 : 500,000(기본요금)+100,000(1시간 추가요금)=600,000원
 – 인도네시아어 : 600,000원(기본요금)
• 통역사 1인당 출장비 : 100,000(교통비)+40,000(왕복 4시간의 이동보상비)=140,000원
따라서 영어 통역사 2명, 인도네시아 통역사 2명이 통역하였으므로 A사가 B시에서 개최한 설명회에 쓴 총 통역경비는 $(600,000 \times 2) + (600,000 \times 2) + (140,000 \times 4) = 2,960,000$원이다.

17

정답 ④

직원별 업무 성과내용에 따른 점수를 환산하면 다음과 같다.

(단위 : 점)

성명	예·적금 상품	보험상품	대출상품	총점
임미리	3×3＝9	1×5＝5	3×8＝24	38
이윤미	5×3＝15	4×5＝20	－	35
조유라	2×3＝6	1×5＝5	5×8＝40	51
구자랑	－	3×5＝15	3×8＝24	39
조다운	－	2×5＝10	4×8＝32	42
김은지	6×3＝18	－	2×8＝16	34
권지희	5×3＝15	1×5＝5	1×8＝8	28
윤순영	2×3＝6	3×5＝15	1×8＝8	29

점수가 높은 사람부터 정리하면 '조유라＞조다운＞구자랑＞임미리＞이윤미＞김은지＞윤순영＞권지희' 순서이고, 등급별 인원과 해당되는 직원은 다음 표와 같다.

등급	A	B	C
인원 수	8×0.25＝2명	8×0.5＝4명	8×0.25＝2명
해당 직원	조유라, 조다운	구자랑, 임미리, 이윤미, 김은지	윤순영, 권지희

따라서 등급별로 한 명씩 순서대로 바르게 나열한 것은 ④이다.

18

정답 ③

기존 등급으로 나눈 직원 명단은 A등급은 '조유라, 조다운', B등급은 '구자랑, 임미리, 이윤미, 김은지', C등급은 '윤순영, 권지희'이다. 변경된 규정에 따른 등급별 인원은 A등급 8×0.125＝1명, B등급 8×0.5＝4명, C등급 8×0.25＝2명, D등급 8×0.125＝1명이다. 따라서 인원수에 따라 각 등급에 해당되는 직원을 다시 배치하면 다음과 같다.

등급	A	B	C	D
인원 수	1명	4명	2명	1명
해당 직원	조유라	조다운, 구자랑, 임미리, 이윤미	김은지, 윤순영	권지희

따라서 등급이 변경된 사람은 조다운(A → B), 김은지(B → C), 권지희(C → D)로, 세 사람의 성과급은 (350만×0.3)+(220만×0.2)+(320만×0.1)=181만 원이다.

19

정답 ①

ㄱ. 갑은 신청 연령 기준인 35세 이하에 해당하고, 성적 기준인 직전 학기 12학점 이상 이수 및 평균 C학점 이상의 조건도 충족하며, 가구 소득 기준인 1~8분위에 해당하므로 X학자금 대출을 받을 수 있다. 따라서 옳은 내용이다.

ㄴ. X학자금 대출은 학기당 등록금 소요액 전액과 학기당 생활비 150만 원까지 대출이 가능하므로 을의 한 학기의 등록금 300만 원이라면, 한 학기당 총 450만 원을 대출받을 수 있다. 따라서 옳은 내용이다.

오답분석

ㄷ. Y학자금 대출은 금융채무불이행자나 저신용자인 경우에는 대출이 불가능하므로 옳지 않은 내용이다.

ㄹ. X학자금 대출은 졸업 후 기준소득을 초과하는 소득 발생 이전에는 상환이 유예되지만, Y학자금 대출은 소득과 관계없이 졸업 직후 매월 대출금을 상환해야 하므로 두 대출의 매월 상환금액은 다를 수 있다. 따라서 옳지 않은 내용이다.

20

정답 ⑤

설명회에 참여하는 총인원은 $(55+70+40)+(150+30+45)+(10+80+110)+(7+3)=600$명이다. 이때, 총인원의 5% 여유인원을 수용할 수 있는 곳으로 선정해야 하므로, 최소 630명의 인원을 수용할 수 있는 곳으로 선정해야 한다. 따라서 대관이 가능한 곳은 E홀이다.

21

정답 ⑤

• 공동 책자 : 설명회에 참여하는 대학생 인원수의 10% 여유분을 포함하여 제작하여야 하므로, $[(55+70+40)+(150+30+45)+(10+80+110)]\times1.1=649$권이 필요하다.
• 계열에 따른 책자 : 필요한 권수보다 10권씩을 더 제작해야 한다.
 - 인문계열 : $(55+150+10)+10=225$권
 - 사회계열 : $(70+30+80)+10=190$권
 - 공학계열 : $(40+45+110)+10=205$권
따라서 공동 책자는 649권, 계열에 따른 책자는 각각 인문계열 225권, 사회계열 190권, 공학계열 205권이 필요하다.

22

정답 ④

21번에 따라 주문하려고 하는 계열별 홍보책자는 $225+190+205=620$권이며, 인쇄해야 하는 총 페이지는 $620\times40=24,800$페이지이다. 따라서 지불해야 하는 총금액은 $24,800\times20=496,000$원이다.

23

정답 ④

발행형태가 4로, 전집이기 때문에 한 권으로만 출판된 것이 아님을 알 수 있다.

[오답분석]
① 국가번호가 05(미국)로, 미국에서 출판되었다.
② 서명식별번호는 1011로, 1011번째 발행되었다. 441은 발행자의 번호로, 출판사의 발행자번호가 441이라는 것을 의미한다.
③ 발행자번호는 441로, 세 자리로 이루어져 있다.
⑤ 도서의 내용이 710(한국어)이지만 도서가 한국어로 되어 있는지는 알 수 없다.

24

정답 ①

제시문은 안전띠를 제대로 착용하지 않은 경우, 사고가 났을 때 일어날 수 있는 상해 가능성을 제시하며 안전띠의 중요성을 언급하고 있다. 따라서 제목으로는 ①이 가장 적절하다.

25

정답 ③

보기의 밑줄 친 부분을 반박하는 주장은 '인간에게 동물의 복제 기술을 적용해서는 안 된다.'이다. 인터뷰에서 복제 기술을 인간에게 적용했을 때 발생할 수 있는 문제점으로 지적한 것은 '기존 인간관계의 근간을 파괴하는 사회 문제'와 '바이러스 등 통제 불능한 생물체가 만들어질 가능성', 그리고 '어느 국가 또는 특정 집단이 복제 기술을 악용할 위험성' 등이다. 그러나 ③의 내용은 인터뷰에 제시되지 않았고, 상식적인 수준에서도 생산되는 복제 인간의 수는 통제할 수 있으므로 밑줄 친 부분을 반박할 근거로는 적절하지 않다.

26

주어진 조건을 정리하면 다음과 같다.
- A → (C∨F), B → G
- ~(D∧E)
- A∨C∨F
- ~A
- (B∨G) → D
- ~C

따라서 조건을 토대로 2025년 3월 인사 파견에서 선발될 직원은 D, F, G이다.

[오답분석]

① A는 근무 평정이 70점 이하여서 선발될 수 없으므로 옳지 않다.
② 과학기술과 직원인 C 또는 F 중 최소한 1명은 선발되어야 하므로 옳지 않다.
③ B가 선발될 경우 G도 같이 선발되어야 하므로 옳지 않다.
④ C는 직전 인사 파견 기간이 종료된 후 2년 이상 경과하지 않아 선발될 수 없으므로 옳지 않다.

27

근시안적인 자세를 가지고 행동하는 것, 즉 '나무는 보되 숲은 보지 못하는' 관점의 관리문화는 현재 우리나라의 관리문화를 말하고 있는 것이다. 따라서 ⑤가 적절하지 않음을 알 수 있다.

28

출장별로 나누어 출장여비를 계산하면 다음과 같다.

구분	출장수당	교통비	차감	출장여비
출장 1	1만 원	2만 원	1만 원 (∵ 관용차량 사용)	2만 원
출장 2	2만 원	3만 원	1만 원 (∵ 13시 이후 시작)	4만 원
출장 3	2만 원	3만 원	1만 원 (∵ 업무추진비 사용)	4만 원

따라서 A대리가 출장여비로 받을 수 있는 총액은 2+4+4=10만 원이다.

29

산업 및 가계별로 지구온난화 유발 확률을 반영하여 대기배출량을 구하면 다음과 같다.
- 농업, 임업 및 어업

$$\left(10,400천 \times \frac{30}{100}\right) + \left(810천 \times \frac{20}{100}\right) + \left(12,000천 \times \frac{40}{100}\right) = 8,082천 톤 \ CO_2\,eq$$

- 석유, 화학 및 관련제품

$$\left(6,350천 \times \frac{30}{100}\right) + \left(600천 \times \frac{20}{100}\right) + \left(4,800천 \times \frac{40}{100}\right) + \left(0.03천 \times \frac{10}{100}\right) = 3,945.003천 톤 \ CO_2\,eq$$

- 전기, 가스, 증기 및 수도사업

$$\left(25,700천 \times \frac{30}{100}\right) + \left(2,300천 \times \frac{20}{100}\right) + \left(340천 \times \frac{40}{100}\right) = 8,306천 톤 \ CO_2\,eq$$

- 건설업

$$\left(3,500천 \times \frac{30}{100}\right) + \left(13천 \times \frac{20}{100}\right) + \left(24천 \times \frac{40}{100}\right) = 1,062.2천 톤 \ CO_2\,eq$$

• 가계부문

$$\left(5,400천 \times \frac{30}{100}\right) + \left(100천 \times \frac{20}{100}\right) + \left(390천 \times \frac{40}{100}\right) = 1,796천 \text{ 톤 } CO_2\,eq$$

대기배출량이 가장 많은 부문의 대기배출량을 줄여야 지구온난화 예방에 효과적이므로 '전기, 가스, 증기 및 수도사업' 부문의 대기배출량을 줄여야 한다.

30

정답 ③

친척집까지의 거리를 $x$km라고 하면 자전거를 타고 갈 때 걸리는 시간은 $\frac{x}{12}$, 걸어갈 때 걸리는 시간은 $\frac{x}{4}$이다.

$$\frac{x}{12} + 1 = \frac{x}{4}$$
$$\rightarrow 2x = 12$$
$$\therefore x = 6$$

따라서 친척집과의 거리는 6km이므로 시속 8km의 속력으로 달려간다면 $\frac{6}{8}$시간=45분이 걸릴 것이다.

31

같은 물질에 대한 각 기관의 실험오차율의 크기 비교는 실험오차의 크기 비교로 할 수 있다.
물질 2에 대한 각 기관의 실험오차를 구하면 다음과 같다.
• A기관 : $|26 - 11.5| = 14.5$
• B기관 : $|7 - 11.5| = 4.5$
• C기관 : $|7 - 11.5| = 4.5$
• D기관 : $|6 - 11.5| = 5.5$
B, C, D기관의 실험오차의 합은 $4.5 + 4.5 + 5.5 = 14.5$이다.
따라서 물질 2에 대한 A기관의 실험오차율은 물질 2에 대한 나머지 기관의 실험오차율 합과 같다.

[오답분석]
① • 물질 1에 대한 B기관의 실험오차 : $|7 - 4.5| = 2.5$
  • 물질 1에 대한 D기관의 실험오차 : $|2 - 4.5| = 2.5$
  즉, 두 기관의 실험오차와 유효농도가 동일하므로 실험오차율도 동일하다.
② 실험오차율이 크려면 실험오차가 커야한다. 물질 3에 대한 각 기관의 실험오차를 구하면
  • A기관 : $|109 - 39.5| = 69.5$
  • B기관 : $|15 - 39.5| = 24.5$
  • C기관 : $|16 - 39.5| = 23.5$
  • D기관 : $|18 - 39.5| = 21.5$
  따라서 물질 3에 대한 실험오차율은 A기관이 가장 크다.
③ • 물질 1에 대한 B기관의 실험오차 : $|7 - 4.5| = 2.5$
  • 물질 1에 대한 B기관의 실험오차율 : $\frac{2.5}{4.5} \times 100 ≒ 55.56\%$
  • 물질 2에 대한 A기관의 실험오차 : $|26 - 11.5| = 14.5$
  • 물질 2에 대한 A기관의 실험오차율 : $\frac{14.5}{11.5} \times 100 ≒ 126.09\%$
  따라서 물질 1에 대한 B기관의 실험오차율은 물질 2에 대한 A기관의 실험오차율보다 작다.
⑤ 자료를 보면 A기관의 실험 결과는 모든 물질에 대해서 평균보다 높다. 따라서 A기관의 실험 결과를 제외한다면 유효농도 값(평균)은 제외하기 전보다 작아진다.

32

서비스 품질 5가지 항목의 점수와 서비스 쇼핑 체험 점수를 비교해 보면, 모든 대형마트에서 서비스 쇼핑 체험 점수가 가장 낮다는 것을 확인할 수 있다. 따라서 서비스 쇼핑 체험 부문의 만족도는 서비스 품질 부문들보다 낮다. 이때 서비스 쇼핑 체험 점수의 평균은 $\frac{3.48+3.37+3.45+3.33}{4} ≒ 3.41$점이다.

오답분석
① 인터넷쇼핑과 모바일쇼핑 소비자 만족도의 차를 구해보면 A마트 0.07점, B마트, C마트 0.03점, D마트 0.05점으로, A마트가 가장 크다.
② 자료에서 단위를 살펴보면 5점 만점으로 조사되었음을 알 수 있으며, 종합만족도의 평균은 $\frac{3.72+3.53+3.64+3.56}{4} ≒ 3.61$점이다. 따라서 A마트 - C마트 - D마트 - B마트 순서로 종합만족도가 낮아짐을 알 수 있다.
③ 평균적으로 고객접점직원 서비스보다는 고객관리 서비스가 더 낮게 평가되었다.
⑤ 모바일쇼핑 만족도는 평균 3.85점이며, 인터넷쇼핑은 평균 3.8점이다. 따라서 모바일쇼핑이 평균 0.05점 높게 평가되었다.

33

일반적으로 기획부의 업무는 제시된 표처럼 사업계획이나 경영점검 등 경영활동 전반에 걸친 기획 업무가 주를 이루며, 사옥 이전 관련 발생 비용 산출은 회계부, 대내외 홍보는 총무부에서 담당한다.

34

의사소통 시 듣는 사람을 고려하여 명확하고 이해 가능한 어휘를 주의 깊게 선택해 사용하여야 한다. 또한, 메시지 전달이 효과적으로 이루어지고 있는지, 다른 새로운 표현은 없을지 검토하는 노력이 필요하다.

35

'적절한 커뮤니케이션 수단' 항목에 따르면 언어적인 방법과 비언어적인 방법을 적절히 활용해야 한다고 나와 있다.

오답분석
① '부드럽고 명확한 전달'에 해당한다.
③ '명확한 목표설정'에 해당한다.
④ '공감과 신뢰감 형성'에 대한 설명이다.
⑤ '적절한 커뮤니케이션 수단'에 대한 설명이다.

36

경력개발 전략수립 단계는 경력목표를 수립한 이후 이를 달성하기 위한 구체적인 활동계획을 수립하는 것이다. L씨는 현재 경력목표만 설정한 상태이므로 그 이후 단계인 경력개발 전략수립 단계는 사례에서 찾아볼 수 없다.

오답분석
① 직무정보 탐색 : 투자 전문가의 보수, 종사자의 직무만족도 등을 파악하였다.
② 자기 탐색 : 적성검사를 통해 자신의 적성을 파악하였다.
③ 경력목표 설정 : 3년 내에 투자 전문가 관련 자격증을 취득하는 것을 목표로 설정하였다.
⑤ 환경 탐색 : 자신이 경력개발을 위해 활용할 수 있는 시간을 파악하였다.

37

A, B, E구의 1인당 소비량을 각각 a, b, $e$kg이라고 하자.

제시된 조건을 식으로 나타내면 다음과 같다.

- 첫 번째 조건 : $a+b=30 \cdots \bigcirc$
- 두 번째 조건 : $a+12=2e \cdots \bigcirc\!\!\!\!\bigcirc$
- 세 번째 조건 : $e=b+6 \cdots \bigcirc\!\!\!\!\!\bigcirc\!\!\!\!\!\bigcirc$

$\bigcirc\!\!\!\!\!\bigcirc\!\!\!\!\!\bigcirc$을 $\bigcirc\!\!\!\!\bigcirc$에 대입하여 식을 정리하면,

$a+12=2(b+6) \rightarrow a-2b=0 \cdots$ ㉣

$\bigcirc$-㉣을 하면 $3b=30 \rightarrow b=10$, $a=20$, $e=16$

A~E구의 변동계수를 구하면 다음과 같다.

- A구 : $\dfrac{5}{20} \times 100 = 25\%$
- B구 : $\dfrac{4}{10} \times 100 = 40\%$
- C구 : $\dfrac{6}{30} \times 100 = 20\%$
- D구 : $\dfrac{4}{12} \times 100 ≒ 33.33\%$
- E구 : $\dfrac{8}{16} \times 100 = 50\%$

따라서 변동계수가 3번째로 큰 곳은 D구이다.

38

12/5(토)에 근무하기로 예정된 1팀 차도선이 개인사정으로 근무를 대체하려고 할 경우, 그 주에 근무가 없는 3팀의 한 명과 바꿔야 한다. 대체근무자인 하선오는 3팀에 소속된 인원이지만, 대체근무일이 12/12(토)라면 1팀인 차도선이 대체로 근무하게 될 경우 12/13(일)에도 1팀이 연속으로 근무하여 주말근무 규정에 어긋나 적절하지 않다.

39

제시문은 문제의 3가지 유형 중 탐색형 문제에 대한 설명으로, 현재의 상황을 개선하거나 효율을 높이기 위한 문제를 의미한다. 어제 구입한 알람시계의 고장은 이미 일어난 문제이므로 발생형 문제에 해당한다.

> **문제의 유형**
> - **발생형 문제** : 이미 일어난 문제(교통사고 등)
> - **탐색형 문제** : 현재의 상황에서 개선해야 되는 문제이며, 아직 일어나지 않았으나 방치하면 해결이 어려운 문제(생산 공장 이전 등)
> - **설정형 문제** : 미래지향적인 문제로 경험이 없거나 미래 상황에 대응하여 앞으로 어떻게 할 것인지에 관한 문제(신제품 개발 등)

40

산업 재해의 예방 대책 순서

1. 안전 관리 조직 : 경영자는 안전 목표를 설정하고, 안전 관리 책임자를 선정하며, 안전 계획을 수립하고, 이를 시행·감독함
2. 사실의 발견 : 사고 조사, 안전 점검, 현장 분석, 작업자의 제안 및 여론 조사, 관찰 및 보고서 연구 등을 통하여 사실을 발견함
3. 원인 분석 : 재해의 발생 장소, 재해 형태, 재해 정도, 관련 인원, 직원 감독의 적절성, 공구 및 장비의 상태 등을 정확히 분석함
4. 시정책 선정 : 원인 분석을 토대로 적절한 시정책, 즉 기술적 개선, 인사 조정 및 교체, 교육, 설득, 공학적 조치 등을 선정함
5. 시정책 적용 및 뒤처리 : 안전에 대한 교육 및 훈련 실시, 안전시설과 장비의 결함 개선, 안전 감독 실시 등의 선정된 시정책을 적용함

41

정답 ③

주어진 상황을 그림으로 정리하면 다음과 같다.

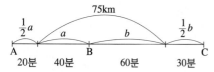

첫 번째 대화지점부터 B까지의 소요시간이 40분이고, B부터 두 번째 대화지점까지의 소요 시간이 60분이다. 이에 따라 이 자동차가 '일정한 속력'으로 달린다는 정보를 이용해 추론 가능하다. 즉, 속력이 일정할 때에는 거리가 2배 늘어나면 소요 시간도 2배 늘어나게 된다. 따라서 그림에서 볼 수 있듯이 75km를 이동하는 데 100분이 소요되었으므로 A에서 B까지의 소요 시간인 60분간 이동한 경우에는 45km를 이동했음을 알 수 있다.

42

정답 ①

오답분석

② [D3] : =MID(B3,3,2)
③ [E7] : =RIGHT(B7,2)
④ [D8] : =MID(B8,3,2)
⑤ [E4] : =RIGHT(B4,2)

43

정답 ③

오답분석

(라)・(마) 아동수당 제도 첫 도입에 따라 연령별 신청기간을 운영하기 때문에 만 5세 아동은 7월 1∼5일 사이에 접수를 하거나 연령에 관계없는 7월 6일 이후에 신청하는 것으로 안내하는 것이 적절하다. 또한, 아동수당 관련 신청서 작성요령이나 수급 가능성 등 자세한 내용은 아동수당 홈페이지에서 확인 가능하다.

44

정답 ②

K사원의 워크시트 중 '상사 / 동료의 지원 정도'를 보면 상사와 동료 모두 자기 업무에 바빠 업무 지침에 해당되는 업무를 지원하는 데 한계가 있다고 적혀 있다. 따라서 팀원들이 조사한 만족도 조사를 받는 것은 한계가 있으므로, ②는 업무수행 성과를 높이기 위한 전략으로 보기 어렵다.

45

정답 ③

관리자가 설정해 놓은 프린터를 프린터 목록에서 제거하려면 [관리자 계정]으로 프린터 목록에 접근해야 한다.

46

정답 ②

제시된 조건 중 명확하게 판단이 가능한 것을 먼저 살펴보면 다음과 같다.
ⅰ) C<D
ⅱ) F<G
ⅲ) E<○○○○○<B
ⅳ) A+F<C
C시의 인구는 A시의 인구와 F시의 인구를 합한 것보다 더 크다고 하였으므로 당연히 C시의 인구는 F시보다 커야 한다. 같은 논리로 C시는 A시보다 인구가 많음을 알 수 있다. 이때, ⅰ)과 ⅱ)를 결합하면 A, F<C<D, G가 됨을 알 수 있고, ⅲ)의 조건에 따라 빈 자리가 다섯 개뿐이므로 E<A<F<C<D, G<B의 순서대로 나열할 수 있게 된다. 이때, 확정되지 않은 것은 D시와 G시의 대소관계이다. 따라서 ②의 조건이 추가된다면 E−A−F−C−D−G−B의 순서로 D시와 G시의 대소관계가 정해진다.

47

B사원은 새로운 분야의 업무와 새로운 직장에 대한 두려움 때문에 자기개발에 어려움을 겪고 있다. 즉, 현재 익숙한 일과 환경을 지속하려는 습성으로 인해 자기개발의 한계에 직면한 것이다.

48

기간별 렌탈비용을 구하면 다음과 같다.

(단위 : 원)

구분	A렌탈	B렌탈
1개월	$70,000+(10,000\times5)=120,000$	$110,000+(5,000\times4)=130,000$
3개월	$120,000\times3=360,000$	$130,000\times3=390,000$
5개월	$120,000\times5=600,000$	$[110,000+(5,000\times4\times0.8)]\times5=630,000$
6개월	$120,000\times6=720,000$	$126,000\times6=756,000$
12개월	$120,000\times12=1,440,000$	$126,000\times12=1,512,000$

따라서 5개월 사용 시 A렌탈이 B렌탈보다 30,000원 더 저렴하다.

오답분석

① 1개월 사용 시 A렌탈이 B렌탈보다 10,000원 더 저렴하다.
② 3개월 사용 시 A렌탈이 B렌탈보다 30,000원 더 저렴하다.
④ 6개월 사용 시 A렌탈이 B렌탈보다 36,000원 더 저렴하다.
⑤ 12개월 사용 시 A렌탈이 B렌탈보다 72,000원 더 저렴하다.

49

K회사는 3개월을 기준으로 B렌탈업체보다 30,000원 더 저렴한 월 120,000원의 비용이 발생하는 A렌탈업체를 이용한다. 3개월 이후에는 커피머신을 구입해 사용하기 때문에 이를 처분할 경우에는 600,000원을 받을 수 있으므로 $600,000+13,000\times4\times$(사용 개월 수)의 비용이 든다. 사용개월 수를 x개월이라고 하면,

$120,000x \geq 600,000+52,000x \rightarrow x \geq \dfrac{600,000}{68,000} \fallingdotseq 8.8$

따라서 커피머신을 사용하는 것이 렌탈비보다 이익이 되려면 최소 9개월 이상은 사용해야 한다.

50

암이 발생하는 과정은 개시 단계와 촉진 단계로 나누어지는데, A팀의 연구결과는 콩 속에 들어 있는 제니스틴이 촉진 단계에서 억제 효과가 있는 것을 보여주고 있으므로 적절한 내용이다.

오답분석

ㄴ. C팀의 실험은 콩기름에서 추출된 화합물이 원형탈모증을 완치하는 데 도움을 준다는 것을 뒷받침하고 있다.
ㄷ. B팀의 실험은 흰 콩의 효과를 다룬 것이고, A팀과 C팀의 연구는 검은 콩에 특정된 것이 아니라 콩의 효능을 다룬 것이다.

51

A국과 F국을 비교해 보면 참가선수는 A국이 더 많지만, 동메달 수는 F국이 더 많다.

오답분석

① 금메달은 F>A>E>B>D>C 순서로 많고, 은메달은 C>D>B>E>A>F 순서로 많다.
② C국은 금메달을 획득하지 못했지만, 획득한 전체 메달 수는 149개로 가장 많다.
④ 참가선수와 메달 합계의 순위는 동일하다.
⑤ 참가선수가 가장 적은 국가는 F로, 메달 합계는 6위이다.

52

정답 ③

고객의 불만유형은 크게 4가지로 거만형, 의심형, 트집형, 빨리빨리형이 있다. 이 중 상황 속 고객은 제품의 기능에 대해 믿지 못하고 있으므로, 의심형에 해당한다. 의심형에는 분명한 증거나 근거를 제시해 고객이 확신을 갖도록 유도하는 대처가 필요하다.

[오답분석]

①·② 트집을 잡는 유형의 고객에게 적합한 방법으로, 이 외에도 '손님의 말씀이 맞습니다. 역시 손님께서 정확하십니다.'라고 고객의 지적이 옳음을 표시한 후 '저도 그렇게 생각하고 있습니다만….'이라고 설득하는 것도 좋다.

④·⑤ 거만한 유형의 고객에게 적합한 방법으로, 이들에게는 정중하게 대하는 것이 가장 좋은 방법이다.

53

정답 ①

• 갑 : (가)는 도덕성의 기초는 이성이지 동정심이 아니라고 한 반면, (다)는 이성이 아니라 동정심이라고 하여 서로 반대되는 주장을 하고 있으므로 양립할 수 없다.

• 을 : (가)는 동정심이 일관적이지 않으며 변덕스럽고 편협하다고 하였는데, (나)는 가족과 모르는 사람의 사례를 들면서 동정심이 신뢰할 만하지 않다고 하여 (가)의 주장을 지지하고 있다.

[오답분석]

• 병 : (가)는 도덕성의 기초는 이성이지 동정심이 아니라고 하였으나 (라)는 동정심이 전적으로 신뢰할 만한 것은 아니지만 그렇다고 해서 도덕성의 기반에서 완전히 제거하는 것은 옳지 않다고 하였다. 즉, (라)의 경우는 동정심의 도덕적 역할을 전적으로 부정하지는 않았다.

• 정 : (나)는 동정심이 신뢰할 만하지 않다고 하였으며 (라) 역시 같은 입장이다. 다만 (라)는 그렇다고 해서 동정심의 역할을 완전히 부정하는 것은 아니라는 점에서 차이가 있다.

54

정답 ④

문제 도출은 선정된 문제를 분석하여 해결해야 할 것이 무엇인지를 명확히 하는 단계로, (가) 문제 구조 파악과 (나) 핵심 문제 선정의 절차를 거쳐 수행된다. 이때, 문제 구조 파악을 위해서는 현상에 얽매이지 말고 문제의 본질과 실제를 봐야 하며, 한쪽만 보지 말고 다면적으로 보며, 눈앞의 결과만 보지 말고 넓은 시야로 문제를 바라봐야 한다.

55

정답 ①

각 기업의 점수와 지원액을 정리하면 다음과 같다.

구분		A	B	C	D
평가지표	경상이익률(점)	4	2	1	3
	영업이익률(점)	4	1	3	2
	부채비율(점)	1	3	2	4
	매출액증가율(점)	1	3	2	4
	총점(순위)	10(2위)	9(3위)	8(4위)	13(1위)
순자산(억 원)		2,100	600	900	3,000
지원한도(억 원)		1,400	400	450	2,000
지원요구금액(억 원)		2,000	500	1,000	1,800
지원금액(억 원)		1,400	400	450	1,800

따라서 A기업은 1,400억 원, B기업은 400억 원, C기업은 450억 원, D기업은 1,800억 원의 지원 금액을 받는다.

56

정답 ⑤

GE 맥킨지 매트릭스는 산업의 매력도와 사업의 강점을 이용하여 전략사업단위를 평가하는 방법으로, 여러 요인들을 종합적으로 고려하여 정교한 분석이 가능하므로 BCG 매트릭스보다 발전된 기법으로 평가받고 있다. 그러나 각 사업단위 간의 상호작용을 고려하지 않고, 복잡한 매트릭스로 인해 실제 적용이 어렵다는 단점이 있다.

> **GE 맥킨지 매트릭스**
> • 좌상의 청신호 지역 : 투자육성전략. 경쟁력 있는 사업으로, 지속적인 투자를 통해 성장시키는 전략이 적절하다.
> • 대각선상의 주의신호 지역 : 선택적 개선전략. 경쟁력이 있을 것 같은 사업을 선택하여 수익을 창출하는 전략이 적절하다.
> • 우하의 적신호 지역 : 퇴출전략. 경쟁력이 약한 사업으로, 철수나 최소한의 투자를 하는 전략이 적절하다.

57

정답 ①

A사업은 매력적인 사업으로, 집중적으로 투자하여야 한다. 시장 지위를 유지하면서 새로운 진출을 모색해야 하는 사업은 B사업이다.

〈GE 맥킨지 매트릭스 전략〉

산업매력도	고	성장 / 집중 투자	시장 지위 유지·구축 투자	선택적 투자 / 회수 및 철수 시기 파악
	중	성장을 위한 투자 / 강점 극대화 투자	현상유지 / 선택적 투자	실패를 막기 위한 최소 투자
	저	선택적 투자 / 시장 지위 유지 및 신규 진출 탐색	강점이 가능한 곳 투자 나머지는 철수	철수에 도움이 되는 최소한 투자 / 철수
		고	중	저

사업의 강점

58

정답 ④

(가)의 입장을 반영하면 국가 청렴도가 낮은 문제를 해결하기 위해서는 청렴을 강조한 전통 윤리를 지킬 필요가 있다. 이에 개인을 넘어서 공동체, 나아가 국가의 공사(公事)를 우선하는 봉공 정신, 청빈한 생활 태도를 유지하면서 국가의 일에 충심을 다하려는 청백리 정신을 실천하는 자세가 필요하다.

59

정답 ③

A사가 활용한 벤치마킹은 경쟁관계에 있지 않은 기업 중 마케팅이 우수한 곳을 찾아가 벤치마킹을 했기 때문에 비경쟁적 벤치마킹이다. B사가 활용한 벤치마킹은 동일 업종이지만 외국에 있는 비경쟁적 기업을 대상으로 벤치마킹을 했기 때문에 글로벌 벤치마킹이다.

오답분석
• 경쟁적 벤치마킹 : 동일 업종이면서 경쟁관계에 있는 기업을 대상으로 하는 벤치마킹이다.
• 직접적 벤치마킹 : 벤치마킹 대상을 직접 방문하여 수행하는 벤치마킹이다.
• 간접적 벤치마킹 : 인터넷 및 문서 형태의 자료를 통해서 수행하는 벤치마킹이다.

60

정답 ②

최선의 대안에 대해서 합의하고 선택하는 것은 (라)에 해당하는 내용이다.

배우기만 하고 생각하지 않으면 얻는 것이 없고,
생각만 하고 배우지 않으면 위태롭다.

– 공자 –

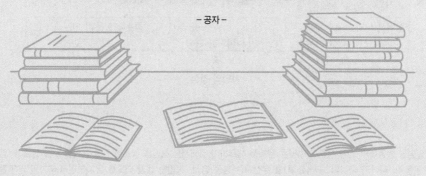

공기업 NCS 대졸채용 필기시험 답안카드

성 명

지원분야

문제지 형별기재란

( )형 Ⓐ Ⓑ

수험번호

⓪ ① ② ③ ④ ⑤ ⑥ ⑦ ⑧ ⑨
⓪ ① ② ③ ④ ⑤ ⑥ ⑦ ⑧ ⑨
⓪ ① ② ③ ④ ⑤ ⑥ ⑦ ⑧ ⑨
⓪ ① ② ③ ④ ⑤ ⑥ ⑦ ⑧ ⑨
⓪ ① ② ③ ④ ⑤ ⑥ ⑦ ⑧ ⑨
⓪ ① ② ③ ④ ⑤ ⑥ ⑦ ⑧ ⑨
⓪ ① ② ③ ④ ⑤ ⑥ ⑦ ⑧ ⑨

감독위원 확인

㉠

번호	①	②	③	④	⑤	번호	①	②	③	④	⑤	번호	①	②	③	④	⑤
1	①	②	③	④	⑤	21	①	②	③	④	⑤	41	①	②	③	④	⑤
2	①	②	③	④	⑤	22	①	②	③	④	⑤	42	①	②	③	④	⑤
3	①	②	③	④	⑤	23	①	②	③	④	⑤	43	①	②	③	④	⑤
4	①	②	③	④	⑤	24	①	②	③	④	⑤	44	①	②	③	④	⑤
5	①	②	③	④	⑤	25	①	②	③	④	⑤	45	①	②	③	④	⑤
6	①	②	③	④	⑤	26	①	②	③	④	⑤	46	①	②	③	④	⑤
7	①	②	③	④	⑤	27	①	②	③	④	⑤	47	①	②	③	④	⑤
8	①	②	③	④	⑤	28	①	②	③	④	⑤	48	①	②	③	④	⑤
9	①	②	③	④	⑤	29	①	②	③	④	⑤	49	①	②	③	④	⑤
10	①	②	③	④	⑤	30	①	②	③	④	⑤	50	①	②	③	④	⑤
11	①	②	③	④	⑤	31	①	②	③	④	⑤	51	①	②	③	④	⑤
12	①	②	③	④	⑤	32	①	②	③	④	⑤	52	①	②	③	④	⑤
13	①	②	③	④	⑤	33	①	②	③	④	⑤	53	①	②	③	④	⑤
14	①	②	③	④	⑤	34	①	②	③	④	⑤	54	①	②	③	④	⑤
15	①	②	③	④	⑤	35	①	②	③	④	⑤	55	①	②	③	④	⑤
16	①	②	③	④	⑤	36	①	②	③	④	⑤	56	①	②	③	④	⑤
17	①	②	③	④	⑤	37	①	②	③	④	⑤	57	①	②	③	④	⑤
18	①	②	③	④	⑤	38	①	②	③	④	⑤	58	①	②	③	④	⑤
19	①	②	③	④	⑤	39	①	②	③	④	⑤	59	①	②	③	④	⑤
20	①	②	③	④	⑤	40	①	②	③	④	⑤	60	①	②	③	④	⑤

※ 본 답안지는 마킹연습용 모의 답안지입니다.

〈절취선〉

공기업 NCS 대졸채용 필기시험 답안카드

성 명		

지원 분야		

문제지 형별기재란	
( )형	Ⓐ Ⓑ

수험번호						
⓪ ① ② ③ ④ ⑤ ⑥ ⑦ ⑧ ⑨	⓪ ① ② ③ ④ ⑤ ⑥ ⑦ ⑧ ⑨	⓪ ① ② ③ ④ ⑤ ⑥ ⑦ ⑧ ⑨	⓪ ① ② ③ ④ ⑤ ⑥ ⑦ ⑧ ⑨	⓪ ① ② ③ ④ ⑤ ⑥ ⑦ ⑧ ⑨	⓪ ① ② ③ ④ ⑤ ⑥ ⑦ ⑧ ⑨	⓪ ① ② ③ ④ ⑤ ⑥ ⑦ ⑧ ⑨

감독위원 확인
㉘

1	① ② ③ ④ ⑤	21	① ② ③ ④ ⑤	41	① ② ③ ④ ⑤
2	① ② ③ ④ ⑤	22	① ② ③ ④ ⑤	42	① ② ③ ④ ⑤
3	① ② ③ ④ ⑤	23	① ② ③ ④ ⑤	43	① ② ③ ④ ⑤
4	① ② ③ ④ ⑤	24	① ② ③ ④ ⑤	44	① ② ③ ④ ⑤
5	① ② ③ ④ ⑤	25	① ② ③ ④ ⑤	45	① ② ③ ④ ⑤
6	① ② ③ ④ ⑤	26	① ② ③ ④ ⑤	46	① ② ③ ④ ⑤
7	① ② ③ ④ ⑤	27	① ② ③ ④ ⑤	47	① ② ③ ④ ⑤
8	① ② ③ ④ ⑤	28	① ② ③ ④ ⑤	48	① ② ③ ④ ⑤
9	① ② ③ ④ ⑤	29	① ② ③ ④ ⑤	49	① ② ③ ④ ⑤
10	① ② ③ ④ ⑤	30	① ② ③ ④ ⑤	50	① ② ③ ④ ⑤
11	① ② ③ ④ ⑤	31	① ② ③ ④ ⑤	51	① ② ③ ④ ⑤
12	① ② ③ ④ ⑤	32	① ② ③ ④ ⑤	52	① ② ③ ④ ⑤
13	① ② ③ ④ ⑤	33	① ② ③ ④ ⑤	53	① ② ③ ④ ⑤
14	① ② ③ ④ ⑤	34	① ② ③ ④ ⑤	54	① ② ③ ④ ⑤
15	① ② ③ ④ ⑤	35	① ② ③ ④ ⑤	55	① ② ③ ④ ⑤
16	① ② ③ ④ ⑤	36	① ② ③ ④ ⑤	56	① ② ③ ④ ⑤
17	① ② ③ ④ ⑤	37	① ② ③ ④ ⑤	57	① ② ③ ④ ⑤
18	① ② ③ ④ ⑤	38	① ② ③ ④ ⑤	58	① ② ③ ④ ⑤
19	① ② ③ ④ ⑤	39	① ② ③ ④ ⑤	59	① ② ③ ④ ⑤
20	① ② ③ ④ ⑤	40	① ② ③ ④ ⑤	60	① ② ③ ④ ⑤

※ 본 답안지는 마킹연습용 모의 답안지입니다.

공기업 NCS 대졸채용 필기시험 답안카드

성명

지원 분야

문제지 형별기재란

( )형   Ⓐ
         Ⓑ

수험번호

⓪	⓪	⓪	⓪	⓪	⓪	⓪
①	①	①	①	①	①	①
②	②	②	②	②	②	②
③	③	③	③	③	③	③
④	④	④	④	④	④	④
⑤	⑤	⑤	⑤	⑤	⑤	⑤
⑥	⑥	⑥	⑥	⑥	⑥	⑥
⑦	⑦	⑦	⑦	⑦	⑦	⑦
⑧	⑧	⑧	⑧	⑧	⑧	⑧
⑨	⑨	⑨	⑨	⑨	⑨	⑨

감독위원 확인

(인)

번호	답란	번호	답란	번호	답란
1	① ② ③ ④ ⑤	21	① ② ③ ④ ⑤	41	① ② ③ ④ ⑤
2	① ② ③ ④ ⑤	22	① ② ③ ④ ⑤	42	① ② ③ ④ ⑤
3	① ② ③ ④ ⑤	23	① ② ③ ④ ⑤	43	① ② ③ ④ ⑤
4	① ② ③ ④ ⑤	24	① ② ③ ④ ⑤	44	① ② ③ ④ ⑤
5	① ② ③ ④ ⑤	25	① ② ③ ④ ⑤	45	① ② ③ ④ ⑤
6	① ② ③ ④ ⑤	26	① ② ③ ④ ⑤	46	① ② ③ ④ ⑤
7	① ② ③ ④ ⑤	27	① ② ③ ④ ⑤	47	① ② ③ ④ ⑤
8	① ② ③ ④ ⑤	28	① ② ③ ④ ⑤	48	① ② ③ ④ ⑤
9	① ② ③ ④ ⑤	29	① ② ③ ④ ⑤	49	① ② ③ ④ ⑤
10	① ② ③ ④ ⑤	30	① ② ③ ④ ⑤	50	① ② ③ ④ ⑤
11	① ② ③ ④ ⑤	31	① ② ③ ④ ⑤	51	① ② ③ ④ ⑤
12	① ② ③ ④ ⑤	32	① ② ③ ④ ⑤	52	① ② ③ ④ ⑤
13	① ② ③ ④ ⑤	33	① ② ③ ④ ⑤	53	① ② ③ ④ ⑤
14	① ② ③ ④ ⑤	34	① ② ③ ④ ⑤	54	① ② ③ ④ ⑤
15	① ② ③ ④ ⑤	35	① ② ③ ④ ⑤	55	① ② ③ ④ ⑤
16	① ② ③ ④ ⑤	36	① ② ③ ④ ⑤	56	① ② ③ ④ ⑤
17	① ② ③ ④ ⑤	37	① ② ③ ④ ⑤	57	① ② ③ ④ ⑤
18	① ② ③ ④ ⑤	38	① ② ③ ④ ⑤	58	① ② ③ ④ ⑤
19	① ② ③ ④ ⑤	39	① ② ③ ④ ⑤	59	① ② ③ ④ ⑤
20	① ② ③ ④ ⑤	40	① ② ③ ④ ⑤	60	① ② ③ ④ ⑤

※ 본 답안지는 마킹연습용 모의 답안지입니다.

공기업 NCS 대졸채용 필기시험 답안카드

번호	①	②	③	④	⑤	번호	①	②	③	④	⑤	번호	①	②	③	④	⑤
1	①	②	③	④	⑤	21	①	②	③	④	⑤	41	①	②	③	④	⑤
2	①	②	③	④	⑤	22	①	②	③	④	⑤	42	①	②	③	④	⑤
3	①	②	③	④	⑤	23	①	②	③	④	⑤	43	①	②	③	④	⑤
4	①	②	③	④	⑤	24	①	②	③	④	⑤	44	①	②	③	④	⑤
5	①	②	③	④	⑤	25	①	②	③	④	⑤	45	①	②	③	④	⑤
6	①	②	③	④	⑤	26	①	②	③	④	⑤	46	①	②	③	④	⑤
7	①	②	③	④	⑤	27	①	②	③	④	⑤	47	①	②	③	④	⑤
8	①	②	③	④	⑤	28	①	②	③	④	⑤	48	①	②	③	④	⑤
9	①	②	③	④	⑤	29	①	②	③	④	⑤	49	①	②	③	④	⑤
10	①	②	③	④	⑤	30	①	②	③	④	⑤	50	①	②	③	④	⑤
11	①	②	③	④	⑤	31	①	②	③	④	⑤	51	①	②	③	④	⑤
12	①	②	③	④	⑤	32	①	②	③	④	⑤	52	①	②	③	④	⑤
13	①	②	③	④	⑤	33	①	②	③	④	⑤	53	①	②	③	④	⑤
14	①	②	③	④	⑤	34	①	②	③	④	⑤	54	①	②	③	④	⑤
15	①	②	③	④	⑤	35	①	②	③	④	⑤	55	①	②	③	④	⑤
16	①	②	③	④	⑤	36	①	②	③	④	⑤	56	①	②	③	④	⑤
17	①	②	③	④	⑤	37	①	②	③	④	⑤	57	①	②	③	④	⑤
18	①	②	③	④	⑤	38	①	②	③	④	⑤	58	①	②	③	④	⑤
19	①	②	③	④	⑤	39	①	②	③	④	⑤	59	①	②	③	④	⑤
20	①	②	③	④	⑤	40	①	②	③	④	⑤	60	①	②	③	④	⑤

성 명

지원 분야

문제지 형별기재란

( )형 Ⓐ Ⓑ

수험번호

⑩	①	②	③	④	⑤	⑥	⑦	⑧	⑨
⑩	①	②	③	④	⑤	⑥	⑦	⑧	⑨
⑩	①	②	③	④	⑤	⑥	⑦	⑧	⑨
⑩	①	②	③	④	⑤	⑥	⑦	⑧	⑨
⑩	①	②	③	④	⑤	⑥	⑦	⑧	⑨
⑩	①	②	③	④	⑤	⑥	⑦	⑧	⑨
⑩	①	②	③	④	⑤	⑥	⑦	⑧	⑨

감독위원 확인

(인)

공기업 NCS 대졸채용 필기시험 답안카드

성 명	

지원 분야	

문제지 형별기재란	( )형	Ⓐ Ⓑ

수 험 번 호

⓪	⓪	⓪	⓪	⓪	⓪	⓪
①	①	①	①	①	①	①
②	②	②	②	②	②	②
③	③	③	③	③	③	③
④	④	④	④	④	④	④
⑤	⑤	⑤	⑤	⑤	⑤	⑤
⑥	⑥	⑥	⑥	⑥	⑥	⑥
⑦	⑦	⑦	⑦	⑦	⑦	⑦
⑧	⑧	⑧	⑧	⑧	⑧	⑧
⑨	⑨	⑨	⑨	⑨	⑨	⑨

감독위원 확인

(인)

번호						번호						번호					
1	①	②	③	④	⑤	21	①	②	③	④	⑤	41	①	②	③	④	⑤
2	①	②	③	④	⑤	22	①	②	③	④	⑤	42	①	②	③	④	⑤
3	①	②	③	④	⑤	23	①	②	③	④	⑤	43	①	②	③	④	⑤
4	①	②	③	④	⑤	24	①	②	③	④	⑤	44	①	②	③	④	⑤
5	①	②	③	④	⑤	25	①	②	③	④	⑤	45	①	②	③	④	⑤
6	①	②	③	④	⑤	26	①	②	③	④	⑤	46	①	②	③	④	⑤
7	①	②	③	④	⑤	27	①	②	③	④	⑤	47	①	②	③	④	⑤
8	①	②	③	④	⑤	28	①	②	③	④	⑤	48	①	②	③	④	⑤
9	①	②	③	④	⑤	29	①	②	③	④	⑤	49	①	②	③	④	⑤
10	①	②	③	④	⑤	30	①	②	③	④	⑤	50	①	②	③	④	⑤
11	①	②	③	④	⑤	31	①	②	③	④	⑤	51	①	②	③	④	⑤
12	①	②	③	④	⑤	32	①	②	③	④	⑤	52	①	②	③	④	⑤
13	①	②	③	④	⑤	33	①	②	③	④	⑤	53	①	②	③	④	⑤
14	①	②	③	④	⑤	34	①	②	③	④	⑤	54	①	②	③	④	⑤
15	①	②	③	④	⑤	35	①	②	③	④	⑤	55	①	②	③	④	⑤
16	①	②	③	④	⑤	36	①	②	③	④	⑤	56	①	②	③	④	⑤
17	①	②	③	④	⑤	37	①	②	③	④	⑤	57	①	②	③	④	⑤
18	①	②	③	④	⑤	38	①	②	③	④	⑤	58	①	②	③	④	⑤
19	①	②	③	④	⑤	39	①	②	③	④	⑤	59	①	②	③	④	⑤
20	①	②	③	④	⑤	40	①	②	③	④	⑤	60	①	②	③	④	⑤

※ 본 답안지는 마킹연습용 모의 답안지입니다.

공기업 NCS 대졸채용 필기시험 답안카드

1	①	②	③	④	⑤	21	①	②	③	④	⑤	41	①	②	③	④	⑤
2	①	②	③	④	⑤	22	①	②	③	④	⑤	42	①	②	③	④	⑤
3	①	②	③	④	⑤	23	①	②	③	④	⑤	43	①	②	③	④	⑤
4	①	②	③	④	⑤	24	①	②	③	④	⑤	44	①	②	③	④	⑤
5	①	②	③	④	⑤	25	①	②	③	④	⑤	45	①	②	③	④	⑤
6	①	②	③	④	⑤	26	①	②	③	④	⑤	46	①	②	③	④	⑤
7	①	②	③	④	⑤	27	①	②	③	④	⑤	47	①	②	③	④	⑤
8	①	②	③	④	⑤	28	①	②	③	④	⑤	48	①	②	③	④	⑤
9	①	②	③	④	⑤	29	①	②	③	④	⑤	49	①	②	③	④	⑤
10	①	②	③	④	⑤	30	①	②	③	④	⑤	50	①	②	③	④	⑤
11	①	②	③	④	⑤	31	①	②	③	④	⑤	51	①	②	③	④	⑤
12	①	②	③	④	⑤	32	①	②	③	④	⑤	52	①	②	③	④	⑤
13	①	②	③	④	⑤	33	①	②	③	④	⑤	53	①	②	③	④	⑤
14	①	②	③	④	⑤	34	①	②	③	④	⑤	54	①	②	③	④	⑤
15	①	②	③	④	⑤	35	①	②	③	④	⑤	55	①	②	③	④	⑤
16	①	②	③	④	⑤	36	①	②	③	④	⑤	56	①	②	③	④	⑤
17	①	②	③	④	⑤	37	①	②	③	④	⑤	57	①	②	③	④	⑤
18	①	②	③	④	⑤	38	①	②	③	④	⑤	58	①	②	③	④	⑤
19	①	②	③	④	⑤	39	①	②	③	④	⑤	59	①	②	③	④	⑤
20	①	②	③	④	⑤	40	①	②	③	④	⑤	60	①	②	③	④	⑤

※ 본 답안지는 마킹연습용 모의 답안지입니다.

성 명

지원 분야

문제지 형별기재란

Ⓐ
Ⓑ

( )형

수 험 번 호

⓪	①	②	③	④	⑤	⑥	⑦	⑧	⑨
⓪	①	②	③	④	⑤	⑥	⑦	⑧	⑨
⓪	①	②	③	④	⑤	⑥	⑦	⑧	⑨
⓪	①	②	③	④	⑤	⑥	⑦	⑧	⑨
⓪	①	②	③	④	⑤	⑥	⑦	⑧	⑨
⓪	①	②	③	④	⑤	⑥	⑦	⑧	⑨
⓪	①	②	③	④	⑤	⑥	⑦	⑧	⑨

감독위원 확인

㉑

2025 최신판 시대에듀 공기업 NCS&전공 대졸채용 통합기본서 + 무료NCS특강

개정11판1쇄 발행	2024년 10월 30일 (인쇄 2024년 09월 05일)
초 판 발 행	2015년 07월 10일 (인쇄 2015년 06월 16일)
발 행 인	박영일
책 임 편 집	이해욱
편 저	SDC(Sidae Data Center)
편 집 진 행	김재희 · 윤소빈
표 지 디 자 인	조혜령
편 집 디 자 인	김경원 · 장성복
발 행 처	(주)시대고시기획
출 판 등 록	제10-1521호
주 소	서울시 마포구 큰우물로 75 [도화동 538 성지 B/D] 9F
전 화	1600-3600
팩 스	02-701-8823
홈 페 이 지	www.sdedu.co.kr

I S B N	979-11-383-7807-9 (13320)
정 가	26,000원

공기업

NCS

통합기본서

직업기초능력 + 직무수행능력 + 면접

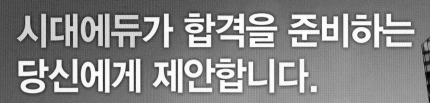

시대에듀가 합격을 준비하는 당신에게 제안합니다.

결심하셨다면 지금 당장 실행하십시오.
시대에듀와 함께라면 문제없습니다.

성공의 기회!
시대에듀를 잡으십시오.

NEXT STEP!

기회란 포착되어 활용되기 전에는 기회인지조차 알 수 없는 것이다.

- 마크 트웨인 -